영문 밖의 영광

영문 밖의 영광

지은이 남병희
발행일 2014년 11월 11일

펴낸이 이민영
대표·편집인 최선화
펴낸곳 도서출판 등과 빛
주소 부산시 부산진구 새싹로 261(초읍동)
전화 Tel. 051)803-0691
등록번호 2006년 11월 8일(제335-제06-11-6호)

저작권ⓒ도서출판 등과 빛, 2014
ISBN 978-89-93647-23-5(03230)

저자와의 협약에 의하여 인지를 생략합니다.
이 출판물은 저작권법에 의해 보호 받는 저작물이므로 무단전재 · 무단복제를 금합니다.

값 18,000원

이 도서의 국립중앙도서관 출판시도서목록(CIP)은 e-CIP홈페이지(http://www.nl.go.kr/ecip)와
국가자료공동목록시스템(http://www.nl.go.kr/kolisnet)에서 이용하실 수 있습니다. (CIP제어번호 : CIP2014031063)

영문 밖의 영광

남병희 지음

추천사 1

　현 우리 감리교회가 가진 교역자들 가운데 열 손가락에 꼽을 수 있는 사상가를 골라낸다고 가정하면 그중에 반드시 끼어야 할 숨은 사상가는 남병희 목사님이다. 본서는 감리교신학대학 졸업생들 가운데서 보기 드문, 영어와 독일어에 통달한 실력 있는 학자요, 불운의 병으로 오랜 세월 건강을 위해 투쟁해 온 인생고人生苦를 아는 사상가요, 뼈 있고 특유한 관찰력을 동원한 알찬 설교가요, 하나님을 의지하고 사람에 의지하지 아니하던 고독한 목회자였던 남병희 목사님의 강해설교집이다.
　글로 적는다고 다 설교문이 되는 것이 아니다. 그 배후에는 정성 어린 연구와 사색과 체험이 쌓여, 잘 익은 열매처럼 사상이 미美로서 햇빛을 보게 되어야 한다. 이 설교집은 그가 50여 년을 설교로 생활해 오며 가꾸어 온 사상을 그의 긴 병상생활에서 정리해 출판을 보게 된 것이다. 고로 이 설교는 어수룩한 것을 가지고 대담하게 이야기해 버리는 설교 내용도 아니며, 단순히 설교를 위한 효과보다는 기독교 진리를 드러내는 묘미를 느끼게 만들 것이다. 남 목사님의 성경강해와 설교집이 나와서 읽혀질 때 진리에 메마른 기독교 신앙인들 중에 생수를 마시는 듯 느끼는 사람이 많으리라 기대하고, 평신도와 신학도는 물론 현역 교역자들도 많이 참고하여 그의 사상에 접하기를 희망하며 추천하는 바이다.
　"만일 개신교가 등 뒤로 칼에 찔려 죽는 일이 있다면 그 칼은 분명 설교가 될 것"이라고 한 사람이 있다. '오늘날 개신교 강단에서 무슨 일이 실제로 일어나고 있는가'를 살펴볼 때 우리의 설교로 교회가 살기는커녕,

도리어 그 설교 말씀으로 교회 자체가 가슴에 칼을 맞아 죽는 결과가 될 수 있음을 말해 주는 것이다.

설교는 단순한 연설이 아니다. 설교는 사건을 발생시키는 모발이요, 사건 제작 설계실이요, 조제실이라 해야 맞는다. 참된 설교에서는 무엇인가가 일어나기 때문이다. 설교자와 말씀을 듣는 신도들이 복음 설교로 연결될 때 불꽃같이 살아 계시는 하나님과 사람들의 면접이 이루어지는 인격적인 만남과 상봉이 재발되는 것이다. 설교자가 안고 있는 문제는 '어떻게' 그와 같은 반응을 만드느냐 하는 것으로, 기술을 배우고 방법을 찾아 익히는 데 오랜 세월을 보내왔다. 그러나 아무리 기술과 방법을 발전시켰다 하여도 설교는 역시 그 말씀Message의 내용에 정신을 집중하지 않으면 결코 참된 목표에 도달할 수가 없다. 신앙은 '들은 바' 말씀에서 나온다는 것이다.

말씀은 설교자로부터 출발하지 않고, '들은 바' 그리스도에 대한 말씀으로 시작된다. 그리스도는 인류를 위한 하나님의 사건이었다. 기독교는 어떤 사상체계나 의미철학이나 인생식견이나 성공이나 행복술이 아니라, 하나님이 그리스도 안에서 인간을 위해 하신 행동에 관한 이야기로, 그 이야기는 반드시 들려져야 할 말씀의 내용이다. 좋은 소식福音이란 일어난 구원사건에 대한 이야기로, 그 내용은 사람들이 알아야 할 사건에 관한 것이다.

고로 '설교 내용'은 설교자보다 중요하고, 듣는 사람들보다 더 중요한 핵심을 지닌다. 참설교는 그러므로 설교하는 사람이나 듣는 사람이 다 같이 그들이 만나는 복음의 성격을 이해해야 성취되는 것이다. 설교는 단순히 동의를 호소하는 이념이 아니라 신앙을 요구하는 하나님의 구원행위이다. 핵심은 그리스도 안에서의 하나님의 속죄에 관한 이야기의 예습과 복습이다. 무속적 역술이나 심리적인 이해나 방법론적인 실험보다는 성서 안에 담겨 있는 하나님의 구원행위에 관한 역사적인 기록들에 관한 계속적인 심각한 연구가 있어야 한다.

　설교자는 문제를 생활적인 실패나 성격상 결함이나 경제적 필요나 건강상의 문제 등에 초점을 두기 쉽고 따라서 평안, 풍요, 건강, 행복에 치중하는 경향이 있으나 그런 것을 찾지 못할 때 하나님에게서 다른 쪽으로 방향을 전환하기 일쑤이다. 그러나 복음에서 우리가 만나게 되는 하나님은 가끔 우선 우리에게 이미 있는 평안, 풍요, 건강, 행복을 오히려 날려 버리게 만드는 경우가 있다. 성육신, 십자가, 부활은 연합하여 하나님의 거대한 그리스도 사건을 형성하는데 거기에는 말구유 영접, 골고다의 고뇌, 빈 무덤의 허무 등이 있음을 잊어서는 안 된다. 성서 이야기를 전개하는 설교는 지난 일을 현재의 일로 만드는 것이다. 역사적인 구속행위를 현실에 재현하는 작업이 설교의 본질이라 할 수 있다. 복음의 참된 전달은 십자가의 말씀을 만나는 것이다.

　남병희 목사님은 현재 감리교단이 안고 있는 설교자 가운데서는 독특한 위치를 점유하고 계시는 목사님이시다. 실상 한국교회의 설교경향이 설교 말씀을 듣는 청중들을 기복성이 강한 신앙형태로 만들어 가고 있다. 그러나 남병희 목사님은 복음의 보다 깊은 차원을 청중들에게 제시하고 보다 고차원적인 신앙의 질을 분명히 꼬집어 제시하는 내용을 많이 담고 있는 설교를 펴 왔다. 남 목사님의 설교는 다른 설교자들이 보지 못한 면, 각도, 범주, 관찰력이 담뿍 들어 있는 말씀으로 가득 차 있다. 참 기쁨이 무엇이냐를 제시하는, 참 의미가 무엇인지를 보여 주는, 고통을 알고 슬픔을 아는 경험 있는 설교자가 아니면 도저히 지적할 수 없는 신앙의 질을 지적해 보여 주는 설교라고 말할 수 있다. 막연히, 허공을 휘젓는 옛날 어휘와 단어들을 계속 나열하는 다른 많은 설교자의 종교용어, 신앙용어와는 달리, 남병희 목사님의 말씀은 길거리의 말, 시장 사람들의 단어, 달동네 사람들의 표현을 익히 닮은, 무식한 사람들이나 유식한 사람이나 다 알아들을 수 있는 현실적이고도 생생한 일상용어를 많이 사용하신, 산 신앙의 증언이요, 신앙생활의 길잡이라고 할 수 있다.

    그의 설교는 이치에 맞는, 도리가 틀림없는 사상과 이론의 발전을 담고 있고, 듣는 사람으로 하여금 욕심에 끌려 살게 하기보다는 자신의 잘못을 뉘우치고 자기의 행위를 반성하게 만드는 훈계로 가득 찼으며, 세상 영화에 대한 매서운 심판과 인간정신을 부패시키는 갖가지 안일한 처세술에 대한 비웃음이 깔려 있는 진실을 보게 하고, 진리를 살게 만드는 예리한 관찰력을 불러일으키는 말씀으로 가득 차 있다. 다 아는 내용을 새 소식처럼 생색을 내며 고함지르는 대다수의 설교자의 판에 박은 설교 말씀과는 달리, 조용히 아픈 데를 쑤셔대고, 곪은 곳의 고름을 뽑아내는 실질적인 인간 치료의 구원의 말씀, 해방의 선언이 여기저기 스며 있는 설득력 있는 타이름이 계속되는 설교이다.

    철학과 종교는 인생 문제에 심각한 대답을 주려는 노력으로 인생의 병을 진단·치료하는 병원과 비슷하다. 철학은 바른 질문을 던지는 기술로 문제를 표현하고 대답을 찾는 학문이다. 철학은 문제로부터 시작하는 끝없는 머리 씀으로, 아무리 좋은 해답을 찾아도 그 머리 씀은 계속되도록 해답 배후에 언제나 다른 질문이 숨어 있다. 새 질문을 던지므로 철학적인 대답은 언제나 임시 정거장이다. 철학은 생각할 주제를 상식에서 찾고, 사회생활 전반에 자유롭게 말하고, 인간 지식이 모든 영역을 샅샅이 수사하고 조회하여 문제를 보다 분명하게 드러내고 타당성을 찾는다. 때로는 종교적인 진리까지도 수사 감독하려 하지만 철학은 언제나 시대적인 사조, 철학자의 생활영역과 경험의 종류에 제약을 받는다.

    종교도 인생의 병을 진찰하고 치료하여 인생문제에 해답을 주려 한다. 그런 점에서 철학이나 종교나 인생의 허다한 질문을 외면하지 않는다. 질문 없는 신앙은 질문 없는 학교, 진찰 없는 병원과 같다. 그러나 종교는 철학과는 달리 모든 질문에 뛰어난, 그리고 신비한 대답을 준다. 철학은 문제로부터 시작하나 종교는 교리와 신조로부터 시작하고, 철학은 문제를 일반화하여 남의 문제처럼 취급하나 종교는 일반적인 문제도 개개인의 문제로 만들어 남의 일처럼 구경하게 두지 않는다. 그것은 철학이 문제에 관심하는 때, 종교는 사람에게 관심하기 때문이다. 철학은 의심으로 시작하여 완전한 대답을 내 놓지 못하나 종교는 문제를 있는 그대로 보지 않고 하나님의 입장에서 보게 한다. 철학은 인간의 알려는 요구에 봉사하나 종교는 인간으로 하나님의 마음을 감지하게 만든다. 철학은 사리를 분석하고 설명하려 하지만 종교는 자아비판으로 사람을 정결하고 거룩하게 만든다. 때문에 종교는 철학적인 탐구에 만족하지 않는다. 인간의 이성적인 생각이 고상한 정신을 만들지 못하며, 고상한 정신이 없으면 진리가 죽고 생명이 시들기 때문이다. 생각의 뿌리는 경험과 느낌이지만 생각의 열매는 신의 은혜에 눈 뜨는 것이다. 종교는 하나님의 거울에 나를 비추어 검토하고 반성하는 과격한 자기 이해요, 내 생각 내 태도를 검토하고 계산하는 장소이다.

남병희 목사님의 설교를 받아 읽을 때마다 내가 가지는 감회는 그가 독자와 청중에게 아부하지 않는 예리한 통찰력의 소유자요, 인간의 질병에 대한 정확한 진단과 처방을 내리는 신통한 지도자라는 확신이다.

신앙도 잘못되기 쉽고 오염되기 쉬우며, 관행과 고집으로 인하여 미신, 교만, 위선 같은 곰팡이로 부패될 수 있다. 그래서 종교 행위도 이성의 도전과 비판을 받아야 한다. 불신자의 의심과 비방이 필요할 때가 있고, 기만과 속임수가 목사와 장로라는 판매원에 의해 교회라는 가게에서 가짜 상품으로 판매될 수 있기 때문에 종교가 고장 났을 경우에는 이성을 선용할 필요가 있다.

빈부귀천을 막론하고 사람은 자신이 병을 알지 못하고 지내는 경우가 많으며 일단 병에 걸린 것을 알면 그 병을 퇴치하기 위해 총력을 기울여 집중적으로 치료를 받으며 특별한 극기 생활과 자숙의 길로 들어가는 것이 통상이다. 남병희 목사님의 신학은 바로 이런 종교관을 가진 광야의 외치는 소리와 같다. 만일 의사인 설교자가 환자에게 문제의식을 불러일으키지 못하거나 문제에 정확한 진단과 처방을 내리지 못하고 횡설수설 우왕좌왕 한다면 환자에게 치료의 기회를 잃게 할 수가 있다. 설교는 단순한 의사소통의 수단이 아니라 하나님의 창조적인 말씀이요, 치유적인 약이요, 신의 의도를 이해하도록 설득하는 작업이다. 설교란 단순히 듣는 자로 알게만 하는 것이 아니라 알고 깨닫게 만드는 것으로, 지식과 행동 사이에 심각한 거리 간격을 메우는 하늘의 훈계 작업이요 신심(神心)의 전달 작업이다.

인간만세에 기분 내는 세대, 세속생활에 만족하는 세대들이 들어야 하고 경청해야 할 이치와 진리를 담은 유익한 책이라 믿어 널리 읽혀지기를 바라는 마음 간절하다.

구덕관

(전 감신대학장)

추천사 2

목사에게 있어 설교는 그 자신의 신앙과 인격의 실상이다. 따라서 목사의 설교는 자신에게는 생명이요 듣는 사람들에게는 진리와 은혜가 되어야 한다. 이것이 글이 되어 나타날 때는 목사의 삶의 현장인 교회와 사회의 시대상황에 대한 증언이요 역사이기도 하다. 그런 뜻에서 설교는 목사와 교회를 위해서는 진실한 고백이기도 하고 시대를 위해서는 책임 있는 고발이기도 하다.

남병희 목사는 몸은 약하지만 인간 영혼을 사랑하며, 역사를 통찰하는 마음은 뜨겁고 건강하기 그지 없는 선배이다. 그만한 양심과 상식에 근거하여 자신의 신앙과 목양에 정진하는 목사가 과연 몇 사람이 될 것인가를 되새겨 본다.

그의 설교는 자신의 내면생활의 분출이요, 같은 믿음을 가진 사건들의 응답(아멘)이요, 같은 시대인과의 결속이기도 한다. 그런 의미에서 그의 설교는 고독한 명상이요, 절규가 아니라 동시대인의 공동고백이요, 공동증언이라 하여도 틀림없을 것 같다. 나는 그의 설교를 통해 그의 인간됨을 믿어 의심치 않는다.

그는 어떤 것에도 미련을 갖지 않는다. 또한 타인의 이목으로부터도 자유로운 사람이다. 그러면서도 무엇이든지 방치해두지 않는다. 한 마디로 순례자 정신의 소유자이다. 진정한 설교는 순례자만이 선포할 수 있다. 세속적인 것에 집착하거나 영향 받는 사람의 설교는 자유정신의 설교가 될 수 없다. 그러면서 세속적인 것에 대한 깊은 관심과 통찰을 게을리 하지 않음으로써 그의 귀착지는 시대의 구원인 것이다.

그는 결코 말을 즐기는 사람이 아니다. 그런데 그는 설교하기를 기뻐하고 또 그것을 글로 남기기를 자랑스럽게 생각한다. 그의 생애에 있어서 입으로 하는 말들 중에서 설교가 차지하는 몫은 거의 전부라 해도 과언이 아닐 것이다. 그만큼 설교를 사랑하며 소중히 여기며 즐기고 있다. 그러면서도 그는 침묵의 사람이다. 그의 침묵이야말로 제2, 제3의 설교가 되고 있다. 글로 쓰인 설교에는 그의 침묵이 그대로 투영될 것이라 생각하며 그의 설교집이 선보이게 된 것을 기뻐한다.

많은 목사들은 이사할 준비를 하면서 목회에 종사한다. 그 회수가 거듭 될수록 자신의 임무에 대해 피곤을 느끼며 회의와 좌절에 빠져들기도 한다. 그러나 진리를 향한 진정한 순례자는 오직 자신의 설교를 갈급하게 기다리는 사람들을 찾아 계속 움직인다. 자신의 안전이나 명예 같은 것 때문에 머뭇거리거나 망설이지 않는다. 그런 뜻에서 남병희 목사야말로 참 진리의 순례자요, 자유정신의 소유자요, 하나님의 명령에만 따라 나그네 된 목사라 생각하며 그의 기나긴, 그리고 다양한 세계에서의 삶을 담은 설교집 간행을 축하하며 일독을 권장하는 바이다.

(고 장기천 감독. 기독교대한감리회총회)

차례

004	추천사 1
010	추천사 2
015	왜 성경만이 하나님의 말씀일까요
045	넓은 바다야
059	속력과 인생(결심과 열심)
079	기억의 비밀 계좌
097	볼 수 있는 세계와 볼 수 없는 영계
113	죽음, 영혼, 영생
135	얕게 사는 사람과 깊게 사는 사람
159	죄의 자초지종
173	사람아! 네가 어데 있느냐
187	웃음보다 더 귀한 눈물
213	잃어버린 드라크마를 찾던 여자
229	하나님이 세상을 이처럼 사랑하사
249	잃은 양 찾아

영문 밖의 영광

차례

263 인생 학교
293 먼저 그의 나라와 그의 의를
319 순종이 사는 길입니다
337 그리스도인과 절제 생활
361 사랑이 묘약입니다(사랑에 굶주린 현대인)
383 모든 것을 버리고 나서(벌거벗고 나서)
405 가시밭의 백합화 시궁창의 연꽃
421 구원에 이르는 신앙과 멸망에 이르는 신앙
441 생수가 솟아나는 신앙과 짜증이 나는 신앙
463 나는 비록 약하나 성령님은 강하시고
481 옛 소망과 새 소망
501 허탈감과 보람
515 인생극장

영문 밖의 영광

왜 성경만이
하나님의 말씀일까요

"모든 성경은 하나님의 감동으로 된 것으로 교훈과 책망과 바르게 함과 의로 교육하기에 유익하니 이는 하나님의 사람으로 온전하게 하며 모든 선한 일을 행할 능력을 갖추게 하려 함이니라"(디모데후서 3:16~17)

왜 성경만이 하나님의 말씀일까요

우리가 다 잘 알고 있는 바와 같이 성경은 가장 놀랍고도 가장 신비한 책입니다! 따라서 누구나 한번쯤은 통독해 볼 만한 가치가 있는 책입니다. 불신자라도 말입니다. 성경책은 언제나 베스트셀러였습니다! 지금 이 세상에는 적어도 90억 권의 성경책이 배포되어 있습니다. 한 사람 당 평균 두 권입니다. 그러면 어떻게 그런 일이 가능하게 되는 것일까요? 성경은 사람의 말이 아니라, 하나님의 말씀이기 때문입니다.

그런데 이 문제에 대해서는 계속해서 의문이 제기되어 왔습니다. 어떻게 성경만이 하나님의 말씀이냐는 것입니다. 이 세상에는 종파마다 하나님의 말씀이라고 믿는 경전들이 26가지나 있습니다. 분명히 사람들이 기록한 책인데 어떻게 하나님의 말씀이 될 수 있느냐는 것입니다.

그러면 우리는 그와 같은 질문을 일소에 부치고 말아도 되는 것일까요? 성경이 과연 "하나님의 말씀이냐, 아니냐" 하는 문제는 중대한 문제입니다. 거기에는 기독교의 존망이 걸려 있을 뿐 아니라 성도들의 운명도 함께 달려 있기 때문입니다. 그리고 성경은 이유를 묻는 사람들에게는 이해할 만한 답변을 해 줄 것을 명하고 있기 때문입니다(벧전 3:15).

한번은 어떤 목사님이 전도왕인 권사님에게 물었더랍니다. "권사님께서는 어째서 성경이 하나님의 말씀이라고 믿으시지요?" 그러자 권사님께서는 "글쎄요? 하나님의 말씀이니까 하나님의 말씀이지 거기 무슨 이유가 있겠어요?" 하셨다지 뭡니까?

1. 성경은 하나님의 영감으로 된 책입니다

많은 그리스도인이 성경을 하나님의 말씀으로 믿는 데는 그럴 만한 이유가 있습니다. 우선 성경 자체가 성경이 하나님의 말씀인 것을 주장합니다. 구약에만도 2,600번이나 성경이 하나님의 말씀인 것을 확인한 구절이 있습니다.

"만군의 여호와께서 이르시되……"(사 22:25).

"여호와의 말씀이 내게 임하여 이르시되……"(겔 21:18).

"이와 같이 하나님께서 이르시되……"(고후 6:16).

그러므로 성경은 거짓말 책이 아니면 하나님의 말씀일 수밖에 없습니다. 성경이 흔히 있는 '양서'가 될 수는 없습니다. 예수님께서 사기꾼이 아니면, 하나님이 될 수밖에 없는 것과 같은 이치입니다. 예수님께서 자기의 신성을 주장하신 것같이 성경도 거기 기록되어 있는 말씀이 사람의 말이 아니라 하나님의 말씀인 것을 주장합니다.

그러면 성경이 하나님의 말씀이라고 하는 근거는 무엇일까요? 성경은 성령의 감동으로 된 책이기 때문입니다! 그러면 성령의 감동이란 어떤 것일까요? 성경의 영감설靈感說에 대해 벤저민 브렉킨리지 윗필드Benjamin Breckinridge Warfield 교수는 다음과 같은 정의를 내렸습니다. "영감靈感이란 성경의 저자들에게 임한 하나님의 초자연적인 영향력입니다."

하여간 성경이 말하는 '영감靈感'은 'Inspiring'이 아니고 'Inspired'입니다. 어떤 사람들은 말합니다. "성경이 영감에 의해서 기록된 책인 것같이 윌리엄 셰익스피어William Shakespeare나 존 밀턴John Milton이나 루드비히 판 베토벤Ludwig van Beethoven이나 톰 페인Tom Pain 같은 사람들의 작품도 영감을 받아서 기록을 한 책이다."라고 말입니다. 그러나 성경이 성령의 감동으로 기록된 책이라고 하는 말과 그 말은 다릅니다.

디모데후서 3장 16절에 "모든 성경은 하나님의 감동으로 된 것으로 교훈과 책망과 바르게 함과 의로 교육하기에 유익하니"라고 했는데, '성령의 감동'의 원어 뜻은 'God-Breathed'(하나님의 호흡Theopneustos)입니다. 그 말의 뜻은 'Inspiration영감'이라고 하기보다는 차라리 'Expiration날숨'에 가깝습니다. 세상 사람들의 영감은 자기 스스로에게서 나오는 것이지만 성령으로 말미암는 영감은 하나님의 직접 계시입니다! 그러면 성경이 말하는 영감은 어떤 생각이나 어떤 느낌을 주는 것뿐일까요? 아니면 그 생각을 표현하는 언어까지 주는 것일까요? 이와 같은 질문에 대해 우리는 모든 인간의 생각은 그 사람들이 사용하는 언어의 그릇에 담을 수밖에 없다는 사실을 상기시키는 것으로 결론을 내리고자 합니다.

2. 성경이 하나님의 말씀인 증거

성도들이 성경을 하나님의 말씀으로 믿는 데는 그럴 만한 근거가 있습니다. 선입견을 버리고 마음의 문을 열기만 하면 누구든지 성경이 하나님의 말씀이라고 하는 사실을 믿을 수 있습니다.

1) 성경이 하나님의 말씀인 근거는 그 일관성과 통일성에 있습니다

창세기 3장 15절에서 "여자의 후손은 네 머리를 상하게 할 것"이라고 하신 예언의 말씀은 요한계시록의 마지막 장 마지막 절인 22장 20절에서 "내가 진실로 속히 오리라 하시거늘 아멘 주 예수여 오시옵소서"라고 하신 말씀으로 이어져 있습니다.

우리가 다 잘 알고 있는 바와 같이 성경은 한 사람이 한 시대에 기록한 책이 아닙니다. 성경은 66권의 책을 편집한 전집입니다. 성경은 한 권의 책이 아니라, 66권으로 이루어진 책입니다. 그것도 한 사람이 저술한 66권의 책이 아니라, 40명이나 되는 사람들이 저술한 책입니다. 그것도 한 나라의 말이 아니라, 히브리 말과 헬라 말과 아람 말로 저술된 책입니다. 그것도 한 나라 사람이 아니고, 생각도 다르고 관습도 다른 여러 나라 사람들이 저술한 책입니다. 그것도 같은 시대의 사람들이 아니라, 사조와 유행이 다른 여러 시대에 속하는 사람들에 의해서 저술이 된 책입니다. 성경은 1,600년이라고 하는 긴 세월을 통해서 여러 나라 사람들이 여러 나라 말로 저술한 책입니다. 그뿐 아닙니다. 성경은 팔레스타인 사람과 바벨론 사람과 헬라 사람과 로마 사람과 소아시아 사람과 심지어 아라비아 사람까지를 포함한 여러 인종에 의해 쓰인 책입니다.

우리는 시대에 따라 사람들의 생각이 다르고 종족에 따라서도 사람들의 의식이 다른 것을 너무도 잘 알고 있습니다. 아니! 똑같은 사람도 어렸을 때 생각이 다르고 늙었을 때 생각이 다릅니다. 우리는 단 3년밖에 나이 차이가 나지 않는 사람이 후배에 대해 "세대 차이라니까……" 하며 말하는 것을 볼 수 있습니다.

아리스토텔레스Aristoteles은 플라톤Plato의 직계 제자였음에도 그의 사상은 스승님의 생각과 너무 달랐습니다. 그뿐 아닙니다. 우리는 똑같은 시대를 사는 똑같은 나라의 사람들 사이에서도 교육 수준이나 문화 수준이나 성격에 따라 생각이 다른 것을 압니다. 똑같은 사람도 무식했을 때와 유식하게 됐을 때의 생각은 다릅니다. 아니, 몇 달 동안만 해외여행을 하고 돌아와도 생각이 달라진다면서요?

그런데 성경은 임금님으로부터 목자, 어부로부터 의사, 세리로부터 바리새교인에 이르기까지 각계각층의 사람들의 손에 의해 기록된 책입니다. 그뿐 아닙니다. 성경에는 산문도 있고, 시도 있고, 역사도 있고, 법률도 있고, 여행기도 있고, 전기도 있고, 신학도 있고, 철학도 있고, 족보도 있고, 예언도 있습니다. 그런데도 성경은 마치 한 사람이 한자리에 앉아서 단번에 저술한 책같이 처음부터 끝까지, 창세기부터 계시록에 이르기까지 일관성도 있고 통일성도 있습니다!

성경은 여러 사람이 저술을 했는데도 완전하게 한 권의 책입니다! 서로 알지도 못하는 사람들이 서로 연락도 없이 기록했는데도 완전한 한 권의 저서입니다! 그들 사이에는 조금도 서로 모순이 되는 구절이 없습니다! 창세기는 서문이 되고 요한계시록은 완벽한 결론이 되고 있습니다! 성경 66권은 편집 순서에 이르기까지 조금도 바꿀 수 없는 완벽한 작품입니다! 성경은 '장, 절'의 순서에 이르기까지 완벽한 책입니다!

그러니 어떻게 여러 시대에 걸쳐 여러 화가가 자기들 멋대로 그려 놓은 그림들을 모아서 하나의 완벽한 작품을 만들어 낼 수 있었을까요? 어떻게 40명이나 되는 여러 시대 사람들이 자기네들 생각대로 저술한 글을 모아서 한 권의 책을 만들어 낼 수 있었을까요? 한 사람이 저술한 여러 권의 책도 모아서 한 권의 책으로 만들어 낼 수가 없는데, 어떻게 여러 사람이 각자 기록한 말들을 모아서 하나님의 완벽한 연설문을 만들 수 있었을까요? 이 세상에 그런 식으로 저술된 책은 단 한 권밖에 없을 것입니다. 성경은 유일무이한 책입니다. 하나님의 직접적인 영감이 없었다면 어떻게 그런 책이 나올 수 있었겠습니까?

2) 성경이 하나님의 말씀인 증거는 내용의 유일성에 있습니다

성경이 증언하고 있는 진리와 구원의 도는 다른 철학이나 다른 종교가 주장하는 것과는 근본적으로 다릅니다. 성경이 전하는 진리는 사람들이 생각해 낼 법도 하지 않은 진리입니다(사 55:8~9).

성경에 나오는 신관이나 구원관은 전혀 엉뚱한 것입니다. 다른 종교들이 얘기하고 있는 것과는 조금도 비슷하지 않습니다. 다른 종교나 다른 철학이 얘기하는 것은 비슷비슷하지만 성경이 전하는 진리는 전혀 다릅니다! 성경의 신관과 구원관은 유일무이합니다. 그래서 성경은 유일한 책이요, 그래서 성경은 하나님의 영감으로 된 책이라고 하는 것이 아니겠습니까?

그러면 성경이 전하는 신관과 구원관이 다른 종교와 다른 점은 어떤 것들일까요?

첫째는 신관입니다

대개 세상의 종교나 세상의 철학이 말하는 신은 유일신이 아니면 만물 가운데 내재하는 하나님, 즉 범신론입니다. 그것이 이치에도 맞고 그럴듯도 하기 때문입니다. 그런데 성경이 말하는 신관은 그야말로 엉뚱한 신관입니다. 오직 하나이신 하나님이면 오직 하나이신 하나님이고 세 분의 하나님이면 세 분의 하나님이지 어쩌자고 세 분이면서 동시에 한 분이냐는 말씀입니다. 그 밖에도 하나님이 사람이 되어 이 세상에 오셔서 33년 동안이나 대소변을 보시면서 사셨다고 하니 세상에 그런 하나님이 또 어디 있겠습니까? 그리고 하나님이 사람들에게 끌려다니며 매를 맞으셨을 뿐 아니라 살해까지 당하셨다고 하니 세상에 사람에게 맞아 죽은 하나님이 어디 또 있겠습니까?

물론, 다른 종교에도 신이 한 번 내지 여러 번에 걸쳐 사람의 모양을 하고 세상에 나타났다고 하는 얘기는 있습니다. 그러나 성경이 말하는 것 같이 창조주 하나님이 여자의 자궁을 통해서 출생해서 진짜 사람이 되어 버렸다는 얘기나, 하나님이 죽어서 장례식까지 치렀다고 하는 얘기는 다른 어디서도 찾아볼 수 없는 신관입니다. 그리고 하나님이 죽은 지 사흘 만에 다시 살아나셨다는 얘기도 성경에만 있는 얘기입니다. 만일 성경이 하나님의 영감에 의해서 기록된 책이 아니라면, 누가 무엇 때문에 하필이면 사람들이 믿어 줄 법도 하지 않고 이치에 맞지도 않고 또 그럴듯하지도 않은 복음을 일부러 고안해 냈겠습니까?

둘째는 구원관입니다

구원관으로 말하더라도 다른 모든 종교는 한결같이 인간의 명상이나 적선이나 수도나 학문을 통해서 열반에 이르기도 하고 구원도 받는다고 가르칩니다. 그리고 그것이 가장 합리적이기도 하고 상식적이기도 합니다. 그런데도 성경은 전혀 엉뚱한 구원관을 제시합니다. 아무리 적선을 많이 한 박애가요 아무리 도를 닦아서 성자의 칭호를 받는 성인군자라 할지라도 회개하지 않으면 지옥의 형벌을 면할 수가 없고, 이와는 반대로 아무리 흉악한 범인이요 살인강도라도 회개하고 믿기만 하면 영생 복락을 누리게 된다고 하니…… 세상에 그렇게 이치에 맞지 않는 구원관이 또 어디 있겠습니까?

그뿐 아닙니다. 성경이 말하는 내세관 역시 독특한 것입니다. 세상의 모든 종교는 사후의 세계에 대해 그저 "내세가 있습니다. 극락이 있습니다. 낙원이 있습니다." 정도로 점잖게 끝을 맺습니다. 그런데 성경은 일일이 내세의 일정표까지 만들어 놓고 믿을 수도 없는 말만 하면서 믿으라고 합니다.

육체가 죽는 순간에 영혼은 일단 낙원으로 돌아갔다가 예수님께서 재림하시는 날에야 죽지도 않고 썩지도 않는 영체로 변해서 공중에서 예수님을 영접하고, 그다음에는 성도들에게 행한 대로 갚아 주시는 그리스도의 심판이 있고, 그다음에는 천년왕국 시대가 있고, 그리고 또 천년왕국 시대가 지난 다음에는 사탄이 무저갱에서 놓여 만민을 이끌고 하나님과 결전을 벌이는 진짜 마지막 전쟁이 있고(계 20:7~9), 그다음에는 멸망의 심판을 받기 위해서 되살아난 모래알같이 많은 불신자에 대한 백보좌 심판이 있고(계 20:11~15), 그리고 그다음에는 옛 하늘과 옛 땅이 온데간데없이 없어지고 새 하늘과 새 땅이 출현하는 천지개벽이 있고(벧후 3:10~13), 그다음에야 신천지가 개국하게 된다고 하니……?

그리고 다른 모든 종교 지도자들은 하나같이 자기네들은 단지 진리에 대해서 가르치고 하나님을 증언하는 선지자에 불과하다고 했는데, 그런데 예수님께서는 엉뚱하게도 자기는 하나님의 아들이고, 자기가 곧 진리라고 단언을 하지 않으셨던가요(요 14:6)? 세상에 자기가 하나님이라고 우겨대다가 사람들에게 맞아 죽은 사람은 예수님 한 분밖에 없을 것입니다! 이처럼 성경은 사람들이 생각해 낼 수도 없고, 혹시 그런 발상을 했더라도 감히 입 밖에도 낼 수 없는 내용으로 가득 차 있습니다(요 3:7; 5:28; 8:58~59; 10:30~31)! 그래서 성경은 하나님의 말씀이라고 하는 것이 아니겠습니까?

3) 성경이 하나님의 말씀인 증거는 그 숱한 핍박 중에서도 죽지 않고 살아서 오늘날에 이른 데 있습니다

세상에 성경책같이 핍박을 당하면서도 이토록 널리 보급된 책은 없습니다! 얼마나 많은 사람이 성경책을 이 지구에서 근절해 버리려고 이를 갈았던가요? 어떤 사람은 총칼을 가지고 성경책을 없애 버리려고 하였고 또 다른 사람은 '펜'을 가지고 성경책이 거짓말투성이의 책인 것을 만천하에 폭로하려고 하였습니다. 2,600년 동안에 걸쳐서 세상은 모든 힘, 죄악의 힘, 이성의 힘, 권력의 힘 등등 모든 힘을 총동원해서 성경을 박멸해 버리려고 안간힘을 다 썼습니다. 그런데도 성경책은 점점 더 번져 나가기만 했습니다! 성경책은 정말 신기한 책입니다! 세상에 성경책같이 수난을 많이 겪고, 성경책같이 팔자가 사나운 책은 없을 것입니다. 이 세상에는 몇 권을 찍어 내서 팔든지 개의치 않는 책도 많은데, 성경책만은 유별나게 혹독한 시련을 당해야 했습니다.

우선 주전 697년에는 유다의 므낫세 왕이 모세의 율법책을 없애 버리려 하였고, 그리고 실제로도 모든 율법책을 없애 버리는 데 성공을 했지만, 다행히도 어떤 사람 하나가 목숨을 걸면서까지 한 권의 율법책을 숨겨 둠으로 율법책은 멸종을 면할 수 있었습니다. 그리고 말라기서와 마태복음서의 중간기에는 시리아의 폭군 안티오쿠스 에피파네스Antiochus Epiphanes가 일어나서 이스라엘을 정복했는데 그 사람은 이스라엘 사람들이 가장 부정하게 생각하는 돼지를 예루살렘 성전의 제단에 바치게 했을 뿐만 아니라 성경책을 가지고 있는 사람이 있으면 무론 대소하고 학살을 감행하기까지 하였습니다. 그래서 성경책은 또다시 멸종의 위기를 맞이하게 됐는데 바로 그때에 저 유명한 마카비 혁명이 일어나서 성경책은 또다시 멸종을 면할 수 있었습니다!

다음은 신약시대입니다. 때는 주후 303년경, 역사상 최대의 교회 박해자이던 디오클레티아누스Diocletianus 황제가 일어나 교인들의 모든 재산을 몰수하고 모든 성경책을 불태워 없애 버릴 것을 명령함으로 성경책은 또다시 사라질 위기를 맞이하게 됐습니다. 그런데 그 황제가 채 10년도 왕위에 있지 못하고 죽었을 뿐 아니라 뒤를 이어 기독교의 수호자인 콘스탄티누스Constantinus 황제가 등극하는 바람에 성경책은 또다시 멸종의 위기를 모면하게 되었습니다!

그런데 중세기에 이르러서는 (천주)교회까지도 성경을 금서 목록에 올렸으니 그 당시의 종교회의는 아무도 성경책을 소유하지 못하도록 금령을 내렸습니다! 그 당시에 성경책을 보통 사람들도 읽을 수 있도록 사투리로 번역한 윌리엄 틴들William Tyndale은 화형당해서 죽고, 성경을 영어로 번역한 존 위클리프John Wycliffe는 너무 일찍 죽어서 사형은 면했지만 후일에 이르러 그의 시신이 다시 파헤쳐져서 두 번 죽임을 당해야 했습니다. 재가 되어 버린 그의 시체는 강물에 내던져졌고요. 그뿐 아닙니다. 영국의 메리Mary Stuart 여왕 역시 성경책을 가지고 있는 사람은 그가 누구든 닥치는 대로 잡아다가 산채로 불태워 죽였는데, 그 여왕도 5년밖에 왕위에 머물러 있지 못하고 죽었을 뿐 아니라 뒤를 이어 개신교도인 엘리자베스Elizabeth I 여왕이 등극하는 바람에 성경책은 또다시 위기를 모면할 수 있었습니다! 엘리자베스 여왕은 130가지나 되는 성경책의 출판을 명령하기까지 했습니다.

그런데 현대에 이르러 무력이나 권력으로는 성경책을 탄압할 수 없게 되자 이번에는 지성인들이 일어나서 '펜,' 다시 말해 문필을 가지고 성경을 말소해 버리려고 했습니다. 그 대표적인 인물이 프랑스의 지성을 대표하는 볼테르Voltaire입니다. 그는 무적의 문필을 종횡무진으로 휘둘러서 성경책을 맹타했는데, 때마침 지성의 시대를 맞이해서 많은 사람의 호응을 얻게 되자 그는 자신만만하게 예언까지 하였습니다. "백 년 후에는 이 지구상에 성경책은 한 권도 남아 있지 않을 것입니다! 그리고 성경책은 단지 고물상의 먼지 더미 속에서나 발견할 수 있을 것입니다!" 그런데 이게 웬일입니까? 그가 죽자마자 볼테르의 저서들을 찍어 내던 출판사가 변해서 성경을 찍어 내는 출판사가 되었으니 말입니다. 그가 살던 제네바에 있는 집을 성서협회가 사들여서 성경책을 보급하는 본부로 사용하였기 때문입니다.

그뿐 아닙니다. 최근에 이르러서는 성경 연구를 전문으로 하는 신학자들까지도 합세해서 성경이 하나님의 말씀이 아님을 증명해 보려고 애를 쓰고 있습니다.

성경책은 이상한 책입니다! 기구한 운명의 책입니다! 마구 짓밟히면서도 영원히 살아 있는 책입니다! 세상에 그토록 많은 탄압을 당하면서도 그토록 무성하게 자라나고 있는 책은 없을 것입니다!

4) 성경이 하나님의 말씀인 까닭은 고고학자들이 발굴해 낸 역사적인 증거가 있기 때문입니다

성경에 관한 고고학적인 발견은 현대의 경이라고 말할 수 있을 정도로 놀라운 사실입니다. 지난 150년 동안에 걸쳐 고고학자들은 성경에 나오는 땅들을 찾아다니면서 너무나도 많은 사실을 발굴해 냈습니다. 심지어 성경에 나오는 기록이 사실이 아닌 것을 증명하기 위해서 땅을 판 고고학자들까지도 성경의 역사적인 사실을 증명해 주는 증거물들을 가지고 돌아올 수밖에 없었습니다. 그러면 이제 그 실례를 들면서 말씀드리기로 하겠습니다.

우선은 하티(Hatti: 原히타이트Hittite)족에 관한 것입니다. 창세기에만도 40번이나 히타이트족에 관한 얘기가 나오는데 성경에는 히타이트족이 대제국으로 소개되어 있습니다. 그런데 세상의 역사나 문헌들 가운데서는 히타이트족이란 말조차 찾아볼 수가 없었습니다. 그래서 사람들은 성경의 기록을 믿을 수가 없었습니다. 그래서 성경은 신화시대에 살던 사람들의 상상물에 불과하다고 제쳐 놓을 수밖에 없었습니다. 그런데 놀랍게도 19세기 말 현대의 고고학자들은 묻혀 있던 히타이트 제국을 발굴해 냈습니다.

다음은 앗시리아 제국입니다. 100년 전까지만 해도 성경을 모르는 사람들은 앗시리아(아시리아Assyria)라고 하는 나라가 있었다는 사실조차 모르고 있었습니다. 사실 이 세상에 있는 어떤 책에도 앗시리아라고 하는 나라의 이름이 없습니다. 그래서 사람들은 성경이 엉터리라고 생각할 수밖에 없었습니다. 그런데 이게 웬일입니까? 어떤 사람이 그 자리에 가서 땅을 팠는데 성경이 앗시리아 제국의 수도인 니느웨의 왕이라고 한 사르곤Sargon의 이름이 새겨져 있는 벽돌 한 장을 발견하였습니다! 그래서 그 벽돌 한 장을 파리로 보내서 조사를 의뢰했는데 그 결과는 앗시리아라고 하는 나라는 세상에 존재하지도 않던 나라이기 때문에 그 벽돌장 역시 가짜가 분명하다는 판정이 내려지고 말았습니다. 그런데도 지질학자들은 거기서 그치지 않고 발굴 작업을 계속해 나갔는데, 그리하여 마침내 앗시리아 제국의 역사를 알려 주는 수 천 개의 둥근 기둥들과 조각품들을 보존하고 있는 도서관은 물론 니느웨 성의 전모까지 찾아내고야 말았으니…… 이젠 아무도 앗시리아 제국의 역사적인 사실을 부인할 수 없게 되었습니다!

그리하여 결국 고고학자 윌리엄 올브라이트William F. Albright는 "고고학은 구약에 기록된 모든 사실들이 의심할 여지가 없는 역사적인 사실인 것을 입증하기에 이르렀다."라고 실토할 수밖에 없었고, 유명한 고고학자인 넬슨 글뤽Nelson Glueck도 "현대의 고고학적인 발굴은 성경에 기록된 사건들 중 역사성이 없는 것이라고는 단 한 건도 발견할 수 없었다."라고 고백할 수밖에 없었습니다!

5) 성경이 하나님의 말씀인 까닭은 세상을 변화시키고 개인의 인격을 변화시키는 놀라운 힘 때문입니다

하나님의 말씀이 들어가는 곳마다 세상은 반드시 좋은 방향으로 변화하였습니다! 기독교를 받아들인 나라들은 예외 없이 급속한 발전을 이룩할 수 있었습니다. 세상에 성경보다 더 많은 영향을 인류에게 끼친 책은 없을 것입니다. 세계 역사의 흐름이나 시대사조 역시 기독교가 주도해 왔습니다. 자유와 평등과 정의의 사상은 물론 민주정치와 인권운동의 뿌리 역시 성경에 있습니다. 세계 최초의 병원도 교회가 세웠고, 세계 최초의 고아원도 교회가 설립하였고, 세계 최초의 현대식 학교도 교회가 창립하였습니다. 무엇이든지 좋은 일과 좋은 생각은 성경에서 나왔습니다.

그뿐 아닙니다. 세계적인 고전음악과 역사적인 미술작품과 불후의 문학작품 역시 성경에서 나왔습니다. 지금은 말세가 돼서 그런지 8백만 귀신을 섬기는 나라도 경제 대국이 되고 알라신을 섬기는 아랍 사람들도 시커먼 금방석 위에 앉아 있기는 하지만, 그러나 이전에는 심지어 경제적으로 잘사는 나라들까지 성경에서 나왔습니다. 그뿐 아닙니다. 어떤 사람들은 공산주의 사상까지도 성경에서 나온 서자庶子라고 합니다!

다음은 성경이 개개인의 인격에 일으킨 변화입니다. 성경에는 다른 어떤 책에서도 발견할 수 없는 힘이 있습니다. 그 힘을 우리는 성령의 역사라고 합니다! 이런 의미에서도 성경은 둘도 없는 하나님의 책입니다. 하나님의 책인 성경을 읽는 사람들에게는 성령의 역사가 임하게 마련입니다. 물론 아무리 성경을 많이 읽어도, 믿음 없이 욕심으로 읽어도 성령님의 역사가 임하는 것은 아니지만, 그러나 마음을 비우고 믿음으로 읽는 사람들에게는 백발백중 성령님의 역사가 있습니다!

이 성령님의 역사가, 성경이 다른 책들과도 다르고 다른 경전들과도 다른 점입니다. 다른 책은 아무리 많이 읽어도 중생의 역사가 일어나지는 않는데 이상하게도 성경을 읽으면 중생의 역사가 일어납니다! 그러나 성경책을 아무리 많이 읽어도 성령 체험 한 번 해 보지 못한 사람들의 경우는 성경책이라고 해서 다른 책들과 별로 다른 것이 없을 것입니다. 성령님께서만 성경이 하나님의 말씀인 것을 입증해 주십니다.

콜리지Coleridge가 다음과 같은 말을 했다고 합니다. "성경책 한 권에서 나는 다른 모든 책에서 읽은 모든 것들을 합친 것보다도 더 많은 것을 발견할 수 있었습니다. 성경은 나 자신을 더 깊은 차원에서 발견할 수 있게 해 주었는데 그때마다 나는 그 깨달음이 성령님의 역사인 것을 의심할 수가 없었습니다."

류 월리스Lew Wallace 장군도 예수님의 신성을 부인하고 성경이 허구의 책인 것을 만천하에 알리기 위해서 책을 쓰기 시작했더랍니다. 그런 목적으로 그는 성경을 역사적으로 조사도 하고 연구도 하였습니다. 그런데 그가 성경을 연구해 들어가다가 뜻밖에도 성령님의 능력을 체험하게 됐다고 합니다. 그래서 그는 예수님의 신성을 부인하는 책을 쓰다가 말고 도리어 예수님의 신성을 찬양하는 책을 쓰게 되지 않았던가요? 그 책의 이름은 『벤허Ben-Hur』, 누구든지 선입주견先入主見 없이 빈 마음으로 성경을 읽는 사람은 하나님을 만나서 변화를 받게 됩니다!

1880년대의 사람인 헨리 스탠리Henry Stanley도 다음과 같은 간증을 했습니다. "내가 처음 아프리카로 내려갔을 때는 세상에 둘도 없는 무신론자였습니다. 그러나 이 세상에서 가장 겸손하고 가장 관대하고, 가장 희생적인 복음의 사자 데이비드 리빙스턴David Livingston을 만나서 그분과 몇 달 동안 같은 천막에서 살면서 그분이 전해 주는 하나님의 말씀을 듣고 나서는 어쩔 수 없이 변화를 받아 그리스도인이 될 수밖에 없었습니다!"

하나님의 말씀에는 사람을 변화시키는 능력이 있습니다. 우리는 성경을 이 세상에서 없애 버리려고 하던 미국의 가공할 만한 무신론자 마다린 머리 오헤어Madalyn Murray O'Hair를 잘 알고 있습니다. 그러나 후에는 그 사람의 아들까지도 복음을 전하는 전도자가 되지 않았던가요?

어떻게 성경에는 사람을 변화시키는 힘이 충전되어 있는 것일까요? 어떻게 십자가에 못이 박힌 그 피 묻은 손은 흉악범들까지도 변화시켜 하나님과 인류를 위해서 목숨까지도 바치는 성자가 되게 할 수 있는 것일까요? 그리고 어찌하여 어린아이들도 이해할 수 있도록 쉬운 말로 기록이 된 성경을 학자들까지도 그 뜻을 다는 헤아려 알지를 못하는 것일까요? 아무도 중생하기 전에는 알 수가 없는 책이 성경입니다. 물론 다른 경전이라고 해서 감화력이 없는 것도 아니고 다른 종교라고 해서 사람의 마음을 움직이는 힘이 없는 것은 아니지만, 그러나 성경같이 많은 사람을 거듭나게 하고 성경같이 많은 사람으로 줄을 지어 순교의 길을 가게 한 책은 또다시 없을 것입니다! 그래서 성경은 사람의 말이 아니라 하나님의 말씀이라고 하는 것이 아니겠습니까?

다음은 1925년 소련에 기독교 박해 시대가 엄존하던 때에 있던 얘기입니다.

공교롭게도 박해군 사령관의 며느리 한 사람이 독실한 크리스천이 되었습니다. 그리하여 시아버지 사령관님께서는 이런 사정 저런 사정을 얘기하면서 며느리에게 신앙을 포기해 달라고 사정하였습니다. 그러나 며느리는 "다른 말씀이라면 몰라도 그 말씀만은 순종하지 못하겠어요." 하였습니다. 다음번에는 남편이 나서서 설득해 봤지만 여전히 허사였습니다. 이번에는 다른 장교들이 찾아와서 권면했지만 그 젊은 여신도께서는 여전히 막무가내였습니다. 설득해도 그것만은 안 된다고 하고 위협해도 그것만은 못한다고 했습니다.

그래서 시아버지께서는 최후의 타협안으로 '말로만이라도' 신앙을 포기해 달라고 간청하였습니다. 그런데도 며느리는 여전히 "그 일만은 못하겠어요!" 하면서 신앙의 지조를 지켰습니다. 결국은 며느리는 다른 신도들과 함께 사형장으로 끌려가서 사형을 당하게 됐는데…… 그때 그 장면을 지켜보고 있던 시아버지(박해군 사령관)가 명령했습니다. "네 얼굴에서 웃음을 거두어라!" 다음은 그때 며느리가 마지막으로 남긴 말입니다. "아버님! 제 맘속에는 벌써 천국의 기쁨이 솟아 나오고 있습니다!"

이렇게 사람을 변화시키는 힘이 성경에 있습니다. 물론 순교자가 다른 종교라고 해서 없는 것은 아니지만, 그러나 기독교의 순교는 유별납니다. 기독교에서는 평신도들까지도 순교의 대열에 끼어들었습니다. 그것도 한 두 사람이 아니라 수백, 수천, 아니, 수만의 신도들이 줄을 지어 순교의 대열에 동참하였습니다.

이런 말을 듣고 어떤 사람은 반문할 것입니다. "이슬람교에서는 더 많은 사람이 심지어 어린 소년들까지도 성전聖戰에 출정해서 알라신을 위해 하나밖에 없는 생명을 바치면서 기뻐하지 않느냐?"라고, "심지어 부모들까지도 어린 자식을 알라신에게 바치고 나서 흐뭇해하지 않느냐?"라고, "순교는 기독교만의 전유물이 아니지 않은가?"라고 말입니다.

그러나 이보다 더 중요한 사실이 있습니다. 전쟁을 하다가 기꺼이 목숨을 버리는 일쯤은 8백만의 귀신을 섬기는 일본 사람들도 할 수 있고 심지어 하나님이 없다고 하는 공산당원들도 계급투쟁을 위해서는 붉은 피를 아낌없이 흘리지 않던가요? 그뿐 아닙니다. 깡패들도 두목을 위해서나 형님을 위해서는 죽음도 사양하지 않고 싸우지 않던가요?

이슬람교도들의 순교와 기독교인들의 순교는 질적으로 다릅니다. 기독교인들의 순교는 이슬람교도들이나 공산당원들의 경우같이 적개심을 불태우면서 죽이고 죽고 하는 판국에서 하는 순교가 아니고, 예수님에 대한 사랑과 나아가서는 자기를 죽이는 원수들까지도 사랑하는 뜨거운 아가페의 사랑 가운데서 실천하는 순교이기 때문입니다(행 7:59~60). 그런 초인적인 사랑은 성경에서만 나옵니다!

여기서 혹자는 또다시 반문할 것입니다. "기독교인 중에도 순교는 그만두고 다른 종교인들, 아니! 비종교인들만도 못한 사람들이 많지 않으냐?"라고 말입니다. 그러나 형식적인 교인은 믿는 사람이 아닙니다! 그걸 아셔야 합니다! 그 사람들은 아직도 변화하지 못한 사람들입니다. 그 사람들은 단지 변화받기 위해서 대기 중인 사람들입니다(행 8:16; 18:25; 19:2). 그런 사람들을 보고, 다시 말해 믿지도 않는 사람들을 보고 믿는 사람들이 더 나쁘다고 하거나 믿는 사람들이 더 인색하다고 말씀하지는 마시기 바랍니다! 세상에 낙제생만 보고 학교를 평가하는 사람이 어디 있겠습니까? 모두 대입 성적만 보고 학교를 평가하지 않습니까?

　이름을 밝힐 수는 없는 어떤 집사님께서는 예배 출석에서나 헌금에서나 교회 활동에서나 타의 모범이 되는 교인이었습니다. 심지어 예절이나 사업에서까지도 타의 모범이 되는 일등 교인이었습니다. 그런데 이게 웬일입니까? 그 집사님이 울산에 첩실을 하나 숨겨 두고 있었습니다. 그러니 그런 사실을 누가 알 수 있겠습니까? 쥐도 새도 모르는 울산의 밀실에서 일어난 비밀이었기 때문이지요. 집사님께서는 그때까지만 해도 겉만 뻔지르르한 회칠한 무덤이었습니다. 이중장부였습니다(마 23:25~27)!

　그러던 어느 날 그 집사님이 갱으로 들어갔다가 갱이 무너져 내리는 바람에 간신히 목숨은 건졌지만 중상을 입으셨습니다. 형식적인 교인도 하나님이 지켜 주셨던 것입니다. 하여간 중상을 입고 입원 중인 집사님의 가슴은 무겁고 아팠습니다. '벌을 받고 있는 거야!' '하나님께서는 모든 사실을 다 알고 계셨던 거야!' 그리하여 난생처음으로 진짜 회개가 집사님의 뼛속 깊은 곳으로부터 스며 나왔습니다. "나는 죽어야 할 마땅한 죄인입니다! 나는 이중장부 같은 인간이었습니다! 그런데도 뻔뻔스럽게 기도는 잘 드리고 가족 기도회까지 인도하였습니다! 나는 죽일 놈입니다. 이걸 어떻게 하면 좋겠습니까!" 그때 디모데후서 3장 5절의 말씀이 총알같이 날아오더니 집사님의 가슴속 깊이 박혔습니다! "경건의 모양은 있으나 경건의 능력은 부인하니 이 같은 자들에게서 네가 돌아서라." 그 말씀으로 말하면 전에도 많이 읽고 수없이 들은 말씀이었지만, 그러나 그날은 달랐습니다. 아무리 하나님의 말씀도 성령님의 감동이 없으면 사람들의 말과 아무것도 다를 것이 없습니다! 지식으로나 배우는 하나님의 말씀은 빈 약병입니다. 말뿐인 약방문입니다. 하나님의 말씀도 아닙니다. 약방문을 잘 외운다고 어찌 고질병을 치료할 수 있겠습니까? 찬송을 잘 부르고 성경 암송을 잘한다고 어찌 중생의 역사가 일어나겠습니까?

그러나 이번에는 달랐습니다. 그날 집사님께서는 난생처음으로 약 처방이 아닌 진짜 '신약新約' 다시 말해 진짜 하나님의 말씀을 복용하셨습니다. 그래서 집사님은 거듭나서 새사람이 되었습니다! 난생처음으로 회개가 무엇이고 죄 사함을 받는 것이 어떤 것인지도 알게 되었습니다. 이런 의미에서만 성경은 하나님의 말씀입니다.

"주의 말씀의 맛이 내게 어찌 그리 단지요 내 입에 꿀보다 더 다니이다"(시 119:103)라고 시편 기자는 노래했습니다. 그런데 하나님의 말씀에 맛이 없는 까닭은 성령의 감동이 없는 하나님의 말씀의 겉껍데기만 핥고 있기 때문입니다. 껍데기만 핥는 사람이 어떻게 그 속에 듬뿍 담겨 있는 영양을 섭취할 수 있겠습니까!

"진리의 말씀과 하나님의 능력으로 의의 무기를 좌우에 가지고"(고후 6:7)

6) 성경이 하나님의 말씀인 증거는 성경은 창조의 비밀까지도 과학적으로 해명해 주기 때문입니다

성경에는 "만물이 그로(말씀으로) 말미암아 지은 바 되었으니"(요 1:3)라고 했는데 그게 얼마나 과학적인 진리입니까? 말은 생각을 음성으로 표현한 것이고, 생각은 음성으로 표현되기 이전의 말입니다. '말은 곧 생각'이고 '생각은 곧 말'입니다. 건축물이나 예술작품이나 상품이나 먼저는 사람의 머릿속에 생각이 있고 설계가 있은 다음 그것들이 형태를 취하고 나온 것입니다. 그런데 머릿속에 있던 설계는 자연계의 법칙을 이용한 것입니다. 따라서 말씀은 곧 생각이요 설계이며 동시에 법칙입니다. 정신계에서는 진리가 되고요. 생산품들 역시 사람들의 '말'로 말미암아 제작된 것입니다. 천지 만물 역시 하나님의 말씀, 다시 말해 하나님의 생각과 하나님의 구상으로 창조된 것입니다.

그리고 "이는 하나님의 영광의 광채시요 그 본체의 형상이시라 그의 능력의 말씀으로 만물을 붙드시며 죄를 정결하게 하는 일을 하시고 높은 곳에 계신 지극히 크신 이의 우편에 앉으셨느니라"(히 1:3)고 하시는데, 비행기가 공중을 나는 것도, 발전소에서 전기를 생산하는 것도, 낮과 밤이 있고 춘하추동이 있는 것도 알고 보면 지구가 시속 10만 킬로의 속도로 자전과 공전을 계속하고 있기 때문은 아닐까요? 그리고 천체들이 서로 충돌하지 않고 궤도를 질서 정연하게 운행하는 것도 중력의 법칙이 있기 때문은 아닐까요? 그러므로 천지 만물 역시 하나님의 말씀, 다시 말해서 자연계의 법칙이 붙들고 있는 것입니다(시 119:89~92)!

그리고 "그 명령을 땅에 보내시니 그의 말씀이 속히 달리는도다"(시 147:15)라고도 했는데 바람이나 물결이나 증기선이나 기관차 같은 것들이 모두 자연계의 법칙 즉, 하나님의 말씀을 따라서 달리고 있는 것을 뜻합니다. 그리고 또 "흑암이 깊음 위에 있고"라고도 하시는데, 그때는 바다가 있기 전이어서 수증기와 구름이 지구를 빽빽하게 덮고 있어 햇빛을 차단하고 있었기 때문일 것입니다. 그때는 지금의 바닷물이 모두 구름으로 공중에 떠 있었으니 온 세상이 얼마나 깜깜한 암흑천지였겠습니까! 하여간 성경은 지구의 창조 과정을 너무나도 과학적으로 설명해 주고 있습니다.

그럼 얘기 하나 하겠습니다.

어떤 한학자 한 분이 가문 전래의 유교를 버리고 기독교인이 되었습니다. 다음은 그 까닭을 묻는 어떤 사람의 질문에 대한 답변입니다. "다른 책들도 많이 읽어 봤지만 모두가 도덕적인 교훈뿐, 이 세상이 어떻게 해서 생겨나고 또 사람은 어떻게 해서 지금과 같은 사람이 되었으며 또 사람이 죽은 후에는 어떻게 되는지에 대해서 얘기해 주는 책은 없어서 답답하기만 하던 차에 창세기 1장 1절에 나오는 "태초에 하나님이 천지를 창조하시니라"고 하신 말씀을 읽고서는 '바로 이거다!' 싶어 성경을 독파한 다음 기독교인이 되었습니다!"

성경만이 세계와 인생의 시종을 분명하게 밝혀 주는 유일무이한 책입니다! 그 밖에도 성경에는 무궁무진한 진리가 숨겨져 있습니다. 세상 사람들이 지구가 우주의 중심이라고 생각하고 있던 시대에 벌써 지구가 공간에 매달려 있다고 하였으며(욥 26:7), 또 세상 사람들이 비바람은 신들이 하늘에서 쏟아 붓는 것인 줄로만 믿고 있던 시대에 수증기가 증발해서 비가 된다고도 하였으며(욥 36:27~28), 그리고 성경은 옛날에는 뱀이 배로 기어 다니는 동물이 아니었다고도 했는데, 현대에 이르러 동물학자들이 비단구렁이와 보아 구렁이에게서 엉덩이뼈의 흔적과 항문 양쪽에 다리가 퇴화한 것 같은 가시 모양의 흔적을 발견하기에 이르지 않았던가요?

7) 성경이 하나님의 말씀인 증거는 예언의 100% 적중입니다

신명기 18장 22절에는 하나님께로부터 보냄을 받은 참선지자와 사탄의 선지자를 식별하는 척도가 나와 있습니다.

"만일 선지자가 있어 여호와의 이름으로 말한 일에 증험도 없고 성취함도 없으면 이는 여호와께서 말씀하신 것이 아니요 그 선지자가 제 마음대로 한 말이니 너는 그를 두려워하지 말지니라."

우리는 선지자들을 통해서 말씀하신 성경의 예언들이 100% 성취되는 것을 보고 그 책이 하나님의 말씀인 것을 확인할 수 있습니다! 불교나 유교나 도교의 경전에는 예언이 없습니다. 그도 그럴 수밖에 없는 것이 어떻게 사람이 앞일을 미리 알고 예언할 수 있겠습니까? 한 치 앞을 내다보지 못하는 것이 사람이기 때문이지요.

망원경을 통해서 몇십 광년 멀리 떨어져 있는 천체들을 관찰할 수는 있어도 그러나 내일 무슨 일이 일어날 것인가를 아는 사람은 없습니다! 사람들은 아차 하는 순간에 일어날 교통사고도 모릅니다! 이슬람교의 경전인 코란에서도 예언 하나는 찾아볼 수가 있지만, 그 예언으로 말하자면 너무나도 당연한 것으로 마호메트가 메카로 돌아올 것이라고 하는 예언입니다. 그러나 이런 예언은 예수님께서 죽은 지 사흘 만에 부활할 것이라고 하신 예언에 비하면 아무것도 아닙니다. 하나는 자기가 마음만 먹으면 얼마든지 할 수 있는 일이었고, 다른 하나는 도저히 있을 수 없는 일이었기 때문입니다. 그럼에도 불구하고 예수님의 예언은 어김없이 성취되었습니다. 그래서 성경은 하나님의 말씀이라고 하는 것이 아니겠습니까?

물론 세상에도 예언자들이 있습니다. 그리고 그 예언자들도 족집게로 집어내듯이 과거의 일과 미래의 일을 적중시키기도 합니다. 미국의 예언자(점성술사이고 심령술사) 진 딕슨Jeane Dixon 부인만 해도 그렇습니다. 그녀는 케네디의 죽음도 예언을 해서 적중시켰고 스탈린 사후에 마렌코프가 후계자로 등장하게 될 것도 예언을 해서 적중시켰습니다. 또 있을 법도 하지 않은 재클린의 재혼까지 예언을 해서 적중시켰다고 합니다.

그러나 아무리 그래도 그 여자의 예언 적중률은 100%가 아닙니다. 그녀의 예언 대부분은 모호하거나 가능성만을 말하기 때문에 다양하게 해석할 수 있는 것들이었다고 합니다. 그녀가 1956년에 케네디의 암살 혹은 사망을 예언을 했음에도, 1960년에는 앞서 예언을 잊었는지 케네디가 대통령 선거에서 낙선할 것이라고 장담하며 예언하는 촌극도 벌였습니다. 그리고 1952년과 1956년과 1960년에 걸쳐 미국에는 대통령 선거가 있었는데 그때마다 딕슨 부인은 미국에 있는 양대 정당의 대통령 후보가 누가 될 것이라고 예언했지만 모두 빗나가고 말았습니다. 그 밖에도 미국의 중공과의 수교와 월남의 멸망 같은 것도 예언해서 적중시키긴 했지만 날짜는 빗나가고 말았습니다.

'진 딕슨 효과'라는 말이 있습니다. '진 딕슨 효과'는 심령술사가 적중시키지 못한 수많은 예언을 망각하거나 무시하고 심령술사가 적중시킨 얼마 안 되는 예언을 과대 선전하여 두고두고 기억될 수 있도록 포장하는 대중매체의 경향을 말합니다. 세상의 예언들은 대부분 '진 딕슨 효과'입니다.

따라서 성경의 척도에 의해서 판단을 하면, 딕슨 부인은 참예언자가 아니었습니다. 참예언은 단 한 번도 단 한 건도 빗나가는 일이 있어서는 안 됩니다.

역사가 존 거스너John Gerstner가 다음과 같은 말을 했다고 합니다. "아무리 역사가라도 장래의 일을 예언하기는 어렵습니다. 역사는 너무도 많은 'If'의 모퉁이를 돌아야 하기 때문입니다."

옛날 로마 황제 막센티우스Maxentius가 여자 주술사인 예언자를 찾아가서 물었습니다. "만일 내가 지금 당장 티베르Tiber 강을 건너서 로마를 향해서 진격을 해오고 있는 콘스탄틴Constantine의 군대를 공격하면 그 결과가 어찌 되겠는가?" 그러자 그 예언자는 이렇게 확답을 하였습니다. 원래 거짓말을 하는 사람일수록 자신 있게 말을 하는 법이거든요. "물론 대승입니다." 그래서 막센티우스 황제는 그 사람의 말만 믿고 나가서 콘스탄틴의 군대를 공격하였습니다. 그러나 그 전투에서 막센티우스의 군대는 전멸을 당했습니다. 그리고 바로 그날 로마는 콘스탄틴의 수중으로 들어가고 말았습니다!

사람의 예언에는 아무리 족집게로 집어내는 것 같은 예언이라도 실수가 있게 마련입니다! 우리는 유명한 예언자 노스트라다무스Nostradamus의 이름을 기억합니다. 특히 그 사람은 히틀러Hitler의 등장에 대한 예언을, 이름까지 정확하게 맞춰서 온 세계에 명성을 떨쳤습니다. 그런데 그가 예언한 사람의 이름은 히틀러Hitler가 아니라 히슬러Hisler였습니다!

그러나 성경의 예언 성취율은 100%입니다. 성경같이 정확하고도 구체적인 예언을 많이 한 책은 없는데 그런데도 그 모든 예언은 문자 그대로 성취되었습니다! 이미 말씀드린 바와 같이 다른 종교의 경전에는 예언이 없습니다. 그도 그럴 수밖에 없는 것이 섣불리 예언했다가 단 한 번이라도 실수하는 날에는 교주가 개망신을 당하는 것은 물론 종단까지도 공멸을 면할 수가 없기 때문이지요. 그러면 예언 적중률이 60~70%밖에 되지 않으면서도, 그리고 수없이 빗나가는 예언을 하면서도 번창 일로에 있는 신흥 교주들이나 신흥 이단들은 어떻게 생존하고 있는 것일까요? 명실공히 사기 단체이기 때문입니다. 그러나 대종교는 예언 한 번만 빗나가도 존립

할 수 없을 것입니다!

그런데 성경에는 구약에만도 2,000가지나 되는 구체적인 예언들이 있는데 예수님에 관한 예언만 해도 333가지나 됩니다. 그런데 예수님에 관한 성경의 예언은 너무도 구체적이어서 장차 예수님께서 탄생하실 장소가 베들레헴이 될 것이라고 하는 사실(미 5:2)은 물론 예수님께서 처녀의 몸에서 탄생하시게 될 것이라는 사실(사 7:14)과 어떤 모양으로 사시다가 어떤 모양으로 돌아가시게 될 것이라고 하는 내용까지 세밀하게 예언이 되어 있습니다. 심지어 십자가에 못이 박혀 돌아가신 다음에는 부자 아리마대 요셉 집안의 무덤에 안장될 것이라고 한 예언까지 있습니다(사 53:9)! 그런데도 그 모든 예언이 100% 그대로 성취가 되었으니 세상에 어떻게 그런 책이 성경 외에 또다시 있을 수 있겠습니까? 그래서 성경은 특별한 책입니다! 성경은 예언의 책이며 동시에 예언 성취의 책입니다(사 46:10)!

그런데 성경에 나오는 예언들은 하나같이 그럴듯한 것들이 아닙니다! 다시 말해서 사람들이 상상하거나 추측해낼 수 있는 것들이 아닙니다. 성경의 예언은 사건이 있은 지 먼 훗날에 꾸며 낸 것도 아닙니다. 어떻게 그것을 아느냐고요? 그 까닭은 수백 가지의 예언들이 예언한 당사자들이 죽은 지 수백 년이 지나서야 성취되었기 때문입니다. 대부분 예언의 성취는 구약성경이 완성된 다음, 심지어 구약성경이 헬라어로 번역된 다음에야 성취되었기 때문입니다. 그러니 죽은 사람들이 어떻게 다시 살아나서 앞뒤를 두들겨 맞출 수 있었겠습니까?

그러면 먼저 두로에 대한 성경의 예언을 상고해 보기로 하겠습니다

"그들이 두로의 성벽을 무너뜨리며 그 망대를 헐 것이요 나도 티끌을 그 위에서 쓸어 버려 맨 바위가 되게 하며 바다 가운데에 그물 치는 곳이 되게 하리니 내가 말하였음이라 나 주 여호와의 말씀이니라 그가 이방의 노략 거리가 될 것이요"(겔 26:4~5). "네 재물을 빼앗을 것이며 네 무역한 것을 노략할 것이며 네 성을 헐 것이며 네가 기뻐하는 집을 무너뜨릴 것이며 또 네 돌들과 네 재목과 네 흙을 다 물 가운데에 던질 것이라 내가 네 노랫소리를 그치게 하며 네 수금 소리로 다시 들리지 않게 하고 너를 맨 바위가 되게 한즉 네가 그물 말리는 곳이 되고 다시는 건축되지 못하리니 나 여호와가 말하였음이니라 나 주 여호와의 말씀이니라"(겔 26:12~14).

이상이 두로에 대한 하나님의 예언입니다. 하나님께서는 두로의 장래에 대해 예언을 하시고 나서 "나 여호와의 말이니라"는 말씀을 두 번씩이나 되풀이하심으로 사인을 두 번씩이나 한 셈입니다. 그런고로 만일 그 예언이 말씀 그대로 성취가 되지 않았다고 하면 하나님은 참 하나님이 되실 수 없을 것입니다. 하나님께서는 자신의 존망을 걸고 예언을 하셨습니다. 그런데 그 예언으로 말하자면 너무도 엉뚱해서 그 당시로써는 아무도 그 예언이 그대로 성취되리라고는 상상조차 할 수 없었습니다. 그런데도 하나님께서는 그 예언에 자신의 운명을 거셨습니다.

그러면 먼저 두로와 시돈의 지리적인 위치에 대해 잠시 설명해 드리기로 하겠습니다. 두로와 시돈은 지중해의 동쪽 해안에 위치한 두 개의 도시였습니다. 두로는 해안 도시였고 바벨론(바빌론Babylon)은 육지의 수도였습니다. 카르타고Carthago 같은 도시는 두로에 있는 땅 중 하나에 불과했습니다. 그런데 하필이면 그 두로가 전성기에 있을 때 성경은 그 대도시가 흔적도 없이 망해 버릴 것이라고 예언했던 것입니다. 그리고 영원히 재건도 하지 못할 것이라고도 예언하였습니다.

그런데 시돈에 대해서는 그런 예언이 없습니다. 시돈에 대해서는 인구는 줄어도 도시는 그대로 남아 있을 것이라고 하였습니다. 그러면 그 후의 시돈은 어떻게 됐을까요? 한때는 시돈도 공격을 받아서 4만 명이나 되는 사람들이 살해를 당해서 전멸의 위기에 처하기도 했지만, 그러나 지금까지도 남아 있습니다! 그러나 두로는 예언의 말씀대로 흔적도 없이 파멸되고 말았으며, 역시 예언의 말씀대로 지금까지도 재건하지 못하고 있습니다. 아니! 앞으로도 두로는 영원히 재건할 수 없을 것입니다. 만에 하나라도 두로가 재건되는 날에는 성경의 예언은 적중하지 못한 것이 되고, 따라서 성경은 하나님의 말씀이 아닌 것이 되고 말 것입니다! 성경은 놀랍다 못해 두렵기까지 한 책입니다!

성경이 두로에 대해서는 "너로 맨 바위(벌거숭이 바위)가 되게 한즉 네가 그물 말리는 곳이 되고……"라고 예언을 하였기 때문입니다. 그런데 이게 웬일입니까? 어떤 사람이 최근에 옛 두로를 방문하여 사진을 찍어 왔는데 그 자리가 예언의 말씀대로 넓적한 벌거숭이 바위가 되어 있다지 뭡니까! 그리고 그보다 더 신기한 것은 바로 그 자리에 예언의 말씀대로 그물들까지 펼쳐져 있더라지 뭡니까! 그래서 성경은 하나님의 말씀입니다.

그러면 이제 사마리아와 예루살렘 대한 성경의 예언을 상고해 보기로 하겠습니다

우리가 다 잘 알고 있는 바와 같이 사마리아는 북이스라엘 왕국의 수도였고 예루살렘은 남유다 왕국의 수도였는데, 그 두 도시가 한참 전성기에 있을 때 성경은 다음과 같은 예언을 하였습니다.

먼저는 예루살렘에 대한 성경의 예언입니다.

"예루살렘 성은 파괴될 것이요 그 주민들은 다른 나라로 끌려가서 결국은 온 세계를 유리 방랑하는 나그네 민족이 될 것인데, 그러나 종말에는 그들이 다시 예루살렘으로 돌아와서 예루살렘과 그 성벽을 재건하게 될 것이다."

그러면 사마리아에 대한 성경의 예언은 어떤 것이었을까요?

"사마리아 성은 파괴될 것이며 그리고 그 자리는 포도원으로 변할 것인데 그 성의 기초가 드러나게 될 것이다."

그러면 현재의 예루살렘은 어떻게 되어 있을까요? 예언의 말씀대로 유대 민족은 다시 예루살렘으로 돌아와서 나라를 세우고 성벽도 재건하였습니다. 나라 없이 2천 년 동안 이민족들 사이에서 핍박당하고 유리 방랑하면서도 종족의 혈통을 보존한 것만 해도 기적 같은 일인데, 남의 나라가 되어 버린 조국 땅으로 돌아와서 그 한복판에 나라를 세우다니 놀라운 일 아닌가요? 하나님께서 주셨다는 이유 하나만으로 남의 집에 들어가서 살림을 차리다니요! 성경의 예언은 말씀 그대로 성취되었습니다!

그러면 사마리아는 어찌 되었을까요? 어떤 사람이 최근 사마리아를 방문했는데 안내원이 포도밭과 감람나무와 다른 많은 잡목이 무성한 어떤 지점을 가리키면서 저곳이 바로 옛 사마리아 성이 서 있던 자리라고 하더라지 뭡니까? 그리고 그 계곡에는 옛 사마리아 성의 벽을 쌓아 올렸던 큰 돌들까지 그대로 드러누워 있더라지 뭡니까? 그리고 땅속을 30척에서 40척이나 발굴해서 옛 사마리아 성의 기초까지 드러나 보이더라지 뭡니까? 그러면 이제 사마리아 성에 대한 성경의 예언을 한번 인용해 보기로 하겠습니다.

"이러므로 내가 사마리아를 들의 무더기 같게 하고 포도 심을 동산 같게 하며 또 그 돌들을 골짜기에 쏟아 내리고 그 기초를 드러내며"(미 1:6).

그러니 얼마나 정확하고도 구체적인 예언의 성취입니까? 만일 지금 예루살렘 성벽은 재건되지 않은 채로 있고 반면에 사마리아 성은 재건되어 있다고 하면 어찌 될까요? 그때 성경의 하나님은 가짜 하나님이 되고 그리고 성경은 거짓말 책이 되고 말 것입니다.

다음은 바벨론에 관한 성경의 예언입니다

바벨론Babylon 성은 그 옛날에 얼마나 장엄하고 웅대한 도성이었을까요? 바벨론은 고대세계의 가장 큰 도시였습니다. 바벨론 성의 성벽은 길이가 14마일이나 되었고, 200척 높이의 성벽 위에 설치된 탑의 높이도 300척이나 되었고 성벽의 두께 역시 하층부는 187척이나 되었습니다. 그리고 성 안에는 196제곱마일이나 되는 건축물들이 가득 차 있었습니다. 궁전이며 고층 탑이며 사원이며 공원이며……. 그뿐 아닙니다. 바벨론 문명은 설형문자도 만들어 내고 수학도 창안해 냈으며 시계까지 발명해 냈습니다. 그런데도 하나님께서는 바벨론에 대해 다음과 같은 예언을 하셨습니다.

"열국의 영광이요 갈대아 사람의 자랑하는 노리개가 된 바벨론이 하나님께 멸망 당한 소돔과 고모라같이 되리니"(사 13:19). "만군의 여호와께서 이와 같이 말씀하시니라 바벨론의 성벽은 훼파되겠고 그 높은 문들은 불에 탈 것이며 백성들의 수고는 헛될 것이요 민족들의 수고는 불탈 것인즉 그들이 쇠잔하리라"(렘 51:58).

그러면 바벨론 성의 성벽은 그 후에 어떻게 됐을까요? 성경의 예언은 어떻게 되었을까요? 한마디로 성경의 예언은 문자 그대로 이루어졌습니다! 다음은 바벨론의 옛 성터를 관광하고 돌아온 케펠Keppel 소령의 얘기입니다. "우리는 바벨론 성의 흔적조차 찾아볼 수 없었습니다."

그러면 성경의 예언은 바벨론 제국이 멸망을 당한 후에 적당히 두들겨 맞춘 것일까요? 그럴 수 없습니다. 왜냐고요? 성경의 예언은 먼 훗날에 이르러서야, 그러니까 예수님의 시대가 지나간 다음에야 성취되었기 때문입니다.

주후 4세기경에 율리아누스Julianus(Julian) 황제가 로마 제국의 권좌에 올랐는데 그의 가장 큰 목적은 기독교를 박멸하는 데 있었습니다. 그래서 율리아누스 황제는 그의 군대가 바벨론 근처에서 파사Persia 군과 전쟁을 수행하고 있을 때, 장차 있을지도 모를 우환까지 말끔히 제거해 버리기 위해서 바벨론 성의 폐허까지도 말끔히 없애 버리고 말았습니다! 바벨론 성벽의 규모는 중국에 있는 만리장성보다 더 크고 더 견고한 것이었습니다. 그런데 그보다 더 오래된 만리장성도 지금까지 그대로 남아 있고 심지어 예루살렘 성의 성벽까지 그대로 남아 있는데 어찌하여 바벨론 성만은 흔적도 없이 파괴되어 버리고 말았던 것일까요? 정말 신기한 노릇이 아닐 수 없습니다.

그런데 여기 바벨론에 관한 또 하나의 예언이 있습니다.

"그러므로 사막의 들짐승이 승냥이와 함께 거기에 살겠고 타조도 그 가운데 살 것이요 영원히 주민이 없으며 대대에 살 자가 없으리라"(렘 50:39).

성경은 바벨론에 대해 멸망할 뿐 아니라 다시는 재건도 하지 못하게 되고 영원히 주민이 없을 것이라고 예언했습니다. 그러니 이보다 더 구체적이고도 확실한 예언이 또 어디 있겠습니까? 지금이라도 그 터가 재개발돼서 사람이 살게 되면 어쩌려고 감히 그런 예언을 하였던 것일까요? 그리고 그 결과는 어떻게 되었을까요? 이번에도 성경의 예언은 문자 그대로 성취되었습니다! 지금 바벨론의 옛 성터는 황폐한 땅으로 변해서 사람의 그림자조차도 찾아볼 수 없이 되었고, 승냥이와 독사와 전갈들만이 우글거리는 황무지가 되어 버리고 말았습니다. 그 비옥하던 바벨론 성 주변의 논밭이 어쩌다가 지금은 채소 하나 가꿀 수 없는 황무지가 되어 버리고 말았는지 정말 알 수 없는 노릇이 아닐 수 없습니다!

이 밖에도 성경에는 바벨론 성에 관한 예언만 해도 100가지가 넘습니다. 그런데도 그 예언들은 하나같이 그대로 성취되고 있습니다! 그러니 감히 누가 성경을 하나님의 말씀이 아니라고 말할 수 있겠습니까? 지금이라도 어떤 나라가 옛 바벨론의 성터를 재개발이라도 하면 성경의 예언은 거짓말이 되고 말 것입니다. 다른 많은 옛 도시들은 재개발해서 신도시가 들어서고 있는데도, 그런데도 바벨론 성만은 재개발되지 않는 까닭은 도대체 어디에 있는 것일까요?

실제로 많은 사람이 바벨론의 재건을 계획하기는 했습니다. 알렉산더 대왕도 바벨론을 재건해서 세계정부의 수도로 삼을 계획을 세웠습니다. 그래서 군인과 각종 건설 장비와 식량을 현지에 보내기까지 하였습니다. 그래서 성경의 예언이 무산될 뻔도 했습니다. 그런데 알렉산더 대왕은 바벨론 재건령을 반포한 직후에 무슨 까닭인지 급사하고 말았습니다. 지금도 기독교를 적대시하는 아랍권 내의 여러 나라는 옛 바벨론 성을 재개발해서 성경을 휴지쪽으로 만들어 버리려고 안간힘을 다 쓰고 있습니다. 그런데도 그게 맘대로 되지 않는 까닭은 도대체 어디에 있는 것일까요?

"주 하나님이 이르시되 나는 알파와 오메가라 이제도 있고 전에도 있었

고 장차 올 자요 전능한 자라 하시더라"(계 1:8)

"이 예언의 말씀을 읽는 자와 듣는 자와 그 가운데에 기록한 것을 지키는 자는 복이 있나니 때가 가까움이라"(계 1:3)

아멘!

넓은 바다야

"하늘에 올라갔다가 내려온 자가 누구인지, 바람을 그 장중에 모은 자가 누구인지, 물을 옷에 싼 자가 누구인지, 땅의 모든 끝을 정한 자가 누구인지, 그의 이름이 무엇인지, 그의 아들의 이름이 무엇인지 너는 아느냐"(잠언 30:4)

넓은 바다야

모든 물이 다 흘러서 들어가도 넘치지 않는 바다가 있습니다. 아무리 바람이 아우성을 치며 날뛰어도 찢어지지 않는 하늘이 있습니다! 넓은 바다와 광대한 하늘! 이 두 가지가 하나님의 창조물 중에서 가장 큰 것입니다. 바람은 어디선가 왔다가 어디론가 사라져 가지만 그 거주지를 아는 사람은 없습니다. 돛단배 한 척이 바람을 찢어질 듯이 안고 어디론가 달려갑니다! 갈매기 두서너 마리가 추억을 더듬어 찾기라도 하는 듯이 날고 있습니다!

그런데 하늘과 바다와 바람은 하나님의 인생 교과서입니다. 어린이들도 배울 수 있는 그림 교과서입니다. 옛날 우리의 조상들은 바다를 두려워했습니다. 그러나 우리는 휴가철만 되면 바다를 찾아가서 물을 베개 삼고 바다를 낙원같이 즐깁니다. 그 넓고 넓은 바다가 불룩거리며 하늘의 품속에서 꿈틀거립니다. 거센 파도가 남성적으로 덮쳐 와서는 수줍은 처녀같이 뒷걸음질을 칩니다. 시원한 바람이 바닷가를 스치고 지나갈 때마다 피서객들은 시름을 털어 버립니다!

1. 바다는 그 주인을 가르쳐 줍니다(롬 1:20)

어떻게 그 광활한 바다가 거기 있게 됐을까요? 누가 바다를 만들었을까요? 어떻게 바닷물은 항상 춤을 추고 있는 것일까요? 그 힘은 어디서 나오는 것일까요? 어떻게 그 많은 종류의 물고기들이 거기 와서 살게 됐을까요?

한번은 에디슨이 무신론자와 함께 바다를 항해하고 있었습니다. 그날 따라 바다는 잔잔하였습니다. 아무 일도 일어날 것 같지 않았습니다. 바다는 얌전하게 시치미를 떼고 있었습니다. 그리고 무신론자는 정신없이 무신론 강의를 하고 있었습니다. 물고기들이 하나님의 존재를 부인하고 있지 않으냐고 하였습니다.

그때 갑자기 돌풍이 일어났습니다. 그런데 이게 웬일입니까? 그때 제일 먼저 "어이구 하나님!"을 찾은 사람은 공교롭게도 무신론자였습니다. 절간의 중들도 웬만한 일에는 "나무관세음보살"을 외우다가도 워낙 다급해지면 "어이구 하나님!"을 찾는다고 합니다. 바다는 하나님을 가르쳐 주는 실물 교과서입니다. 안전한 육지에서는 무신론자이던 사람도 위험한 물 위에 띄워 놓으면 유신론자가 됩니다. 무신론자들을 바다로 끌어내십시다! 그 신출귀몰하는 바다를 보고서도 하나님이 없다고 말할 수 있을까요?

그림 한 장에도 반드시 그 그림을 그린 사람이 있습니다. 여기 한 폭의 그림이 있습니다. 그런데 문외한들은 그 그림을 보고서도 그것이 명화인 줄도 모르고 지나쳐 버립니다. 그때 대가의 눈이 그 그림에 머무릅니다. 그리고 소리를 칩니다. "이건 렘브란트의 그림이 아닌가?" 그림을 볼 줄 아는 사람만이 그림의 작가를 알 수 있습니다.

저기 꿈틀거리는 바다가 있습니다. 그래도 그 그림의 작가를 모르시겠는지요? 해초나 새우의 눈에 현미경을 대 보십시다! 그 아름답고도 정교한 균형에는 누구라도 경탄을 금할 수 없습니다! 그래도 그 작가를 모른다고 하시겠는지요? 그런데 사람이 만든 제품은 아무리 매끈하고 광택이 나도 현미경을 통해서 들여다보면 조잡하기 짝이 없습니다. 그리고 과학자들의 말에 의하면 바다의 수량은 꼭 필요한 것만큼만 있다고 합니다. 좀 더 있어도 안 되고 좀 덜 있어도 큰일이 난다고 합니다. 바다의 물방울 한 개와 육지의 이슬방울 하나 사이에는 정확한 균형이 유지되고 있다고 합니다! 해수가 증발되지 않으면 바다가 넘쳐 해안을 덮게 된다고 합니다. 해수에 염분이 조금만 더 많거나 조금만 더 적어도 문제가 된다고 합니다. 그렇게 되면 물고기들은 살 수가 없을 것입니다. 해류에도 변화가 일어날 것입니다!

보십시오! 바람이 붑니다! 구름이 이동을 합니다! 소낙비가 내립니다! 농부들이 만면에 웃음을 띠고 하늘을 바라봅니다! 이런 일들이 바다가 해내고 있는 작업입니다! 바다에서 수증기가 올라가기 때문에 육지에서는 비가 내립니다! 얼마나 기기묘묘한 자연계의 신비입니까? 그래도 이 그림의 작가가 누군지를 모르시겠습니까? 산더미같이 밀려오는 노도를 보십시오! 웅대한 파도소리를 들어보십시오! 그래도 천지 만물의 작가를 모른다고 하시겠는지요?

그런고로 하나님을 배우기 위해서는 바다로 나가십시다. 바다는 하나님의 품입니다. 예수님께서도 때때로 제자들을 데리고 바다로 나가지 않으셨던가요? 바다에는 데모부대도 없고 쿠데타도 없고 지하요새도 없고, 사창굴도 없고 빈민굴도 없습니다. 악마의 요새와 죄악의 소굴은 육지에만 있습니다. 바다로 나가십시다! 하나님을 배우기 위해 바다의 강의실로 나가십시다!

2. 바다는 넓은 마음입니다(시 90:12)

바다는 지금도 하나님께서 직접 신정 통치를 베풀고 계시는 곳입니다. 자연법이 다스리는 곳입니다. 사람들의 법률이나 권력이 미치지 못하는 곳입니다. 치외법권 지대입니다. 바다는 하나님의 것입니다! 육지는 사람들이 그 구석구석까지 갈기갈기 찢어발기고 자르고, 가르고 해서 얼마나 여러 번 팔아넘겨졌는지 모릅니다. 땅은 너무나도 오랫동안 이리 분할되고 저리 쪼개져서 수없이 매매되어 왔습니다. 이 넓은 세상에 임자가 없는 땅은 하나도 없습니다. 산간벽지에 이르기까지 모든 것을 사람들이 나누어 먹었습니다!

그러나 바다는 아직도 하나님의 것이며 인류의 것입니다. 봉이 김선달이 모래사장을 팔아넘겼다는 얘기는 들었지만, 그러나 아직도 바다를 팔아넘긴 사람은 없습니다. 물론 나라들이 바다까지 나눠 먹으려고 영해선을 선포하고 있는 것은 사실이지만, 그러나 아직도 넓은 공해는 하나님의 것입니다. 물론 육지도 하나님의 것임에는 틀림이 없지만, 그러나 육지는 사람들이 돈을 주고 사거니 팔거니 해서 소유권 이전을 해 놓고 나서 자기 것이라고 우겨 대고 있는 곳입니다. 그러나 바다는 누구의 명의로도 소유권 등기가 되어 있지 않습니다.

로마신화에는 바다가 넵튠Neptune의 것이라고 했지만 바다는 하나님의 것일 뿐입니다. 육지에는 네 것과 내 것을 가리느라고 담장도 쌓고 철조망도 쳐 놓았습니다. 대도시의 경우는 더더욱 그렇습니다. 그러나 바다에 담장을 쌓거나 철조망을 쳐 놓은 사람은 없습니다. 바다에 출입문이 어디 있고, 수위가 어디 있습니까? 물고기들은 영국 해안에서 소련 해안으로도 헤엄쳐 가고 자유주의 세계에서 출입국 비자도 받지 않고 공산권으로도 소풍을 떠납니다.

바다는 넓은 곳입니다! 물고기 자체에는 영국 것도 없고 일본 것도 없고, 우리나라 것도 없습니다. 물고기는 하나님의 것입니다! 소나 돼지는 돈을 주고 사다가 잡아먹지만 물고기는 그냥 잡아다가 먹기만 하면 됩니다! 그러니 생선을 잡수실 때는 특별히 하나님께 감사하시기 바랍니다! 바다로 나가서 넓은 마음을 배웁시다! 바다는 수평선에서 끝이 나는 것이 아닙니다. 수평선을 넘어서 끝없이 펼쳐집니다. 인간의 시력이 짧아서 더 멀리는 내다보지 못할 뿐입니다! 사람의 힘이 미쳐 들어간 곳은 그곳이 어디든 좁은 세계입니다! 그러나 하나님께서 다스리는 곳은 넓은 세계입니다! 사람들이 다스리는 땅은 몇십 평씩 몇백 평씩 분할이 되고 무수한 경계선이 그어져 있어서 자기 땅을 조금이라도 더 넓히려고 남의 땅을 침범함으로 다투기까지 합니다. 인구가 많아지고 지식이 발전할수록 이 세상은 점점 더 작아지고 점점 더 좁아져 갑니다. 사회가 복잡해지면 복잡해질수록 거기 부합하는 다양한 조직과 세분된 제도와 치밀한 계획이 생깁니다! 그럴수록 사람들은 심한 규제를 받게 됩니다. 더 좁은 세계에 살게 됩니다. 직장의 일도 분업화됩니다. 그럴수록 사람들은 작고 작은 전문직에 갇혀 버릴 수밖에 없습니다!

인류가 현대인들같이 좁은 땅에서 살아 본 경험은 없었습니다! 현대인들은 넓은 바다에 나가서도 한곳에 모여 비좁게 바글거립니다. 그래서 현대인들은 마음까지도 협소해지고 옹졸해졌습니다. 지식을 더하면 생각마저 다양화하고 정밀해져서 사람들의 마음은 그만큼 더 까다로워지고 작아집니다. 지성인이 될수록 마음은 좁아지기만 합니다. 차라리 머리가 덜 복잡했던 우리의 선조들이 마음만은 넓었습니다! 지금 우리에게 절실히 요구되는 것은 소인화를 극복할 수 있는 넓은 마음입니다! 비좁은 세상에서라도 넓게 살 수 있도록 날개를 펴는 것입니다!

그러므로 우리는 바다로 나가십시다. 물론 바닷가에 나가 있기는 하면서도 바다 한번 내다보지 못하고 게임을 즐긴답시고 땅바닥만 들여다보다가 돌아오는 사람들은 바다에 나가나 마나입니다. 그러나 우리는 세상 끝에 앉아서 무궁한 정신계를 개척해 보십시다! 넓은 세계를 바라보며 마음을 벌려 보십시다! 이 세상에서는 결국 얻는 것도 없고 잃는 것도 없으니 결국은 빈손으로 왔다가 빈손으로 돌아가야 합니다(전 3:1~10)!

하늘과 바다는 쉴 새 없이 변합니다. 늘 움직이고 늘 이동합니다. 하늘같이 그리고 바다같이 변화무쌍한 것은 없습니다! 그런데도 역사 이래 변치 않고 그대로 있는 것은 하늘과 바다뿐입니다. 그동안 육지는 얼마나 많이 변했습니까? 그러나 하늘과 바다는 지금까지도 옛날 그대로입니다. 넓은 마음만이 우리를 육체의 감옥에서 자유롭게 할 수 있을 것입니다! 넓은 마음만이 하나님을 볼 수 있을 것입니다! 마음이 넓어져야 답답한 문명의 감옥에서도 자유를 누릴 수 있을 것입니다.

　모 대학의 K 교수님께서는 같은 대학에서만 30여 년 동안 근무를 하셨는데도 언제 조교수가 되고 언제 부교수가 되고 언제 정교수가 됐는지도 모르십니다. 자기 월급이 정확하게는 얼마나 되는지도 모르십니다. 그런데도 진급이나 월급 같은 것을 까다롭게 밝히고 따지는 사람들과 똑같이 진급도 하고 월급도 남김없이 다 받으셨다고 합니다. 게다가 남들이 받지 못하는 존경까지 보너스로 받으셨다고 합니다. "따지나 마나입니다!" 수지를 맞추나 손해를 보나, 그게 그거입니다(전 5:15~16). 이런 것이 넓은 마음입니다. 원효대사는 일체무애인一切無碍人을 강조하였습니다. 무엇에도 사로잡히지 않는 자유자재의 마음입니다.

　그럼 얘기 하나 더 하겠습니다.

　공자님께서 제자인 자공에게 물으셨습니다. "그대와 안회, 두 사람 중에는 누가 더 클까?" 그러자 자공 왈, "제가 어찌 회를 당하오리까? 회는 하나를 들으면 열을 알지만 저는 하나를 들으면 둘을 알 뿐입니다!" 그러자 공자님 왈, "그만 못 하고 말고, 너나 나나 다 그만 못하지!"

3. 바다는 그리움을 배우는 곳입니다

　"다 크게 울며 바울의 목을 안고 입을 맞추고 다시 그 얼굴을 보지 못하리라 한 말로 말미암아 더욱 근심하고 배에까지 그를 전송하니라"(행 20:37~38)

　얼마나 흐뭇한 정경입니까? 그러나 지금 우리가 사는 현장은 인정이 메말라 가고 있는 곳입니다. 그럴 수밖에 없는 이유가 있기는 하겠지만……. 지금은 여러 해 동안 같은 교실에서 함께 숨결을 나눈 스승님과 제자들의 이별 식장에도 눈물이 없습니다. 눈물 덩어리인 여학생들의 졸업식장에도 눈물이 없습니다! 같은 직장에서 같은 '녹祿'을 먹고살던 동료들과 작별하는 송별회에도 김빠진 너털웃음이 오갈 뿐입니다! 집사 동기생들의 송별회는 말할 것도 없고요.

지금은 그가 누구든 한 번 헤어지면 그것으로 끝이 나고 맙니다! 학창 시절에는 둘도 없는 짝이었지만 지금은 소식조차 모릅니다! 텍사스 목장의 우양들같이 그저 한 우리에 같이 있을 동안만 절친한 친구입니다. 이해관계가 있는 동안만 친구입니다. 눈으로 보지 못하게 되면 그럴수록 마음으로는 더더욱 연모하게 된다는 옛사랑은 이미 옛말이 되어 버리고 말았습니다. 더 말하면 뭘 합니까? 지금 미국에는 이혼파티란 것이 다 있지 않던가요?

오늘날의 인간관계는 공간적으로 가까이 있을 때뿐입니다. 이해관계가 계속되고 있는 동안뿐입니다. 헤어지면 그만이고 이해관계가 없어지면 언제 봤더냐, 합니다! 기계의 부속품들같이 같은 직장에서 함께 일할 때는 잠시라도 떨어지면 죽기라도 할 것같이 친밀하지만 일단 기계가 해체되고 나면 볼 장 다 봤다, 입니다! 그 흔하던 '목포의 눈물'은 어디로 갔으며 '눈물 젖은 두만강'은 어디로 가버린 것일까요? 정을 들인 사람만 억울합니다. 그런데 문제는 사람이란 오가는 정이 없으면 허탈감을 면할 수가 없다는 사실에 있습니다.

그러므로 우리는 바다로 나가십시다! 바다로 나가면 그리움을 배울 수 있을 것입니다! 번화가에서 승용차를 타고 떠나는 친구를 향해서 아무리 손을 흔들어 봤자 실감 나지 않을 것입니다. 비행기를 타고 날아가 버리는 정든 임을 전송하는 일도 허전할 뿐입니다.

그러나 바다는 다릅니다. 부둣가에 서서 멀어져 가는 배를 향해 손수건을 흔들 때 우리는 이별의 정을 더합니다. 정든 임이 아니더라도 부둣가에 서서 손수건을 흔들고 있노라면 정감이 생깁니다. 바다는 그리움을 더하는 곳입니다. 바다에는 연정이 있습니다. 지나쳐 가는 배 위에서 알지 못하는 사람들과 손을 흔들어 인사를 나누는 일조차 정겹습니다. 바다는 너무 깊어서 육지같이 아무 때나 마음만 먹으면 찾아가서 만날 수 있는 곳이 아니어서 석별의 정을 더하게 되는 것이 아닐까요? 바다가 주는 분위기 때문일는지도 모릅니다. 하여간 석별의 정을 나누어 보고 싶으시거든 바다로 나가십시오! 낙동강 가에 서서 연습 삼아서라도 손수건을 흔들어 보십시오! 비행기는 너무 빨라서 기분을 낼 겨를조차 없습니다. 바다의 이별과 바다의 만남이야말로 최고의 순간입니다!

옛날 어부의 아낙네들은 바다가 너무 위험해서 돛배를 타고 떠나는 남편이 다시 돌아온다는 기약조차 할 수가 없어서 이별의 눈물을 흘려야 했습니다. 그리고 살아서 돌아오실는지, 그리고 언제 돌아오실는지 모르는 임을 바닷가에 나가 혹시나 하고 기다리던 여인네들의 그리움은 얼마나 애절하였겠습니까? 여인네들의 옷자락은 바람에 펄럭이는데 그녀의 눈은 멀리 수평선만 바라봅니다. 그 눈에는 눈물이 글썽입니다. 그리움입니다! 그리고 끝끝내 돌아오지 못한 임을 평생을 하루같이 기다리다가 백발이 되어 바닷가의 망부석이 됐다는 그 여인의 그리움은 얼마나 애간장을 녹이는 것이었겠습니까!

여기는 황혼의 바다입니다. 여기저기서 고깃배들이 따뜻한 가족의 품으로 돌아오고 있습니다. 그런데 보십시오! 유독 돛배 한 척만은 수평선 너머로 멀리 사라져 가고 있지 않습니까? 이 시각에 어디를 향해서 가고 있는 것일까요?

시카고의 어떤 목사님께서는 이민 초기에 얼마나 고생스러우셨던지 그때마다 미시간 호숫가로 차를 몰고 나가서 먼바다를 바라보며 하염없이 울기만 하셨다고 합니다. 바다는 그리움입니다. LA의 많은 교포 역시 어려움을 당할 때마다 태평양가로 나가서 멀리 서쪽 하늘만 바라보았습니다. '저 바다 건너 먼 곳에는 내 나라! 내 고향! 내 산천! 내 가족! 내 친구들이 살고 있겠구나!' 바다는 그리움입니다!

또 우리는 바닷가…… 그러니까 세상 끝으로 나가서 선조들을 생각하기도 합니다. 우리의 뒤를 이을 후손들도 생각합니다. 이래서 바다는 영원한 그리움입니다! 그러나 바다에 나가서도 척을 낚아 술안주를 할 생각밖에 하지 못하는 사람들은 바다에 나가나 마나입니다. 넓은 바닷가에 쪼그리고 앉아서 우리는 그리워합니다! 소꿉장난하던 어린 시절의 벗들은 지금 어디서 무얼 하고 있을까? 같은 어머니의 젖꼭지를 빨면서 자라난 내 형제들과 내 자매들은 지금 어디서 무얼 하고 있을까? 사춘기에 눈길을 주고받던 그 처녀는 지금 어디서 누구와 살고 있을까! 학창시절의 다정하던 벗들도 이제는 다 늙었겠구나! 나를 사랑해 주시던 스승님은 벌써 유명을 달리하셨겠지!

　이 정도가 아닙니다. 우리의 그리움은 더 높이 올라갑니다. 더 멀리 날아갑니다. 그리운 진선미요, 우리의 영원한 고향인 하늘나라를 향해서…… 그리고 그리운 하나님! 보고 싶은 예수님을 향해서……. 바다는 그리움입니다! 그런고로 넓은 바다로 나가십시다! 지금은 인정이 메마른 말세입니다. 그리움의 정이 살아나야, 사랑도, 예술도, 종교도, 도덕도, 살아날 것입니다! 인정이 없는 세상은 메마른 사막입니다!

　그럼 얘기 하나 하겠습니다.

　불량한 아들 때문에 고생이 많으시던 어떤 아버지가 덕망이 높은 고승님을 찾아갔습니다. 그리고 아들과 침식을 같이하면서 그 못된 자식을 교화시켜 달라고 청원하였습니다. 그래서 고승님께서는 그 불량소년과 기거를 같이하게 되었습니다. 그러나 소년은 조금도 달라지는 것 같지 않았습니다. 뉘우치는 기미조차 보이지 않았습니다. 그러는 동안에 한 달이 지나고 두 달이 지났습니다. 그런데도 고승님께서는 그 못된 자식에게 한마디의 꾸지람도 한마디의 훈계도 하시는 일이 없으셨습니다. 불량소년의 아버지는 실망해서 고승님을 해고하고 말았습니다.

　드디어 오늘은 그 고승님께서 그 집을 떠나는 날입니다. 고승님께서 현관에 앉아 신발을 신고 있는데 그 불량소년이 스승님의 신발 끈을 매기 시작했습니다. 그때 그 소년의 손등에 무엇인가 뚝뚝 떨어지고 있었습니다. 소년은 너무나도 놀라서 그것이 무엇인가를 확인하려고 스승님의 얼굴을 올려다보았습니다. 그 뜨거운 것은 하염없이 흐르는 스승님의 눈물이었습니다! 고승님께서는 한마디의 꾸지람도 하지 않으셨지만 뜨거운 눈물이 마침내는 그 불량소년으로 하여금 새사람이 되게 했다는 얘기입니다!

지금 우리에게 필요한 것은 박식한 강의가 아니라 고귀한 인격입니다! 지금은 너무나도 오랫동안 비가 오지 않아서 사람들의 마음 밭이 바싹바싹 메말라 가고 있습니다! 너무나도 이기적인 인간으로 변해 버린 현대인들에게 절실히 요망되는 것은 이성이 아니라 감성입니다! 지금은 여성적인 것만이 인류를 구원할 수 있는 시대입니다! 여성들이여! 제발 청바지를 입고 수탉같이 뻣뻣하게 거동하지 마시기 바랍니다!

4. 바다는 진인사대천명盡人事待天命을 배우는 도장입니다

"내가 다시 해 아래에서 보니 빠른 경주자들이라고 선착하는 것이 아니며 용사들이라고 전쟁에 승리하는 것이 아니며 지혜자들이라고 음식물을 얻는 것도 아니며 명철자들이라고 재물을 얻는 것도 아니며 지식인들이라고 은총을 입는 것이 아니니 이는 시기와 기회는 그들 모두에게 임함이니라 분명히 사람은 자기의 시기도 알지 못하나니 물고기들이 재난의 그물에 걸리고 새들이 올무에 걸림같이 인생들도 재앙의 날이 그들에게 홀연히 임하면 거기에 걸리느니라"(전 9:11~12)

바다를 내다보십시오! 그리고 하늘을 바라보십시오! 어느 누가 바다의 조류를 바꿔 놓을 수 있으며 하늘의 바람을 막을 수 있겠습니까? 인간의 능력에는 한계가 있습니다. 사람이 할 수 있는 일도 있지만 사람이 할 수 없는 일도 있습니다. 그리고 이 세상에는 인과의 법칙이나 과학적으로는 설명되지 않는 구석도 있습니다.

여기는 최전방입니다. 적의 총탄이 씽씽 날아오고 있습니다. 언제 누가 어느 총탄에 맞아서 죽을는지 아무도 모릅니다. 아무리 비호같은 사람도 날아오는 총탄을 피할 수는 없습니다. 레이건 대통령이 총탄에 맞고 나서 "이렇게 하면 피할 수도 있었을 것을!" 했다고는 하지만 결국은 유머가 되고 말았지 않던가요? 최전방의 병사들은 비 오듯이 날아오는 총탄이 무섭기도 하고 불안하기도 할 것입니다. 그러나 죽고 사는 문제는 두려워하고 조심한다고 해결될 문제가 아닙니다. 생과 사의 문제에 대해서는 누구나 운명론자가 되든지, 아니면 예정론자가 될 수밖에 없습니다!

그런데 총탄 하나가 5형제집의 셋째 아들을 피해서 하필이면 과부의 하나밖에 없는 외아들의 머리를 관통해 버렸습니다. 젊은이는 피를 흘리고 그 자리에 쓰러졌습니다. 그는 영원히 이 세상 사람이 아니었습니다. 그러면 이게 어찌 된 사연일까요? 어찌하여 하필이면 그 젊은이가 죽어야 했을까요? 눈도 없는 총탄이 마구잡이로 난사를 한 총탄이 어찌하여 하필이면 그 젊은이를 죽여야 했을까요? 아무도 모릅니다! 그리고 모르기 때문에 아무도 예방을 할 수도 없습니다. 세상일은 사람의 노력이나 재주만으로 되는 것이 아닙니다(전 9:11~12)!

1990년 5월 25일 조지아에 F16 전투기 한 대가 추락해서 가옥 다섯 동을 파괴한 일이 있었습니다. 그런데 사망자는 한 사람뿐이었습니다. 그런데 그 한 사람이 문제였습니다. 그 한 사람은 파괴가 된 다섯 집 중의 어느 한 집에 살고 있던 사람이 아니라 얼토당토않게 하필이면 그날 하루 우연히 그 집으로 청소하러 온 사람이었기 때문입니다. 그러면 어떻게 그런 일이 있을 수 있는 것일까요? 아무도 모릅니다. 그래서 예방할 수도 없습니다.

바람이 잘 불어야 합니다! 하나님의 바람 말입니다! 바다는 진인사대천명盡人事待天命을 배우는 곳입니다. 거기 산더미같이 밀려오는 파도를 보십시오! 어떻게 그 파도를 우리의 손바닥으로 막을 수 있겠습니까? 우리네 인생은 무서운 파도 속으로 휘말려 들어간 일엽편주一葉片舟입니다! 그런고로 하나님의 영원하신 뜻에 순응하십시다! 우리 맘대로 되는 것은 아무것도 없습니다!

"마음의 경영은 사람에게 있어도 말의 응답은 여호와께로부터 나오느니라" 잠언 16장 1절 말씀입니다.

살 사람은 죽을 자리에 있어도 살고, 안 될 일은 다 된 것 같아도 되지 않을 것입니다! 시대의 바람에 이리저리 밀려 다니다 보면 철종도 되고 광해군도 될 것입니다! 재벌이라고 해서 당대 제일의 사업가도 아니고, 대통령이라고 해서 당대 제일의 정치가도 아닙니다! 우리는 지금 이 순간에도 인생의 파도 위에서 이리저리 요동하고 있습니다! 모든 일에는 때가 있습니다! 그리고 그때는 하나님께서 정하시는 때입니다! 모사재인 성사재천謀事在人 成事在天입니다! 우리는 과거에도 하나님의 은혜로 살았습니다. 지금도 하나님의 은혜로 살고 있습니다! 미래가 있다면 미래도 하나님의 은혜로 살 것입니다!

"여호와는 죽이기도 하시고 살리기도 하시며 스올에 내리게도 하시고 거기에서 올리기도 하시는도다 여호와는 가난하게도 하시고 부하게도 하시며 낮추기도 하시고 높이기도 하시는도다"(삼상 2:6~7)

속력과 인생
(결심과 열심)

"스랍들이 모시고 섰는데 각기 여섯 날개가 있어 그 둘로는 자기의 얼굴을 가리었고 그 둘로는 자기의 발을 가리었고 그 둘로는 날며"(이사야 6:2)

속력과 인생(결심과 열심)

하나님은 결코 외롭지 않으십니다. 수많은 천사가 하나님의 보좌를 옹위하고 있습니다. 그중 최고의 천사의 이름은 그룹cherub(케루빔cherubim). 그룹 천사에게는 두 개의 날개가 있습니다. 그런데 그룹보다 더 높은 천사가 있습니다. 그 천사의 이름은 스랍seraps(세라핌seraphim)입니다. 스랍 천사에게는 여섯 개의 날개가 있습니다. 여섯 개의 날개로 더 빨리 날아다니면서 하나님의 뜻을 이루는 천사가 최고의 천사입니다. 헬라신화에 나오는 제우스신의 사자(전령)인 헤르메스Hermes는 날개가 달린 넓은 차양의 모자를 쓰고 발에도 날개가 달린 샌들을 신었다고 합니다.

1. 속력의 시대

"다니엘아 마지막 때까지 이 말을 간수하고 이 글을 봉함하라 많은 사람이 빨리 왕래하며 지식이 더하리라"(단 12:4)

말세는 지식의 시대이며 동시에 많은 사람이 왕래하는 시대입니다. 그것이 다니엘서에 나오는 예언의 말씀입니다. 그런데 다니엘의 예언은 그대로 성취되었습니다. 현대는 과연 스피드의 시대입니다. 달팽이는 시속 4m로 달립니다. 붕어는 시속 12.4km로 헤엄을 칩니다. 마라톤 선수인 아베베는 시속 18.8km로 달렸습니다. 개는 시속 32km로 달리고 독수리는 시속 96km로 날고 화가 난 매는 시속 288km로 하늘을 가릅니다.

그러나 그런 초인적인 속력도 과학의 스피드에 비하면 아무것도 아닙니다. X15 로켓은 시속 3,534km로 질주를 하고 인공위성은 시속 40,321km의 속력으로 지상을 떠납니다. 그 밖에도 스피드 시대를 실감나게 하는 것은 많습니다. 프랑스의 전기 기관차는 시속 205Mile(300km)의 속력으로 달리고 경주용 자동차는 시속 129.2Mile의 속도로 돌진합니다. 한국의 KTX는 속력이 시속 300km이고 직선구간에서는 이보다 속도를 더 낼 수 있다고 합니다.

현대는 옛날같이 누가 무슨 일을 할 수 있느냐 하는 것보다 똑같은 일도 누가 더 빨리할 수 있느냐가 문제가 되는 시대입니다. 물론 속력이 문제가 되는 것은 현대만이 아닙니다. 옛날에도 빨리 달리는 사람이 일등을 하였습니다. 그러나 현대에 이르러 속력은 미증유의 비중을 차지하게 되었습니다.

그럼 옛날 이야기 하나 하겠습니다.

백제의 견훤이 신라 왕을 죽이고 왕비를 욕보인 다음 후백제의 수도인 완주로 돌아갈 때 왕건의 군사는 금강을 건너 추풍령을 넘은 다음 바람같이 달려왔습니다. 견훤을 맞아서 싸워 그의 기세를 꺾어 버릴 심산이었습니다. 그 급보를 접한 견훤은 대군을 질타하여 팔공산을 향해서 달렸습니다. 왕건보다 먼저 팔공산의 상봉을 점거하기 위해서였습니다. 팔공산을 향해 두 나라의 군사가 질풍같이 달리고 있었습니다. '어느 편이 먼저 팔공산의 고지를 점령하느냐?' 그것이 문제였습니다. 스피드가 문제였습니다! 전쟁의 승패는 스피드에 달려 있었습니다. 그래서 양군 모두 화살같이 그리고 비호같이 그리고 바람같이 달렸습니다. 그런데 결국 견훤의 군대가 먼저 팔공산의 고지를 점령하였습니다. 그래서 그 전투에서는 견훤의 군대가 대승을 거두었습니다. 나폴레옹Napoleon과 웰링턴Wellington 장군의 워털루 전투에서도 프랑스 군대가 갑자기 내린 비 때문에 진흙탕 속에 묶여 진군 속도에 차질이 생기는 바람에 영국군에게 고배를 마시지 않았던가요?

2. 속력의 매력

"보내심을 받지 아니하였으면 어찌 전파하리요 기록된바 아름답도다 좋은 소식을 전하는 자들의 발이여 함과 같으니라"(롬 10:15)

발은 지체 중 가장 불결한 지체입니다. 그런데 가까이 있을 때는 악취가 나는 발도 멀리서 달리는 것을 보면 아름답고 멋있습니다. 경기장에서 선두를 달리는 스프린터의 발! 복음을 전하기 위해서 험산 준령을 넘는 전도자들의 발은 아름답습니다!

스피드는 멋도 주고 매력도 더합니다! 발 하나를 떼어 책상 위에 올려놓고 들여다보면 거기 무슨 매력이 있겠습니까? 그러나 비호같이 달리는 발은 매력 그 자체입니다! 만일 육상경기에 가장 느리게 달리는 선수에게 상을 주는 종목이 있다면 세상에 그토록 재미가 없는 경기가 또 어디 있겠습니까? 그리고 핑퐁 경기에 스피드가 없다면 무슨 전율이 있고 긴장감이 있고 박진감이 있겠습니까? 육체의 매력도 알고 보면 속력의 매력입니다!

아무리 비너스의 육체가 아름다워도 혼수상태에 빠져 꼼짝도 하지 못하면 거기 무슨 매력이 있겠습니까? 아무리 미녀의 얼굴이라도 표정 하나 없이 졸고 있으면 아무런 매력이 없을 것입니다. 아무리 잘 생겼어도 무표정한 얼굴에는 매력이 없습니다! 그러나 그 몸에 율동이 일어나고 그 얼굴에 표정이 생동하면 그때는 매력을 되찾게 될 것입니다! 율동이 없는 육체와 표정이 없는 얼굴은 무미건조한 스크린입니다. 스크린은 역동적이어야 볼만합니다!

그러나 아무리 얼굴에 표정이 있어도 성난 표정이나 악의에 찬 표정에는 매력이 없습니다. 악한 생각을 품고 악한 일을 하면 아무리 예쁘게 화장을 해도 마녀상이 될 수밖에 없습니다. 그때는 아무리 잘생긴 얼굴이라도 흉상이 되고 맙니다!

그러니 못생긴 얼굴만 탓하지 마시고 그 얼굴을 우아하고 고상하고 귀여운 표정으로 매력 있는 얼굴을 만드시기 바랍니다. 몸체가 작달막하고 뚱뚱한 것만 원통해하지 마시고 교양 있고 맵시 있는 표정과 거동으로 매력을 더하시기 바랍니다. 원고지가 중요한 것이 아니라 글이 중요하며, 화판이 중요한 것이 아니라 그림이 중요합니다. 하는 말이 귀엽고 하는 짓이 예뻐야 참으로 예쁜 여자입니다. 아무리 예쁘게 생긴 여자라도 미운 짓만 하면 매력은커녕 밉상이 되고 말 것입니다. 표정에 매혹되어 얼굴은 볼 수 없게 해야 합니다. 그래야 미인이 될 수 있을 것입니다.

매력 있는 표정을 통해 상대방의 눈과 마음에 스피드를 주어야 합니다. 젊은 남녀들은 너무 흥분해서 상대방의 얼굴을 차마 바라보지도 못하고 얼굴을 붉히거나 고개를 숙이지 않던가요? 그때가 가장 매력이 있고 황홀한 순간입니다. 자기 자신의 스피드를 통해 상대방에게도 스피드를 일으켜야 합니다. 쌍방에 스피드가 일어나야 합니다. 그때가 최고로 매력이 있는 순간입니다. 자기의 정체를 보지 못하게 함으로써만 매력을 느끼게 할 수 있습니다. 장면에 매혹되어 스크린은 보지 못하게 해야 합니다. 일단 그것을 보면 끝장이 나고 말 것입니다. 이것이 지상 최대의 미용술입니다.

스크린 위에는 항상 관심을 끌 만한 사건과 역동적인 장면이 상영되어야 합니다. 육체라고 하는 스크린 위에도 늘 좋은 영화가 상영되고 있어야 합니다. 의복도 사람들의 상상력을 자극하는 동안만, 곡선이 드러날 듯 말 듯해서 곡선의 아름다움을 찾기 위해 상대방의 눈이 분주히 움직이게 하고, 가슴을 두근거리게 하고, 숨을 가쁘게 하는 동안만 매력을 느끼게 할 수 있습니다.

모든 것이 드러나 찾을 것이 없게 되면 스피드가 생기지 않아 매력을 느끼지 않게 됩니다. 상대가 자기를 정면으로 바라볼 때 부끄러워하며 얼굴을 붉히고 누가 자기를 붙잡으려고 할 때 몸을 피해 달아나는 행동 역시 상대방에게 스피드를 가하는 방법입니다. 똑같은 비키니 차림의 여체도 멀리서 바라보게 하거나 율동을 통해 정체를 아슬아슬하게 숨기고 있는 동안만 관람자들의 눈에 스피드를 일으켜 매력을 느끼게 할 수 있습니다. 아무리 아름다운 육체도 너무 가까이에 있거나 움직이지 않고 서 있으면 매력을 잃어버리고 맙니다. 스피드를 상실해 버렸기 때문이지요.

아무리 미인의 육체라도 가까이 접근해서 콧잔등이나 귀뿌리를 들여다보면 거기 무슨 매력이 있겠습니까? 아무리 예쁜 얼굴도 가까이 가서 현미경으로 들여다보면 험산 준령 같아서 무섭기만 할 것입니다. 멀리 있는 여체는 잘 보이지 않아서 신비에 싸입니다. 그래서 스피드를 일으켜 매력을 느끼게 합니다. 멍청한 미인의 얼굴보다는 일에 몰두하고 있거나 깊은 사색에 잠겨 있는 보통 여자의 얼굴이 더 매력이 있습니다! 그런데 이 세상에서 가장 아름다운 얼굴은 믿음과 소망과 사랑이 넘치는 얼굴입니다!

그뿐 아닙니다. 속력은 매력을 더할 뿐 아니라 문제 해결의 묘책이기도 합니다. 새벽에 찬물 속으로 들어가려고 하면 일단은 주저하게 됩니다. 그런 때의 묘책은 무엇일까요? 스피드입니다. 스피드를 내서 펄쩍 뛰어들어가 버리는 것입니다. 쓴 약을 먹을 때도 마찬가지입니다. 그때도 속력을 내서 꿀꺽 삼켜 버리는 것입니다! 추운 겨울날 새벽, 따뜻한 이불 속에서 일어나려고 하면 몸이 천근만근 무겁습니다. 일어나기가 싫습니다. 그런 때의 묘책 또한 속력을 내서 후다닥 일어나 버리는 것입니다. 우물거리고 있으면 점점 일어나기가 어려워집니다. 책을 읽다가 싫증이 났을 때도 마찬가지입니다. 그런 때에도 더 스피드를 내서 빨리 읽어 나가야 합니다. 그리고 이성의 유혹을 받고 이럴까 저럴까 망설여질 때도 스피드를 내서 딱 끊어 버려야 합니다! 스피드는 쓸모가 많습니다. 식사도 배가 고파 스피드가 생길 때가 제일 맛이 있습니다.

3. 마음의 속력

"당신은 가서 수산에 있는 유다인을 다 모으고 나를 위하여 금식하되 밤낮 삼 일을 먹지도 말고 마시지도 마소서 나도 나의 시녀와 더불어 이렇게 금식한 후에 규례를 어기고 왕에게 나아가리니 죽으면 죽으리이다 하니라"(에 4:16)

가장 스피드가 있는 마음은 어떤 마음일까요? 결단하는 마음이며 열심을 내는 마음입니다.

1) 결단할 때의 마음은 초고속입니다

급전직하의 속력입니다. 결심은, 어물어물하고, 주저주저하고, 이럴까 저럴까 하며 망설이던 시간이 지난 다음에 오는 결단입니다. 그 순간에는 백만 대군이 쏜살같이 집결합니다. 모든 생각과 모든 감정과 모든 의지가 최단 거리의 법칙에 따라 하나로 뭉칩니다. 우주의 이쪽 끝과 저쪽 끝이 단번에 연결이 됩니다. 웅덩이 속에 할 일 없이 고여 있던 물이 갑자기 급류가 되어 달립니다. 이와 같은 결심을 통해 크고 작은 역사가 이루어져 왔습니다. 아무리 좋은 생각도 행동으로 연결되지 않으면 결국은 썩어서 악취를 발하게 됩니다. 아무리 머리가 좋은 사람도, 아무리 지위가 높은 사람도, 아무리 재산이 많은 사람도, 결단성이 없으면 아무 일도 하지 못합니다. 무능한 사람이 되고 맙니다. 위대한 업적과 고매한 인격은 위대한 결단의 작은 벽돌들을 쌓아 올림으로써만 이루어집니다.

호렙 산 기슭에서 하나님의 불을 본 모세는 중대한 결심을 했습니다. 모세는 지팡이 하나를 손에 들고 긴 수염을 바람에 휘날리며 애굽을 향해 떠났습니다. 그 당시 그의 나이는 팔십 고령이었지만, 그런데도 결심은 젊은이같이 뜨거웠습니다! 애굽을 향해서 걸어가는 그의 한 발짝 한 발짝은 곧 역사의 한 발짝 한 발짝이었습니다. 그의 얼굴과 눈빛은 온통 결심으로 가득 차 있었습니다. 그와 같은 모세의 결심을 통해 이스라엘 민족의 출애굽 역사가 이루어졌습니다. 만일 그에게 그와 같은 결단의 순간이 없었다면 위대한 모세도 미디안 광야의 일개 목자로 막을 내리고 말았을 것입니다. 출애굽의 역사도 없었을 것입니다! 위인들의 얘기는 결단의 얘기이며, 역사의 얘기 역시 결단과 행동의 얘기입니다!

에스더라고 하는 처녀는 뛰어난 미모 덕분에 아하수에로 왕의 왕비가 되었습니다. 행복한 세월이 꿈같이 흘러갔습니다. 그러나 그동안에 하만은 불행의 씨를 심고 있었습니다. 이스라엘 민족을 학살할 계획을 은밀히 추진하고 있었습니다. 드디어 이스라엘 민족을 학살할 날이 왔습니다. 모르드개가 급히 에스더를 찾았습니다. 모르드개는 에스더의 사촌 오빠였습니다. 모르드개가 에스더에게 지금이라도 이스라엘 민족이 학살을 면할 수 있도록 급히 아하수에로 왕에게 나아가서 눈물로 탄원하라고 하였습니다. "그대가 왕비가 된 것은 우연한 일이 아니다. 이때를 위해 그대가 왕비로 간택을 받았다는 사실을 잊어서는 안 된다! 절대로 너 혼자만 살아남을 생각은 하지 마라!"

그런데 그 당시 그 나라의 법에 의하면 왕비가 왕의 부르심을 받지 않고 어전에 나아가는 것은 사형에 해당하는 죄가 되었습니다. 에스더는 목숨을 걸지 않고서는 동족의 구명운동에 나설 수가 없었습니다. 이건 보통 일이 아니었습니다. 아직도 에스더는 젊었습니다. 육체도 뜨거웠습니다. 아직도 누려 보지 못한 향락과 맛보지 못한 행복과 자랑해 보지 못한 영광이 기다리고 있었습니다! 에스더는 죽고 싶지 않았습니다! 살고 싶었습니다! 오래오래 살고 싶었습니다! 그러나 에스더가 자기 생명을 보존하려고 하면 수많은 이스라엘 민족의 생명은 도마 위에 놓인 생선이 될 수밖에 없었습니다.

'어찌하랴!' 이래서 좋은 일을 하기는 어렵고 하나님의 뜻대로 살기는 어려운 것이 아니겠습니까? 동족이 죽도록 내버려 두고 싶지도 않았고 그렇다고 자기가 대신 죽고 싶지도 않았습니다! '어찌하면 좋지?' 사실은 민족도, 하나님도, 보잘것없는 자기 목숨 하나만큼 귀하지는 않았습니다. 그때 동족의 원망하는 듯하기도 하고 애원하는 듯하기도 하고 저주하는 듯하기도 한 눈이 나타나서 에스더를 노려보는 것이었습니다. '어찌할꼬?'

그때 이상한 힘이 에스더에게 임했습니다. 에스더는 결연히 일어섰습니다. '죽으면 죽으리라!' 그리고 결국은 에스더의 결심 하나가 이스라엘 민족을 학살의 참극에서 구해 낼 수 있었습니다. 그래서 유대 민족은 지금까지도 그날을 부림절로 기념하고 있는 것이 아니겠습니까? 하여간 개인의 역사든, 민족의 역사든, 모든 역사는 결단을 통해 이루어져 왔습니다! 결심이 없는 곳에는 역사도 없고 연애도 없고 이야깃거리도 있을 수 없습니다.

2) 스피드가 있는 마음은 열심입니다

"그 정사와 평강의 더함이 무궁하며 또 다윗의 왕좌와 그의 나라에 군림하여 그 나라를 굳게 세우고 지금 이후로 영원히 정의와 공의로 그것을 보존하실 것이라 만군의 여호와의 열심이 이를 이루시리라"(사 9:7)

무엇에 열중하고 있을 때나 무슨 일에 몰두하고 있을 때 몸과 마음은 전속력으로 달립니다. 그리고 속력은 매력이기 때문에, 그때마다 멋이 생깁니다. 스피드가 있는 마음에서만 위대한 계획도 나오고 행복도 생산되어 나옵니다. 아니! 하나님을 만나는 곳도 그곳입니다! 거기서 시도 창작되어 나오고 음악도 작곡되어 나옵니다! 정신이 산만할 때는 스피드가 없다가도 정신을 집중하면 스피드가 생깁니다. 졸고 있을 때는 정지해 있던 마음도 정신을 차리면 달리기 시작합니다. 쉬운 책을 읽을 때는 시속 35마일로 달리던 마음도 난해한 책을 읽을 때는 시속 65마일의 속력을 냅니다. 스피드가 있는 마음은 뜨거운 마음이며 정성을 다하는 마음입니다.

얘기 좀 해도 될까요?

이 세상에서 제일 비싼 그림은 렘브란트Rembrandt가 그린 「호머의 흉상을 바라보는 아리스토텔레스」입니다. 그 그림은 1961년에 240만 불에 매매되었습니다. 그런데 그 그림에 나오는 얼굴은 깊은 명상에 잠겨 있는 얼굴입니다. 스피드가 있는 얼굴입니다. 깊은 명상에 잠기면 사람들의 마음이 일 초 동안에 우주를 몇 번씩이나 왕래할 수 있습니다!

한번은 소크라테스가 제자인 플라톤의 혼인 잔치에 초청을 받아서 갔습니다. 그런데 하필이면 그날 소크라테스는 사람들이 홍수같이 드나드는 문간에 기둥같이 우뚝 선 채로 깊은 명상에 잠겨 버리고 말았는데, 다음 날 아침에야 눈을 떴습니다. 그날 밤 소크라테스의 몸은 한 곳에 기둥같이 박혀 미동도 하지 않았지만, 그러나 그의 마음은 분주히 초음속으로 하늘과 땅 사이를 오르내렸을 것입니다!

사랑도 스피드입니다! 뜨거운 사랑은 전속력입니다! 사랑하는 연인들의 시선이 마주치면 눈알에서 불티가 튀어나오리만큼 빠른 스피드가 생깁니다. 그래서 눈알은 쉴 새 없이 움직이고 가슴은 두근거리고 숨까지 가빠지는 것이 아니겠습니까? 물론 사랑뿐만 아니고 뜨거운 미움에도 속력이 있긴 하지만, 그러나 뜨거움은 방향감각이 없는 속력이기 때문에 행복 대신 불행, 성취 대신 파괴를 초래할 수밖에 없습니다! 그리고 속력이 있는 마음속에서는, 뜨거운 물 속에서 병균이 살아남지 못하듯이 죄가 살아남지 못합니다. 그래서 타락이 있을 수 없습니다! 타락과 유혹을 방지하는 최고의 방법은 마음에 속력을 가하는 것입니다! 일에 열중을 하는 것입니다! 뜻있는 일에 몰두하는 것입니다! 헌신하는 것입니다!

자전거는 달려야 쓰러지지 않습니다. 이민 생활도 초기에 눈코 뜰 새 없이 바빠 돌아갈 때는 한눈을 팔 시간이 없다가도 생활이 안정되어 시간적인 여유도 생기고 경제적인 여유도 생기면 한눈을 팔기 시작하나니 사치하고, 낭비하고, 도박하고…… 그래서 살 만하게 됐다고 하면 망해 버리고 행복하게 살 수 있게 됐다고 하면 불행해집니다.

속력이 있는 마음은 열심이며, 정성이며, 집념이며, 불굴의 노력입니다!

「최후의 만찬」은 레오나르도 다빈치Leonardo da Vinci가 침식을 잊어 가면서 무려 10년 동안이나 각고정려刻苦精勵의 정성을 기울인 끝에 완성한 그림이며, 불후의 걸작인 미켈란젤로Michelangelo Buonarroti의 「최후의 심판」 역시 8년 동안이나 심혈을 기울여서 그려낸 그림입니다. 플라톤Plato의 유명한 저서『국가Politeia』또한 문장 하나를 아홉 번씩 고쳐 써 가면서 완성을 한 저서이며, 로마의 정치가 시세로Cicero도 하루에 한 번씩 무려 30년 동안 하루도 빼지 않고 연습을 해서 웅변가가 됐다고 합니다. 노아 웹스터Noah Webster도 대서양을 두 번씩 건너다니면서 장장 36년 동안의 꾸준한 노력 끝에 웹스터 대사전을 완성하였고, 시인 브라이언트Bryant도 시집 한 권을 출판하는 데 자그마치 99번씩이나 고쳐 쓰고 깎아 내서 완성했다고 합니다. 노력과 열심이 일을 성취합니다!

부지런해야 뒤뜰에서 호박이라도 가꾸어서 먹을 수가 있습니다. 달팽이도 속력만 내면 잠을 자는 토끼보다 앞서 갈 수 있습니다. 아무리 재주가 없는 사람도 열심을 내면 게으른 천재보다 더 큰 일을 해낼 수 있습니다. 일 자체에서 기쁨과 보람을 느끼는 사람은 그 사실 하나만으로도 성공한 사람입니다! 이해관계를 떠나서 일 자체를 사랑해서 일에 열중할 수 있는 사람은 그 사실 하나만으로도 복을 받은 사람입니다!

그러나 아무리 큰돈을 벌고 아무리 큰 출세를 해도 하기 싫은 일을 하고 자기가 하고 있는 일에 열중하지 못하는 사람은 불행한 사람입니다!

결론적으로 말씀드립니다. 결단이 없는 사람은 물결 따라 떠내려가는 뗏목입니다!

4. 속력과 믿음

"나는 선한 싸움을 싸우고 나의 달려갈 길을 마치고 믿음을 지켰으니"
(딤후 4:7)

신앙은 달음질입니다! 경주입니다! 신앙은 속력입니다(갈 5:7; 히 12:1; 빌 3:13)! 불입니다(딤후 1:6)! 오순절 날 마가의 다락방에 모인 120 문도는 불 성령을 받았습니다. 신앙은 열심입니다! 노력입니다(살전 2:17)! 눈물입니다(빌 3:18)! 넘침입니다(살전 3:12; 4:10)! 신앙은 미지근한 것이 아닙니다! 신앙은 의무가 아닙니다. 형식이 아닙니다(계 3:15~16). 뜨겁지 않은 신앙은 신앙이 아닙니다! 뜨겁지 않은 예배는 예배도 아닙니다! 기쁨도 없고 눈물도 없는 예배는 예배가 아닙니다! 미지근한 신앙생활이 얼마나 역겹고 메스꺼우면 하나님께서 그런 사람들은 토하여 내치겠다고 하셨겠습니까(계 3:16)?

물론 뜨겁다고 반드시 소리가 커야 하는 것은 아닙니다. 학문에 열중하고 있는 학자들은 뜨거울수록 조용합니다. 그러나 아무리 조용해도 뜨겁습니다. 신앙생활도 뜨거워야 합니다. 그런데 사실은 어떨까요? 지금 우리는 너무 스피드가 없는 신앙생활과 미지근한 예배와 눈물이 없는 찬송과 맥 빠진 기도를 드리고 있는 것은 아닐까요? 얼마나 감격해서 작사하고 작곡한 찬송인데 지루하시다니요? 그러면 신앙생활이 이토록 짜증스럽고 역겨운 것이 되어 버린 까닭은 어디에 있는 것일까요?

1) 사람이란 좋은 일에는 열심이 나지 않다가도 좋지 않은 일에는 저절로 열이 오르는 별난 존재이기 때문입니다

술독에 한번 빠지면 헤어 나오기가 어렵고, 담배 연기도 한번 그 속으로 말려 들어가면 빠져나오기가 어렵고, 외도도 한번 빠지면 신바람이 나서 제정신이 아니고, 분노도 한번 터뜨리면 소방대를 동원해도 진화하기가 어렵습니다. 국제평화회의를 아무리 거듭해도 전쟁은 끝이 나지 않습니다. 이에 반해서 좋은 일은 아무리 힘을 써도 잘되지 않습니다. 입단속은 아무리 결심을 해도 잘되지 않고 원수 사랑은 철야기도를 드려도 실천할 수가 없고, 욕심은 아무리 회개를 해도 죽일 수가 없고, 음욕은 아무리 정조대를 채워도 해결이 되지 않습니다!

그럼 다시 한 번 묻겠습니다. 왜 우리의 신앙생활에는 불이 붙지 않는 것일까요? 왜 불이 붙었다가도 금방 부스스 꺼지고 마는 것일까요? 신앙생활은 악한 일이 아니라 선한 일이기 때문입니다! 죽는 길이 아니라, 사는 길이기 때문입니다! 타락의 길이 아니라, 성화의 길이기 때문입니다!

사실이 이와 같으니…… 정통 신앙에 불이 붙기만 하면 얼마나 경하할 일이겠습니까? 이단은 외도이기 때문에 저절로 불이 붙지만 정통 신앙은 정도이기 때문에 쉽게 열이 오르지 않습니다!

2) 신앙생활에는 눈에 보이는 효과가 없기 때문입니다

제임스 길모어James Gilmour 선교사가 몽골Mongolia에서 보낸 탄식 소리는 우리의 가슴을 찌르고도 남음이 있습니다. "조그만 변화라도! 조그마한 변화만이라도……?" 그의 전기 작가 리처드 러벗Richard Lovett은 제임스 길모어를 실망하게 한 것은 그가 하는 일에는 아무런 성과가 없어 보였기 때문이라고 지적한 바 있습니다.

새뮤얼 러더포드Samuel Rutherford가 레이디 켄뮤어Lady Kenmure에게 보낸 편지 중에도 다음과 같은 내용이 있습니다. "내가 하고 있는 일의 결실은 너무도 미미하다. 그러나 단 하나의 영혼만이라도 구원을 받게 된다면 나에게는 생명의 면류관이 될 것이다."

중학교는 3년 동안만 다니면 졸업장을 받고 대학도 4년 동안만 다니면 학사가 되어 나오는데 교회는 10년을 다녀도 30년을 다녀도 표가 나지 않습니다. 매일 성경공부를 하고 매일 기도를 드려도 아무것도 달라지는 것이 없습니다. 새사람이 된 것 같지도 않습니다. 10년 동안 신앙생활을 해도(10년 동안 도를 닦아도) 20년 동안 신앙생활을 해도 그날이 그날입니다. 그래서 많은 사람이 천로역정天路歷程에서 열심을 잃어버리고 맙니다! 그러나 우리는 여기서 중대한 사실 하나를 깨달아야 합니다. 성도들은 육체를 위해서 (현세에) 심는 사람들이 아니고 성령을 위해서 (영원한 세계에) 심는 사람들이라는 사실 말입니다. 그래서 먼 훗날에 이르러서야 결실을 보게 될 것이라는 사실 말입니다. "우리가 선을 행하되 낙심하지 말지니 포기하지 아니하면 때가 이르매 거두리라"(갈 6:9).

노예 해방 운동가 윌리엄 개리슨William L. Garrison의 다음과 같은 간증은 기억해 둘 만한 가치가 있습니다. "나는 노예 해방 운동을 미국의 북부에서 벽돌조각과 달걀에 얻어맞아 가면서 시작했지만, 그러나 마지막에는 사우스캐롤라이나South Carolina에서 꽃다발 속에 파묻혀 막을 내렸습니다."

3) 신앙의 열을 죽이는 것은 시간입니다

신앙생활에는 시작은 있지만 끝이 없습니다. 그래서 지루합니다. 짧으면 흥미가 있는 일도 길어지면 맥이 빠집니다. 아무리 좋은 얘기도 되풀이해서 들으면 짜증이 납니다. 깨가 쏟아지게 재미있는 오락도 길어지면 하품이 나옵니다. 처음에는 꿀같이 달기만 하던 결혼생활도 오래 살다 보면 맹물 같습니다. 그런데 신앙생활에는 제대도 없고 졸업도 없습니다. 신앙생활에는 은퇴도 없고 휴가도 없습니다. 그래서 처음에는 불같이 뜨겁던 신앙도 후에는 잿더미같이 식어 버리고 맙니다!

우리는 주일마다 똑같은 예배를 드립니다. 기도도, 찬송도 언제나 똑같은 그 기도와 그 찬송입니다. 그래서 미지근해질 수밖에 없습니다! 그런데도 거듭난 성도들은 똑같은 예배를 드리면서도 주일마다 새로운 깨달음을 얻고 새로운 감동을 받습니다. 항상 새로운 예배를 드립니다. 항상 새로운 체험을 하므로 흥분은 식을 줄을 모릅니다(고후 4:16). 우리는 매일같이 똑같은 음식을 먹습니다. 그런데도 건강한 사람들은 매일같이 똑같은 음식을 먹으면서도 매일 맛있게 먹습니다. 항상 새로운 것을 먹듯이 맛있게 먹습니다!

어떤 교회는 예산의 태반을 예배비로 책정해서 주일마다 깜짝 놀랄 만한 프로그램과 뜻밖의 초청강사를 모심으로 주일마다 온 교인들로 기대에 부풀게 한다고 합니다. 그러나 그런 흥분은 성령의 뜨거움이 아닙니다!

마크 러더퍼드Mark Rutherford가 이런 말을 하였습니다. "가장 달리기 어려운 코스는 출발지점도 아니고 결승점도 아닙니다. 가장 달리기 어려운 코스는 출발점도 보이지 않고 결승점도 보이지 않는 중간 지점입니다!"

누구든지 처음 믿을 때는 열이 오릅니다. 그리고 결승점이 보여도 '피치'를 올립니다. 문제는 시간 외에는 아무것도 보이는 것이 없는 중간 지점입니다!

"나로 말미암아 너희를 욕하고 박해하고 거짓으로 너희를 거슬러 모든 악한 말을 할 때에는 너희에게 복이 있나니"(마 5:11)

4) 성도들의 열심을 죽이는 것은 핍박과 비판입니다

밖에서 오는 핍박과 비판은 성도들의 신앙에 불을 붙여 줄 수도 있지만, 그러나 집안 식구들의 비판과 핍박은 열을 죽입니다! 응원단원들이 구름같이 둘러 서 있어도 달리기 어려운 신앙의 난코스를 집안 식구들이 쉬지 않고 뒤따라 다니면서 비판을 하고 야유를 하니, 어찌 열심인들 식지 않겠습니까? 열광하는 팬이 없는데…… 앙코르encore가 없는데…… 어떻게 인기 스타가 탄생할 수 있겠습니까? 그런데 모든 성도가 응원단원이 없는 경기장에서 경주를 해야 하고 팬이 없는 무대에서 노래를 불러야 합니다. 그러니 어찌 풀이 죽지 않을 수 있겠습니까? 참으로 하나님의 일을 하는 성도들에게는 언제나 방해자들과 비판자들이 뒤를 따릅니다!

그래서 어거스틴St. Augustine은 교회를 가리켜 '양과 이리가 같이 사는 곳'이라고 했다면서요? 예수님을 십자가에 못 박아 죽인 사람들은 불신자들이 아니라 제사장과 바리새교인이었고, 사도들을 핍박한 사람들 역시 유대교인들이었고, 종교 개혁자들을 핍박한 박해자들 또한 가톨릭교인들이었고, 요한 웨슬리를 핍박한 것은 영국 교회였습니다. 그래서 많은 성도의 첫사랑은 미지근하게 식어 버릴 수밖에 없습니다. 시어머니와 시누이에게 날이면 날마다 핍박을 당하다 보면 마침내는 남편에 대한 정까지 떨어지고 만단 말씀입니다.

그러면 어떻게 해야 장거리를 달려온 선수의 속력이 처음 같을 수 있으며 신물이 나도록 동거 생활을 해 온 부부 사이에 첫사랑의 뜨거움이 화끈하게 그대로 남아 있을 수 있겠습니까? 결국은 손끝만 닿아도 전기가 통하던 첫사랑의 얘기는 회고담이 될 수밖에 없는 것이 아닐까요? 그런고로 지금 하나님께서는 우리에게 기적을 요구하고 계시는 것입니다! 성령의 기적 말입니다! 그러면 우리는 어떻게 성령의 기적과 은사를 받을 수 있을까요? 물론 우리는 기도를 드리고 있는 동안에도 성령님의 기적을 받을 수 있고 빈대떡을 부치는 동안에도 성령님의 은사를 받을 수 있습니다! 그러나 이때든 저 때든, 성령님께서는 빈 마음에 오십니다! 옛 사람이 죽어야 새사람이 살아 나옵니다!

5. 첫사랑을 되찾으려면

"그들이 서로 말하되 길에서 우리에게 말씀하시고 우리에게 성경을 풀어 주실 때에 우리 속에서 마음이 뜨겁지 아니하더냐 하고"(눅 24:32)

그러면 낙심할 수밖에 없고 미지근하게 식을 수밖에 없는 믿음을 뜨겁게 할 수 있는 비결은 무엇일까요? 본문의 말씀대로 부활하신 예수님의 설교를 빈 마음으로 듣는 것입니다!

엠마오를 향해서 내려가는 두 제자가 있었습니다. 그들은 올라가야 할 때 내려가고 있었습니다. 그중 한 사람의 이름은 글로바. 그러나 또 다른 제자의 이름은 아는 사람이 없습니다. 그 두 제자는 십자가 현장에서 기적이 일어나기를 고대했지만, 그러나 예수님께서 맥없이 죽임을 당하시는 것을 보고서는 너무나도 낙심해서 낙향하고 있었습니다. '역천명逆天命하는 사람은 망하고 순천명順天命하는 사람은 흥한다고 하더니……? 그것도 공연한 헛소리였구나! 하나님의 말씀에 순종하면 복을 받고 장수한다고 하더니 모두가 헛소리였구나! 33세의 젊은 나이에 십자가 형틀에 매달려 죽는 것이 어떻게 축복이 될 수 있단 말인가?

돌이켜 보건대 그들에게도 가슴이 뜨겁게 불타던 한때가 있었습니다. 그러나 이제 모든 것은 잿더미가 되고 말았습니다. 이제 남은 것은 예수님에 대한 얘기뿐이었습니다. 성경공부뿐이었습니다. 그들은 예수님을 잊을 수 없었습니다! 그들은 지금까지도 예수님께서 하신 말씀과 하신 일을 생생하게 기억하고 있었습니다. 그들은 하나님의 말씀을 암기하고 있었습니다. 그들은 성경 박사였습니다. 그래서 그들은 성경 토론도 하고 교리문답도 하였습니다!

그러나 그런 것들은 어디까지나 성경 얘기에 불과했습니다. 성경 토론을 하면서도 그들은 낙심하고 있었습니다. 그들은 패잔병이었습니다. 그들은 예수님을 생각하면서 죄악 세상으로 내려가고 있었습니다. 왜 그랬을까요? 가슴에 불이 식어 버렸기 때문입니다! 말씀에 불이 붙지 않아서입니다! 그래서 예수님을 생각하면서도 발걸음은 세상을 향하고 있었습니다.

그러다가 어느 순간 자기들의 얘기를 중단하고 예수님의 말씀에 귀를 기울이기 시작했습니다. 그들은 듣기만 하였습니다. 그러자 뜻하지 않은 기적이 일어났습니다. 가슴이 뜨거워지기 시작했습니다! 초로의 내외에게 첫사랑의 열기가 되살아났던 것입니다!

그러면 그런 기적은 언제 일어나는 것일까요? 자신을 완전히 비웠을 때입니다! 내 감정과 내 고집과 내 욕심을 버리고 하나님의 말씀에 귀를 기울일 때입니다! 그때 하나님의 말씀이 가슴속에서 활활 타오르기 시작합니다! '내' 가 가득 차 있는 사람은 아무리 하나님의 말씀을 들어도 뜨거워지지 않습니다! 내 불을 꺼야 하나님의 불이 살아납니다!

사람의 가슴을 뜨겁게 하는 것 두 가지가 있습니다. 하나는 욕심의 불이고 다른 하나는 욕심을 비울 때 임하는 성령의 불입니다! 그런데 욕심에 불을 붙이기는 쉬워도 욕심을 비우기는 어렵습니다! 그래서 많은 설교자가 수적인 부흥에 눈이 어두워서 "믿기만 하면 성공도 하고 부자도 되고 병도 고친다."라고 하면서 욕심에 불을 붙입니다. 가슴을 뜨겁게 합니다! 그렇게 해서 많은 팬을 끌어들입니다. 그러나 그런 불은 성령의 불이 아닙니다. 사이비 불이요, 도깨비불입니다! 욕심에 붙는 불은 악령의 불입니다!

왜 현대교회에는 초대교회 당시에는 있었던 힘도 나오지 않고 기적도 일어나지 않는 것일까요? 성령의 불이 점화되지 않아서입니다! 승용차는 현대교회가 초대교회 당시보다 훨씬 더 성능이 좋지만, 그러나 휘발유가 없고 점화가 되지 않는 것이 문제입니다. 그래서 현대교회의 승용차는 전시용으로나 이용되고 있습니다. 초대교인들이 전하던 복음이나 우리가 전하는 복음이나 똑같은 복음입니다. 성만찬도 아무것도 다른 것이 없습니다. 그러면 무엇이 다른 것일까요? 우리의 예배나 성만찬에는 '성령의 뜨거움' 이 없다는 사실입니다. 뜨겁지 않은 것은 죽은 것입니다!

믿음도, 사랑도, 소망도 우리의 가슴을 뜨겁게 해 주지 못하면 아무것도 아닙니다. 베드로의 성경지식은 보잘것없는 것이었습니다. 그럼에도 뜨겁게 불타고 있었기에 세상을 흔들어 깨우는 하나님의 능력이 될 수 있었습니다! 머릿속에 저장된 박식은 아무 일도 할 수 없지만, 그러나 가슴

속에서 불타는 한 구절의 하나님의 말씀에는 역사하는 힘이 있습니다. 뜨거워져야 역사가 일어납니다! 남녀 사이도 뜨거워져야 역사가 일어납니다. 술을 마시고서라도 뜨거워져야 사고라도 칩니다! 음식도 익혀야 맛이 나고 한약도 달여야 약효가 있습니다. 미지근한 신앙은 죽은 신앙입니다. 죽은 예배는 생동감이 없어 지루하기만 합니다.

우리의 믿음이 달리는 승용차가 되려면 엔진에 불이 붙어야 합니다(계 3:15). 성악을 하는 사람은 머리와 배로 노래를 불러야 하지만 성도들은 가슴으로 찬송을 불러야 합니다! 공산당도 당원들이 자기 생각을 하지 못하도록 잠시도 신체적인 여가나 정신적인 자유를 주지 않는다고 합니다. 공산주의 사상만을 뜨겁게 불태우기 위해서입니다.

다음은 점화된 성령의 불을 꺼뜨리지 않도록 지키는 비결입니다! 그러면 그 비결은 어떤 것일까요? 움직이는 것입니다! 행동입니다. 몸도 움직여야 열이 나듯이 영혼도 움직여야 열이 납니다! 기계도 사용해야 녹이 슬지 않습니다! 성대도 그렇습니다. 그러면 움직인다고 하는 것은 무엇을 뜻하는 것일까요? 하나님의 말씀을 실천하는 것을 뜻합니다! 하나님의 뜻에 순종하는 생활 말입니다! 하나님의 말씀을 몰라서 죄를 짓고 사는 불신자는 사람같이 악해질 뿐이지만, 하나님의 뜻을 알면서도 짐짓 죄를 짓고 사는 교인은 마귀같이 타락할 수밖에 없습니다! 뜨거워져야 생활에 변화가 일어나는 것도 사실이지만, 행동하는 생활이 있어야 '열'을 보존할 수 있는 것도 사실입니다!

그럼 마지막으로 얘기 하나만 더 하겠습니다.

제이 씨 페니J. C. Penny는 미국의 유명한 사업가입니다. 그는 40대에 이미 백만장자가 되었습니다. 그러나 1929년 경제공황이 미국을 휩쓸고 지나갈 때는 그런 그도 파산을 당해 무일푼의 거지가 되었습니다. 엎친 데 덮친다고 병을 얻어 입원까지 했습니다. 입원비조차 낼 수 없게 된 그는 죽을 생각까지 했습니다. 처음부터 못살던 사람이 못사는 것은 그런대로 견딜 만하지만, 그러나 잘살던 사람이 갑자기 못살게 되면 정말 죽을 지경이 된다고 합니다.

'여기서 끝내 버리고 말자!' 그는 자녀들에게 간단한 고별 편지까지 써 놓고 잠이 들었습니다. 그런데 다음 날 아침 페니가 잠을 깨어 보니 어디선가 찬송하는 소리가 들려왔습니다. "너 근심 걱정 말아라! 주 너를 지키리! 주 날개 밑에 거하라 주 너를 지키리!"

그는 병실을 나와 그 찬송 소리가 들려오는 방향으로 발걸음을 옮겨갔습니다. 복도의 맨 끝에 있는 예배실에서 찬송 소리가 들려오고 있었습니다. 그는 채플실의 맨 뒷자리에 있는 빈 의자 앞에 무릎을 꿇고 기도를 드리기 시작했습니다. 그동안에도 기도를 드리지 않은 것은 아니지만, 그러나 이번에는 난생처음으로 빈 마음이 되어 기도를 드렸습니다! 그러자 하나님의 불이 그의 가슴에 점화되었습니다! 가슴이 뜨거워졌습니다! 동시에 걱정과 근심은 사라져 버리고 소망이 심신을 가볍게 하였습니다!

후에 그는 이런 간증을 하였습니다. "그날 나는 완전히 다른 사람이 돼서 예배실을 나왔습니다."

그날 페니는 욕심을 비웠습니다. "이제 나의 욕심과 나의 계획은 모두 실패로 끝이 나고 말았다. 이제부터는 주님만 위해서 살 것이다."

그 순간 페니는 없고 오직 하나님과 이웃이 있을 뿐이었습니다. 결단과 열정이 그의 가슴을 뜨겁게 하였습니다. 페니가 탄 승용차는 전속력으로 달리기 시작했습니다! 그리고 운전대에는 예수님이 앉아 계셨습니다 (갈 2:20). 후에 그는 매년 무려 5천만 불이나 되는 돈을 천국은행에 예금하였습니다.

이 세상도 천국도 뜨거운 사람들의 것입니다!

"오직 여호와를 앙망하는 자는 새 힘을 얻으리니 독수리가 날개치며 올라감 같을 것이요 달음박질하여도 곤비하지 아니하겠고 걸어가도 피곤하지 아니하리로다"(사 40:31)

기억의 비밀 계좌

"네 하나님 여호와께서 이 사십 년 동안에 네게 광야 길을 걷게 하신 것을 기억하라 이는 너를 낮추시며 너를 시험하사 네 마음이 어떠한지 그 명령을 지키는지 지키지 않는지 알려 하심이라"(신명기 8:2)

기억의 비밀 계좌

신명기는 추억의 책입니다. 모세는 이스라엘 백성에게 지나간 일을 기억하라고 합니다. 40년 동안의 광야생활을 기억하라고 합니다. 한탄하거나 후회하기 위해서가 아니라 오늘의 양식이 되게 하려고……

1. 기억과 망각

"내가 옛날을 기억하고 주의 모든 행하신 것을 읊조리며 주의 손이 행하는 일을 생각하고"(시 143:5)

"너희는 이전 일을 기억하지 말며 옛날 일을 생각하지 말라"(사 43:18)

본문의 말씀에는 과거의 일을 기억하라는 말씀과 아울러 지난 일을 기억하지 말라는 말씀이 있습니다. 기억해야 할 일은 기억하고 기억해서는 안 되는 일은 잊어버리라고 하십니다.

이스라엘 민족에게는 세 가지 큰 절기가 있었습니다. 유월절과 오순절(혹은 맥추절, 칠칠절, 초실절)과 장막절(혹은 초막절, 수장절)입니다. 그런데 그 세 절기는 하나같이 지난날의 일을 기억하기 위해서 제정된 기념일이었습니다. 우리의 3·1절이나 광복절 역시 과거지사를 기념하는 날입니다. 조상의 무덤을 찾는 것도 과거를 더듬어 찾는 행사입니다. 유대 땅

헤브론에는 아브라함과 이삭의 무덤이 있는데, 지금도 그 후손들이 그 무덤 앞에서 땅을 치며 통곡하고 있습니다.

만일 과거의 일을 기억하지 못하는 사람이 있다면 그 사람은 동물이나 다를 바가 없습니다. 인간은 과거의 경험을 현재에 되살려 내는 존재입니다. 군마나 군견에게도 무용담은 있습니다. 그러나 기억은 없습니다. 기억은 인간의 특권입니다. 역사는 무엇이며, 족보는 무엇이며, 이력서는 무엇입니까? 이력서는 단지 취직하려고 간직해 두고 있는 서류가 아닙니다.

오직 "이 순간만을 위하여"의 구호는 다분히 동물적인 구호입니다. 쾌락만이 인생의 궁극적인 목적이라면 그쪽이 편할는지도 모르지만…… 그러나 사람은 짐승이 아니라 사람입니다! 짐승에게는 과거도 없고, 미래도 없고, 오직 현재가 있을 뿐입니다. 그러나 인간에게는 과거도 있고, 미래도 있고, 현재도 있습니다. 짐승에게는 과거의 잘못을 뉘우치는 일도 없고 과거의 약속을 지키는 법도 없고 미래에 대한 계획도 없고 소망에 부풀거나 걱정하는 일도 없습니다. 그러나 사람은 다릅니다.

옛날 독일의 어떤 가난한 음악가가 귀족의 딸을 사랑하였습니다. 오르지도 못할 나무를 바라보았습니다. 따먹지도 못할 과일을 넘봤습니다. 그런데도 그 젊은 음악도는 그 목적을 이루기 위해 먼 나라에 가서 돈과 명예의 둘을 다 잡아들고 금의환향하였습니다. 그리하여 옛적에 가난하던 음악가가 귀족 딸의 손을 잡고 라인 강변을 산책하고 있었습니다. 그런데 이게 웬일입니까! 호사다마라더니…… 그 행복의 절정에 뜻하지 않은 재난이 기다리고 있었습니다. 젊은 음악도는 가파른 강변에 활짝 피어 있는 꽃송이 하나를 꺾어서 애인에게 바치려고 비탈길을 내려가다가 그만 미끄러져서 물살이 급한 강물에 빠져 버리고 말았습니다. 그때 그 젊은이는 한 송이의 꽃을 애인에게 던져 주면서 울먹이는 소리로 호소하였습니다. "나를 잊지 말아 주세요! Vergiss mich nicht! Vergiss mich nicht!" 그날로부터 '쥐의 귀' 라는 이름으로 불리던 그 꽃의 이름이 '물망초' 가 됐다는 얘기입니다.

그런데도 만일 그 귀족의 딸이 그 젊은 음악도를 영원히 잊어버린다면, 다시는 기억조차 하지 않는다면, 어찌 그런 짐승을 사람이라, 여자라 할 수 있겠습니까?

사람은 과거를 기억합니다. 그래서 구면도 있고, 친구도 있고, 의리도 있고, 정절도 있는 것이 아니겠습니까? 그런데 사람의 기억력에는 한계가 있습니다. 그래서 기억해 두어야 할 일은 기억해 두고 망각해 버려야 할 일은 망각해 버려야 하지 않겠습니까?

그런데 유감스럽게도 기억하는 그 일은 사람 마음대로 되지 않습니다. '잊어버려야지! 잊어버려야지!' 하며 잊어버리려고 하는 일은 뇌리에 새겨지고 이와는 반대로 꼭 기억해 두고 싶은 수학의 방정식이나 영어 단어는 아무리 암기해 두려고 해도 너무 쉽게 잊어버려서 걱정입니다. 옛 애인은 이를 악물고 잊어버리려고 해도 가슴 깊이 파고들어 와서 걱정이고요, 꼭 기억해 두어야 할 은혜는 물에 새기고 잊어버려야 할 원한은 돌에 새깁니다!

어떤 여자는 처녀 시절에 자기에게 욕을 보인 그 사나이가 잊히지 않아 평생 마음속에 상처를 지니고 살아야 했습니다. 셰익스피어William Shakespeare의 작품 중에 나오는 맥베스Macbeth 부인은 그녀가 살해한 방쿼Banquo 장군을 잊어버리려고 몸부림을 칩니다. 그런데도 밤마다 그 사람의 망령에 쫓겨 다니느라 잠을 이루지 못합니다. 그런데 악인들은 기억해 두어서는 안 되는 나쁜 일들만 기억해 두고 의인들은 기억해 두어야 할 좋은 일들만 기억해 둡니다! 악한 사람은 남의 단점만 기억하고 의인은 주로 남의 장점만 기억해 둡니다!

기억 관리는 그 사람의 인격에 직결됩니다. 그런고로 우리는 회사의 기획실 관리도 잘해야 하지만 기억 관리도 그만 못지않게 능률적으로 해야 합니다. 누구나 재산 관리나 사업 관리 같은 것은 잘해 보려고 애를 씁니다. 필요한 것은 보관하고 불필요한 것은 쓰레기통에 집어넣습니다. 그걸 모르는 사람이 어디 있겠습니까? 보관을 해도 덜 좋은 것은 얕은 곳에 가장 좋은 것은 깊은 곳에 간직해 둡니다.

먹는 음식도 영양가가 있는 것과 영양가가 없는 것을 구분해서 섭취합니다. 콜레스테롤이 많은 음식도 알고 콜레스테롤이 적은 음식도 압니다. 그러나 기억 관리와 정신 위생은 엉망입니다. 심신에 해로운 미움 같은 것은 뿌리 깊이 간직해 두고, 심신에 해로운 근심 같은 것은 잠을 자는 동안에도 잊지 못하고, 목을 조이는 욕심은 죽어도 버리지 않습니다! 그러면서도 행복하기를 바랍니다!

단테Alighieri Dante의 작품 『신곡神曲』에 나오는 주인공이 연옥의 최후 관문을 통과합니다. 그때 그는 두 개의 강기슭으로 인도함을 받아 한쪽 강에서 '망각의 물'을 마십니다. 그러자 과거의 모든 괴로운 기억들이 씻은 듯이 사라져 버립니다. 그다음에는 '에우노에Eunoe'의 강물을 마십니다. 그러자 과거의 아름답고 행복한 기억들만이 되살아납니다. 그것이 단테의 천국입니다!

2. 고난의 비밀 계좌와 비상 인출

"너를 낮추시며 너를 주리게 하시며 또 너도 알지 못하며 네 조상들도 알지 못하던 만나를 네게 먹이신 것은 사람이 떡으로만 사는 것이 아니요 여호와의 입에서 나오는 모든 말씀으로 사는 줄을 네가 알게 하려 하심이니라"(신 8:3).

높은 산에 올라서서 거기까지 올라오는 동안에 지나온 계곡들과 산비탈들과 넓은 사막 길을 내려다보라고 하십니다. 오늘의 '내'가 되기까지 그동안에 겪은 수많은 고생을 생각해 보라고 하십니다. 고난의 경험은 비싼 값을 내고 사들인 보화입니다. 눈물도 흘리고 허리띠까지 졸라매면서 얻은 경험이며 때로는 생명의 위험까지 무릅쓰고 얻은 경험입니다. 그러니 어찌 그 귀한 고난의 경험을 헛되이 돌아가게 할 수 있겠습니까?

어떤 사람은 자식들에게 고생을 시키지 않으려고 많은 유산을 남겨 주려 하고, 어떤 사람은 고생은 자기 한 대로 충분하다면서 딸자식의 손에는 물 한 방울도 묻히지 않게 하겠다지만, 모르는 소리입니다. 고생은 인생의 보화입니다! 훈련 없이 선수가 나올 수 없는 것같이 고생하지 않은 위인이나 행복자는 있을 수 없습니다. 프랑스의 속담에 "곤경은 인간을 만들고 행운은 악마를 만든다."라고 했다지만, 어버이들은 자기 자식들에게만은 그 지긋지긋한 고생이 없기를 바랍니다. 그러나 고생은 피해 살 수도 없고, 돌아서 갈 수도 없고, 넘어갈 수도 없는 인생의 필수조건입니다! 사람은 누구나 고난의 한복판을 통과해야 합니다. 고생을 모르고 살았다는 사람도 고생길을 통과할 수밖에 없었을 것입니다. 하나님의 선민인 이스라엘 백성도 광야 40년의 고난 길을 통과한 후에야 가나안 땅으로 들어갈 수 있었습니다.

그러면 소원의 가나안 땅에 들어간 후에는 고생이 없었을까요? 아닙니다! 광야에는 광야의 고생이 있고 가나안 땅에는 가나안의 고생이 있었습니다! 실패자들에게는 실패자의 고생이 있고 성공자들에게는 성공자의 고생이 있습니다! 고난은 인생의 주식입니다! 고생하고 싶어 하는 사람도 없고 고생하지 않고 살 수 있는 사람도 없습니다!

그러면 왜 하나님께서는 이스라엘 백성으로 하여금 3개월이면 통과할 수 있는 광야 길을 40년 동안이나 돌아다니면서 고생하게 하셨을까요? 그들을 쓸 만한 그릇으로 만들기 위해서였습니다! 하나님의 백성의 영적인 승화를 위해서였습니다. 역사가들은 눈에 보이는 세상일만 중요한 줄 알고 애굽Egypt이나, 파사Persia나, 헬라나, 로마의 흥망성쇠만 기록에 남겼습니다. 그러나 그런 사실보다 더 중요한 사실이 있습니다. 고난의 역사의 수레바퀴 속에서 성도들이 구원받고 성화해 가는 과정입니다! 세속의 역사보다 더 중요한 것이 구속의 역사입니다!

그럼 여기서 한번 묻겠습니다. 다이아몬드 반지가 인류의 구원에 얼마나 큰 도움이 될까요? 미니스커트가 우리의 믿음을 얼마나 돈독하게 할 수 있을까요? 안일한 생활이 성화의 역사에 얼마나 큰 도움을 줄 수 있을까요? 고난만이 인류 구원과 성화의 밑거름입니다. 행복의 밑거름도 고난입니다. 그 악한 전쟁도 고난을 통해 인간의 정신을 순화시킵니다.

6·25 동란의 풍진 속에서 우리는 포성을 들으면서 남하했습니다. 한숨 소리! 울음소리! 사람 찾는 소리! 아우성! 그리고 점점 더 굵어만 가는 빗발 속을……. 등 위에는 피난 보따리와 어린 자식까지 이중으로 얹고 한 손에는 양은 냄비와 밥그릇! 다른 한 손에는 배가 고파서 울어 대는 어린 자식을 끌고 무턱대고 남으로 남으로 밀려 내려갔습니다. 10만의 국군병력은 지리멸렬해서 겨우 2만 5천의 병력만이 재편성되었습니다. 나머지는 피난민의 행렬에 끼어 남하하고 있었습니다. 승리의 소망도 없고 반격의 기대도 없이 쫓겨만 가고 있었습니다. 갈 곳도 없고 기다리는 사람 하나 없는데도 무조건 내려가기만 했습니다. 구름같이 이리저리 떠돌아다니기만 하던 그 날! 폭류에 희롱을 당하면서 떠내려가기만 하던 그 날, 머나먼 보행 길에 모두 기진맥진해서 말도 없고, 웃음도 없고, 눈물도 없이 그저 유령같이 움직이기만 하던 그 날! 그날 우리는 추녀 밑에 쭈그리고 앉아서 비를 피하고 있는 거지 떼였습니다.

그럼 여기서 한번 묻겠습니다. 만일 우리가 그날의 경험을 그대로 되살려 낼 수만 있다면 어떻게 불만을 할 수 있겠습니까? 어찌 지금의 처지가 행복하지 않을 수 있겠습니까? 문제는 과거의 경험을 되살려 내지 못하는 데 있는 것이 아닐까요? 예나 지금이나 올챙이 적 일을 까맣게 잊어버리고 마는 것이 문제입니다. 먹을 것이 없어서도 아니고 입을 옷이 없어서도 아닙니다. 살 집이 없어서도 아니고 타고 다닐 승용차가 없어서도 아닙니다! 고생스러웠던 과거의 경험을 되살려 내지 못하는 것이 문제입니다! 과거의 경험을 생생하게 되살려 내지 못하는 사람은 천하를 얻어도 행복할 수 없을 것입니다.

그러면 왜 우리는 과거의 경험을 되살려 내지 못하는 것일까요? 끝없는 욕심 때문입니다. 그래서 앞으로만 쫓겨 가고 있기 때문입니다. 쇼펜하

우어Arthur Schopenhauer가 말하지 않았던가요? "사람들은 이미 가지고 있는 것은 까맣게 잊어버리고 아직 가지지 못한 것만 생각한다!"라고. 앞만 바라본다고 무조건 다 좋기만 한 것은 아닙니다. 소망으로 미래를 바라보는 사람은 기쁨을 더하지만 욕심으로 앞을 내다보는 사람은 불만과 고통을 더할 뿐입니다! 제일 행복한 사람은 과거의 재산(감사)이 많은 사람이고 가장 불행한 사람은 미래의 재산(욕심)이 많은 사람입니다. 행복한 사람은 착한 사람입니다. 행복은 곧 덕이고 덕은 곧 행복입니다. 고난의 잿더미 속에는 보화가 숨겨져 있습니다! 그날의 절망은 소망의 원천이며 그날의 고통은 환희의 산실입니다! 그런데도 그 귀한 고난의 경험을 사장해 버리려 하시다니요?

그러므로 경험을 하는 것도 소중하고 경험을 기억해 두는 것도 소중하지만 그보다 더 소중한 것은 경험을 활용하는 것입니다! 어떤 사람은 큰 자본을 투자하고서도 망해 버리고, 어떤 사람은 작은 자본을 가지고도 큰 사업을 일으킵니다. 그와 같이 어떤 사람은 작은 경험밖에 하지 못했는데도 크게 살려서 쓰고 어떤 사람은 큰 경험을 하고서도 아무것도 깨닫지 못합니다!

우리 배달민족은 유별나게 고생을 많이 한 백성입니다. 그런데도 만일 우리가 돈이나 학벌이나 출세밖에 모르는 백성이라면 과거의 고난을 헛되이 하고 있는 것이 아닐까요? 과거에 가난했던 경험을 살려서 검소한 생활을 하면 경험을 선용한 것이 되고, 그러나 과거의 가난했던 경험 때문에 도리어 돈밖에 모르는 백성이 되어 버리면 그때는 가난의 경험을 악용한 것이 될 수밖에 없을 것입니다! 지금 이 땅에는 과거에 방 한 칸도 없이 사글세 집에서 전셋집으로 전전하던 때의 일을 까맣게 잊어버리고 큰 집에 살고 있으면서도 불평을 계속하는 사람들이 얼마나 많습니까?

"너는 이방 나그네를 압제하지 말며 그들을 학대하지 말라 너희도 애굽 땅에서 나그네였음이라"(출 22:21)

3. 추억의 보고

"네가 먹어서 배부르고 아름다운 집을 짓고 거주하게 되며 또 네 소와 양이 번성하며 네 은금이 증식되며 네 소유가 다 풍부하게 될 때에 네 마음이 교만하여 네 하나님 여호와를 잊어버릴까 염려하노라 여호와는 너를 애굽 땅 종 되었던 집에서 이끌어 내시고"(신 8:12~14)

그러면 우리는 무엇을 위해서 과거를 기억해 두어야 하는 것일까요?

1) 현재의 행복을 위해서입니다

오늘을 행복하게 살기 위해 지난날을 기억해야 합니다. 오늘의 불만을 감사로 바꾸기 위해 과거의 고난을 되살려야 합니다. 오늘의 단잠을 위해 잠을 이루지 못하던 과거의 경험을 기억해야 합니다. 오늘의 아침을 마음 껏 즐기기 위해 병석에 누워 있던 지난날을 더듬어 보아야 합니다. 오늘의 고통을 진정시키기 위해 과거의 아픔을 진통제로 사용해야 합니다. 아침이 됐는데도 태양이 떠오르지 않던 그 날을! 걷고 또 걸어도 한 치도 전진할 수 없던 그 날을!

그러면 먼저 우리의 행복을 저해하는 것이 무엇일까요? 행복을 저해하는 주범은 끝이 없는 욕심과 미래에 대한 불안입니다! 지나친 욕심과 불안한 마음입니다. 그래서 짐승들만큼도 행복하게 살지 못합니다. 욕심으로 미래를 바라보는 사람들에게는 불만과 불안이 있을 뿐입니다. 끝도 없고 한도 없는 욕심을 주인으로 섬기는 '개'는 영원히 목이 마를 수밖에 없습니다. 아직 손에 쥐지 못한 것은 소유하지 못해서 애가 타고 이미 얻은 것은 빼앗기지 않을까 해서 안절부절못합니다. 그래서 행복의 밥상을 앞에 차려 놓고서도 식욕이 나지 않습니다! 치솟는 물가와 언제 닥쳐오는지도 모르는 재난에 대한 불안 때문에 영광굴비를 앞에 놓고서도 구미가 돌지 않습니다! "갑자기 매상고가 줄면 어쩌지! 갑자기 실직자가 되면 어쩌지……?"

공연히 무엇엔가 끌려다니고 까닭 없이 무엇엔가 쫓겨 다니느라고 마음 편한 날이 없습니다. 얼마나 오랫동안 애를 쓰고 힘을 써서 얻은 현재의 위치이며 오늘의 재산입니까? 그런데도 불타는 욕심과 쉴 새 없는 걱정 때문에 입맛이 나지 않습니다. 어떤 사람은 300돈짜리의 순금제 검을 소장하고, 또 다른 사람은 50돈짜리 순금 송아지를 소장하고 있다고 합니다. 그런데도 전보다 조금도 더 행복하지는 않습니다. 끝없는 욕심과 불안 때문입니다. 벌써 20여 년 전의 일이지만 어떤 사람은 애첩에게 그때 돈 2억 5천만 원짜리의 아파트를 사 주었다고 하고 또 다른 사람은 건평 60평짜리의 맨션아파트가 비좁아서 아예 60평짜리 맨션아파트를 두 채 사서 툭 터놓았다고 합니다. 5천만 원짜리 시계를 가진 사람도 있고요.

그런데 문제는 그런 것들을 가진 사람들도 우리네들보다 조금도 더 안전하지도 행복하지도 못하다는 사실입니다. 도리어 하루하루 살아가는 것이 더 괴롭기만 하고 불안하기만 합니다. 그래서 손목시계를 가지고 있으면서도 손목에 차고 다니지는 못합니다. 집에 숨겨 두어도 불안하기는 마찬가지입니다. 비싼 것을 가진 사람일수록 더더욱 불행하고 더더욱 불안합니다. 이탈리아제 장롱을 들여놓았다고 비키니 장롱을 들여놓고 살 때보다 잠이 더 잘 오는 것도 아닙니다.

부자들은 수십억 원짜리의 명화를 사들이지만 그렇다고 그 그림을 감상할 줄 아는 것도 아니고, 수백만 불짜리의 다이아몬드 목걸이를 사들이지만 그렇다고 그게 배가 아플 때 소화제 구실이라도 할 수 있는 것도 아닙니다. 유사시에는 차라리 아스피린 한 알이 십 캐럿짜리 다이아몬드 반지보다 더 유용하게 쓰입니다. 이 세상에서 제일 쓸모가 없는 것도 다이아몬드이고 이 세상에서 제일 비싼 것도 다이아몬드입니다. 부자들이라고 해서 특별히 잘살고 있는 것도 아닙니다. 모두 수지를 맞춘 줄 알고 열을 올리지만 결국은 빈털터리가 돼서 돌아갈 뿐입니다. 공수래공수거 인생입니다.

어느 해인가 스위스가 쿠웨이트를 앞지르고 일인 당 국민소득이 만 불을 초과함으로 세계 제일의 복지 국가가 됐는데 바로 그해에 스위스는 세계 제1위의 자살 국가가 되기도 하였습니다.

"부자도 감기에 걸리나요?"
"그럼요!"
"고관도 설사를 하나요?"
"그럼요!"
"출세를 해도 늙나요?"
"그럼요!"
"그렇다면 꼭 부자가 되고 출세를 할 필요도 없겠네요!"

그렇습니다! "무사분주 하시다고요?" 그 말씀 한마디 정말 잘하셨네요! 재물뿐이 아닙니다. 학벌이나 사회적인 지위도 사람에게 행복을 주지 못합니다. 재물은 많아질수록 욕심을 더하고 학문은 깊어질수록 머릿속을 복잡하게 하고 사회적인 지위는 높아질수록 적이 많아져서 위태롭고 불안할 뿐입니다.

다시 한 번 말씀 드립니다. 끝없는 욕망과 미래에 대한 불안이 행복의 원수입니다. 그러나 과거의 가난과 고난을 되살릴 줄 아는 사람은 재물이나 사회적인 지위가 주지 못하는 행복을 얻습니다. 그런고로 우리는 추억의 보물을 최대한으로 활용하도록 하십시다. 직장이 없을 때는 아침마다 출근하는 사람들을 얼마나 부러워했던가요? 한때는 피난길에서 배가 고파서 김이 무럭무럭 나는 쌀밥 그릇에 얼마나 눈독을 들였던가요? 그런고로 오늘의 농사가 흉작일 때는 과거에 비축해 둔 기억의 창고에서 먹을 것을 찾아오도록 하십시다. 오늘의 삶이 무미건조하시거든 추억의 샘을 파십시다!

미국의 남북전쟁 당시 피츠버그Pittsburgh 전투에서 총탄에 맞아 소경이 된 어떤 용사에게 누군가가 물었습니다. "눈이 보이지 않으시니 어떻게 지내시죠?" 그러자 왕년의 용사, "나는 내가 볼 수 있을 때 너무도 많은 것을 보아 두었습니다. 그래서 외로울 때마다 추억의 날개를 타고 옛날의 행복했던 추억의 현장으로 날아가곤 하지요! 거기서 옛 친구도 만나고 옛 애인도 만납니다. 그리고 옛날에 보아 두었던 아름다운 경치도 관조하면서 행복해한답니다. 소경이 되니까 비상한 기억력이 생기더군요!"

그 옛날 애인과 나란히 서 있던 바닷가로! 다정한 옛 친구와 정담을 나누던 버드나무 밑으로! 흰 구름을 타고 추억의 뒷동산으로! 추억에서 보는 산야는 실재하는 산야보다 더 수려하고 더 아름답습니다. 그리고 추억에서 만나는 애인과 친구 역시 실재의 인물보다 더 멋이 있습니다!

한 번 보고 말려고 비싼 여비를 내면서 아름다운 절경을 관광했던가요? 단 한 번의 감탄을 위해 험산 준령을 올랐던가요? 눈앞에 있는 돛배에서는 비린내가 나지만 그러나 추억으로 보는 돛배에서는 비린내도 나지 않고 아름답기만 합니다! 생각만 해도 가슴이 뭉클해지는 감격의 한순간을 추억에서 찾아내도록 하십시다! 눈물겹도록 고마웠던 벗들의 도움과 지금 생각해도 가슴을 설레게 하는 경험을 찾아내서 무미건조한 일과에 조미료가 되도록 하십시다! "나의 살던 고향은 꽃피는 산골!" 땅에 있는 고향 생각도 하시고, "돌아갈 내 고향 하늘나라!" 하늘에 있는 본향 생각도 하십시다. 오늘의 별고 없는 생활이 고맙기는커녕 따분하기만 하십니까? 그러시거든 무시무시하던 폭격 소리와 요란스럽던 기관총 소리에 쫓겨 다니던 과거를 기억하십시다. 그러면 가슴속에 행복의 종소리가 울려 퍼질 것입니다!

잠을 깰 때마다 저는 말기암 수술을 두 번씩이나 받고도 지금까지 살아 있는 저 자신이 너무나도 신기해서 말합니다. "아직도 살아 있구나! 하나님 감사합니다!" 그리고 잠자리에 들 때에도 나는 두 다리를 쭉 뻗고 머리끝으로부터 발끝까지 아픈 곳이 하나도 없는 것을 확인하고 말합니다. "참으로 신기하구나!"

그러나…… 나같이 몹쓸 병을 앓아 보지 못한 사람들이야 아무리 애를 쓴들 어떻게 이런 행복을 상상이라도 할 수 있겠습니까? 입으로 먹고 아래로 배설하는 것이 고맙지도 않으십니까? 그러시거든 옆구리로 먹고 옆구리로 배설하는 중환자실의 사형수들을 잊지 마시기 바랍니다. 함께 사는 식구들이 대견스럽지 않으십니까? 그러시거든 6·25 동란 당시에 가족들이 뿔뿔이 헤어져서 서로를 목메어 찾아 헤매던 때의 일을 기억하십시다. 더 크게 출세를 하지 못하고 더 큰 부자가 되지 못해서 한이십니까? 이미 가지고 있는 것이나 마음껏 즐기시기 바랍니다. 추억의 은행에 저축해 둔 예금이나 찾아 쓰시기 바랍니다. 지금 우리가 가지고 있는 이만한 학벌과 이만한 지위와 이만한 재산이라도 얻으려고 우리가 쓴 돈이 그 얼마며 바친 시간과 노력은 그 얼마입니까? 지금 눈앞에 서 있는 그 여자가 시시해 보이십니까? 금녀의 집인 군영에서 펄럭이는 치맛자락만 보아도 가슴을 설레던 옛일을 기억하시기 바랍니다.

    고난의 기억은 오늘의 행복의 원천입니다! 배고픈 서러움을 아시는 할아버지께서는 식탁을 대하실 때마다 눈물겹도록 고마워하셨습니다. 그러나 배고픈 고통을 모르는 어린 손자들은 밥사발 하나를 앞에 놓고 고마워하시는 할아버지가 우습기만 합니다. 고통스러웠던 과거는 오늘의 행복을 생산하는 공장입니다! 똑같다고 똑같은 것은 아닙니다. 초년고생初年苦生은 돈을 주고서도 산다고 합니다. 그런데 과거의 고난은 때때로 모시는 손님이 아니라 늘 우리와 함께 사는 가족이 되어야 합니다. 그때에만 우리의 현실을 보라색으로 물들게 할 수 있습니다. 고생스러웠던 과거나 소망에 찬 미래가 어쩌다가 한두 번 모시는 초대 객이 되어서는 안 됩니다! 과거와 미래는 언제나 우리의 현실 속에 살아 있어야 합니다.

    사실이 이와 같은데도, 이 세상에는 심령이 메말라 위기에 처했는데도, 추억의 비밀 계좌에 여유가 있는데도 꺼내 쓰지도 못하고 미래의 비상금을 활용하지도 못하고 심지어 신앙의 무상원조조차 받아 쓰지 못하는 사람들이 많습니다. 아니! 그런 교인들도 있습니다. 비상금이 꼭 필요할 때일수록 사람들은 눈앞의 현실에 집착해서 과거도 잊어버리고 미래도 잊어버리고 맙니다. 그래서 절망에 빠집니다.

　일제 치하의 만주 땅에서 어떤 중국인 거지 한 사람이 아사를 했는데 그의 봇짐에서 평생 먹고살아도 남을 만큼의 큰돈이 나와서 세인을 놀라게 한 일이 있었습니다. 그러니 얼마나 어리석은 인생입니까? 그런데 정신계에는 그런 사람들이 부지기수입니다. 논바닥이 말라 터졌는데도 저수지에 가득한 물을 활용할 생각을 하지 못하는 사람들 말입니다! 그런데 노년에 이르러서도 추억의 비밀 계좌에서 행복을 찾아 쓰지 못하는 사람들이 있으니…… 이걸 어쩌면 좋지요? 유대인들은 과거의 경험을 되살려 내기 위해서 유월절에는 가장 맛이 없는(누룩을 넣지 않은) 빵을 먹고, 초막절에는 광야에 나가서 천막생활의 고통을 되새긴다고 합니다.

　그럼 얘기 하나만 더 하겠습니다.

　전 집사님에게는 여자의 몸으로 구공탄 손수레를 끌고 다니면서 밥 한 그릇도 제대로 먹지 못하던 시절이 있었습니다. 엎친 데 덮친다고 남편까지 폐병 3기로 사경을 헤매고 있었습니다. 그래서 때로는 병든 남편을 손수레에 싣고 용하다는 의원들을 찾아다니기도 했는데 그 모습을 지켜보는 이웃들은 "열녀 났지 뭐예요!" 하면서 감탄해 마지않았습니다. 그때 전 집사님의 소원은 오직 하나 그저 자식들에게 밥이라도 실컷 먹이는 것이었습니다. 그러다가 이제는 자식들도 성장하고 생활 역시 안정되었습니다. 그런데 이 사실보다 더 중요한 사실은 전 집사님이 과거의 경험을 100% 활용하고 계시다는 사실입니다.

　"이젠 아침도 먹지요! 점심때가 되면 점심도 먹지요! 게다가 저녁까지 먹지요! 그리고 주일 낮 예배도 보지요! 주일 저녁 예배도 보지요! 삼일 저녁 예배도 보지요! 게다가 속회까지 보지요! 얼마나 감사한 일입니까? 이젠 세상에 아무것도 부러운 것이 없답니다!"

　고생을 모르고 살아온 사람들이 어떻게 이런 행복을 짐작이라도 할 수 있겠습니까?

2) 믿음을 위해서입니다

"여호와께서 또 내게 말씀하여 이르시되 내가 이 백성을 보았노라 보라 이는 목이 곧은 백성이니라"(신 9:13)

우리가 고생스러웠던 과거를 기억해 내야 하는 까닭은 어려운 날에 우리를 도와주신 하나님의 은혜를 잊지 않기 위해서입니다. 하나님에 대한 믿음을 새롭게 하기 위해서입니다. 어려서는 어머니의 모습이 잠시만 보이지 않아도 못살 것 같습니다. 그러다가 성년이 되어 처자식을 거느리면서부터는 자기 힘으로 자라나기라도 한 것같이 늙은 어버이를 성가신 존재로 알고 업신여기게 됩니다. 상속받을 재산이라도 있으면 별문제이지만……?

그와 같이 우리도 일이 다급할 때는 하나님 없이는 단 하루도 살 수가 없을 것 같아서 하나님께 매달려 울부짖습니다. 쉬지 않고 기도를 드립니다! 예배당에 가장 많은 교인이 모이는 날은 하늘에서 우박이 아니라 폭탄이 떨어지는 날입니다. 그러나 일단 전쟁이 끝나고 생활도 안정되고 무엇 하나 부족한 것이 없이 되면 하나님은 쓸모없는 성가신 존재가 되어 버리고 맙니다. 눈코 뜰 새 없이 바쁠 때 주일이나 지키라고 하고, 푼돈도 아까운데 십일조까지 드리라고 하는 하나님은 성가신 존재가 되어 버리고 맙니다. 그리고 보니 어려운 일을 당하는 것이 시험이 아니라 아무 탈 없이 지내는 것이 시험은 아닐까요?

얼마나 많은 성도가 복(?)을 받아서 잘살게 되므로, 세상에 빠지므로 하나님을 멀리하게 되었던가요? 가난한 사람들이 천국에 들어가기가 어려운 것이 아니고 부자들이 천국에 들어가기가 어렵습니다. 그래서 지금 모세가 하나님의 백성에게 그들이 가나안 땅에 들어가서 태평성대를 구가할 때에 고난의 과거를 기억하라고 하는 것이 아니겠습니까? 어려운 날에 구원자가 되어 주신 하나님을 잊지 말라고 합니다! 그렇게 해서라도 믿음을 새롭게 하라고 합니다! 많은 사람이 원한은 돌에 새기고 은혜는 물에 새깁니다. 우리를 키워 주신 부모님의 은혜는 당연지사가 되고 우리가 부모님께 드리는 쥐꼬리만 한 용돈은 큰 공적이 됩니다!

그동안 우리는 얼마나 많은 위험한 고비 고비들을 지나 여기까지 왔습니까? 갑자기 직장을 잃어버리게 됐을 때는 앞날이 막막하지 않았던가요? 사기를 당해서 사업이 망해 버렸을 때는 영영 망해 버린 것 같아서 아찔하지 않았습니까? 맨손으로 미국 땅에 이민을 와서 취직하려다가 거절을 당하고 말았을 때는 하늘이 무너지는 것 같지 않았습니까? 아무리 해열제를 써도 어린 자식의 고열이 내릴 줄을 모를 때는 눈앞이 캄캄하지 않았습니까?

그런데도 지금 우리는 모두 이렇게 건재하지 않습니까? 우리의 아들딸들도 씩씩하게 우리 앞을 출입하고 있지 않습니까? 그 모든 것이 누구의 은혜였지요? 알고 보면 모두가 하나님의 은혜였습니다! 우리는 모두 하나님 앞에서 마땅히 해야 할 일은 다 하지 못하고 해서는 안 되는 일만 했습니다. 우리에게는 말의 실수도 잦았고 판단의 오류도 많았습니다. 그런데도 지금 우리는 죽지도 않고 이렇게 살아 있지 않습니까? 우리보다 더 잘나고 우리보다 재주가 좋은 사람들도 죽었는데…… 우리는 이렇게 살아 있지 않습니까?

하마터면 큰일 날 뻔한 일도 한두 번이 아니었습니다! 그때마다 우리는 하나님의 은혜로 그 위험한 고비를 넘길 수 있었습니다! 심장마비로 죽을 뻔한 일도 있고, 교통사고로 장애인이 될 뻔한 일도 있고, 밤중에 살인강도가 우리 집 문 앞을 서성거린 일도 있고, 계를 들었다가 깨질 뻔한 일도 있고, 돈을 꾸어 주었다가 떼먹힐 뻔한 일도 있었습니다. 그런데도 우리는 하나님의 은혜로 곡예를 하듯이 아슬아슬하게 지금까지 이렇게 살아왔습니다!

어느 날 알프스 산꼭대기에서 눈사태가 나서 뒷동산 같은 눈 더미가 굴러내려 오기 시작했습니다. 그런데 바로 그때 그 밑을 등산객이 지나가고 있었습니다. 그 순간 본능적으로 눈을 들어 자기 머리 위로 굴러떨어지는 눈사태를 본 등산객, '이젠 죽었구나!' 하고 체념의 눈을 감아 버렸습니다. 그러나 천만다행으로 눈 더미는 굴러떨어지면서 차츰차츰 부서져서 마침내는 눈가루가 되어 버리고 말았습니다. 그제야 눈을 뜬 등산객은 자기가 살아 있는 것을 발견하고 부활의 기쁨을 만끽했다는 얘기입니다. 우리도 하나님의 은혜로 그렇게 아슬아슬하게 이 세상을 살아왔습니다.

그럼 마지막으로 한 말씀 드리겠습니다. 최고의 행복을 원하시거든 최악의 날을 잊지 마시기 바랍니다! 가장 큰 신앙을 원하시거든 가장 위험했던 날을 잊지 마시기 바랍니다!

"너를 인도하여 그 광대하고 위험한 광야 곧 불뱀과 전갈이 있고 물이 없는 간조한 땅을 지나게 하셨으며 또 너를 위하여 단단한 반석에서 물을 내셨으며 네 조상들도 알지 못하던 만나를 광야에서 네게 먹이셨나니 이는 다 너를 낮추시며 너를 시험하사 마침내 네게 복을 주려 하심이었느니라"(신 8:15~16)

볼 수 있는 세계와 볼 수 없는 영계

"네가 하나님의 오묘함을 어찌 능히 측량하며 전능자를 어찌 능히 완전히 알겠느냐 하늘보다 높으시니 네가 무엇을 하겠으며 스올보다 깊으시니 네가 어찌 알겠느냐"(욥기 11:7~8)

볼 수 있는 세계와 볼 수 없는 영계

사람들은 가려 놓은 것일수록 펴 보고 싶어 하고, 숨겨 둔 것일수록 파헤쳐 보고 싶어 하며 알 수 없는 것일수록 알고 싶어 합니다. 우리는 어린이들의 질문에서 이 사실을 확인할 수 있습니다. 어린이들이 가장 많이 사용하는 단어는 무엇일까요? '왜' 와 '어떻게' 와 '무엇' 입니다. 사람들은 무엇이든지 다 알고 싶어 합니다. 모르는 것일수록 더 알고 싶어 합니다. 그럼에도 불구하고 인간의 지식에는 한계가 있고 인간의 능력에도 한계가 있습니다!

그러면 사람은 어느 정도까지만 비밀의 문을 열고 들어갈 권리가 있는 것일까요? 인간 능력의 한계까지입니다! 사람은 알 수 있는 것까지만 알고, 들어갈 수 있는 곳까지만 들어갈 수 있습니다! 현대인들이 전에는 알 수 없었던 것을 알아내고, 전에는 할 수 없었던 일을 해내고, 전에는 숨어 있던 비밀을 찾아낸 것은 사실이지만…?

그러나 거기까지는 알 수 있는 것이어서 알아내고 할 수 있는 일이어서 해낸 것뿐입니다! 아무리 인간의 지식이 발전해도 더는 넘어설 수가 없는 한계가 있습니다. 하나님의 밀실을 엿보려고 하는 사람은 결국 혼미에 빠지고 말 것입니다. 그러면 인간이 들어갈 수 없는 신비의 세계에 대해서 우리가 취해야 할 바른 자세는 어떤 것일까요? 알 수 없는 세계를 증명할 수 없다고 해서 무시해 버리지 말고 하나님의 신성한 영역으로 받아들이는 것입니다!

1. 보이는 것과 보이지 않는 것

"우리가 주목하는 것은 보이는 것이 아니요 보이지 않는 것이니 보이는 것은 잠깐이요 보이지 않는 것은 영원함이라"(고후 4:18)

1) 보이는 것이란 어떤 것일까요

드러난 것입니다. 히브리 원어에 의하면 발가벗겨진 것입니다. 볼 수도 있고, 들을 수도 있고, 만질 수도 있고, 맛볼 수도 있고, 인식할 수도 있는 것입니다. 발가벗겨진 것 중에는 손으로 만질 수 있는 물질계만 있는 것이 아닙니다. 느낄 수 있고 인식할 수 있고 체험할 수 있는 정신계도 있습니다. 그런 의미에서는 시가와 음악과 철학과 도덕의 세계 역시 보이는 세계입니다.

그러면 볼 수 없는 세계란 어떤 세계일까요? 그야말로 볼 수 없는 세계입니다. 만져 볼 수도 없고 알아볼 수도 없는 세계입니다. 영원히 덮여 있는 비밀입니다. 철학이나, 음악이나, 시가를 만들어 내는 인식과 사색과 판단의 작용 같은 것 말입니다. 생각이 형성되는 비밀 같은 것 말입니다! 눈으로 보고 귀로 들은 단편적인 지식을 모아서 통일된 지식을 만들어 내는 과정 같은 것 말입니다! 영혼의 체험과 생명의 비밀 같은 것 말입니다!

여기 꽃이 있습니다. 그러나 우리는 왜 그 씨앗에서는 그런 모양의 잎사귀가 나오고 그런 색깔의 꽃이 피고 그런 맛이 나는 열매를 맺게 되는지는 모릅니다. 이런 것이 신비의 세계입니다. 알 수 없는 세계입니다. 그러나 알 수는 없어도 확실하게 존재하는 세계입니다. 건축 계획을 작성한 사람의 생각은 보이지 않습니다. 건물은 보입니다. 그러나 그보다 먼저 두뇌 속에 있던 건물의 구상은 보이지 않습니다. 결혼식은 볼 수 있지만 그 결혼을 가능하게 만든 청춘 남녀의 가슴속에서 불타고 있는 사랑은 볼 수가 없습니다. 꽃병은 보입니다. 그러나 눈에 보이는 물질을 형성하고 있는 전자나 양자 같은 것은 볼 수가 없습니다. 자연계는 보입니다. 그러나 그 자연계를 조립하고 있는 자연계의 법칙은 보이지 않습니다.

그러나 보이지 않는다고 존재하지도 않는 것은 아닙니다. 육체는 보이지만 생명 자체는 보이지 않습니다! 그러나 보이지 않는다고 어떻게 생명의 실재를 부인할 수 있겠습니까? 돌아가는 선풍기는 보입니다. 그러나 선풍기를 회전시키고 있는 전기는 보이지 않습니다. 그러나 보이지는 않아도 전기는 분명히 있습니다. 그러면 전기는 대도시에 더 많을까요? 아니면 원시림에 더 많을까요? 얼핏 보기에는 가로등이 휘황찬란한 대도시에 전기가 더 많은 것 같지만 사실은 대도시나 산골이나 똑같은 양의 전기가 있을 뿐입니다.

2) 어떤 것이 더 귀할까요

"자기의 육체를 위하여 심는 자는 육체로부터 썩어질 것을 거두고 성령을 위하여 심는 자는 성령으로부터 영생을 거두리라"(갈 6:8)

무엇이든지 존재하는 것은 그것을 있게 한 또 다른 존재를 전제로 합니다. 보이는 세계는 보이지 않는 세계를 전제로 합니다! 그런고로 보이지 않는 것이 보이는 것보다 더 우월할 수밖에 없습니다! 눈에 보이는 건물은 아무리 웅대해도 언젠가는 헐리고 말겠지만, 그러나 눈에 보이지 않는 건축공학은 영원합니다. 핵 잠수함은 언젠가는 폐물이 되고 말겠지만, 그러나 잠수함의 원리는 영원불변입니다. 눈에 보이는 삼라만상은 소멸하고 말지만, 그러나 자연계의 법칙은 영원합니다. 이 세상에 의미가 있다면 눈에 보이는 것이 아니라 눈에 보이지 않는 것 속에 있습니다! 따라서 인생의 의미 역시 눈에 보이는 육체에 있지 않고 눈에 보이지 않는 마음, 즉 영혼에 있습니다!

성현들이 위대한 것은 그들의 육체가 위대해서가 아니라 그들의 정신이 위대하기 때문입니다. 어느 누가 소크라테스의 못생긴 얼굴을 존경하겠으며 어떤 여자가 단식으로 피골이 상접한 간디의 육체를 탐내겠습니까? 육체는 아무리 육중해도 보이지 않는 인격의 하녀에 불과합니다. 보이지 않는 것이 세계를 지배합니다! 생각이 먼저 있고 그다음에야 그림도 나오고, 책도 나오고, 정치도 나오고, 역사도 나옵니다. 눈으로 보는 그림이나 책이나 국가는 눈에 보이지 않는 생각의 표현에 불과합니다. 생각의 시녀에 불과합니다. 그림이나 귀로 듣는 음악이 예술이 아니니, 예술은 마음속에 있습니다! 책을 읽는 것도 눈이 아니라 마음이며 음악을 듣는 것도 귀가 아니라 정신입니다!

시력이 좋다고 전문서적을 이해할 수 있는 것도 아니고 청각이 좋다고 명곡을 감상할 수 있는 것도 아닙니다. 소나 돼지의 귀에 들리는 설교가 어떻게 설교일 수 있으며 고양이의 눈에 보이는 책이 어떻게 책일 수 있겠습니까? 책도 사람의 마음속에 있습니다. 육안으로 보는 것밖에 보지 못하는 사람들에게 이 세상은 아무런 의미도 없는 공허입니다. 혼돈입니다. 그래서 불교도들은 이 세상을 실재하지 않는 것의 환영Phantom of Unreality에 불과하다고 하는 것이 아니겠습니까? 그들의 열반은 무의미한 것으로부터 무의식적인 것으로의 입멸入滅입니다!

3) 보이는 세계의 무상

"그들은 풀과 같이 속히 베임을 당할 것이며 푸른 채소같이 쇠잔할 것임이로다"(시 37:2)

사람들이 좋아하는 재물이나, 권력이나 향락은 잠시 잠깐뿐입니다! 사람들이 애지중지하는 육체 역시 잠시 잠깐뿐입니다! 무엇이든지 눈에 보이는 것은 잠시 잠깐뿐입니다. 우리는 매일같이 예쁜 꽃이 활짝 피었다가는 시들어 가는 것을 봅니다. 싱싱하게 젊던 우리의 육체가 노쇠해 가는 것을 봅니다. 정든 고향에 살던 그 어여쁘던 아가씨들도 지금은 다 늙어 버렸습니다.

필립스 브룩스Philips Brooks가 권력의 정상에 올랐을 때는 그렇게도 흐뭇해 할 수가 없었지만…… 어느 날 디프테리아성 인후염이 그의 목을 조르기 시작하자 모든 것이 끝이 나고 말았습니다. 아! 권력의 무상함이요, 인생의 허무함이여!

셸리Shelley가 종달새보다 더 아름다운 노래를 부르고 있을 때 이탈리아 해안에 불어 닥친 돌풍이 그의 노래를 영원히 중단시켜 버리고 말았습니다!

우리가 만나는 모든 육체는 잘난 것이든, 못난 것이든, 젊은 것이든, 늙은 것이든, 조만간 땅속으로 들어가 썩어 없어질 한 줌의 흙입니다! 직장생활이 아무리 즐거워도 잠시 잠깐뿐이고, 사랑하는 그이가 아무리 마음에 들어도 잠시 잠깐뿐이며, 무릎 앞에서 재롱부리는 딸이 아무리 귀여워도 잠시 잠깐뿐입니다! 우리의 얼굴도 결국은 없어지고 말 것입니다!

미국에서는 권력보다 돈을 더 좋아한다고 합니다. 미국의 권력은 국민을 위해서 봉사하는 권력에 불과하기 때문이지요. 그러나 그렇게 좋은 돈도 잠시 잠깐뿐입니다! "안고 가나 지고 가나…… 헛수고로다!" 1992년 남부 플로리다를 치고 지나간 허리케인 앤드루를 생각해 보세요. 바람이 한 번 휩쓸고 지나가자 공원같이 아름답기만 하던 주택가가 일시에 쓰레기 무더기로 변해 버리지 않던가요? 바람 한번 불면 재산도, 성공도, 생명도 하루아침에 폐허가 되고 맙니다! 그런데 한국에서는 돈보다 권력이 더 사랑을 받습니다. 권력만 있으면 돈은 제 발로 따라오기 때문이지요. 그러나 그 좋은 권력도 잠시 잠깐뿐입니다! 아무리 영구집권을 해도 영원할 수 없습니다!

영국의 한림원에는 어떤 임금님의 시신이 침대 위에 누워 있는데…… 그 사람은 당대 제일의 군주였습니다. 그런데도 그의 손에서 왕 홀이 굴러 떨어지자마자 조금 전까지만 해도 사시나무 떨 듯하며 충성을 맹세하던 신하들이 왕의 재물을 강탈해 갔지 않았습니까? 그 왕의 이름은 '정복왕 윌리엄 1세William the Conqueror,' 죽으면 모든 것이 끝장입니다!

그런데 세상에 죽지 않고 살 수 있는 사람은 한 사람도 없습니다! 무엇이든지 보이는 것은 소멸하고 말 것입니다! 아무리 웅장하고 아무리 견고해도…… 아무리 영원할 것 같아도…….

셸리P. B. Shelley의 시 「오지만디아스Ozymandias」는 어떤 여행자의 얘기입니다. 오지만디아스는 이집트의 가장 위대한 파라오라 불려졌던 '람세스 2세'의 그리스식 이름입니다.

여행자는 사막의 도시에서 하나의 거대한 석상의 유적을 발견합니다. 거기에는 거대한 두 개의 석조 다리가 서 있고, 그 근처의 모래 위에는 몸에서 떨어져 나간 얼굴이 버려져 있습니다. 그리고 주춧돌에는 다음과 같은 비문이 새겨져 있습니다. "왕 중의 왕인 나는 오지만디아스! 나의 과업과 나의 강대함과 나의 절망을 보라." 그러나 그 곁엔 아무것도 남아 있지 않았습니다. 썩은 것들을 둘러싼 채 끝이 없고 텅 빈 적막하고 평평한 모래만이 멀리 뻗어 있을 뿐이었습니다.

호랑이는 가죽을 남기고 사람은 후세에 이름을 남긴다고 하지만, 그러나 이름은 남겨서 무얼 하겠습니까? 이승만의 동상이 밧줄에 묶여 끌려 내려와 거리의 희롱거리가 되는 것도 보지 못하셨는지요? 이름을 남기면 그 꼴이 될 것입니다! 크렘린 궁의 레닌 동상과 스탈린 동상도 길바닥에 버려지지 않았던가요? 누구든 후세에 이름을 남기면 그 꼴이 되고 말 것입니다! 그러니 후세에 이름을 남기면 무얼 하고, 이름을 남기지 못하면 또 어떻습니까? 이러나저러나 아무것도 남는 것은 없을 것입니다! 굴러다니는 해골밖에는…….

그래서 이사야 선지자는 "너희는 인생을 의지하지 말라 그의 호흡은 코에 있나니 셈할 가치가 어디 있느냐"(사 2:22)고 말씀하신 것이 아니겠습니까?

시인 시드니 러니어Sidney Lanier가 임종을 맞이하고 있을 때, 그때까지도 그는 원고지에 옮기지 못한 천 개의 시를 가슴에 품고 있었습니다. 누구나 자기는 좀 더 오래 살 수 있을 것으로 생각합니다. 그러나 죽음은 우리가 죽을 때가 됐다고 생각할 때만 오는 것이 아닙니다! 우리의 생명은 언제 끊어질지도 모르는 가냘픈 실오라기 하나에 불과합니다. 송년회 때 담임 목사님과 신년도의 계획을 세운 어떤 장로님께서는 하필이면 정월 초하루에 시신이 되셨습니다. 소망은 보이지 않는 것 속에만 있습니다! 보이는 육체에는 소망이 없습니다!

"인생이 당하는 일을 짐승도 당하나니 그들이 당하는 일이 일반이라 다 동일한 호흡이 있어서 짐승이 죽음같이 사람도 죽으니 사람이 짐승보다 뛰어남이 없음은 모든 것이 헛됨이로다"(전 3:19)

2. 두 가지 종류의 사람

"육신을 따르는 자는 육신의 일을, 영을 따르는 자는 영의 일을 생각하나니 육신의 생각은 사망이요 영의 생각은 생명과 평안이니라"(롬 8:5~6)

물론 사람을 분류하는 방법이 한 가지만은 아닐 것입니다. 그러나 오늘은 사람을 육의 사람과 영의 사람, 보이는 것을 위해서 사는 사람과 보이지 않는 것을 위해서 사는 사람의 두 종류로 분류해 보기로 하겠습니다.

1) 육의 사람입니다

눈에 보이는 것을 위해서 사는 사람입니다. 눈에 보이는 것의 노예가 되어 사는 사람입니다. 아담과 하와도 눈으로 보기에 보암직하고 먹음직스럽고 탐스러운 선악과를 먹음으로 죄를 범하게 되지 않았던가요? 아나니아와 삽비라 부부도 보이지 않는 성령을 속이고 눈에 보이는 재물을 탐하다가 죄를 범할 수밖에 없지 않았던가요? 엘리사의 종이던 게하시도, 부자 청년도, 발람도, 아간도, 모두 똑같은 올무에 걸려들지 않았던가요?

물론 눈에 보이는 것도 필요합니다. 그러나 눈에 보이는 것을 눈에 보이지 않는 것보다 더 사랑하면 그때는 타락을 면할 수가 없습니다. 눈에 보이는 재물이나 권력이나 명예나 향락 같은 것을 과도하게 탐하는 것이 욕심입니다. 그리고 욕심은 모든 죄악의 뿌리입니다! 눈에 보이지 않는 것을 바라보는 것은 '비전'이지만 눈에 보이는 것을 바라보는 것은 비전이 아니라 '욕심'입니다!

물론 죄가 어떤 사람의 경우는 세상법의 제재를 받아야 하는 사회적인 범죄가 되기도 하고, 어떤 경우는 사회적인 비난 정도로 끝이 나는 도덕적인 죄가 될 수도 있고, 또 어떤 경우는 세상에서는 무사통과 하는 무죄가 될 수도 있습니다. 아니! 때에 따라서는 죄가 부러움의 대상이 될 수도 있습니다. 옥중에 있는 죄수들은 사회적인 범죄를 저지른 사람들입니다. 강도도 그렇고, 도둑도 그렇고, 위조범도 그렇고, 공금 횡령범도 그렇습니다. 그런데 문제는 눈에 보이는 것들이 사람들의 욕심을 가장 강렬하게 자극한다는 사실이며, 따라서 그 당장에는 이 세상에 그보다 더 좋은 것도 없는 것같이 보인다는 사실이며, 그리고 그다음은 세상 모든 사람이 그런 것을 소유한 사람을 극진히 알아 모신다는 사실입니다. 그래서 욕심을 물리치기가 죽기보다 더 어려운 것이 아니겠습니까? 물론 여기서 말하는 욕심은 절제를 아는 욕심이 아니라 과도한 욕심입니다.

하여간 대통령이든, 대재벌이든 무엇이든지 눈에 보이는 것을 궁극적인 목표로 알고 살면 죄를 범하게 됩니다! 그러나 그런 것들도 중간 목적으로는 없어서는 안 되는 종업원입니다. 속인이란 눈에 보이는 것을 위해서 살면서 그런 것을 얻은즉 뽐내고, 그런 것을 빼앗긴즉 어깨가 축 늘어지는 사람입니다! 대정치가요, 대학자요, 대예술가라도 예외가 될 수는 없습니다! 종교계의 타락 또한 마찬가지입니다. 눈에 보이지 않는 영원한 도

성을 바라보고 사는 순례자들이 눈에 보이는 것을 탐하기 시작하면 타락이 옵니다! 대제사장들이 그런 사람들이었습니다(마 21:13; 23:2~7).

타락한 종교가 무엇이고 이단이란 또 무엇일까요? 세상 것에 치중하는 종교가 타락한 종교입니다. 병을 고치고, 출세하고, 부자가 되고, 시집을 가고, 좋은 직장을 얻고, 좋은 학교로 진학하고, 재난을 물리치고…… 그런 것들이 주요 관심사가 되면 타락한 종교가 되고 이단이 됩니다! 불교든, 유교든, 기독교든 타락의 원인은 하나입니다! 외우는 경전만 다르고 기도를 드리는 방법이 다를 뿐입니다! 정통 교리만 암송하면 재물을 하나님보다 더 사랑해도 정통 교인이 되는 것은 아닙니다. 불신자들은 타락하면 죄인이 되고 믿는 사람들은 타락해도 거룩한 성도일까요?

2) 영의 사람입니다

성도란 눈에 보이지 않는 것을 위해서 사는 사람입니다. 예수님의 제자들은 마가의 다락방에서 성령을 받고 어떻게 변했지요? 한마디로 육의 사람에서 영의 사람으로 변했습니다. 눈에 보이는 큰 자리를 노리던 그들이 변해서 십자가의 길을 택하고 세상의 재물과 성공을 신주 모시듯 하던 그들이 변해서 그런 것들을 배설물같이 여기게 되고(빌 3:7~8), 건강하게 오래오래 살기를 바라던 그들이 변해서 예수님을 위해서는 순교도 사양하지 않게 되었습니다(행 20:24)! 성도들이 속인들과 다른 점도 그것이고, 거듭난 사람이 보통 사람들과 다른 점도 그것입니다.

"그 사람 정말 큰돈을 벌었다며! 이젠 소원 성취했지 뭐예요! 이젠 정말 잘살게 됐네요!" "그 어른은 잡수시고 싶으신 것 다 잡수시고, 좋다고 하는 약도 다 써 보시고, 장수까지 하셨으니 여한이 없으시겠어요!" 이런 소리를 하는 사람은 믿는 사람이 아니라 속인입니다.

예술가가 누구지요? 범인들이 보지 못하는 아름다운 세계를 보는 사람입니다. 어떤 부인이 예술가의 화실에 들어가서 그림을 보다가 말고 한마디 하였습니다. "세상에 저런 모양으로 지는 해가 다 어디 있어요?" 그러자 화가인 터너Turner가 대답을 했습니다. "그런 모양으로 지는 해를 평생에 단 한 번이라도 보고 싶지는 않으신지요?" 예술가가 보는 일몰日沒의 광경과 문외한들이 보는 일몰의 광경은 똑같은 것이라도 똑같지가 않습니다! 보통 사람들이 보지 못하는 것을 보는 눈을 가진 사람이 예술가입니다. 모든 분야에서 대가는 하나같이 남들이 보지 못하는 것을 보고 그것을 위해서 사는 사람입니다! 체스터턴G. K. Chesterton이 이런 말을 했습니다. "보이지 않는 것을 보는 눈이 없는 사람들에게는 세상에 우체통같이 시적詩的이 아닌 것도 없을 것입니다. 그러나 보이지 않는 것을 보는 사람들에게 있어 우체통은 모든 인간 경험의 거룩한 성전입니다!"

예전에 스코틀랜드Scotland는 버려진 땅이었습니다. 그러나 지금은 세상에서 가장 낭만적인 관광지로 알려졌습니다. 그 땅에 그런 변화가 일어난 것은 월트 스콧Walter Scott과 로버트 번스Robert Burns가 남들이 보지 못하는 것을 거기서 발견하고 원주민들의 눈을 뜨게 했기 때문입니다.

옛날에 천둥과 번개 같은 것은 아무 쓸모가 없는 공포의 대상에 불과했습니다. 그러나 어떤 사람이 거기서 남들이 보지 못하는 '전기'를 발견하므로 지금은 세상이 얼마나 달라졌습니까? 단돈 720만 불을 받고 알래스카의 광활한 땅을 미국에 팔아넘긴 제정 러시아는 앞을 내다보지 못했지만, 그러나 그 당시의 미국의 국무장관은 남들이 보지 못하는 미래를 내다보았습니다.

나랏일을 근심하고 염려하는 우국지사가 누구지요? 보통사람들이 보지 못하는 것을 보고 그 일을 위해서 헌신하는 사람입니다. 모세가 그런 사람이었습니다. 그는 눈에 보이는 세상의 온갖 영화를 버리고, 보이지 않는 영원한 세계를 바라보고 고난의 길을 끝까지 갔습니다. 덴마크의 위인 그룬트비Nikolai F. S. Grundtvig 역시 남들이 보지 못하는 것을 보고 덴마크 사람들에게 용기와 소망을 불어넣어 준 사람입니다.

로마에 있는 베드로 대사원은 1506년에 공사를 시작해서 1660년에 완공을 했는데 그동안에 무려 150년이나 되는 세월이 흘러갔습니다. 그러니 그 공사가 어떤 개인의 공적이 될 수 있었겠습니까? 그뿐 아닙니다. 미켈란젤로Michelangelo Buonarroti는 로마의 성베드로대성당의 건축을 맡게 되었는데, 대성당의 거대한 돔Dome 천장을 포함한 작업 대부분을 1540년대에 착수했으나 1563년에 세상을 떠날 때까지 완성하지 못했습니다. 이후 1593년 자코모 델라 포르타Giacomo della Porta와 도메니코 폰타나Domenico Fontana에 의해 마침내 완공되었습니다. 그러니 어떻게 그 돔이 어떤 개인의 공적이 될 수 있겠습니까? 따라서 그들 역시 눈에 보이는 땅의 명예를 위해서가 아니라 눈에 보이지 않는 하나님의 나라를 위해 헌신한 사람들이 아닐까요? 그리고 지금 인류는 그런 사람들에게만 최대의 경의를 표하고 있습니다. 후세에 자기 이름을 남기기 위해서 날림 공사를 서두르시는 이들이여! 재임 중에 성전 하나를 건축하겠다고 나팔을 불고 다니는 이들이여! 뭔가 마음에 와 닿는 것이 없으신지요?

독수리 한 마리가 꽃으로 수를 놓은 듯한 들판 위를 날고 있었습니다. 그러면 지금 고공을 선회하는 독수리는 무엇을 보고 있는 것일까요? 아름다운 꽃동산일까요? 아닙니다! 그러면 뭘까요? 여기저기 흩어져 있는 고기 부스러기입니다!

여기 또 다른 얘기가 있습니다.

고양이 한 마리가 주인을 따라 런던 여행을 마치고 돌아왔습니다. 그러면 그 고양이는 런던에서 무엇을 관광하고 돌아왔을까요? 유유히 흐르는 템스 강일까요? 아니면 유서 깊은 의사당 건물일까요? 그것도 아닙니다! 그러면 뭘까요? 그 고양이는 런던까지 가서 기껏 곡식 창고를 드나드는 쥐 한 마리를 보았을 뿐입니다! 그와 같이 아무리 고상한 음악을 듣고 아무리 영감이 넘치는 설교를 들어도 육체에 속한 사람들은 눈에 보이는 고기 부스러기와 창고를 드나드는 쥐밖에 보지를 못합니다. 권력이나 향락이나 재물 같은 것밖에 보지를 못합니다. 그러나 성도들은 보이지 않는 영원한 세계를 바라보고 삽니다.

"이 사람들은 다 믿음을 따라 죽었으며 약속을 받지 못하였으되 그것들을 멀리서 보고 환영하며 또 땅에서는 외국인과 나그네임을 증언하였으니 그들이 이같이 말하는 것은 자기들이 본향 찾는 자임을 나타냄이라"(히 11:13~14)

3. 상록수 인생

"그는 시냇가에 심은 나무가 철을 따라 열매를 맺으며 그 잎사귀가 마르지 아니함 같으니 그가 하는 모든 일이 다 형통하리로다"(시 1:3)

무엇이든지 눈에 보이는 것은 소멸하고 눈에 보이지 않는 것은 영원합니다. 눈에 보이는 것은 늘 변합니다. 그래서 사람의 마음을 불안하게 합니다. 그러나 눈에 보이지 않는 것은 시들지도 않고 없어지지도 않습니다. 그래서 사람을 실망하게 하지 않습니다. 그래서 육체로 사는 사람들은 늘 불안해도 영으로 사는 사람들에게는 변치 않는 평안함이 있습니다! 눈에 보이는 육체가 늙어 간다고 '나는 늙었다' 고 생각하는 사람은 늙을 수밖에 없지만, 그러나 겉 사람은 썩어 문드러져도 속사람이 새로워지는 것을 보는 사람은 늙지 않고 영원히 삽니다(고후 4:16). '육체' 가 '나' 냐? '영' 이 '나' 냐? 그것이 문제입니다! 늙지 않고 사는 길은 영으로 사는 길밖에 없습니다!

유명한 찬송가 작가 파니 제인 크로즈비Fanny Jane Crosby는 의사의 실수로 맹인이 되었습니다. 그런데도 그 부인께서는 82세가 되기까지 행복하게 살았는데 다음은 그 부인의 말입니다. "나는 나를 소경으로 만들어 준 의사 선생님을 꼭 한번 만나 보고 싶습니다. 나를 소경으로 만들어 주신 데 대해 고맙다는 인사를 드리고 싶습니다!"

육으로 사는 사람은 소경이 된 것을 원망할 수밖에 없지만, 그러나 영으로 사는 사람은 앞을 보지 못해도 상록수 인생입니다! 육체가 강한 사람이 강한 사람이 아니라 정신이 강한 사람이 강한 사람입니다! 정신계의 비밀을 알기 전에는 아무도 불로초 인생을 살 수 없을 것입니다.

국가도 정신력이 강한 나라가 참으로 강한 나라입니다. 독일 사람들은 눈앞의 이익이나 시대의 유행을 따르지 않고 바보스러울 정도로 조상 전래의 전통을 고수한다고 합니다. 새것보다도 옛것을 더 좋아한다고 합니다. 장갑을 표현하기 위해 영국 사람들은 '글러브Glove'라는 새 단어를 만들어 냈지만 독일 사람들은 옛 단어인 '한트Hand(손)'와, '슈Schuh(구두)'를 이용해서 'Handschuhe'라고 합니다. 영국 사람들은 '오다, 도착하다'는 뜻의 '커먼Comen'이라는 동사를 '컴Come'으로 개량했지만 독일 사람들은 옛날 그대로 '커먼Kommen'을 사용합니다. 바보스러운 것! 그것이 정신력입니다. LA에 있는 한국인 식당에서 일을 하는 일본인 요리사 한 분은 같은 집에서 무려 20년 동안 일을 하고 있는데, 대우가 좋은 것도 아닌데도 떠날 생각조차 하지 않는다고 합니다! 그런 것이 정신력입니다!

영으로 사는 사람들은 언제나 이제부터입니다! 죽음이 와도 이제부터입니다! 그 맛에 많은 사람이 정신생활과 신앙생활을 하는 것이 아니겠습니까? 조각가인 미켈란젤로Michelangelo가 "대리석은 깎여져 나갈수록 완성되어 간다"고 했다면서요? 그럴듯한 얘기입니다. 시력도 감퇴하고 정력도 쇠퇴해 가지만, 그런데도 속사람은 점점 더 젊어져 가는 것입니다! 그리고 은퇴를 하고 나서 재력도 없고 활동 범위도 줄어들어 가면서도 신앙은 점점 더 깊어만 가는 것입니다. 젊은이들의 아름답고 싱싱한 육체를 부러워하며 눈물을 글썽이는 노인장들이여! 인생의 마라톤 경기장을 앞서 달리면서 뒤따라오는 선수들을 부러워하시다니요!

로버트 브라우닝Robert Browning의 시에 다음과 같은 것이 있습니다.

"나이 들어가지만! / 이제부터가 더 중요한 거죠(이제부터입니다) / 인생의 말년, 지금까지 살아온 보람이 돼야지요 / (Grow old along with me! / The best is yet to be, / the last of life for which the first was made.)"

예이츠W. B. Yeats의 시에도 다음과 같은 것이 있습니다.

"젊은 날의 무성한 잎사귀들과 / 아름다운 꽃잎들이 떨어져 버린 후 / 이제 나는 시들어 진리가 되리라 / (Through the lying days of my youth, / I swayed my leaves and flowers in the sun. / Now I may wither into truth.)"

싱싱하던 육체와 왕성하던 정욕이 사라진 후에 드러나는 것은 진리입니다. 정욕 덩어리이던 육체가 쇠잔해 버린 후에는 진리만이 남아서 반짝입니다!

앤Ann 부인은 한평생 수고의 대가로 죽음의 고통을 퇴직금으로 받아 안고 있었습니다. 죽음의 고통은 견디기 어려웠습니다. 그 고통이 얼마나 아프고 괴로우면 사람이 죽기까지 하겠습니까? 그때는 아무리 의젓한 신사도 의젓할 수가 없고 아무리 얌전한 숙녀도 얌전할 수가 없습니다. 그때는 아무리 참으려고 해도 신음이 터져 나오고 눈물이 볼을 적실 것입니다!

앤 부인은 누워만 있는 것이 고통스러워서 일어나 앉았습니다. 그랬더니 이번에는 갈비뼈가 무너져 내리는 것같이 아파서 견딜 수 없었습니다, 너무 아파서 숨을 쉴 수도 없었습니다. 그러나 아무리 아파도 숨을 쉬지 않을 수는 없었습니다. 드러누워도 고통은 마찬가지였습니다. 이럴 수도 없고 저럴 수도 없었습니다! 그런 줄 알면서도 이렇게도 해 보고 저렇게도 해 보았습니다! 그런데 보십시오! 그런 죽음의 고통을 견디어 내고 있는 칠십 노인의 입가에 미소가 흘러나오고 있지 않습니까? 다음은 그 아픔의 와중에서 앤 할머니가 남긴 말입니다. "인생은 고상한 투쟁입니다. 그래도 인생은 아름답습니다! 하나님 안에 있어 지금도 여전히 기쁩니다!"

그러면 어디서 그런 웃음이 솟아 나왔을까요? 죽어가면서도 절망하지 않고 끝까지 소망할 힘은 어디서 나왔던 것일까요? 보이지 않는 세계에서 입니다.

"나의 이 가죽, 이것이 썩은 후에 내가 육체 밖에서 하나님을 보리라"

(개역한글, 욥 19:26). "만일 땅에 있는 우리의 장막 집이 무너지면 하나님께서 지으신 집 곧 손으로 지은 것이 아니요 하늘에 있는 영원한 집이 우리에게 있는 줄 아느니라"(고후 5:1).

사도 바울도 마지막 날이 임해 오는 것을 보면서 말했습니다.

"이제 후로는 나를 위하여 의의 면류관이 예비되었으므로 주 곧 의로우신 재판장이 그 날에 내게 주실 것이며 내게만 아니라 주의 나타나심을 사모하는 모든 자에게도니라"(딤후 4:8).

보이지 않는 것! 신비한 것! 알 수 없는 것만이 인생에게 최후의 해답을 줄 수 있을 것입니다! 그런데 보이지 않는 세계의 마지막 신비는 예수 그리스도입니다(요 3:16).

> "이는 그들로 마음에 위안을 받고 사랑 안에서 연합하여 확실한 이해의 모든 풍성함과 하나님의 비밀인 그리스도를 깨닫게 하려 함이니 그 안에는 지혜와 지식의 모든 보화가 감추어져 있느니라"(골 2:2~3)

죽음, 영혼, 영생

"여호와여 나의 종말과 연한이 언제까지인지 알게 하사 내가 나의 연약함을 알게 하소서 주께서 나의 날을 한 뼘 길이만큼 되게 하시매 나의 일생이 주 앞에는 없는 것 같사오니 사람은 그가 든든히 서 있는 때에도 진실로 모두가 허사뿐이니이다 (셀라) 진실로 각 사람은 그림자같이 다니고 헛된 일로 소란하며 재물을 쌓으나 누가 거둘는지 알지 못하나이다 주여 이제 내가 무엇을 바라리요 나의 소망은 주께 있나이다"(시편 39:4~7)

죽음, 영혼, 영생

1. 죽음의 현장

지금 이 순간에도 '암세포'가 죽일 사람을 찾아 암약하고 있습니다! 그보다 더 무서운 '에이즈'도 향락의 현장에서 그 흉측한 얼굴을 내밉니다! 그뿐 아닙니다. 요즘에는 사람의 몸을 산채로 갉아 먹는 박테리아까지 진격해 들어왔습니다! 언제 누가 어떤 병에 걸려서 죽는지 아무도 모릅니다. 그래서 온갖 문화시설 속에서도 현대인들은 행복하지가 않습니다. 그래서 각종 보험을 다 들었으면서도 불안합니다. 이곳은 죽음의 현장입니다! 죽음의 군대가 판을 치는 죄악 세상입니다! 그래서 페르시아의 시인이자 수학자인 오마르카얌Omar Khayyam은 "한 가지 사실만은 확실하다. 그 밖의 모든 것은 거짓이다. 한 번 핀 꽃은 영원히 죽는다!"라고 하지 않았던가요?

그런데 죽는 것도 쉽게 죽지 못하고 죽을 고생을 다 한 다음에야 죽을 수 있습니다. 그동안에 죽지 않고 살아 보려고 지급한 돈은 그 얼마며, 마지막 가는 길에 지급해야 할 치료비는 그 얼마입니까? 언젠가 「United Press International」지에 "사람이 죽는 데 소용되는 비용은 지난 10년 동안에 41.3%나 증가하였으며 장례식 비용도 32.1%나 증가했다"는 기사가 실리지 않았던가요? 죽음의 길조차도 평안하게 갈 수가 없고 갖은 고생을 다 하고 많은 경비를 치른 다음에야 마지막 숨을 거둘 수 있습니다!

1) 죽음은 누구에게나 있습니다

세상에 죽음을 이길 장사는 아무도 없습니다(눅 16:22).

한번은 대재산가이며 재일교포인 이 씨의 아버지의 호화판 장례식 소식이 신문에 보도되었습니다. 그날에는 13대의 고급 승용차와 10대의 관광버스와 그 밖에 마이크로버스와 택시 30대가 산청군 신안면 장죽리 마을로 몰려들었습니다. 그 행렬은 82세에 타계를 한 이진호 옹의 장례식 행렬이었습니다. 많은 사람이 그 장례식 행렬을 지켜보면서 부러워했습니다. "누구는 팔자가 좋아서 돌아가는 길도 우리네와는 다르구먼!" "그 말 그대로 금의환향이지 뭔가?"

그러면 계속해서 그다음의 얘기를 들어주시기 바랍니다.

모두 실컷 먹고 실컷 마시고 운전기사들까지 술에 만취해서 돌아오는 길이었습니다. 사건의 현장은 신안면 하정리 고개. 사고는 35m 높이의 절벽 위에서 일어났습니다! 순식간에 44명이나 되는 사망자와 34명이나 되는 중상자가 길바닥에 쓰러졌습니다. 그런데 그날 죽은 사람들만 죽은 것이 아닙니다! 죽은 사람을 애도하던 사람들도 결국은 뒤따라 죽을 것입니다.

거지 나사로만 죽은 것이 아닙니다. 먹을 것이 풍족하던 부자도 죽었습니다! 4년만 더 살게 해 달라고 기도를 드리던 구십 고령의 로마 교황 레오 13세도 죽었고, 2년 동안만 생명을 연장해 주면 2천만 불의 돈을 하나님께 바치겠다고 한 카네기도 죽었습니다. 호랑이의 밥이 된 개만 죽은 것이 아니고, 개를 씹어서 먹은 호랑이도 죽었습니다! 남의 병을 고쳐 주던 의사도 죽었습니다. 산 사람이 죽습니다! 죽는 사람이 따로 있는 것이 아닙니다. 운동장을 힘차게 달리던 다리도 죽고, 도전자를 사각 링에서 녹다운시키던 챔피언의 주먹도 죽고, 묘한 곡선을 그려서 뭇 남성들을 매혹하던 무희들의 엉덩이도 죽습니다. 피아노의 건반을 요정같이 두들기던 손가락도 죽고, 보조개를 그리며 귀엽게 웃던 얼굴도 죽고, 원탁에 둘러앉아 세계를 좌지우지하던 그 멋진 수염의 사나이도 죽었습니다. 그리고 한 번 죽은 다음에는 말이 없습니다. 독일 군대가 프랑스를 침략해 들어와도 나폴레옹은 일어나지 못하고, 미스 유니버스 선발대회가 열려도 클레오파트라는 눈을 뜨지 못합니다!

2) 죽음은 모든 것을 헛되게 합니다

"인생이 당하는 일을 짐승도 당하나니 그들이 당하는 일이 일반이라 다 동일한 호흡이 있어서 짐승이 죽음같이 사람도 죽으니 사람이 짐승보다 뛰어남이 없음은 모든 것이 헛됨이로다 다 흙으로 말미암았으므로 다 흙으로 돌아가나니 다 한 곳으로 가거니와"(전 3:19~20)

로마 황제 플라비우스 세베루스Flavius Valerius Severus는 자기의 임종이 가까이 온 것을 알고 소리쳤습니다. "나는 모든 것을 다 가진 사람이었지만, 그 모든 것이 결국 아무것도 아니었구나!"

죽음으로써 모든 것은 끝이 나고 맙니다. 소망도 끝이 나고, 계획도 끝이 나고, 사랑도 끝이 나고 맙니다! 그때는 부채를 갚지 못해도 고소할 사람이 없습니다. 죽음은 권리뿐 아니라 의무도 빼앗아 갑니다.

한때는 경찰서장으로 복무하면서 해결사라는 별명까지 얻은 분이 계셨습니다. 그분은 장래에 대한 웅대한 계획도 가지고 있었고 자기의 꿈을 현실화시킬 수 있는 능력도 갖추고 있었습니다. 그런데 갑자기 그분이 고혈압으로 쓰러지더니 다시는 일어나지 못하게 되었습니다. 소원은 여전하게 뜨겁게 불타고 있었지만, 하루빨리 일어나서 이 일도 하고 저 일도 하고 싶었지만, 그러나 그동안에 2년이 지나가고 3년이 지나갔습니다. 그러다가 마침내는 하나의 소원밖에 남지 않게 되었습니다. '교회에 나가서 예배 한번 드리고 죽으면 여한이 없겠습니다!' 그러나 그는 그 마지막 한 가지 소원조차 이루지 못하고 고혈압으로 쓰러진 지 3년 만에 죽고 말았습니다.

사람의 몸은 피 4,500cc와 머리카락 100g과 지방질 10kg과 칼슘 1,530g과 인 720g과 비타민 A, B, C 4,800mg과 그 밖의 여러 가지 원소로 구성되어 있습니다. 그런데 그것을 모두 시가로 환산하면 십만 원어치밖에 되지 않는다고 합니다. 차라리 죽은 소는 안심, 등심, 곱창 등 수백만 원어치가 되지만……? 천재도, 미인도, 천하장사도 죽으면 말이 없으니, 살아 있을 때뿐입니다.

중종의 왕비 장경왕후가 아홉 살 난 딸과 핏덩이 아들 하나를 남겨 두고 25세의 꽃다운 나이에 숨을 거둘 때는 경빈 박 씨까지 울었습니다. 그러나 왕비의 죽음을 진심으로 슬퍼한 사람은 왕비의 오빠 윤임뿐이었습니다. 경빈 박 씨의 눈물은 속으로는 왕비의 죽음을 고소해 하면서 흘린 체면치레의 눈물이었고, 윤임의 눈물 또한 알고 보면 자기의 앞길이 암담해서 흘린 눈물에 불과했습니다.

알고 보면 장례식 날의 그 서글픈 애도의 눈물도 헛되고 헛된 것입니다! 죽음은 모든 것을 허무하게 만들어 버리고 맙니다! 인산인해를 이루는 조객도 심금을 울리는 조가도, 폐부를 찌르는 조사도, 관을 꽃동산같이 장식하는 조화도, 강물같이 흘리는 눈물도, 수십억 원에 달하는 조의금도 알고 보면 모두가 다 헛된 것입니다.

3) 죽음은 죽고 싶지 않은 사람들까지 죽입니다

"그 소문이 요압에게 들리매 그가 여호와의 장막으로 도망하여 제단 뿔을 잡으니 이는 그가 다윗을 떠나 압살롬을 따르지 아니하였으나 아도니야를 따랐음이더라"(왕상 2:28)

싸움터에서 용맹을 떨치던 요압 장군도 지금은 죽음이 두려워서 성전 안으로 피해 들어가 제단 뿔을 붙들고 매달려 있습니다. '하나님을 두려워

죽음, 영혼, 영생 | 117

하는 임금이 설마 사람을 성전에서 죽이지는 않겠지?'

산 사람은 누구나 죽음을 두려워합니다. 어떤 처녀가 골목길에서 불량배를 만나 목이 졸렸습니다. 금방이라도 숨이 끊어질 것만 같았습니다. "무엇이든지 원하는 것은 다 줄 테니 제발 목숨만은 살려 주세요!" 다급해진 처녀가 애원을 했습니다. 이 세상에는 목숨보다 더 귀한 것이 없습니다.

나에게는 신학교 일 년 선배인 사촌 형님이 계셨습니다. 그 어른은 장래가 촉망되는 유망주였습니다. 모두 이 사람은 장차 신학박사가 되거나 감리교단의 큰 별이 될 것이라고 하였습니다. 그런데 그분이 20 고개를 넘어서자마자 그 당시로써는 치명적인 폐결핵 환자가 되고 말았습니다. 그리하여 학업을 중단하고 고향으로 내려가 살기 위해 계속 투병을 했는데 새벽마다 뒷산에 올라가 "하나님을 위해서 일을 하겠으니, 생명을 연장해 달라"고 애간장을 녹이는 기도를 드렸습니다. 눈이 오나 비가 오나 어두컴컴한 새벽 미명에 뒷동산을 오르는 창백한 젊은이의 모습을 모르는 사람은 없었습니다.

"살고 싶습니다! 좀 더 살고 싶습니다! 하고 싶은 일이 있습니다!" 그러나 눈물겨운 기도와 끈덕진 투병의 보람도 없이 그 어른께서는 23세의 젊은 나이에 세상을 하직하고 말았습니다. 지금도 고향에 내려가면 조그만 무덤 하나가 남아 있습니다.

죽음은 막연한 관념이 아니라 구체적인 사실입니다! 살고 싶은 생각이라곤 털끝만큼도 없다고 하시는 분이나, 차라리 죽고 싶다고 하시는 분이나 살고 싶어 하기는 마찬가지입니다. 산 사람은 누구나 살고 싶어 합니다. 그런데도 사람은 누구나 죽어야 합니다! 그래서 죽음은 비극입니다! 천 년, 만 년 살고 싶은 사람들이 백 세도 다 채우지 못하고 죽어야 합니다!

다음의 시는 테니슨Alfred Tennyson이 친구인 아서 헨리 핼럼Arthur H. Hallam의 죽음에 보내는 송별 시, 「부서져라! 부서져라!」입니다. 테니슨이

해변에 앉아서 상처받은 마음을 곰곰이 씹습니다. 그 곁에는 어부들의 아이들이 놀고 있는데 뱃사공들은 웅장한 배를 몰고 바다로 나갑니다. 거기서 테니슨은 울부짖습니다. "아! 그리워라! 가 버린 사람의 손길이! 그리고 말 없는 그의 목소리가!"

사람들은 젊은이의 죽음을 더 가슴 아프게 느낍니다. 그러면 백발노인의 죽음은 가슴 아픈 일이 아닐까요? "그만큼 장수하셨으니 이젠 여한이 없으시지 뭘!" "호상이야, 호상!" 그러나 정말 그럴까요? 사실을 알고 보면 그게 아닙니다. 돈이 많은 사람은 돈 귀한 줄을 모릅니다. 물이 몇 방울밖에 남지 않았을 때 비로소 사람들은 물의 귀함을 압니다. 똑같은 이치입니다. 생명이 넘치는 젊은이들은 목숨을 초개같이 버릴 수 있어도, 생명이 조금밖에 남지 않은 노인들은 그 실낱같은 생명이 아깝습니다. 붙들고 늘어집니다! 그래서 노인장들의 죽음 역시 젊은이들의 죽음 못지않게 가슴 아픈 일입니다. 죽음은 누구에게나 비극입니다! 성종에게 독사발을 하사받고 피를 토하면서 죽은 윤비의 죽음만 비극이 아니고, 공민 왕의 애끓은 호곡과 백성들의 바다 같은 눈물 속에서 죽은 노국 공주의 죽음도 처절하기는 마찬가지입니다. 호강스럽게 돌아가셨다고요? 그런 말씀하지 마시기 바랍니다! 이렇게 죽으나 저렇게 죽으나 죽음은 비극입니다!

그럼 얘기 하나 하겠습니다.

모기 한 마리와 하루살이 한 마리가 만나서 시간 가는 줄을 모르고 놀았습니다. 그러다 보니 어느새 해가 저물었습니다. 그래서 모기가 하루살이에게 건의하였습니다. "오늘은 그만 놀고 내일 다시 만나자!" 그러자 하루살이가 아주 심각하게 대답하였습니다. "나에겐 내일이 없단다!"

이런 얘기도 있습니다. 어떤 처녀가 애인에게 속삭입니다. "우리, 영원히 사랑해요. 네?" 그러자 총각이 대답합니다. "우리에게는 영원이란 없어! 오늘이 있을 뿐이야!"

우리는 세상에 태어나서 한 번만 죽는 것이 아닙니다. 우리는 매년 하루에 한 번 365번씩 죽다가 마침내는 마지막 숨을 거둡니다. 이 세상에는 확실한 것 두 가지가 있습니다. 하나는 사람은 누구나 죽는다는 사실이고, 다른 하나는 그 죽음이 언제 임할지 아무도 모른다는 사실입니다!

"나의 때가 얼마나 짧은지 기억하소서 주께서 모든 사람을 어찌 그리 허무하게 창조하셨는지요"(시 89:47). "말하는 자의 소리여 이르되 외치라 대답하되 내가 무엇이라 외치리이까 하니 이르되 모든 육체는 풀이요 그의 모든 아름다움은 들의 꽃과 같으니"(사 40:6).

심장의 고동 소리를 들어보십시오! "빨리빨리!" 하며 죽음을 재촉하고 있지 않습니까?

그러면 서서 걸어 다니는 사람도 엎드려서 기어 다니는 짐승같이 죽으면 그만일까요? 호모 사피엔스新人, Homo sapiens인 인간도 아무 생각 없이 사는 참새나 다름없이 죽음으로써 모든 것이 끝이 나고 마는 것일까요? 호모 파벨Homo Pabel(장인匠人으로서의 인간)인 인간도, 부지깽이 하나 만들지 못하는 개같이 보신탕으로 끝이 나고 마는 것일까요? 꿈이 있는 인생도 꿈을 꾸지 못하는 뱀같이 흙으로 돌아가고 마는 것일까요?

2. 영적인 존재

"나의 영혼아 잠잠히 하나님만 바라라 무릇 나의 소망이 그로부터 나오는도다"(시 62:5)

사람에게만 다른 동물에게는 없는 영이 있습니다. 사람은 영적인 존재입니다! 육체는 소멸하지만 영은 영원합니다.

"너희의 온 영과 혼과 몸이 우리 주 예수 그리스도께서 강림하실 때에 흠 없게 보전되기를 원하노라"(살전 5:23). "영혼 없는 몸이 죽은 것같이 행함이 없는 믿음은 죽은 것이니라"(약 2:26).

그러면 '영'이란 어떤 것일까요? '영'이 정신일까요? 아닙니다! 정신은 영의 활동에서 나오는 힘입니다. 그러면 '영'은 마음일까요? 그것도 아닙니다! 마음은 영의 사고력이며 영의 정서이며 영의 의지입니다. '영'은 마음보다 더 깊은 곳에 있는 주체입니다. 그럼 '영'이 생명일까요? 그것도 아닙니다! 생명보다 더 깊은 곳에 있는 것이 영입니다. 영은 '자아'입니다! 영은 감정이나 지성이나 의지의 주인입니다! 영은 지·정·의로도 나눌 수 없는 것입니다. 생명은 나라를 위해 바칠 수 있어도 영은 누구에게도 바칠 수 없는 자아입니다. 영은 나 자신입니다. 영은 어떤 경우에도 나와 분리할 수 없는 '자아'입니다.

그러면 '영'의 실재를 증명하는 것은 무엇일까요? 인간에게는 책임의식이 있습니다. 그런데 책임감은 영의 영역에 속합니다. 육체가 있으므로 생리학이 있는 것같이, 영이 있으므로 윤리학이 있습니다! 그러면 어째서 정신병자에게는 책임의식이 없느냐고 물으실 것입니다. 그러나 그 까닭은 그들에게는 영이 없기 때문이 아니라 신경장애로 말미암아 영의 기능을 상실했기 때문입니다. 개나 고양이에게는 책임감이 없습니다. 따라서 간음한 개를 체포하거나 도적질한 고양이를 수사하지는 않습니다.

그러면 어찌하여 개나 고양이에게는 책임의식이 없는 것일까요? 개나 고양이에게는 육체는 있어도 영이 없기 때문입니다. 동물에게도 생명은 있지만, 그러나 영은 없습니다. 따라서 짐승에게는 선악의식도 없고 책임의식도 없습니다. 짐승들은 자기들이 한 일에 대해서 현재는 물론 앞으로도 영원히 책임을 질 필요가 없습니다. 짐승들에게는 영이 없으므로 죽음으로써 모든 것이 끝이 나고 맙니다!

도덕성이 영적 실존의 살아 있는 증거입니다! 양심이 가장 근본적인 인간 조건입니다. '영'은 나의 주인입니다. 육체의 주인입니다. 그런데 주인인 영과 종인 육체는 한통속이 될 때도 있지만 주인의 뜻과 종의 욕구가 상반될 때도 있습니다. 그래서 어떤 때는 영이 육체의 소욕을 거절하고 순교자의 길을 갈 때도 있고, 육체 편에서도 영의 뜻을 거역하고 배신의 길을 갈 때도 있습니다! 영과 육은 별개의 것입니다(롬 7:19, 24)!

영과 육의 갈등! 이거야말로 인간이 영적인 존재인 살아 있는 증거입니다! 짐승들에게는 그런 갈등이 없습니다. 물론 육체는 분명하게 보이지만 영은 보이지 않습니다. 그래서 육체가 있는 것을 의심하는 사람은 없어도 영의 실재를 의심하는 사람은 많습니다. 마음의 실재는 의심하지 않아도 영의 실재는 의심합니다. 그러나 육체가 있는 것같이 영도 있습니다. 영적인 생활을 경험해 본 사람들은 압니다. 그리고 육체는 단명하지만 영은 영원불멸입니다.

예수님께서도 잠깐 있다가 없어지는 육체를 죽이는 자들을 두려워하지 말고 육체와 영을 아울러 지옥에 멸하시는 하나님을 두려워하라고 하셨습니다(마 10:28). 육체는 지나가던 깡패라도 죽일 수 있고 성난 미친개라도 죽일 수 있지만, 그러나 '영'은 하나님만이 죽일 수 있습니다! 육체가 '죽느냐 사느냐' 하는 것이 문제가 아니라 영이 '죽느냐 사느냐' 하는 것이 문제입니다. 그런데 우리는 영의 욕구에 따라 육체를 다스리면서 사는 사람을 거듭난 사람이라고도 하고 영의 사람이라고도 합니다(롬 8:4~14).

그런데 육체가 육체의 양식을 먹고 사는 것같이 영도 영의 양식을 먹고 삽니다! 그러면 영의 양식이란 어떤 것일까요? 예수님의 피와 살입니다! 그러면 예수님의 살과 피를 먹고 산다고 하는 것은 무엇을 뜻하는 것일까요?

한마디로 예수님의 말씀을 먹고 사는 것을 뜻합니다. 진리를 먹고 사는 것을 뜻합니다. 첫째는 믿음으로 말미암아서 오는 마음의 평안함이요, 둘째는 예수님의 말씀에 순종함으로써 일어나는 생활의 변화이며, 셋째는 하나님의 약속(영생)을 믿음으로써 생기는 영원한 소망과 내적인 능력입니다!

아무리 육체의 부활과 영생에 대한 하나님의 약속이 있어도 그 말씀을 믿지 않는 사람에게는 아무런 의미가 없습니다. 하나님의 말씀은 우리의 믿음을 거기 합할 때만 참으로 하나님의 능력이 됩니다. 그리고 성경에 기록된 하나님의 말씀을 단지 지식으로 공부하는 것도 영의 양식을 먹는 것이 되지 않습니다. 말씀을 통해서 예수님의 피와 살을 먹어야 합니다! 예수 체험이 있어야 합니다! 직접 예수님의 유방에서 진리의 젖을 빨아 먹어야 합니다! 거기서 구속의 사랑도 체험하고 하늘의 기쁨도 느껴야 합니다! 하나님의 뜻을 따라 살면서 영혼의 환희를 즐기는 것이 예수님의 살과 피를 먹는 것입니다! 십자가를 지고 보람을 느끼는 것입니다!

"자기의 육체를 위하여 심는 자는 육체로부터 썩어질 것을 거두고 성령을 위하여 심는 자는 성령으로부터 영생을 거두리라"(갈 6:8).

어차피 육체는 죽을 수밖에 없습니다. 아무리 건강 관리를 잘하고 아무리 장수를 해도 육체는 죽을 수밖에 없습니다. 그러나 영은 영원히 삽니다. 영이 없는 소나 나귀는 죽으면 그만이지만, 그러나 하나님의 형상대로 지음을 받은 인간에게는 사후의 스케줄이 있습니다.

사람들이 꿈을 꾸거나 환상을 보는 것은 사람에게는 영이 있기 때문입니다. 죽은 것이나 다름이 없는 수면 중에도 영은 반쯤 육체 밖으로 나가서 영계와 교신하므로 꿈이나 환상 같은 것을 보게 됩니다! 베드로의 환상과 고넬료의 환상의 경우같이 두 사람의 환상이 일분일초의 차질도 없이 맞아 떨어질 때도 있고, 꿈에서 본 환상이 그대로 현실로 나타나는 경우도 있습니다. 만일 사람이 영적인 존재가 아니라면 어떻게 그런 일이 있을 수 있겠습니까? 그런데 사람이 영적인 존재라는 말은 곧 인간은 영생하는 존재라는 말입니다!

최근에는 죽음에 대한 과학적인 연구 통계까지 나오고 큐브르 박사의 『죽음 후의 세계』라든지 무디 2세의 『죽음의 과학』 같은 저서가 나왔는데, 그 책 속에는 죽은 지 몇 시간 혹은 며칠 후에 다시 살아난 사람들의 얘기가 수록되어 있습니다. 그 얘기들은 모두 의사의 사망진단을 받고 영안실에 안치되어 있던 사람들의 체험담입니다.

죽을 때는 누구나 고통스러웠다고 합니다. 그런데 그 순간이 지나자마자 영은 곧바로 자기의 시신 밖으로 나와서 자기 자신의 시신을 보았다고 합니다. 그리고 자기의 시신을 유족들이 끌어안고 슬피 우는 장면도 보고,

자기 시신이 영안실로 옮겨져 가는 것도 보았다고 합니다. 그런데 아무도 자기가 그 자리에 있는 것을 눈치채는 사람은 없었다고 합니다. 하여간 사람은 신비한 존재입니다. 수수께끼 같은 존재입니다! 따라서 사후의 일도 수수께끼 같은 일일 수밖에 없습니다. 사람의 죽음이 개구리의 죽음같이 그렇게 간단하게 끝나지는 않을 것입니다.

"한 번 죽는 것은 사람에게 정해진 것이요 그 후에는 심판이 있으리니"
(히 9:27)

3. 사후의 세계

"예수께서 이르시되 나는 부활이요 생명이니 나를 믿는 자는 죽어도 살겠고"(요 11:25)

많은 사람이 속절없이 죽어갔습니다. 그리고 많은 사람이 죽은 자의 이름을 부르면서 다시 살아 돌아오라며 통곡하였습니다. 그러나 한 번 죽은 사람은 영원히 돌아오지 못했습니다.

어떤 부인의 남편은 고등학교의 수학 교사였습니다. 부인은 계주 노릇도 하고, 부동산 투기도 하고, 이자놀이도 해서 큰돈을 모았습니다. 남편의 월급 같은 것은 새 발의 피에 불과했습니다. 사는 집도 으리으리한 수십억 대의 저택이었습니다. 그런데 그 부인이 어느 날 갑자기 몸에 이상이 생겨서 종합병원을 찾아가 진찰을 받으셨는데 진찰 결과는 뜻밖에도 불치의 간암이었습니다. 그렇게도 무섭고 난처한 병이 하필이면 그 행복하고도 자신만만하던 부인을 덮칠 줄이야? 이젠 살 만하게 됐다고 했더니……? 그날로부터 부인께서는 3개월 동안 시한부 인생을 살아야 했습니다.

그런데도 부인은 그런 줄도 모르고 퇴원 명령을 받자 몹시 기뻐했습니다! 병이 없어서 무죄 석방을 받은 줄로 알았기 때문이지요. 그래서 부인은 핸드백에서 그때 돈으로 일금 50만 원을 선뜻 꺼내서 의사의 손에 쥐여 주기까지 하였습니다. 집으로 돌아온 3개월짜리 시한부 인생은 또다시 부동산 투기의 꿈에 부풀어 올랐습니다. '지난번에는 심심풀이로 한탕을 해서 3천만 원밖에 챙기지 못했지만 이번에는······.'

그 밖에도 미국에 이민을 가서 살던 어떤 부인께서는 45세의 나이에 결혼식을 올렸는데, 그러나 9개월 후에는 그 집에서 장례식 행렬이 줄지어 나왔습니다. 45세짜리 신부의 남편이 세상을 떠났던 것입니다. 9개월 웃고 평생을 울어야 했습니다.

행복의 집에서 시신이 웬일인고! 이 세상은 매머드 사형집행장이요, 초대형 공동묘지입니다! 죄가 뭔지······ 아담 할아버지께서 한 번 지은 죄가 이다지도 고통스럽고 이다지도 비참한 죽음의 행렬을 만들어 낼 줄이야! 이 세상에서 가장 무서운 것은 죄요, 죄에 대한 하나님의 심판이 아닐까요?

잉거솔Robert G. Ingersoll은 극도의 슬픔 중에서 "인생이란 영원한 산봉우리들 사이에 끼어 있는 좁은 계곡에 불과하다."라며 한탄을 금치 못했다고 합니다. 시인 롱펠로Henry W. Longfellow는 "낮에는 달의 필요를 느끼지 않지만, 그러나 밤이 되어 어둠이 온 천지를 덮으면 광명의 고마움을 알게 되나니!"라며 노래했습니다.

그러면 죽음은 인생의 영원한 마지막일까요? 정말 죽음은 모든 것을 끝장내고 마는 것일까요! 절대로 아닙니다! 이 생이 죽음으로 끝이 나기 때문에(욥 14:14전) 그래서 우리는 더더욱 내세의 소망을 불태우게 되는 것이 아닐까요?

1) 내세의 문제에 대한 이성의 소리

헬라의 철학자들은 인간의 본성 중에는 땅에 속한 것으로 보이는 것과 신성에 속한 것으로 보이는 것이 공존하고 있다고 하였습니다. 그리고 그들은 신성에 속한 것으로 보이는 것, 다시 말해 불멸하는 것은 언젠가는 육체에서 해방되어 나올 것이라고 하였습니다! 죽어가는 육체 속에서도 죽지 않고 살겠다는 '삶의 의지' 만은 죽지 않고 살 것입니다. 죽을 때일수록 삶의 의지는 더욱더 강렬해집니다. 마지막 숨이 아리랑 고개를 넘어가는 숨 막히는 순간에도 '삶의 의지' 는 뜨겁게 타오릅니다! 그 의지는 환경의 변화에도 불구하고 언제까지나 꺼지지 않는 불입니다! 불멸의 생명에 대한 생명의 의지는 영원합니다! 죽는 사람들은 울부짖습니다. "살려 주시옵소서!"(막 5:22~23).

콘스탄티노플Constantinople에 있는 산타 소피아Santa Sophia 사원 벽에 칠해져 있는 회반죽(모르타르Mortar)은 수천 년 전의 향기를 지금도 풍기고 있다고 합니다. 장미의 향기는 장미꽃의 존재를 알려 주는 전령입니다. 장미꽃이 없는데 어떻게 향기가 존재할 수 있겠습니까? 그런 이치에서 죽어도 죽지 않고 꺼도 꺼지지 않는 삶의 의지는 영생의 보증수표입니다! 영생이 없는데 어찌 영생에 대한 소원이 있을 수 있겠습니까? 보고 싶은 마음이 없는데, 어찌 눈이 있을 수 있으며 볼 것인들 있을 수 있겠습니까? 이와는 반대로 듣고 싶어 하는 마음이 있는데, 어찌 귀가 없을 수 있으며 애인의 속삭임이 없을 수 있으며 음악이 없을 수 있겠습니까! 식욕이 있는데, 어찌 먹거리가 없을 수 있겠습니까? 그런데 영생에 대한 소원은 영혼의 식욕입니다. 그러니 어찌 영생이 없을 수 있겠습니까!

다음은 죽음을 전문적으로 연구한 정신의학자가 수천 명의 학자와 의사들 앞에서 행한 강연의 결론 부분입니다. "이제 사후의 생명에 대한 증명은 결정적인 것이 되었다. 이제는 사후의 생명이 과학적으로도 부인할 수 없는 사실이 되었다."

2) 내세의 소망에 대한 구약의 답변

지성인들의 영생에 대한 확신이 이성에서 나오는 것과는 달리 구약은 영생에 대한 확신을 하나님의 성품에서 찾습니다. 하나님의 영원하심과 그의 인자하심에서 영생의 확증을 찾습니다.

"나의 이 가죽, 이것이 썩은 후에 내가 육체 밖에서 하나님을 보리라"(개역한글, 욥 19:26).

믿음이 그들의 영생에 대한 신념의 모체입니다. 무에서 천지 만물을 창조하신 하나님과 그의 선하심과 그의 전지전능하심을 믿는 믿음이 그들에게 영생의 소망을 주었습니다. 절망의 토굴 속을 통과할 때 존 버니언 John Bunyan은 가슴속 깊이 하나님의 약속의 말씀의 열쇠를 간직하였습니다.

3) 영생의 소망에 대한 신약의 답변

"아들을 믿는 자에게는 영생이 있고 아들에게 순종하지 아니하는 자는 영생을 보지 못하고 도리어 하나님의 진노가 그 위에 머물러 있느니라"(요 3:36)

신약은 영생의 기초를 예수그리스도를 믿는 믿음 위에 둡니다. 예수 그리스도의 속죄의 죽음을 믿음으로 말미암는 사죄의 체험과 예수 그리스도의 부활에 대한 신앙이 내세에 대한 소망의 기초입니다! 그 밖에도 예수 그리스도의 약속의 말씀과 사도들의 증언이 있습니다.

"가서 너희를 위하여 거처를 예비하면 내가 다시 와서 너희를 내게로 영접하여 나 있는 곳에 너희도 있게 하리라"(요 14:3). "죄의 삯은 사망이요 하나님의 은사는 그리스도 예수 우리 주 안에 있는 영생이니라"(롬 6:23).

예수님께서는 영원이란 말씀 대신 영생이란 말씀을 사용하셨습니다. 예수님께서는 영원을 삶으로 바꾸어 놓으셨습니다. 예수님께서는 영원에 캐릭터Character를 주셨습니다. 예수님께서는 죽음을 긴 생명의 과정 중에 있는 하나의 사건으로 보셨습니다. 살아 있는 사람들이 삶의 과정에서 밤에 잠을 자는 것같이…… 예수님께서는 죽음을 가리켜 '잠을 자는 것' 이라고 하셨습니다. 생명은 죽음이 있는 동안에도 있습니다. 죽은 후의 생명이라고 해서 별다른 것은 아닙니다. 죽음도 똑같은 생명의 연장입니다. 사람들이 잠을 자고 아침에 일어났을 때같이…… 똑같은 인격이 그대로 계속됩니다. 똑같은 인격이 이 세상에서는 육체로 살고 저 세상에서는 영체로 삽니다. 똑같은 사람이 겨울에는 동복을 입고 봄에는 춘추복으로 갈아 입는 것입니다. 이 세상은 너무 추워서 육체라고 하는 동복을 입고 살지만, 그러나 저 세상은 상춘의 나라이기에 무거운 동복을 벗어 버리고 가벼운 영체로 사는 것입니다.

한번은 리빙스턴Livingston이 중앙아프리카의 원주민들에게 물었습니다. "이 강물은 모두 어디로 흘러들어 가나요?" 그러자 바다를 모르는 원주민들이 대답했습니다. "그거야 모래들이 몽땅 삼켜 버리고 말겠지요!" 그와 같이 내세를 모르는 사람들은 사람이 죽으면 땅속에서 썩어 버리고 마는 줄 알지만, 그러나 신약은 말합니다. 믿는 사람들에게는 영생이 있다고. 그런고로 성도님들이 예수님의 말씀을 신문기사만큼이라도 믿는다면 영생은 의심할 여지가 없는 사실입니다!

고대 세계 최고의 지성인이던 소크라테스Socrates가 사형선고를 받은 다음 독약을 마시고 임종의 시간을 맞이하게 됐을 때 누군가가 그에게 물었습니다. "선생님이여! 우리는 죽은 후에도 다시 살 수 있을까요?" 그러자 철인께서 대답하셨습니다. "그럴 수 있기를 바랄 뿐이다! 그러나 확실한 것이야 누가 알 수 있느냐?"

세상의 어떤 종교도 우리에게 개인적인 영생을 약속해 주지는 않았습니다. 이스탄불Istanbul에 있는 박물관에는 이슬람교의 교주이던 마호멧

Mahomet의 이빨 두 개가 남아 있을 뿐이고, 석가모니 선생님도 추종자들에게 부활의 소망은 주지 못했고, 공자님과 노자님도 제자들에게 영생의 소망은 주지 못했습니다. 그럴 수밖에 없는 것이 그들 중에는 한 사람도 죽음을 이기고 살아나신 분이 없기 때문입니다.

그러나 예수님은 다릅니다! 예수님께서는 죽은 자들 가운데서 다시 살아나셨습니다. 그래서 말씀하십니다.

"나는 부활이요 생명이니 나를 믿는 자는 죽어도 살겠고"(요 11:25).

부활절이 있는 종교도 기독교밖에 없고 육체의 부활을 약속하는 종교도 기독교밖에 없습니다!

4. 부활

"이를 놀랍게 여기지 말라 무덤 속에 있는 자가 다 그의 음성을 들을 때가 오나니 선한 일을 행한 자는 생명의 부활로, 악한 일을 행한 자는 심판의 부활로 나오리라"(요 5:28~29)

본문의 말씀은 예수님께서 친히 하신 말씀입니다. 여기서 영생은 구체적인 내용과 일정까지 가지게 됩니다. 영생에 대한 신앙은 이제 부활신앙으로 새 모습을 드러내게 되었습니다. 하여간 기독교는 막연하게 영생을 믿는 종교가 아니라 영생에 이르는 구체적인 스케줄까지 가지고 있는 종교입니다. 그리고 예수 그리스도의 부활이 성도들의 부활을 확증해 줍니다.

"만일 죽은 자의 부활이 없으면 그리스도도 다시 살아나지 못하셨으리라"(고전 15:13). "그러나 이제 그리스도께서 죽은 자 가운데서 다시 살아나사 잠자는 자들의 첫 열매가 되셨도다"(고전 15:20).

그러면 죽은 사람들은 언제 부활하는 것일까요? 부활에는 첫째 부활과 둘째 부활이 있습니다. 생명에 이르는 부활에 참여하는 사람들은 예수님께서 재림하실 때 부활을 하고 두 번째 부활에 참여하는 불신자들은 하나님께서 백보좌 심판을 하시는 마지막 날에 이르러서야 부활합니다(계 20:11~15). 우리는 다른 종교인들과는 달리 육체의 부활과 영생을 믿는 기독교인입니다!

그런데 지금 바울은 부활을 의심하는 교인들에게 땅에 심은 씨앗 하나가 썩음으로써 새싹이 되어 나오는 이치를 들어 부활의 당위성을 확증합니다(고전 15:36~38). 참외 씨와 꽃씨는 어디서 그런 재료와 그런 물감과 그런 조미료를 구해다가 그토록 맛있는 참외와 오색이 찬란한 꽃을 제조해 내는 것일까요? 손발 하나 없는 씨앗들이 무슨 재주로 그런 잎사귀와 그런 꽃과 그런 열매와 그런 맛을 만들어 내는 것일까요? 이런 현상은 너무나도 평범한 일상생활의 사실이지만, 그럼에도 불구하고 기적이 아닐 수 없습니다!

그런데 그와 같은 기적을 통해 죽은 사람들도 부활하게 될 것이란 말씀입니다! 달걀에서는 병아리가 나오고 참새 알에서는 참새가 나오듯이 무덤에서는 죽은 사람들이 다시 살아 나올 것입니다! 달걀 속에 무슨 공장이 있고 무슨 기구가 있어서 그와 같은 주둥이와 그런 날개를 제조해 낼 수 있는 것은 아닙니다. 세상만사가 다 하나님의 기적입니다! 기적은 어디든지 있습니다. 죽은 자의 부활도 그와 같을 것입니다. 굼벵이가 변해서 나비가 됩니다. 기쁜 감정은 엔도르핀을 생산하고 슬픈 감정은 혈액 중에 독소를 만들어 냅니다. 땅을 기어 다니던 파충류의 겨드랑이에서도 날개가 나와서 공중을 나는 새가 됩니다. 그러할진대 어찌하여 만물의 영장인 사람의 부활만은 있을 수 없는 것이란 말입니까?

"주께서 호령과 천사장의 소리와 하나님의 나팔 소리로 친히 하늘로부터 강림하시리니 그리스도 안에서 죽은 자들이 먼저 일어나고 그 후에 우리 살아남은 자들도 그들과 함께 구름 속으로 끌어올려 공중에서 주를 영접하게 하시리니 그리하여 우리가 항상 주와 함께 있으리라"(살전 4:16~

17). "보라 내가 너희에게 비밀을 말하노니 우리가 다 잠잘 것이 아니요 마지막 나팔에 순식간에 홀연히 다 변화되리니 나팔 소리가 나매 죽은 자들이 썩지 아니할 것으로 다시 살아나고 우리도 변화되리라"(고전 15:51~52).

5. 천국

"내가 새 하늘과 새 땅을 보니 처음 하늘과 처음 땅이 없어졌고 바다도 다시 있지 않더라 또 내가 보매 거룩한 성 새 예루살렘이 하나님께로부터 하늘에서 내려오니 그 준비한 것이 신부가 남편을 위하여 단장한 것 같더라"(계 21:1~2).

"또 그가 수정같이 맑은 생명수의 강을 내게 보이니 하나님과 및 어린 양의 보좌로부터 나와서 길 가운데로 흐르더라 강 좌우에 생명나무가 있어 열두 가지 열매를 맺되 달마다 그 열매를 맺고 그 나무 잎사귀들은 만국을 치료하기 위하여 있더라"(계 22:1~2).

"모든 눈물을 그 눈에서 닦아 주시니 다시는 사망이 없고 애통하는 것이나 곡하는 것이나 아픈 것이 다시 있지 아니하리니 처음 것들이 다 지나갔음이러라"(계 21:4)

"그러나 두려워하는 자들과 믿지 아니하는 자들과 흉악한 자들과 살인자들과 음행하는 자들과 점술가들과 우상 숭배자들과 거짓말하는 모든 자들은 불과 유황으로 타는 못에 던져지리니 이것이 둘째 사망이라"(계 21:8)

그러면 천년왕국 시대가 지나고 백보좌 심판이 끝난 다음 성도들이 살게 되는 새 하늘과 새 땅은 어떤 곳일까요? 기독교의 천국은 불교의 극락 같이 연화대에서 애인들과 영원히 향락을 즐기는 곳도 아니고, 이슬람교의 낙원같이 주지육림 속에서 미인들과 놀아나는 곳도 아닙니다. 그러면 새 하늘과 새 땅은 어떤 곳일까요? 한마디로 새 하늘과 새 땅은 인간의 말로는 다 설명을 할 수가 없는 곳입니다. 새 하늘과 새 땅은 인간의 상상을 초월하는 곳입니다. 인간이 아무리 아름답고 아무리 행복한 나라를 그려 봐도 신천신지의 수챗구멍만도 못할 것입니다! 요한계시록 21장에 이르기를 신천신지의 주택은 정금으로 되어 있다고 했지만…… 하늘도 오늘날과 같은 하늘이 아니고, 땅도 오늘날과 같은 땅이 아니고, 우리의 몸 역시 지금과 같은 육체가 아닐진대…… 정금이 무슨 소용이며 금강석이 무엇이 좋겠습니까?

그러면 어찌하여 성경은 천국을 그와 같이 묘사하는 것일까요? 그런 말밖에는 표현할 다른 방법이 없기 때문입니다. 단테Alighieri Dante의 『신곡』을 보면 천국이 태음계와 수성계와 금성계와 태양계와 화성계로 나누어져 있지만, 그 역시 시적인 공상에 불과하고 우주의 중심점은 프라야테스 성좌 중 하나인 하라시온 별 근처라고 하면서 하나님의 보좌는 그곳에 있을 것이라고도 했지만, 그 역시 인간의 추리에 불과합니다. 차라리 천국은 재창조된 이 지구가 아닐까요?

또 성경은 이르기를 '새 하늘과 새 땅'은 먹으면 죽지 않는 실과와 마시면 영생하는 생명수가 흐르는 곳이라고도 했지만, 썩을 몸이 변해서 죽지도 않고 늙지도 않는 영체로 변화를 받았는데 어찌 거기 식량 문제 같은 것이 또다시 있을 수 있겠습니까? 그리고 새 하늘과 새 땅은 쉬는 곳이라고 했지만, 얼마나 이 땅의 노동이 괴롭고 지긋지긋하면 '새 하늘과 새 땅'을 쉬는 곳으로 묘사하였겠습니까?

하여간 새 하늘과 새 땅은 죽음이 없는 곳이며, 아픔도 없고, 슬픔도 없는 곳이며, 다투는 일도 없고, 근심할 일도 없는 곳이며, 미워할 사람도 없고, 실패할 일도 없는 곳이며, 이혼도 없고, 이별도 없는 곳이며, 무엇이든지 나쁜 것은 없고, 무엇이든지 사람들이 원치 않는 것은 없는 곳이며, 무엇이든지 우리가 원하는 것만 있는 곳입니다!

새 하늘과 새 땅은 대통령도 없고, 군대도 없는 곳이며, 경찰도 없고, 재판소도 없는 곳이며, 교도소도 없고, 의사도 없고 약사도 없는 곳이며, 세무서도 없고, 자동차도 없는 곳입니다(사 29:18; 33:24; 35:3~6; 렘 30:17; 겔 34:16). 대통령이나 대장이나 법관이나 의사나 부자가 대우를 받고 잘사는 곳은 악한 세상입니다! 세상이 악하니까 군대가 필요하고, 범죄자가 많으니까 법관이 성공을 하고, 병자가 많으니까 의사들이 존경을 받는 것은 아닐까요?

새 하늘과 새 땅은 군인들과 법관들과 의사들이 일자리를 얻을 수 없는 별천지입니다! 새 하늘과 새 땅은 좋은 일만 있는 곳입니다! 새 하늘과 새 땅은 100대 1의 시험에서 합격했을 때의 기쁨과 결혼 첫날밤의 스릴과 어려운 수학 문제를 풀었을 때의 흥분 같은 흥분이 계속되는 곳입니다! 아니! 새 하늘과 새 땅의 기쁨은 세상의 기쁨으로는 설명을 할 수가 없는 황홀경입니다. 비록 지금 우리가 사는 세상은 죄악 세상이긴 하지만, 그런데도 해 지는 언덕은 얼마나 신비롭고, 동트는 바다는 얼마나 아름다우며, 가로수 길에 내리는 소낙비는 얼마나 시원합니까? 그러니 천국의 행복은 얼마나 더 크겠습니까? 그 나라의 행복은 이 땅에 사는 우리로서는 상상조차 해 볼 수 없는 수수께끼입니다!

19세기의 부흥사이던 무디Dwight Lyman Moody 선생이 다음과 같은 말을 했습니다. "앞으로 언젠가는 무디가 사망을 했다는 신문보도가 있을 것입니다. 그때는 절대로 그런 낭설을 믿지 말아 주시기 바랍니다! 그때 나는 이미 이곳보다 더 좋은 곳으로 돌아가서 살고 있을 것입니다!"

그럼 무디D. L. Moody 목사님의 말씀 한마디만 더 소개해 드리도록 하겠습니다. "자기가 영생하는 줄도 모르고 신앙생활을 하는 교인들은 마치 비좁고 악취가 나는 3등 객차를 타고 가는 승객같이 짜증스러울 수밖에 없지만, 그러나 부활 신앙을 가지고 천국을 향해서 달려가는 성도들은 특실에 탄 귀빈같이 신바람 나는 신앙생활을 할 수 있을 것입니다!"

"기록된바 하나님이 자기를 사랑하는 자들을 위하여 예비하신 모든 것은 눈으로 보지 못하고 귀로도 듣지 못하고 사람의 마음으로도 생각지 못하였다 함과 같으니라"(고전 2:9)

"나 가나안 땅 귀한 성에 들어가려고 내 무거운 짐 벗어 버렸네 죄 중에 다시 방황할 일 전혀 없으니 저 생명 시냇가에 살겠네 길이 살겠네 나 길이 살겠네 저 생명 시냇가에 살겠네 길이 살겠네 나 길이 살겠네 저 생명 시냇가에 살겠네"(새찬송가 246)

얕게 사는 사람과 깊게 사는 사람

"이와 같이 집사들도 정중하고 일구이언을 하지 아니하고 술에 인 박히지 아니하고 더러운 이를 탐하지 아니하고 깨끗한 양심에 믿음의 비밀을 가진 자라야 할지니"(디모데전서 3:8~9)

얕게 사는 사람과 깊게 사는 사람

　그리스도인은 믿음의 비밀을 가진 사람입니다.
　"사람이 마땅히 우리를 그리스도의 일꾼이요 하나님의 비밀을 맡은 자로 여길지어다"(고전 4:1). "이 비밀이 크도다 내가 그리스도와 교회에 대하여 말하노라"(엡 5:32).
　믿음의 비밀을 가진 그리스도인의 신앙생활은 깊이가 있는 생활입니다(롬 11:33~35).
　"깊은 데 거居하라!" 이 말씀이야말로 우리를 향하신 하나님의 뜻입니다! 몸 바치고, 시간 바치고 세금보다 더 많은 헌금을 하나님께 바치면서도 기뻐하라고 하십니다. 믿음의 비밀을 가지고 깊은 데 거하는 사람만이 참으로 그렇게 할 수 있습니다. 신앙생활은 세상 사람들에게는 이해가 되지 않는 생활입니다.
　유대인들의 성전 밖에는 넓고 속된 세상이 있었습니다. 그곳은 세상 사람들이 권력과 재물과 향락을 섬기는 곳이었습니다. 그다음에는 성전의 바깥뜰이 있었습니다. 그다음에는 성전의 안뜰이 있었습니다. 또 그다음에는 금촛대와 진설병이 놓여 있는 성소가 있었습니다. 그리고 더 깊은 안쪽에는 대제사장만이 그것도 일 년에 단 한 번만 들어갈 수 있는 지성소가 있었습니다! 그 지성소야말로 하나님의 은밀한 곳이었습니다. 그곳에서만 하나님을 독대해서 만날 수 있었습니다.
　그런데 신약시대에는 모든 성도가 지성소까지 직접 들어가서 하나님을 독대할 수 있게 되었습니다! 예수님의 십자가로 말미암아 지성소와 성소 사이를 가로막고 있던 휘장이 찢어져 버렸기 때문입니다(마 27:51). 그리하여 지금은 누구나 하나님의 은밀한 곳까지 들어갈 수 있게 되었습니다. 가장 비밀스러운 곳까지 들어가서 하나님을 만날 수 있게 되었습니다. 성전의 바깥뜰은 세상인지 성전인지조차 분간하기 어려운 곳이었습니다. 그러나 지성소만은 은밀한 하나님의 세계이며 영혼의 안식처였습니다. 그런데 신약시대에는 지성소의 문이 모든 사람에게 활짝 열렸습니다. 깊은 곳에만 참된 평안함이 있습니다! 아무리 흉흉한 바다라도 깊은 곳에는 고요가 있습니다!

1. 얕게 사는 사람들

"그러나 대제사장들이 무리를 충동하여 도리어 바라바를 놓아 달라 하게 하니 빌라도가 또 대답하여 이르되 그러면 너희가 유대인의 왕이라 하는 이를 내가 어떻게 하랴 그들이 다시 소리 지르되 그를 십자가에 못 박게 하소서"(막 15:11~13)

누가 인생을 얕고 천박하게 사는 사람일까요? 정치 지도자를 영혼의 구세주보다 더 높이는 사람입니다! 애국자를 성자보다 더 추앙하는 사람입니다! 본문 중에 나오는 무리는 예수님을 십자가에 못 박아 죽이라고 아우성치는 무리입니다. 예수님은 십자가에 못을 박아 죽이고 바라바는 무죄 석방을 하라고 아우성치는 무리입니다. 세상 나라를 하나님의 나라보다 더 소중히 여기는 사람입니다. 육체를 영보다 더 소중히 여기는 사람입니다. 성공을 양심보다 더 귀하게 여기는 사람입니다. 부자가 되기 위해서 사업을 하는 사람입니다. 사회적인 지위가 높아지면 성공했다고 자부하는 사람입니다. 일류대학에 수석으로 합격만 하면 아들 잘 두었다고 호들갑을 떠는 사람입니다!

누가 세상을 얕게 사는 사람일까요? 애인과 입을 맞추면서도 외간 남자에게 박수받기를 원하는 여자입니다. 기도를 드리면서도 사람을 의식하고 남들에게 인정받기를 원하는 사람입니다.

스코필드C. I. Scofield가 다음과 같은 말을 했다고 합니다. "육은 세상을 의식한다. 그러나 영은 하나님만 의식한다." 다음은 우찌무라 간조 선생의 말입니다. "하나님은 우리의 진짜 애인이신지라 많은 사람이 지켜보는 앞에서 박수갈채를 받아 가면서 '러브 씬Love Scene'을 연출하기를 원하지 않으십니다!"

많은 사람이 지켜보는 무대 위에서 사랑을 연기하는 사람은 배우입니다. 기도를 드리고 있는 것이 아니고 기도를 연기하는 중일 것입니다!

그럼 다시 한 번 묻겠습니다. 누가 세상을 얕게 사는 사람일까요? 섬기는 자가 되기보다는 머리가 되기를 원하는 사람입니다! 큰 감투를 쓴 사람 앞에서는 무조건 굽실거리는 사람입니다. 남편이 참봉 감투만 써도 엉덩이에서 뿔이 나는 아낙네입니다. 학벌에 따라 사람을 올려다봤다 내려다봤다 하는 사람입니다. 남을 이용만 하고 절대로 이용은 당하지 않는 사람입니다! 남을 무시만 하고 존경은 하지 않는 사람입니다! 아무리 독재를 하고 인권을 짓밟아도 경제만 발전시켜 주면 위대한 대통령이라고 존경하는 백성입니다! 돈 좀 벌면 엉덩이로 글씨를 쓰고 어깨로 그림을 그리고 다니는 사람입니다!

옛날 어떤 부자가 소크라테스에게 방대한 땅 자랑을 하였습니다. 참다못한 소크라테스가 세계 지도를 펴들고 '그 땅이 어디쯤 있느냐'고 물었습니다. 그러자 부자는 홍당무가 될 수밖에 없었다는 얘기입니다.

누가 인생을 얕게 사는 사람일까요? 새치기를 하는 사람입니다. 잘난 체를 하는 사람입니다. 제 잘난 맛에 사는 사람입니다. 아브라함같이 오직 믿음으로 사는 사람이 아니라 롯같이 신앙생활은 적당히 해 두고, 이권 다툼이나 자리다툼에 눈에 심지를 돋우는 사람입니다. 장난감을 들고 다니면서 자랑하는 사람입니다.

한번은 바벨론 왕 므로닥발라딘이 히스기야 왕에게 사신을 보낸 일이 있었습니다. 그때 히스기야 왕은 잔뜩 폼을 재느라고 비밀로 해 두어야 할 궁중의 보물창고뿐 아니라 무기고까지 개방하였습니다. 그 일 때문에 히스기야 왕은 재난을 자초하지 않았던가요(사 39:1~6)? 사도 바울의 자랑은 십자가밖에 없었습니다(갈 6:14).

누가 세상을 얕게 사는 사람일까요? 혼자 있으면 심심하다고 하는 사람입니다. 교회가 부흥하면 갑자기 개구리 소리를 내는 사람입니다. 쥐꼬리만 한 일을 하고 나서도 누가 알아주기를 바라는 사람입니다. 신문에 보도되기를 바라는 사람입니다. 기도만 많이 드리면 중언부언을 해도 신령하다고 생각하는 사람입니다! 교인 숫자만 많아지면 부흥했다고 생각하는 사람입니다.

사람들 대부분은 이 세상을 얕게 삽니다. 시대의 사조와 유행은 많은 사람이 바람 따라 물결 따라 몰려가는 길이기 때문에 얕을 수밖에 없습니다. 넓은 문으로 들어가는 사람들은 세상을 얕게 사는 사람들입니다(마 7:13). 남들같이 살고 남들같이 신앙생활을 하는 사람은 깊이가 있는 인생을 사는 사람이 아닙니다(롬 12:2). 예수님의 열두 제자가 화려하고 웅대한 예루살렘 성전과 그곳에 운집한 구름같이 많은 무리의 찬송 소리를 들으면서 감격을 금치 못할 때, 예수님께서는 하나님 백성의 타락을 슬퍼하지 않으셨던가요(마 24:1~2)?

2. 깊게 사는 사람들

"너희에게나 다른 사람에게나 판단 받는 것이 내게는 매우 작은 일이라 나도 나를 판단하지 아니하노니 내가 자책할 아무것도 깨닫지 못하나 이로 말미암아 의롭다 함을 얻지 못하노라 다만 나를 심판하실 이는 주시니라"(고전 4:3~4)

그러면 누가 깊게 사는 사람일까요? 본문 중에 나오는 사도 바울같이 사람들의 판단을 초월해서 사는 사람입니다. 칭찬을 들어도 하나님께만 듣고 상을 받아도 하나님께만 받으려는 사람입니다. 자기 이름을 신문지 상에도, 족보에도, 역사에도, 남기기를 원하지 않는 사람입니다. 자기의 이름이 하나님의 생명책에 기록된 것으로 만족하는 사람입니다(눅 10:20). 어린이들의 소꿉장난 터에서 임금님이 되기를 원치 않는 사람입니다!

한번은 토마스 아퀴나스Thomas Aquinas가 기도 중에 하나님의 음성을 들었습니다. "네가 원하는 것이 무엇이냐?" 토마스 아퀴나스가 대답했습니다. "주여! 당신뿐입니다! 당신 외에는 아무것도 바라는 것이 없습니다!"

옛날 중국에 허유라고 하는 도인이 있었습니다. 한번은 요 임금이 그분을 만나서 왕위를 물려주겠다고 제의했습니다. 그런데 그 말을 들은 허선생, 기뻐하기는커녕 그런 창피한 얘기를 들은 귀가 께름칙했던지 영천으로 내려가서 그 귀를 '싹싹' 씻어 버리고 다시는 그런 소리를 듣지 않겠다고 기산에 숨어 버리지 않았던가요?

예수님같이 무죄하시면서도 죄인 취급을 받으시고, 하나님께 충성을 다 하시면서도 신성모독 죄로 처형을 당하시고, 안식일을 가장 철저하게 지키시면서도 형식에 구애를 받지 않으셨기에 안식일 파괴자로 지탄을 받으시고, 만왕의 왕이시면서도 종의 종으로 천대를 받으시고, 무불통지하시면서도 학벌이 없어 무식꾼 취급을 받으신 예수님같이 사는 사람이 인생을 깊이 있게 사는 사람입니다.

너대니얼 호손Nathaniel Hawthorne의 『큰 바위 얼굴The Great Stone Face』 중에 나오는 어니스트Earnest같이 자기가 위대한 사람이면서도 그런 줄을 모른 채 위대한 사람이 되기를 바라고, 자기가 위대한 사람이면서도 위대한 사람이 나타나기를 기다리는 사람입니다. 모세같이 자기 얼굴에서 광채가 나는 줄도 모르는 사람입니다(출 34:29). 스스로 위대하다고 생각하는 사람이나, 스스로 천재라고 자부하는 사람이나, 스스로 믿음이 좋은 사람은 설익은 복숭아입니다.

그럼 이제부터는 어떤 사람이 참으로 깊이 있게 사는 사람인지를 세분해서 말씀드리도록 하겠습니다.

1) 외모에 치중하지 않는 사람입니다

"너희 단장은 머리를 꾸미고 금을 차고 아름다운 옷을 입는 외모로 하지 말고"(벧전 3:3)

물론 깊게 사는 사람도 세수도 하고, 목욕도 하고, 스킨로션도 바르고, 분도 바릅니다. 그러나 외모에 치중하지는 않습니다. 의복도 단정하고 맵시 있게 입습니다. 그러나 사치는 하지 않습니다. 그러나 현대는 정신문명의 시대가 아니라 물질문명의 시대입니다. 현대는 눈에 보이는 물질을 가지고 허세를 부리는 시대입니다. 수입이나, 주택이나, 재산이나, 승용차나, 장식품 같은 것을 가지고 허세를 부리는 시대입니다.

"너는 돈을 얼마나 가졌니?" "네가 타고 다니는 승용차가 뭐지?" "너, 월수입이 얼마나 되지?" 이런 것이 세상을 얕게 사는 사람들의 관심사입니다. 지금은 너나 할 것 없이 외모에 치중하는 시대입니다. 집 장사들은 블록 벽을 엉성하게 쌓아 올린 다음 그 위에 으리으리한 타일을 입힙니다. 집안에서는 비가 새도 현관의 샹들리에만은 호화찬란합니다.

일본에서 돌아온 변호사 형님이 동생 검사가 그때 돈 2천만 원을 들여 호화주택을 짓는 것을 보고 호통을 치셨습니다. "주제넘은 자식! 네 재산이 도대체 얼마나 되기에 이런 호화주택을 짓고 있는 거지?" 형님의 훈계는 계속되었습니다. "어머니께서 우리 형제에게 가르쳐 주신 것이 겨우 이런 것이었더냐! 도대체 네 월급이 얼마야? 그 적은 월급을 가지고 어디서 이렇게 큰돈을 챙겼어? 이 도둑놈아! 도둑질을 했으면 숨어 다니기라도 해야지! 얻다 대고 과시를 하는 거야!" 동생, "형님 죄송합니다!"

　도서관에 책을 1만 권도 갖추지 못한 대학이 눈이 부시도록 높은 고층 건물을 짓습니다. 그러면 교회는 어떨까요? 교회는 건물 자랑이나 시설물 자랑 같은 것은 하지 않을까요? 그런 자랑은 세상 사람들이나 하는 것일까요? 매머드 교회에 다니는 것을 무슨 명문 대학이라도 다니는 것같이 자랑스럽게 생각하는 날라리 교인들까지 있다고 합니다. 그러나 깊이 있게 사는 사람들은 성전 건물이나 교인 숫자 같은 것은 아랑곳하지도 않습니다!

　프랑스의 지성으로 명성을 떨친 볼테르Voltaire는 해골같이 깡마른 곰보였습니다. 그리고 그의 묘비에는 단지 "여기 볼테르가 누워있다"고만 새겨져 있었습니다. 학벌이나 직함 같은 것을 치켜들고 다니는 사람은 아직도 까마득한 송사리입니다.

　여기 또 다른 얘기가 있습니다.

　노벨 문학상 수상자인 러디어드 키플링Rudyard Kipling을 처음으로 만난 소녀는 참다못해 그만 웃음을 터뜨리고 말았습니다. "꼭 한번 만나 뵀으면 했는데 정말 너무 하세요!" 그래서 키플링이 "무슨 뜻이지?"라며 묻자, 소녀는 "선생님께서는 키가 큰 멋쟁이 신사인 줄 알았거든요! 정말 너무하세요!"라며 웃었다고 합니다.

　큰사람이란 외양만 보고 판단할 수가 없는 깊은 인격자입니다!

　허울 좋은 개살구란 말도 있지 않습니까? 공부를 못하는 학생일수록 모양을 내고 다닙니다. 그래서 교문을 나서면 바람이 든 처녀들이 "정말 멋있어요!" 하며 따릅니다. 한번은 경찰관에게 끌려가는 사기꾼을 보고 어떤 처녀가 너무도 놀라서 "어마나!" 하고 그만 감탄사를 토하고 말았습니다. "왜 그러지?" 의아해하며 묻자, "너무도 멋쟁이 신사잖아요!" 했답니다.

　그런데도 세상은 외양만 보고 사람을 판단합니다(약 2:1). 악성 베토벤도 키가 4자 5치밖에 되지 않는 데다 남달리 큰 머리통과 남달리 큰 어깨 때문에 그야말로 볼품이 별로 없었다고 합니다. 사도 바울도 두 다리가 좀 구부러져 있어 엉성한 사나이였다고 합니다. 큰사람은 겉만 보고서는 알 수 없는 신비한 존재입니다. 사람은 사회적인 지위만 보고 판단할 수 있는 일회용 상품이 아닙니다. 외양만 꾸미는 날라리들이 얼핏 보기에는 속을 단장하는 위인들보다 훨씬 더 위대해 보이고 신앙의 형식에 열중하는 위선자들이 참선지자들보다 훨씬 신령해 보이기는 합니다.

그럼 얘기 하나 하겠습니다.

어떤 효자가 어머니의 초상화를 오래오래 간직하고 싶었습니다. 그래서 화가에게 부탁하였습니다. 화가는 멋진 초상화를 그려서 그 아들을 만족하게 해 주고 싶었습니다. 그래서 늙은 어머니의 얼굴에서 주름살을 제거해 버린 다음 아주 아름다운 여인상을 완성해서 아들에게 건네주었습니다. 아들이 크게 만족할 것이라고 기대를 하면서……. 그러나 반응은 너무나도 뜻밖이었습니다. "이건 우리 어머니가 아닌데요? 주름살이 있는 그대로의 어머니를 그려 주십시오! 나는 어머니의 얼굴에 있는 주름살을 보면서 그 은혜를 기억하고 싶습니다!" 아들은 어머님의 미모가 아니라 어머님의 인격(의 아름다움)을 간직해 두고 싶었던 것입니다!

백발의 노인을 보고 "처녀같이 예쁘시네요!" 하시다니요? 세상에 그런 실례가 또 어디 있겠습니까? 그런데 그런 말을 듣고 '한턱' 내시겠다고요?

2) 깊이 생각하는 사람입니다

"여호와여 주께서 행하신 일이 어찌 그리 크신지요 주의 생각이 매우 깊으시니이다"(시 92:5)

그러면 누가 깊은 생각을 하며 사는 사람일까요? 세상 사람들같이 생각하지 않고 하나님같이 생각하며 사는 사람입니다. 똑같은 일을 해도 세상 사람들과는 다른 생각을 가지고 하는 사람입니다. 평범한 일을 해도 깊은 생각을 가지고 하는 사람입니다!

현대는 눈과 귀는 물론 사지와 엉덩이까지 쉴 새 없이 움직여야 하는 시대입니다. 그래서 깊은 생각을 하면서 살기가 어렵습니다. 생각해야 할 일이 눈앞에 너무 많아서 인생 자체를 깊이 생각하기는 어렵습니다. 그래서 현대인들은 모든 일을 사업적으로나 생각하고 사무적으로나 처리하고 사교적으로나 해결해 버립니다.

현대인들은 눈앞에 있는 당면한 문제에 골몰한 나머지 하나님의 존재도 의식하지 못합니다. 현대인들에게는 하루에 30분은 그만두고 단 10분도 사색에 잠길 시간적인 여유가 없습니다. 마음의 여유도 없습니다. 그러니 어떻게 깊은 인생을 살 수 있겠습니까? 옛날 석가여래 선생님께서는 37일 동안을 꼼짝도 하지 않고 단좌명상端坐瞑想을 계속하셨다고 하는데……

언젠가는 헤겔이 한 짝 신발만 신고 학교에 출근하였더랍니다. 그 정도로 그는 깊은 명상에 잠겨 있었던 것입니다. 다음은 그의 강의 시간에 있었던 이야기입니다. 헤겔의 강의가 끝나자 수제자가 물었습니다.

"도무지 무슨 뜻인지 알 수가 없습니다!"

"결국 내 철학을 아는 사람은 나 한 사람밖에 없구먼!"

깊은 명상에서만 깊은 생각도 나오고, 깊은 생각에서만 깊은 인격도 나오고, 깊은 생활도 나옵니다! 어린이들은 오랫동안 조용히 앉아서 깊은 생각에 잠길 수가 없습니다. 동물도 깊은 사색에 잠길 수가 없습니다. 어린이들에게 가만히 앉아 있으라고 하는 것은 죽으라고 하는 것이나 다름이 없습니다. 깊은 사색은 성숙한 인간만의 특권입니다! 그런데 사람은 깊은 데서만 하나님을 만날 수 있습니다. 물고기도 큰 것은 깊은 데 삽니다. 현대인들이 하나님을 떠나는 까닭은 깊은 생각을 하지 않기 때문입니다. 얕은 생각밖에 하지 못하는 어린이나 동물에게는 종교가 없습니다!

그럼 얘기 하나 더 하겠습니다.

Y 대학교의 K 교수님께서는 운동권 교수로 낙인이 찍혀 교단을 떠날 수밖에 없었습니다. 그런데 후에는 세상이 바뀌어 복직 요청을 받으셨습니다. 그때 K 교수님께서는 깊이 생각해 보셨습니다. '지금 교수 자리를 기다리고 있는 후배들과 제자들이 얼마나 많은가!' 그래서 K 교수님께서는 복직을 사양하셨습니다. 그런데 그 때문에 유명해져서 K 교수님께서는 모 대학교의 총장으로 추대를 받아 가셨습니다. 그런데 정말 큰사람에게는 직업이 없습니다. 베드로에게 직업이 있었을까요? 바울에게 직장이 있었을까요? 간디의 제자인 네루는 수상이 될 수 있어도 간디는 영원히 수상이 될 수 없을 것입니다!

3) 시세를 따라서 살지 않는 사람입니다

> "베드로와 요한이 대답하여 이르되 하나님 앞에서 너희의 말을 듣는 것이 하나님의 말씀을 듣는 것보다 옳은가 판단하라 우리는 보고 들은 것을 말하지 아니할 수 없다 하니"(행 4:19~20)

깊게 사는 사람은 유행 따라 물결 따라 살지 않는 사람입니다. 멀리 보고 사는 사람입니다. 믿음으로 사는 사람입니다. 시대의 물결을 거슬러 올라가는 사람입니다. 눈앞의 이익과 성공을 추구하지 않는 사람입니다.

깊게 사는 사람은 닭을 쫓는 개같이 사는 사람이 아닙니다. 신념과 깊은 생각을 가지고 사는 사람입니다. 먼로Marilyn Monroe가 맘보바지를 입고 스크린에 나타나면 너도나도 맘보바지를 입고 대문을 나서고, 오드리 헵번Audrey Hepburn이 쇼트커트를 하고 무대 위에 오르면 모두 쇼트커트를 하고 백화점에 나타나고, 영국 처녀들이 미니스커트를 입고 거리로 나오면 너도나도 미니스커트를 입고 넓적다리 쇼를 하고, 롱비치에서 미녀들이 수영복 차림으로 행진하면 너도나도 비키니 차림으로 해변에 벌렁벌렁 드러눕고……. 이런 사람들은 인생을 깊이 있게 사는 사람이 아닙니다.

다음으로 깊게 사는 사람은 자신의 이익을 추구하지 아니하고 진리를 따라서 행동하는 사람입니다. 무엇이 되는 것도 위대하지만, 그러나 무엇이 되지 않는 것은 그보다 더 위대합니다. 참으로 위대한 사람은 세상이 용납할 수 없는 사람입니다(요 1:10~11).

다음은 흑인에 대한 백인의 집단 폭행이 성행할 때 있던 얘기입니다.

어느 날 흑인 한 사람이 백인의 집 뜰 안으로 급히 폭동을 피해서 들어갔습니다. 도망치는 그 흑인의 가슴에는 어린아이가 안겨 있었습니다. 그 어린아이는 공포에 질려 흑인 노인의 목에 매달려 있었습니다. 그런데 그 장면을 보고 있던 백인이 흑인과 그 아이를 자기 집 창고에 재빨리 숨겨주었습니다. 그런데 뜻밖에도 그 백인은 흑인을 혐오하는 KKK 단원이었습니다. 어찌 된 일이었을까요? 백인 아이가 자기 아버지에게 물었습니다. "어떻게 된 거예요? 아버지는 백인우월주의자이잖아요! 더군다나 그런 짓을 하시면 어떤 위험이 닥쳐올는지도 모르는데……?" 그러자 아버지께서는, "그 흑인 노인이 우리 집안으로 도망쳐 들어올 때, 나는 그 노인이 발을 옮길 때마다 '주여! 우리를 구원해 주시옵소서!' 하며 기도를 드리는 소리를 들었단다! 그 순간 나는 깨달았다. 하나님께서 그 가엾은 흑인 부자의 기도에 응답하시기 위해서는 내가 어떤 행동을 취해야 할 것을 말이다!"

깊게 사는 사람은 누구일까요? 이해관계를 초월해서 양심의 소리에 따라서 사는 사람입니다!

4) 무명의 사람입니다

"무명한 자 같으나 유명한 자요 죽은 자 같으나 보라 우리가 살아 있고 징계를 받는 자 같으나 죽임을 당하지 아니하고 근심하는 자 같으나 항상 기뻐하고 가난한 자 같으나 많은 사람을 부요하게 하고 아무것도 없는 자 같으나 모든 것을 가진 자로다"(고후 6:9~10)

깊게 사는 사람은 알 수 없는 사람입니다. 숨은 사람입니다! 위대하면서도 자기 자신은 그 사실을 모르고, 똑똑하면서도 자기 자신은 그 사실을 모르고, 좋은 일을 하면서도 자기 자신은 그 사실을 모르고, 신령하면서도 자기 자신은 그 사실을 모르고 사는 사람입니다! 누구든지 자기가 위대한 줄로 알면 벌써 위대한 사람이 아닙니다! 숨은 사람이 누구일까요? 앞장을 설 수 있는데도, 뒤를 따르는 사람이며 지배자가 될 수 있는데도 섬기는 사람입니다. 부자가 될 수 있는데도 이웃을 위해 청빈의 길을 가는 사람입니다!

자연과학의 시조인 탈레스Thales는 너무 가난해서 사람들에게 조롱을 받기까지 하였습니다. 그런데 한번은 그가 천문학 지식을 이용해서 다음 해에는 올리브 풍년이 올 것을 예상하고 밀레토스 일대의 기름틀을 모두 사들였습니다. 그렇게 해서 큰돈을 벌어들였습니다. 그런데도 그는 또다시 과거의 청빈으로 돌아가 버리고 말았습니다. 그러나 이젠 그의 청빈생활을 존경하는 사람은 있어도 그의 가난을 업신여기는 사람은 자취를 감추고 말았다는 얘기입니다.

그러면 얕게 사는 사람이란 누구일까요? 부자가 될 수 있어서 부자가 된 사람입니다. 제왕이 될 수 있어서 제왕이 된 나폴레옹 같은 사람입니다. 그러나 제왕이 될 수 있는데도 더 큰 일을 위해 제왕의 자리를 버리고 탁발승이 된 석가모니 같은 사람은 깊게 산 사람입니다. 교황이 될 수 있어서 교황이 된 보니페우스 같은 사람은 얕게 산 사람입니다. 그러나 교황이 될 수 있는데도 더 큰 일을 위해 탁발승이 된 프란시스 같은 사람은 깊게 산 사람입니다. 수상이 될 수 있었는데도 만년 실업자로 만족한 간디옹 같은 사람도 깊게 산 사람입니다.

그러나 세상에 알려지지만 않는다고 누구나 숨은 사람이 될 수 있는 것은 아닙니다. 금은보화는 숨어 있을수록 귀하지만, 그러나 어찌 돌멩이가 땅속 깊이 숨어 있다고 보물이 될 수 있겠습니까? 하여간 무엇이든지 깊은 것은 숨겨져 있습니다! 무엇이든지 바닥이 드러나 보이는 것은 깊은 것이 아닙니다. 믿음이 좋아서 믿음이 좋아 보이는 믿음도 깊은 믿음은 아닙니다. 잘하는 것같이 보이는 기도도 잘하는 기도가 아닙니다. 바리새교인들이 그런 기도를 드렸습니다. 이에 반해 예수님께서는 어찌하여 당신과 당신의 제자들은 기도를 드리지 않느냐는 힐문까지 받으셨습니다(마 9:14).

스스로 잘났다고 생각하는 사람이나 대중 앞에서 잘난 것같이 보이는 사람도 잘난 사람이 아닙니다. 무엇이든지 깊은 것은 비밀입니다! 무엇이든지 귀한 것은 숨겨져 있습니다! 화가 나기 때문에 화를 내는 사람은 얕은 사람이고 화가 나는데도 웃는 사람은 깊은 사람입니다. 걱정되기 때문에 걱정하는 사람은 얕은 사람이고 하늘이 무너져도 천하태평인 사람은 깊은 사람입니다! 미워해야 할 사람을 사랑으로 대하는 사람도 깊은 사람입니다. 미움을 억누르고 사랑하는 것과 위선은 다릅니다. 예절과 위선도 다릅니다.

겉으로 보기에는 예절이나 위선이나 별로 다를 것이 없는 것 같겠지만, 그러나 속은 판판입니다. 예절은 부족한 선이고 위선은 악을 은폐하기 위해서 가장하는 또 하나의 악입니다. 예절은 남을 배려하는 진실에서 나오지만, 그러나 위선은 자기만을 생각하는 거짓에서 나옵니다. 예절과 위선의 차이는 선과 악의 차이이며 진실과 거짓의 차이입니다.

바보같이 보이는 똑똑이가 깊은 똑똑이이고 속된 것같이 보이는 신령이 깊은 신령입니다! 예수님의 안식일 준수는 안식일 파괴같이 보였습니다. 이 세상에서는 값싼 것이 더 비싸게 팔립니다. 가짜가 더 비싸게 팔립니다. 얕은 것이 인기입니다! 신앙생활도 얕은 것이 호경기입니다! 노래도 클래식 음악보다는 유행가가 더 인기입니다! 깊은 것은 언제나 인기가 없습니다. 그런데도 깊은 것이 진짜입니다!

유명한 파이프 오르간이 있는 프라이부르크 성당에 어떤 거지 같은 사람 하나가 찾아와서 그 오르간을 한번 연주해 보게 해 달라고 사정을 하였습니다. 성전지기가 아래위를 훑어보니 그럴 만한 위인이 아니어서 일언

지하에 거절해 버리고 말았습니다. 그런데도 그 사람은 물러서지 않고 집요하게 사정을 하였습니다. 그러다가 결국은 그 사람이 그 유명한 오르간을 타고 올라앉았습니다. 동시에 손가락이 요정같이 움직이면서 건반 위를 날아다니기 시작했습니다. 신묘한 음악이 성당 안을 가득 채웠습니다. 그 소리는 마치 하늘에서 흘러내려 오는 소리 같고 땅에서 솟아 나오는 소리 같았습니다. 그래서 정신이 오락가락하던 성전지기가 마침내 정신을 차리고 물었습니다.

"도대체 당신은 누구십니까?"

그러자 그 거지 같은 사람이 대답하였습니다.

"저요? 저는 멘델스존입니다."

"예?"

언제나 그럴듯하지 않은 사람이 그 사람입니다. 그럴듯하게 보이는 사람이 그 사람이 아닙니다! 왜냐고요? 무엇이든지 귀한 것은 숨겨져 있기 때문입니다!

정말 잘난 사람은 잘난 체하지 않습니다. 왜냐고요? 잘난 체할 필요가 없기 때문이지요. 그러나 잘나지 못한 사람은 잘난 체를 할 수밖에 없습니다. 그래서 잘난 것같이 보이는 사람은 잘난 사람이 아니라고 하는 것이 아니겠습니까? 물건이 날개 돋친 듯이 팔리고 고객이 물밀 듯이 몰려오는 판국에 무엇이 부족해서 넝마 장사같이 목청을 돋우어 가며 물건 자랑을 하겠습니까? 위대한 사람은 도무지 위대한 것 같지 않습니다. 소문난 잔치 먹을 것이 없다고 합니다. 성공한 것같이 보인다고 성공한 것도 아니고 잘사는 것같이 보인다고 잘사는 것도 아닙니다! 숨어 있는 것과 속에 있는 것이 좋아야 참으로 좋은 것입니다!

남 보기에는 화려하기만 하던 할리우드의 여배우가 죽을 때는 이런 고백을 했다고 합니다. "나는 평생 견딜 수 없으리만큼 고독했습니다!" 그 많은 팬은 어떡하고요? 유럽의 유명한 무용가이던 이사도라 덩컨Isadora Duncan도 이런 고백을 하였습니다. "이제껏 참으로 평안한 날은 단 하루도 없었습니다!"

남 보기에는 그렇게도 멋지고, 매일같이 무대 위에서 춤만 추고 박수갈채만 받던 세기적인 무희도 마음속 깊은 곳에서는 눈물을 흘리고 있었던 것입니다. 입고 있는 옷이나 살고 있는 집이 좋다고, 학벌이 좋고 지위가 높다고, 잘살고 있는 것도 아닙니다. 머릿속에 있는 것과 마음속에 있는 것과 몸속에 있는 것이 좋아야 참으로 잘사는 것입니다! 육체(의 포장) 속에 있는 것만이 참으로 내 재산입니다! 마음속에 있는 것만이 참으로 내 재산입니다! 사람을 볼 줄 아는 사람이란 그 사람에게 붙어있는 의복이나 재산이나 학벌이나 사회적인 지위 같은 것을 볼 줄 아는 사람이 아니라, 그 사람 자신을, 속사람을 볼 줄 아는 사람입니다!

철학자 칸트Immanuel Kant는 왜소한 체구에 약간 꼽추여서 외모는 아무것도 볼 것이 없었다고 합니다. 그런데 보이지 않는 숨은 보화를 가지고 있었으니 그의 임종어는 "좋군!Es ist gut!"이였습니다. "좋다! 좋다!" 속이 좋아야 참으로 좋은 것입니다!

다시 한 번 말씀 드리거니와 무엇이든지 참으로 위대한 것은 숨겨져 있습니다. 악한 것도 참으로 악한 것은 숨겨져 있고 선한 것도 참으로 선한 것은 숨겨져 있습니다!

사람들에게 발각돼서 처벌을 받는 죄는 경량급의 죄입니다! 같은 이치로 많은 사람에게 알려져서 표창장이나 훈장 같은 것을 받는 선행 또한 경량급의 선행입니다! 범죄도 중량급은 숨겨져 있습니다. 막강한 권력 속에 숨겨져 있기도 하고 방대한 조직 속에 잠복해 있기도 하며 신령한 종교 속에 매복해 있기도 합니다! 모택동이가 쇠고랑을 찼습니까? 스탈린이 재판을 받았습니까? 김일성이가 감옥살이를 했습니까?

악한 사람만큼 착하게 보이는 사람도 없습니다. 악한 사람만큼 악한 사람같이 보이기 싫은 사람도 없을 것입니다! 믿지 못할 사람이라는 비난을 들을 때 가장 기분 나빠하는 사람은 믿지 못할 사람입니다. 그런 말을 듣고 펄펄 뛰는 사람은 사기꾼입니다! 거짓 선지자들일수록 신령한 체를 합니다. 도박꾼들의 명함에는 으레 ○○○ 여사라는 존함이 기록되어 있고 창녀들의 가슴에는 으레 여대생의 배지가 달려 있습니다. 가장 교만한 사람이 가장 겸손한 체를 하고 수전노들이 더 큼직한 이익과 명예를 얻기 위해서 봉사부대의 선봉에 서기도 합니다!

믿음이 없는 사람이 믿음 좋은 체를 합니다. 사람들이 보는 앞에서 가장 신령한 기도를 드립니다. 바리새교인들같이 자리를 옮겨 다니면서 구제사업도 합니다. 그리고 사람들은 가장 똑똑한 체를 하면서 속아 넘어갑니다. 바리새교인들은 성경공부에 불을 뿜었습니다. 그리고 그들은 하나같이 가장 신령한 하나님의 종이라는 호칭을 얻었습니다. 그들의 기도는 연막용 기도요 광고용 기도였지만 사실을 아는 사람은 없었습니다. 그들의 선행은 낚싯밥에 불과했지만 그 사실을 아는 사람도 없었습니다.

그럼 여기서 한번 묻겠습니다. 거짓 선지자가 거짓 선지자로 판명이 나면 어떻게 목회에 성공할 수 있겠습니까? 그리고 손해를 봐 가면서 일부러 믿음 좋은 체를 하는 사람이 어디 있겠습니까(마 6:16)?

사람들은 권력의 제복을 입은 범법자들이나 종교의 가운을 입은 범죄자들을 알아보지 못합니다. 그래서 부러워하기도 하고 존경하기도 합니다. 선행도 중량급은 숨겨져 있습니다. 그래서 백부장의 경량급 선행은 칭송을 받을 수 있었지만, 그러나 예수님의 초 메가톤급 선행은 십자가에 못이 박힐 수밖에 없었습니다.

신앙생활과 기도생활 역시 그렇습니다! 거기서도 넝마장사가 제일 많이 떠들고 만병통치약장사가 설교는 제일 잘합니다!

하여간 숨은 죄가 더 무섭고 숨은 선행이 더 위대합니다. 선행도, 범죄도, 일단 백일하에 드러나면 효력을 잃고 맙니다. 그래서 범죄자들은 죄가 드러날까 봐 두려워하고 이와는 반대로 의인들은 선행이 드러날까 봐 두려워하는 것이 아니겠습니까? 선행을 자랑하고 다니는 사람은 보화를 길바닥에 쏟아 버리는 맹탕입니다.

숨은 사람은 비밀을 가진 사람입니다. 사람들에게 인정받지 못한 업적과 세상에서 인정받지 못하는 인격을 가진 사람입니다. 깊이 사는 사람은 세상에서는 자기 몫을 챙겨 갖지 못하는 사람입니다. 이 세상에서 받을 것 다 받아먹고 자랑할 것 다 자랑해 버린 사람은 물 위에 떠돌아다니는 널빤지입니다.

어떤 부인께서는 자기 남편이 일제 치하의 명문 중학교에서 단 한 번도 수석을 양보하지 않은 사실을 20년을 같이 살면서도 까맣게 모르고 있었습니다. 뿌리가 깊숙이 숨어 있어야 거목으로 자라날 수 있습니다. 뿌리가 발딱 드러나는 날은 말라 죽는 날입니다!

5) 낮은 자리에 있으면서도 높은 자리에 있는 사람들보다도 더 당당하고 가난하면서도 부자들보다 더 잘사는 사람입니다

"그러나 무엇이든지 내게 유익하던 것을 내가 그리스도를 위하여 다 해로 여길뿐더러 또한 모든 것을 해로 여김은 내 주 그리스도 예수를 아는 지식이 가장 고상하기 때문이라 내가 그를 위하여 모든 것을 잃어버리고 배설물로 여김은 그리스도를 얻고"(빌 3:7~8)

제왕이 아니면서도 제왕보다도 더 큰 긍지를 가지고 사는 사람입니다! 지위가 높아지면 목에 힘이 생기고 지위가 낮아지면 콧대가 납작해지는 사람은, 칭찬을 들으면 신바람이 났다가도 비난을 들으면 금방 울상이 되는 사람은, 소품이요 속물입니다. 대통령과 독대 한번 한 것을 영혼이 구원받은 일보다 더 자랑스럽게 생각하는 사람은 죽통입니다. 그런 사람이 어떻게 정신계의 지도자가 될 수 있겠습니까? 우마같이 떼를 지어 끌려가서 대통령의 조찬 기도회에 한번 참석한 것을 영광으로 아는 밥통들이여! 그런 그대가 어떻게 하나님의 종일 수 있단 말입니까! 무척 바쁘시다면서 어떻게 한가하게 그런 시간을 낼 수 있으셨습니까?

아브라함은 소돔 왕이 진상하는 많은 재물을 받지 않았고, 선지자 엘리사는 나아만 장군이 사례하는 금은보화도 사양하였습니다. 어떻게 이런 사람들이 소돔 왕이나 나아만 장군 같은 사람들을 부러워하였겠습니까? 이 사람들은 세상이야 인정해 주든 말든 임금님보다 더 높고 재벌보다 더 부유하게 세상을 산 사람들입니다. 죽어도 부자는 되기는 싫은 사람이 어떻게 부자를 우러러보거나 부러워할 수 있습니까?

일본의 나쓰메 소세끼는 노벨 문학상을 거절함으로 노벨상을 받은 사람들보다 더 크게 존경을 받았고, 스탠리 존스는 감독직을 세 번씩이나 거절함으로 감독이 된 사람들보다도 더 위대할 수 있지 않았던가요? 이런 사람들이 숨은 사람들입니다. 옛날의 암행어사들은 평복차림으로 암행을 하다가 억울하게 매를 맞고 까닭 없이 천대를 받는 일이 비일비재했다고 합니다.

그러나 그렇다고 암행어사들이 비굴해지거나 납작해졌을까요? 아닙니다! 암행어사들의 가슴속 깊은 곳에는 마패가 숨겨져 있기 때문입니다! 그러면 깊은 인생을 사는 성도란 어떤 사람일까요? 가슴속 깊은 곳에 성령의 마패(증거)를 숨기고 사는 하늘의 암행어사들입니다(고후 1:22; 4:17). "통쾌! 통쾌!" 아파 죽겠는데도 좋아서 죽을 지경인 신앙인의 체험! 이 맛을 알고서야 참그리스도인이라 할 수 있을 것입니다!

통닭집에서 목이 비틀릴 차례를 기다리고 있으면서도 모이를 주워 먹는 재미에 세월 가는 줄 모르는 수탉이나(암탉은 알을 낳으라고 죽이지 않고 남겨 둠) 사형 집행의 날이 임박해 오고 있는데도 성공의 축배를 들면서 콧대가 높아지기만 하는 사람은 인생을 깊이 사는 것이 아닙니다.

세월이 20세~30세 사이는 아다지오Adagio로 가고, 30세~40세 사이는 알레그로Allegro로 가고, 40세~50세 사이는 프레스토Presto로 가고, 50세~60세 사이에는 뛰어가고, 60세~70세 사이는 아예 날아간다고 합니다. 그러니 어떻게 하시겠습니까? 깊은 인생을 사시기 바랍니다!

공자도 14년 동안 현명한 군주를 찾아다녔지만, 고용해 주는 사람 하나 없었고 마침내는 사랑하는 제자 안회까지 잃은 다음에는 고독한 세월을 살 수밖에 없었습니다. 그렇다고 어찌 공자님이 비굴해지거나 불쌍해지셨겠습니까?

3. 모든 비밀이 드러나는 날

"또 내가 보니 죽은 자들이 큰 자나 작은 자나 그 보좌 앞에 서 있는데 책들이 펴 있고 또 다른 책이 펴졌으니 곧 생명책이라 죽은 자들이 자기 행위를 따라 책들에 기록된 대로 심판을 받으니 바다가 그 가운데에서 죽은 자들을 내주고 또 사망과 음부도 그 가운데에서 죽은 자들을 내주매 각 사람이 자기의 행위대로 심판을 받고"(계 20:12~13)

아직도 이 세상은 숨겨져 있는 것들과 숨기고 있는 것들이 많은 요지경 속입니다. 못난 사람들이 잘난 체를 하기도 하고 잘난 사람들이 등신 취급을 받기도 하는 요지경 속입니다. 그러나 마침내는 모든 것이 홀딱 벗겨질 날이 올 것입니다!

어떤 어린이가 길바닥에서 철사토막 하나를 발견하고 사방을 두리번거리며 살펴보았습니다. 그리고 아무도 없는 것을 확인하고는 철사토막 하나를 움켜쥐고 달아났습니다. 그때, 어디선가 "이놈!" 하는 소리가 들려왔습니다. 겁에 질린 어린이의 귀에는 "이놈!" 하는 소리가 천둥소리만큼이나 컸습니다. 어린이는 '멈칫!' 하고 섰습니다. 아무리 사방을 살펴봤지만 아무것도 눈에 띄지 않았습니다. 그래서 어린이는 또다시 달리기 시작했습니다. "이놈!" 또다시 그놈의 "이놈!" 소리가 들려왔습니다. 그래서 이번에는 머리 위를 올려다보았습니다. 그랬더니 전주 꼭대기에서 전기 기사 한 사람이 자기를 내려다보고 있는 것이 아닙니까? 그와 같이 하나님께서는 우리의 모든 비밀을 지켜보고 계십니다!

이 세상에는 상 받을 일을 하고서도 벌을 받고 이와는 반대로 벌 받을 일을 하고서도 상을 받는 사람들이 많습니다. 이 세상에는 너무나도 많은 죄인이 벌을 받지 않은 채로 숨겨져 있고 너무나도 많은 선행이 상을 받지 못한 채로 숨겨져 있습니다. 최후 심판의 날만 기다리고 있습니다. 그러나 그날이 오면 모든 일이 백일하에 드러나 심판을 받을 것입니다! 그날이야말로 그 말 그대로 '스릴, 서스펜스' 만점의 날입니다. 기대하시기 바랍니다!

"땅의 임금들과 왕족들과 장군들과 부자들과 강한 자들과 모든 종과 자유인이 굴과 산들의 바위틈에 숨어 산들과 바위에게 말하되 우리 위에 떨어져 보좌에 앉으신 이의 얼굴에서와 그 어린양의 진노에서 우리를 가리라"(계 6:15~16).

모든 가면이 홀딱 홀딱 벗겨질 때, 얼마나 창피하면 그 높으신 어른들이 산과 바위들을 보고 자기들 위에 떨어져 부끄러움을 숨겨달라고 하겠습니까? 그날이야말로 모든 것이 속속들이 폭로되는 날입니다! 더는 비밀이 있을 수 없습니다.

예전에 레슬링 경기에서 김일 선수가 상대방의 가면을 '홀딱' 벗겨 버릴 때 창피해하던 그 사람의 참혹한 꼴이란! 어느 추운 겨울날 내가 길을 재촉하고 있는데 반대편에서 오던 숙녀님의 가발이 지나가던 강풍에 '홀딱' 벗겨져 버렸는데…… 그때 그 숙녀님의 꼴사나운 모습이란……? 그런데 그날이 오면 모든 가발과 가면이 홀딱 벗겨질 것입니다(마 10:26)! 이와는 반대로 그날은 선을 행하고서도 핍박으로 대접을 받은 의인들의 참모습이 백일하에 드러나는 날이기도 합니다(마 6:5).

6 · 25동란 때의 일입니다. 박 집사님의 외동딸은 너무도 깨끗하고 예뻤습니다. 그래서 박 집사님께서는 예쁜 얼굴 때문에 귀여운 딸이 봉변이라도 당하면 어쩌나 해서 피난길을 떠나면서 그 흰 얼굴에 검정 칠을 하고 몸에는 누더기를 입혀서 그 예쁜 딸을 거지같이 만들어 버렸습니다. 그 정도면 아무리 노총각이라도 거들떠보지도 않을 것 같았습니다. 그런데 몇 달 후, 서울이 수복되어 집으로 돌아온 딸은 목욕하고 머리를 감았습니다.

더러운 것을 말쑥이 씻어 냈습니다. 그러자 더럽기 짝이 없던 딸이 또다시 백옥같이 흰 처녀로 변해 버렸습니다.

그와 같이 그날이 오면 주님의 이름으로 죄수복을 입은 바울이나, 의를 위해서 목이 잘려나간 세계 요한이나, 믿음을 위해 원형극장에서 사지가 찢어진 성도들의 몸이 빛나는 영체로 변화를 받을 것입니다(고전 15:51~52)! 이것이 복음이 말하는 비밀입니다(전 12:14)!

결론적으로 말씀드리겠습니다. 깊은 곳이 가장 안전한 곳입니다. 최고의 귀중품은 언제나 가장 깊은 곳에 숨겨져 있습니다. 하나님께서는 하솔 거민들에게 도망가서 깊은 데 거하라고 하셨습니다(렘 49:30). 건축물도 깊은 곳에 기초가 서 있어야 안전합니다! 물질문명도 깊은 정신문명의 기초 위에 서 있어야 견고합니다. 그렇지 않으면 (바벨탑같이) 아무리 눈이 부셔도 붕괴를 면할 수 없을 것입니다.

아무리 흉흉한 바다도 깊은 곳에는 평온이 있습니다. 깊은 곳만이 안전한 곳입니다! 깊은 곳은 전시에 피신처로도 사용됩니다. 깊은 곳에 거하는 사람만이 세상의 유혹에도 빠지지 않고 마귀의 시험에도 들지 않을 수 있을 것입니다! 깊은 곳에 거하는 사람은 근심하지도 않고 실망하지도 않습니다! 행복도 깊은 데 거하는 사람들의 몫이고 구원도 깊은 데 거하는 사람들의 몫입니다!

깊은 곳이 좋은 곳입니다! 그러면 이 세상에서 가장 깊은 곳은 어디일까요? 하나님의 품 안입니다! 예수님의 십자가 밑입니다! 예수님의 십자가 안에 거하는 사람들에게는 죽음도 없고 심판도 없습니다. 얕은 곳에 거하는 사람들에게는 기분 나쁜 일도 많고 골치 아픈 일도 많지만 깊은 데 거하는 사람들에게는 어떤 문제도 문제가 되지 않습니다.

신앙의 현장은 일확천금을 버는 도박판도 아니고 당장 이 땅에서 백배를 거두는 노다지판도 아닙니다. 교육도 백년대계이고, 나무도 심으면 백년 앞을 내다보아야 한다고 합니다. 하물며 하나님을 상대로 하는 종교이겠습니까? 참된 삶은 깊은 곳에 있습니다!

데오드르 더 베자Theodore de Beza란 사람은 원래 독실한 크리스천이었지만 세상에 나가서 성공의 맛을 한번 보자 신앙을 헌신짝같이 버리고 말았습니다. 그러나 아무리 성공한 사람도 결국은 죽을 수밖에 없습니다. 그래서 베자도 중병에 걸려 죽음의 골짜기를 쫓겨 다니다가 결국은 하나님의 깊은 품 안으로 다시 돌아와 눈을 감았다고 합니다. 깊은 곳은 하나님이 계시는 곳입니다!

쇼팽이 예수님의 십자가에 입을 맞추고 또 맞추면서 사도신경을 암송하고 있었습니다. 임종시간이 가까이 다가오고 있었습니다. 그는 조용히 그의 임종을 지켜보고 있는 (성직자인) 친구에게 말했습니다. "이제 나는 참된 평안함이 있는 곳으로 가네!" 쇼팽은 하나님의 은밀한 곳으로 피신하였습니다!

한번은 집을 짓고 뜰에 우물을 판 일이 있었습니다. 그러자 시원한 물이 콸콸 솟아 나왔습니다. 수돗물이 들어오기 전의 얘기입니다. 그러나 이웃집에서 우리 집보다 더 깊은 곳에 펌프를 묻고 물을 퍼내기 시작하자 우리 집 펌프에서는 물이 한 방울도 나오지 않았습니다. 그래서 나는 42척을 더 파 내려간 다음에 펌프를 더 깊이 묻었습니다. 그랬더니 이번에는 전보다 더 시원한 물이 콸콸 솟아 나왔습니다. 그러자 이웃집은 별수 없이 우리 집 물을 퍼마시기 시작했습니다. 깊은 곳이 좋은 곳입니다. 깊을수록 좋습니다. 깊은 곳이 명당입니다! 신앙도 깊이 들어가야 진짜를 마실 수 있습니다!

"말씀을 마치시고 시몬에게 이르시되 깊은 데로 가서 그물을 내려 고기를 잡으라"(눅 5:4)

죄의 자초지종

"내가 노략한 물건 중에 시날 산의 아름다운 외투 한 벌과 은 이백 세겔과 그 무게가 오십 세겔 되는 금덩이 하나를 보고 탐내어 가졌나이다 보소서 이제 그 물건들을 내 장막 가운데 땅속에 감추었는데 은은 그 밑에 있나이다 하더라"(여호수아 7:21)

죄의 자초지종

죄의 구멍을 더 깊이 팔 수 없었던 것이 한이 되었습니다. 한밤중 여리고 성의 폐허 위를 괴괴한 침묵이 덮고 있었습니다. 그날은 달님도 얼굴을 나타내지 않았습니다. 쓰러진 바알 신전의 기둥들과 무너진 부자들의 저택과 빈자들의 오두막이 앙상하게 쭈그리고 앉아 있었습니다.

지난 며칠 동안 여호수아 군단은 여리고 성 주변을 매일 한 번씩 침묵 속에 돌았습니다. 법궤를 앞세우고 제사장들은 나팔을 불어대면서……. 일곱 번째가 되는 날에는 일곱 번 돌았습니다. 일곱 번째의 회전이 끝날 무렵 나팔 소리와 함께 돌연 침묵이 돌격의 고함으로 변했습니다. 동시에 여리고 성이 맥없이 주저앉았습니다. 그다음에 남은 것은 폐허뿐이었습니다.

그날 밤 무너진 성벽 밖에는 여호수아 군단이 진을 치고 있었습니다. 각 지파의 천막이 각 지파의 깃발을 휘날리며 즐비하게 서 있었습니다. 그리고 열두 지파의 천막이 널려 있는 한복판에는 법궤와 성막이 봉안되어 있었습니다. 밤은 깊고 전투 후였던지라 모두 피곤하여 깊은 잠에 빠져 있었습니다.

그런데…… 모두가 꿈나라를 헤매고 있는 바로 그 시각에 사람 하나가 눈을 뜨고 꿈틀거리기 시작했습니다. 그 사람이 이불 속에서 살그머니 빠져나왔습니다. 그 사람의 그림자가 사방을 살펴본 다음에 천막 밖으로 나왔습니다. 그 그림자가 유령같이 여리고 성 안으로 들어갔습니다. 세상은 여전히 괴괴했습니다. 그런데 성안으로 들어간 그 그림자는 청각을 곤두

세우고 눈에 불을 켜고 사방을 경계하면서 무엇인가를 찾고 있었습니다.

그때입니다. 그 사람의 가슴은 백광을 발하는 무엇인가를 발견하고 두근거리기 시작했습니다. 이백 세겔의 은이었습니다. 그 은 덩어리가 그의 호주머니 속으로 떨어져 들어가는 소리는 지상 최대의 명곡이었습니다. 정말 황홀한 순간이었습니다. 그런데 그때 그의 눈이 또다시 순금 덩어리 하나를 포착하였습니다. 그리고 보석 장식이 달린 시날 산의 외투 한 벌도 찾아냈습니다. 뜻밖의 횡재였습니다. 노다지를 만났던 것입니다. '일이 잘되려면 이렇게 잘돼야지!'

그는 두려움과 설렘 속에 천막으로 돌아왔습니다. 대성공이었습니다! 그는 다시 한 번 사방을 확인하였습니다. 누구 하나 눈을 뜨고 본 사람은 없었습니다. 그는 땅을 깊이 파고 먼저는 시날 산의 외투 한 벌을 넣고, 그다음에는 금괴를 넣고, 그다음에는 은 이백 세겔을 넣고 나서 감쪽같이 흙으로 파묻어 버렸습니다. 그런 일이 있었다고 해서 아무것도 달라진 것은 없었습니다. 귀신도 곡할 명연기였습니다. 완전범죄였습니다. 그때는 지문을 채취할 수도 없고, 거짓말 탐지기도 없었습니다. 그러나…… 죄의 구멍을 더 깊이 파지 못한 것이 한이 되었습니다. 귀신도 모르게 범한 범죄였지만 하나님께서 모든 것을 지켜보고 계셨습니다.

다음 날 아침 요단 강과 사해 위에서 안개가 걷히기 시작하자 나팔 소리가 이스라엘 진영에 울려 퍼졌습니다. 동시에 각 지파에서 선발된 3천 명의 군사가 집결하였습니다. 그리고 즉각 아이 성을 향해 진군을 시작하였습니다. 그러나 그날의 전과는 완전하고도 비참한 패배였습니다.

패전 소식을 접한 여호수아는 땅에 엎드려 티끌을 뒤집어쓰며 울었습니다! "이런 참패를 당하게 하시려고 애굽 땅에서 이스라엘 백성을 구출해 내시고, 홍해를 꿈같이 건너게 하시고, 광야에서는 만나와 메추라기로 먹이셨나이까! 여기까지 와서 시신이 될 바에는 차라리 애굽 땅에 그대로 앉아서 죽는 편이 나을 뻔하였나이다." 그는 옷을 찢어 가며 슬피 울었습니다. 그때 하나님께서 말씀하셨습니다. "일어나라! 너희 중 하나가 언약을 어기고 죄를 범하였느니라. 그 사람을 색출해서 제거하여라." 하나님께서 기도까지 중단시키시고 일어나라고 하신 일은 드물게 있는 일이었습니다. 홍해를 건널 때 모세에게 기도를 중단하고 이스라엘 백성에게 전진을 명령하라고 하신 일이 있을 뿐입니다.

다음 날 아침 여호수아는 모든 이스라엘 백성을 하나님 앞에 집합시켰습니다. 그리고 패전의 원인을 천명하였습니다. 그다음에는 범인을 색출해 내기 위해 제비를 뽑았습니다. 르우벤 지파, 시므온 지파, 레위 지파, 잇사갈 지파, 스불론 지파, 단 지파, 납달리 지파, 갓 지파, 아셀 지파가 차례로 제비를 뽑았지만 모두 무죄함이 드러났습니다. 다음은 유다 지파의 차례였습니다. 그런데 범인은 유다 지파에 있었습니다. 그다음에는 유다 지파 중에서 집안별로 그리고 세대별로 제비를 뽑았습니다! 포위망이 좁혀 들어갔습니다. 마침내 아간이 찍혀 나왔습니다! 아간은 후들후들 떨며 비틀거리다가 그대로 땅바닥에 엎드러지고 말았습니다. 그리고 자기 입으로 자기가 숨겨 둔 죄를 백일하에 드러냈습니다. 죄를 숨겨야 할 장본인이 죄를 만천하에 공개하였습니다! 그럴 수밖에 없었습니다! 왜냐고요? 하나님께서 알고 계셨기 때문입니다!

"내가 노략한 물건 중에 시날 산의 아름다운 외투 한 벌과 은 이백 세겔과 그 무게가 오십 세겔 되는 금덩이 하나를 보고 탐내어 가졌나이다 보소서 이제 그 물건들을 내 장막 가운데 땅속에 감추었는데 은은 그 밑에 있나이다 하더라"(수 7:21).

즉각 현장 확인이 있었고 아간은 지체 없이 처형되었습니다. 여호수아서에 나오는 이 극적인 범죄의 시작과 마지막은 죄의 자초지종을 우리에게 웅변으로 전해 주고 있습니다! 이것이 죄악의 역사입니다! 모든 죄는 똑같은 역사의 과정을 밟을 수밖에 없었습니다! 그럼 이제 죄의 자초지종을 재확인해 보도록 하겠습니다.

1. 죄의 통로

1) 죄의 첫 번째 통로는 눈입니다

"또 여자에게 이르시되 내가 네게 임신하는 고통을 크게 더하리니 네가 수고하고 자식을 낳을 것이며 너는 남편을 원하고 남편은 너를 다스릴 것이니라 하시고"(창 3:16)

죄는 보는 것으로부터 시작됩니다. 그리고 탐하고, 취하고, 숨기고, 발각되고, 마침내는 심판을 받습니다.

다음은 범인 아간의 말입니다. "금덩이 하나를 보고 탐내어 취하였나이다."

본 것이 화의 시작이었습니다. 물론 눈은 축복의 통로입니다. 그러나 죄가 들어오고 재난이 들어오는 곳도 눈입니다. 봐야 할 것을 봐야지 못 볼 것을 보면 화근이 됩니다. 하와의 죄도 선악과를 봄으로 시작되었습니다. 그다음에 보암직하고 먹음직스러웠다고 한 것은 탐한 것을 뜻합니다. 그다음에는 따 먹었고, 그다음에는 앞을 가리고, 숨고, 그다음에는 변명하고, 그다음에는 죄가 드러나고, 그다음에는 하나님의 심판과 실낙원失樂園이었습니다! 이것이 죄악의 역사입니다.

아합 왕도 나봇의 포도원을 보고 탐함으로 나봇을 죽이고 그의 포도원을 탈취한 죄로 하나님께 심판받지 않았던가요? 하여간 죄가 가장 많이 몰려 들어오는 곳은 언제나 눈입니다. 천하장사 삼손도 가사에 내려가서 요염한 들릴라의 넓적다리를 본 것이 화근이 되어 결국은 힘의 비밀이요 나실인의 상징인 머리를 깎이고 눈까지 뽑히지 않았던가요? 보지 말아야 할 것을 본 것이 화근이었습니다. 지족선사도 이슬에 젖어 알몸에 찰싹 달라붙은 모시 적삼 속에서 꿈틀거리는 기생 황진이의 요염한 육체를 봄으로 십 년 수도가 한순간에 물거품이 되어 버리지 않았던가요? 보질 말아야 했을 것을! 만나질 말아야 했을 것을! 본 것이 화가 되고 만난 것이 죄의 발단이 되었습니다.

많은 범죄가 눈을 통해서 들어옵니다. "춤만 추지 않으면 그만이지." 하며 카바레에 드나들지 마시기 바랍니다. 특히 음란은 눈을 통해서 들어옵니다! 백화점의 아이 쇼핑Eye~Shopping도 너무 자주 하는 것은 금물입니다.

2) 죄의 두 번째 통로는 귀입니다

> "뱀이 여자에게 이르되 너희가 결코 죽지 아니하리라 너희가 그것을 먹는 날에는 너희 눈이 밝아져 하나님과 같이 되어 선악을 알 줄 하나님이 아심이니라"(창 3:4~5)

하와가 선악과를 보고 유혹을 느끼자 마귀가 달콤한 말로 유혹하기 시작했습니다. 그 마귀가 천하만국의 영광을 보여 주면서 갖은 감언이설로 예수님을 시험하기도 하였습니다. 삼손도 들릴라의 육체를 본 다음에는 마음이 흔들렸고 결국 들릴라의 화술을 통해 굴복을 당하고 말았지 않던가요?.

죄는 눈과 귀를 통해서 양면작전을 전개합니다. 얼마나 많은 사람이 사기꾼들의 달콤한 말과 거짓 선지자들의 그럴듯한 예언에 속아 넘어갔던가요? 코는 냄새나 맡고 입은 먹기나 하므로 질병은 몰라도 죄가 그곳을 통해서 들어오는 경우는 드뭅니다. 입이 죄를 가장 많이 수출하는 수출 항구이긴 하지만……? 얼마나 많은 여인이 진실하지 못한 사나이들의 솔깃한 감언이설과 끈질긴 설득에 슬그머니 눈을 감고 드러누웠던가요? 남자들은 여체를 보기만 해도 유혹을 받지만 많은 여자가 남자들의 솔깃한 꼬임에 넘어갑니다.

3) 죄의 세 번째 통로는 탐심입니다

"오직 각 사람이 시험을 받는 것은 자기 욕심에 끌려 미혹됨이니"(약 1:14)

처음 죄의 유혹을 받을 때는 가볍습니다. 그러나 유혹의 심도가 깊어지면 시험이 됩니다. 죄의 매력과 양심의 저항 사이에서 치열한 전투가 벌어집니다. 그야말로 아슬아슬한 순간입니다. 그러다가 탐심의 단계에 이르면 그때는 양심도 없고 이성도 퇴각해 버립니다.

여기서 죄는 유혹과 시험의 단계를 넘어 최후의 교두보까지 격파해 버립니다. 이젠 완전히 무방비 상태입니다. 이 지경에 이르면 죄보다 더 좋은 것도 없습니다. 조강지처는 꼴도 보기 싫어지고 그 대신 술집 아가씨는 선녀같이 예뻐 보입니다. 남편과 같이 사는 것은 지옥 같고 물건을 바꾸면 좋기만 할 것 같습니다. 자기를 꾀는 남자는 세상에 둘도 없는 남자 같습니다. 이런 좋은 기회는 두 번 다시 없을 것 같습니다! 죄를 범하는 순간만은 세상에 죄보다 더 좋은 것이 없습니다. 남의 집 안방까지 달려 들어가서 강간을 하는 치한들은 그 여자를 한번 소유할 수만 있다면 금방 죽어도 한이 없을 것 같습니다. 그래서 그런 짓을 하는 것이 아니겠습니까? 그 순간만은 한 여자의 육체가 천하보다도 더 귀하고 천하보다 더 좋아 보입니다!

이승만 정권의 말기에 내무부 장관을 지냈던 최인규 씨가 1960년 3·15 부정선거를 총지휘할 때는 얼마나 화려한 국가의 장래를 그려 보았겠으며 얼마나 자랑스러운 자신의 모습을 상상해 보았겠습니까? 그때는 세상에 그 죄보다 더 좋은 것이 없는 것 같았을 것입니다. 공금을 횡령하거나 남의 재산을 도둑질하는 사람들 역시 그 순간에는 가장 멋진 꿈을 꿉니다. 다른 사람들의 죄는 발각이 되도 자기 죄만은 절대 무사할 것 같습니다. 확신이 있습니다! 들키려고 커닝을 하고, 체포당하려고 날치기를 하고, 징역살이하려고 문서를 위조하는 사람이 어디 있겠습니까? 죄를 범할 때는 죄가 제일 좋아 보입니다! 이쯤 되면 주저할 게 뭡니까? 그래서 일을 저질러 버리고 마는 것입니다!

"욕심이 잉태한즉 죄를 낳고 죄가 장성한즉 사망을 낳느니라"(약 1:15)

2. 끝까지 숨으려고 하는 죄

범행 다음에 오는 것이 변명입니다. 아담과 하와도 죄를 범한 다음에는 부끄러운 곳을 무화과나무 잎으로 가리고 우거진 나무 뒤에 숨었습니다(창 3:8). 그리고 갖은 변명으로 자기들의 죄를 은폐하려 하였습니다(창 3:12). 성군 다윗이 늘씬한 여자를 간통해 놓고 나서 행한 첫 번째 일 또한 남편을 불러 그 여자에게 들여보내서 영원히 자기의 간통죄를 은폐하는 일이었습니다(삼하 11:7~8). 죄가 크면 클수록 숨기는 기술, 다시 말해 변명술과 은폐술이 늘어납니다! 가장 무서운 죄는 숨은 죄이고 가장 크게 위력을 발휘하는 죄 역시 잠복근무를 하는 죄입니다.

아무리 큰 죄도 드러나면 맥을 쓰지 못합니다. 죄는 숨어 있을 때가 가장 위대할 때입니다! 죄가 살아남을 수 있는 유일한 길도 숨는 것입니다! 무슨 일이고 숨기고 싶어지면 죄입니다! 이와는 반대로 무슨 일이고 자랑하고 싶어지면 좋은 일입니다! 그런고로 자랑하고 싶은 일이 있으시거든 숨기시고 숨기고 싶은 일이 있으시거든 자백하시기 바랍니다! 이 세상에서 가장 변명술에 능한 사람은 가장 죄가 많은 사람입니다. 나쁜 사람들이 말은 더 잘합니다. 죄인은 언제나 명배우입니다!

십자군이 이교도들을 무차별 학살하여 배 속에 있는 아기까지 꺼내서 죽일 때도 사탄 마귀의 이름이 아니라 거룩하신 하나님의 이름으로 죄를 범했습니다. 몇 번씩이나 재혼한 미녀들도 오직 사랑에만 충실했다고 큰 소리를 칩니다. 단수가 낮은 죄는 쉽게 드러나지만 고단수의 죄는 영원히 드러나지 않고 자손 대대로 영광을 누립니다. 지금도 얼마나 많은 사람이 차원이 높은 죄를 찬양하고 있는지요? 아무리 큰 것을 훔쳐도 붙잡히는 도적은 '대도大盜'가 아닙니다. 대도는 영원히 붙잡히는 법이 없습니다.

어떤 여자가 남편을 독살할 때 사용한 독약은 남편이 가장 좋아하는 우유 컵 속에 있었습니다. 남편을 죽인 아내가 이런 말을 하였습니다. "남편은 언제나 말했죠! 내가 죽으면 모든 일이 다 잘 될 것 같다고요! 그 길 밖에는 다른 길이 없을 것 같다고요! 정말이에요!"

살인녀는 언제나 열녀를 가장합니다. 중세기의 교황들이 사치와 향락을 즐길 때도 자신들을 위해서가 아니라 하나님의 영광을 위해서 한다고 하지 않았던가요? 믿는 사람들일수록 믿지 않는 사람들보다 더 잘살아야 하나님께 영광이 된다면서요?

다음은 루이 11Louis XI세가 남긴 말입니다. "기도를 드린 후같이 유쾌하게 죄를 범할 수 있을 때는 없었느니라!"

그러면 어떤 사람이 가장 잘못이 많은 사람일까요? 입버릇처럼 "나에게는 잘못이 없다"고 하는 사람입니다. 그리고 "입버릇처럼 나 같은 바보는 없을 거야!" 하는 사람은 가장 똑똑한 체를 하는 사람이고요!

3. 결국은 드러나고야 마는 죄

"이에 여호수아가 아침 일찍이 일어나서 이스라엘을 그의 지파대로 가까이 나아오게 하였더니 유다 지파가 뽑혔고 유다 족속을 가까이 나아오게 하였더니 세라 족속이 뽑혔고 세라 족속의 각 남자를 가까이 나아오게 하였더니 삽디가 뽑혔고 삽디의 가족 각 남자를 가까이 나아오게 하였더니 유다 지파 세라의 증손이요 삽디의 손자요 갈미의 아들인 아간이 뽑혔더라"(수 7:16~18)

제비뽑기가 죄인을 찾아냈습니다. 죄는 숨겨 두지 못합니다. 창세기 4장 10절에 보면 피해자의 핏소리가 하나님께 상소를 합니다. 죄는 드러나고야 맙니다! 하나님이 살아 계시기 때문입니다! 자기도 모르게 죄를 범할 수는 없기 때문입니다. 자기 자신과 하나님이 죄를 알고 있기 때문에 아무도 죄를 영원히 숨길 수는 없습니다. 완전 범죄는 없습니다. 아간의 범죄는 소위 말하는 '완전 범죄' 였습니다. 금괴의 주인도 없었습니다. 외투의 소유주도 죽었습니다. 도난 신고를 할 사람도 없었습니다. 증인이 될 사람도 없었습니다. 그런데도 죄는 드러나고야 말았습니다! 왜일까요? 인간의 구조가 윤리적으로 조립되어 있기 때문입니다.

온 세상이 하나님의 수사대원입니다! 이 땅에서가 아니면 죽은 후에라도 죄는 반드시 드러나서 처벌받을 것입니다! 하나님께서는 다른 일은 몰라도 죄만은 끝까지 철저히 가리실 것입니다! 왜냐고요? 하나님은 윤리의 하나님이시기 때문입니다. 하나님은 만홀히 여김을 받지 아니하시는 하나님이시기 때문입니다(갈 6:7).

모세가 아무도 보는 사람이 없는 것을 확인하고 나서 애굽 사람 하나를 죽이고 모래사장 속 깊숙이 묻어 버렸습니다. 아무도 본 사람이 없었습니다. 그런데도 다음 날 동족 중 하나가 그에게 말하지 않았던가요? "네가 애굽 사람을 죽인 것같이 우리도 죽이려 하느냐?"

죄는 숨기지 못합니다. 죄는 결국 드러나고야 맙니다!

요셉의 형제들이 지은 죄도 한동안은 감쪽같이 숨겨 둘 수 있었습니다. 아는 사람도 없고 알려고 하는 사람도 없었습니다. 그들의 죄는 영원히 드러나지 않을 것만 같았습니다. 그런데 먼 훗날에 이르러 가나안 땅에 흉년이 와서 양식을 구하려고 애굽으로 내려간 요셉의 형제들이 애굽의 총리인 동생 앞에 무릎을 꿇게 되었습니다. 그리고 자기들의 죄를 자기들의 입으로 고백할 수밖에 없었습니다.

마음의 구조 자체가 죄를 숨겨 둘 수 없게 되어 있는 것이 문제입니다. 죄 자체가 죄를 찾아내는 수사계 형사입니다! 그 사람이 한 모든 일이 그 사람의 얼굴과 그 사람의 감정과 그 사람의 의지와 그 사람의 이성 속에 기록되어 있는 것이 문제입니다! 각 사람의 이력이 각 사람의 인격 속에 세세히 기록되어 있습니다. 얼굴은 그 사람의 이력서입니다! 죄는 사람들의 안색과 눈빛에도 나타납니다! 표정과 음색과 거동에도 나타납니다!

어떤 사람이 공원에 들어가서 당국이 사육하고 있는 물고기를 잡은 다음 숨겨서 문을 나서고 있었습니다. 그때 공원 직원 하나가 자기 동료를 큰 소리로 불렀습니다. 그러자 겁이 난 물고기 도둑…… 자기를 부르는 소리인 줄 착각하고서 묻지도 않는 말에 "난, 절대로 고기를 잡지 않았다"며 수선을 떨었습니다. 그래서 결국은 발각되고 말았다는 얘기입니다. 자기 자신이 자기 죄를 알고 있는 것이 문제입니다. 죄는 반드시 드러나서 외상값을 받아 내고야 말 것입니다.

4. 파멸에 이르고야 마는 죄

"여호수아가 이르되 네가 어찌하여 우리를 괴롭게 하였느냐 여호와께서 오늘 너를 괴롭게 하시리라 하니 온 이스라엘이 그를 돌로 치고 물건들도 돌로 치고 불사르고"(수 7:25)

죄의 마지막은 파멸입니다!
훔친 보물만 빼앗기고 만 것이 아닙니다! 생명까지 잃어버리게 되었습니다! 파멸이 죄악의 마지막 순서입니다! 단지 시간문제……. 현재냐 내세냐의 문제가 있을 뿐입니다! 어떤 사람은 당장에 심판을 받고, 어떤 사람은 잠시 후에 죗값을 치르고, 어떤 사람은 마지막 심판의 날에 처벌을 받는 차이가 있을 뿐입니다! 죄의 잠복 기간이 짧으냐, 기냐의 차이가 있을 뿐입니다.

천상천하에 가장 무서운 것이 죄입니다! 죄를 용납하면 먼저는 죄를 범한 사람 자신이 타락하고, 그다음에는 가정이 파괴되고, 그다음에는 나라가 패망합니다! 아간 한 사람의 죄 때문에 온 이스라엘 민족이 패망을 당하지 않았던가요? 그럴 법하지 않은데도 그렇습니다! 죄를 범한 심령은 처벌받기 전에 그 심령이 먼저 고통을 당합니다! 그것이 예비 심판입니다. 뒤따라 인격이 파괴되기 시작합니다! 불안감이 스며듭니다! 자신감이 없어집니다! 어떤 사람이 말하기를 의지는 주인이고, 이성은 매춘부라고 했다지만, 주인인 의지가 박약해집니다! 불만이 고조됩니다! 참을성도 없어집니다! 그 밖에도 도덕적인 능력이 저하됩니다! 인격이 저질화됨으로 인생 몰락을 초래하게 됩니다! 안팎으로 망하는 이중 심판입니다! 망하는 줄도 모르고 망하는 인생 몰락입니다. 창의력도 저하되고 행복감도 둔화됩니다! 이런 사람들은 아무리 성공해도 편안하지 못하고, 아무리 잘살아도 행복하지 못합니다! 스스로 무덤을 파는 파멸입니다! 이상이 하나님의 현재 심판입니다!

"스스로 속이지 말라 하나님은 업신여김을 받지 아니하시나니 사람이 무엇으로 심든지 그대로 거두리라 자기의 육체를 위하여 심는 자는 육체로부터 썩어질 것을 거두고 성령을 위하여 심는 자는 성령으로부터 영생을 거두리라"(갈 6:7~8).

성공했는데도 행복하지 못한 까닭은 성공하는 과정에서 지은 죄에 대한 내부 심판이 진행되고 있기 때문입니다! 죄에는 반드시 심판이 있습니다. 현재 심판과 최후의 심판입니다. 현재 심판을 면한 사람도 최후의 심판만은 면할 수 없을 것입니다.

그럼 얘기 하나 하겠습니다.

일제 치하의 탄압 하에서 오산중학교의 교장이던 유영모 선생이 일경의 고등계 형사에게 연행되어 심문을 받은 일이 있었습니다. 그때 유 선생님이 일본인 고등계 형사에게 기발한 제안을 했습니다. "우리 눈싸움 한번 해 봅시다! 누구든 죄가 많은 사람이 상대방의 시선을 견디어 내지 못할 것입니다!" 일본인 고등계 형사도 물러서지 않았습니다. 그 사람도 정신력을 자랑하는 검도 사범이었으니까요. "그럽시다. 그것 한번 잘됐구먼! 누가 죄인인지 알아보자고!" 드디어 눈싸움이 시작됐습니다. 처음에는 두 사람 모두 눈 한 번 깜빡거리지 않는 조각품 같았습니다. 긴장의 시간이 흘러가고 있었습니다. 그런데 이게 웬일입니까? 마침내 일본인 고등계 형사의 눈이 미결수인 유영모 선생의 시선을 견디다 못해서 피해 달아나면서 깜빡이고 말았습니다. 지금은 죄가 우세한 것 같아도…… 그러나 죄의 마지막은 멸망입니다. 지금은 '의'가 '코너'에 몰려 있는 것 같아도 마지막은 '의'의 최후 승리입니다.

죄가 있으면 아무리 재판관이라도 피고의 시선 하나를 견디어 낼 수 없는 것이 세상의 이치입니다! 의는 사람을 강하게 만들고 죄는 사람을 약하게 만듭니다!

"죄의 삯은 사망이요 하나님의 은사는 그리스도 예수 우리 주 안에 있는 영생이니라"(롬 6:23)

"그러므로 너희가 회개하고 돌이켜 너희 죄 없이 함을 받으라 이같이 하면 새롭게 되는 날이 주 앞으로부터 이를 것이요"(행 3:19)

사람아!
네가 어데 있느냐

"내일 일을 너희가 알지 못하는도다 너희 생명이 무엇이냐 너희는 잠깐 보이다가 없어지는 안개니라 .너희가 도리어 말하기를 주의 뜻이면 우리가 살기도 하고 이것이나 저것을 하리라 할 것이거늘 이제도 너희가 허탄한 자랑을 하니 그러한 자랑은 다 악한 것이라"(야고보서 4:14~16)

사람아! 네가 어데 있느냐

아담과 하와는 에덴동산에서 죄를 범하고 하나님이 두려워서 숨었습니다. 그때 하나님께서 그들을 찾으셨습니다. "네가 어디 있느냐?" 아담과 하와는 그때 마땅히 사람이 있어야 할 자리에 있지 않았습니다. 왜냐고요? 사람이 해서는 안 되는 일을 했기 때문입니다.

성도 여러분! 지금 우리가 사는 이곳 역시 사람이 마땅히 있어야 할 곳이 아닙니다! 이곳이 어떤 곳이지요? 범죄가 있는 곳이고, 번민하는 곳이고, 두려워하는 곳이고, 죽음이 있는 곳입니다! 원래 사람은 이런 곳에서 이렇게 살게 되어 있지 않았습니다. 그래서 하나님께서는 지금도 우리를 찾으십니다.

"사람아! 네가 어디 있느냐?"

그러면 왜 사람은 이런 곳에서 이렇게 살게 됐을까요? 하나님을 피해 달아났기 때문입니다. 하나님을 떠났기 때문입니다! 하나님을 떠나면 더 잘살게 될 줄 알고 금단의 선악과를 먹었기 때문입니다. 이곳은 빠져나올 수도 없고, 더는 들어갈 수도 없는 막다른 골목입니다.

"사람아 네가 갈 곳이 어디냐?"

우리는 갈 곳이 없는 나그네입니다. 죽음은 우리가 갈 곳이 아닙니다! 그러나 그곳밖에는 따로 갈 곳이 없으니, 갈 곳이 없는 인생이 아니겠습니까?

1. 약한 자여

"너희는 인생을 의지하지 말라 그의 호흡은 코에 있나니 셈할 가치가 어디 있느냐"(사 2:22)

사람이 누구입니까? 생명이 쉴 새 없이 들락날락하는 존재입니다. 언제 숨이 끊어질는지도 모르는 존재입니다. 물론 지금도 한쪽에서는 인간 만세의 소리가 울려 퍼지고 있습니다. 그러나 동시에 다른 한쪽에서는 인간 실존을 애도하는 조사가 낭독되고 있습니다. 한쪽에서는 인간이야말로 위대하고 강한 존재라고 합니다. 인간은 대지뿐 아니라 높은 산과 깊은 계곡까지 평정했다고 합니다. 하늘도 순찰하고 바다의 밑바닥도 감시한다고 합니다. 맹수들을 우리에 가두어 놓고 공중 나는 새들까지 길들여 순종하게 한다고 합니다! 그뿐 아닙니다. 현대과학은 귀신까지 지구상에서 추방해 버리고 말았습니다. 그래서 사람은 명실공히 지구의 주인공이라고 합니다.

과연 그러합니다. 과연 사람은 작아도 위대합니다! 그럼에도 불구하고 다른 한쪽에서는 정반대의 얘기를 합니다. 인간은 무의미하며 구역질 나는 존재라고 합니다. 내던져지고 버려진 실존이라고 합니다! 사실 인간은 강해 보이면서도 약하고, 위대해 보이면서도 아침의 안개입니다. 자연을 상대해서는 왕자지만 하나님 앞에서는 '별수 없는 죄인' 입니다! 미신 같은 것은 믿지 않는다고 호언장담하면서도 점쟁이가 올해에는 반드시 좋은 일이 있을 것이라고 하면 기분이 나쁘지는 않습니다. 광신자들이 입신에서 깨어나서 하나님의 계시를 받았다고 하면서 저주를 하면 어쩐지 께름칙합니다. 그런 걸 누가 믿느냐고 하면서도 두려워합니다.

'불행의 편지' 란 것이 있습니다. 그 편지를 받고 나서 일주일 내에 답장을 쓰지 않으면 불행이 온다고 합니다. 그런데 많은 사람이 처음에는 그 편지를 받고 '정말 웃기는구먼!' 합니다. 그랬다가도 생각을 고쳐먹고 '밑져야 본전이지' 하며 답장을 써 보냅니다. 그래야만 마음이 홀가분합니다. 인간은 강해 보이면서도 약한 존재입니다. 위기에 처하면 지푸라기라도 붙잡는 것이 인간입니다. 군인도, 영웅도, 지성인도 예외는 아닙니다. 사상이니 이념이니 하며 큰 소리를 치지만 대부분 사람은 자본주가 되면 자본주의자가 되고, 가난뱅이가 되면 사회주의자가 됩니다. 북한에서 태어나면 열렬한 공산당원이 되고 남한에서 태어나면 민주경찰이 됩니다. 세상 재미를 한창 보고 살 때는 "하나님이 다 어디 있어?" 하다가도 죽을 지경이 되면 "아이고! 하나님!" 합니다!

그러면 자유인을 자부하는 현대인은 얼마나 자유로울 수 있는 것일까요? 어떤 사람들은 "역사란 자유 발전의 기록"이라고 합니다. 옳은 말씀입니다. 사실 인류는 그동안 광범위하게 자유의 영역을 넓혀 왔습니다. 빈곤과의 전쟁에서도 경제적인 자유를 향상했고 정치 분야에도 민주주의와 여권을 신장시켰습니다. 그럼에도 불구하고 자유의 근본적이고도 본질적인 문제는 아직도 해결이 요원합니다. 현대인들이 "우리는 자유롭다"고 말은 하지만 그러나 아직도 자유가 없습니다. 혈기 왕성한 젊은이들은 앞을 지나가는 처녀들의 완곡한 육체의 율동에서 눈길을 돌려보려고 안간힘을 쓰지만, 그러나 그게 맘대로 되지 않습니다. 여자들의 몸에 달라붙어 있는 눈길 하나 맘대로 떼어 내지 못하는 것이 인생입니다!

자유는 선택입니다. 이럴 수도 있고 저럴 수도 있어야 자유입니다. 그러할진대 이럴 수도 없고 저럴 수도 없는 것이 어떻게 자유가 될 수 있겠습니까? 한 가지밖에 못 하는 것은 자유가 아닙니다. 돈의 노예가 되는 것도 자유가 아닙니다. 취할 수도 있고 버릴 수도 있어야 자유입니다. 아무리 가난해도 기뻐할 수가 있고 아무리 세상살이가 깨가 쏟아져도 유감없이 죽을 수도 있어야 자유입니다. 살려고만 하는 것은 자유가 아닙니다. 많은 사람이 참고 싶어도 참지를 못합니다. 감정의 노예가 되어 있기 때문입니다. 도덕적인 자유를 상실했기 때문입니다. 사람에게는 자유로울 힘이 없습니다. 인간은 약합니다.

"자유! 자유!" 말은 좋지만 그러나 자유로울 수 있는 힘은 없습니다. 인간에게는 행복할 수 있는 '힘'도 없습니다. 모두들 "행복! 행복!" 하지만, 그러나 행복하게 살 줄을 모릅니다. 아홉 가지 행복의 조건을 모두 갖추고 있으면서도 단 한 가지의 골치 아픈 일이 생기면 밤잠을 설칩니다.

갈망하는 그걸 얻기 전에는 '단 한 번만이라도!' 하며 몸을 불태우지만, 그러나 그걸 얻은 후에는 환멸을 느끼는 것이 인간사입니다(삼하 13:14~5). 재물이란 것도 명예란 것도 모두 얻기 전뿐입니다. 먹기 전에는 침을 삼키던 불갈비도 배불리 먹고 나면 메스껍습니다. 이러나저러나 '0'일 바에야 $0 \times 0 = 0$이나, $100 \times 0 = 0$이나 다른 것이 무엇이겠습니까? 공연히 100×0을 얻어 내려고 팔자에도 없는 고생 좀 그만하시기 바랍니다! 인간은 아무리 행복의 조건을 다 갖추어도 어차피 행복할 수 없는 존재이고, 죽지 않고 살아 보려고 애를 써도 어차피 죽을 수밖에 없는 존재입니다.

"간음한 여인들아 세상과 벗된 것이 하나님과 원수 됨을 알지 못하느냐 그런즉 누구든지 세상과 벗이 되고자 하는 자는 스스로 하나님과 원수 되는 것이니라"(약 4:4).

사람은 아침의 안개입니다. 사람은 꺼져 가는 심지입니다.

2. 죄인이여

"너희는 하나님이 우리 속에 거하게 하신 성령이 시기하기까지 사모한다 하신 말씀을 헛된 줄로 생각하느냐 그러나 더욱 큰 은혜를 주시나니 그러므로 일렀으되 하나님이 교만한 자를 물리치시고 겸손한 자에게 은혜를 주신다 하였느니라"(창 6:5~6)

물론 사람의 능력을 과소평가해서는 안 될 것입니다. 웅대한 피라미드! 길고 긴 만리장성! 그 깊은 운하! 그 가공할 만한 핵폭탄! 그리고 달나라를 왕복하는 우주선! 이 모든 것이 사람들이 이룩해 놓은 업적입니다. 그러나 그 위대한 인간도 죄 앞에서는 무력하기 짝이 없습니다! 인간은 죄인입니다.

1) 노아 시대에 하나님께서는 인류의 타락을 보시고 사람 지으신 것을 후회하셨습니다. 그러나 그런 시대에도 의인 한 사람은 있었습니다

과연 노아는 뛰어난 믿음의 사람이요, 의인이었습니다! 그 당시에도 소위 믿음이 좋다고 하는 사람들은 많았습니다. 그러나 하나님의 말씀을 믿고 방주를 지을 정도로 확실한 믿음을 가진 사람은 노아 한 사람뿐이었습니다. 다른 사람들의 믿음은 형식에 불과했습니다. 그러나 노아의 믿음은 진짜였습니다. 노아는 전례가 없었음에도 홍수가 산꼭대기까지 덮을 것이라는 예언의 말씀을 믿었습니다.

선박이란 강변이나 해변에서 건조하여 물에 띄우는 것인데도 노아는 산꼭대기로 올라가서 방주를 지으라고 하시는 하나님의 명령을 따랐습니다. 주변 사람들의 냉소와 조롱 속에서도 그는 일을 중단하지 않았습니다. 방주의 높이는 13.7m, 길이는 137m, 폭은 22.8m나 되는 거대한 공사였기에 막대한 비용과 장구한 시간을 투자해야 했지만, 그런데도 노아는 그 일을 위해 전 재산과 전 생애를 바쳤습니다.

그 후 아무도 예기하지 못한 대홍수가 터졌습니다. 위에서뿐 아니라 아래서까지 물이 솟구쳐 올라왔습니다. 150일 동안 계속해서 숨을 돌릴 겨를도 없이, 큰비가 아니! 강물이 쏟아져 내려왔습니다. 온 세상이 예언의 말씀대로 물속에 잠겨 버리고 말았습니다. 그러나 노아의 방주만은 산꼭대기에 둥실 떴습니다. 결국, 노아의 가족 여덟 사람만이 간신히 구원받을 수 있었습니다. 얼마 후에는 물이 걷혔습니다. 산들이 드러나고 이어서 전답도 모습을 드러냈습니다. 말끔히 목욕하고 나오는 처녀같이 온 세상이 깨끗하게 씻겨 있었습니다. 방주에서 나오는 노아 앞에는 신천지가 펼쳐져 있었습니다. 그야말로 새 땅이요, 새 세상이었습니다.

노아는 그 신천지에 죄가 없는 이상향을 건설할 수 있었습니다. 노아는 꿈을 안고 신천지에 첫발을 내디뎠습니다. 먼저는 하나님 앞에 제단을 쌓았습니다. 숨 막히는 순간이었습니다. 바야흐로 인류의 이상이 실현되려고 하는 찰나였습니다. 노아는 믿음의 사람이었기에 그 일을 해낼 수 있을 것 같았습니다.

그러나…… 그러나……! 그 며칠 후의 일입니다! 어떤 사나이가 술에 만취해서 큰 대자로 벌렁 드러누워 있는데 바지가 벗겨져 보여서는 안 되는 그것이 노출되어 있었습니다. 맙소사! 그러면 그런 추태를 부린 사나이가 누구였을까요? 놀라지 마십시오! 당대에 오직 한 사람뿐인 노아였습니다. 세상에! 노아도 인간이었습니다! 성자도 인간입니다! 그리고 인간은 누구나 죄인입니다! 우리 역시 인간입니다! 우리 역시 죄인입니다! 성경은 인간의 수치스러운 구석까지도 숨기지 않고 적나라하게 그려 냅니다. 이 점이 기독교의 경전이 다른 경전과 다른 점입니다! 성경은 진실합니다! 성경은 가식을 하지 않습니다. 기독교는 죄를 폭로하고 죄인들을 구원하는 사랑의 종교입니다!

2) 여기 소돔과 고모라 성이 멸망을 당할 때 구원을 받은 또 다른 사람이 있습니다. '롯'이 그 사람입니다

창세기 19장 33절을 읽어 보시기 바랍니다. "그 밤에 그들이 아버지에게 술을 마시게 하고 큰 딸이 들어가서 그 아버지와 동침하니라 그러나 그 아버지는 그 딸이 눕고 일어나는 것을 깨닫지 못하였더라."

롯은 아브라함만은 못했지만, 그래도 소돔과 고모라 성이 멸망할 때 유일하게 구원받은 믿음의 사람이었습니다. 소돔, 고모라 성을 가까스로 탈출해 나온 롯의 일가는 일단 소알로 피신을 했다가 다시 산으로 올라갔습니다. 그리고 거기서 은신할 만한 동굴 하나를 찾아서 들어갔습니다. 그 며칠 후의 일입니다. 롯의 딸 자매가 얼굴을 붉히며 무슨 말인가를 주거니 받거니 하고 있었습니다. 대화의 내용은 이랬습니다.

"어차피 우리와 정식으로 결혼해서 아기를 낳아 줄 남자는 없지 않니? 그러니 정말 큰일 아니냐? 멸손되면 어쩌지? 그러니 사람의 도리는 아니지만 어쩔 수 없잖아! 아버지를 술에 만취시켜 놓고 나서 아버지와 동침하는 거야! 그렇게 해서라도 임신을 하자!"

"거 참 좋은 아이디어 같은데? 그럴 수밖에 없잖아!"

그리하여 롯의 딸 자매는 합의를 보고 나서 먼저는 언니가 술에 만취한 아버지의 곁에 드러누웠고, 그다음에는 동생이 아버지와 잠자리를 같이하였습니다. 그리고 두 딸 모두 임신을 하였습니다.

그러면 그런 일을 한 사람은 누구였지요? 그래도 소돔, 고모라 성 중에서는 가장 믿음이 좋다고 일컬음을 받던 집안 식구들이었습니다. 성경은 의인들의 추태까지도 벌거벗겨 버립니다. 성경에 나오는 이스라엘 나라의 의인들은 다른 나라의 완벽한 성현 군자들과는 달리 추잡스럽기까지 합니다. 성경만이 진실한 책이기 때문입니다. 그래서 성경은 진리입니다! 사람은 누구나 죄인입니다. 누구에게나 자랑스러운 면도 있고, 누구에게나 부끄러운 면도 있습니다. 발가벗겨 놔도 조금도 부끄러워할 일이 없는 사람이 어디 있겠습니까? 인간은 죄인입니다. 의인도 죄인일진대 우리 같은 범인이야 말하면 뭐합니까? 그러나 여기 기쁜 소식이 있습니다. 기독교는 죄인을 구원하는 종교입니다!

모세로 말하더라도 이스라엘 최고의 지도자였지만, 그런데도 이방 여인과 결혼하므로 유대인 사회에서는 용납할 수 없는 대죄를 범하였고 믿음의 조상인 아브라함도 네게브 땅으로 내려가서 생명에 위협을 느끼자 아내를 누이라고 속이고 그랄 왕에게 진상함으로 가까스로 난을 면하지 않았던가요(창 20:1~2)? 이스라엘 민족의 자랑인 성군 다윗도 간음죄뿐만 아니라 살인죄까지 범한 사람이 아니던가요? 성군이 이 정도이니, 다른 왕들이야 말하면 뭘 하겠습니까? 인간은 아무리 훌륭한 점이 많아도 흠이 없는 사람은 없을 수가 없습니다. 인간은 누구나 깨진 그릇이요, 흠집이 많은 청자입니다. 위인전은 어떤 분의 좋은 점만을 미화해서 기록한 책입니다! 그분들에게도 추잡한 이면이 있습니다. 위인전도 역시 허구입니다!

그럼 지금 제가 이런 말씀을 전하는 까닭은 어디에 있을까요? "성자들도 그 모양이니!" 하며 철면피가 되게 하기 위해서일까요? 아닙니다! 그러면, "의인이니, 위인이니 하는 사람도 우리와 같은 죄인이구나!" 하면서 모든 사람을 도매금으로 무시해 버리게 하기 위해서일까요? 그것도 아닙니다! 그러면 무엇일까요? 죄가 없는 사람은 없으니 의인 행세를 하지 말고 각자 자기의 죄를 깨닫고 회개하도록 하기 위해서입니다.

공자님께서도 진정으로 자기 자신을 아는 사람을 아직 보지 못하였다고 하셨다면서요? 좋은 점만 골라내면 누구나 성인군자지만, 그러나 추한 점만 들추어내면 너나 할 것 없이 죄인입니다!

3. 죄가 없다고 하면

"만일 우리가 죄가 없다고 말하면 스스로 속이고 또 진리가 우리 속에 있지 아니할 것이요"(요일 1:8)

사람은 누구나 죄인입니다. 그런데도 이 사실 하나를 깨닫기는 너무나도 어렵습니다. 물론 말로는 누구나 "나 같은 죄인은 없을 거야!" 합니다. 그러나 일단 다른 사람이 (자기의) 잘못을 지적하면 펄펄 뜁니다. 그리고 많은 교인이 자기를 가리켜 '죄인의 괴수'라고 합니다. 그러나 그 말의 뜻은 각양각색입니다. "난 바보야!"라고 하는 말이 "나는 바보가 아니야!"라고 하는 말이 되기도 하는 것같이 말입니다.

자기의 죄를 참으로 깨닫기는 어렵습니다. "전에는 나도 몹시 교만했었지요!"라고 하는 말 또한 대개의 경우는 과거의 자기를 뉘우치는 말이라고 하기보다는 과거에는 자기도 누구 못지않게 잘났었다고 하는 말이 되기도 하는 것같이……. 하여간 중심으로 자기 죄를 깨닫기는 어렵습니다! 재판을 피고 자신에게 위임했을 경우 과연 몇 사람이나 자기 자신에게 징역형을 선도할 수 있겠습니까? 모두 나는 죽을 수밖에 없는 죄인이라고 말은 하시지만 말입니다. 대개 사람들은 자기 잘못의 탓을 환경이나 다른 사람들에게 돌립니다. 그래서 인간의 죄는 주홍같이 붉고 먹같이 검다고 하는 것이 아니겠습니까? 그러나 의인은 자기의 죄를 압니다! 성자들은 자기 죄를 참회하는 사람들입니다.

그러면 왜 사람들은 남의 잘못을 용서하지 못하는 것일까요? 자기 죄를 깨닫지 못하기 때문입니다! "죄 없는 사람이 어디 있어요?" 하고 말은 하지만 아직도 그 말의 뜻을 깨닫지는 못하기 때문입니다. 그러나 하나님께서는 자기 죄를 깨닫고 회개하는 죄인들만 구원하십니다. 죄를 회개하면 그가 누구라도 하나님 앞에서는 의인이 됩니다. 죄 사함을 받았기 때문에 의인이고 자기의 죄를 깨달았기 때문에 의인입니다.

한평생 누구와도 면담한 일이 없는 어떤 고승이 그 때문에 유명해져서 TV 화면 앞에 끌려 나왔습니다. 그분에게는 그때같이 불행한 시간이 없었습니다. 그분이 면담을 시작하기 전에 한 말은, "내가 말을 해 봤자 거짓말뿐일 텐데…… 날 보고 뭘 말하라고 그러시는 겁니까? 더군다나 많은 시청자 앞에서 말을 해야 하니…… 어찌 참말을 할 수 있겠습니까?"

인간은 누구나 거짓된 존재입니다. 진실한 사람도 거짓되기는 마찬가지입니다. 우리가 무심코 사용하는 일상용어 중에도 거짓이 많습니다.

마당 판매(야드 세일)를 하는 집에서 어떤 손님이 이것저것 뒤적거리다가 가재도구를 와르르 무너뜨려 놓고 말았는데 그러자 주인 마나님……, "감사합니다!" "감사합니다!"를 연발하는 것이었습니다. 그러니 얼마나 고마워서 "감사합니다!"를 연발할 수밖에 없었을까요? 그저 손님이 무안해하지 않도록 예의를 갖춘 것은 아닐까요? 또 우리는 아무나 보고 "아저씨!"라고 하지만, 웬 아저씨가 그토록 많을 수 있습니까? "박 선생!"이라고요? 정말 그분이 당신의 선생님일까요?

사람을 죽이는 총포도 평상시에는 얌전합니다. 신경질 낼 일이 없어서 천사같이 웃고 미워할 사람이 나타나지 않아서 미워하지 않는 것도 사랑일까요! 자기가 좋아서 사랑하고 자기에게 이익이 돼서 친절한 것도 친절일까요? 사랑도 사랑이 아니고 얌전도 얌전한 것이 아닙니다! 인간은 어쩔 수 없이 죄인입니다! '열'이 나면 천사 같던 사람도 금방 마귀로 변해 버립니다!

상대가 고관대작이면 "선배님, 형님!" 하며 호들갑을 떨고 보잘것없는 사람이면 아비어미도 모르는 체를 하는 것도 사람일까요? 소설에도, 영화에도, 음악에도, 온통 사랑의 얘기뿐이지만…… 수놈과 암놈 사이의 짝짓기 같은 사랑이라면 개라도 할 수 있고, 실 다리를 가진 모기도 할 수 있을 것입니다.

"만일 우리가 범죄하지 아니하였다 하면 하나님을 거짓말하는 이로 만드는 것이니 또한 그의 말씀이 우리 속에 있지 아니하니라"(요일 1:10)

4. 만일 우리가 죄를 자백하면

"만일 우리가 우리 죄를 자백하면 그는 미쁘시고 의로우사 우리 죄를 사하시며 우리를 모든 불의에서 깨끗하게 하실 것이요"(요일 1:9)

죄의 문제를 해결하는 길은 하나밖에 없습니다. 그 길이 어떤 길이냐고요? 죄를 짓지 않고 살 수는 없고…… 그래서 죄 사함을 받는 길뿐입니다. 그런데 죄 사함을 받는 길 역시 하나밖에 없습니다. 예수 그리스도의 속죄의 죽음을 믿음으로써입니다. 그런데 회개는 빠를수록 좋습니다. 어떤 사람들은 끝끝내 회개하지 않습니다. 어떤 사람들은 죽을 때가 되면 회개하겠다고 합니다. 그리고 어떤 사람들은 죄를 짓고 나서 오랜 시간이 흐른 다음에야 회개합니다. 그런데 어떤 사람들은 범죄의 현장에서 죄를 깨닫고 손을 놓습니다. 그런데 이보다 더 좋은 길이 있습니다. 행동으로 옮기기 전에, 죄가 마음속에 있을 때 회개하고 죄를 예방하는 것입니다! 회개는 하지 않는 것보다 하는 것이 좋고 빠를수록 좋습니다.

그런데 회개란 처음부터 깊이 할 수 있는 것이 아닙니다. 초신자들의 회개는 얄팍합니다. 따라서 죄 사함을 받는 체험, 구원의 체험 역시 얄팍할 수밖에 없습니다. 그래서 실감이 나지 않습니다. 그러나 그런 체험을 통해서도 죄 사함은 받습니다. 약한 믿음도 믿음은 믿음이기 때문입니다.

그런데 만일 회개가 참된 것이라면 회개를 하고 죄 사함을 받을 때마다 성화되어 갈 수밖에 없습니다. 그래서 점점 더 깊은 회개를 할 수 있게 됩니다. 그래서 구원의 확신도 점점 더 선명해집니다. 죄 사함을 받은 기쁨도 점점 더 넘칩니다. 그럴수록 그의 나라를 구하는 마음도 더욱 간절해집니다. 그럴수록 나그네는 슬피 웁니다. 그것이 회개입니다. 칭의의 구원과 성화의 구원은 같은 것이며 동시적인 현상입니다. 그런데 사람이 가장 거룩하고 깨끗한 순간은 회개할 때입니다. 그러나 의도적으로 죄를 범하는 사람은 회개할 수 없습니다. 그런 사람들은 불법으로 정권을 탈취하고 나서도, 죄를 범하고 나서도 정권만 잡으면 회개는커녕 축배를 듭니다.

위선을 행할 때와 교만할 때가 가장 악할 때입니다. 죄를 범할 때보다 위선을 행할 때가 더 악합니다. 바로 여기에 창기와 세리가 거룩한 대제사장이나 바리새인보다 먼저 하나님 나라에 들어가는 이치가 있습니다(마 21:31).

사람들이 직장에서 업무를 수행할 때는 자기가 사람이라는 사실보다 자기가 장관이나 장군이나 부장이라는 사실을 더 강하게 의식하기 쉽습니다. 인간은 화장실에 들어가 앉아 있을 때가 가장 거룩할 때입니다. 왜냐고요? 그때가 가장 선량할 때이기 때문입니다. 무아지경을 헤매고 있을 때이기 때문입니다. 욕심도 없고 교만도 없고 겸손할 때이기 때문입니다. 그래서인지 종교 개혁자 마틴 루터Martin Luther도 화장실에 앉아서 구원의 도를 깨우쳤다고 합니다. 하여간 스스로 선 줄로 아는 사람은 넘어질까 조심해야 할 것입니다. 예수님께서는 회개하는 죄인들만 구원하십니다(눅 13:3; 행 3:19; 5:31; 고후 7:10; 벧후 3:9).

조선 말기에 겨우 13세가 된 사내아이가 같은 나이의 계집애와 결혼을 하였습니다. 그래도 제법 남편 흉내를 냈습니다. 그런데 하루는 그 신랑 아이가 남편 구실을 한답시고 아내 아이의 버릇을 고치기 위해 매질을 시작했습니다. 그런데 선무당이 사람 잡는다고……, 그 신랑 아이가 잘못해서 신부 아이를 죽여 버리고 말았습니다. 그러자 겁이 난 어린 신랑 그 길로 줄달음을 쳐서 먼 벽지의 산골로 피신했습니다.

그 후 사내아이는 자식이 없는 어떤 집안의 아들로 입양되어 이름까지 바꾸었습니다. 그런데 후일에는 양부가 평양 감사로 승차를 하는 바람에 왕년의 꼬마 신랑도 평양으로 올라가서 작은 벼슬자리 하나를 얻었습니다. 그동안에 세월이 이십 년이나 흘렀습니다.

그때쯤에 평양 시내의 모 교회에서 부흥회가 열렸습니다. 회개운동이 노도와 같이 일어나고 있었습니다. 너도나도 앞을 다투어 회개하고 죄 사함을 받고…… 기뻐하고 있었습니다. 그때 갑자기 어떤 사람의 목소리 하나가 만당을 제압하고 튀어나왔습니다. "나는 사람을 죽인 살인자입니다! 나는 어렸을 때 내 아내를 죽였습니다!" 그 사람이 죄를 고백하는 소리는 너무 또박또박해서 누구나 다 알아들을 수 있었습니다. 그 사람이 다시 울부짖었습니다. "회개해서 죽게 되는 한이 있어도 회개해서 이 몸을 죽이고 그 대신 내 영혼을 살리겠나이다!" 그때 또 다른 이변이 일어났습니다. 울음소리와 함께 어떤 부인이 달려들었습니다. "여보! 여보! 저예요! 난 죽지 않았어요! 난 이렇게 살아 있어요!" 죽은 줄로만 알았던 그 아내가 죽지 않고 살아서 같은 교회에 다니고 있었던 것입니다. 그러나 그때까지는 피차 모르고 지냈던 것입니다! 눈물과 기쁨이 소용돌이쳤습니다. 회개하는 심령은 구원을 받습니다!

"내가 너희에게 이르노니 이와 같이 죄인 한 사람이 회개하면 하늘에서는 회개할 것 없는 의인 아흔아홉으로 말미암아 기뻐하는 것보다 더하리라"(눅 15:7)

웃음보다 더 귀한 눈물

"슬프다 이 성이여 전에는 사람들이 많더니 이제는 어찌 그리 적막하게 앉았는고 전에는 열국 중에 크던 자가 이제는 과부같이 되었고 전에는 열방 중에 공주였던 자가 이제는 강제 노동을 하는 자가 되었도다 밤에는 슬피 우니 눈물이 뺨에 흐름이여 사랑하던 자들 중에 그에게 위로하는 자가 없고 친구들도 다 배반하여 원수들이 되었도다"(예레미야 애가 1:1~2)

웃음보다 더 귀한 눈물

본문 중에 나오는 슬픈 사연은 지금으로부터 약 2천6백 년 전에 있던 얘기입니다. 주전 6백년 예루살렘 성은 갈대아의 정복자에 의해 폐허가 되고 말았습니다. 한때는 온갖 축복의 동산이던 예루살렘 성이 저주의 땅으로 변해 버리고 말았던 것입니다. 한때는 기쁨이 충만하던 그 도성에 지금은 신음과 울음소리뿐이었습니다. 그 멸망의 도성을 바라보면서 지금 선지자 예레미야는 웁니다. 본문의 시는 눈물겨운 예레미야의 울음소리입니다! 성문은 쓰러져 버렸고, 제사장들은 한숨을 쉬고, 처녀들은 강간을 당하고, 귀인들은 모욕을 당했습니다. 하나님의 선민이 가장 낮은 곳에서 가슴을 쥐어뜯으며 애곡하고 있었습니다.

통곡하고 있던 백성이 때마침 그곳을 지나가는 행인을 향해 호소합니다.

"지나가는 모든 사람이여 너희에게는 관계가 없는가 나의 고통과 같은 고통이 있는가 볼지어다 여호와께서 그의 진노하신 날에 나를 괴롭게 하신 것이로다"(애 1:12). "이로 말미암아 내가 우니 내 눈에 눈물이 물같이 흘러내림이여 나를 위로하여 내 생명을 회복시켜 줄 자가 멀리 떠났음이로다 원수들이 이기매 내 자녀들이 외롭도다 시온이 두 손을 폈으나 그를 위로할 자가 없도다 여호와께서 야곱의 사방에 있는 자들에게 명령하여 야곱의 대적들이 되게 하셨으니 예루살렘은 그들 가운데에 있는 불결한 자가 되었도다"(애 1:16~17).

도움을 필요로 하는 백성들이 지나가는 행인을 향해 도움을 호소해 보지만 그들은 아는 체도 하지 않습니다. 아니! 가장 가까운 사람들…… 친지들까지 배신을 합니다.

"내가 내 사랑하는 자들을 불렀으나 그들은 나를 속였으며 나의 제사장들과 장로들은 그들의 목숨을 회복시킬 그들의 양식을 구하다가 성 가운데에서 기절하였도다"(애 1:19).

심지어 애인들까지도 등을 돌립니다. 지금도 예외는 아닙니다. 지금도 꼭 도움이 필요하게 되면 도울 사람이 없습니다. 이와는 반대로 누구의 도움도 필요하지 않게 되면 도움을 주겠다고 나서는 사람이 부지기수입니다. 그래서 망하는 사람은 아주 망하고 잘되는 사람은 점점 더 잘되기만 하는 것이 아니겠습니까(마 25:28~29)?

돌이켜 보건대, 인류의 역사가 시작된 이래 이 땅에는 눈물 없는 날이 없었습니다. 건강하기만 하던 큰아들 가인이 귀염둥이 둘째 아들 아벨을 죽였을 때 어찌 아담과 하와의 눈에 눈물이 없었겠습니까? 그리고 하늘같이 믿던 남편 아브라함에게 쫓겨난 하갈도 어린 자식 이스마엘을 끌어안고 목이 쉬도록 울었을 것입니다. 포로가 되어 바벨론으로 끌려간 이스라엘 백성들도 저녁이면 저녁마다 강변에 모여 먼 조국 하늘을 우러러보며 거문고의 음률에 따라 슬피 울었습니다. 그 밖에 나치스 치하의 수용소에서 무차별 학살을 당한 유대인들도 억울한 눈물을 흘려야 했습니다.

우리 민족도 예외는 아닙니다. 임진왜란과 병자호란 당시에, 먹을 것도 빼앗기고 정조도 빼앗기고, 거리로 쫓겨나서 유리 방랑하던 백의민족의 눈물을 모르는 사람이 어디 있겠습니까? 나는 일산에 있는 화장장에서 어떤 중년 부인이 남부끄러운 줄도 모르고 "엄마! 엄마!" 하고 울부짖으며 떼굴떼굴 구르던 일을 지금도 잊을 수가 없습니다.

인류의 역사는 눈물의 역사입니다. 특히 배달민족의 역사는 눈물의 역사였습니다. 그래서인지 우리 한국 교인들은 눈물을 흘려야 은혜를 받지, 미국 사람들같이 실컷 웃고 나서는 은혜를 받지 못합니다! 우리는 실컷 웃고 나면 도리어 허탈감을 느낍니다! 우리는 눈물과 함께 살아온 백의민족입니다!

1. 이런 눈물, 저런 눈물

"요셉이 큰 소리로 우니 애굽 사람에게 들리며 바로의 궁중에 들리더라"(창 45:2)

본문 중에 나오는 울음소리는 요셉이 친형제들을 꿈같이 만나서 반가운 정을 억제할 수가 없어 터뜨린 방성대곡입니다. 지금 요셉은 너무나 반가워서 눈물을 흘리고 있습니다. 사람들은 기쁠 때 웃기만 하는 것이 아니라 울기도 합니다. 이 세상에는 여러 가지 종류의 눈물이 있습니다. 눈에 티끌이 들어가서 나오는 눈물도 있고, 하품하다가 흘리는 눈물도 있습니다. 생리적인 눈물입니다. 너무 분해서도 울고 너무 속이 상해서도 웁니다. 그리워서도 울고 헤어지는 것이 섭섭해서도 웁니다. 배가 고파서 우는 갓난아기도 있고 배가 아파서 우는 아저씨도 있습니다.

어떤 사람은 사는 것이 괴로워서 울고 어떤 사람은 죽기가 서러워서 웁니다. 남들이 우니까 덩달아서 우는 눈물도 있고 영화를 관람하다가 흘리는 눈물도 있습니다. 또 이 세상에는 연기용으로 흘리는 눈물도 있고 속임수로 흘리는 첩실들의 눈물도 있습니다. 가짜 눈물입니다. 그러나 그런 눈물도 눈물만은 진짜입니다. 그런데 장마철같이 눈물이 너무 많이 나오는 것도 문제지만, 그러나 가뭄 때같이 눈물이 너무 나오지 않는 것도 병입니다. 눈물이 너무 많으면 홍수가 나서 큰일이고, 눈물이 너무 없으면 땅이 메말라 농사가 되지 않아서 걱정입니다.

그러므로 음식도 적당히 먹는 것이 몸에 유익한 것같이 눈물도 철을 따라서 적당히 흘리는 것이 인생을 윤택하게 합니다. 그런데 비관주의자들과 눈물의 여왕들은 슬퍼할 일이 없는 데도 눈물을 짜냅니다. 어떤 어머니는 외아들을 잃고 나서 흘리기 시작한 눈물을 죽을 때까지 멈추지 않았습니다.

2. 눈물의 묘약

그런데 눈물의 종류가 여러 가지인 것같이 눈물의 효험 역시 가지각색입니다. 어떤 사람은 울고 나면 눈동자가 이슬방울같이 빛나는데, 어떤 사람은 울고 나면 눈이 시궁창같이 질척질척해집니다. 실컷 울고 나면 메마른 땅에 소낙비가 내린 것같이 정서가 신선해지는 사람도 있고 실컷 눈물을 흘리고 나면 물이 빠져 버린 저수지같이 강퍅해지는 사람도 있습니다. '독'만 앙상하게 남는 사람도 있습니다. 홍수가 농산물에 피해를 주는 것은 사실이지만, 그러나 동시에 우로가 농산물에 축복을 주는 것도 사실입니다. 눈물은 축복입니다.

요즘 세상 사람들은 웃음만 찬양하고 눈물은 냉대하지만, 그러나 눈물은 웃음보다도 더 많은 축복을 인생들에게 가져다주었습니다(마 5:4). 그런데 많은 사람이 이 사실을 모릅니다. 그래서 웃음은 코미디언을 찾아가 돈을 주고서라도 사려 하면서도 눈물은 깨끗이 제거해 버리려고 합니다. 그래서 코미디언들은 많은 수입을 올리지만 눈물을 만들어 주는 '개그맨'은 없습니다. 사람들은 TV 앞에 앉아 코미디언들의 익살을 지켜보면서 남들이 만들어 주는 웃음이라도 실컷 웃어 보려고 합니다. 사람들은 웃음이 사람에게 유익을 주는 줄을 압니다. 입을 크게 벌리고 힘차게 웃으면 건강에 좋다고 합니다. '소문만복래笑門萬福來'입니다. 그래서 사진사들은 "치~즈! 치~즈!" 하며 사람들을 억지로라도 웃겨 놓지 않던가요? 그러나 일부러 사람을 울려 놓고 사진을 찍는 사람은 없습니다. 한마디로 사람들은 웃음이 좋은 것만 알지, 울음이 인생에게 축복이 되는 것은 모릅니다.

물론 웃음이 사람의 육체에 유익을 주는 것은 사실입니다. 그러나 인격의 성장이나 영혼 구원에는 웃음보다 눈물이 더 좋습니다. 쓴 약이 단 설탕보다 더 좋고, 맛이 없는 채식이 기름진 육식보다 더 유익합니다. 고난의 눈물에서 불후의 예술작품과 위대한 인격과 심오한 신앙이 잉태되어 나왔습니다. 대체로 사람들은 웃으면 수지가 맞고 눈물을 흘리면 손해를 보는 줄 알지만 사실은 그게 아닙니다. 일 년 내내 웃기만 하는 땅…… 태양 빛만 내리쪼이고 빗방울 하나 떨어지지 않는 건조한 땅에서는 풍작을 기대할 수 없습니다. 눈물은 메마른 땅에 내리는 단비입니다.

"눈물을 흘리며 씨를 뿌리는 자는 기쁨으로 거두리로다 울며 씨를 뿌리러 나가는 자는 반드시 기쁨으로 그 곡식 단을 가지고 돌아오리로다"(시 126:5~6).

한번은 장 밥티스트 마시용Jean Baptiste Massillon 주교가 루이 14세 앞에서 설교를 하게 되었습니다. 그는 설교의 서두에서 다음과 같은 말을 하였습니다. "만일 어떤 사람이 이 자리에서 설교하게 되면 그 사람은 분명히 애통하는 자가 복이 있다고 하는 대신 전쟁에 승리해서 명성을 온 세계에 떨치는 제왕이 복이 있다고 할 것입니다. 그러나 하나님의 말씀은 다릅니다."

세상 사람들은 웃음만 터져 나오고 눈물은 흘러나오지 못하게 하려고 재물이며, 성공이며, 향락이며, 심지어 코미디까지 동원하지만, 그러나 예수님께서는 애통하는 자가 복이 있다고 하셨습니다. 눈물이 뿌려진 밭에서만 풍성한 추수를 기대할 수 있습니다. 그리고 고난의 쟁기로 갈아엎어서 고랑이 난 곳에서만 풍성한 곡식도 추수할 수 있을 것입니다.

그런데 마태복음 5장 4절에 나오는 '애통'이라는 말의 원어는 초상집의 통렬한 슬픔을 표현할 때 쓰는 말입니다. 창세기 37장 34절에서는 야곱이 아들 요셉의 돌발적인 변사 소식을 듣고 애통했다고 했는데, 그때 사용된 단어가 이것입니다. 이 애통은 숨기려야 숨길 수 없는 애통이며, 가슴을 아프게 하는 애통이며, 억제하려고 해도 억제할 수 없는 홍수 같은 애통입니다. 그런데 예수님께서는 그토록 통렬하게 우는 사람들에게 복이 있다고 하셨습니다.

다음과 같은 시 한 수가 있습니다.

"나는 즐거움과 함께 한참을 걸었네. 그동안 나는 내내 유쾌하게 지껄였네. 그러나 남은 것은 아무것도 없었네. 나는 슬픔과 함께 한동안을 걸었네. 단 한마디의 말도 없이 묵묵히. 그러나 거기서 나는 많은 것을 배웠네."

성경 전도서 7장 2절에는 다음과 같은 말씀이 있습니다.

"초상집에 가는 것이 잔칫집에 가는 것보다 나으니 모든 사람의 끝이 이와 같이 됨이라 산 자는 이것을 그의 마음에 둘지어다"

그러면 무조건 울기만 하면 잘하는 일일까요? 그건 아닙니다. 축복에 이르게 하는 눈물이 따로 있습니다. 그러면 축복에 이르게 하는 눈물이란 어떤 눈물일까요? 네 가지만 말씀을 드리기로 하겠습니다.

3. 축복에 이르는 눈물

"한나가 마음이 괴로워서 여호와께 기도하고 통곡하며"(삼상 1:10)

1) 하나님을 바라보고 우는 눈물입니다

사무엘의 어머니 한나가 성전에서 울고 있습니다. 왜 울고 있었을까요? 자식을 낳지 못해서 울고 있었습니다. 아기 하나를 생산하려면 목숨을 거는 해산의 진통을 겪어야 하는데도 아이를 낳지 못해서 울고 있었습니다. 그것도 우주의 불가사의 중 하나인가 합니다. 하여간 한나는 자식을 낳지 못해서 울고 있었습니다. 육신의 일로 울고 있었습니다. 세상일로 울고 있었습니다. 그러나 하나님을 바라보고 울었습니다. 이것이 중요한 사실입니다. 영적인 일로 우는 눈물만이 축복의 근원이 되는 것은 아닙니다.

육신의 일로 울어도 하나님만 바라보고 울면 축복이 됩니다.

그러면 어떻게 우는 것이 잘 우는 것일까요? '앙앙!' 우는 것일까요? 아니면 '엉엉!' 우는 것일까요? 아니면 '훌쩍훌쩍!' 우는 것일까요? 아니면 소리 없이 흐르는 눈물만 씻어 내는 것일까요? 그런 것이 아니고 어떻게 울든지 하나님을 바라보고 우는 것이 제일 잘 우는 것입니다. 혼자서 우는 것은 아무리 잘 울어도 잘 우는 것이 아닙니다. 둘이 부둥켜안고 우는 것도 가장 잘 우는 것은 아닙니다. 하나님을 바라보고 흘리는 눈물이 복된 눈물입니다. 남을 원망하면서 우는 눈물은 복된 눈물이 아닙니다. 땅을 내려다보고 우는 눈물과 하나님을 바라보고 우는 눈물은 질적으로 다릅니다.

성군 다윗에게 돌을 던진 사람이 있었습니다. 그러나 그때 다윗은 그 사람을 노려보지 않고 하나님을 우러러보았습니다.

"다윗이 마루턱을 조금 지나니 므비보셋의 종 시바가 안장 지운 두 나귀에 떡 이백 개와 건포도 백 송이와 여름 과일 백 개와 포도주 한 가죽부대를 싣고 다윗을 맞는지라 왕이 시바에게 이르되 네가 무슨 뜻으로 이것을 가져왔느냐 하니 시바가 이르되 나귀는 왕의 가족들이 타게 하고 떡과 과일은 청년들이 먹게 하고 포도주는 들에서 피곤한 자들에게 마시게 하려 함이니이다 왕이 이르되 네 주인의 아들이 어디 있느냐 하니 시바가 왕께 아뢰되 예루살렘에 있는데 그가 말하기를 이스라엘 족속이 오늘 내 아버지의 나라를 내게 돌리리라 하나이다 하는지라 왕이 시바에게 이르되 므비보셋에게 있는 것이 다 네 것이니라 하니라 시바가 이르되 내가 절하나이다 내 주 왕이여 내가 왕 앞에서 은혜를 입게 하옵소서 하니라 다윗 왕이 바후림에 이르매 거기서 사울의 친족 한 사람이 나오니 게라의 아들이요 이름은 시므이라 그가 나오면서 계속하여 저주하고 또 다윗과 다윗 왕의 모든 신하를 향하여 돌을 던지니 그때에 모든 백성과 용사들은 다 왕의 좌우에 있었더라 시므이가 저주하는 가운데 이와 같이 말하니라 피를 흘린 자여 사악한 자여 가거라 가거라 사울의 족속의 모든 피를 여호와께서 네게로 돌리셨도다 그를 이어서 네가 왕이 되었으나 여호와께서 나라를 네 아들 압살롬의 손에 넘기셨도다 보라 너는 피를 흘린 자이므로 화를 자초하였느니라 하는지라 스루야의 아들 아비새가 왕께 여짜오되 이 죽은 개가 어찌 내 주 왕을 저주하리이까 청하건대 내가 건너가서 그의 머리를 베게 하소서 하니 왕이 이르되 스루야의 아들들아 내가 너희와 무슨 상관이 있느냐 그가 저주하는 것은 여호와께서 그에게 다윗을 저주하라 하심이니 네가 어찌 그리하였느냐 할 자가 누구겠느냐 하고 또 다윗이 아비새와 모든 신하들에게 이르되 내 몸에서 난 아들도 내 생명을 해하려 하거든 하물며 이 베냐민 사람이랴 여호와께서 그에게 명령하신 것이니 그가 저주하게 버려두라 혹시 여호와께서 나의 원통함을 감찰하시리니 오늘 그 저주 때문에 여호와께서 선으로 내게 갚아 주시리라 하고"(삼하 16:1~12).

그러므로 실직자가 돼서 우시든, 실연해서 우시든, 이빨이 쑤셔서 우시든, 하나님을 바라보고 우시기 바랍니다. 아무리 눈물이 강을 이루어도 그 위에 배를 띄워 하나님 앞으로 나가기만 하면 복된 새 아침을 맞이하게 될 것입니다!

이스라엘 백성은 국토를 빼앗기고 산산이 흩어져서 온 세계를 유리 방랑할 수밖에 없었지만, 그런데도 어디를 가나 예루살렘 성전을 향해 눈물 흘리기를 그치지 않았습니다. 그래서 나라를 잃은 지 2천 년이 지난 후에도 남의 나라의 한복판에 조국을 재건할 수 있었던 것이 아닐까요? 하나님을 바라보고 흘리는 눈물은 헛되이 돌아가지 않을 것입니다.

첫 번째 부활절 아침 일찍 예수님을 찾아간 마리아도 눈물에 젖은 눈을 통해서만 부활하신 예수님을 알아볼 수 있지 않았던가요(요 20:11~14)? 그 밖에도 너무도 많은 사람이 눈이 샛별같이 빛날 때는 보지 못하던 하나님을 눈물을 통해서는 볼 수 있었습니다. 야곱도 눈물 속에서 하나님을 만났고, 베드로도 눈물 속에서 하나님을 만났습니다. 하나님을 바라보고 우는 눈물 속에서 옛 사람은 죽고 새사람이 태어날 수 있었습니다. 회개의 뜨거운 눈물 속에서 말입니다.

"나의 친구는 나를 조롱하고 내 눈은 하나님을 향하여 눈물을 흘리니" (욥 16:20).

친구가 자기를 조롱하는데도 그 친구들에게 대들 생각은 하지 않고 하나님을 바라보고 눈물을 흘렸습니다. 웃는 집에는 세상 복이 밀려들어 오고 하나님을 바라보고 눈물을 흘리는 집에는 천국 복이 찾아들 것입니다.

2) 죄를 슬퍼하고 우는 눈물입니다

"이에 베드로가 예수의 말씀에 닭 울기 전에 네가 세 번 나를 부인하리라 하심이 생각나서 밖에 나가서 심히 통곡하니라"(마 26:75)

지금 베드로는 죄를 회개하는 눈물을 흘리고 있습니다. 신앙생활에 있어 무엇보다도 더 중요한 것이 회개의 눈물입니다. '천국이냐, 지옥이냐?' '참된 신앙이냐, 형식적인 신앙이냐?' 를 판가름하는 것도 회개의 눈물입니다. 그런데 참된 회개는 생각같이 쉬운 것이 아닙니다. 회개의 눈물과 후회의 눈물은 다릅니다.

칼라일Thomas Carlyle은 아내를 저 세상으로 보내 놓고 나서야 좀 더 친절하게 대해 주지 못한 것을 후회하여 밤을 새워 가며 울었다고 합니다. 그래서 몸도 초췌해지고 정신까지 멍청해졌다고 합니다. 자기의 신경질 때문에 고생만 하다가 죽은 아내를 몹시도 가슴 아파했다고 합니다. 그러나 칼라일의 그 눈물은 후회의 눈물일 뿐 회개의 눈물이 아니었습니다.

베드로와 가룟 유다는 똑같이 스승을 배신하는 죄를 범했습니다. 그리고 두 사람 모두 그 일로 인해 심히 울었습니다. 베드로만 통곡한 것이 아니고 가룟 유다도 뉘우치고 목을 매달아 죽기까지 하였습니다. 그러나 베드로는 회개한 데 반해 가룟 유다는 후회만 하였습니다. 그래서 베드로는 구원을 받고 가룟 유다는 멸망을 할 수밖에 없었습니다. 베드로는 회개하므로 죄 사함을 받아 새사람이 될 수 있었지만, 그러나 가룟 유다는 자기 혼자서 죄의 무거운 짐을 짊어지고 후회만 하고 회개는 하지 않아서, 그래서 죄 사함도 받지 못하고, 새사람으로 거듭날 수도 없었습니다. 회개와 회한은 다릅니다. 그런데 우리는 베드로의 회개와 가룟 유다의 회한에서 또 다른 점 하나를 발견할 수 있습니다. 베드로는 죄 자체를 통곡하고, 가룟 유다는 죄의 결과를 통곡한 것이 다릅니다. 죄 자체 때문에 우는 것과 죄의 결과 때문에 우는 것은 다릅니다.

교도소에 있는 수많은 죄수가 슬피 운다고 합니다. 그런데 그들 대부분은 죄 자체 때문에 울지 않고 죄의 결과 때문에 웁니다. 자신의 죄를 깨닫고 우는 것이 아니고 옥중생활이 괴롭고 슬퍼서 우는 것입니다. 그 정도가 아닙니다. 많은 죄수가 자신의 죄를 깨닫기는커녕 억울하게 감옥살이 하는 것이 분해서 운다고 합니다. 지옥도 슬피 우는 사람들로 초만원이지만…… 그들 역시 죄 자체 때문에 우는 것이 아니고 지옥의 고통이 괴로워서 웁니다. 사울 왕도 죄의 결과가 가슴 아파서 울었습니다. 그러나 죄 자체는 슬퍼하지 않았습니다. 그래서 하나님께 버림을 받을 수밖에 없지 않았던가요?

사울 왕은 사무엘 선지자의 책망과 경고를 듣고 땅에 엎드려 기력이 진하고 침식을 못할 지경으로 울었습니다. 회개하였습니다. "사울이 갑자기 땅에 완전히 엎드러지니 이는 사무엘의 말로 말미암아 심히 두려워함이요 또 그의 기력이 다하였으니 이는 그가 하루 밤낮을 음식을 먹지 못하였음이니라"(삼상 28:20). 그런데도 어찌하여 그는 죄 사함을 받을 수 없었던 것일까요? 죄 자체 때문에는 회개하지 않고 죄의 결과가 두려워서 회개하였기 때문입니다. 왕위를 보존하기 위해서만 회개하였기 때문입니다.

오늘날도 많은 사람이 죄 자체 때문이 아니라 죄의 결과 때문에 회개를 합니다. 회개하면 병이 낫는다고 하니까 회개하는 사람도 있고, 회개하면 축복을 받는다고 하니까 회개하는 사람도 있고, 재난을 물리치기 위해서 회개하는 사람도 있습니다. 영권, 인권, 물권을 다 받기 위해서 회개하는 사람도 있습니다. 욕심이 생긴 것을 '암'이 생긴 것같이 슬퍼하고 회개하기는 쉽지 않습니다. 밀수로 일확천금을 손에 쥐고 나서도 기뻐하기는커녕 순전히 죄 자체 때문에 회개하기는 쉬운 일이 아닙니다.

그러나 다윗 왕은 죄 자체 때문에 회개하였습니다. 다윗 왕은 간음죄 때문에 왕위에서 쫓겨나게 되지도 않았고 벌을 받게 되지도 않았는데도…… 순전히 죄 때문에 그것도 신하인 나단 선지자 앞에 무릎 꿇고 회개를 하였습니다.

"하나님이여 내 속에 정한 마음을 창조하시고 내 안에 정직한 영을 새롭게 하소서"(시 51:10).

그래서 다윗 왕은 죄 사함도 받고 왕위도 보존할 수 있었습니다. 죄 자체 때문에 회개하는 사람은 죄 사함을 받고, 죄의 결과 때문에 형벌이나 면해 보려고 회개하는 사람은 죄 사함을 받을 수 없습니다! "야! 이 자식아! 잘못했다는데도 너 정말 이렇게 나오기냐! 너 혼 좀 나볼래!" 이런 것은 회개가 아닙니다.

윌리엄 제임스William James의 말같이 자기 죄를 슬퍼하는 회개의 울음소리는 병든 영혼의 증세가 아니라 새로 태어나는 어린 아기의 울음소리입니다. 인격의 변화를 동반하지 않는 회개는 가짜 회개입니다.

랜슬럿Lancelot 경은 자기 죄를 회개하느라고 날이 밝도록 울었습니다. "나의 죄와 나의 사악함이 참으로 부끄럽사옵니다!" 그는 그렇게 통회하면서 새들이 지저귀는 아침에 이르기까지 울었습니다. 귀네비어Guinevere 여왕도 자신의 불신앙을 슬퍼하면서 슬피 울던 중 "내가 너를 용서한다! 네 영혼에게 안식을 주노라!" 하시는 하나님의 음성을 들었습니다!

성자들의 회개의 깊이는 측량할 수 없을 정도입니다. 따라서 거기서 솟아 나오는 환희의 높이 또한 측량할 수 없을 정도입니다. 악한 사람들은 남의 잘못만 보고 개처럼 짖어 대지만, 성자들은 자신의 죄를 회개합니다. 잘못이 많은 사람일수록 남의 잘못만 찾아내며 용서하지도 못하고 옳은 말만 많이 하고 비판의 칼날만 세웁니다. 그러나 죄가 없으신 예수님에게는 용서하지 못하실 죄가 없으십니다.

누구에게나 40주야를 쉬지 않고 회개해도 다 할 수 없으리만큼의 많은 죄가 있습니다. 그런고로 먼저는 작은 죄부터 회개하십시다. 그러면 그 작은 죄가 얼마나 큰 죄인가를 깨닫게 될 것입니다.

그럼 얘기 하나 하겠습니다.

어떤 집사님은 십일조는 열심히 바치시면서도 회개는 한 번도 해 보지 못했습니다. 전도는 기차게 잘하시면서도 구원의 확신은 없었습니다. 그러다가 관절염으로 손발을 움직일 수 없게 되자 침대 위에 드러누워 불평불만뿐이었습니다. 그러는 동안에 병세는 점점 더 악화하기만 하였습니다. 그런데 어느 날 간호사가 주사를 놔 주려고 그 집을 찾아왔다가 프라이팬이 너무 더러워진 것을 보고 말했습니다.

"제가 프라이팬을 닦아 드려도 될까요?"

"아무리 닦아도 소용없어요. 닦아지지 않는걸요."

"제가 한번 닦아볼게요."

간호사가 프라이팬을 닦기 시작했습니다. 그런데 그 간호사는 세제를 사용해서 프라이팬을 닦으려고 하지 않고 프라이팬을 연탄불 위에 올려놓았습니다. 그런데…… 프라이팬이 빨갛게 달아오르더니 온갖 더덕이들이 뚝뚝 떨어져 버리는 것이 아닙니까? 그러더니 결국은 윤기가 나는 새 프라이팬으로 다시 태어나더라지 뭡니까!

그 장면을 지켜보고 있던 고참 집사님……, 너무도 신기하고 감격해서 눈물까지 흘렸는데, 그런데 그 눈물이 뜻밖에도 회개의 눈물로 변했다지 뭡니까! 그때까지는 집사님이 죄 자체 때문에 회개해 본 일이 없었습니다. 그런데 이제는 집사님 입에서 가까운 이웃을 미워한 죄로부터 시작해서 욕심부린 죄와 불평한 죄 등등 수많은 죄의 더덕이들이 우수수 떨어져 나오는 것이었습니다. 그런데 집사님의 회개는 하나님의 응답을 받았으니 관절염까지 덩달아 떨어져 버리고 말았다는 얘기입니다.

3) 이웃의 고통을 함께 짊어지고 우는 눈물입니다

"내가 이 말을 듣고 앉아서 울고 수일 동안 슬퍼하며 하늘의 하나님 앞에 금식하며 기도하여"(느 1:4)

느헤미야는 예루살렘 성이 황폐하고 동족이 비참한 생활을 하고 있다는 소식을 듣고 그 자리에 주저앉아 울었으며 수일 동안 식음을 전폐하고 하늘의 하나님께 기도를 드렸습니다. 그 애절한 울음소리가 아닥사스다 왕의 마음을 움직여서 느헤미야는 왕의 허락을 받고 고국으로 돌아가 무너진 성벽을 재건할 수 있었습니다.

우리 주변에도 고통을 당하고 있는 이웃이 많습니다. 공산 치하의 소련 북부에 노린스크라고 하는 강제 수용소가 있었습니다. 노린스크는 북위 170도 선상에 있는 인구 40만의 도시였는데 그중 35만이 죄수였습니다. 그리고 나머지 5만 명은 죄수들의 가족들과 감시요원들이었습니다. 그런데 그 수용소의 죄수들은 당국이 멋대로 만든 죄수들로 어떤 사람은 농장에서 달걀 몇 개를 훔쳐 먹었다고 8년형을 받고, 어떤 사람은 작업장에서 불평 몇 마디를 했다고 18년형을 받고, 또 어떤 사람은 "빵을 달라!"고 벽에 낙서를 좀 했다고 반동죄로 몰려 25년형을 받고…… 모두 그런 죄수들이었습니다.

그러니 고생도 고생이지만 얼마나 억울하고 슬펐겠습니까? 수은주가 영하 60~70도를 오르내리는 동토의 땅! 찬 바람 소리가 늑대들의 노호怨號 같은데 눈은 아파서 뜰 수조차 없고 소변은 땅에 떨어지기도 전에 얼어붙고, 심지어 어떤 사람은 소변을 보다가 성기가 동상에 걸려 절단을 해 버리기도 하였습니다. 태양도 겨울에는 단 두 시간 동안 얼굴을 내밀 뿐인 암흑과 죽음의 땅에서 근육뿐 아니라 뼈까지 얼어붙은 무죄한 죄수들이 노동을 강요당하고 있었습니다. 감각조차 없는 손으로 쇳덩어리 같은 땅을 해머로 치면 도리어 징이 튕겨 돌아오기도 하였습니다. 팔은 뻣뻣해지고 손바닥은 부풀어 오르고 피까지 흘러나와 숨쉬기조차 고통스러웠지만 그래도 이를 악물고 해머를 들어 올려야 했습니다.

무수한 죄수가 "왜? 왜?" 하며 하늘을 향해 울부짖었지만, 그러나 대답은 없었습니다. 그중에는 형기를 마치기도 전에 극심한 고통과 굶주림과 추위를 견디다 못해 죽은 사람들도 허다했습니다. 죽느니만도 못했지만 그래도 모두 죽을 때까지는 살아야 했습니다.

그러면 이 같은 고통은 단지 옛날 얘기일 뿐일까요? 아닙니다! 고통은 지금도 있고 눈물은 동서고금을 가리지 않습니다. 그런데 이 세상에서 가장 고귀한 눈물은 고통을 당하는 이웃들과 함께 우는 눈물입니다. 우리는 "내려다보고 살자"는 말에 익숙해져 있습니다. 그러나 내려다보고 감사하는 사람보다는 내려다보고 이웃과 같이 우는 사람이 더 고귀한 인생을 살고 있는 사람입니다.

그러면 이웃을 돌아다보고 사는 인생이란 어떤 인생일까요? 고통을 당하는 이웃을 돌아보며 그들과 함께 울고 그들과 함께 고통을 당하는 인생입니다. 먹지 못해서 죽는 어린이들을 생각하고 그들을 위해 절제하는 생활을 하는 인생입니다.

티베리우스 그라쿠스Tiberius Gracchus가 스페인에서 로마로 돌아오던 중 에트루리아Eturia 들판을 지나게 됐는데, 들판에서 노동을 하고 있는 노예들의 억울한 참상을 목격하고는 얼마나 충격을 받았던지…… 그리고 얼마나 뜨거운 눈물을 흘렸던지…… 마침내 그는 사회혁명을 일으키기에 이르렀습니다.

토마서 거스리Thomas Guthrie도 스코틀랜드의 전도자로 시무할 당시 에든버러 경찰서에 들렸다가 보호자도 없이 난로 옆의 넓은 공간에 벌렁 드러누워 있는 여덟 살 난 어린아이의 가엾은 모습을 보고 가슴이 찔려서 울었는데…… 결국 그는 버림받은 어린이들을 위한 사회개혁운동을 주도하지 않았던가요?

그뿐 아닙니다. 우리는 예수님에게서 우는 자와 함께 우시는 하나님을 발견합니다.

"예수께서 나오사 큰 무리를 보시고 불쌍히 여기사 그중에 있는 병자를 고쳐 주시니라"(마 14:14). "주께서 과부를 보시고 불쌍히 여기사 울지 말라 하시고"(눅 7:13). "예수께서 눈물을 흘리시더라"(요 11:35). "가까이 오사 성을 보시고 우시며"(눅 19:41).

예레미야도 멸망을 당한 유대 민족의 참극 앞에서 목을 놓아 울었습니다.

"이로 말미암아 내가 우니 내 눈에 눈물이 물같이 흘러내림이여 나를 위로하여 내 생명을 회복시켜 줄 자가 멀리 떠났음이로다 원수들이 이기매 내 자녀들이 외롭도다"(애 1:16).

전에 내가 불치병으로 사형선고를 받고 창밖을 내다보니, 사람들은 남이야 죽든 말든 아랑곳하지 않고 직장인들은 출근길에 분주하고, 젊은이들은 청춘사업에 여념이 없었습니다. 아무리 금방 사람이 죽어가도 친척들은 계 모임에 가야 했고, 교우들은 결혼식에 참석해야 했습니다. 금방 사람이 죽게 됐는데도 위로는 그만두고 가슴에 왕못을 두들겨 박는 사람도 있었습니다. 그래서 아픈 사람은 혼자서 아프고, 슬픈 사람은 혼자서 울고, 죽는 사람은 혼자서 죽어야 합니다.

친구에게 임한 대재난이 자기 집에 바퀴벌레 한 마리 나타난 것만큼도 문제가 되지 않습니다. 이웃집에 초상이 난 것이 자기 발가락에 무좀 하나 생긴 것만큼도 고통을 주지 않습니다. 보십시오! 지금도 고통 중에서 슬피 우는 사람들을 아랑곳하지 않고 무수한 행락 행렬이 우리 앞을 지나가고 있지 않습니까? 어려운 일을 당한 사람들은 위로의 말이라도 듣고 싶지만, 그러나 지나가는 사람들은 자기 일이 바빠서 그럴 정신이 없습니다. 아무리 부르짖고 부르짖어도 공허한 메아리뿐입니다! 이렇게 냉기가 도는 세상에서 이웃들과 슬픔을 같이하는 눈물보다 더 고귀한 것이 또 어디 있겠습니까?

자기의 서러움에 울기는 쉬워도, 이웃의 슬픔을 나누어 갖기는 어렵습니다. 사람들은 말합니다. "당장 내 짐도 무거워서 견딜 수가 없는데 어떻게 남의 짐까지 대신 짊어질 수 있느냐?"라고. 그러나 예수님께서는 "수고하고 무거운 짐 진 자들아 다 내게로 오라 내가 너희를 쉬게 하리라 나는 마음이 온유하고 겸손하니 나의 멍에를 메고 내게 배우라 그리하면 너희 마음이 쉼을 얻으리니 이는 내 멍에는 쉽고 내 짐은 가벼움이라"(마 11:30)라고 말씀하셨습니다.

다미엔Damien 신부는 자진해서 몰로카이 섬의 나환자촌으로 들어갔습니다. 거기서 그는 13년을 하루같이 보람을 느끼면서 살았습니다. 그러던 어느 날 그는 '아차' 하는 순간에 실수를 해서 뜨겁게 끓는 물을 자기 발등에 엎질렀습니다. 그런데…… 조금도 뜨겁지가 않았습니다. 다미엔 신부도 나환자가 되어 버리고 말았던 것입니다. 그때 그는 너무나 기뻐서 감사하였다고 합니다.

이 세상에 겨레의 무거운 짐과 인류의 고통을 나누어지고 사는 사람같이 고귀한 인생을 사는 사람은 없을 것입니다.

4) 남의 죄를 대신 짊어지고 회개하는 눈물입니다

이웃의 죄를 자기 죄같이 느끼고 우는 눈물입니다. 자기를 해친 사람의 죄까지 짊어지고 우는 눈물입니다. 성자로 추앙을 받는 분들은 모두가 그런 분들입니다. 아니! 원수 사랑은 천국 시민이면 누구나 지켜야 할 하나님 나라의 국법입니다(마 5:44). 미워하는 것도 상대가 돼야 하지…… 워낙 상대가 되지 않으면 미워할 수도 없을 것입니다.

모세도 사도 바울도 동족의 죄를 회개하면서 그들을 대신해서 심판받기를 자청하지 않았던가요! 그들은 백성의 타락에 책임을 느끼면서 회개의 눈물을 흘렸습니다. 실력이 없는 사람은 어려운 시험 문제 앞에서 낙심부터 하지만, 그러나 실력 있는 사람은 히말라야의 영봉을 바라보면서도 전율을 느낍니다. 세상에서는 누구나 구멍가게를 경영하면서도 재벌을 바라보고, 졸병 노릇을 하면서도 별을 바라봅니다. 그러나 신앙계에는 정상에 도전하는 사람이 없습니다.

"가까이 오사 성을 보시고 우시며 이르시되 너도 오늘 평화에 관한 일을 알았더라면 좋을 뻔하였거니와 지금 네 눈에 숨겨졌도다"(눅 19:41~42).

지금 예수님께서는 동족의 죄와 동족에게 임할 하나님의 심판을 예견하시면서 슬피 울고 계십니다. 바울의 경우도 예외는 아닙니다. 바울은 옥중에서도 기뻐했지만, 그러나 동족의 죄를 생각하면서 눈물 마를 날이 없었습니다(롬 9:1~3). 눈물 속의 기쁨! 이런 것이 그리스도인의 기쁨입니다. 그리고 이 길만이 항상 기뻐하면서 사는 길이기도 합니다. 온종일 생리적으로 싱글벙글 웃고 다닌다고 믿음이 좋은 것은 아닙니다.

그런데 예수님께서는 가까운 이웃뿐 아니라 온 인류의 죄, 아니! 원수들의 죄까지도 대신 짊어지시고 십자가에 못이 박히셨습니다. "모두가 내 잘못이다!"

예수님께서는 자기를 죽인 사람들의 죄를 대신 짊어지시고 십자가상에서 속죄의 제물이 되셨습니다. 세상의 죄를 비방하는 대신 그들의 죄를 대신 짊어지셨습니다. 남의 잘못을 보고 "모두 내 잘못이야!" 하셨습니다. 그러니 세상에 이보다 더 거룩한 사랑이 또 어디 있겠습니까? 남의 잘못을 발견하면 노다지라도 만난 것같이 신바람이 나서 나팔을 불고 다니는 사람과 이 사람은 다릅니다.

그럼 결론적으로 말씀드리겠습니다.

축복에 이르는 네 가지 눈물이 있습니다. 첫째는 하나님을 바라보고 우는 눈물입니다. 둘째는 죄를 회개하는 눈물입니다. 셋째는 이웃의 슬픔을 같이 짊어지고 우는 눈물입니다. 넷째는 가해자의 죄까지도 책임을 지고 회개하는 눈물입니다.

그러나 아무렇게나 울기는 쉬워도, 땅을 내려다보고 울기는 쉬워도 하나님을 바라보고 울기는 어렵고, 남의 잘못을 발견하고 의분을 느끼기는 쉬워도 자기의 죄를 깨닫고 눈물을 흘리기는 어렵고, 자기 서러움에 울기는 쉬워도 이웃의 슬픔을 같이 나누면서 울기는 어렵고, 원수를 미워하기는 쉬워도 원수의 죄까지 책임을 지고 회개하기는 죽기보다 더 어려운 일입니다. 그래서 이 네 가지 눈물은 고귀한 눈물이라고 하는 것이 아니겠습니까?

『슬픔이 없는 사람』이라는 이름의 조그만 책자 하나가 있습니다. 거기서 가짜 예수가 현대인의 구세주로 등장합니다. 그 사람은 오늘날의 거짓 선지자들같이 풍요한 생활과 편리한 환경을 약속하는 구세주입니다. 그 사람은 긍정적인 사고와 비전과 축복과 기적만을 전합니다. 그렇게 해서 그는 대부흥을 일으킵니다(눅 6:26). 그러나 후에는 가짜 예수인 것이 드러납니다. 그 대신 세상 사람들에게 추방을 당한 가짜 예수는 진짜 예수인 것이 드러납니다(마 5:11~12).

결국은 가짜 예수가 회개하고 참 예수님에게 부르짖습니다. "인류의 고통과 인류의 죄를 대신 짊어지고 고난을 당하시는 그분만이 참으로 구세주이십니다!"

4. 하나님의 심판

"한 번 죽는 것은 사람에게 정해진 것이요 그 후에는 심판이 있으리니"
(히 9:27)

이제는 하나님의 최후 심판입니다. 에스겔 9장에는 이스라엘 민족에 대한 하나님의 심판이 있습니다. 그런데 하나님께서는 심판 전에 천사들에게 명령하십니다.

"여호와께서 이르시되 너는 예루살렘 성읍 중에 순행하여 그 가운데에서 행하는 모든 가증한 일로 말미암아 탄식하며 우는 자의 이마에 표를 그리라 하시고"(겔 9:4).

첫 번째 천사가 하나님의 분부를 따라 백성들의 죄를 대신 짊어지고 슬피 우는 사람들의 이마에 표를 합니다. 하나님께서 이번에는 두 번째 천사에게 명하십니다.

"그들에 대하여 내 귀에 이르시되 너희는 그를 따라 성읍 중에 다니며 불쌍히 여기지 말며 긍휼을 베풀지 말고 쳐서 늙은 자와 젊은 자와 처녀와 어린이와 여자를 다 죽이되 이마에 표 있는 자에게는 가까이하지 말라 내 성소에서 시작할지니라 하시매 그들이 성전 앞에 있는 늙은 자들로부터 시작하더라"(겔 9:5~6).

하나님의 심판은 어디서 시작이 되지요? 성전으로부터입니다. 성전에만 나와 앉아 있다고 하나님의 심판을 면할 수 있는 것은 아닙니다. 교회만 다닌다고 하나님의 진노를 피할 수 있는 것도 아닙니다. 심판은 교회 밖에만 있는 것도 아니고, 교회 밖에서부터 시작되는 것도 아닙니다. 그러면 성전에 나와 앉아 있는 사람 중에서는 누구부터 치라고 하셨지요? 앞자리에 앉아 있는 늙은이들부터입니다. 그러면 성전의 앞자리에 앉아 있는 늙은이들은 누구일까요? 교회의 지도자들입니다. 목사님들과 장로님들입니다.

그러면 그들은 왜 세례도 받고 물론 안수까지 받았는데도 심판을 면하지 못했던 것일까요? 이마에 표가 없었기 때문입니다. 그러면 이마에 표가 없는 사람이란 어떤 사람일까요? 이웃의 고난에 동참하지 않은 사람입니다. 도움이 필요한 이웃을 돌보지 않은 사람입니다. 예배는 잘 드리면서도 전도는 잘하면서도 고난을 겪는 이웃을 돌보지 않은 사람입니다(눅 10:31~32). 불의로 모은 재산을 자랑하고 다니던 사람입니다. 본문의 말씀에 의하면 성중의 죄와 백성들의 고난을 보고서도 눈물 한 방울 흘리지 않은 사람입니다.

"평생 남의 것 하나 가로챈 일도 없고, 공것을 바라지도 않았고, 세금도 또박또박 납부했고, 내 돈 가지고 내 집 짓고, 내 자식 내가 공부시켰고, 내 승용차 내가 샀고……. 내 것 내가 쓰고 사는 것도 죄라고요? 죄 좋아하시네! 남이야 5만 불짜리 롤렉스시계를 사든 말든, 남이야 2만 불짜리 밍크 오버를 걸치든 말든, 남이야 전봇대로 이빨을 쑤시든 말든, 남이야 향수로 목욕하든 말든……? 그게 어떻게 죄가 된단 말이오!" 그러나 성경은 말합니다. 불우한 이웃의 고통에 동참하지 않은 것도 죄가 된다고. 남들이야 거처할 주택이 있든 말든, 남들이야 헐벗고 굶주리든 말든…… 자기 하나 잘살면 그만이라고 생각하는 것도 죄가 된다고…….

아니, 주변 사람들이 판잣집에 살기 때문에 호화맨션에 사는 자신이 더 자랑스럽고, 친구들이 일찍 세상을 떠났기 때문에 자기 혼자 상록수 인생을 즐기고 있는 것이 더 신바람이 나고, 남의 자식들이 모두 낙방했기 때문에 내 자식 하나 당당하게 합격한 것이 더 자랑스러운 사람들 말입니다. 이웃의 죄를 대신 짊어지지 않은 사람들과 형제의 죄를 용서하지 못한 사람들도 하나님의 심판을 면할 수 없을 것입니다(마 6:14~15).

"그의 죄는 하늘에 사무쳤으며 하나님은 그의 불의한 일을 기억하신지라 그가 준 그대로 그에게 주고 그의 행위대로 갑절을 갚아 주고 그가 섞은 잔에도 갑절이나 섞어 그에게 주라"(계 18:5~6).

우리는 이런 부류의 사람들에 대한 하나님의 심판을 성경은 다음과 같이 말씀합니다.

"들으라 부한 자들아 너희에게 임할 고생으로 말미암아 울고 통곡하라 너희 재물은 썩었고 너희 옷은 좀먹었으며 너희 금과 은은 녹이 슬었으니 이 녹이 너희에게 증거가 되며 불같이 너희 살을 먹으리라 너희가 말세에 재물을 쌓았도다 보라 너희 밭에서 추수한 품꾼에게 주지 아니한 삯이 소리 지르며 그 추수한 자의 우는 소리가 만군의 주의 귀에 들렸느니라 너희가 땅에서 사치하고 방종하여 살육의 날에 너희 마음을 살찌게 하였도다"(약 5:1~5).

다음은 예수님의 말씀입니다.

"또 왼편에 있는 자들에게 이르시되 저주를 받은 자들아 나를 떠나 마귀와 그 사자들을 위하여 예비된 영원한 불에 들어가라 내가 주릴 때에 너희가 먹을 것을 주지 아니하였고 목마를 때에 마시게 하지 아니하였고 나그네 되었을 때에 영접하지 아니하였고 헐벗었을 때에 옷 입히지 아니하였고 병들었을 때와 옥에 갇혔을 때에 돌보지 아니하였느니라 하시니 그들도 대답하여 이르되 주여 우리가 어느 때에 주께서 주리신 것이나 목마르신 것이나 나그네 되신 것이나 헐벗으신 것이나 병드신 것이나 옥에 갇히신 것을 보고 공양하지 아니하더이까 이에 임금이 대답하여 이르시되 내가 진실로 너희에게 이르노니 이 지극히 작은 자 하나에게 하지 아니한 것이 곧 내게 하지 아니한 것이니라 하시리니 그들은 영벌에, 의인들은 영생에 들어가리라 하시니라"(마 25:41~46).

이런 사람들이 이마에 표를 받지 못한 사람들입니다. 천사는 이웃의 고통이나 이웃의 죄를 함께 짊어지고 슬피 우는 사람들의 이마에만 표를 하였기 때문입니다.

그럼 얘기 하나 하겠습니다. 희랍정교회에 전해져 내려오는 전설 중에 유명한 성자 카시안느와 니콜라스에 대한 얘기가 있습니다.

어느 날 성 카시안느가 예수님을 만났습니다. 그때 예수님께서는 카시안느에게 다음과 같은 질문을 하셨습니다.

"네가 여기까지 오는 도중에 무엇을 보았느냐?"

"수레에 무거운 짐을 싣고 오다가 진흙탕에 빠진 사람을 보았습니다!"

그 말을 듣고 예수님께서 다시 물으셨습니다.

"너는 그 사람을 보고 어떻게 하였느냐?"

"그 사람을 돕고는 싶었지만 주님 앞에 나올 때 입을 흰옷을 더럽힐 수가 없어서 그대로 지나쳐 버릴 수밖에 없었습니다. 정말 가슴이 아팠습니다."

잠시 후 이번에는 니콜라스가 예수님 앞에 나타났습니다. 그런데 니콜라스의 대답은 달랐습니다.

"주님을 배알할 때 입어야 할 흰옷을 더럽히는 것이 두렵긴 했지만, 그러나 시궁창에 빠진 사람을 보고 그대로 지나칠 수가 없어서 이렇게 흰옷을 더럽혀 버리고 말았습니다. 용서해 주시옵소서!"

그 말을 듣고 예수님께서는 니콜라스의 손을 잡고 이렇게 칭찬을 하셨습니다.

"잘하였도다! 참 잘하였도다! 네가 더 좋은 편을 택하였느니라!"

그러면 이 얘기가 뜻하는 것은 무엇일까요? 기도를 드리고 성경을 공부하고 십일조를 드리는 일보다 더 중요한 것이 사랑을 실천하는 일이라는 사실입니다.

"화 있을진저 외식하는 서기관들과 바리새인들이여 너희가 박하와 회향과 근채의 십일조는 드리되 율법의 더 중한 바 정의와 긍휼과 믿음은 버렸도다 그러나 이것도 행하고 저것도 버리지 말아야 할지니라"(마 23:23).

그런데도 예나 지금이나 형식화된 교회는 세상에 나가서 살기야 어떻게 살든 예배를 더 중요시합니다. 모로 가든, 바로 가든 교회의 양적인 부흥에만 치중합니다. 신자들이야 지옥으로 가든 천국으로 가든 교회만 수적으로 부흥을 하면 그만입니다(마 23:15). 맘몬을 경배하는 교회가 돼도 숫자만 많으면 부흥입니다.

"사무엘이 이르되 여호와께서 번제와 다른 제사를 그의 목소리를 청종하는 것을 좋아하심같이 좋아하시겠나이까 순종이 제사보다 낫고 듣는 것이 숫양의 기름보다 나으니"(삼상 15:22). "헛된 제물을 다시 가져오지 말라 분향은 내가 가증히 여기는 바요 월삭과 안식일과 대회로 모이는 것도 그러하니 성회와 아울러 악을 행하는 것을 내가 견디지 못하겠노라"(사 1:13). "사람아 주께서 선한 것이 무엇임을 네게 보이셨나니 여호와께서 네게 구하시는 것은 오직 정의를 행하며 인자를 사랑하며 겸손하게 네 하나님과 함께 행하는 것이 아니냐"(미 6:8). "만군의 여호와가 이르노라 너희가 내 제단 위에 헛되이 불사르지 못하게 하기 위하여 너희 중에 성전 문을 닫을 자가 있었으면 좋겠도다 내가 너희를 기뻐하지 아니하며 너희가 손으로 드리는 것을 받지도 아니하리라"(말 1:10).

이건 보통 중요한 문제가 아닙니다. 교회에서는 모범적인 교인이지만 세상에 나가면 돈밖에 모르고, 돈을 번 다음에는 자기와 자기 가족들을 위해서만 쓰고, 남이야 죽든 말든 아랑곳하지 않고, 사치를 하면서도 엄동설한에 헐벗은 나사로에게는 옷 한 벌 던져 주는 일이 없고……. 그러면서도 세상의 부귀와 영화는 분토만도 못하다고 찬송은 은혜롭게 부르고, 욕심을 버리라고 하면 욕심에 불이 붙고, 겸손하라고 하면 교만하기 짝이 없고, 섬기는 자가 되라고 하면 머리가 될지언정 꼬리는 되지 않겠다고 하고, 희생하라고 하면 부자가 되겠다고 하고, 공의를 강같이 흐르게 하라고 하면 불의를 도모하고, 비판하지 말라고 하면 말이 많고, 원수까지도 사랑하라고 하면 형제까지도 미워하고……. 이런 형식적인 교인들은 아무리 모태적 교인이라도 하나님의 심판을 면할 수 없을 것입니다. 왜냐고요? 이마에 표가 없기 때문이지요.

그러면 사람들은 반문할 것입니다. "그렇다면 오직 믿음으로 구원받는 것이 아니고 행함으로 구원받는 것이 아니겠느냐"고 말입니다. 그러나 천만의 말씀입니다. 우리가 구원을 받는 길은 믿음뿐입니다. 그래서 아무리 착하고 아무리 원수의 자식을 자기 자식같이 사랑해도 믿음이 없으면 멸망을 면할 수가 없는 것이 아니겠습니까(롬 3:28)?

그러나 오직 믿음으로 받는 구원에는 반드시 행함의 열매가 따릅니다. 믿음의 열매가 있습니다. 행함이 따르지 않는 믿음은 가짜 믿음입니다.

"내 형제들아 만일 사람이 믿음이 있노라 하고 행함이 없으면 무슨 유익이 있으리요 그 믿음이 능히 자기를 구원하겠느냐 만일 형제나 자매가 헐벗고 일용할 양식이 없는데 너희 중에 누구든지 그에게 이르되 평안히 가라, 덥게 하라, 배부르게 하라 하며 그 몸에 쓸 것을 주지 아니하면 무슨 유익이 있으리요 이와 같이 행함이 없는 믿음은 그 자체가 죽은 것이라 어떤 사람은 말하기를 너는 믿음이 있고 나는 행함이 있으니 행함이 없는 네 믿음을 내게 보이라 나는 행함으로 내 믿음을 네게 보이리라 하리라 네가 하나님은 한 분이신 줄을 믿느냐 잘하는도다 귀신들도 믿고 떠느니라 아아 허탄한 사람아 행함이 없는 믿음이 헛것인 줄을 알고자 하느냐 우리 조상 아브라함이 그 아들 이삭을 제단에 바칠 때에 행함으로 의롭다 하심을 받은 것이 아니냐"(약 2:14~21).

죄 사함을 받은 사람은 하나님의 사랑을 체험하고 그래서 점진적이긴 하지만 자기 자신도 이웃을 사랑하는 사람으로 변해 갑니다. 그래서 행함이 없는 사람은 믿음도 없는 사람이고, 이웃을 사랑하지 않는 사람은 구원도 받지 못한 사람이고, 남의 허물을 용서하지 못하는 사람은 자기 죄도 사함을 받지 못한 사람일 수밖에 없는 것입니다. 그래서 형제의 슬픔을 보고서도 고통을 나누지 않는 사람들의 이마에는 표가 없는 것이 아니겠습니까? 그들의 이마에는 짐승의 표가 있을 뿐입니다(요일 4:20~21).

그럼 얘기 하나만 더 하겠습니다.

나폴레옹의 어머니는 독실한 신자였습니다. 아들이 황제로 등극하던 날도 슬퍼만 하였습니다. 아들이 세상일에만 열중하고 하나님을 멀리하게 되었기 때문입니다. 지위가 높아지면서 하늘 높은 줄 모르고 교만해졌기 때문입니다. "아! 내 자식이 망하게 됐구나!"

> "어찌하면 내 머리는 물이 되고 내 눈은 눈물 근원이 될꼬 죽임을 당한 딸 내 백성을 위하여 주야로 울리로다"(렘 9:1)

잃어버린 드라크마를 찾던 여자

"어떤 여자가 열 드라크마가 있는데 하나를 잃으면 등불을 켜고 집을 쓸며 찾아내기까지 부지런히 찾지 아니하겠느냐 또 찾아낸즉 벗과 이웃을 불러 모으고 말하되 나와 함께 즐기자 잃은 드라크마를 찾아내었노라 하리라 내가 너희에게 이르노니 이와 같이 죄인 한 사람이 회개하면 하나님의 사자들 앞에 기쁨이 되느니라"(누가복음 15:8~10)

잃어버린 드라크마를 찾던 여자

누가복음 15장에는 세 가지의 흡사한 비유가 연속해서 나옵니다. 누가 15장 3절부터 7절까지는 '잃은 양의 비유'이고 8절부터 10절까지는 '잃어버린 드라크마의 비유'이고 11절부터 24절까지는 '탕자의 비유'이고, 25절부터 32절까지는 '탕자의 형의 비유' 입니다. 그런데 이 네 가지 비유는 비슷비슷하면서도 각각 다른 특색을 가지고 있습니다.

1. 네 가지 비유

첫째는 탕자의 비유입니다

탕자는 의도적으로 아버지의 뜻을 거역하고 가출하였습니다. 의도적으로 하나님을 배반하였습니다. 탕자는 아버지의 명령과 아버지의 간섭이 싫었습니다. 율법과 계율이 거추장스러웠습니다. 그래서 탕자는 의도적으로 자유분방의 길을 택했습니다. "노세 노세 젊어서 노세, 늙어 병들면 못 노나니." 탕자는 아버지의 집을 박차고 나왔습니다.

둘째는 잃은 양의 비유입니다

양은 풀을 뜯어 먹다가 자기도 모르게 길을 잃었습니다. 의도적으로 목자를 거역할 생각이나 반감 같은 것은 추호도 없었습니다. 풀을 따라다니다가 본의 아니게 행방불명이 되고 물을 찾아다니다가 미아가 되었습니다. 목자에 대한 개인감정 같은 것은 없었습니다. 풀이 좋아서 따라다니고 물이 좋아서 좇아다닌 것뿐이었습니다. 먹고사느라고 바빠 돌아다니다가 교회를 멀리하게 되고 발등에 떨어진 불부터 끄려고 하다가 보니 하나님의 일을 등한히 하게 된 것뿐이었습니다.

돈을 버느라고 양심이 허락하지 않는 일을 하긴 했지만 그렇다고 마음먹고 타락을 결심한 것은 아니었습니다. 처녀의 환심을 사느라고 거짓말을 하긴 했지만 그렇다고 그 여자를 사기 칠 생각은 추호도 없었습니다. 결혼이 하고 싶어서 허풍을 떤 것뿐이었습니다. 적당히 세상과 타협하다가 보니 본의 아니게 죄 가운데 빠진 것뿐이었습니다. 장난삼아 '섰다'를 치다가 밤을 새우게 된 것뿐이었습니다. 약주 삼아 술을 마시다가 주태백 酒太白이 된 것뿐이었습니다.

셋째는 엽전의 비유입니다

드라크마의 비유 말입니다. 이 경우는 본인의 의사와는 상관없이 타의에 의해 거센 세파에 이리 밀리고 저리 떠밀려 다니다가 그만 시궁창에 빠져 버리고 말았습니다. 엽전에게 무슨 생각이 있으며 무슨 역심이 있었겠습니까? 엽전에게 눈이 있습니까? 발이 있습니까? 단지 주인의 부주의로 마루 틈바구니에 떨어진 것뿐이었습니다. 배가 파선을 당하는 바람에 참변을 당한 것뿐이었습니다. 위정자들의 잘못으로 나라가 망해서 망국인이 된 것뿐이었습니다. 어머니의 실수로 사생아가 된 것뿐이었습니다. 철도 들기 전에 아비가 자식을 사창가에 팔아넘기는 바람에 뒷골목의 창녀가 된 것뿐이었습니다. 이젠 철이 들어서 거기서 헤어 나오고는 싶지만 포주의 마수가 놓아 주지를 않아서 붙잡혀 있는 것뿐이었습니다. 도둑인 아비가 어려서부터 하수인으로 끌고 다녀서 도둑이 된 것뿐이었습니다. 세상 물결에 이리 밀리고 저리 밀려다니다가 아차 하는 순간에 나락에 빠진 것뿐이었습니다. 이것이 엽전의 기구한 운명이었습니다.

넷째는 탕자의 형의 비유입니다

    탕자의 형은 누가 보아도 잃어버린 자가 아닙니다. 아버지 집에 있는 사람입니다. 사람의 눈으로 볼 때는 가사에 충실한 효자입니다. 그러나 그 중심은 아버지에게서 멀리 떠난 지 이미 오래였습니다. 그런데 종국에는 가출하고 방탕했던 탕자는 구원을 받고, 그러나 자칭 의인인 형은 구원받을 수 없었습니다. 이거야말로 평생토록 신앙생활을 하고서도 구원을 받지 못하는 형식적인 교인들의 서글픈 운명입니다. 그런데 이 맏형이 네 가지 비유 중 최악의 경우입니다(눅 15:28~30).

2. 잃어버린 드라크마를 찾던 여자

    "어떤 여자가 열 드라크마가 있는데 하나를 잃으면 등불을 켜고 집을 쓸며 찾아내기까지 부지런히 찾지 아니하겠느냐"(눅 15:8)

    우리는 잃어버린 드라크마를 찾던 여자의 모습에서 잃어버린 영혼을 찾으시는 하나님의 사랑과 영혼의 가치를 발견합니다. 잃어버린 드라크마의 비유는 누가복음에만 있습니다.
    여기, 다 쓰러져 가는 움막집이 있습니다. 창문 하나 없고 빛과 바람과 사람이 드나들 수 있는 곳이라곤 출입문 하나밖에 없습니다. 그래서 방안은 대낮인데도 어두컴컴합니다. 그래서 아주머니는 대낮인데도 등불을 켜 들고 잃어버린 드라크마를 찾습니다. 이 구석 저 구석을 들여다봅니다. 틈바구니도 후벼 팝니다. 먼지 더미도 헤쳐 봅니다.
    그러면 어째서 그 여자는 심혈을 기울이고 온갖 정성을 다해서 그까짓 드라크마 하나를 애타게 찾고 있는 것일까요? 사실 드라크마 한 개는 8페니의 가치밖에 없었습니다. 그런데…… 그 여자는 무엇에 쓰려고 그까짓 드라크마 하나를 밤을 새워 가며 찾고 있는 것일까요?

모리슨G. H. Morrison은 그 이유를 다음과 같이 비유로 설명합니다.

어떤 여자가 셋집에 들어 살고 있는데 그 집의 월세는 10페니였습니다. 그런데 내일은 바로 그 집세를 내야 하는 날이었습니다. 그런데…… 10페니 중의 한 페니가 행방불명 되었습니다. 그래서 여인은 집세를 낼 수가 없었습니다. 그런데 아홉 페니가 모자라나, 한 페니가 모자라나 집세를 낼 수가 없어서 쫓겨나기는 마찬가지였습니다. 그때의 한 페니는 십 페니만큼이나 귀한 것이었습니다. 그래서 여인은 밤을 새워가며 잃어버린 드라크마를 찾고 있었던 것입니다.

여기 또 다른 설명이 있습니다.

옛날 유대인들은 결혼할 때 신랑 편에서 신부에게 목걸이 하나를 계약의 증표로 선물하는 풍습이 있었습니다. 그런데 그 목걸이는 드라크마 열 개를 연결해서 만든 목걸이입니다. 그런데 하필이면 그 열 개 중 하나를 잃어버렸던 것입니다. 그래서 그 목걸이 전체가 쓸모없는 것이 되고 말았습니다. 그런데 그 목걸이는 아무 데서나 돈만 주면 살 수 있는 것이 아니었습니다. 다른 것으로는 대치할 수 없는 하나밖에 없는 드라크마였습니다. 그 드라크마는 결혼의 증표요 사랑의 증거물이었습니다. 그래서 아주머니는 혈안이 되어 온 집안을 뒤지고 있었던 것입니다. 드라크마 한 개가 이용가치로 보면 아무것도 아니지만, 그런데 그 여인에게는 이 세상에 둘도 없는 절대 가치였습니다.

그럼 이제부터 잃어버린 한 영혼의 가치에 대해 말씀을 드리기로 하겠습니다. 지금 우리는 통계 숫자로 모든 것을 계산하는 시대에 살고 있습니다. 이런 시대에 '한 개' 같은 것은 아무것도 아닐 수도 있습니다. 한 사람의 영혼도 그다지 중요하지 않은 것이 될 수도 있습니다. 고산高山이나 대양大洋은 세인의 관심사가 되지만 눈에 보이지도 않는 세포는 사람들의 눈에 띄지 않습니다. 그러나 사실은 눈에 보이지도 않는 세포가 고산高山의 영봉靈峯보다 더 귀합니다. 그럼에도 불구하고 세상 사람들은 큰 것과 거물에만 관심을 둡니다. 찰스 황태자의 결혼식 같은 것은 온 세상에 보도되지만 청소부의 결혼식은 아랑곳하지 않습니다. 재키Jacqueline Kennedy Onassis의 죽음은 온 세계가 떠들썩하게 방송을 하지만 산골 난쟁이의 죽음을 애도해 주는 신문이 어디 있겠습니까?

그리고 세상은 사람 자신보다는 사람이 가지고 있는 '것' 에 더 많은 가치를 부여합니다. 그 사람이 가지고 있는 학벌이나 사회적인 지위나 재산이나 재능 같은 것 말입니다. 사람의 용모나 건강이나 신장이나 체구 같은 것 말입니다. 사람 자신보다는 그 사람이 대통령이라는 사실, 사람 자신보다는 그 사람이 천재라는 사실, 사람 자신보다는 그 사람이 절세의 미인이라는 사실에 더 많은 비중을 둡니다. 그래서 사람을 사람으로 대하지 않고 폐하나, 각하나, 회장이나, 장군이나, 판사나, 박사나, 의사나, 반장으로 대합니다. 그리고 호칭까지도 장관님, 국장님, 과장님으로 통합니다. 사람을 존경하거나 멸시하는 것도 사실은 그 사람에게 붙어 다니는 '것' 에 대한 존경이요 멸시입니다. 사람을 존경하는 것이 아니라 그 사람이 가지고 있는 학벌을 존경하고, 사람을 존경하는 것이 아니라 그 사람이 가지고 있는 권력을 존경하는 것입니다.

어떤 가난한 사람이 부자에게 모멸을 당하고 눈물을 흘리고 있었습니다. 그때 그 장면을 지켜보고 있던 지혜자가 위로의 말을 하였습니다. "여보게나! 그렇게 상심할 것 없네! 자네가 멸시를 당한 것이 아니고 자네가 가지고 있는 가난이 멸시를 당한 것뿐이거든."

그러나 사람은 아무리 노력을 해도 자기 한계를 벗어날 수가 없습니다. 그러면 하나님께서는 사람을 어떻게 대하실까요? 오직 사람으로만 대하십니다! 사람을 영혼의 가치로만 보십니다. 그러나 사람은 인간을 계급이 없는 순수한 인간으로만 대하기 어렵습니다.

여기, 한 사람이 있습니다. 그런데 그에게는 사회적인 지위도 없고, 부모 형제도 없고, 학벌도 없고, 재산도 없고, 머리도 나쁘고, 성격도 좋지 않고, 얼굴도 못생기고, 몸까지 불구입니다. 정상이 아닙니다. 사랑도 없고, 믿음도 없고, 소망도 없고, 불만과 미움과 거짓뿐입니다. 그래서 사람들은 차라리 죽어 없어지기를 바랍니다. 그러나 하나님께서는 악마같이 타락해 버린 사람의 마음속에서 눈물을 흘리는 영혼을 보십니다. 불쌍히 여기십니다.

"나를 닮은 내 자식아! 내가 너를 얼마나 애타게 찾았는지 너는 모를 것이다. 너는 내 형상대로 지음을 받은 내 자식이다! 어쩌자고 하늘의 왕자인 네가 타락한 인간의 육체 속에서 고생하고 있단 말이냐? 내 자식 내 영혼아!"

하나님께서는 자신의 형상대로 지음을 받은 영혼의 가치 하나만 보시고 인간을 사랑하십니다. 그것이 하나님의 사랑입니다(시 8:4~5). 사람들은 사람 자신이 아니라 그 사람에게 붙어 있는 조건을 보고 사랑하기도 하고 경멸하기도 하지만, 그러나 하나님께서는 사람 자신만 보시고, 영혼만 보시고, 사람을 사랑하십니다. 하나님께서 사랑하시는 것은 영혼입니다. 그 밖의 것은 아무리 좋아도 하나님의 사랑의 대상이 될 수 없습니다. 그런데 그런 영혼은 목성에도 없고, 금성에도 없고, 사람의 마음속에만 있습니다. 그래서 한 영혼은 천하보다도 더 귀하다고 하는 것이 아니겠습니까?

존 러스킨John Ruskin이 다음과 같은 말을 했습니다. "대가들이 감탄하는 그림을 보고, 이미 검증을 받은 세계적인 미술 작품을 보고, 자기도 그 그림을 알아보기라도 하는 것같이 거드름을 떠는 사람들은 많습니다. 그러나 참으로 그림을 알아보는 사람은 아무도 알아주는 사람이 없는 가운데 쓰레기더미나 전당포 창고에 버려져 있는 명화를 단번에 알아보는 사람입니다."

눈에 보이는 오아시스는 누구라도 발견하고 사랑할 수 있습니다. 그러나 그 오아시스를 만들어 내는 지하수의 가치를 아는 사람은 많지 않습니다. 육체만 가지고 말을 하자면 인간의 육체라고 해서 짐승의 육체보다 나은 것이 뭣이 있겠습니까? 그래서 예수님께서 말씀하지 않으셨던가요? "몸은 죽여도 영혼은 능히 죽이지 못하는 자들을 두려워하지 말고 오직 몸과 영혼을 능히 지옥에 멸하실 수 있는 이를 두려워하라"(마 10:28)고 말입니다.

그다음은 챤닝의 말입니다. "예수님의 가장 큰 업적은 천하보다도 더 귀한 영혼의 가치를 확증하신 데 있습니다." 예수님의 인격의 본질도 그 신념에 있고요. 그래서 사람은 아무리 소망이 없어도 소망이 있고, 아무리 길을 잃어버려도 절망은 아닙니다. 우리 편에서 절망에 빠져 버려도 하나님 편에서는 절망이 아닙니다. 양은 목자를 찾아가지 못합니다. 잃어버린 드라크마도 주인을 찾아가지 못합니다. 그러나 목자이신 예수님께서는 그것들을 찾아 주실 것입니다. 사람은 영원한 존재입니다(마 27:50; 눅 23:43). 인간은 영적인 존재입니다. 그래서 인간은 하나님의 사랑을 피할 수가 없습니다.

"에브라임이여 내가 어찌 너를 놓겠느냐 이스라엘이여 내가 어찌 너를 버리겠느냐 내가 어찌 너를 아드마같이 놓겠느냐 어찌 너를 스보임같이 두겠느냐 내 마음이 내 속에서 돌이키어 나의 긍휼이 온전히 불붙듯 하도다"(호 11:8)

3. 전도는 지상명령

"내가 밤에 침상에서 마음으로 사랑하는 자를 찾았노라 찾아도 찾아내지 못하였노라 이에 내가 일어나서 성 안을 돌아다니며 마음에 사랑하는 자를 거리에서나 큰길에서나 찾으리라 하고 찾으나 만나지 못하였노라"(아 3:1~2)

본문의 말씀은 하나님께서 잃어버린 영혼을 찾으시는 말씀입니다. 우리는 잃어버린 드라크마를 찾는 여인의 열심에서 잃어버린 영혼을 찾으시는 하나님의 전도열을 볼 수 있습니다. 하나님께서 잃어버린 영혼을 찾으시는 그 열심이 우리들의 전도활동의 동기요 원동력입니다.

예수님께서는 열한 제자와 오백 문도에게 명령하셨습니다.

"예수께서 나아와 말씀하여 이르시되 하늘과 땅의 모든 권세를 내게 주셨으니 그러므로 너희는 가서 모든 민족을 제자로 삼아 아버지와 아들과 성령의 이름으로 세례를 베풀고 내가 너희에게 분부한 모든 것을 가르쳐 지키게 하라 볼지어다 내가 세상 끝날까지 너희와 항상 함께 있으리라 하시니라"(마 28:18~20).

전도는 예수님의 지상명령입니다. 의사들에게 히포크라테스헌장이 있듯이 믿는 사람들에는 전도헌장이 있습니다.

전도헌장 제1조는 전도를 명령하신 분은 하늘과 땅의 모든 권세를 손에 쥐고 계시는 예수님이라는 사실입니다. 전도는 하나님의 명령입니다!

전도헌장 제2조는 전도는 모든 교인에게 주어진 명령이라는 사실입니다. 모든 교인이 선교사요 전도요원입니다.

전도헌장 제3조는 세상의 모든 종족이 전도의 대상이라는 사실입니다. 전도는 인종과 계급을 초월합니다. 제왕이든, 재벌이든, 석박사든 모든 사람이 전도의 대상입니다. 전도자는 제왕 앞에서도 주눅이 들 것 없고, 석박사 앞에서도 주저할 것 없습니다.

어떤 교수님이 불치병에 걸리자 신유은사를 받은 일자무식의 여자 집사님을 초청해서 안수기도를 받으셨습니다. 그때 집사님께서는 박사 교수님을 땅바닥에 엎어 놓고 등을 '철썩, 철썩' 치면서 명령하는 것이었습니다. "회개하세요!" 그러자 박사 교수님…… 눈물을 훌쩍훌쩍 흘리면서 죄를 고백하는 것이었습니다. 남녀노소와 빈부귀천을 가릴 것 없이 모든 사람이 전도대상자입니다.

전도헌장 제4조는 온 세계가 전도의 무대라는 사실입니다. 그러나 한 사람이 한꺼번에 온 세계를 두루 다닐 수는 없는 노릇이므로 가까운 이웃부터 시작할 것입니다. 전도의 무대는 공산권이라고 해서 예외가 될 수 없습니다.

전도헌장 제5조는 선교의 원동력은 하나님께서 함께하시는 체험에서 비롯된다는 사실입니다(행 1:8; 요 20:21~22).

전도헌장 제6조는 모든 사람을 제자로 삼는 것입니다. 그러면 누구의 제자일까요? 우리의 제자가 아니고 예수님의 제자입니다! 자기 교회의 교인 수를 늘리기 위해서 하는 전도가 아닙니다. 바울 사도는 자기의 추종자가 많아질까 봐 세례를 베푸는 일까지 삼가지 않았던가요(고전 1:14~15).

전도헌장 제7조는 전도자들에 대한 보상은 금생의 기쁨과 내세의 면류관이라는 사실입니다(살전 2:19; 단 12:3). 우리는 달란트의 비유에서 주어진 믿음(달란트)을 활용하지 않은 사람은 결국 가지고 있던 믿음까지 빼앗기고(마 25:28~29), 그 대신 주어진 믿음(달란트)을 활용한 사람은 배나 더 큰 믿음을 선물로 받은 것을 봅니다. 불은 타고 있는 동안만은 꺼지지 않을 수 있습니다. 나무는 자라나고 있는 동안만 살아 있고요. 움직이지 않는 생명은 죽은 생명입니다. 따라서 전도하지 않는 영혼도 죽은 영혼입니다.

런던에 있는 세인트 폴 대성당St. Paul's Cathedral은 사도 바울을 기념해서 건축한 성전인데 그 종각의 꼭대기에는 다음과 같은 말이 새겨져 있습니다.

"내가 복음을 전할지라도 자랑할 것이 없음은 내가 부득불 할 일임이라 만일 복음을 전하지 아니하면 내게 화가 있을 것이로다"(고전 9:16).

어떤 집사님의 남편은 십 년 동안 반기독자였습니다. 그 남편을 교회로 인도하기 위해 집사님께서는 십 년 동안을 하루같이 간구했습니다. 그것도 공연히 입술로만 드린 기도가 아니고 믿음으로 드린 간절한 기도였습니다. "저 완고한 마음을 녹여 주시옵소서! 그리고 주님의 제자로 삼아 주시옵소서! 믿습니다! 믿습니다!" 그러나 남편의 마음은 점점 더 굳어져 갈 뿐이었습니다. 그런데도 집사님은 중단하지 않았습니다. 그러던 어느 날 아침 그 기고만장하던 남편이 풀이 죽어 말하는 것이었습니다.

"오늘은 나도 교회에 나가야 할까 봐!"

"이 양반이 웬일이지! 별꼴 다 봤네!"

그러나 남편의 말은 진심이었습니다.

"왜 그러세요? 도대체 왜 그러시는 거예요?"

"꿈을 꿨어! 어저께 밤에 정말 이상한 꿈을 꿨어요!"

"무슨 꿈인데요?"

"말로 할 수는 없지만, 정말 이상한 꿈이었어! 이젠 나도 교회에 나가야 할까 봐!"

"무슨 꿈인데요? 나한테만 얘기해 줄 수는 없어요?"

"그건 안 돼! 말할 수는 없어!"

아저씨께서는 그 후에도 그 꿈만은 절대 비밀로 했습니다. 그러나 그날 이후 아저씨께서는 길을 잘 들인 강아지같이 부인 집사님의 뒤를 따라 고분고분 교회에 나가기 시작했는데, 마침내는 집사도 되고 장로도 됐다는 얘기입니다.

그러므로 기회를 얻든지 못 얻든지 전도하시기 바랍니다(딤후 4:1~2). 전도가 통하지 않을 때는 기도하십시오. 누구를 위해서냐고요? 우리의 영혼이 죽지 않고 살기 위해서입니다(고전 9:16).

4. 우리 안에 있는 양들에 대한 전도

마지막은 집안에 있으면서도 잃어버려진 드라크마와 아버지 곁에 있으면서도 마음으로는 아버지를 떠난 탕자의 형에 대한 전도입니다. 몸은 늘 아버지 곁에 있으면서도 마음은 아버지를 떠난 탕자의 형 같은 불신자에 대한 전도입니다. 가장 잘 믿노라 하는 불신자 말입니다. 우리 안에 있는 '잃은 양'과 교회 안에 있는 '전도 대상자'입니다. 교회까지는 왔지만 하나님 앞에까지는 나가지 못하고, 교회생활까지는 하고 있지만 구원의 확신은 없는 불신자 아닌 불신자 말입니다. 드라크마는 먼지 더미 속에 파묻혀 있었습니다. 그런데도 드라크마는 자기가 잃어버려진 존재임을 깨닫지 못했습니다.

그래서 잃은 양같이 울지도 않았고, 탕자같이 회개하고 아버지의 집으로 돌아오지도 못했습니다. 잃어버려진 드라크마는 먼지 더미 속에서 그곳이 낙원인 줄 알고 태평성대를 구가하고 있었습니다. 거기서 빠져나오려고 몸부림을 치지도 않았고 성대를 높여 도움을 청하지도 않았습니다. 묵묵히 먼지 속에서 잠만 자고 있었습니다.

그와 같이 오늘날에도 구원도 받지 못한 주제에 교회는 열심히 다니며 무사태평하게 아까운 세월만 날려 보내고 있는 교인들이 있습니다. 구원의 확신이 없는 것을 안타까워하지도 않고, 그렇다고 정성껏 기도생활을 하는 것도 아니고, 그렇다고 열심히 성경을 공부하는 것도 아니고, 마치 먼지 더미 속에 버려진 드라크마같이 잠만 자고 있는 교인 말입니다. '자기가 구원을 받았는지, 아직도 구원을 받지 못했는지' 조차 모르는 교인 말입니다. 아니! 구원 문제에 관해서는 관심조차 없는 교인 말입니다(계 3:15~16). 공연히 왔다 갔다 하는 교인 말입니다. 그 주제에 "이래라, 저래라" 하는 교인 말입니다. 하기야 그동안 집사님도 되시고 장로님도 되셨으니, 어찌 한마디 없을 수 있겠습니까?

그뿐 아닙니다. 교회 안에는 탕자의 형의 경우같이 구원을 받지 못했으면서도 거듭난 성도를 자부하는 잃어버린 영혼도 있습니다. 탕자의 형의 경우같이 성경도 많이 알고, 기도도 잘하고, 금식도 모범적으로 하고, 전도도 잘하지만 구원은 받지 못한 교인 말입니다(눅 18:10~14; 마 21:28~32).

다음은 임어당의 수필 중에 나오는 얘기입니다.

계율을 잘 지키고 육식은 절대로 하지 않는다고 자만하는 고승 한 사람이 어느 날 거리를 거닐고 있었습니다. 그런데 이게 웬일입니까? 그 사람의 소매 속에 무엇인가가 보였습니다. 그래서 누군가가 물었습니다.

"그게 무어지요?"

"이건 술병이라네!"

"그럼 고승께서도 술을 드시나요?"

"그게 아니라네! 마침 양고기가 생겨서…… 양고기는 술과 함께 먹어야 하거든."

"그럼 고기도 잡수시나요?"

"그게 아니라네! 마침 장인께서 오셔서 대접을 해 드리려고……!"

"그럼 장가까지 드셨나요?"

"장인께서 잘 오진 않으시지만 마침 집사람과 첩실 사이에 싸움이 생겨서……!"

"아니! 그럼 첩님까지 거느리고 계시나요?"

소문난 잔치 먹을 것이 없다고 합니다. 겉으로 뻔질뻔질해 보이는 사람 치고 속이 비어 있지 않은 사람은 없고 겉으로 신령해 보이는 사람 치고 위선자가 아닌 사람은 없다고 합니다. 남 보기에 너무 믿음이 좋아 보이는 것도 병입니다. 성도님들이여! 하나님 앞에서만 믿음 좋은 사람이 되시고 사람들 앞에서는 믿음 좋아 보이는 사람이 되지 마시기 바랍니다.

"화 있을진저 외식하는 서기관들과 바리새인들이여 잔과 대접의 겉은 깨끗이 하되 그 안에는 탐욕과 방탕으로 가득하게 하는도다"(마 23:25).

언제나 너무나 좋은 말은 거짓말이고 너무나 좋은 것은 모조품입니다.

파스칼Blaise Pascal의 말에 의하면 이 세상에는 두 종류의 사람이 살고 있습니다. 하나는 죄인이면서도 자기가 죄인이라는 사실을 깨닫지 못하는 죄인이고, 다른 하나는 자기가 죄인인 것을 아는 죄인입니다. 세상에 죄가 없는 사람은 없습니다. 그런데도 악한 사람들은 의인을 자처하면서 비판을 일삼는 데 반해, 양심이 있는 사람들은 자기 허물을 알기 때문에 비판을 삼갑니다.

그런데 구원은 비판을 일삼는 자칭 의인들의 몫이 아니라 자기의 잘못을 깨닫는 자칭 죄인들의 몫입니다. 회개만이 사는 길입니다! 회개하지 못하는 사람은 먹기만 하고 배설하지 못하는 사람 같아서 살길이 없을 것입니다. 가스가 나오지 않는 승용차나 폐수가 나오지 않는 공장이나 수챗구멍이 없는 고급주택은 망할 수밖에 없을 것입니다.

5. 마지막 기회

"이르시되 내가 은혜 베풀 때에 너에게 듣고 구원의 날에 너를 도왔다 하셨으니 보라 지금은 은혜 받을 만한 때요 보라 지금은 구원의 날이로다"(고후 6:2)

우리 하나님은 잃은 양과 가출한 탕자와 잃어버린 엽전(드라크마) 같은 인생도 구원하십니다.

그럼 얘기 하나 하겠습니다.

권사님 한 분이 세상을 떠나고 있었습니다. 가족들과 교우들이 모여서 임종예배를 드리고 있었습니다. 그 자리에서 목사님이 구원의 확신을 위해 다음과 같은 질문을 하셨습니다.

"권사님! 이젠 세상을 떠나시게 됐는데 구원받은 확신이 있으신지요?"

"확신이라니요? 솔직히 말씀드려서 아직도 자신이 없습니다."

"예? 지금까지도 자신이 없으시다고요? 권사님! 이젠 시간이 없습니다!

그래서 목사님께서는 당장 요한복음 3장 16절을 권사님에게 읽어드렸습니다.

"하나님이 세상을 이처럼 사랑하사 독생자를 주셨으니 이는 저를 믿는 자마다 멸망치 않고 영생을 얻게 하려 하심이니라."

그리고 권사님에게도 따라 읽으시라고 하셨습니다. 그리고 나서 조목조목 물으셨습니다.

"권사님께서는 성경이 하나님의 말씀으로 믿으시나요?"

"믿고말고요!"

"그럼 됐습니다! 또 한 가지 여쭈어 보겠는데, 권사님께서는 요한복음 3장 16절의 말씀도 하나님의 말씀으로 믿으시나요?"

"물론이지요!"

"됐습니다! 그럼 권사님께서는 하나님의 말씀이 거짓말이 아니고 참말인 것도 믿으시나요?"

"그럼요!"

"됐습니다! 그런데 본문의 말씀에는 '누구든지 저를 믿는 자마다 영생을 얻는다'고 했는데 권사님께서도 그 모든 사람 중의 한 사람이 되시는 것도 믿으시나요?"

"물론이지요. 나도 사람은 사람이니까요!"

"됐습니다! 그럼 다시 한 번 묻겠습니다. 권사님께서는 예수님을 믿으시나요? 그리고 예수님께서 권사님의 모든 죄를 사해 주신 것도 믿으시나요?"

"믿고말고요!"

"그럼 믿으면 어떻게 된다고 했지요?"

그때입니다. 권사님께서는 난생처음으로 하나님의 말씀을 들은 사람같이 갑자기 정색하시면서 울먹이는 목소리로 말씀하시는 것이었습니다.

"주여! 믿습니다. 주여! 믿습니다. 주여! 믿습니다."

"이젠 나도 영생을 얻었군요!"

"여호와께서 말씀하시되 오라 우리가 서로 변론하자 너희의 죄가 주홍 같을지라도 눈과 같이 희어질 것이요 진홍같이 붉을지라도 양털같이 희게 되리라"(사 1:18).

"이르되 주 예수를 믿으라 그리하면 너와 네 집이 구원을 받으리라 하고"(행 16:31).

하나님이 세상을 이처럼 사랑하사

"하나님이 세상을 이처럼 사랑하사 독생자를 주셨으니 이는 그를 믿는 자마다 멸망하지 않고 영생을 얻게 하려 하심이라"(요한복음 3:16)

하나님이 세상을 이처럼 사랑하사

누구든지 베들레헴 마을에서 탄생하신 예수님이 인류의 죄를 대속하시기 위해 육신으로 이 땅에 오신 하나님이심을 믿는 사람은 영생을 얻습니다. 이것이 기독교가 말하는 복음입니다. 바울에게 있어 성육신成肉身은 신앙의 전부였습니다. 요한 웨슬리의 전도의 폭발적인 힘도 성육신Incarnation의 신앙에서 나왔습니다. 바울은 십자가에서 죽임을 당하신 예수그리스도 외에는 아무것도 알지 않기로 결심하였습니다(고전 2:2). 많은 것이 변하던 16세기에도 종교개혁자들의 주요 관심사는 성육신의 교리를 재확인하는 데 있었습니다. 기독교 역사상 가장 큰 위기라고 할 수 있는 현대에도 우리의 급선무는 새로운 신앙의 개발이 아니라 성육신 신앙의 재정립입니다.

하나님이 사람을 구원하시려고 육신이 되어 이 땅에 오셨다! 세상에 이보다 더 놀라운 일이 어디 있겠습니까? 그리고 세상에 이보다 더 기쁜 소식은 또 어디 있겠습니까? 르낭Renan, Joseph Ernest 같은 사람은 예수님을 인류의 스승으로 모시려고 했지만, 예수 그리스도는 공자님이나 맹자님같이 인류의 위대한 스승님이 아닙니다. 토마스 아 켐피스Thomas a Kempis가 믿는 예수님은 분명히 하나님이셨습니다.

그럼 이제 본문 말씀으로 돌아가도록 하겠습니다.

요한복음 3장 16절은 복음의 대강령이요 기독교 신앙의 본질입니다. 무어하우스Moorhouse는 이 구절 하나만 가지고서도 장장 육일 밤을 계속해서 설교하였습니다. 드디어 일곱째가 되는 날 밤이었습니다. 무어하우스 목사님은 또다시 강단으로 올라갔습니다. 모든 회중의 눈이 목사님을 지켜보고 있었습니다. '오늘 저녁에도 요한복음 3장 16절을 가지고 설교를 하실까?' 그때 목사님께서 입을 여셨습니다. "요한복음 3장 16절만큼 좋은 성경구절이 없어서…… 오늘도 그 말씀을 가지고 설교를 하겠습니다." 결국, 무어하우스 목사님은 본문의 말씀 한 구절을 가지고 일곱 번이나 시리즈 설교를 하셨던 것입니다.

요한복음 3장 16절은 복음 중의 복음입니다! 성경은 없어도 이 한 구절 하나만 있으면, 그리고 믿기만 하면, 구원을 얻을 수 있을 것입니다. 일본의 유명한 기독교 신자인 니지마 조新島 襄 박사도 요한복음 3장 16절의 말씀을 신약성경의 '후지야마不二山'라고 찬양한 바 있습니다. 마틴 루터도 본문의 말씀으로 죽기 두 주일 전에 설교를 했는데 그때 그는 요한복음 3장 16절의 말씀을 가리켜 가장 짧은 성경이라고 극찬을 하였습니다. 그리고 그가 임종할 때도 이 본문의 말씀을 라틴어로 되풀이해서 암송했다고 합니다.

1. 첫째는 하나님입니다. "하나님이 ……"

본문의 말씀은 사랑이 많으신 하나님을 증언합니다. 성경에는 우리가 알아야 할 많은 진리가 있습니다. 그중에도 가장 중요한 진리가 하나님의 사랑입니다! 따라서 우리는 무엇보다도 먼저 하나님의 사랑을 깨달아야 합니다. 우리는 제일 원인으로서의 하나님이나, 존재의 전체로서의 하나님에게는 관심이 없습니다. 그런 하나님은 우리의 사정도 모르고 우리를 개인적으로 도와줄 수도 없기 때문입니다.

범신론자 스피노자Benedict de Spinoza는 '만물 즉 하나님, 하나님 즉 만물'을 논하면서 하나님은 개인 문제 같은 사소한 일에 관심을 두는 하나님이 아니라고 했지만, 그런 범신론적인 하나님은 있으나 마나 한 하나님입니다. 범신론은 무신론입니다. 우리는 인격이 없는 힘(신)에게는 기도를 드릴 수 없으며 사랑을 고백할 수도 없습니다. 태풍에게 기도를 드리고, 홍수에게 기도를 드려서 무얼 하겠습니까? 성경이 우리에게 가르쳐 주는 하나님은 그런 하나님이 아닙니다. 성경의 하나님은 우리 개인 개인에게 관심을 가지고 계시는 하나님이며, 우리의 사정을 아시는 하나님이며, 사랑이 많으신 하나님입니다!

구약의 선지자 중 사랑의 하나님을 제일 먼저 발견한 사람은 호세아입니다. 대선지자가 아니라 소선지자 호세아입니다. 호세아 때까지만 해도 사람들은 거룩하신 하나님과 엄위하신 하나님만 알고 두려워하기만 하였습니다. 그런데 신비주의자인 호세아가 처음으로 사랑의 하나님을 발견하였습니다.

수천 년 동안 하나님은 자신의 사랑을 발견해 줄 사람을 기다리셨는데, 마침내 호세아가 하나님의 사랑을 발견하고 그 사랑을 전했습니다. 그런데 호세아 선지자는 높은 산꼭대기나 넓은 광야나 깊은 동굴 속에서가 아니라, 금식 기도 중에서가 아니라 평범한 일상생활의 경험 속에서 하나님의 사랑을 발견할 수 있었습니다. 가정생활의 경험 속에서…… 부부 사이에 오가는 사랑의 경험 속에서 하나님의 사랑을 발견할 수 있었습니다. 좀 더 구체적으로 말을 하자면 바람난 아내에 대한 자신의 끊을 수 없는 애틋한 사랑에서 하나님의 사랑을 발견할 수 있었습니다.

호세아의 아내는 유명한 여자였습니다. 예쁜 값을 하는 여자였습니다. 외간 남자들을 자기 집안까지 끌어들이는 여자였습니다. 그래서 호세아는 아내(고멜)가 자식을 낳았을 때도 그 아이가 자기 자식인지 아닌지 의심할 수밖에 없었습니다. 그럼에도 호세아의 고멜에 대한 사랑은 뜨겁게 불타오르기만 하였습니다. 그러나 바람이 난 고멜은 남편과 어린 자식들을 버리고 집을 나가 버렸습니다. 그런데도 호세아는 고멜을 단념할 수도 없고 잊어버릴 수도 없었습니다. 자나 깨나 고멜 생각뿐이었습니다. "너는 나를 버렸지만 나는 너를 버릴 수 없구나! 너는 나를 깨끗이 잊었지만 나는 너를 잊을 수 없구나!"

　호세아는 자기를 버리고 정부와 함께 도망친 아내에게 체면 불구하고 계속해서 편지도 쓰고 선물도 보내고 사신까지 보내서 돌아오기를 간청했지만 번번이 거절당할 뿐이었습니다. 그러나 그러면 그럴수록 고멜에 대한 호세아 사랑은 화끈하게 타오르기만 하였습니다. 결국, 호세아는 자기를 배신한 고멜의 죄를 한없이 용서하고…… 그럴수록 더더욱 그리워지기만 하는 자신의 아내에 대한 사랑의 경험을 통해 하나님 사랑을 발견할 수 있었습니다.

　"내 백성이 끝끝내 내게서 물러가나니 비록 그들을 불러 위에 계신 이에게로 돌아오라 할지라도 일어나는 자가 하나도 없도다 에브라임이여 내가 어찌 너를 놓겠느냐 이스라엘이여 내가 어찌 너를 버리겠느냐 내가 어찌 너를 아드마같이 놓겠느냐 어찌 너를 스보임같이 두겠느냐 내 마음이 내 속에서 돌이키어 나의 긍휼이 온전히 불붙듯 하도다"(호 11:7~8).

　"아! 이런 것이 하나님의 사랑이었구나!"

　이런 과정을 통해 역사상 처음으로 하나님의 사랑이 인류에게 계시되었습니다. 호세아의 사랑은 고멜의 잘못을 덮어 주고도 남음이 있는 사랑이었습니다.

2. "세상을 이처럼 사랑하사"

　본문의 말씀 중에 나오는 세상은 무엇을 가리키는 것일까요? 대자연이나 우주를 가리키는 것일까요? 옛날 사람들의 눈에는 태양이나 별이 지구를 밝히는 전등불이었습니다. 여기서 말하는 세상은 우주라고 하기보다는 지구입니다. 그런데 지구 또한 사람들이 사는 주거지에 불과합니다. 사람이 지구를 사용하지, 지구가 사람을 사용하지는 않습니다. 사람이 지구를 연구하지, 지구가 사람을 연구하지는 않습니다. 사람이 지구를 보고 감탄을 하지, 지구가 사람을 보고 그 아름다움을 감탄하지는 않습니다.

사람은 만물의 영장입니다! 사람이 지구의 주인입니다! 따라서 본문의 말씀이 가리키는 세상도 지구가 아니고 사람입니다! 사람이 세상 중의 세상입니다! 본문의 말씀은 하나님께서 사람을 사랑하셨다고 합니다! 그런데 여기서 말하는 사람은 사람 전체를 의미하는 것으로 그야말로 모든 사람을 가리킵니다.

사람들이 가장 뜨겁게 사랑할 때는 가장 미워할 때입니다. 교회 안에 분쟁이 일어나면 교인들이 가장 뜨겁게 사랑합니다. 반대편이 밉기 때문에 자기편을 뜨겁게 사랑합니다. 교인들이 가장 굳게 단결할 때도 그때입니다. 사람들의 사랑은 곧 미움이고 단결은 곧 분열입니다.

그리고 사람은 남들이 불행하므로 행복합니다. 모든 사람이 자기보다 더 잘살게 되면 행복하게 살아오던 사람들까지도 불행해집니다. 사람들은 자기보다 못사는 사람들이 있을 때만 행복감을 느낍니다. 못생긴 사람이 있기 때문에 미인이 있고, 못사는 사람이 있기 때문에 잘사는 사람이 있고, 불합격자가 있기 때문에 합격자가 있고, 좌천당하는 사람이 있기 때문에 영전하는 사람이 있고, 신하가 있기 때문에 왕후장상이 있습니다. 그러나 하나님의 사랑은 모든 사람을 똑같이 사랑하시는 사랑입니다. 인간의 사랑은 상대적이지만 하나님의 사랑은 무조건적입니다.

사람의 사랑은 아무리 순수해도 깊은 곳과 얕은 곳이 있습니다. 차별이 있습니다. 아무리 위대한 애국자도 외동딸을 사랑하는 것만큼 나라를 사랑할 수는 없습니다. 누구나 자기 자식을 편애합니다. 남의 집 자식이 불합격했다고 자기 자식의 합격을 기뻐하지 않는 부모는 없습니다. 그리고 사람의 사랑은 범위가 넓어질수록 깊이는 얄팍해질 수밖에 없습니다. 그래서 사람의 사랑은 아무리 (지금은) 화끈하고 아름다워도 믿을 수가 없습니다. 사람의 사랑은 조금만 기분을 상하게 한다든지 조금만 해를 끼치면 언제든지 변할 수 있는 감정입니다.

사람은 누구나 유사시에 자기가 살아남기 위해서는, 정당방위를 위해서는, 애인이라도 죽이는 무서운 존재입니다! 그러나 하나님의 사랑은 절대적입니다. 하나님의 사랑에는 더하고 덜함도 없고 두껍고 얇음도 없습니다. 하나님께서는 착한 사람과 악한 사람을 꼭 같이 사랑하십니다! 내 자식과 남의 자식을 꼭 같이 사랑하십니다. 미운 사람과 예쁜 사람을 꼭 같이 사랑하십니다. 죄인과 의인을 꼭 같이 사랑하십니다. 태양 빛이 예쁜 장미꽃과 독버섯을 차별하지 않고 똑같이 품어 주듯이……. 아침의 신선한 공기가 고상한 백합화와 사나운 가시나무를 똑같이 안아 주듯이……. 자비스러운 단비가 수정 건물과 시궁창을 구별하지 않고 똑같이 입을 맞추어 주듯이……. 그래서 하나님은 이토록 추악한 인생을 그토록 사랑할 수 있으십니다.

롱펠로Longfellow도 말하지 않았던가요? 사람의 사정을 깊이 이해하고 보면 사랑하지 못할 사람이 없다고. 사람의 사정을 깊이 이해하고 보면 누구나 그럴 수밖에 없어서 그러고 있는 것뿐일 테니까요! 그런데 하나님의 사랑은 사람의 사정을 사람 자신보다 더 깊이 이해해 주십니다(마 5:45). 그러나 똑같은 비가 내려도 어떤 곳에는 물이 풍족하게 고이고 어떤 곳은 물이 고이지 않아서 메마릅니다. 그렇다고 단비가 땅을 차별하는 것은 아닙니다. 하나님의 사랑에는 차별이 없습니다(마 9:12~13).

3. "독생자를 주셨으니……"

하나님의 사랑은 어디까지일까요? 하나님의 사랑은 독생자를 주시기까지입니다. 자기 자신을 내어 주시기까지입니다. 하나님은 자기 자신보다 죄인들을 더 사랑하셨습니다. 이 엄청난 사랑이 죽을 수밖에 없는 죄인을 구원하셨습니다!

리빙스턴이 아프리카 탐험의 마지막 몇 달 동안의 고독 속에서 스스로에게 물었습니다. '십자가의 보혈은 무엇을 뜻할까요?' 이 질문에 대한 대답은 '십자가의 보혈은 예수님 자신이며 하나님 자신이다!' 이었습니다. 자신을 죽이기까지 하시는 하나님의 결사적인 사랑이 인류를 죽음에서 구원하셨습니다.

하나님의 죽음 외에는 인생 문제를 해결할 다른 방도가 없었습니다! 하나님의 사랑은 말만의 사랑도 아니고 일시적인 감정의 사랑도 아니었습니다. 하나님의 사랑은 행동하는 사랑이었으며 생명까지도 내어 주시는 사랑이었습니다. 주는 것이 사랑입니다! 주고 싶어지는 것이 사랑의 시작입니다(약 2:16). 누구를 사랑하면 주고 싶어집니다. 아무것도 줄 것이 없으면 자기 몸이라도 주고 싶습니다! 빼앗으려고 하는 사랑은 사랑이 아닙니다. 그런데 하나님의 사랑은 독생자도 아끼지 않으셨습니다! 예수님의 십자가 없이는 하나님의 사랑도 믿을 수가 없는 것이 될 수밖에 없습니다.

아름다운 꽃이 있지 않으냐고요? 그러나 찌르는 가시도 있지 않습니까? 젊음과 건강이 있지 않으냐고요? 그러나 사람을 죽이는 질병도 있지 않습니까? 사랑이 있지 않으냐고요? 그러나 미움도 있지 않습니까? 그래서 하나님의 독생자의 속죄의 죽음을 보기 전에는 아무도 하나님의 절대적인 사랑을 확인할 수가 없었습니다. 그러나 이젠 하나님의 독생자의 속죄의 죽음을 통해 하나님의 사랑은 의심할 수 없는 사실이 되고 말았습니다. 하나님의 사랑은 예수님의 십자가를 떠나서는 다른 어떤 곳에서도 확인할 수가 없습니다. 십자가는 하나님의 사랑의 증명서입니다.

한번은 실러Schiller가 괴테Goethe에 대해 다음과 같은 말을 했습니다. "나는 그 사람을 도무지 사랑할 수 없단 말이야. 그 사람은 다른 것은 다 나에게 주는데 자기 자신만은 주지 않거든!"

그러나 하나님께서는 자기 자신까지 내어 주셨습니다.

다음은 세네카Seneca의 말입니다. "사람들은 자기 자신을 위해 할 수 있는 대로 많은 것을 모아들이고 할 수 있는 대로 많은 것을 쌓아 올리려고 한다. 그러나 하나님은 빈털터리가 될 때까지 주기만 하신다!"

노먼 매클라우드Norman Macleod도 그의 작품『하이랜드 교구Highland

Parish』 중에서 다음과 같은 얘기를 전해 줍니다.

고원에 살던 어떤 과부가 집세를 내지 못해서 쫓겨납니다. 과부는 외아들 하나를 안고 십 마일쯤 떨어진 곳에 사는 친척을 찾아 나섭니다. 그런데 그 여인이 집을 떠날 때는 화창하기만 하던 날씨가 그 여인이 친척 집 근처에 이르자 그렇게도 험악해질 수가 없었습니다. 폭설이 온 천지를 뒤덮어 버렸습니다. 결국, 그 여인은 최후의 목적지에 도달할 수 없었습니다.

그 사실을 알게 된 십여 명의 장정들이 그 여인을 찾아 나섰습니다. 그들은 마침내 산꼭대기에 쌓여 있는 눈 속에서 벌거벗은 시신으로 변해 있는 그 여자를 발견할 수 있었습니다. "망측스러워라!" 그런데 바로 그 곁의 은신처가 될 만한 곳에는 얼어 죽은 어머니가 입고 있던 옷에 돌돌 쌓인 갓난아기가 아직도 그대로 살아남아 있었습니다! 어머니는 자기가 입고 있던 옷을 다 벗어서 어린 자식을 폭 싸 주고 자기는 벌거벗은 채로 추위와 폭설 속에서 동사하고 말았던 것입니다. 이런 것이 십자가상에 나타난 하나님의 사랑의 모형입니다. 하나님의 사랑을 설명하는 데에 어머니의 사랑보다 더 적절한 것이 또 어디 있겠습니까?

여러 해 후 그 어머니의 장례식을 주례한 목사님의 아들이 자기도 목사가 돼서 글래스고Glasgow에 나타나 설교를 하고 있었습니다. 그런데 그 날의 예화는 그가 자기 아버지에게서 전해 들은 바로 그 가엾은 어머니와 갓난아기의 얘기였습니다. 설교가 끝나자 어떤 젊은이가 목사에게 다가가더니 눈물을 흘리면서 다음과 같은 간증을 하였습니다. "댁은 나를 모르시겠지만 나는 당신의 아버지도 알고 당신도 잘 알고 있습니다. 내가 바로 그 과부의 살아남은 아들입니다! 나는 어머니의 사랑을 한시도 잊어 본 적이 없습니다. 그런데 아직도 나는 하나님의 사랑은 모르고 있었습니다. 그런데 이젠 하나님의 사랑도 알게 되었습니다. 하나님의 사랑은 우리 어머니의 사랑과 같은 사랑일 테니까요!"

그러면 좀 더 구체적으로 하나님의 사랑은 어떤 사랑인지 살펴볼까요?

1) 사랑할 만하지 못한 것을 사랑하시는 사랑입니다

그래서 우리 같은 죄인도 하나님의 사랑을 받습니다.

소문난 미인 어미가 이웃 사람들의 만류에도 불구하고 화염 속으로 달려 들어가서 어린 딸을 옷 속에 싸들고 달려 나왔습니다. 어린 딸은 깨끗하게 구출되었습니다. 그러나 예쁘던 어머니는 얼굴과 온몸에 심한 화상을 입었습니다. 그래서 어머니는 그렇게 흉측할 수가 없는 얼굴과 흉터투성이 몸으로 남은 생을 살 수밖에 없었습니다. 보는 사람마다 이맛살을 찌푸리고 만나는 사람마다 눈길을 돌렸습니다.

그럼 그 상처는 누구를 위한 상처일까요?

딸이 고등학교를 졸업할 때 어머니가 딸의 졸업식에 참석하였습니다. 그런데 그 자리에서 딸의 친구 하나가 딸에게 물었습니다.

"저분이 누구지? 저 흉측한 모습의 여자 말이야!"

"난 몰라! 난 모르는 여자라니까!"

그러나 아무리 그래도 그 딸에 대한 어머니의 사랑은 변할 수 없었습니다. 그래서 어머니는 갖은 고생 끝에 딸을 대학까지 공부를 시켰습니다. 이런 사랑이 하나님의 사랑의 축소도입니다.

교우님들이여! 하나님의 사랑을 의심하지 마시기 바랍니다! 아무리 죄가 많고 아무리 신앙생활을 잘하지 못해도 하나님의 사랑은 변하지 않을 것입니다(눅 15:21~24). 하나님의 사랑은 무자격자들까지도 사랑하시는 사랑이며 구원받을 자격이 없는 사람들까지도 구원하시는 사랑입니다! 그러니 세상에 자격이 없어서 구원을 받지 못할 사람이 어디 있겠습니까? 자격이 없으니까 구원을 받지, 자격이 있으면 당당하게 합격을 하지 무엇 때문에 구원을 받겠습니까? 심지어 믿음이 없어도 구원만은 의심하지 마시기 바랍니다. 내 믿음이 좋아서 구원을 받을 수 있다고 확신을 하는 것은 나를 믿는 것이고 내 행함을 믿는 것이며 결국은 나 자신을 믿는 것입니다. 하나님을 믿는 것이 아닙니다. 그런고로 하나님의 사랑만 믿으시기 바랍니다.

　요즈음 나의 좌우명은 "하나님이 나를 사랑하신다."입니다.

　나이 들어 욕심이 좀 줄어들어서 그런지 이전에는 그리도 화려하고 매력적이던 서울 거리가 이제는 그렇게도 쓸쓸할 수가 없습니다. 번화가도 이젠 황량한 폐허만 같습니다. 욕심이 들끓던 젊은 날에는 백화점마다 사고 싶은 것들도 많고 거리마다 매력이 있는 여인들도 많았지만…… 그때는 높으신 분들도 많고 굉장한 것도 많았지만…… 그러나 지금 내 눈에 보이는 것은 죄와 고통과 죽음뿐입니다. 죽음을 향해서 정신없이 달리는 일사불란한 인간 행렬뿐입니다. 그러나 성경은 말합니다. "하나님이 세상을 사랑하셨다!"고.

　나는 하나님께 말씀드렸습니다. "나는 가장 진실해 보일 때도 거짓되었습니다. 남을 위해서 봉사를 할 때도 이기적이었습니다. 착할 때도 악했습니다!" 그러나 하나님께서는 말씀하셨습니다. "그래도 너를 사랑한다!"고, "내가 너의 모든 죄를 사해 주었다!"고.

　나는 계속해서 고백하였습니다. "나는 사랑을 받을 만한 자격도 없는 사람입니다. 그래서 나를 사랑해 주는 사람이 없습니다. 나는 외롭고 쓸쓸합니다!" 그러나 하나님께서는 또다시 말씀하셨습니다. "그래도 나는 너를 사랑한다!"고.

　하나님의 사랑은 나의 찬양의 주제이며 나의 믿음의 전부이며 나의 구원이며 나의 생명의 원천입니다!

　1992년 일입니다. 그해 10월 28일에, 예수님께서 재림하신다는 소문이 떠돌자, 갑자기 새벽기도와 매일 성경 읽기를 시작하는 사람들이 많았습니다. 행함으로 구원을 받으려고 하는 사람들이 많았습니다. 여기서 한 말씀 드리는데, 다른 사람들은 다 구원을 받아도 그 사람들만은 구원받을 수 없을 것입니다. 왜냐고요? 행함으로 구원받으려 하기 때문입니다.

　중요한 것은 그 사람이 진정 '믿음으로 구원을 받은 사람이냐, 아니냐?'에 있을 뿐 결코 그 사람이 무슨 일을 하고 있느냐에 있지 않습니다.

'존재Being'가 문제지 '행위Doing'는 문제가 아닙니다. 그 사람이 믿는 사람이기만 하면, 예수님께서 재림하실 때, 졸고 있어도 들림을 받고, 부부 싸움을 하고 있어도 구원받을 것입니다. 그러나 그 사람에게 믿음이 없으면 아무리 철야기도를 드리고 있어도 버림을 당할 것입니다! 깨어 있다고 하는 것은 영혼이 깨어 있는 것을 뜻하지 결코 육체가 잠을 자지 않고 깨어 있는 것을 뜻하지 않습니다!

2) 우리가 받을 형벌을 대신 받아 주시는 사랑입니다

> "이튿날 요한이 예수께서 자기에게 나아오심을 보고 이르되 보라 세상 죄를 지고 가는 하나님의 어린양이로다"(요 1:29)

우리가 받아야 할 심판을 대신 받아 주시는 사랑입니다(사 53:5~8)! 우리가 범한 죄를 하나님이 대신 짊어지셨습니다(레 16:9~10). 죽을 수밖에 없는 죄인들을 무죄 석방하시는 사랑입니다!

주후 1350년 영국 왕 에드워드 3세Edward III가 3천 명의 군대를 몰고 프랑스를 침략했는데 크레시Crecy 전투에서 프랑스군의 장군 필립을 무찔렀습니다. 그런데 에드워드 왕이 이번에는 칼레Calais 성을 포위하였습니다. 그리고 그 성도 일 년 동안의 완강한 저항 끝에 마침내 함락당하고 말았습니다. 그때 에드워드 왕이 제의하였습니다. 성 중에 있는 백성 중, 그가 누구든 여섯 사람만 자원해서 목숨을 내어놓으면 다른 시민들의 생명은 해치지 않겠노라고. 그런데 이 소식을 전해 듣고, 성 중에 있던 프랑스 사람들의 얼굴이 모두 사색이 되어 버리고 말았습니다.

"누가 자기 목숨을 자진해서 내놓을 수 있단 말인가?" 모두 누군가가 자기를 대신해서 죽어 주기를 바랄 뿐이었습니다. 결국, 회의가 소집되었습니다. "여섯 사람을 어떻게 선발해서 보내느냐?" 이것이 문제였습니다. "여러분들 중, 이 성 안에 있는 수많은 생명을 대신해서 속죄의 제물이 되어 주실 분이 계시면 말씀해 주시기 바랍니다!" 그러나 결과는 무거운 침묵뿐이었습니다. 모두 누군가가 자기를 대신해서 죽어 주기를 바랐습니다. 아무도 나서는 사람이 없었습니다.

그때 칼레 성 수비군 사령관인 피에르Eustace de St. Pierre가 앞으로 나왔습니다. "내가 여러분들을 위해 생명을 바치겠습니다!" 이어서 피에르 장군이 군중을 향해 소리를 쳤습니다. "내 뒤를 따를 사람이 없습니까?" 그때 호응하는 소리가 있었습니다. "아버지! 당신의 아들이 당신의 뒤를 따르겠습니다!" 그러자 다른 사람들도 뒤를 따라 나섰습니다. 그런데 이번에는 그들의 가족들과 그들의 친구들이 그들을 붙들고 울음을 터뜨리고 말았습니다. 온 도성 안이 눈물 바다가 되어 버리고 말았습니다. 드디어 여섯 명의 속죄양이 제물이 되기 위해 적진을 향해 걸어나가기 시작했습니다.

그러면 예수님은 누구이실까요? 우리의 죄와 우리의 죽음을 대신 짊어지고 하나님의 심판대 앞으로 나가시는 하나님의 어린양입니다.

4. "이는 저를 믿는 자마다"

그러면 우리는 어떻게 그 은혜로운 구원을 받을 수 있을까요? 어떻게 죄 사함을 받고 어떻게 심판을 면제받고 어떻게 죽음에서 해방을 받을 수 있을까요? 오직 믿음으로써입니다!

그러면 믿음이란 어떤 것일까요? 성경이 말하는 믿음은 성경에 기록되어 있는 역사적인 사실과 사도신경을 믿는 것입니다. 예수 그리스도를 믿는 것입니다. 사도 요한이 말하는 믿음에도 지적인 요소가 없는 것은 아니지만, 그러나 "예수 그리스도를 믿는다"고 하는 말에는 그 이상의 의미가 함축되어 있습니다! 그 믿음은 '믿다Believe'이며 동시에 '신뢰Trust'입니다! 예수님의 말씀을 단지 지적으로만 옳다고 믿는 것이 아니라 예수님 자신을 믿는 것입니다! 지식을 믿는 것과 사람을 믿는 것은 다릅니다!

그럼 이제 'Believe'라고 하는 단어를 분석해 보기로 하겠습니다. 'Believe'는 'By'라는 말과 'Live'라는 말의 두 가지로 구성이 되어 있습니다. 그러면 그 말이 뜻하는 것은 무엇일까요? 그 말은 어떤 사람을 믿고 그 사람과 함께 사는 것을 뜻합니다. 이렇게 믿는 것만이 참으로 믿는 것입니다! 믿는다는 말은 어떤 사람을 믿고 그 사람과 동고동락하는 것을 뜻합니다(롬 6:3~4; 8:17).

다음의 얘기는 박 군과 이 양 사이에 오고 간 대화의 내용입니다.

"나는 미스 리를 행복하게 해 줄 자신이 있어요!"

"나도 그 말을 믿어요. 그러나 나에게는 미스터 박의 사랑을 받아들일 자격이 없는걸요."

이런 유의 믿음은 믿음이 아닙니다. 믿는다고 하는 것은 어떤 사람을 믿고, 그 사람과 운명을 같이하는 것을 뜻합니다. 성경이 말하는 믿음은 믿음 + 사랑입니다. 사랑이 없는 믿음은 믿음이 아닙니다. 먼저는 믿고 그다음에는 사랑하는 것입니다.

그런데 사람은 겪어 보기 전에는 알 수가 없는 존재이기에 믿음은 곧 모험입니다! 이런 믿음을 통해서 얼마나 많은 사람의 운명이 뒤바뀌었었던가요? 장관의 아내가 되어야 할 여자가 5급 공무원의 아내가 되기도 하고, 이와는 반대로 보초병의 아내가 되어야 할 여자가 사령관의 아내가 되기도 합니다. 믿음은 사람의 이력서를 바꾸어 놓는 힘입니다. 또 어떤 사람은 사업이 잘될 줄 믿었다가 그 믿음대로 큰돈을 벌기도 하고 이와는 반대로 어떤 사람은 믿음 때문에 큰 낭패를 당하기도 합니다. 그런고로 믿기 전이나 믿은 후나 아무것도 달라지는 것이 없는 믿음은 믿음이 아닙니다. 믿음은 신학적인 문제가 아니라 삶의 문제입니다. 그러면 예수님을 믿는다고 하는 것은 좀 더 구체적으로 무엇을 뜻하는 것일까요?

첫째는 죄 사함 받은 것을 믿는 것입니다(마 9:2)

하나님께서 이미 죄를 사해 주셨는데도 "정말 죄 사함을 받았을까?" 하고 의심을 하는 것은 믿음이 아닙니다. 의심은 믿음이 아닙니다.

둘째는 예수의 말씀을 믿고 평안한 마음으로 사는 것입니다(마 6:31~32)

예수님의 말씀을 믿고 순종하는 것입니다. 예수님을 믿는다고는 하면서도 믿기 전같이 불안과 근심 속에 사는 것은 믿음이 아닙니다! 가난하기만 하던 친정에서 조석을 걱정하며 살던 처녀가 만석꾼의 집으로 시집간 다음에도 조석을 걱정하고 사는 것은 있을 수 없는 일입니다. 예수님께서는 욕심을 버리라고 하셨는데 욕심이 이글거리고, 예수님께서는 원수까지 사랑하라고 하셨는데 가까운 이웃까지도 미워하는 것은 예수님을 믿는 것이 아닙니다.

예수님과 다른 길을 가는 것도 예수님을 믿는 것이 아닙니다. 겉 다르고 속 다른 생활이기 때문입니다. 예수님을 믿는다고 하는 것은 예수님을 따라가는 것을 뜻합니다. 믿는 사람 따로 있고 사랑하는 사람 따로 있고 같이 사는 사람이 따로 있는 것도 신앙생활이 아닙니다. 호적상으로는 예수님의 신부인데 실제는 사탄 마귀와 동고동락을 하고, 그래서 돈과 출세밖에 모르는 것도 예수님을 믿는 것이 아닙니다(마 23:23). 다시 한 번 말씀 드립니다. 참된 믿음은 예수님과 함께 사는 믿음입니다.

새벽기도는 빠짐없이 드리면서도 배화여중을 나온 딸을 배화여고를 나왔다고 속여서 출가를 시키는 것도 신앙생활이 아닙니다. 십일조는 꼬박꼬박 드리면서도 홍익공전을 나온 아들을 홍익대학을 나왔다고 속여서 취직시키는 것도 예수님을 믿는 것이 아닙니다! 참된 믿음은 예수님과 함께 사는 믿음입니다.

5. "멸망치 않고 영생을 얻게 하려 함이니라"

그러면 영생이란 어떤 것일까요?

1) 현재의 영생입니다

댈러스에 있는 제일침례교회에서 시무하시는 크리스웰 목사님이 플로리다의 잭슨 빌 교회에서 부흥회를 인도하고 나서 시내에서 제일 유명하다는 식당으로 초대받아서 갔습니다. 그런데 그 식당의 정면에 어떤 부인의 큰 사진이 걸려 있었습니다. 식사 중에 크리스웰 목사님이 물었습니다. "저 사진의 부인은 누구시지요?" 그 질문에 수행 집사님의 대답은 다음과 같았습니다.

그 부인께서는 아들 하나를 데리고 조지아로부터 잭슨빌까지 이사를 오셨습니다. 그리고 바로 이 자리에 초미니 식당을 차리셨습니다. 돈 벌 생각은 엄두도 내지 못하고 그저 모자가 목구멍에 풀칠이라도 하고 살기 위해서였습니다. 그런데 부인의 요리 솜씨는 보통이 아니어서 곧바로 그 식당은 주변 사회에 소문이 나서 크게 번창하였습니다. 그리하여 부인께서는 돈방석에 앉게 되었습니다.

그런데 그동안에 세월이 흐르고 또 흘러서 부인은 이젠 늙고 병이 들어 임종의 시간을 기다리고 있었습니다. 그 자리에서 부인은 외아들을 불러 다음과 같은 유언을 남겼습니다. "애야! 이젠 이 식당을 너에게 넘겨준다. 그런데 한 가지 부탁이 있다! 이 식당에서는 무슨 일이 있어도 술일랑 팔지 마라!" 아들은 분명하게 대답합니다. "네! 어머니의 말씀대로 하겠습니다. 무슨 일이 있어도 술만은 팔지 않겠습니다."

그 후 그 아들에게는 많은 시험과 유혹이 왔습니다. 주류업자들이 찾아와서 술을 팔기만 하면 큰돈을 벌게 될 것이라고 유혹도 하였습니다. 물론 아들도 돈이 싫지는 않았습니다. '돈을 많이 벌면 그만큼 좋은 일도 많이 할 수 있을 것이 아닌가?' 그런 생각도 해 보았습니다. 그러나 아들은 어머니의 참된 효자요, 독실한 하나님 아들이었습니다. "이 식당이 문을 닫고 내가 조지아로 돌아가서 또다시 쟁기를 잡게 되는 한이 있어도 이 식당에서 술을 파는 일은 영원히 없을 것입니다!"

이 얘기를 듣고 있던 크리스웰 목사님이 집사님에게 물었습니다. "그럼 이 식당은 술을 팔지 않아서 망했나요?" 그러자 집사님, 손사래를 치며 말했습니다. "망하다니요! 이 식당은 그 때문에 더 소문이 나서 더 번창하게 되었습니다. 점잖은 손님들만이 이용하는 고급 식당으로 변모해 버렸기 때문이지요."

예수 그리스도를 믿음으로 죄 사함을 받을 뿐 아니라, 망하든 흥하든 예수님과 함께 사는 것이 신앙생활입니다! 이것이 현재의 영생이기도 하고요.

한번은 허버트 데이비슨Hurbert Davidson 박사가 유명한 여류 시인인 마이라 브룩스 웰치Myra Brooks Welch 여사를 방문한 일이 있었습니다. 그 여류 시인은 「주의 손의 만지심The Touch of the Master's Hand」이라는 작품으로 유명한 분이기도 합니다. 그런데 마이라 여사는 휠체어의 팔걸이를 끌어안고 늘 감사하며 살았습니다. 여사는 자기가 장애인이 된 것까지 감사하며 살았습니다. 왜 그랬을까요? 삶의 쓰라림을 맛보기 전에는 아무리 천재라도 시 한 수는 그만두고 시상 하나도 얻을 수가 없기 때문이며, 삶의 쓰라림을 맛보기 전에는 하나님의 은혜도 깨달을 수가 없기 때문입니다.

이것이 현재의 영생입니다! 예수 그리스도 때문에 모든 사람들을 사랑할 수도 있고 예수 그리스도 때문에 어떤 역경 중에서도 불의에 굴복하지 않을 수도 있고 어떤 형편에서든지 행복할 수도 있는 생활! 그것이 현재의 영생입니다! 그런데 이 현재의 영생은 구원의 조건이 아니라 구원의 결과입니다!

2) 내세의 영생입니다

"하나님이 세상을 이처럼 사랑하사 독생자를 주셨으니 이는 그를 믿는 자마다 멸망하지 않고 영생을 얻게 하려 하심이라"(요 3:16)

프랑스 왕 루이 12세Louis XII가 왕위에 오르기 전 그에게는 수많은 반대자와 적들이 있었습니다. 그래서 천신만고 끝에 왕위에 오른 루이 12세는 자기를 핍박하던 자들의 명단을 당장 작성해서 올리라고 엄명을 내렸습니다. 루이 12세는 그 명단을 자세히 읽어 내려가면서 사형에 처해야 할 사람의 이름 위에 십자표를 하였습니다. 그리고 그 명단을 발표하였습니다. 그 소식을 전해 들은 루이 왕의 적들은 두려워 떨었습니다. "우린 죽었구나! 우린 이미 죽은 몸이로구나!"

그런데 사실은 이 얘기를 듣고 있는 우리 역시 죽은 몸입니다. 그래서 매일같이 죽어가고 매일같이 사형 집행장을 향해 달려가고 있는 것이 아니겠습니까? 우리의 앞길에는 동으로 가나 서로 가나 죽음이 있을 뿐입니다!

잘생기고, 건강하고, 잘 입고, 똑똑하고, 장래가 촉망되는 젊은이가 있었습니다. 그런데 그에게 의사의 진단이 내려졌습니다. 불치병! 그런데 이와 같은 진단은 너나 할 것 없이 모든 인간에게 내려진 진단입니다! 그러나 예수 그리스도를 믿기만 하면, 그가 누구든 죽지 않고 영원히 살 수가 있습니다!

아이젠하워 전 미국 대통령의 임종이 바싹바싹 다가오고 있었습니다. 그의 생명은 30분밖에 남아 있지 않았습니다. 그때 빌리 그래함 목사가 그의 병실에 들어왔습니다. 아이크는 환한 웃음으로 목사님을 맞이했습니다. 그 자리에서 아이크는 빌리에게 죄 사함을 받은 확신을 다시 한 번 새롭게 하고 싶다고 하였습니다. 그래서 빌리가 성경을 펴들고 복음을 간단명료하게 전하기 시작했습니다. 이어서 아이크가 신앙고백을 했습니다.

"나는 믿습니다! 이젠 떠날 준비가 되었습니다. 감사합니다!" 그 말이 끝나자마자 아이크는 낙원으로 올라갔습니다. 이것이 내세의 영생입니다.

마지막으로 요한복음 3장 16절에 얽힌 얘기 하나만 더 하겠습니다.

헌트Hunt란 사람이 타히티Tahiti에 사는 원주민에게 복음을 전하기 위해 고국을 떠났습니다. 그는 그 섬에서 14년에서 15년 동안 전도 활동을 했지만 단 한 사람의 신자도 얻을 수 없었습니다. 그때 그 섬에는 잔인하고 파괴적인 전쟁이 있었습니다.

어느 날 그가 타히티 말로 번역된 요한복음 3장 16절을 원주민들에게 읽어 주고 있었습니다. "하나님이 세상을 이처럼 사랑하사 독생자를 주셨으니 이는 저를 믿는 자마다 멸망치 않고 영생을 얻게 하려 하심이니라." 그때 추장이 한 발짝 앞으로 걸어 나오더니 물었습니다. "지금 뭐라고 했지요? 다시 한 번 읽어 주실 수 없겠소?" 헌트 선교사가 다시 한 번 요한복음 3장 16절을 읽었습니다. 그러자 추장이 한마디 했습니다. "그 말씀은 백인들에게나 해당하는 말이지 우리와는 상관이 없는 말이에요!" 그래서 헌트가 '누구든지'라고 하신 말씀만 반복해서 읽어 주었습니다. "누구든지" "누구든지" "누구든지……"

그때 포마레 2세Pomare II가 앞으로 나와서 먼저 믿음을 고백하였습니다. "사실이 그렇다면 이젠 나도 하나님의 독생자를 믿고 영생을 얻겠습니다. 지금까지는 그렇게 사랑이 많은 하나님 얘기를 들어본 적이 없었습니다." 그리하여 그는 타히티 섬 최초의 개종자가 되었고 동시에 새사람이 되었습니다. 그리고 후에는 그분의 전도와 감화를 통해 지금은 남태평양에서 백만에 가까운 신도들이 그의 뒤를 따르고 있습니다!

잃은 양 찾아

"모든 세리와 죄인들이 말씀을 들으러 가까이 나아오니 바리새인과 서기관들이 수군거려 이르되 이 사람이 죄인을 영접하고 음식을 같이 먹는다 하더라 예수께서 그들에게 이 비유로 이르시되 너희 중에 어떤 사람이 양 백 마리가 있는데 그중의 하나를 잃으면 아흔아홉 마리를 들에 두고 그 잃은 것을 찾아내기까지 찾아다니지 아니하겠느냐 또 찾아낸즉 즐거워 어깨에 메고 집에 와서 그 벗과 이웃을 불러 모으고 말하되 나와 함께 즐기자 나의 잃은 양을 찾아내었노라 하리라 내가 너희에게 이르노니 이와 같이 죄인 한 사람이 회개하면 하늘에서는 회개할 것 없는 의인 아흔아홉으로 말미암아 기뻐하는 것보다 더하리라"(누가복음 15:1~7)

잃은 양 찾아

"모든 세리와 죄인들이 말씀을 들으러 가까이 나아오니……."

모든 세리와 죄인들이 뭣 때문에 예수님에게로 가까이 나아오고 있는 것일까요? 말씀을 듣기 위해서였습니다. 그러면 어떤 말씀을 들으려고 그 많은 무리가 예수님에게로 가까이 나오고 있는 것일까요? 도덕적인 교훈을 듣기 위해서일까요? 아닙니다! 율법 강의라면 서기관이나 제사장들에게서도 얼마든지 들을 수 있을 것입니다. 성경공부라면 어떤 교회를 찾아가도 들을 수 있을 것입니다.

그러면 그 많은 무리가 어찌하여 하필이면 예수님에게만 몰려오고 있는 것일까요? 제사장들이나 서기관들에게서는 들을 수 없는 복음을 듣기 위해서였습니다. 직업적인 제사장들이 전하지 못하는 메시지를 듣기 위해서였습니다. 하나님의 사랑을 피부로 느낄 수 있도록 전해 주는 살아 있는 하나님의 말씀을 듣기 위해서였습니다. 듣기 싫은 소리라도 좋으니 하나님의 말씀이 듣고 싶어서였습니다. 오늘날에도 많은 사람이 책이나 신문 잡지나 라디오나 텔레비전이나…… 심지어 교회에서도 들을 수 없는 말씀을 듣고 싶어 합니다.

그런데 그 많은 무리 중에는 하나님의 말씀이 듣고 싶어서 찾아온 사람도 있었지만, 그러나 설교를 헐뜯기 위해서 따라붙은 종교지도자들도 있었습니다. "바리새인과 서기관이 원망하여 가로되." 믿음이 좋은 바리새인들과 성경에 무불통지無不通知하는 서기관들이 예수님께서 죄인들을 영접하시는 것을 보고 규탄하기 시작했습니다. 그래서 예수님께서는 그들의 터무니없는 비난에 답변하시기 위해 본문에 나오는 비유의 말씀으로 가르치셨습니다.

그런데 본문에 나오는 비유의 말씀 중에서 예수님께서는 자기가 '잃은 양', 다시 말해 '죄인'을 구원하시기 위해서 오신 구세주임을 분명히 하셨습니다. 죄인을 구원하는 일이 교회의 사명입니다. 왜 성가대는 있는 것일까요? 잃어버린 영혼을 구원하기 위해서입니다. 왜 부흥회는 개최하는 것일까요? 잃어버린 영혼을 구원하기 위해서입니다. 영혼 구원과 상관이 없는 교회의 모든 행사는 무의미할 뿐입니다. 제직회는 무엇 때문에 소집하는 것일까요? 잃어버린 영혼을 구원하기 위해서입니다.

그럼 여기서 한번 묻겠습니다.

교우님들께서는 사람들을 만날 때 무슨 생각을 가지고 만나시는지요? 그 사람을 이용하기 위해서인가요? 아니면, 그 사람을 굴복시키기 위해서인가요? 아니면, 그 사람을 자기편으로 만들기 위해서인가요? 아니면, 자기 자랑하기 위해서인가요? 아니면, 환심을 사기 위해서인가요? 아니면, 아무 생각도 없이 시간이나 때우기 위해서인가요? 아니면, 어떤 모양으로든 그 사람에게 도움을 주기 위해서인가요? 아니면, 그 사람의 영혼 구원을 위해서인가요?

"사람을 만날 때의 주요 관심사가 뭐냐?" 이것이 문제입니다. 그런데 예수님께서는 모든 사람을 길을 잃은 양으로 보셨습니다. 제왕도 재벌도 예외가 아니었습니다.

1. 잃은 양의 비유

"너희 중에 어떤 사람이 양 백 마리가 있는데 그중의 하나를 잃으면 아흔아홉 마리를 들에 두고 그 잃은 것을 찾아내기까지 찾아다니지 아니하

겠느냐"(눅 15:4)

본문의 비유는 논문을 작성하기 위해서 삽입한 예화가 아니고 실제적인 문제를 해결하기 위해서 인용한 비유입니다.

먼저 바리새교인들이 예수님에게 비난을 퍼붓습니다. 바리새교인들이 선제공격을 가해 왔습니다. 싸움은 언제나 악한 사람들 편에서 걸어옵니다. 그리고 최후의 승리는 언제나 의인들의 몫입니다. 바리새교인들과 서기관들은 죄인을 미워하고 천시하였습니다. 죄인들과는 상종도 하지 않았습니다. 그뿐 아닙니다. 그들은 정의의 이름으로 의로우신 예수님까지 정죄하였습니다.

그런데 본문의 비유는 그들의 미움을 받은 예수님의 가슴에서 솟아 나온 비유입니다. 예수님은 그들의 뜨거운 미움에 대해 뜨거운 사랑으로 응답하셨습니다. 아무리 주변에 미움이 들끓어도 예수님의 마음에는 그 미움이 전염되지 않았습니다. 그러나 인간은 누군가가 자기를 미워하면 본의는 아니지만 그 사람을 미워하게 됩니다. 사랑을 받으면 사랑을 하게 되고요.

이런 세상에서 사랑을 받을 길은 하나밖에 없으니 먼저 사랑을 하는 것입니다. 남에게 존경을 받고자 하면 먼저 존경하고, 남에게 선물이 받고 싶으면 먼저 선물을 하는 것입니다. 의심이 나시거든 한번 실험해 보시기 바랍니다.

그러나 하나님의 사랑은 절대적입니다. 그래서 무섭게 소용돌이치는 비판과 미움 속에서도 놀랍도록 깨끗한 사랑이 솟아 나왔습니다. 더러운 흙탕물 속에서 맑은 샘물이 솟아 나왔던 것입니다. 예수님께서는 잃은 양의 비유를 통해 엄청나게 큰 하나님의 사랑을 가르쳐 주셨습니다.

얘기의 내용은 이렇습니다. 어떤 팔레스타인의 목자가 백 마리의 양을 쳤습니다. 목자는 그 양들을 하나같이 사랑하였습니다. 양의 수가 많다고 해서 한 마리 한 마리의 양에게 공급되는 사랑의 분량이 감소하지는 않았습니다. 예수님의 양 사랑은 세상의 목자들이 양을 사랑하는 것과는 달랐습니다. 그런데 본문의 비유에 나오는 목자의 사랑은 하나님의 사랑을 보여 줍니다. 그 사랑은 양을 이용 가치로 사랑하는 사랑이 아니라 목적 자체로 사랑하는 사랑이었습니다.

아침마다 목자는 양 떼를 코발트색 하늘 밑에 널려 있는 푸른 초장과 잔잔한 물가로 인도하였습니다. 그리고 저녁이 되면 양 떼를 안전한 우리에 들게 하였습니다. 그리고 밤에는 양 떼를 어둠 속에서 지켜 주었습니다. 어느 날 목자는 백 마리의 양을 몰고 비탈길을 오르고 있었습니다. 양들이 좁은 비탈길을 오르느라 뿌연 먼지를 일으키고 있었습니다. 양들은 가쁜 숨을 몰아쉬며 땀까지 흘리고 있었습니다. 양들은 서로 부딪치고 떠다밀기도 하였습니다. 정말 짜증스러운 오후의 강행군이었습니다. 그때 한 마리의 양이 무심코 곁눈질을 하였습니다. 그런데 보십시오. 그 앞에는 푸른 풀밭뿐 아니라 잔잔한 시냇물까지 흐르고 있는 것이 아닙니까? 그래서 그 양은 불평을 늘어놓았습니다. 여기에도 푸짐한 풀과 시원한 물이 있는데 어찌하여 우리의 목자는 우리를 끌고 힘든 비탈길을 오르고 있는 것일까? 왜 우리를 괴롭히기만 하는 것일까?

그때 그 한 마리의 양은, 자기 혼자서 먹고 마시기에 넉넉한 풀과 물만 보고 불평을 터뜨리고 있었습니다. 그러나 목자는 백 마리의 양들이 다 같이 배불리 먹고 마실 수 있는 더 광활하고 더 깊숙한 초장으로 양들을 인도하고 있었습니다. 그래서 양들을 비탈길로 몰아가고 있었습니다. 그러나 어찌 그 주먹만 한 양의 머리가 깊은 주인의 뜻을 헤아려 알 수 있었겠습니까?

목자는 백 마리의 양을 염두에 두고 있었지만 소견머리가 없는 양은 자기 하나만을 생각하고 있었습니다. 이것이 하나님의 생각과 인간 생각의 차이점입니다(사 55:8~9). 그래서 피지도자들은 지도자를 따르고, 학생들은 스승님의 가르침을 받고, 인간은 하나님의 말씀에 순종해야 하는 것이 아니겠습니까? 양 떼는 목자의 인도함을 받을 때만 모두가 배불리 먹고 마실 수 있는 푸른 초장과 잔잔한 물가로 인도함을 받을 수 있을 것입니다.

하여간 그 한 마리의 양은 결국 탈주하고 말았습니다. '무엇 때문에 사서 고생을 하지? 바보 같은 것들!' 그리하여 대열에서 빠져나와 자유의 몸이 된 그 한 마리의 양은 유유히 푸른 초장 쪽으로 다가가서 풀을 뜯어 먹기 시작했습니다. 거기에는 밀치는 양도 없고 먹이를 빼앗아 가는 양도 없었습니다. '아! 이렇게 좋은 세상도 있는 것을!' 모처럼 마음 놓고 풀을 뜯어 먹으니 풀 맛도 감칠맛이요 물맛도 별미였습니다. '이렇게 좋은 세상이 있는 줄을 알았으면 일찌감치 탈영할 것을!' 양은 누구의 간섭도 받지 않고 동서남북을 자유자재로 활보할 수 있었습니다. 그리고 그 한 마리의 양은 배불리 먹고 나서 나무 그늘 밑에 사지를 쭉 뻗고 드러누웠습니다! '아! 넘치는 즐거움이여! 행복은 누구의 구속도 받지 않는 무제한의 자유에 있구나!'

죄악의 시작은 언제나 이렇게 신바람이 나서 탈입니다. 멸망의 시작은 언제나 감미롭습니다. 아담과 하와가 선악과를 따 먹을 때도 그랬고, 삼손이 들릴라의 무릎을 베고 드러누울 때도 그랬습니다. 그러나 그 마지막은 언제나 비참합니다(삿 16:19~21). 넓은 문은 점점 좁아져서 마침내는 막혀 버리고, 좁은 문은 점점 넓어져서 마침내는 천국에 이릅니다(마 7:13~14).

롯은 소돔과 고모라의 넓은 문으로 들어가서 처음에는 성공할 수 있었지만 마지막에는 망해 버렸고, 요셉은 노예의 좁은 문으로 들어가서 처음에는 고생이 많았지만 마지막에는 앞길이 환하게 트이지 않았던가요?

하여간 배불리 먹고 팔자가 늘어진 양은 시원한 초장 위에 드러누워 시간 가는 줄을 모르다가 그만 깊은 잠에 빠지고 말았습니다. 탈주한 양은 행복에 도취해서 꿈나라를 헤매고 있었습니다. 그동안에 해는 서산으로 퇴근을 하고 어둠이 서서히 천지를 뒤덮기 시작했습니다. 동시에 밤의 공포 분위기가 서서히 움직이기 시작했습니다.

그때 양이 잠을 깼습니다. 사방이 어둠 속에 잠겨 있었습니다. 양이 조용히 주위를 살펴보았습니다. 그러나 아무것도 보이지 않았습니다. 양은 왠지 모르게 무시무시했습니다. 뭣인가 무서운 것이 칠흑 같은 어둠 속에서 자기를 향해 움직이고 있는 것 같았습니다. 양은 몸서리를 쳤습니다. 어디선가 왔다가 어디론가 사라져 가는 바람 소리도 귀신이 지나가는 소리같이 섬뜩했습니다. 대자연의 조용한 숨소리가 무서운 짐승들의 노호같이 육중하게 들렸습니다. 새들이 푸드덕푸드덕 날 때마다 양은 자지러지듯이 움츠러들었습니다.

그때 진짜 사자의 으르렁거리는 소리가 들려 왔습니다. 길 잃은 양은 오돌오돌 떨었습니다. 몸은 공중에 떠 있는지 지상에 내려와 있는지 분간할 수조차 없었습니다. 뼈는 녹아 내려서 주저앉을 것만 같았습니다. 죽음의 공포는 죽음 자체보다 더 무서웠습니다. 그제야 양은 후회하기 시작했습니다. 양은 뉘우치고 눈물을 흘렸습니다. '목자의 곁을 떠나지 말아야 했을 것을……!' '대열에서 이탈하지 말아야 했을 것을……!'

이상이 죄악의 자초지종입니다. 시작은 신 나지만 마지막은 비극인 것이 죄악의 역사입니다.

바로 그 시각에 목자가 길 잃은 양을 찾아 나섰습니다. 목자는 '잃은 양'을 찾아, 산을 기어오르기도 하고 아찔한 낭떠러지를 기어 내려가기도 하였습니다. 목자는 밤을 새워가며 헤맸습니다. 이슬에도 젖고 가시에도 찔리고……. 그러면 그 목자에게는 그렇게 고생을 해 가면서까지 잃은 양을 찾아야 할 특별한 이유라도 있었던 것일까요? 그런 것은 아니었습니다. 그 당시 팔레스타인의 들판에는 떠돌아다니는 양들이 얼마든지 있었습니다. 그중에서 아무거나 하나 주어다가 백 마리의 숫자를 채우면 그만이었습니다. 그러나 목자가 찾는 것은 '아무 양'이 아니라 '그 양'이었습니다.

"아무 아이나 보육원에서 하나 데려다가 키우지 그러세요?" 그러나 어미가 찾는 것은 '아무 아이'가 아니라 '그 아이'입니다. 그리고 그 목자는 많은 하인을 거느린 부자이기도 했습니다. 따라서 하인들을 풀어서 잃은 양을 찾아오게 할 수도 있었습니다. 그런데도 목자는 직접 나섰습니다. 위험한 밤길을 더듬어 찾았습니다. 얼마 후 목자는 두려움에 떨면서 바위 틈 바구니에 끼어 꼼짝하지도 못하고 있는 잃은 양을 발견하였습니다. 목자는 양을 끌어안았습니다. 양의 몸을 쓰다듬어 주었습니다. 목자는 기뻤습니다. 목자는 양을 어깨에 메고 집으로 돌아왔습니다.

사실을 얘기하자면 대열을 이탈한 양은 두통거리요 말썽꾸러기에 불과했습니다. 그런 양은 없는 편이 나았습니다. 그런데도 목자는 잃은 양을 찾은 것이 기뻤습니다. 이런 것이 하나님의 사랑입니다. 목자는 문제를 일으킨 양의 다리를 꺾어 버리지도 않았습니다. 잡아먹지도 않았습니다. 목자는 그 두통거리 양을 찾은 것이 기뻤습니다.

그럼 여기서 한번 묻겠습니다. 위험한 골짜기에서 구원받은 것은 누구지요? 목자일까요? 양일까요? 물론 양입니다! 그렇다면 목자보다는 양이 더 기뻐해야 하지 않았을까요? 그런데도 양은 별로 기뻐하지도 않은데…… 목자는 기뻐서 어쩔 줄을 몰랐습니다. 양의 무표정한 얼굴과 기쁨에 넘쳐 있는 목자의 얼굴이여! 여기서 뭔가 생각나는 것이 없으신지요?

그럼 다시 한 번 묻겠습니다. 죽음에서 구원받은 것은 사람일까요? 아니면 하나님일까요? 물론 사람입니다. 그러면 누가 더 기뻐해야 할까요? 물론 사람입니다! 그런데 이게 웬일입니까? 구원을 받은 사람은 별로 기뻐하지 않는데…… 도리어 하나님이 크게 기뻐하십니다! 구원받은 성도들이 예배를 드리고 앉아 있는 모습들을 한번 상상해 보십시오! 얼마나 무표정합니까? 그러나 하나님께서는 크게 기뻐하십니다! 전도를 받는 사람은 그 일이 얼마나 좋은 일인지도 모릅니다. 그러나 전도하는 사람은 알기 때문에 기뻐합니다.

우리는 잃은 양의 비유에서 하나님의 무궁무진하신 사랑을 봅니다. 어떤 사람들은 '목자의 비유'는 예수님의 사랑을 나타내고 '잃어버린 은돈'의 비유는 성령님의 사랑을 보여 주고 '탕자의 비유'는 아버지 하나님의 사랑을 확증해 준다고 하지만……?

그리고 예정론자인 장로교인들은 목자의 비유에 중점을 두고, 자유의지를 존중히 여기는 감리교인들은 버려진 자의 편에서 회개하고 돌아오는 탕자의 비유를 더 소중히 여긴다고 하지만, 이 세 가지 비유는 결국 한 가지 사실을 세 방면에서 설명해 주고 있을 뿐입니다. 목자도 잃은 양을 찾았고 여인도 잃어버린 은돈을 찾았습니다. 아버지도 가출한 아들을 마음속으로는 찾고 있었습니다. 밤잠을 설쳐 가면서 '이제나저제나' 하고 가출한 자식이 돌아오기를 기다렸습니다.

그러면 사랑이란 무엇일까요?

2. 하나님의 사랑의 본질

1) 끝까지 찾는 사랑입니다(창 3:9)

눈에 보이지 않는다고 찾지를 않으면 사랑이 아닐 것입니다. 사랑은 찾습니다. 그래서 사랑하는 사람들의 시선은 항상 마주칠 수밖에 없는 것이 아니겠습니까? 사랑은 그 사람이 없을 때만 찾지 않고 그 사람이 곁에 있을 때도 찾습니다. 손안에 있을 때도 찾습니다. 그 사람의 마음이 변하지는 않았을까 해서, 혹시라도 그 사람이 다른 여자를 생각하고 있지나 않을까 해서, 혹시라도 나를 덜 사랑하게 되지나 않을까 해서…… 찾습니다.

사랑은 아무리 깨끗이 잊어버리려고 결심을 해도 잊을 수가 없습니다. 배신을 당했으니까 잊어버리려고 해도 잊어버릴 수가 없습니다. 소용이 없으니까 잊어버리고 마는 것은 사랑이 아닙니다. 죽은 자식의 생일을 기억해 봤자 아무런 소용이 없는 줄 알면서도 그날을 잊어버리지 못하는 것이 사랑입니다.

"아! 지긋지긋한 사랑이여!"

웬만한 사랑은 '눈에서 멀어지면 마음에서도 멀어진다. Out of Sight, Out of Mind.' 하지만, 그러나 깊은 사랑은 '눈에서 멀어지면 마음에서는 더욱 깊어진다. Out of Sight, Deeper into the Mind.' 입니다(사 49:15~16).

2) 가치가 없는데도 사랑하시는 사랑입니다(막 2:17)

손해만 보면서도 끝까지 변치 않는 사랑입니다(마 5:44~47). 길을 잃은 양은 백 마리 양 중 가장 쓸모가 없는 양이었습니다. 고기로나 팔아먹어야 할 양이었습니다. 탕자로 말하더라도 아버지의 가슴에 못이나 박는 아들이었습니다. 도덕적으로뿐 아니라 경제적으로도 백해무익한 존재였습니다. 아버지의 뜻에 반항이나 하는 후레자식이었습니다. 일하지 않을 정도가 아니라 일을 저질러 놓는 아들이었습니다. 차라리 없는 것만도 못한 자식이었습니다. "너 같은 것은 왜 죽지도 않니?" 내어 쫓아야 할 개망나니였습니다. 두통거리요 가시였습니다. 그런데도 목자는 그 양을 찾아서 나섰으며 아버지는 그 아들이 돌아오기만 고대하였습니다. 목자는 돌로 쳐 죽여야 할 양을 끌어안았고, 아버지는 쇠고랑을 채워야 할 자식의 손에 금가락지를 끼워 주었습니다. 이런 것이 하나님의 사랑입니다!

목자는 가장 쓸모가 없는 것을 애타게 찾아 헤맸습니다. 아무 쓸데가 없는 아들이 아버지에게는 천하를 다 준다고 해도 바꿀 수 없는 애물단지였습니다. 아가페의 사랑은 기존의 가치를 보고 사랑하는 사랑이 아닙니다. 상대가 아름답거나 착하거나 쓸모가 있어서 사랑하는 사랑이 아닙니다! 그래서 에로스의 사랑이 아니고 아가페의 사랑입니다! 하나님의 사랑은 무가치한 것을 사랑해서 사랑할 만한 것이 되도록 하는 사랑입니다. 새로운 가치를 창조하는 사랑입니다.

사랑은 가치의 창조입니다. 한번 사랑에 깊이 빠지면 아무리 밥통이라도 세상에 둘도 없는 '임'이 됩니다. 최고의 가치가 됩니다. 그래서 남자는 그 남자 하나밖에 없는 것 같고, 여자는 세상에 그 여자 하나밖에 없는 것 같습니다. 다른 남자들이나 다른 여자들은 남자도 아니고 여자도 아닌 것 같습니다. 아무리 그렇지가 않아도 어쩔 수 없습니다. 그래서 사랑은 '맹목'이라고 하는 것이 아니겠습니까? 최고의 가치는 그 대상을 최고로 사랑하는 사람에게만 있습니다. 가장 좋은 것은 그 대상을 가장 많이 사랑하는 사람들의 몫입니다.

아무리 못생긴 여자라도 그 여자를 극진히 사랑하는 남자에게는 절세의 미인입니다. 이와는 반대로 아무리 절세의 미인이라도 사랑이 식으면 예쁜 미라에 불과합니다. 무엇이든지 가장 아름다운 것과 가장 좋은 것은 가장 많이 사랑하는 사람들의 몫입니다. 이용 가치가 있어서 사랑하는 것은 사랑이 아닙니다.

"의인을 위하여 죽는 자가 쉽지 않고 선인을 위하여 용감히 죽는 자가 혹 있거니와 우리가 아직 죄인 되었을 때에 그리스도께서 우리를 위하여 죽으심으로 하나님께서 우리에 대한 자기의 사랑을 확증하셨느니라"(롬 5:7~8).

은인을 위해서 죽는 사랑보다 아무 상관이 없는 사람을 위해서 죽는 사람의 사랑의 순도가 더 높고, 아무 상관이 없는 사람을 위해서 목숨을 버리는 사랑보다 원수를 위해서 목숨을 버리는 사람의 사랑의 순도가 더 짙습니다.

3) 죄인까지도 구원하시는 사랑입니다(사 1:18)

어머니들은 "이 웬수 같은 놈아!" 하면서도 그 자식을 위해 평생을 바칩니다. 그런데 그보다 더한 하나님의 사랑이 우리를 구원하십니다. 악하기 때문에 더더욱 사랑해 주시고 죄인이기 때문에 더더욱 불쌍히 여겨 주시는 하나님의 사랑 말입니다. 행함이 없는데도 사랑해 주시고, 기도를 드리지 못하는데도 사랑해 주시고, 심지어 믿음이 없는데도 사랑해 주시는 하나님의 사랑이 우리를 구원하십니다. 그리고 그런 사랑을 믿는 것이 믿음입니다! 그래서 시편 기자는 너무 감탄한 나머지 이렇게 외치지 않았던가요?

"사람이 무엇이기에 주께서 그를 생각하시며 인자가 무엇이기에 주께서 그를 돌보시나이까"(시 8:4).

이 세상에 구원받지 못할 만큼 악한 사람은 없습니다. 죄가 많은 형은 동생을 용서해 주지 않았지만, 그러나 의로우신 하나님은 방탕한 자식을 용서해 주셨습니다. 죗값을 따지기로 하면 세상에 구원을 받을 사람이 어디 있겠습니까? 몸에서도…… 마음에서도…… 늘 악한 것과 더러운 것이 쏟아져 나오는 것이 사람입니다. 이 세상에는 사람같이 교만한 것도 없고, 사람같이 욕심 많은 것도 없고, 사람같이 거짓되고 악한 것도 없을 것입니다.

후고구려의 궁예로 말하더라도 한때는 한 나라의 제왕이었지만, 그러나 왕좌에서 쫓겨나서 피해 다니는 신세가 되자 보잘것없는 농부 앞에서도 후들후들 떨지 않았던가요? 그것이 사람입니다. 그러나 하나님은 그런 사람들도 사랑하셔서 구원하십니다. 하나님은 죄인들을 구원하십니다.

제가 시골교회에서 목회할 때였습니다. 밤중에 느낌이 이상해서 잠을 깨어 보니…… 이게 웬일입니까? 건넛마을의 말만 한 색시가 내 곁에 드러누워 있는 것이 아닙니까! 그 색시는 한밤중에 집을 탈출한 다음 광활한 논밭을 단숨에 가로질러 질풍같이 달려왔으니, 이번에는 목사관의 담장을 뛰어넘어 외간 남자의 침실에까지 침입해 들어왔던 것입니다.

뒤따라 색시의 어머니가 달려들었습니다. "이년아! 빨리 나오지 못해! 여기가 어디라고?" 그러나 처녀는 막무가내였습니다. "난 이 집으로 시집을 왔단 말이야! 난 죽어도 못 가요!" 그 처녀는 약간 부족한 데가 있어서 때때로 그런 기발한 연기를 하는 것이었습니다. 그러니 얼마나 창피스러운 집안 망신입니까? 그런데도 엄마는 하나밖에 없는 그 딸을 사랑했습니다. 끝까지 사랑했습니다. 어머니는 그림자같이 그 딸의 뒤를 따라다녔습니다.

예쁜 짓을 할 때나, 미운 짓을 할 때나, 상을 받을 때나, 못된 짓을 하고 벌을 받을 때나, 언제나 우리 곁에 있는 것이 어머니의 사랑입니다. 그런데 하나님의 사랑은 그런 어머니의 사랑보다도 더 큽니다. 그 크신 사랑이 우리를(죄인을) 구원하실 것입니다.

"그 크신 하나님의 사랑 말로 다 형용 못 하네 저 높고 높은 별을 넘어 이 낮고 낮은 땅 위에 죄 범한 영혼 구하려 그 아들 보내사 화목제물 삼으시고 죄 용서 하셨네"(새찬송가 304)

3. 오직 믿음으로 말미암는 구원

"사람이 의롭게 되는 것은 율법의 행위로 말미암음이 아니요 오직 예수 그리스도를 믿음으로 말미암는 줄 알므로 우리도 그리스도 예수를 믿나니 이는 우리가 율법의 행위로써가 아니고 그리스도를 믿음으로써 의롭다 함을 얻으려 함이라 율법의 행위로써는 의롭다 함을 얻을 육체가 없느니라"
(갈 2:16)

"나 주의 도움 받고자 주 예수님께 빕니다 그 구원 허락 하시사 날 받아 주소서 내 모습 이대로 주 받아 주소서 날 위해 돌아가신 주 날 받아 주소서"(새찬송가 214)

그가 누구든 하나님의 사랑을 믿기만 하면 구원을 받습니다. 그러니 세상에 구원 못 받을 사람이 어디 있겠습니까? 구원받을 자격이 없는 죄인을 구원하시는 '하나님의 사랑'을 믿으시기 바랍니다!

그러면 누구만 구원받지 못하는 것일까요? 하나님의 사랑을 믿지 못하는 사람입니다.

옛날 어떤 사람이 "누구든지 지정된 날짜에 지정된 장소로 자기를 찾아오기만 하면, 무조건 십만 불의 현찰을 그 자리에서 주겠다"고 소문을 퍼뜨렸습니다. 그러나 공짜로 주겠다는 돈의 액수가 너무 크고 조건이 너무 간단해서 아무도 찾아오는 사람이 없었습니다. 그러니 얼마나 안타까운 일입니까? 그런데 어떤 영감님이 그것도 믿음으로써가 아니라 밑져야 본전치고 그 부자를 찾아가서 십만 불의 현찰을 받아 갔다는 얘기입니다 (마 11:25~26).

아무리 못나고 아무리 악하고 아무리 무식해도 믿기만 하면 구원을 받고, 이와는 반대로 아무리 잘나고 아무리 착하고 아무리 기도를 많이 드려도 믿음이 없으면 구원을 받지 못한다는 복음을 믿고 구원받으시기 바랍니다. 아무리 믿어지지 않아도 믿고 구원을 받으시기 바랍니다.

그런데 처녀가 남자의 사랑을 알게 되면 그때는 몸뿐 아니라 마음에도 변화가 일어나는 것같이 우리의 영도 하나님의 사랑을(믿음으로) 알게 되면 변화가 일어납니다.

그리고 임신은 순간적이지만 그러나 해산은 열 달을 지나야 하고, 더군다나 아기가 성장하는 과정은 오랜 세월을 필요로 하는 것같이 의롭다 함을 받는 것은 순간적이지만, 그러나 구원의 확신에 이르는 과정과 성화의 과정은 긴 세월을 필요로 합니다. 그러다가 마침내는 애벌레가 변해서 오색찬란한 나비가 되는 것같이 홀연히 변해서 영체를 입게 될 것입니다 (고전 15:51~53).

첫째는 칭의의 구원이요, 둘째는 확신의 구원이요, 셋째는 성화의 구원이요, 마지막은 영화의 구원입니다!

"다시 저주가 없으며 하나님과 그 어린양의 보좌가 그 가운데에 있으리니 그의 종들이 그를 섬기며 그의 얼굴을 볼 터이요 그의 이름도 그들의 이마에 있으리라 다시 밤이 없겠고 등불과 햇빛이 쓸데없으니 이는 주 하나님이 그들에게 비치심이라 그들이 세세토록 왕 노릇 하리로다"(계 22:3~5)

인생 학교

"우리가 다 하나님의 아들을 믿는 것과 아는 일에 하나가 되어 온전한 사람을 이루어 그리스도의 장성한 분량이 충만한 데까지 이르리니 이는 우리가 이제부터 어린아이가 되지 아니하여 사람의 속임수와 간사한 유혹에 빠져 온갖 교훈의 풍조에 밀려 요동하지 않게 하려 함이라 오직 사랑 안에서 참된 것을 하여 범사에 그에게까지 자랄지라 그는 머리니 곧 그리스도라"(에베소서 4:13~15)

인생 학교

입시철이 오면 한편에서는 합격을 축하하는 꽃다발이 오가고 다른 한편에서는 낙방의 고배를 마신 학생들이 눈물을 흘립니다. 그러나 인생시험은 한두 번의 입학시험이나 채용시험으로 끝나는 것이 아닙니다. 그런 시험은 평생 계속될 일련의 시험의 시작에 불과합니다. 그러므로 한 번 합격했다고 너무 목에 힘을 주지도 마시고 한 번 실격했다고 너무 목을 길게 떨어뜨리지도 마시기 바랍니다. 사람은 평생토록 배우는 학생입니다. 인생 학교에는 졸업이 없습니다! 하물며 하나님의 자녀로서의 배움이겠습니까?

돌이켜 보건대 옛날에는 한 사람이 모든 학문에 통달할 수도 있었고, 따라서 한 분 선생님에게서 모든 것을 배울 수도 있었습니다. 천자문도, 계명편도, 명심보감도, 소학도, 논어도 한 분 선생님에게서 배울 수 있었습니다. 그래서 스승님도 한 분뿐이었습니다. 따라서 스승님과 제자 사이의 관계도 깊었습니다. 임금님도 한 분, 아버지도 한 분, 스승님도 한 분이었습니다. 그래서 '군사부일체君師父一體'라는 말도 나온 것이 아니겠습니까?

그러나 지금은 세상이 달라졌습니다. 지금은 학문도 전문화되고 다양화되었습니다. 그래서 이젠 아무도 모든 학문에 무불통지할 수가 없습니다. 아무리 박식한 전문가도 거대한 학문 세계의 지극히 작은 한 부분을 알 수 있을 뿐입니다. 그래서 현대인들은 많은 선생님에게서 배웁니다. 초등학교 선생님! 중고등학교 선생님! 대학교 선생님! 학원 선생님! 코치 선생님! 수학 선생님! 주일학교 선생님! 등등 지금은 선생님의 숫자가 부지기수입니다. 그러니 어떻게 그 모든 선생님을 군사부일체의 스승님으로 모실 수 있겠습니까? 따라서 지금은 스승이니 제자니 하는 말만 있지, 사실상의 스승님과 제자는 없습니다. 물론 말이야 "스승님이셔!" "제자야!" 하시겠지만……? 지금은 스승님이 제자들에게 선배의 대우만 받아도 감지덕지해야 할 시대입니다.

그리고 교과 과목으로 말하더라도 옛날에는 도덕과 문학이 전부였습니다. 유대인의 회당에서는 성경만 가르치고 한국의 서당에서는 문학과 도덕과 예법만 가르쳤습니다. 국법이라고 하는 것도 도덕의 일부분에 지나지 않았습니다. 옛날의 과장에서는 글만 잘 쓰면 장원급제를 할 수 있었습니다. 옛날에는 문과를 잘해야 출세할 수 있었습니다.

그러나 지금은 세상이 달라졌습니다. 오늘날의 학교에서는 도덕이나 종교 같은 것은 중요하지 않습니다. 문과대학을 나온 사람들은 취직하기도 어렵습니다. 오늘날의 학교에서 종교교육이니 인간교육이니 하는 것은 말뿐입니다.

그런데 오늘 내가 여러 교우님에게 추천하는 학교는 신앙과 인격을 최우선으로 하는 인생 학교요, 그리스도인의 학교입니다!

1. 욕심 유치원

"이는 세상에 있는 모든 것이 육신의 정욕과 안목의 정욕과 이생의 자랑이니 다 아버지께로부터 온 것이 아니요 세상으로부터 온 것이라"(요일 2:16)

여기는 육체의 세계입니다! 육체의 소욕을 따라서 사는 사람들의 세상입니다. 본능대로 살고 욕심껏 사는 세속 사회입니다. 재물과 권력의 향락이 인생의 목적입니다! 좋은 학벌과 높은 지위와 많은 재산만 얻으면 그것이 곧 성공입니다! '오복'이 인생 최대의 소원입니다! 그런데 누구나 세상에 태어나면 배우지 않아도 욕심 학교의 학생이 됩니다! 욕심 유치원생들은 육에 속하고 세상에 속한 사람들입니다. 세상을 하나님보다 더 사랑하는 사람들입니다(요일 2:15). 육체에 심는 사람들입니다(갈 6:8).

이 사람들에게는 부귀영화와 건강장수만이 자랑이고, 따라서 그런 것만이 부러움의 대상이 됩니다. 재물이 많은즉 사치를 하고, 지위가 높은즉 교만하고, 명예가 빛난즉 바람이 듭니다. 그리고 머리 좋은 것과 일류학교와 좋은 직장과 많은 수입과 미모와 건강만이 화젯거리요 선망의 대상입니다. 이 사람들은 사업은 물론 학문이나 예술이나 심지어 신앙생활까지도 출세와 성공과 건강장수를 위해서 합니다.

"그런 복일랑 별난 사람들이나 받으라고! 뭐니 뭐니 해도 우리에게는 오복이 제일이거든!" 이것이 육체파 학생들의 좌우명입니다. 따라서 육체 학교의 학생들에게는 돈이 제일입니다.

그럼 이야기 하나 하겠습니다.

경기도 안성에 입에 풀칠하기도 어려운 가정이 하나 있었습니다. 그 집의 아들은 중학교 과정만 간신히 마치고 파고다 공원 근처에 있는 음식점 부엌에서 심부름꾼으로 직장생활을 시작하였습니다. 어느덧 세월이 흘러서 소년은 청년이 되고 청장년이 되었습니다. 식당주인도 그동안에 돈을 많이 벌어서 대형 음식점 하나를 개점하게 되었습니다. 그래서 기분이 너무나 좋았습니다. 17년 동안을 하루같이 일해 준 왕년의 소년이 고맙기도 하였습니다. 어느 날 주인께서 젊은이를 불렀습니다.

"그동안 수고 많이 했다! 너도 이젠 돈 좀 벌어야지?"

"저야 지금도 넉넉합니다."

"그게 아냐! 너도 돈 좀 벌어 봐라! 이 식당을 너에게 넘겨주마!"

"예?"

"놀랄 것 없어! 벌어 가면서 차차 갚아라!"

그리하여 종업원이 일약 주인이 되었습니다. 그 후 그의 호주머니에는 돈이 제 발로 기어들어 오기 시작했습니다! 젊은이는 행복에 겨웠습니다.

"교수님이 돈을 더 많이 벌까요? 내가 돈을 더 많이 벌까요? 결국은 돈을 더 많이 버는 사람이 더 큰 성공을 한 것이 아니겠어요?" 이런 것이 욕심 유치원생들의 성공이요, 따라서 소망이기도 합니다. 마치 그것이 인생의 전부인 양 말입니다.

그다음으로 욕심 학교 학생들이 좋아하는 것은 권세와 세도입니다. "억울하면 출세부터 하라고!"

충청남도 예산군 대술면의 산골 마을에 과부 한 분이 살고 있었습니다. 그 부인에게는 아들 하나가 있었습니다. 문제는 가난이었습니다. 그 집 식구들은 먹고살기조차 어려웠습니다. 그런데도 아들은 뛰어난 수재였습니다. 입은 옷은 다 해어지고 신은 신발은 너덜너덜했지만, 그래도 학교 성적만은 언제나 빛나는 수석이었습니다. 그래서 부잣집 아들들까지도 그 찢어지게 가난한 집 아들을 부러워하였습니다. 후에 그 학생은 서울대학 법대에 입학하였습니다. 그리고 갖은 고생과 고학 끝에 법대를 차석으로 졸업하였습니다. 그리고 단번에 사법고시와 행정고시에 모두 합격하였습니다. 그것도 수석으로! 그리고 후에는 덕망이 높은 판사가 되었습니다. 죄수들 사이에서조차 존경을 받는 판사가 되었습니다.

그러나……? 만에 하나라도…… 그분의 인생이 고시에 합격하는 것과 판사가 되는 것…… 다시 말해 자신의 성공이 전부라면, 아무리 박식하고 아무리 높으신 분이라도 인생 유치원생을 면할 수 없을 것입니다(약 4:13~16). 물론 인생 유치원생들도 총사령관이 되어 백만 대군을 지휘할 수도 있고, 제왕의 자리에 앉아 만조백관의 하례를 받을 수도 있고, 깊은 학문에 통달할 수도 있고, 고상한 표정과 아름다운 목소리로 명곡을 뽑아낼 수도 있고, 거룩한 모습으로 성례를 집행할 수도 있을 것입니다. 그럼에도 불구하고 이 사람들은 물욕과 성욕과 권세욕과 명예욕의 굴레를 벗어나지 못해서 여전히 인생 유치원생입니다!

그래서 이 사람들이 아무리 한때는 하늘의 별같이 까마득하게 높으신 어른이었더라도, 자리에서 내려오면 사람들의 관심 밖으로 떠밀려 나갈 수밖에 없을 것입니다. 아니! 어떤 사람은 그 자리에서 내려오자마자 쇠고랑을 차기도 합니다.

그런데 유감스럽게도, 세계 인구의 대부분은 욕심 학교의 재수생들입니다. 물론 유치원생들도 때로는 자신의 성공을 위해 겸손도 하고, 희생도 하고 성실도 합니다. 그러나 그들의 최후 목적은 이러나저러나 자신의 영달입니다. 그러나 유치원생들도 재물이나 권세나 명예 같은 것을 대의를 위해 헌신짝같이 버리기만 하면 그때는 벌써 유치원생이 아닙니다!

2. 율법 초등학교

"이같이 율법이 우리를 그리스도께로 인도하는 초등교사가 되어 우리로 하여금 믿음으로 말미암아 의롭다 함을 얻게 하려 함이라"(갈 3:24)

여기는 인생 초등학교입니다(갈 4:3). 상급학교로 올라갈수록 학생 수가 점점 감소합니다. 이 사람들에게는 부귀와 영화 같은 것이 인생의 최후 목적은 아닙니다. 이 사람들은 정신적인 것을 위해서는 물질적인 것과 육체적인 것을 희생할 수도 있습니다. 그들의 소원은 궁극적으로 인격의 완성이며 도덕적인 이상의 실현입니다. 하나님의 계명을 지키는 것을 생명보다도 더 소중히 여깁니다.

바리새교인 같은 사람들입니다. 여기는 도덕의 세계요 율법의 무대입니다. 물론 이 사람들도 돈을 벌기도 하고 출세도 합니다. 그러나 그런 것들이 이 사람들의 궁극적인 목적은 아닙니다. 그런 것은 단지 더 위대한 목적을 달성하기 위한 수단에 불과합니다. 이 사람들은 자기 자신을 위해서가 아니라 좋은 일을 위해서, 그리고 인류를 섬기기 위해서 동분서주합니다.

　물론 욕심 유치원생들도 때로는 좋은 일을 하고 율법 초등학교 학생들도 좋은 일을 하기는 마찬가지지만, 그리고 유치원생들도 돈을 벌고 초등학교 학생들도 돈을 벌기는 마찬가지지만, 그러나 욕심 학교 학생들은 좋은 일도 자기 자신을 위해서 하고 돈도 자기 자신을 위해서 버는 데 반해, 율법 초등학교 학생들은 좋은 일도 남을 위해서 하고 돈도 이웃과 더불어 잘살기 위해서 법니다. 욕심 유치원생들에게는 선행도, 애국도, 심지어 신앙생활까지도 자기 과시와 자기 확대에 불과합니다. 고운 말과 바른 예절과 고상한 인격까지도 자신의 목적을 달성하기 위한 권모술수에 불과합니다! 욕심 유치원생들은 남이야 죽든 말든 자기 하나만 잘살면 그만입니다! 도리어 남들은 못살고 자기는 잘사는 맛에 삽니다!

　그러나 율법 초등학교 학생들은 그 반대입니다. 예술을 위해서는 가난도 마다치 않고, 정의를 위해서는 고난도 사양하지 않고, 진리를 위해서는 순교도 피해 달아나지 않습니다! 욕심 유치원생들은 '이것이냐, 저것이냐'의 막다른 골목에서 '이것'을 택하고 율법 학교 학생들은 '그것'을 택합니다! 율법 초등학교 학생만 돼도 지위나 학벌이나 용모 같은 것 때문에 교만해지지도 않고, 재산이 많고 승용차가 최고급이고 입은 옷이 최신유행이라고 해서 자랑하고 다니지도 않습니다. 여기서는 재산이 많고 지위가 높은 것이 성공이 아니라 '어떤 과정을 통해서 그 재물과 그 지위와 그 성공을 취득했느냐'만이 문제가 되고 '무엇을 위해서 그 재물과 지위와 그 성공을 사용하고 있느냐'만이 문제가 됩니다!

　그러면 인생 초등학교 학생들의 함정은 어디에 있는 것일까요? 도덕적인 목적을 성취해 나가면서 그 때문에 교만해지는 데 있습니다! 기도를 많이 드리고 나서 그 때문에 교만해지고, 선한 일을 많이 하고 나서 그 때문에 교만해지고, 경건생활을 하고 나서 그 때문에 거만해지는 데 있습니다. 세리와 창기 같은 죄인들을 업신여기는 데 있습니다. 믿음이 없는 사람들을 정죄하는 데 있습니다! 그런데 도덕적인 교만의 죄가 강도들이나 창녀들의 죄보다 더 무서운 죄입니다! 그래서 예수님께서는 거룩한 제사장이나 믿음이 좋은 바리새교인들보다 부도덕한 세리와 창녀들이 먼저 하나님의 나라에 들어가게 될 것이라고 말씀하신 것이 아니겠습니까(마 21:31)?

그럼 이제 도덕 학교의 우등생 한 분을 소개해 드리도록 하겠습니다.

장경호는 평생 생일잔치 한번 차려 먹지 않고, 구두 한 켤레를 가지고 7년, 8년 신어 가면서 현찰로 30억 원을 모았는데…… 칠십 고령에 이르러 그 돈을 고스란히 사회사업 단체에 희사하고 말았습니다. 얼마나 훌륭합니까?

돈이란 벌기도 어렵지만, 그러나 돈을 바로 쓰기는 돈을 벌기보다 더 어려운 일입니다. 실제로 큰돈을 번 사람들은 많지만, 그러나 돈을 바로 쓰고 간 사람은 손을 꼽을 정도입니다. 돈을 잘 버는 것은 사기꾼들도 할 수 있지만, 그러나 돈을 바로 쓰는 것은 욕심을 비운 사람들만이 할 수 있는 일입니다. 대부분 사람들은 애써 번 돈을 가지고, 기껏 큰집이나 짓고, 고급 승용차나 사들이고, 사치나 하는 데 써 버립니다. 아니면 돈 한번 제대로 써 보지도 못하고 노심초사 끌어안고만 있다가 자손들에게 물려주는 것을 보람으로 삼습니다! 고급 금고같이…….

그런데 도덕 학교의 학생들은 좋은 일을 하고 나서 회개는 하지 않습니다! 도덕 학교의 학생들은 선을 행하고 나서 '선'을 의식합니다. 계제에 한 말씀 드리는데, 좋은 일을 하고 나서 사람들에게 인정을 받고 싶은 사람은 좋은 사람이 아닙니다! 나쁜 사람이 좋은 일을 하면 특별한 일이라도 한 것 같아서 자랑을 하게 됩니다!

새들은 공중을 날아다니는 것을 조금도 자랑스럽게 생각하지 않습니다. 좋은 일도 자랑하고 싶어지면 벌써 좋은 일을 한 것이 아닙니다! 옛날 가난하던 시대의 어린이들은 누룽지 한 조각만 얻어도 자랑하고 다녔습니다. 그런데 자랑은 유치한 일일 뿐 아니라 잔인한 일이기도 합니다. 머리 둘 곳 하나 없는 무주택자들이 부지기수인데 그들 앞에서 호화저택을 자랑하는 것이 어찌 잔인한 행동이 아니겠습니까! 자랑은 사회악입니다!

여기 또 다른 얘기가 있습니다.

어떤 회사의 비서가 사장님에게 일러바쳤습니다. "P 계장이 얼마나 사장님 욕을 하고 다니는지 모릅니다!" 그 말을 듣고 있던 사장님 왈, "남들은 하늘같이 출세하는데…… 박봉 생활에 불평 하나도 맘대로 하지 못하면 무슨 재미로 살겠나?" 얼마나 너그러운 윗사람의 아량입니까? 그러나 아무리 위대하셔도 이 사람들은 회개할 줄을 모르기 때문에 아직은 율법학교의 학생입니다. 이순신 장군이나, 정몽주 선생이나, 세종대왕이 하나님 앞에서 회개했다는 얘기를 들은 사람은 없습니다! 그런데 회개 중학교 학생들은 좋은 일을 하고 나서도 흉악범들보다 더 통렬하게 회개를 합니다!

3. 회개 중학교

"내 지체 속에서 한 다른 법이 내 마음의 법과 싸워 내 지체 속에 있는 죄의 법으로 나를 사로잡는 것을 보는도다 오호라 나는 곤고한 사람이로다 이 사망의 몸에서 누가 나를 건져내랴"(롬 7:23~24)

이곳은 회개 중학교입니다. 여기서부터는 신앙생활의 영역입니다. 여기서부터 하나님과의 관계가 생깁니다! 유명한 웅변가 시세로Cicero는 "웅변가가 무엇보다도 먼저 해야 할 일은 청중들의 마음을 사로잡는 것"이라고 했다지만 신앙생활을 하는 사람들이 무엇보다도 먼저 해야 할 일은 회개입니다(막 1:15).

그런데 율법 초등학교의 과정을 마친 사람이라야 회개 중학교로 진학할 수 있습니다. 참된 회개는 도덕적인 수련과 율법적인 노력의 과정을 통과한 사람들만이 할 수 있는 특전입니다!

이 말을 듣고 혹자는 말할 것입니다. 회개는 죄인들이 하는 일인데 어찌 의로운 사람들이 회개해야 하느냐고. 옳은 말씀입니다. 그러나 회개는 자발적인 행위이고 자기의 죄를 깨닫는 사람만이 할 수 있는 일입니다. 그리고 누구든지 율법적인 노력을 통하지 않고서는 자기가 죄인인 것을 깨달을 수가 없기 때문입니다. 그런고로 여기서 말하는 의인은 자기가 죄인인 것을 깨닫는 의인, 즉 자칭 죄인이고, 죄인은 자기가 죄인인 것을 깨닫지 못한 죄인, 즉 자칭 의인입니다. 그런데 자칭 의인은 회개할 수가 없습니다.

죄인들이 의로운 체를 하고, 없는 사람들이 있는 체를 하고, 못난 사람들이 잘난 체를 합니다. 있는 사람들은 있는 체를 할 필요가 없고 거룩한 사람은 거룩한 체를 하지 않습니다. 예쁜 장미꽃이 무엇 때문에 성형수술을 해야 하며, 학·박사가 무엇이 부족해서 어린이들 앞에서 유식한 체를 해야 하며, 배부른 사람이 무엇이 모자라서 구걸하고 다니겠습니까?

어떤 사람이 감옥과 수도원의 차이를 다음과 같이 비교하였습니다. "수도사들은 별로 잘못한 것도 없는데 매일같이 엎드려서 회개하고, 이에 반해 감옥의 죄수들은 잘못이 큰데도 자기네들에게는 잘못이 없다면서 남의 잘못만 규탄합니다. 수도원의 수도사들은 똑같은 고생을 하면서도 늘 감사를 하는데 감옥의 죄수들은 똑같은 고생을 하면서도 조석으로 불평만 늘어놓습니다."

하여간 하나님 앞에서는 회개를 많이 하는 사람이 의인입니다! 죄인의 괴수가 의인입니다! 그리고 자칭 의인은 진짜 죄인입니다! 의로운 바울은 자기야말로 죄인 중의 괴수라고 하면서 회개를 했지만(딤전 1:15), 회칠한 무덤 같은 바리새교인들은 회개는 하지 않고 자신들의 의만 내세우지 않았던가요? 십자가 현장의 강도 중에도 구원을 받은 착한 강도는 자기가 죽음에 해당하는 죄인임을 인정했지만, 그러나 악한 강도는 무죄한 예수님만 비방하지 않았던가요(눅 23:39~41)?

어떤 집의 아들이 대학입시에서 낙방하였습니다. 그때 아버지께서 하시는 말씀이, "꼴좋다. 공부해서 남 주냐?" 어머니께서도 재청을 하시면서

"나는 학교 다닐 때 공부를 잘했는데 넌 누굴 닮아서 그러냐?" 그러자 아들이 말합니다. "공부방 하나라도 마련해 주시고 그러세요? 분위기가 잡혀야 공부고 뭐고 하지요!" 지금 이 사람들은 모두 자기는 잘하고 다른 사람들만 잘못했다고 책임을 전가하고 있는 것입니다.

그런데 똑같은 일을 당한 다른 가정이 있었습니다. 먼저 아버지께서 입을 엽니다. "협소한 집안에서 여러 식구가 법석을 떠니 공부인들 제대로 할 수 있었겠느냐!" 그다음에는 어머니가 한마디 거듭니다. "날 닮아서 그랬나 보구나!" 다음은 아들 차례입니다. "모두 제 잘못입니다. 앞으로는 심기일전해서 잘해 보겠습니다. 걱정하지 마세요!"

소크라테스는 "너 자신을 알라"고 하셨다지만 바로 이것이 그것입니다! 그런데 등잔 밑이 어둡다고, 세상에 자기 자신을 아는 일같이 어려운 일은 없는 것 같습니다.

"아무리 생각해도 나에게는 잘못이 없는 것 같은데?" 자기를 모르는 소리입니다! 참으로 의로운 사람은 남의 잘못까지 대신 짊어지고 회개를 합니다! 남의 잘못을 용서하지 못하는 것도 죄가 되고 남의 잘못을 입 밖에 내는 것도 죄입니다. 성경이 말하는 의로운 사람은 검사도 아니고 신문 기자도 아니고 판사도 아닙니다. 성경이 말하는 의인은 변호사입니다! 무보수 변호사입니다! 아니! 숫제 죄인입니다!

구세군의 창설자 윌리엄 부스William Booth 대장은 도둑이 수갑을 차고 끌려가는 것을 보고 "내가 도적입니다! 내가 도적입니다!" 하며 회개했다고 합니다. 하여간 하나님과의 교제는 회개로부터 시작됩니다.

그럼 회개란 무엇일까요? 먼저는 자기가 죄인이라는 사실을 받아들이는 것입니다! 자기 죄를, 먹고살자니 어쩔 수 없었던 일로 보는 사람은 죄인이 아닙니다. 죄를 환경이나 성격의 탓으로 돌려 버리는 사람도 죄인이 아닙니다. 죄를 묵인하는 것도 아닙니다. 회개는 자기 죄를 악한 것으로 보는 것입니다. 송충이같이 몸서리나는 것으로 보는 것입니다. 속옷 속에서 꿈틀거리는 구렁이같이 잠시도 견딜 수 없는 괴물로 보는 것입니다! 회개란 축복을 받기 위해서 사용하는 비방이 아닙니다. 회개란 자신의 죄를 명실공히 죄로 인정하는 것입니다! 그 죄에 대해서 어떤 형벌이라도 감수할 각오를 하는 것입니다! 십자가상에서 회개한 강도가 그랬습니다. "우리는 우리의 죄로 말미암아 의당히 죽거니와."

회개란 죄에 대한 심판을 두려워하는 것이 아니라 죄 자체를 두려워하는 것입니다! 회개란 형벌이 무서워서 하는 행동이 아니라 죄 자체가 무서워서 하는 행동입니다! 형벌을 미워하는 것이 아니라 죄를 미워하는 것입니다!

죄와 더불어 천국에 들어가기보다는 차라리 죄 없이 지옥으로 떨어지기를 자원하는 것입니다. 죄에 아무리 큰 축복이 따르더라도 그리고 의에 아무리 큰 환난이 따르더라도 죄와는 짝하기를 거부하는 것입니다! 남을 배신하고 나서 배신을 당한 사람만큼이나 통분해 하는 것입니다! 사람을 무시하고 나서 무시를 당한 사람만큼이나 상심해 하는 것입니다!

다윗 왕은 밧세바의 몸을 만지고 나서 침상이 젖도록 회개했지만, 그러나 세종대왕은 수많은 여인의 몸에 성은을 베풀고 나서도 회개를 하지 않았습니다.

그런데 회개는 아무나 자기 맘대로 할 수 있는 것이 아닙니다.

다음은 파즈딕Fosdick 박사의 말입니다. "현대인들에게 절실히 요구되는 것은 진보의 노래가 아니라 강한 죄책감입니다. 현대인들에게는 모든 죄를 환경이나 성격이나 유전 탓으로 돌리기 때문에 죄의식이 없습니다!"

현대인들은 죄를 역사 발전의 결과로 봅니다. 승용차에서 분출하는 가스 정도로 봅니다. 그래서 죄가 '필요악,' 아니! '선'이 되고 맙니다. 그리고 죄가 없는 사람은 한 사람도 없으므로 죄는 당연지사가 되고, 따라서 별로 부끄러워할 것도 없는 일이 되고, 따라서 당당하게 용서를 받아야 할 일이 되고 맙니다! 게다가 오직 믿음으로 구원을 받는다고까지 하니까, 죄가 구원의 필수 조건이 되기까지 합니다.

어차피 하나님은 용서가 전문이 아니시냐면서……? 용서하셔야 할 사람이 없으면 하나님은 실업자가 되실 수밖에 없지 않겠느냐면서……? 이렇게 해서 마침내는 죄가 하나님의 은혜를 받는 데 없어서는 안 되는 거룩한 그릇이 됩니다. 죄를 범하는 순간은 하나님의 용서를 받는 가장 은혜로운 순간이 됩니다. 회개까지도 출출할 때 마시는 막걸리같이 얼큰한 쾌락이 되고 맙니다. 부흥회 때마다, 술집이나 가요무대에서 열광하는 팬들같이 흥분하는 교인들을 보지도 못하셨는지요? 그러나 아무도 회개의 아픔을 통과하지 않고서는 죄 사함 받는 기쁨을 경험할 수 없을 것입니다. 시험을 치지 않고 어떻게 합격의 영광을 누릴 수 있겠습니까? 수술의 아픔을 통과한 사람만이 병 고침을 받는 기쁨을 체험할 수 있습니다(눅 18:13). 진통제 주사나 맞고 기분을 내는 사람들은 결국 사망에 이를 수밖에 없을 것입니다! 유쾌하기만 한 회개는 회개가 아닙니다.

회개의 아픔이 크면 그만큼 죄 사함을 받는 기쁨도 큽니다! 오직 믿음으로 말미암는 구원은 도덕 포기가 아닙니다. 양심 포기도 아닙니다. 참된 신앙은 사도들로 하여금 더더욱 윤리적인 사람이 되게 하였습니다! 구원의 조건으로서가 아니라 무조건적인 하나님의 사랑에 대한 감사와 감격의 결과로서 말입니다. 여기서 참된 믿음과 가짜 믿음이 구별됩니다.

성자가 누구입니까? 조건 없이 오직 믿음으로 구원을 받았기 때문에 더더욱 행함에 힘을 쓰는 사람입니다. 그리고 형식적인(가짜) 교인은 누구일까요? 조건 없이 구원을 받기 때문에 윤리의식이 없는 사람입니다. 양심이 마비되어 버린 사람입니다.

유대교의 골수 신도인 샤마이Shammai파와 힐렐Hillel파 사이에는 의복의 색깔과 넓이와 길이 같은 것을 놓고 분쟁과 분열이 그치지 않았습니다. 그들은 서로를 미워하고 중상모략까지 했습니다. 그러면서도 양심의 가책은커녕 정의감에 불탔습니다. 의의 면류관을 바라보며 소망에 부풀었습니다! 그들은 더 많이 미워하고 더 치열하게 다투는 것이 하나님의 영광을 위한 일인 줄 알았습니다. 하나님의 이름으로 다투었기 때문입니다.

형식적인 교인은 불신자만도 못합니다. 오늘날의 많은 교인이 교세 확장을 선교라고 생각합니다. 그래서 이웃 교인들까지 직간접으로 끌어들이려고 합니다. 그러나 그런 것은 부흥이 아니라 사업입니다. 신앙생활의 외적인 형식이 신앙(자체)을 죽입니다! 형식적인 신앙은 참된 신앙을 타락시키는 사탄의 선교입니다!

그러면 좀 더 구체적으로 회개가 무엇일까요?

회개는 후회Penitence가 아니라 회개Repentance입니다. 후회Penitence는 일시적인 감정이지만 회개Repentance는 감정 더하기 의지입니다! 후회를 통해서 회개에 이르는 것은 사실이지만, 그럼에도 불구하고 후회와 회개는 다릅니다! 가룟 유다도 후회는 했지만, 그러나 회개에는 이르지 못했습니다. 그러나 베드로는 후회도 하고 회개도 하였습니다!

후회만 한 사람은 아무것도 달라진 것이 없지만, 그러나 회개한 사람은 새로운 피조물이 됩니다! 회개란 'Heart broken because of Sin' 만이 아니고 'Heart broken from Sin' 이기도 합니다! 회개는 변화입니다! 방향 전환입니다(마 3:8~9). 완전에 이르지는 못하지만, 그러나 분명히 하나님을 향해서 돌아섭니다(겔 33:11, 호 14:1). 회개는 감정이 아니라 행동입니다!

결론적으로 다시 한 번 말씀 드리겠습니다. 패션모델의 첫 번째 조건이 용모인 것같이, 그리스도인의 첫 번째 조건은 회개입니다. 율법은 제물과 의를 요구했지만 하나님은 회개를 요구하십니다. 회개는 은혜의 보좌로 나아가는 입장권입니다! 공산당원만 되려고 해도 과거의 퇴폐적인 사고방식을 불식해야 한다고 합니다. 하물며 천국당원이겠습니까? 인생 학교의 중학교 과정은 회개입니다.

한번은 영국국회에서 창녀 보호법이 난항을 계속하고 있었습니다. 그때 창녀들이 들고일어났습니다. 만일 그 법이 통과하지 않으면 모든 비밀을 만천하에 공개하겠다고 위협하고 나섰습니다. 그러자 난항을 거듭하던 창녀 보호법이 너무나도 쉽게 무사통과 하고 말았습니다. 죄가 없는 사람은 없습니다. 아무리 점잖은 영국신사도 거룩하지는 못했던 것입니다! 사람은 누구나 죄인입니다!

그럼 결론적으로 말씀드리겠습니다.

신앙생활의 핵심은 회개(믿음)입니다. 회개가 제대로 돌아가야 천국열차도 제대로 움직일 것입니다. 참된 회개가 있는 곳에는 개인 구원뿐 아니라 가정의 구원과 사회 구원도 있습니다! 그러나 아무 증세도 없는 회개는 가짜 회개입니다!

"그들이 이 말을 듣고 잠잠하여 하나님께 영광을 돌려 이르되 그러면 하나님께서 이방인에게도 생명 얻는 회개를 주셨도다 하니라"(행 11:18)

4. 믿음 고등학교

"모세가 광야에서 뱀을 든 것 같이 인자도 들려야 하리니 이는 그를 믿는 자마다 영생을 얻게 하려 하심이니라"(요 3:14~15)

이곳은 믿음 고등학교입니다. 구원의 학교입니다. 그런데 눈물겨운 도덕적인 노력을 통해서만 참된 회개에 이를 수 있고, 참으로 자기 죄를 깨달은 사람만이 믿음으로 죄 사함을 받을 수 있습니다! 초등학교 과정을 마친 사람만이 중학교로 진학할 수 있고 중학교를 졸업한 사람만이 고등학교로 진학할 수 있는 것과 같은 이치입니다!

"믿으나 마나 라고요?" 물론 낙제생들은 학교에 다니나 마나 일수밖에 없습니다. 하여간 아직도 초등학교 과정과 중학교 과정을 마치지 못한 교우님들께서는 오직 믿음으로 구원받는다는 전무후무한 희소식을 들으시면서도 별로 실감이 나지 않으실 것입니다!

그러면 성경이 말하는 믿음이란 어떤 것일까요? 예수 그리스도를 믿는 것이 믿음입니다! 기독교인이란 하나님을 믿는 사람이라고 하기보다는 예수 그리스도를 믿는 사람입니다!

그러면 예수 그리스도를 믿는다고 하는 것은 무엇을 뜻하는 것일까요?

1) 복음서에 기록된 예수님의 생애가 역사적인 사실임을 믿는 것입니다

예수님께서 바람을 잔잔하게 하신 일도 믿고, 바다 위를 육지같이 걸어 다니신 일도 믿는 것입니다. 예수님의 동정녀 탄생도 믿고, 속죄의 죽음도 믿고, 부활도 믿고, 승천도 믿는 것입니다! 그러나 단지 예수님의 생애가 역사적인 사실인 것을 지적으로 받아들이는 것만으로 예수님을 믿는 것이 되지는 않습니다. 그러면 또 무엇을 믿는 것일까요?

2) 예수님이 '그분' 이심을 믿는 것입니다

그럼 예수님은 자신에 대해 뭐라 말씀하셨지요? 요한복음 4:26절에서 예수님께서는 사마리아 여인에게 말씀하셨습니다.

"네게 말하는 내가 그라."

"그라." 그가 누구지요? 유대나라 백성들이 고대하던 메시아입니다. 그럼 메시아는 누구지요? 하나님입니다! 예수님께서는 말씀하셨습니다. "아버지께서 죽은 자들을 일으켜 살리심같이 아들도 자기가 원하는 자들을 살리느니라"(요 5:21). 예수님께서는 죽은 자들을 살리는 권세가 자기에게 있다고 하셨습니다. 그러면 죽은 사람들을 살릴 수 있는 분은 누구지요? 하나님입니다. 그러므로 지금 예수님께서는 자신의 신성을 주장하고 계시는 것입니다!

그리고 성경이 말하는 믿음은 예수님께서 '그분' 이심을 믿는 것입니다! 예수님께서는 말씀하셨습니다. "아버지께서 아무도 심판하지 아니하시고 심판을 다 아들에게 맡기셨으니"(요 5:22). 최후의 심판권을 가지신 분이 누구일까요? 하나님입니다. 그런고로 성경이 말하는 믿음은 예수님이 바로 '그분'이심을 믿는 것입니다. 계속해서 예수님께서는 말씀하셨습니다. "예수께서 이르시되 너희는 아래에서 났고 나는 위에서 났으며 너희는 이 세상에 속하였고 나는 이 세상에 속하지 아니하였느니라"(요 8:23). 그러면 아래서 나오지 않은 사람이 누구지요? 하나님입니다(요 8:59). 또 예수님께서는 마가복음 2장 5절과 누가복음 7장 48절에서도 말씀하셨습니다. "네 죄 사함을 받았느니라"(막 2:5; 눅 7:8). 그러면 사람의 죄를 사할 권세가 있는 분이 누구지요? 하나님입니다. 성경이 말하는 믿음은 예수님을 '그분'으로 믿는 것입니다!

예수님이 자기가 하나님이라는 주장만 철회하셨어도, 성공적인 목회자도 되고 민족의 영웅도 되고 임금님도 되실 수 있었을 것입니다(요 5:18; 10:30~31; 6:15). 그런데도 예수님께서는 목숨을 걸고 자신의 신권을 주장하셨습니다. 따라서 성경이 말하는 믿음은 예수님이 그분이심을 믿는 것입니다!

석가여래 선생님이나 공자님이 자신을 가리켜 하나님이라고 하신 일은 없습니다. 만일 그 어른들이 그런 말씀을 하셨다면 미친 사람이 될 수밖에 없었을 것입니다. 예수님도 자신을 하나님이라고 하시므로 미친 사람 취급을 받으셨습니다. 그래서 예수님은 미친 사람이 아니면 하나님일 수밖에 없습니다! 예수님은 절대로 성현 중의 한 사람이 아닙니다. 하나님이냐? 미치광이냐? 그것이 문제입니다(요일 4:2~3).

3) 예수님께서 하신 말씀과 예수님께서 하신 일을 믿는 것입니다

그러면 예수님께서 세상에 오신 목적은 무엇일까요? 한마디로 인류 구원입니다. 불안에서의 구원과 죄에서의 구원과 죽음에서의 구원입니다! 그러면 예수님께서는 어떤 방법을 통해 구원을 이루셨을까요? 죄를 사하심으로써입니다. 그러면 인류의 죄는 어떻게 사하심을 받았을까요? 십자가에 매달려 죽으심으로써입니다(사 53:5~8). 속죄의 죽음을 통해서입니다! 십자가가 인류를 구원하였습니다!

"십자가 십자가 무한 영광일세 요단 강을 건넌 후 무한 영광일세"(찬송가 496).

예수님의 십자가에서 죽음의 문제와 고통의 문제가 일괄 타결되었습니다! 예수님은 인류의 경제 문제나, 주택 문제나, 복지 문제 같은 것을 해결하시기 위해 이 땅에 오지 않으셨습니다. 유대 민족의 독립을 위해서 베들레헴에 탄생하신 것도 아닙니다. 예수님께서는 유대 땅에 오시긴 하셨지만, 그러나 유대 민족을 로마 정부의 쇠사슬에서 해방하시기 위해서 오신 것도 아닙니다. 예수님의 탄생 이후에도 유대나라의 경제와 정치는 조금도 달라진 것이 없었습니다. 예수님은 육체의 구세주가 아닙니다. 그래서 예수님은 동족에게도 배척을 당하시고 바리새교인들에게도 죽임을 당하실 수밖에 없었습니다. 예수님은 어차피 죽을 사람들의 병이나 고쳐 주시기 위해 이 땅에 오지 않으셨습니다. 예수님의 구원은 영원한 구원입니다(요 6:58; 11:26; 살전 4:16~17; 요일 2:17).

물론 예수님도 때로는 병도 고쳐 주시고 죽은 사람도 살려 주셨습니다. 그러나 그런 일은 막간극에 불과했습니다. 만일 육체의 구원이 예수님께서 이 땅에 오신 목적이었다면 유대나라는 독립을 얻어야 했고, 모든 병자가 고침을 받아야 했으며, 죽은 모든 사람도 다시 살아나고, 가난한 사람들도 더는 존재하지 않아야 했습니다!

예수님께서는 우리의 죄를 대신해서 십자가에 못 박혀 죽으심으로 죄인인 우리가 하나님 앞에서 죄가 없는 의인이 되게 하셨을 뿐 아니라, 모든 의를 다 이룬 사람이 되게 하셨습니다. 어떻게 그런 일이 있을 수 있느냐고요? 그 비밀은 나도 모르고 다른 아무도 모릅니다. 우주의 비밀입니다! 하나님만이 아시는 비밀입니다!

그런데도 한 가지 확실한 사실은 예수님을 믿고 죄 사함을 받기만 하면 영혼에 기적이 일어난다는 사실입니다! 그런 변화를 경험하지 못한 교인은 죄 사함을 받은 것도 아니고 중생한 것도 아닙니다! 죄 사함을 받으면 우선 난데없는 평안함이 옵니다. 생수가 솟아 나옵니다! 구원은 영혼으로부터 시작됩니다! 문패도 번지수도 없는 평안과 기쁨이 죄 사함을 받은 증거입니다! 신비스러운 내적인 변화가, 구원받은 것이 어김없는 사실임을 증언합니다. 그것이 하나님의 서명입니다(롬 8:16).

구원을 체험하면 눈물겹도록 감사하고 미칠 듯이 기뻐합니다! 그때는 제왕의 자리도 부럽지 않고 천하를 준다고 해도 바꿀 생각이 없습니다!

"세상사람 날 부러워 아니하여도 나도 역시 세상사람 부럽지 않네! 하나님의 크신 은혜 생각할 때에 할렐루야 찬송이 저절로 나네!"

선교사 한 분이 히말라야 산을 내려오다가 같은 산을 기어 올라가는 사람을 만났습니다. 그런데 유심히 바라보니 그 사람의 목에 엄청나게 무거운 쇠사슬이 칭칭 감겨 있었습니다. 그래서 그 사람이 움직일 때마다 쇳소리가 났습니다. '높은 산을 오르는데 무거운 쇠사슬이 웬일인가?' 그래서 선교사가 "어찌 된 일입니까? 무슨 사연이라도 있으신지요?"라며 묻자 그는 힘겹게 대답했습니다. "몇 해 전 나는 무서운 죄를 범했습니다. 나는 양심의 가책으로 고통을 견디다 못해 고승 한 분을 찾아갔습니다. 그런데 고승께서는 나에게 몹시 어려운 고행을 명령하셨습니다. 아무리 그래도 나는 죄책을 면해 보려고 죽을 고생을 참아 가며 시키는 대로 하였습니다. 그러나 기대했던 평안은 오지 않았습니다. 그래서 나는 다른 스님을 찾아갔습니다. 그랬더니 이번에는 이 큰 쇠사슬을 목에 걸어 주면서 히말라야 산을 오르라고 하였습니다. 그래서 지금 이렇게 죽을힘을 다해서 산을 오르는 중입니다!"

죄의 문제는 큰 문제입니다. 이 땅에 죄 문제보다 더 큰 문제는 없을 것입니다. 그런고로 죄 문제부터 해결하십시다. 첫째는 죄를 깨닫는 것이며, 둘째는 죄 사함을 받는 것입니다.

영국의 산부인과 의사로 마취제와 방부제의 발명자인 제임스 영 심프슨 경Sir James Young Simpson에게 신문기자들이 물었습니다. "박사님의 수많은 발명 중에 최대의 발명은 무엇이라고 생각하시는지요?" 그러나 심프

슨의 대답은 의외였습니다. 과학적인 발명이 아니었기 때문입니다. "내가 죄인이라는 사실과 그 죄가 십자가상에서 사함을 받았다는 사실입니다."

죄 없는 사람은 없기에 누구나 죄 사함을 받음으로써만 인생 문제를 해결할 수 있을 것입니다!

K 목사님의 어머니께서는 아들이 실수를 저지를까 봐 늘 기도를 게을리하지 않았습니다. 그래서 아들 목사님이 어머니의 그런 기도를 엿듣고 항의하였습니다. "다른 사람들은 모두 나를 존경하는데 어째서 어머니만은 나를 못 믿으시죠?" 다음은 어머니의 답변입니다. "다른 사람들은 널 몰라서 그렇지! 다른 사람들도 나같이 너를 알아봐라. 누가 너 같은 것을 존경할꼬?"

누구나 피차 서로를 몰라서 존경도 하고 사랑도 하는 것입니다! 법 없이도 살 사람이라고요? 나만큼만 되라고요? 고상하시다고요? 그런 말씀 마시기 바랍니다! 아무도 자기 죄를 깨닫고 죄 사함을 받기 전에는 죄 사함을 받을 수 없을 것입니다. 열녀도 창녀같이 죄 사함을 받아야 하고, 사기를 당한 사람도 사기를 친 사람같이 죄 사함을 받아야 하고, 기도를 잘하는 사람도 기도하지 않는 사람같이 오직 믿음으로 구원을 받아야 하고, 믿음이 좋은 사람도 믿음이 없는 사람같이 오직 믿음으로 구원을 받아야 합니다!

그런데 죄 사함을 받는다고 하는 것은 '사람'이 죄 사함을 받는 것을 뜻합니다. 행위가 아니라 죄를 범한 '사람 자신' 말입니다! 사람들은, 사람 자신보다 그 사람이 한 일과 일의 결과를 중요시하지만, 그러나 하나님께서는 일보다 사람을 중요시하십니다!

이방종교에서는 선행이나 제물이 먼저이지만, 그러나 기독교에서는 언제나 사람이 먼저입니다! 죄인이 먼저 용서함을 받고, 그가 범한 죄는 덩달아서 용서를 받습니다. 사람이 먼저 열납을 받고 그다음에 그 사람이 드린 제물도 열납을 받습니다. "아벨과 그 제물은 열납하셨으나"(창 4:4). 이것이 속죄 교리의 핵심입니다. 사람 (자신)이 용서함을 받기 전에는 그 사람이 한 일은, 선행까지도 합쳐서 모두 죄가 될 수밖에 없습니다. 왜냐고요? 사람에게는 순도 100%짜리의 선행이 있을 수 없기 때문이지요! 그러나 사람이 먼저 죄 사함을 받으면 그때는 죄도 더는 죄가 되지 않습니다! 그뿐 아닙니다. 사람이 죄 사함을 받고 나면 죄까지도 '의'가 됩니다! 적어도 하나님 앞에서는 그렇습니다.

이것이 칭의의 교리입니다! 어떻게 그러냐고요? 우리가 범한 죄는 예수님의 죄가 되고 그 대신 예수님께서 행하신 의는 우리의 의가 되기 때문입니다. 그러니 이 얼마나 놀랍고도 감격스러운 복음입니까? 그런데 구원은 값없이 받고 중생도 순간적이지만, 그러나 죄 사함을 받고 나면 엄청난 일이 생깁니다. 놀라운 변화가 일어납니다!

"내 영혼이 은총 입어 중한 죄 짐 벗고 보니 슬픔 많은 이 세상도 천국으로 화하도다"(새찬송가 438).

누구나 구원을 받으면 제왕도 부러워하지 않는 사람이 됩니다. 아무리 제왕이 좋아도 어찌 영생하는 사람만이야 하겠습니까? 국왕이나 대통령이 행차할 때는 21발의 예포가 울려 퍼집니다. 그러나 죄인들이 죄 사함을 받고 하나님 앞에서 의롭다 함을 받을 때는 하늘에서 31발의 예포가 울려 퍼질 것입니다!

"내가 너희에게 이르노니 이와 같이 죄인 한 사람이 회개하면 하늘에서는 회개할 것 없는 의인 아흔아홉으로 말미암아 기뻐하는 것보다 더하리라 …… 내가 너희에게 이르노니 이와 같이 죄인 한 사람이 회개하면 하나님의 사자들 앞에 기쁨이 되느니라"(눅 15:7, 10).

믿음의 학교에서는 학벌이 좋고, 직장이 좋고, 머리가 좋은 사람이 아니라 믿음이 좋은 사람이 최고입니다! 성경을 얼마나 많이 알고 교회 일을 얼마나 많이 하느냐도 문제 되지 않습니다. '구원을 받았느냐?' '중생을 했느냐?' '회개를 했느냐?' '믿음이 있느냐?' 그것만이 문제가 됩니다! 해박한 성경 지식도 구원을 받는 데는 아무런 도움이 되지 않습니다!

어느 분의 묘비에는 간단하게 "4살에 사망"이라고만 새겨져 있었습니다. 하도 이상해서 지나가던 행인이 고인의 출생 연월일과 사망 연월일을 확인해 보았습니다. 그랬더니 그 묘비는 팔십 고령에 사망한 어른의 묘비였습니다. 그러면 4세에 사망했다고 쓴 묘비가 뜻하는 것은 무엇이었을까요? 76세에 예수를 믿고 80세에 사망을 했다는 얘기였습니다. 죄 사함을 받은 후의 4년 동안만을 참으로 산 것으로 간주했던 것입니다.

　육체를 가지고 사는 인간은…… 롤스로이스 차를 굴리고 다녀도 별수 없고 세계 일주를 해도 별수 없습니다! 죽음은 먼 데 있는 것이 아닙니다! 구원 문제 역시 차일피일하고 앉아 있을 문제가 아닙니다!

5. 성화 대학교

　　"내가 그리스도와 함께 십자가에 못 박혔나니 그런즉 이제는 내가 사는 것이 아니요 오직 내 안에 그리스도께서 사시는 것이라 이제 내가 육체 가운데 사는 것은 나를 사랑하사 나를 위하여 자기 자신을 버리신 하나님의 아들을 믿는 믿음 안에서 사는 것이라"(갈 2:20)

　인생 대학은 성화의 학교입니다. 오직 믿음으로 죄 사함을 받고 하나님의 자녀가 됩니다. 성화의 학교는 구원받은 하나님의 자녀들이 자라나는 곳입니다! 하나님 아버지를 닮아 가는 곳입니다! 빌립보서 2장 12절에서 바울이 말하지 않았던가요? "두렵고 떨림으로 너희 구원을 이루라"고. 영혼은 오직 믿음으로 조건 없이 구원을 받고, 우리의 육체 역시 예수님께서 재림하시는 날 홀연히 신령한 몸으로 변화를 받을 것입니다. 문제는 성화입니다!

　똑같은 식당에 들어가도 모든 사람이 똑같은 음식을 먹는 것은 아닙니다. 똑같은 학교에 입학했다고 모든 학생의 성적이 똑같은 것도 아닙니다. 똑같은 결혼에도 행복한 결혼과 불행한 결혼이 있습니다. 똑같은 세상이지만 잘사는 사람도 있고 못사는 사람도 있습니다. 그와 같이 모든 성도가 예외 없이 오직 믿음으로 구원을 받긴 하지만, 그러나 신앙생활의 양상은 사람에 따라 각양각색입니다. 성화 대학교에서도 성도들의 성적은 수석부터 말석까지 천차만별입니다!

그리스도의 심판은 성화의 대학교에서 얻는 성적에 따라 행한 대로 갚아 주시는 심판입니다(고전 3:14~15). 그런데 구원받은 성도들만이 성화의 대학교로 진학할 수 있습니다! 믿음 고등학교의 과정을 마친 사람들만이 성화 대학교로 진학할 수 있습니다. 성화 대학은 생활의 대학입니다! 인격의 변화와 생활의 변화가 일어나는 곳입니다!

성화 대학은 좁은 문 대학입니다! 회개 중학교에서는 죄를 깨닫고 회개만 하면 합격입니다! 믿음 고등학교에서도 예수님의 십자가를 믿고 구원만 받으면 합격입니다! 그러나 성화 대학교에서는 생활의 변화가 일어나야 합격입니다! 그러면 오직 믿음으로써가 아니라 행함으로 구원을 받는다는 얘기일까요? 그건 아닙니다! 그러나 오직 믿음으로 구원을 받으면 행함이 따르게 마련입니다. 학교라고 해서 모두 똑같은 학교가 아닌 것같이 교회라고 해서 모두가 똑같은 교회는 아닙니다!

구원을 받은 성도 중에도 믿음이 큰 성도가 있는가 하면, 믿음이 작은 성도도 있고, 성숙한 성도가 있는가 하면, 미숙한 성도도 있습니다. 똑같은 사과도 종류에 따라 크기도 다르고, 색깔도 다르고, 맛도 다릅니다. 그럼에도 불구하고 모든 사과는 사과입니다. 그래서 모두가 사과로서의 공통점은 가지고 있습니다. 꼭 같은 이치입니다. 구원을 받은 성도들에게도 크고 작은 차이가 있긴 하지만 그럼에도 불구하고 공통점이 있습니다. 크기나 색깔이나 맛은 달라도 모든 사과에서는 사과 맛이 나야 합니다! 성도들에게서도 맛은 달라도 성도의 냄새가 나야 합니다(고후 2:15~16).

그러면 거듭난 성도들의 냄새는 무엇일까요? 거듭난 성도들의 증거에는 어떤 것이 있는 것일까요?

1) 체험입니다

하나님의 사랑 체험입니다! 여기는 어떤 남자나 어떤 여자에 대해서 공부하는 지식의 단계가 아닙니다! 맞선을 보는 단계도 아닙니다! 여기는 하나님과 한몸이 되는 단계입니다(고전 (12:27). 율법의 시대(선악의 시대)는 지나갔습니다!

할아버지와 손자가 어떤 위대한 장군의 동상 앞에 서 있었습니다. 손자가 먼저 입을 열었습니다. "할아버지! 학교에서 역사 공부를 해서 나도 이 장군님을 잘 알고 있어요." 그때 할아버지가 감개무량하다는 듯이 말씀하셨습니다. "할아버지는 이 장군님과 수많은 전투에서 생사고락을 같이 했단다!"

그럼 이 두 사람 중에는 누가 장군님을 참으로 알고 있는 것일까요? 지식으로만 아는 손자일까요, 아니면 체험으로 아는 할아버지일까요? 지식으로만 아는 것은 사람을 아는 것이 아닙니다! 어떤 남자에 대해서 많은 것을 알고 있다고 임신이 되는 것은 아닙니다.

이곳은 (하나님) 체험의 단계입니다! 사랑의 현장입니다! 자유의 세계입니다! 아무렇게나 기분 내키는 대로 행동을 해도 도덕적인 이상을 실현할 수 있는 자율적인 윤리의 세계입니다! 사랑의 윤리는 포상을 받기 위해서 하는 윤리도 아니고 강요된 윤리도 아닙니다. 억지로 하는 선행이 아니라 내가 좋아서 행하는 선행입니다.

"믿는 사람이 더 나쁘다고요?" 오해하지 마시기 바랍니다. 그런 사람은 믿는 사람이 아니라 믿는 체하는 사람일 뿐입니다. 변화를 받지 못한 교인은 거듭난 것도 아니고 거듭나지 못한 교인은 구원받은 것도 아닙니다. 믿는 사람도 아닙니다! 낙제생들을 보고 학교를 평가하시다니요? 낙제생은 진짜 학생이 아닙니다!

2) 선행을 의식하지 않는 것입니다

초등학교 시절은 율법의 시대요, 도덕의 시대였습니다. 선악의 시대였습니다. 그런데 이때는 한편으로는 선을 행하면서 다른 한편으로는 선을 의식하기 때문에 교만할 수밖에 없습니다. 좋은 일을 많이 했기 때문에 나쁜 짓을 하고 사는 사람들을 죄인처럼 대할 수밖에 없습니다! 그래서 회개하고 구원받기가 어렵습니다. 살인강도가 구원받을 길은 있어도 교만한 사람(지칭 의인)이 구원받을 길은 없습니다(눅 18:11~12; 5:30).

그런데 성화 대학생들은, 계급이 하늘같이 높아도, 돈이 많아도, 집이 커도, 기도를 많이 드려도, 티를 내지 않습니다! 성화 대학생들은 선을 행하면서도 선을 행하고 있는 줄을 모릅니다. 좋은 일을 해도 좋은 일을 한다는 의식이 없습니다. 어떻게 그럴 수 있느냐고요?

그 첫째 이유는 거듭난 사람들은 좋은 일을 하면서도 자기 같은 죄인에게 좋은 일을 할 수 있는 은혜를 주신 하나님께 감사할 뿐이기 때문입니다. 이것이 대학생과 초등학생의 다른 점입니다! 율법 학교의 학생들도 선한 일을 하고 사랑의 학교의 학생들도 좋은 일을 합니다. 그러나 율법 학교 학생들은 좋은 일을 하고 나서 교만해지고 사랑의 학교의 학생들은 좋은 일을 하고 나서 겸손해집니다!

둘째는 참으로 선한 사람은 선한 일을 함으로써만 자기가 살아남을 수 있기 때문입니다. 선한 사람이 살 길은 선한 일을 하는 길밖에 없습니다. 좋은 사람이 좋은 일을 하는 것은 붕어가 물을 마시는 것같이 자기 생존을 위한 일입니다. 그러니 어찌 거기 자랑이나 교만이 있을 수 있겠습니까? 두더지가 땅을 팠다고 품값을 요구하고, 사과나무가 사과를 생산했다고 대가를 요구하고, 개가 집을 지켰다고 훈장을 요구하던가요?

셋째는 거듭난 사람들의 선행은 도덕적인 의무가 아니라 사랑의 발로이기 때문입니다! 하나님을 사랑하고 이웃을 사랑한 것뿐이기 때문입니다. 좋아서 좋아하고 사랑스러워서 사랑한 것뿐이기 때문입니다. 사랑은 도덕이 아니기 때문입니다. 연인들이 자기 몸을 내어 주고 나서 표창받을 생각을 하고, 어머니들이 자식을 위해 희생을 하고 나서 훈장 받을 생각을 하던가요? 사랑은 도덕을 초월합니다(마 6:3~4).

그러나 도덕적인 선행은 보상받기를 원합니다. 선한 일을 하고 나서 그 사실을 의식하거나 자랑하거나 공치사를 하는 사람은 성화 대학생이 아닙니다. 불순한 동기에서 선한 일을 한 사람들은 상 받기를 원합니다. 하여간 누구든지 좋은 일을 하고 나서 자만하는 사람은 좋은 일을 한 것도 아니고, 좋은 사람도 아닙니다. 취중에 있는 사람이 술기운에 끌려다니듯이 사랑에 만취한 사람은 사랑에 끌려다닙니다. 그래서 좋은 일을 해도 자랑이 없습니다!

도산 안창호 선생께서는 서기 1920년에 미국으로 망명을 떠났는데 목적했던 공부는 하지 못하고 애국 운동에 초지일관하다가 4년 만에 일본을 거쳐 귀국 길에 오르셨습니다. 그때 일본의 실권자인 이토 히로부미가 약관 29세의 그에게 안 도산 내각을 종용하였습니다. 이 무슨 천재일우의 기회입니까? 새파란 젊은이가 한 나라의 재상이 되다니요? 그러나 그는 그 행운을 일축해 버리고 고생뿐인 망명길에 오르지 않았던가요? 그러나 도산 선생의 위대함은 거기 있었던 것이 아닙니다. 큰 희생을 하고서도 희생을 의식하지 않은 데 있었습니다.

물론 아무도 완전한 사람이 될 수는 없습니다. 그러나 구원을 받으면 어디가 달라져도 달라져야 합니다. 예수님께서도 "사람이 거듭나지 아니하면 하나님의 나라를 볼 수 없느니라"고 하지 않으셨던가요(요 3: 3)?

흔히 성도들은 자손들에게 남겨 줄 유산으로는 성경보다 더 좋은 것이 없다고 생각합니다. 그러면 자녀들에게 성경을 남겨 준다고 하는 말이 뜻하는 것은 무엇일까요? 최고가의 성경책 한 권을 유산으로 남겨 주는 것일까요? 아니면 성경공부를 시키는 것일까요? 아닙니다. 서기관이나 바리새교인들은 성경 박사이면서도 하나님과 원수가 되지 않았던가요? 그러면 무엇일까요? 자녀들의 마음과 인격과 생활 속에 하나님의 말씀을 새겨

주는 것입니다!

3) 하나님과 동행하는 생활입니다

하나님과 동고동락하는 생활입니다. 아브라함은 믿음으로 갈대아 우르를 떠났습니다. 아브라함은 100세에 얻은 아들도 번제물로 바칠 수 있었습니다. 성화 대학생들은 핍박이 와도 환난이 와도 끝까지 하나님과 동고동락을 합니다!

"환난이 와도 핍박이 와도 주님만 위해 살게 하소서"(새찬송가 316).

이 사람들은 하나님의 두 번째 부인이 아니라 조강지처입니다(행 20:23). 브라질 선교사 잭슨Jackson 가족이 미국으로 돌아올 때 난데없이 폭풍우를 만나서 배가 침몰하고 잭슨 선교사 내외는 물론 아들까지 유명을 달리하게 되었습니다. 그 소식을 전해 들은 댈러스 포스 워스Dallas Forth Worth 교회의 여선교회에서는 고아로 살아남은 그 선교사의 여식 하나를 초청해서 위로 예배를 드렸습니다.

다음은 그날 아버지와 어머니와 동생을 모두 잃어버리고 혼자가 된 딸의 답사입니다. "모든 것이 합력해서 선을 이룰 줄 믿습니다! 나는 지금도 그리고 앞으로도 아버지와 어머니 그리고 동생이 사랑하던 그 하나님을 사랑할 것입니다!"

이런 것이 인생 대학생들의 믿음입니다.

옛날 어떤 인도 부인이 소경인 아들과 건강하고 잘생긴 아들을 데리고 사원을 향해서 걸어가고 있었습니다. 그것을 본 선교사가 물었습니다.

"어딜 가는 길이신가요?"

"성전에 희생의 제물을 드리기 위해서 가는 중입니다."

그날 오후 부인께서는 같은 길을 돌아오고 있었습니다. 그런데 어찌된 영문인지 이번에는 눈먼 소경 아들 하나만을 데리고 돌아오고 있습니다.

"건강하고 잘생긴 아들은 어떻게 하셨나요?"
"신께 제물로 바쳤습니다."
"아이고머니! 장애인 아들이나 제물로 드리시지? 어쩌면……?"
그때 어머니가 대답하였습니다.
"우리는 언제나 가장 좋은 것을 신께 드린답니다."
그 말을 들은 선교사…… 기독교인들의 신앙에 대해 반성하는 바가 많았다고 합니다. 신앙생활이란 하나님을 타고 다니는 생활이 아니라 하나님(십자가)을 업고 다니는 생활입니다!

4) 변화된 생활과 행복한 생활입니다

행복하지 않은 사람은 구원받은 것도 아니고 중생한 것도 아닙니다! 죄 사함을 받은 사람들의 배에서는 언제나 생수가 솟아 나옵니다(요 7:38~39; 4:13~14).

런던 거리에서 어떤 고명하신 무신론자가 최근에 회심한 까막눈의 할아버지 한 분을 만났습니다. 무신론자가 무식한 할아버지에게 물었습니다.
"예수님의 생일이 언제지요?"
"정확히는 모르겠는데요?"
"그럼 예수님의 사망일은 언제지요?"
"그것도 모르겠는데요?"
그래서 무신론자는 승리의 개가를 불렀습니다.
"예수가 누구인지도 모르면서 믿기는 뭘 믿어요?"
그때 할아버지께서 말씀하셨습니다.
"보시는 바와 같이 나는 아는 것이 없는 사람입니다. 그러나 예수님께서 우리의 죄를 사해 주신 것과 그리고 그 때문에 내가 행복한 사람으로 변했다는 사실 하나만은 잘 알고 있습니다! 그리고 런던 거리의 주정뱅이 하나가 술을 끊게 되고, 가족들이 맹수보다도 더 무서워하던 불량배 하나가 변해서 지금은 저녁때만 되면 가족들이 돌아오기를 고대하는 모범적인 가장이 됐다는 사실 하나만은 잘 알고 있습니다! 그 사람이 바로 이 사람이거든요! 우리 집은 부자는 아니지만 런던에서 제일 행복한 가정이랍니다!"

신앙생활은 행복하게 사는 생활입니다. 환난 중에도, 가난 속에서도, 행복하게 사는 생활입니다.

그럼 결론적으로 말씀드리겠습니다.

책에서 읽은 얘기인데 일본 사람들은 신앙생활을 시작하면 전혀 딴사람이 되고, 미국 사람들도 조금은 달라지는데, 한국 사람들은 방언과 입신까지 하면서도 사람은 조금도 달라지지 않는다고 합니다. 그리고 그 까닭은 십자가를 전하면 교인 수가 줄어들기 때문에 축복만 전하기 때문이라고 합니다(고전 12:15). 공짜라고 하면 양잿물도 마다치 않는다면서요? 그래서 어디를 가나 축복과 비전과 긍정적인 사고뿐입니다. 그러나 십자가가 없는 기독교가 어떻게 기독교일 수 있으며 십자가 정신이 없는 군대가 어떻게 죄악 세상과 싸우는 십자가 군병일 수 있겠습니까?

얘기 하나만 해도 될까요?

어느 나라의 관광지에서 많은 관광객이 혹은 일등차표, 혹은 이등차표, 혹은 삼등차표를 샀습니다. 그런데도 관광버스는 한 대뿐이었습니다. 그래서 일등차표를 산 사람이나, 이등차표를 산 사람이나 삼등차표를 산 사람이나 똑같은 버스에 탈 수밖에 없었습니다.

"공연히 일등차표를 산 거 아냐?" "삼등차표를 사길 잘했지 뭐유! 일등차표를 산 사람이나 삼등차표를 산 사람이나 쌤쌤 아닌가?" 사람들은 제작기 한마디씩 하였습니다. 그런데…… 얼마 후에는 그 관광버스가 비탈길을 오르고 있었습니다. 그때 안내양이 방송하였습니다. "일등차표를 사신 손님들은 그대로 앉아 계시고, 이등차표를 사신 손님들은 차에서 내려 지켜봐 주시고 삼등차표를 사신 손님들은 차를 밀어 올려 주시기 바랍니다!"

그와 같이 지금 당장은 믿는 사람이나 믿지 않는 사람이나 아무것도 다른 것이 없을 것입니다. 그러나 죽음의 비탈길을 올라가게 됐을 때는 모든 것이 달라질 것입니다!

"그러므로 하늘에 계신 너희 아버지의 온전하심과 같이 너희도 온전하라"(마 5:48)

먼저 그의 나라와
그의 의를

"그런즉 너희는 먼저 그의 나라와 그의 의를 구하라 그리하면 이 모든 것을 너희에게 더하시리라"(마태복음 6:33)

먼저 그의 나라와 그의 의를

본문은 산상수훈을 마무리하는 말씀입니다. 산상수훈의 정점이며 동시에 요약입니다. 땅의 것보다 하나님의 나라를 우선으로 하라고 하십니다. 여기서 중요한 것은 '먼저'라고 한 단어입니다. 물질은 중요하지도 않고 구하지도 말라는 말씀은 아닙니다. 문제는 순서입니다. 이 순서 여하에 따라 가짜 신자와 참그리스도인이 구별됩니다. 열왕기상 3장 9절~13절에서 솔로몬은 지혜를 우선으로 구했습니다. 그런데 하나님께서는 솔로몬이 구한 지혜뿐 아니라 구하지 않은 영화도 주셨습니다!

금강산도 식후경이라는 말은 세상에서나 통하는 말입니다. 그러나 세상을 얻기 위해서 그의 나라와 그의 의를 먼저 구하는 것은 그의 나라와 그의 의를 먼저 구하는 것이 아닙니다! 위선은 솔직하게 세상 것을 구하는 것만도 못합니다! 그래서 주석가 마이어Mayer는 전적으로 '그의 나라와 그의 의'만 구하고 '세상 것'은 하나님께 맡기라고 했는데, 벵겔Johann Albrecht Bengel은 한 수 더 떠서 그의 나라를 구하는 사람은 그 나라만을 얻을 것이라고 해석하지 않았던가요?

그러면 이제부터는 본문 말씀을 한 구절 한 구절 상고해 나가기로 하겠습니다.

1. 그의 나라와 그의 의

'그의 나라'는 '하나님의 나라'입니다. '그의 의'는 '하나님의 의(뜻)'입니다. 하나님의 나라는 하나님의 뜻이 이루어진 곳입니다. 하나님의 나라는 지금 여기서도 하나님의 뜻이 이루어지기만 하면 실현 가능한 나라입니다! 현재 천국 말입니다.

죄와 고통과 죽음은 하나님이 원하시는 것이 아니었습니다. 지금의 이 세상은 하나님의 뜻이 이루어진 천국이 아닙니다. 그러나 만일 어떤 사람이 전심으로 하나님의 뜻을 따르면 지금 당장에라도 그의 영혼 속에 현재의 천국이 이루어질 것입니다. 그래서 예수님께서는 천국은 네 마음속에 있다고 하셨을 것입니다(눅 17:21).

그러면 하나님의 의란 어떤 의일까요? 지혜자들은 '도덕적인 인격을 완성하는 것이 하나님의 의'라고 하고 서기관들은 '계명을 지키는 것이 하나님의 의'라고 했지만, 그러나 그리스도인들에게 있어서는 '아가페의 사랑이 하나님의 의'입니다.

그러면 좀 더 구체적으로 '이 나라'를 구한다고 하는 것은 무엇이고 '그의 나라'와 '그의 의'를 구한다고 하는 것은 무엇을 의미하는 것일까요?

먼저는 '이 나라'입니다

1843년 창간된 「뉴스 오브 더 월드News of the World」는 한때 발행 부수만 해도 600만 부를 넘었다고 합니다. 그 경영주의 이름은 루퍼트 머독 Rupert Murdoch……. 원래 그는 부친에게서 작은 석간 신문사 하나를 유산으로 상속받았습니다. 그러나 15년 후에는 호주의 신문왕으로 군림하게 되었습니다. 그러자 그는 무대를 런던으로 옮겨갔습니다.

그러면 그의 성공의 비결은 무엇이었을까요? 그가 돈을 버는 방법은 아주 간단했습니다. 그가 성공한 방법은 한마디로 수단 방법을 가리지 않는 것이었습니다. 법망에 걸리지만 않으면 무슨 짓이든지 다 하는 것이었습니다. 그의 신문은 섹스와 범죄와 스포츠 기사만을 전문으로 실었습니다. 돈을 벌기 위해서는 하나님 나라의 법 같은 것은 문제 되지 않았습니다. '세상 나라'의 법은 요리조리 피해 가면서 지켰지만 '그 나라'의 법은 지키지 않았습니다. 그러나 결국,「뉴스 오브 더 월드」는 루퍼트 머독이 인수한 지 42년 만에 전화 해킹 사건으로 폐간하게 됩니다. 창간된 지 168년 만에 말입니다. '이 나라'의 법도 어기다…….

다음은 '그 나라' 입니다.

여기에 '그의 나라'와 '그의 의'만을 구한 사람의 얘기가 있습니다.
어떤 기자와 수녀 사이에서 오고 간 대화의 내용입니다.
"수녀님께서는 이 병원에서 월급을 얼마나 받으시나요?"
"월급은 받지만 모두 수녀원에 바쳐야 해서 받지 않는 것이나 다름이 없습니다."
"그러면 용돈은 어떻게 마련해서 쓰시나요?"
"돈은 필요하지 않습니다. 필요한 것은 무엇이든지 수녀원에서 제공해 주거든요."
"외출할 때 교통비 같은 것은요?"
"수녀원에서는 버스표도 주고 도시락도 주기 때문에 아무런 문제가 없습니다. 친척 집에서 외식하는 일은 없으니까요."
"아무리 수녀님도 여자는 여자이신데 슈트 같은 것 한번 입어 보고 싶지는 않으신지요?"
"그런 것을 입으면 오히려 부자유스럽습니다."
"수녀님도 여자이신데 남자 생각이 나실 때는 없으신가요?"
"예수님만 사랑하고 살기 때문에……."
이와 같은 수녀의 생활이 '그의 나라'와 '그의 의'만 구하는 생활입니다.

여기 또 다른 얘기가 있습니다.

황새 한 마리가 진흙 속에서 달팽이를 찾고 있었습니다. 그때 백조 한 마리가 하늘에서 사뿐히 내려와 황새 곁에 섰습니다. 황새가 먼저 입을 열었습니다.

"어디서 오시는 길이세요?"

"하늘나라에서 방금 내려왔습니다."

이어서 백조가 하늘나라의 그 아름답고 황홀한 장관을 얘기하였습니다. 황새는 백조의 설교에 크게 은혜를 받고 감동도 하였습니다. 그러나 아직도 황새는 땅에 속해 있었습니다. 황새가 물었습니다.

"천국에도 달팽이가 있나요?"

"그런 것은 없는데요!"

"그럼 나는 차라리 천국을 포기하겠습니다!"

세상에 하나님의 뜻대로 살고 싶지 않은 사람이 어디 있겠습니까? 그러나…… 문제는 그놈의 달팽이입니다!

2. 구하라

살아 있는 생물은 '무엇인가'를 필요로 합니다. 아무것도 찾지 않는 생물은 생물이 아닙니다. 시신 앞에도 제상을 차려 놓기는 하지만, 그러나 죽은 사람은 먹지를 못합니다. 식욕이 있으면 산 사람이고, 식욕이 없으면 죽은 사람입니다! 풀이나 나무도 쉴 새 없이 땅에서 물을 끌어들여서 마십니다. 큰 나무는 하루에 수십 갤런의 물을 마십니다. 어떤 나무는 100여 척이나 되는 깊은 지하에서 물을 끌어올려서 마십니다. 왜냐고요? 살아 있기 때문입니다. 무엇이든지 살아 있는 것은 무엇인가를 필요로 하고 무엇인가를 구하고 무엇인가를 흡수해 들입니다!

흔히 사람들은 어렸을 때 어머니께서 지어 주신 음식이 제일 맛이 있었다고 합니다. 그리고 지금의 아내는 옛날의 어머니만큼 요리 솜씨가 없다고 합니다. 그러나 꼭 그런 것만은 아닙니다. 지금의 '나'에게는 옛날 어렸을 때 있던 만큼의 왕성한 식욕이 없어서 예전처럼 음식 맛이 없을지도 모릅니다. 어린이들은 왕성한 식욕이 있어서 무럭무럭 자라납니다! 그러나 어른들은 어릴 때 같은 식욕이 없어서 더 많이 먹으면서도 늙어 갑니다. 왕성한 식욕은 왕성한 생명의 증거입니다.

산 사람은 식욕도 강하고 성욕도 강합니다. 강한 욕구가 있어야 건강도 있고 쾌락도 있고 성취도 있습니다. 학구 욕이 없는 사람이 어떻게 학문에 정진할 수 있으며, 성욕이 없는 사람이 어떻게 청춘사업을 할 수 있겠습니까? 새처럼 하늘을 날고 싶은 소원이 없었던들 어찌 비행기를 발명할 수 있었겠으며, 치타같이 빨리 달리고 싶은 욕구가 없었던들 어찌 승용차를 만들어 낼 수 있었겠으며, 물고기같이 물속을 헤엄치고 싶은 갈망이 없었던들 어찌 잠수함을 건조해 낼 수 있었겠습니까? 그리고 물을 필요로 하지 않는 것이 어떻게 물고기일 수 있으며, 성욕이 없는 것이 어떻게 수놈일 수 있으며, 날고 싶은 충동이 없는 것이 어찌 새 새끼일 수 있겠습니까?

욕망도 있어야 합니다. 그리고 욕망은 왕성할수록 좋습니다! 그러나 식욕이나 성욕 같은 욕망은 짐승들에게도 있습니다. 그런고로 사람이 만물의 영장이 되고자 하면 다른 짐승들에게는 없는 욕망이 있어야 합니다. 그래서 사람에게는 사람에게만 있는 욕망이 있습니다. 짐승은 아무리 아름다운 풍경을 보아도 시 한 수를 짓지 못합니다. 애인과 깊은 숲 속에서 어울리면서도 '사랑의 노래' 하나 작사 작곡하지 못합니다! 그러나 사람은 시도 짓고 노래도 부릅니다. 짐승들은 돌아가신 어머니의 추도식 날을 기억하지 못하고 헤어진 옛 친구에게 편지 한 장 쓸 줄을 모릅니다. 그러나 사람은 다릅니다. 사람은 짐승과 많이 달라지면 달라질수록 사람다운 사람입니다! 사람이 사람다운 사람이 되고자 하면 동물적인 욕구보다 사람다운 욕구가 더 커져야 합니다! 만일 만물의 영장인 사람에게도 짐승같이 식욕과 성욕과 물욕뿐이라면 어떻게 그런 동물을 사람이라 할 수 있겠습니까?

그런데 여기 또 다른 차원이 있습니다. 거듭난 영적인 인간의 차원입니다. 거듭난 사람들에게는 자연인들에게는 없는 새로운 욕망이 있습니다. 명예욕이나 성취욕이나 창작욕 외에 또 다른 욕망이 있습니다. 그 욕망이 무엇이냐고요? 그의 나라와 그의 의를 구하는 욕망입니다. 신령한 것을 구하는 욕망입니다!

"하나님이여 사슴이 시냇물을 찾기에 갈급함 같이 내 영혼이 주를 찾기에 갈급하니이다"(시 42:1).

만일 거듭났다고 하는 사람에게 그의 나라와 그의 의를 구하는 갈망은 없고 단지 세상을 구하는 욕심뿐이라면 어떻게 그런 사람을 하나님의 자녀라 할 수 있겠습니까? 성도들에게는 세상 사람들에게는 없는 새로운 욕망이 있습니다. 그리고 그 욕망은 강할수록 좋습니다! 사도 바울도 세상 성공 같은 것을 분토만도 못하게 여길 정도로 그의 나라와 그의 의를 열망하지 않았던가요(빌 3:4~9)?

그런데 영적인 욕망이 없는 사람에게는 설교도 은혜가 되지 않고, 기쁜 찬송도 기쁨이 되지 않고, 생수가 솟아 나오는 기도도 무미건조할 뿐입니다. 목이 마르지 않은 사람이 어떻게 생수 맛을 알 수 있겠습니까?

예수님께서 말씀하셨습니다. "나의 양식은 나를 보내신 이의 뜻을 행하며 그의 일을 온전히 이루는 이것이니라"(요 4:34)고 말입니다.

사도 바울의 그의 나라와 그의 의를 구하는 열망 또한 대단했습니다. "우리가 살아도 주를 위하여 살고 죽어도 주를 위하여 죽나니 그러므로 사나 죽으나 우리가 주의 것이로다"(롬 14:8).

이런 사람들을 가리켜 우리는 새로운 피조물이라고 합니다(고후 4:18).

그럼 "먼저 그의 나라와 그의 의를 구하라"고 하신 말씀이 뜻하는 것은 무엇일까요? "그의 나라와 그의 의만" 구하는 것을 뜻합니다. 그 밖의 것은, 이 한 가지 목적을 달성하기 위한 수단이 되어야 한단 말씀입니다. 건강도 구하고 돈도 구하되 그의 나라와 그의 의를 이루기 위한 수단으로 구하란 말씀입니다.

그러면 돈을 사랑하지 말라고 하신 말씀이 뜻하는 것은 무엇일까요(딤전 6:10)? 그 말씀 역시 돈을 사랑하지 말라는 말씀이 아니고, 돈이 좋아서 돈을 사랑하지 말고 부자가 되기 위해서 돈을 벌지 말라는 말씀일 뿐입니다. 따라서 그의 나라와 그의 의를 위해서는 돈도 벌고, 선한 사업에 쓰기 위해서는 장사도 잘하라는 말씀입니다.

그러면 세상을 사랑하지 말라고 하신 말씀이 뜻하는 것은 무엇일까요(요일 2:15)? 그 말씀 역시 사욕을 채우기 위해서 세상을 사랑하지는 말라는 뜻이며, 그의 나라와 그의 의를 위해서는 세상도 사랑해야 할 것이란 말씀일 뿐입니다! 성경에는 처자식도 사랑하지 말라는 말씀이 있는데(마 10:36~37), 그 말씀 역시 아무리 처자식도 하나님보다 더 사랑해서는 안 된다는 말씀일 뿐입니다! 우리가 마음 놓고 처자식을 사랑하는 길은 하나님의 뜻 안에서뿐입니다! 우리는 아름다운 대자연도 사랑하고, 귀여운 처자식도 사랑하고, 아니, 꼴도 보기 싫은 원수까지도 사랑해야 합니다!

그러면 숫자가 중요하지 않다는 말씀이 뜻하는 것은 무엇일까요? 그 말씀 역시 숫자가 중요하지 않다는 말씀이 아니고, 숫자가 믿음보다 더 중요하지는 않다는 말씀일 뿐입니다! 실력이 없는 낙제생들을 많이만 생산해 낸다고 어찌 일류 학교가 될 수 있겠습니까? 따라서 숫자가 중요하지 않다는 말씀도 실력이 있는 학생을 키워내야 할 것이란 말일 뿐입니다. 믿음이 있는 신자의 숫자를 늘려야 할 것이란 말씀입니다. 숫자가 중요하지 않다는 말은 믿음이 있는 교인의 숫자가 많아져야 할 것이란 말씀일 뿐입니다.

사실이 이와 같은데도 어떤 사람들은 숫자가 중요하지 않다는 말만 들으면 발작 증세를 일으킵니다. "우선은 숫자가 있어야 질이고 나발이고 있을 게 아냐! 사람이 없는데 질은 다 무슨 질!"

백치라도 많이만 모아 놓으면 그중에서 천재가 나올 수 있을까요? 기적을 구하지 말라고 하신 말씀의 뜻은, 기적을 목적으로는 구하지 말라는 뜻이며, 기적을 위한 기적, 사욕을 채우기 위한 기적을 구하지는 말라는 뜻이며, 하나님보다 기적을 앞세우지는 말라는 뜻이며, 신령한 은사보다 눈에 보이는 축복을 앞세우지는 말라는 뜻일 뿐입니다!

육체의 목적을 이루기 위해서 믿음을 이용하지는 말라는 뜻입니다! 성공도 하고 돈도 벌어야 하겠지만…… 그보다 더 중요한 것이 '무엇을 위한 성공이며, 누구를 위한 돈벌이냐?'란 뜻입니다. 물론, 누구든지 그렇게 말은 합니다. "이 사람아! 내가 공연히 돈을 버는 줄 아나? 한번 멋지게 써 보려고 그러는 거라네!" "나는 내 돈을 벌고 있는 게 아니라네! 하나님의 돈을 벌고 있는 거라네! 내 사업이 아니고 하나님 사업을 하는 거야!"

사실이 그래야만 할 것이란 말씀입니다. 냄새가 나는 배설물을 좋아하는 사람은 없지만, 그런데도 가족들의 건강을 위해서는 가는 곳마다 화장실을 만들고 꽃장식을 해 가면서 그 더러운 곳을 애지중지 가꾸듯이 돈벌이 자체는 좋은 것이 아니지만, 그러나 하나님의 뜻을 이루기 위해서는, 돈을 벌지 못하는 영세민들을 돕기 위해서는, 돈도 열심히 벌어야 할 것이란 말씀입니다.

신문 보도에 의하면, 창원에 사는 어떤 건설업자께서는 일금 300억 원의 돈을 들여 무주택자들을 위한 무료 아파트 천 가구를 건설했다고 하고, 76세의 이 복순 할머니는 30여 년 동안 김밥 장사를 해서 모은 돈 일금 50억 원을 고스란히 충남대학에 희사했다고 합니다.

이렇게 사는 것이 그의 나라와 그의 의를 먼저 구하는 생활입니다. 이렇게 사는 것이 정말 잘사는 것입니다. 그렇지 않으면 돈을 벌어서 내연의 처를 셋씩이나 숨겨 두고, 마나님 비위나 맞추고 자식들 눈치나 보면서 사는 것이 잘사는 것일까요? 어떤 사장님이 그러시더군요. "여편네의 심기가 불편해졌을 때는 두툼한 돈뭉치 하나 손에 가득히 쥐여 주면 그만이거든!" 이렇게 사는 것이 잘사는 것일까요?

그럼 이제 싯다르타Siddhartha의 수도사에 관해 전해 드리도록 하겠습니다.

싯다르타는 12세 때 농부들이 괭이로 땅을 파 엎자 땅 위에 드러나서 몸부림치는 버러지를 참새 한 마리가 내려와 뾰족한 주둥이로 쪼아 먹는 것을 보고 온종일 울었습니다. 인생의 무상을 울었던 것입니다. 그리고 하루는 말을 타고 궁전을 나가는데 첫 번째 문에서 허리 꼬부라진 늙은이를 만났습니다. 그때, 그는 이렇게 한숨을 쉬었습니다. "나도 결국은 저 모양 저 꼴이 되겠구나!" "저 사람도 한때는 예쁜 처녀였겠지!" 다음에는 동쪽 문으로 나가다가 병이 들어 괴로워하는 환자를 만났습니다. 싯다르타는 "저것도 사람일까?" 하며 눈물을 머금었습니다! 다음에는 서쪽 문으로 나가다가 상여에 실려 나가는 썩은 송장을 보았습니다. 그때 그는 이렇게 뇌까렸습니다. "사람은 누구나 결국 저렇게 되고 마는구나! 미소를 짓고 서 있는 저 목동도, 비지땀을 흘리며 일을 하는 저 농부도, 백만 대군을 호령하는 저 장군도, 결국은 한 구의 시체가 되고 마는구나!" 다음에 그는 남쪽 문으로 나가다가 파라문婆羅門 수도승 한 사람이 세상의 모든 욕심과 근심을 벗어 던지고 바랑 하나를 등에 메고 바람같이 가볍게 지나가는 것을 보고 깨달은 바 있었습니다. "저기 '도'가 지나가는구나!"

결국, 싯다르타는 그 '도'를 따라 출가의 길을 떠났습니다. 싯다르타는 왕위 계승권까지 포기하고 화려한 궁전을 떠났습니다. 정든 처자식들과의 인연도 눈물을 머금고 끊었습니다. 그는 세상 사람들이 가지고 싶어하는 모든 것을 버렸습니다. 권력도 버리고, 명예도 버리고, 재물도 버리고, 사랑도 안락도 모든 것을 버렸습니다.

싯다르타는 동쪽으로 100리 길을 갔습니다. 인적이 없는 깊은 산 속으로 들어갔습니다. 머리도 삭발하였습니다. 황의로 갈아입었습니다. 그 후 6년 동안 그에게는 말로 다 할 수 없는 난행과 고행이 있었습니다. 처음에는 1일 1식으로…… 그러나 후에는 하루에 밥풀 한 알로 겨우 연명을 하였습니다. 피골이 상접하여 남은 것은 가죽과 뼈뿐이었습니다. 어떤 때는 시신을 안고 밤을 새웠습니다. '도'란 하루아침에 깨우쳐지는 것이 아닙니다. 6년 동안의 소름 끼치는 고행이 계속되었습니다. 그는 나이란쟈 강으로 내려와서 목욕하였습니다. 그리고 나서 죽을힘을 다해서 간신히 강둑으로 기어 올라왔습니다. 그는 죽은 사람만 같았습니다.

'도'를 구하는 수도의 길은 결코 쉬운 것이 아닙니다. 싯다르타는 핍바라(보리수) 나무 밑에 다리를 양쪽으로 포개고 손을 벌려 단좌하였습니다. 마침내는 엉덩이에서 살이 없어져 나갔습니다. 단좌의 고통은 말로는 다 할 수가 없었습니다. 싯다르타는 37일 동안을 죽은 사람같이 까딱도 하지 않고 한자리에 앉아 있었습니다. 드디어 싯다르타가 마지막 숨을 거두는 것 같을 때…… 마침내 그는 대각에 이르렀습니다. 해탈의 경지에 입문을 하였습니다!

그러할진대…… 그의 나라를 먼저 구하는 사람들이 신앙생활을 여가 선용 정도로 아시다니요?

예수님께서도 40일간의 금식 기도를 통해 마귀의 유혹을 물리치신 다음에야 하나님의 뜻을 따를 수 있지 않았던가요? 구원은 값없이 받는 선물이지만, 그러나 성화의 계단은 힘을 쓰는 사람들만이 오를 수 있는 가파른 언덕입니다! 그리스도인은 예수님의 제자입니다!

종교는 오락이 아닙니다! 신앙생활은 소풍이 아닙니다! 시장에 나가서 앉아만 있으면 뭘 합니까? 돈을 버셔야지요! 그와 같이 교회만 발바닥이 닳도록 드나들면 뭘 합니까? 거듭나셔야지요! 지금은 사람도 사람 같지 않고, 교인도 교인 같지 않고, 사는 것도 사는 것 같지 않은 말세입니다. 열흘 굶은 사람이 밥 한 그릇을 찾아서 헤매듯이, 하나님을 찾으십시다! 목마른 사슴이 물을 찾듯이 진리를 갈구하십시다! 젖먹이 어린아이가 엄마를 찾듯이 성령의 은사를 갈망하십시오!

"세례 요한의 때부터 지금까지 천국은 침노를 당하나니 침노하는 자는 빼앗느니라"(마 11:12)

3. 그리하면 이 모든 것을 너희에게 더하시리라

많은 교인이 "그의 나라와 그의 의를 구하라"고 하신 말씀(불공)에는 관심이 없고 "이 모든 것도 너희에게 더해 주시리라"고 하신 말씀(잿밥)에만 눈독을 들입니다. 진리는 언제나 거꾸로 해석되고 거꾸로 응용되는 것이 문제입니다! 그래서 아는 것 같으면서도 모르는 것이 진리입니다! 진리는 선용되는 경우보다 악용되는 경우가 더 많습니다! 그래서 배울수록 착해지지 않고 배울수록 악해집니다. 사랑을 배우면 자기가 먼저 사랑할 생각은 하지 않고 남들 보고 자기를 먼저 사랑해 주지 않는다고 삿대질을 합니다!

그러면 이 모든 것을 더해 주신다고 하신 말씀이 뜻하는 것은 뭘까요? 어떤 사람들은 이 말씀을 그와 나라와 그의 의를 구하면 세상 것만 구한 사람보다 더 큰 감투와 더 큰돈으로 더해 주실 것이라는 뜻으로 해석하는데…… 천만의 말씀입니다.

지금 많은 거짓 선지자가 자기의 성공을 위해 이 말씀을 잘못 전하고 있습니다. 그리고 욕심이 많은 교인은 눈이 어두워서 그들의 말에 속아 넘어갑니다.

1) 가난하게 되심은 부요하게 하려 하심이라는 말씀에 대하여

요한복음 10장 10절을 읽어 보십시다. "도둑이 오는 것은 도둑질하고 죽이고 멸망시키려는 것뿐이요 내가 온 것은 양으로 생명을 얻게 하고 더 풍성히 얻게 하려는 것이라." 어떤 사람들은 이 말씀을 예수님께서는 믿는 사람들로 하여금 부자가 되게 해 주시려고 이 땅에 오셨다는 뜻으로 해석합니다. 그야말로 축복 사태입니다!

그러나 세상에 풍성할 수 있는 것이 어찌 돈뿐이겠습니까? 그러면 어찌하여 교인들은 터무니없는 성경 해석에도 그리 쉽게 속아 넘어가는 것일까요? 불타는 욕심과 거짓 때문입니다! 노름할 때는 돈을 딴다는 말에 속고, 예수 믿을 때는 부자가 된다는 말에 속습니다! 물론 노름해서 돈을 딴 사람도 있고 예수님을 믿어서 부자가 된 사람도 없지는 않습니다. 그러나 그 말과 이 말은 번지수가 다릅니다.

누가복음 6장 38절의 말씀을 읽어 보시기 바랍니다.

"주라 그리하면 너희에게 줄 것이니 곧 후히 되어 누르고 흔들어 넘치도록 하여 너희에게 안겨 주리라."

어떤 사람들은 이 말씀까지도 헌금을 많이 하고 구제를 많이 하면 돈을 주체할 수 없으리만큼 많이 퍼부어 주실 것이라는 뜻으로 해석합니다.

마태복음 19장 29절의 말씀을 봉독해 주시기 바랍니다.

"또 내 이름을 위하여 집이나 형제나 자매나 부모나 자식이나 전토를 버린 자마다 여러 배를 받고 또 영생을 상속하리라."

어떤 사람들은 이 말씀도 하나님을 위해서 논밭이나 집을 팔아다가 바치면, 바친 것보다 몇 배나 더 큰 집과 몇 배나 더 많은 재산을 얻게 해 주실 것이라는 뜻으로 해석합니다.

예수님께서도 "우리가 모든 것을 버리고 주를 따랐사온데 그런즉 우리가 무엇을 얻으리이까?"라고 질문한 베드로에게 버린 것의 여러 배를 이 땅에서도 받고 영생까지 얻지 못할 자가 없을 것이라고 하셨는데, 그러면 예수님을 위해서 전답을 버린 베드로는 정말 자기가 버린 전답의 몇 배나 되는 전답을 더 받았을까요? 그게 아니지 않습니까? 베드로는 예수님의 이름으로 순교한 것이 전부였습니다. 이 땅에서 얻은 것은 아무것도 없었습니다. 물질만이 재산이 아닙니다. 두뇌도 재산이고, 인격도 재산이고, 행복도 재산입니다.

어찌하여 머리가 될지언정 꼬리는 되지 않게 해 달라고 조석으로 기도를 드리는 성도들이 스탈린만큼도 출세하지 못하고 김일성만큼도 높아지지 못하는 것일까요? 어찌하여 축복기도를 그리도 많이 받은 교인들이 이건희 씨나 정주영 씨만큼도 부자가 되지 못하는 것일까요? 어찌하여 가는 곳마다 예배당이요, 보이는 것마다 십자가요, 산골짜기마다 기도원인 우리나라가 팔백만의 귀신을 섬기는 일본만큼도 경제 대국이 되지 못하는 것일까요?

교우님들이여! 신앙생활은 돈 노름이 아닙니다! 신앙생활은 돈벌이가 아닙니다! 교회는 노름판이 아닙니다! 우리는 돈보다 더 좋고 권력보다 더 좋은 것을 위해 예수님을 택한 성도입니다! 고상한 것과 영원한 것을 위해서 하나님을 택한 순례자입니다! 돈을 주고서도 살 수 없는 것을 위해 장망성將亡城을 탈출해 나온 기독도Christian입니다! 세상 것은 많든 적든 주시는 대로 받으면 그만입니다! 분복分福대로 살면 그만입니다! 세상 것은 구하지 않아도 주실 만큼은 주실 것입니다! 떡 줄 사람은 생각도 없는데 공연히 김칫국만 너무 많이 마시지 마시기 바랍니다!

그럼 빌립보서 4장 13절의 말씀을 읽어 보겠습니다.

"내게 능력 주시는 자 안에서 내가 모든 것을 할 수 있느니라!"

어떤 분은 이 말씀까지도 믿고 기도를 드리기만 하면 세상에 이루지 못할 소원이 없고 안 될 일이 없을 것이라는 뜻으로 해석합니다. 그럼 그 동안은 오직 믿음으로 사셔서 안 되는 일이라곤 단 한 가지도 없으셨나요? 무슨 일이든지 믿는 대로 되고 구하는 대로 되셨던가요? 기도를 드려서 남북통일도 맘대로 되고, 기도를 드려서 부자도 원하는 대로 되고, 기도를 드려서 자녀들도 모두 원하는 대학에 다 합격했나요? 정말 그럴까요? 성도님들이여! 성경을 너무 육체적으로만 해석하지 마시기 바랍니다!

빌립보서 4장 12절 말씀입니다.

"나는 비천에 처할 줄도 알고 풍부에 처할 줄도 알아 모든 일 곧 배부름과 배고픔과 풍부와 궁핍에도 처할 줄 아는 일체의 비결을 배웠노라."

바울은 자기가 자족하는 생활을 위한 일체의 비결을 터득했다고 합니다! 어떤 형편에서든지 행복할 수도 있고 어떠한 사람이든지 사랑할 수도 있고 무슨 일이 있어도 두려워하지 않을 수도 있게 됐다고 합니다! 바로 이것이 내게 능력 주시는 자 안에서 내가 모든 것을 할 수 있다는 본문의 말씀이 뜻하는 바입니다.

성경은 언제나 육체의 소욕을 버리고 신령한 것을 구하라고 합니다. "욕심이 잉태한즉 죄를 낳는다"(약 1:15)고 합니다. "하나님과 재물을 겸하여 섬기지 못할 것"(마 6:24)이라고 합니다. "십자가를 지고 나를 따르라"(마 16:24)고 합니다. "위의 것을 생각하고 땅의 것을 생각하지 말라"(골 3:2)고 합니다. "사랑을 추구하며 신령한 것들을 사모하되 특별히 예언을 하려고 하라"(고전 14:1)고 합니다.

육체의 욕심은 많을수록 악해지고, 신령한 욕심은 많을수록 신령해집니다! 신령한 욕심은 아무리 많아도 탐욕이 아닙니다! 세상 것은 내가 많이 소유하면 그만큼 다른 사람들은 빼앗길 수밖에 없지만, 그러나 신령한 것은 내가 많이 소유할수록 다른 사람들도 그만큼 더 풍요롭게 해 줄 수가 있기 때문입니다! 내가 사랑이 많아지면 이웃들은 그만큼 더 많은 사랑을 받게 됩니다.

마음속에 있는 재산이 최고의 재산입니다. 마음속에 있는 재산이 많은 사람이 제일 큰 부자입니다! 마음속에 있는 재산은 눈에 보이지도 않고 따라서 빼앗길 염려도 없습니다. 가장 가까운 데 있는 재산이 가장 귀한 재산입니다! 세상 사람들은 많은 돈을 숨겨 두고 작은 집에서 허름한 옷차림을 하고 사는 사람을 알부자라고 하지만, 그러나 그 사람은 알부자가 아니라 '거지부자'입니다. 마음의 부자와 속 부자가 가장 큰 부자요 진짜 '알부자'입니다. 하나님께서는 성도들이 고상한 인격과 그리스도의 사랑으로 '속 부자'가 되기를 원하십니다!

다음은 고린도후서 8장 9절의 말씀입니다.

"우리 주 예수 그리스도의 은혜를 너희가 알거니와 부요하신 이로서 너희를 위하여 가난하게 되심은 그의 가난함으로 말미암아 너희를 부요하게 하려 하심이라."

어떤 사람들은 이 말씀도 예수님께서 모든 성도를 부자 되게 해 주시려고 가난하게 되셨다는 뜻으로 가르칩니다. 정말 그럴듯한 해석이 아닐 수 없습니다. 정말 입맛이 나는 해석입니다. 정말 욕심쟁이들의 복음이요, 돈 귀신들의 순복음입니다! 그러나 조금만 더 양심적으로 생각해 보십시다. 과연 이 말씀이, 고난은 예수님이나 혼자서 당하시고, 성도들은 원님 덕분에 나팔이나 불고…… 십자가는 예수님이나 혼자서 짊어지고 성도들은 굿이나 보고 떡이나 얻어먹자는 얘기일까요?

그럼 이제 예수님의 은혜로 부요한 생활을 한 바울의 현주소를 한번 확인해 보기로 하겠습니다.

고린도전서 4장 10절로 13절의 말씀을 읽어 주시기 바랍니다.

"우리는 그리스도 때문에 어리석으나 너희는 그리스도 안에서 지혜롭고 우리는 약하나 너희는 강하고 너희는 존귀하나 우리는 비천하여 바로 이 시각까지 우리가 주리고 목마르며 헐벗고 매 맞으며 정처가 없고 또 수고하여 친히 손으로 일을 하며 모욕을 당한즉 축복하고 박해를 받은즉 참고 비방을 받은즉 권면하니 우리가 지금까지 세상의 더러운 것과 만물의 찌꺼기같이 되었도다"

그러니 비천하고, 주리고, 목마르고, 헐벗고, 매를 맞고 사는 것도 부요하게 된 것일까요? 만물의 찌꺼기가 된 것도 존귀하게 된 것일까요? 이와 같은 질문에 대한 대답은 "No"와 "Yes"의 두 가지입니다. 육신적으로는 "No!"이고 영적으로는 "Yes!"입니다. 바울로 말하자면 육신적으로는 가난했지만, 그러나 영적으로는 부요했습니다. 지금은 온 세상이 바울을 흠모하고 있습니다. 바울은 참으로 부자였습니다!

그런데도 거짓 선지자들은 자기네들이 믿음으로 성공도 하고 부자도 됐다고 자랑하고 다닙니다. 그러니 참과 거짓은 얼마나 대조적입니까(눅 23:39~43)?

다음은 빌립보서 4장 18절의 말씀입니다.

"내게는 모든 것이 있고 또 풍부한지라 에바브로디도 편에 너희가 준 것을 받으므로 내가 풍족하니 이는 받으실 만한 향기로운 제물이요 하나님을 기쁘시게 한 것이라."

이것이 누구의 말씀이지요? 굶기를 밥 먹듯이 한 사도 바울의 말입니다. 집 한 칸이 없는 바울이 에바브로디도를 통해서 보내온 구호품 보따리 하나를 앞에 놓고 내게는 모든 것이 있다고 합니다. 풍족하다고 합니다. 그러니…… 풍족하다고만 하면 무조건 부자라고 해석하는 것이 얼마나 잘못된 성경해석입니까? 넘친다고만 하면 무조건 재벌쯤은 되는 것으로 생각하는 것이 얼마나 큰 폐단입니까? 육체의 사람들은 무엇이든지 육체적으로만 생각합니다. 그러나 초대교회 성도들은 핍박 중에서 너무나도 가난했었지만, 그런데도 욕심이 없어서, 일용할 양식이 있은즉 넘치는 줄로 알고 감사하였습니다(히 13:5).

돈이란 그렇게 많이 필요한 것이 아닙니다. 대부분 사람들은 돈을 애써 필요 없는 일에 낭비합니다. 다이아몬드나 고급 승용차 같은 것은 반드시 있어야 하는 것이 아닙니다. 호화로운 저택이나, 큰 집도 꼭 필요한 것이 아닙니다. 입지도 않고 걸어 두기만 하고 있는 옷이 그 얼마며, 읽지도 않은 책이 그 얼마며, 매지도 않는 넥타이는 얼마입니까? 돈이 많다고 한꺼번에 두 벌 옷을 입는 것도 아니고, 한 끼에 두 끼 밥을 먹는 것도 아니고, 하룻밤에 이틀 밤을 자는 것도 아닙니다.

'부富'란 상대적인 개념입니다. 풍부도 가난도 생각 여하에 달려 있고, 마음먹기에 달려 있습니다. 죽기를 각오한 사람은 살아 있는 것만 해도 보너스 인생이고, 하나님께 모든 것을 바친 사람은 일용할 양식만 있어도 부자입니다(마 6:11; 딤전 6:7~9). 똑같은 것을 가지고서도 믿지 않는 사람들은 모자라서 불만이고 믿는 사람들은 넘쳐서 감사할 뿐입니다!

그럼 얘기 하나 하겠습니다.

김 여사께서는 독신으로 대학 총장까지 지냈으니…… 돈푼이라도 모을 법도 했고, 자식이 없으니 집칸이라도 장만할 법했지만…… 그런데도 김 여사께서는 돈을 다 어디에다 썼는지 집 한 칸이 없었습니다. 그래서 동생이 고사리 마을에 집 한 칸을 마련해 드렸습니다. 그런데 얼마 후 그녀에게 인생의 황혼이 깃들어 오자…… 김 여사께서는 집 한 칸을 남기고 가는 것도 마음에 걸려서…… 죽음과 동시에 그 집의 소유권이 고스란히 이화여자대학 재단에 귀속되도록 모든 절차를 밟아 놓으셨습니다. 김 여사는 아무것도 가지고 싶지 않았고 아무것도 남기고 싶지 않았습니다. 결혼도 하지 않았고, 핏줄도 남기지 않았고, 재산도 남기지 않았고, 심지어 자서전 한 권 남기지 않았습니다. 모든 것을 빼앗기고 간 것이 아니라 모든 것을 내어놓고 갔습니다! 이런 것이 성경이 말하는 부요한 인생입니다 (딤전 6:18~19).

2) 십일조를 드리면 창고가 넘치도록 해 주실 것이란 말씀에 대하여

"만군의 여호와가 이르노라 너희의 온전한 십일조를 창고에 들여 나의 집에 양식이 있게 하고 그것으로 나를 시험하여 내가 하늘 문을 열고 너희에게 복을 쌓을 곳이 없도록 붓지 아니하나 보라"(말 3:10)

콜게이트Colgate나 사어스Sears나 페니J. C. Penny 같은 부자들은 십일조를 드려서 부자가 됐다고 합니다. 그럴 수도 있을 것입니다. 그러나 성경을 물질적으로만 해석하고 문자적으로만 해석하면 오류를 범하게 됩니다. 십일조를 드린 목사님들보다, 십일조를 드리지 않는 의사님들이 돈은 더 잘 벌어들입니다. 또 창고가 넘치게 해 주실 것이라고도 하셨지만…… 창고의 크기도 회사마다 다르고 집집이 다릅니다. 부자란 것도 각계각층입니다.

옛날 우리가 자라나던 시대에는 밥만 굶지 않아도 부자였고, 쌀밥만 먹어도 부자였습니다. 그래서 지금도 부자를 가리켜서는 "밥술이나 먹고 살게 됐다"고 하는 것이 아니겠습니까? 더군다나 팔레스타인 지방은 한국의 옥토와는 비교도 되지 않는 박토였습니다. 그러니 얼마나 찢어지게 가난하였겠으며 굶주림인들 얼마나 극심하였겠습니까? 그래서 그 당시의 팔레스타인 지방에서는 밥만 굶지 않아도 부자였을 것입니다. 그러니 창고인들 어찌 대형일 수 있었겠습니까? 그런 창고에 곡식이 넘쳐 봤자 겨우 굶어 죽지 않을 정도였을 것입니다. 아니! 때에 따라서는 창고라고 하는 것이 겨우 쌀독 하나였을는지도 모를 일입니다(잠 30:8). 신약 성경은 배가 고프던 시대에 기록된 책입니다. 구약시대는 더더욱 그랬습니다. 사실이 이와 같은데도 창고가 넘치도록 해 주시겠다는 말씀을 부자가 되게 해 주시겠다고 하신 말씀으로 해석하시다니요?

"내가 어려서부터 늙기까지 의인이 버림을 당하거나 그의 자손이 걸식함을 보지 못하였도다"(시 37:25) 했는데, 이런 의미에서만 십일조를 드리면 부자가 되게 해 주시겠다고 하신 말씀이 진리가 될 것입니다(잠 11:25). 그리고 십일조 교인이 되면 사치와 방탕을 멀리하고, 근면하고 검소한 생활을 하게 되어 경제적으로 잘살게 되는 경우는 있을 것입니다.

이미 말씀드린 바대로 부자도 가지가지입니다. 산동네에서는 단돈 1천만 원만 가져도 부자가 되고, 지방의 소도시에서는 5억 원만 가져도 부자가 됩니다. 그러나 대도시에서는 100억은 가져야 그런대로 부자가 될 수 있습니다. 그뿐 아닙니다. 이 세상에는 학문계의 부자도 있고, 정신계의 부자도 있고, 신앙계의 부자도 있고, 아무것도 가진 것이 없는 부자도 있고, 천국에 재물을 많이 쌓아 둔 부자도 있습니다! 이 세상에는 의를 위해서 핍박을 당하는 부자도 있고, 모든 것을 하나님께 바친 부자도 있습니다! 십일조를 바친다고 어찌 모두 100억의 재산가가 될 수 있겠습니까? 우리는 아무리 완전한 십일조를 바쳐도 100억 원을 손에 쥐어 보지 못하고 죽을는지도 모릅니다! 이런 것이 우리의 역사적인 현실입니다.

구약시대만 해도 사람들은 유치했었습니다. 그래서 구약시대에는 축복관도 물질적이며 현세적일 수밖에 없었습니다. 구약시대의 복은 유교의 오복과 아무것도 다른 것이 없습니다. 사탕을 주고 어린아이들을 달래서 좋은 일을 시키는 것과 같은 이치였습니다. 지금도 부모님들은 어린 자녀들에게 우등생이 되면 자전거를 사주겠다느니 대학 입시에 합격하면 승용차를 사 주겠다느니 하며 공부를 종용합니다. 그러나 그런 그들도 성장해서 학문의 맛을 알게 되면 그때는 장난감이나 승용차를 얻기 위해서가 아니라 학문 자체를 사랑해서 학문을 하게 됩니다. 학문의 맛을 알고 학문에 몰두하게 됩니다. 발명가 에디슨은 그 힘든 실험실의 노동을 오락으로 즐겼고, 리빙스턴도 그 위험천만한 아프리카 탐험 생활을 레크리에이션으로 반겼다고 합니다.

자동차 운전도 처음에는 무섭고 떨리기만 하지만, 그러나 후에는 운전대에 앉아 있기만 해도 승용차가 스스로 차를 몰고 다녀서 스트레스까지 해소된다고 합니다. 같은 이치에서 신앙생활도 유아기에는 축복받고 구원받기 위해서 하지만…… 그러나 일단 성장해서 성년기에 이르면 모든 것이 달라집니다.

구약시대는 신앙의 유치원 시대였지만, 그러나 신약시대는 신앙의 대학시대입니다! 이 단계에 이르면 벌써 물질적이고도 현세적인 축복 같은 것은 안중에도 없습니다! 그래도 염려할 것은 없습니다. 축복을 구하지 않는다고 달려오던 축복이 돌아서 가지는 않을 테니까요! 구약은 신약에 의해 완성되었습니다. 옛 계명은 새 계명으로 완성되었습니다! 십계명은 사랑의 계명에 의해 성취되었습니다! 구약의 메시아는 영광의 메시아였지만, 신약의 메시아는 고난의 메시아입니다! 메시아관도 신약시대에 이르러 완성되고, 축복관도 신약시대에 이르러 완성이 되었습니다! 구약의 물질적이고도 현세적인 축복관이 신약의 인격적이고도 영적인 축복관에 의해 완성되었습니다(신 28:9~14; 마 5:3~12).

지금은 새 계명의 시대요, 새 축복의 시대입니다. 구약시대에는 행함으로 구원도 받고 축복도 받았습니다. 그러나 신약시대에는 하나님의 은혜로 구원도 받고, 하나님의 은혜로 축복도 받습니다! 어떤 사람들은 구원은 하나님의 은혜로 받지만, 축복은 행함으로 받는다고 합니다. 나 자신도 그렇게 생각해 왔습니다. 그러나 지금은 다릅니다. 신약시대에는 행함도 하나님의 은혜이고 축복도 하나님의 은혜입니다. 신약시대에 자기에게는 복을 받을 만한 행함이 있다고 자부하는 사람은 구원받을 수가 없습니다.

만일, 신약시대에도 하나님께서 행한 대로 갚아 주시고 심은 대로 거두게 하신다면, 망하지 않을 나라가 없고 살아남을 사람이 없을 것입니다. 옛날의 복은 (세상에서) 섬김을 받는 복이었습니다. 핍박을 받지 않는 복이었습니다. 영광을 누리는 복이었습니다. 그러나 새 복은 섬기는 자의 복이며, 의를 위해서 핍박을 당하는 자의 복이며, 심령이 가난한 자의 복입니다!

물론 여기서 말하는 빈자는 부자가 될 수 없어서 가난하게 사는 사람이 아닙니다. 여기서 말하는 가난은 의를 위하고 하나님을 위해서 자진해서 짊어지는 가난입니다! 이런 사람이 신약시대에는 가장 큰 복을 받은 사람이고 가장 높은 사람이고 가장 성공한 사람입니다!

다시 한 번 말씀 드리거니와 돈이란 어리석은 사람들이 생각하는 것같이 그렇게 좋기만 한 것이 아닙니다. 의식주 문제만 해결되면, 그다음에는 보람 있게 살고 행복하게 사는 사람이 가장 잘 사는 사람입니다!

그럼 얘기 하나 하겠습니다.

바하J. S. Bach보다 더 많은 슬픔을 당한 사람은 없을 것입니다. 그는 젊어서 사랑하는 아내를 잃었습니다. 그리고 첫 번째 부인이 낳은 일곱 명의 자녀 중 셋이 어려서 죽었고, 두 번째 부인이 낳은 열세 명의 자녀 중 아들 네 명이 죽었습니다. 바하는 일곱 번이나 자식들의 장례식을 치러야 했습니다. 그뿐 아닙니다. 그는 시력까지 잃기 시작했습니다. 죽기 며칠 전에 그는 맹인이 된 상태로 사위에게 오르간을 위한 합창곡을 구술하였는데, 원래 그가 택한 곡명은 「위급 존망의 때를 맞아」였으나 자기의 마지막이 다가온 것을 알고 「저는 이제 주님의 보좌 앞으로 나아갑니다Vor deinen Thron tret' ich hiermit」로 고치게 했다고 합니다. 그는 끝까지 하나님의 영광을 위해서 살았습니다! 끝까지 하나님을 찬양하였습니다! 그의 모든 작곡은 일곱 자녀를 데려가신 하나님께 영광을 돌리기 위해서 쓴 작품이었습니다! 이런 사람들이 신약시대의 부자입니다!

"찬양하라 내 영혼아! 찬양하라 내 영혼아! 내 속에 있는 것들아! 다 찬양하라!"

그럼 여기서 한번 묻겠습니다. 거지같이 살다가 간 테레사Teresa가 더 위대할까요? 아니면 다이아몬드 반지와 백금 목걸이와 비취 귀걸이와 진주 코걸이로 단장한 리즈 테일러Elizabeth Taylor가 더 위대할까요?

신령한 은사를 사모하십시다! 오직 그의 나라와 그의 의만 구해도 주실 것은 다 주시고 받을 것은 다 받을 것입니다! 돈! 돈! 한다고 부자가 되는 것도 아니고, '오직 예수'만 찾는다고 거지가 되는 것도 아닙니다. 모든 것은 이미 예정되어 있습니다. 우리는 처음부터, 어떤 사람은 부자로, 어떤 사람은 가난뱅이로, 어떤 사람은 유능한 사람으로, 어떤 사람은 무능한 사람으로, 어떤 사람은 팔자 좋은 사람으로, 어떤 사람은 팔자가 사나운 사람으로 태어났습니다! 이러나저러나 될 일은 되고 안 될 일은 안 될 것입니다! 그런고로 우리는 그의 나라와 그의 의만 구하십시다! 믿음으로 부자가 되면 하나님은 우리의 아버지가 되고 온 세상은 우리의 집이 될 것입니다!

"하나님의 나라는 먹는 것과 마시는 것이 아니요 오직 성령 안에 있는 의와 평강과 희락이라"(롬 14:17)

4. 덤으로 받는 축복

"이에 하나님이 그에게 이르시되 네가 이것을 구하도다 자기를 위하여 장수하기를 구하지 아니하며 부도 구하지 아니하며 자기 원수의 생명을 멸하기도 구하지 아니하고 오직 송사를 듣고 분별하는 지혜를 구하였으니 내가 네 말대로 하여 네게 지혜롭고 총명한 마음을 주노니 네 앞에도 너와 같은 자가 없었거니와 네 뒤에도 너와 같은 자가 일어남이 없으리라 내가 또 네가 구하지 아니한 부귀와 영광도 네게 주노니 네 평생에 왕들 중에

너와 같은 자가 없을 것이라"(왕상 3:11~13)

솔로몬은 지혜만을 구했습니다. 그런데도 하나님께서는 그가 구한 지혜뿐 아니라 구하지 않은 영화까지 주셨습니다. 그것만 구했는데도 이것까지 주셨습니다! 부귀와 영화 같은 것은 안중에도 없었는데 그런데도 그것까지 주셨습니다! 축복은 덤으로 받아야 합니다! 복은 보너스로 받아야 목에 걸리지 않고 무사통과 할 수 있을 것입니다!

세상 복은 덤으로 받아야 타락을 면할 수 있습니다. 욕심으로 구해서 얻은 복은…… 욕심으로 구해서 얻은 세상의 권세와 재물은 하나님께서 주신 축복이 아니고 사탄 마귀가 준 공작금입니다. 사탄 마귀도 부하직원들에게 후한 공작금을 하사하기 때문입니다. "만일 내게 엎드려 경배하면 이 모든 것을 네게 주리라"(마 4:9) 하는데, 그것도 하나님의 이름과 예수 그리스도의 명의(마 24:23)로 모든 것을 주겠다고 합니다. 오늘날 얼마나 많은 교인이 기도원이나 산중에서 땅을 치고 하늘을 우러러보며 육체의 축복과 땅의 축복을 구하고 있는 것일까요? 방언을 하고 환상을 보는 사람들일수록 더더욱 땅의 것을 구합니다! 왜 그럴까요? 악령도 역사를 하기 때문입니다. 사탄의 영도 역사를 하기 때문입니다. 우리는 영을 분별할 줄 알아야 합니다(요일 4:1). 신비 현상과 신유의 은사만 있으면 성령의 역사가 아닙니다(마 24:24).

그럼 얘기 하나 하겠습니다.

46세의 '니크터' 여인이 로스앤젤레스 근교의 부에나 쇼핑몰에서 현금 2,394불과 뉴질랜드행 비행기 표와 신용카드가 들어있는 지갑을 주웠습니다. 횡재를 만났던 것입니다. 더군다나 그 당시에 니크터 여인의 남편은 일 년 동안이나 실직 상태여서 월부금이 밀려 있는 승용차 안에서 기거하고 있었습니다. 그 돈이 꼭 필요한 때였습니다. 그런데도 니크터 부인은 그 돈을 경찰서에 신고하여 그 돈을 몽땅 주인에게 되돌려 주었습니다.

일은 그것으로 일단락 맺어졌습니다. 그러나 그것으로 끝이 나지는 않앉습니다. 인생은 수학이 아닙니다! 중매를 서주고서도 따귀를 얻어맞는 사람이 있는가 하면, 굿만 봐주고서도 떡을 얻어먹는 사람이 있습니다. 다시, 니크터 부인의 얘기입니다. 후일에 니크터 부인의 얘기가 신문지상에 보도됐는데, 그 얘기를 듣고 세상이 너무나도 큰 감동을 했습니다. 그래서 어떤 사람은 니크터 부인에게 아파트를 제공해 주기도 하고 어떤 사람은 그 내외에게 직장을 제공해 주기도 하였습니다. 그 부인에게 직장을 마련해 주겠다고 나온 사람의 수는 무려 200명이나 되었습니다. 어떤 사람은 그 부인의 승용차 대금을 몽땅 지급해 주기도 하였습니다.

그럼 여기서 한번 묻겠습니다! 니크터 부인은 횡재를 노리고 지갑을 돌려주었던 것일까요? 아닙니다! 만일 그녀가 그랬다면 상황은 달라질 수도 있었을 것입니다. 축복도 이렇게 받아야 제대로 받는 축복이 됩니다. '형님 먼저' 했을 뿐인데도 내 몫이 생기고 고객들에게 서비스를 잘했을 뿐인데도 돈까지 벌고, 맡은 일에 충성을 다했을 뿐인데도 출세까지 하고, 오직 나라를 위해서 일을 했을 뿐인데도 뜻밖에 대통령으로 당선되기까지 합니다! 미국의 자동차 왕 포드도 고객들에게 값이 싸고 좋은 차를 만들어 줄 생각밖에 하지 않았는데도 뜻밖에 부자가 되기도 하지 않았던가요? 학문에만 전념했는데도 덤으로 박사학위까지 얻게 되고요!

어떤 젊은 여자가 늙은이와 전격적으로 결혼을 했습니다. 그 노인이 소유하고 있는 막대한 재산 때문이었습니다. 노인을 보고 결혼한 것이 아니고 돈을 보고 달려갔던 것입니다. 그 꼴도 보기 싫은 늙은이가 하루빨리 죽어 주기만 바라고 결혼을 하였습니다.

부자가 되기를 바라고 신앙생활을 하는 사람들이 (십일조를 바치는 사람들이) 바로 그 여자와 같은 교인입니다! 돈이야 있는 없든, 하나님이 좋아서 하나님과 결혼을 해야 합니다. 그것을 탐해서 그것을 받는 것과 그것을 탐하지 않았는데도 그것을 받는 것은 종이 한 장 차이 같지만 천지 차이입니다! 육체적인 사람과 영적인 사람의 차이도 여기에 있습니다. 참그리스도인과 가짜 그리스도인의 차이도 여기에 있고요! 그러면 혹자는 반문하실 것입니다. 성경에는 "문을 두드리라고 하지 않았느냐"고. 그러나 성경에서 구하라고 한 것은 성령입니다. 신령한 은사입니다. 세상 것은 구해도 하나님의 영광과 이웃에게 봉사하기 위해서만 구해야 합니다(약 3:2~3; 벧전 2:2).

그럼 마지막으로 얘기 하나 하겠습니다.

용두동 감리교회의 박나열 권사님에게는 딸이 둘, 아들이 하나 있었습니다. 그런데 그 두 딸 중 어머니에게 기쁨만 안겨 주던 큰딸은 6·25 동란 당시에 폭탄을 맞아서 먼저 가고, 어머니의 가슴을 아프게만 하는 작은딸만 살아남았습니다. 작은딸의 눈에는 언제나 눈곱이 끼어 있었고 코에서는 언제나 콧물이 줄줄 흐르고 있었습니다. 그런데도 그 작은딸은 눈곱을 씻을 줄도 모르고 코를 풀 줄도 몰랐습니다. 게다가 가난까지 겹쳐서 뒷박 쌀로 연명할 수밖에 없었습니다. 그런데도 박 권사님께서는 그 어려운 중에서도 반드시 성미를 떼어 놓으셨으며 하나님의 말씀대로 항상 기뻐하고 범사에 감사하며 사셨습니다. 그의 나라와 그의 의만 구했습니다.

그 후 많은 세월이 흘렀습니다. 아들 하나는 KS 마크를 달았고 후에는 해외 근무를 하는 행원이 되었습니다. 그뿐 아닙니다. 시집도 보내지 못할 줄 알았던 코흘리개 딸까지도 좋은 혼처를 얻어서 출가하게 되었습니다! 못생긴 여자와 결혼하기로 마음먹은 어떤 전도사님이 바보 색시와 결혼해서 아내의 눈곱도 씻어 주고 코도 닦아 주면서 정답게 결혼생활을 하게 되었기 때문입니다. 그의 나라와 그의 의만 구했는데도…… 뜻밖에 세상 복까지 넘쳤던 것입니다. 전혀 뜻밖에…… 받는 복이 참된 축복입니다!

다음은 웹스타 목사의 임종어입니다. "무엇이든지 당신 뜻대로!"

"위의 것을 생각하고 땅의 것을 생각하지 말라"(골 3:2)

순종이 사는 길입니다

"그러나 너희 생각에는 어떠하냐 어떤 사람에게 두 아들이 있는데 맏아들에게 가서 이르되 얘 오늘 포도원에 가서 일하라 하니 대답하여 이르되 아버지 가겠나이다 하더니 가지 아니하고 둘째 아들에게 가서 또 그와 같이 말하니 대답하여 이르되 싫소이다 하였다가 그 후에 뉘우치고 갔으니 그 둘 중의 누가 아버지의 뜻대로 하였느냐 이르되 둘째 아들이니이다 예수께서 그들에게 이르시되 내가 진실로 너희에게 이르노니 세리들과 창녀들이 너희보다 먼저 하나님의 나라에 들어가리라"(마태복음 21:28~31)

순종이 사는 길입니다

본문의 말씀 중에는 맏아들과 둘째 아들이 등장합니다. 아버지가 두 아들에게 포도원에 나가서 일을 하라고 명령합니다. 그런데 맏아들은 "가겠습니다." 대답해 놓고 나서 가지는 않았고, 둘째는 "싫습니다." 하더니 후에는 뉘우치고 포도원으로 들어가서 일을 했습니다. 한마디로 맏아들은 성경공부와 기도와 찬양은 했지만 순종은 하지 않았고, 둘째는 신앙생활을 하지 않던 사람이었지만 회개하고 돌아온 후에는 곧바로 하나님의 뜻에 순종하여 포도원으로 들어가서 일을 하였습니다.

그러면 하나님께서는 이 두 사람 중에서 누구를 하나님의 나라로 받아주실까요? 물론 회개하고 순종한 둘째 아들입니다! 그런데 둘째 아들은 성경을 많이 알고 기도를 많이 드린 바리새교인이나 서기관 같은 교인이 아니라 회개하고 돌아온 세리와 창기 같은 교인이었습니다.

"사무엘이 이르되 여호와께서 번제와 다른 제사를 그의 목소리를 청종하는 것을 좋아하심같이 좋아하시겠나이까 순종이 제사보다 낫고 듣는 것이 숫양의 기름보다 나으니"(삼상 15:22).

순종이 없는 믿음은 믿음이 아닙니다! 행함이 없는 믿음 역시 믿음이 아닙니다! 순종은 곧 실천입니다! 아브라함도 순종이 있는 믿음을 통해서만 의롭다 함을 받을 수 있었습니다(약 2:21~22).

1. 사람의 뜻을 따르는 현대교회

"너희는 나를 불러 주여 주여 하면서도 어찌하여 내가 말하는 것을 행하지 아니하느냐"(눅 6:46)

우선 예배 순서부터가 인간 중심입니다. 사람들의 마음에 들도록 순서를 짭니다. 사람들이 피곤해하지 않도록 예배를 처음과 나중에는 일어서서 드리고 중간의 긴 순서는 앉아서 진행합니다. 회중들이 짜증을 내지 않도록 찬송가도 적당히 배합합니다. 예배당에 설치된 에어컨이나 선풍기도 사람을 위한 것이지 하나님을 위한 것은 아닙니다.

예배당만 하더라도, 말로는 하나님의 성전이라고 하지만 사실은 사람들을 위해서 만들어 놓은 예배당입니다. 사람들이 사용할 뿐입니다. 그래서 어떤 교회는 하나님을 위한 예배당을 건축하기 위해 난방장치나 에어컨 시설 같은 것을 제외했다고 합니다. 성가대원들도 하나님이 아니라 회중들을 향해 앉아서 찬양합니다. 심지어 어떤 사람들은 하나님께 드리는 기도까지도 사람들을 감동을 주기 위해서 설교조로 드립니다! 기도의 내용도 사람 중심입니다. 죄인들에게는 은혜를 주시고 가정에는 건강과 행복을 주시고 사업에는 번영을 주시고 나라에는 통일과 평화를 달라고 기도를 드릴 뿐, 하나님의 말씀에 순종하게 해 달라고 기도를 드리지는 않습니다!

그런데 베드로가 옥에 갇혔을 때, 철야기도를 드린 초대교회 성도들은 베드로의 석방이나 자신들의 안전을 위해서가 아니라 오직 종들로 핍박 중에서도 끝까지 담대할 수 있게 해 달라고만 울부짖었습니다(행 4:29).

그뿐 아닙니다! 현대교회는 성경까지도 사람들이 좋아하는 내용만 골라서 전합니다. 그런 성경구절만 골라서 설교의 주제로 삼습니다. 그것도 잼을 더덕더덕 발라서……. 그런데 회중들은 잼만 쪽쪽 빨아 먹고 빵은 먹으려고 하지도 않습니다. "적은 무리여 무서워 말라 너희 아버지께서 그

나라를 너희에게 주시기를 기뻐하시느니라"(눅 12:32)고 하신 말씀만 인용하고, 그다음에 나오는 "너희 소유를 팔아 구제하여 낡아지지 아니하는 배낭을 만들라 곧 하늘에 둔바 다함이 없는 보물이니 거기는 도둑도 가까이하는 일이 없고 좀도 먹는 일이 없느니라"(눅 12:33)고 하신 말씀은 인용하지 않습니다!

전도도 하나님의 영광을 위해서는 하지 않습니다. 말하면 뭐합니까? 전도를 예배당의 빈자리를 채우기 위해서 하는 교회도 있습니다. 사람들이 애독하는 마태복음 11장 28절~29절의 말씀만 해도 그렇습니다. "수고하고 무거운 짐 진 자들아 다 내게로 오라 내가 너희를 쉬게 하리라"(마 11:28)고 하신 말씀만 골라서 먹고, 바로 그다음에 나오는 "나의 멍에를 메고 내게 배우라"(마 11:29)고 하신 말씀은 뱉어 버립니다! 그래서 어떤 사람은 이런 말까지 합니다. 성경 말씀 중 밑줄이 그어져 있는 구절만은 피해서 읽으십시오! 밑줄이 그어져 있지 않은 성경구절만 찾아서 읽어야 영양실조를 면할 것이란 말씀입니다.

아무리 하나님의 말씀이라 하더라도 입맛을 돋우는 당분과 지방질만 골라서 섭취하면 병 보따리를 면할 수 없을 것입니다. 맛이 없는 칼슘이나 철분도 흡수해야 합니다. 편식은 육체뿐 아니라 영혼까지도 병들게 합니다. 그러므로 입에 쓴 말씀과 귀에 거슬리는 설교에서 더 많은 은혜를 받으시기 바랍니다! 귀에 솔깃한 말씀만 듣고 "아멘! 할렐루야!"를 연발하다가는 종교 알코올 중독자를 면할 수 없을 것입니다!

2. 명령과 순종

"그 후에 예수께서 나가사 레위라 하는 세리가 세관에 앉아 있는 것을 보시고 나를 따르라 하시니 그가 모든 것을 버리고 일어나 따르니라"(눅 5:27~28)

예수님께서는 세리 마태에게 이렇게 말씀하지 않으셨습니다.

"나는 예수라는 사람이요, 나를 따라오지 않겠소? 잘 생각해 본 다음에 결정하십시오! 지금 따라 나서기가 어려우면 말미를 주리다."

예수님께서는 마태에게 다음과 같이 명령하셨습니다.

"마태여! 당장 나를 따르라!"

예수님의 말씀은 초대가 아니라 명령이었습니다! 마태에게 피치 못할 사정이 있든 없든 그런 것은 문제 되지 않았습니다!

"무조건 너는 나를 따르라!"

예수님의 말씀은 하나님의 명령이었습니다. 어떤 변명도 통하지 않았습니다. '순종이냐, 불순종이냐' 가 있을 뿐이었습니다.

우리는 여기서 신앙생활의 성격을 다시 한 번 확인해 볼 필요가 있습니다. 지금 우리의 신앙은 본래의 궤도에서 너무 멀리 떨어져 있는 것이나 아닐까요?

어떤 사람들은 교회에 세 종류의 신자가 있다고 합니다.

첫째는 그저 '교인' 인데, 이 사람들은 교인의 의무 하나도 제대로 하지 못하는, 다시 말해 세상 사람들과 아무것도 다른 것이 없는 교인입니다. 둘째는 '기독교인' 인데 이 사람들은 신앙생활의 형식, 다시 말해 주일 성수라든지 십일조라든지 금식기도라든지, 하여간 교인의 의무만은 다하는 교인입니다. 그래서 외관적으로는 분명히 세상 사람들과 다른 교인입니다. 그러나 실제 생활에 들어가서 보면 세상 사람들과 아무것도 다른 것이 없는 모조품 교인입니다. 셋째는 '그리스도인' 인데 이 사람들만이 참으로 죄 사함을 받은 감격 속에서 하나님의 뜻에 순종하는 하나님의 자녀들입니다!

예수님께서는 영생을 찾는 부자 청년에게 말씀하셨습니다. "당장 전 재산을 팔아서 가난한 사람들에게 나누어 주고, 너는 나를 따르라."(마 19:21)고 말입니다. 이 경우, 예수님의 말씀 또한 명령이었습니다. 예수님의 명령에는 타협이 있을 수 없었습니다! '순종이냐 불순종이냐?' 의 양자

택일이 있을 뿐이었습니다. 하나님의 말씀은 명령입니다. 결코, 인간 편에서 생각해 보고 나서 결정할 문제가 아닙니다! 계제에 한 말씀 드리는데, 본격적인 신앙생활은 인간의 판단에 따라 생업에 지장이 되지 않도록만 둥글둥글 사는 생활이 아닙니다!

예수님께서는 부친의 장례식을 지내고 나서 자기를 따르겠다는 제자 지망생에게도 말씀하셨습니다. "무슨 소린가! 장례식일랑 죽을 자들로 죽은 자들을 장사하게 하고 너는 당장 나를 따르라."(눅 9:59~62).

'순종이냐, 불순종이냐?' 우리는 어떤 교리에 동조해서 구원받는 것이 아닙니다. 하나님의 말씀에 순종해서 구원을 받습니다! 순종이 따르는 믿음만이 참믿음입니다. 하나님께서 회개하라고 하시면 회개해야 하고 하나님께서 '예수 그리스도'를 믿으라고 하시면 예수 그리스도를 믿어야 합니다! 회개와 믿음은 하나님의 명령입니다.

"염려하지 말라"(마 6:31, 33). "비판하지 말라"(마 7:1). "기도와 구제는 은밀한 중에서 행하라"(마 6:3~4, 6). "먼저 그의 나라와 그의 의를 구하라"(마 6:33). "용서하라"(막 11:25).

하나님의 명령에는 순종이 있을 뿐입니다. 하나님의 명령은 토론의 주제가 아닙니다. "사람이 어떻게 염려를 하지 않고 살 수 있어요?" 그런 반문은 용납되지 않습니다. 그러면 순종을 하려고 애를 써도 맘대로 되지를 않을 때는 어떡하지요? 그때는 하나님의 명령대로 회개를 하면 됩니다! 그뿐입니다!

"원수를 사랑하라"(마 5:44). "욕심을 버려라"(갈 5:24). 이 말씀 역시 하나님의 명령입니다. 신앙생활은 한 마디로 순종입니다. 순종하는 생활입니다!

3. 예수 그리스도의 종

"예수 그리스도의 종 바울은 사도로 부르심을 받아 하나님의 복음을 위하여 택정함을 입었으니"(롬 1:1)

지금 바울은 자기를 가리켜 예수 그리스도의 노예라고 합니다. 그런데 바울 당시의 노예는 그 말 그대로 노예였습니다. 노예에게는 권리도 없고 자유도 없고 심지어 이름조차 없었습니다. 요즘 미국에서는 개나 고양이에게도 이름을 붙여서 최대의 경의(?)를 표하는데 옛날의 노예에게는 이름도 없었습니다. 오늘날의 개만도 못했습니다. 노예는 가축과 아무것도 다를 것이 없었습니다. 그들은 가축같이 시장에서 매매되기도 하고 가격표를 목에 걸고 송아지같이 끌려다니기도 하였습니다. 그리고 상인들은 노예를 상품같이 만져도 보고, 달음질도 시켜 보고, 말도 시켜 보고 나서 흥정에 들어갔습니다. 그리고 노예를 사서 집으로 돌아온 다음에는 귀를 뚫고 자기 이름이 새겨진 귀걸이를 걸어 증표로 삼았습니다. 노예에게는 일에 대한 보수도 없었습니다. 노예들은 아무리 일을 많이 해도 수고를 했다는 인사말 하나 들을 수 없었습니다.

노예들은 자식을 낳아도 주인의 소유물이 되었습니다. 소나 돼지가 새끼를 낳으면 주인의 소유물이 되는 것같이……. 주인이 송아지와 강아지를 팔기도 하고, 이웃에게 선물로 나누어 주기도 하는 것같이, 노예들이 낳은 아들이나 딸들은 주인 맘대로 팔아넘기기도 하고, 침실용으로 사용하기도 하고, 부채를 청산하는 데 쓰이기도 하였습니다!

노예에게는 자기주장도 있을 수 없었습니다. 주인이 새벽 다섯 시에 일어나라고 하면 일어나야 하고, 첫날밤에 밤을 새워가며 일을 하라고 해도 거역할 수가 없었습니다. 노예에게는 자기의 딱한 사정이나 기막힌 형편을 얘기할 권리도 없었습니다! 가라고 하면 가고 오라고 하면 오고, 더 놀고 싶어도 자라고 하면 자고 더 자고 싶어도 일어나라고 하면 일어나야 했습니다.

　노예는 아무리 탁월한 예술적인 재능을 가지고 있어도 소처럼 짐을 져야 했고, 아무리 박 서방에게 시집이 가고 싶어도 팔십 고령의 할아버지에게 시집가라고 하면 갈 수밖에 없었습니다. 아무리 개고기가 먹기 싫어도 먹어 치우라고 하면 먹어야 했고, 아무리 고양이가 보기 싫어도 고양이를 안아서 키우라고 하면 키울 수밖에 없었습니다. 더 먹고 싶어도 그만 먹으라고 하면 숟가락을 놓아야 하고, 그만 먹고 싶어도 다 먹어 치우라고 하면 꿀꺽꿀꺽 삼켜야 했습니다! 그리고 나서도 고맙다는 인사말 한마디 들을 수 없었습니다.

　"명한 대로 하였다고 종에게 감사하겠느냐 이와 같이 너희도 명령 받은 것을 다 행한 후에 이르기를 우리는 무익한 종이라 우리가 하여야 할 일을 한 것뿐이라 할지니라"(눅 17:9~10).

　그런데 우리는 가장 믿음이 좋은 사람을 가리켜 하나님의 종이라고 합니다. 그래서 성경은 바울을 보고도, 야고보를 보고도, 베드로를 보고도 종이라 하지 않았던가요? "그리스도 예수의 종 바울"(빌 1:1), "하나님과 주 예수 그리스도의 종 야고보"(약 1:1), "예수 그리스도의 종이며 사도인 베드로"(벧후 1:1). 하나님의 나라에서는 종이 최고위직이요 최고의 명예입니다. 구원받음으로 죄와 사탄 마귀의 멍에서 자유롭게 되는 것은 사실이지만, 그러나 동시에 자진해서 예수 그리스도의 종이 되는 것도 사실입니다! 죄의 종이 변해서 의의 종이 되는 것입니다!

　이제까지는 자기 맘대로 살고 자기 뜻대로 살던 사람이 구원을 받으면 예수 그리스도의 노예가 됩니다! 구원은 사탄의 지배에서 예수 그리스도의 지배 아래로 옮겨지는 것을 뜻합니다! 마귀의 노예가 해방을 받아서 하나님의 노예가 되는 것입니다(롬 6:16). 죄와 육체의 노예가 변해서 하나님의 명령에 자진해서 순종하는 자유인이 되는 것입니다!

　"내가 그리스도와 함께 십자가에 못 박혔나니 그런즉 이제는 내가 사는 것이 아니요 오직 내 안에 그리스도께서 사시는 것이라 이제 내가 육체

가운데 사는 것은 나를 사랑하사 나를 위하여 자기 자신을 버리신 하나님의 아들을 믿는 믿음 안에서 사는 것이라"(갈 2:20).

구원을 받은 사람에게는 '내'가 없습니다. 내 뜻도 없고, 내 생각도 없고 내 주장도 없습니다! 오직 하나님의 뜻이 있을 뿐입니다! "하나님의 노예! 하나님의 종!"이보다 더 이상적인 그리스도인 상이 또 어디 있겠습니까?

그럼 얘기 하나 하겠습니다.

불고기 덩어리 하나가 어떤 사람의 위장 속으로 굴러떨어졌습니다. 그러자 소화액이 달려들더니 이런 말을 하였습니다. "이제부터 나는 자네를 용해 시켜서 내 몸의 한 부분이 되게 해 주겠다!" 그런데 만일 그때 고깃덩어리가 이렇게 항의한다고 가정해 보십시다. "그건 말도 안 되는 소리입니다. 나는 영원히 불고기로 남아 있고 싶습니다! 어쩌다가 당신의 위장 속으로 굴러 들어오긴 했지만…… 그래도 나는 내 개성을 잃고 싶지 않습니다!" 그럴 경우 불고기의 운명은 어찌 될까요? 결국, 위장은 그 불고기를 토해 내 버리지 않을까요?

그럼 여기서 한번 묻겠습니다. 우리는 그리스도 안에서 소화된 고깃덩어리일까요? 아니면 소화가 되지 않은 채로 남아 있는 혈기일까요? 참그리스도인에게는 '내'가 없습니다!

어느 주일날, 박 집사님께서는 몸이 몹시 피곤해서 그날만은 교회에 나가지 않고 집에서 쉬고 싶었습니다. 그때 하나님의 음성이 들렸습니다. "너는 나의 노예니라! 노예인 네가 할 수 있는 일은 순종뿐이니라!" 그 말씀을 듣고 집사는 자신의 신분을 생각하고 두말없이 일어나 성전으로 갔습니다.

물론 하나님께서 우리에게 변론을 제의하신 일도 전혀 없는 것은 아닙니다(사 41:1). 그러나 그런 말씀은 어디까지나 청개구리같이 불순종하는 사람들에게 너무도 답답해서 하시는 말씀일 뿐, 참으로 거듭난 성도들에게는 순종이 있을 뿐입니다. 많은 사람이 가장 우렁찬 목소리로 하나님을 찬양할 때가 가장 크게 하나님께 영광을 돌리고 있을 때라고 생각을 하지만, 사실은 하나님의 말씀에 순종하여 포도원으로 달려 들어갈 때가 가장 큰 영광을 하나님께 돌릴 때입니다! 만조백관이 임금님께 국궁 배례를 하면서 "왕이여! 만세나 사옵소서!" 하는 것도 왕에게 영광을 돌리는 것이 아닌 것은 아니지만, 그러나 임금님 면전에서는 큰절을 하고 나서 뒤에서는 모반하는 것이 어떻게 임금님께 영광을 돌리는 것이 될 수 있겠습니까? 그런고로 예배보다 중요한 것이 순종입니다!

그럼 얘기 하나만 더 하겠습니다.

앗시시의 성 프란시스St. Francis of Assisi가 거하던 수도원에 어느 날 두 사람의 수도사 지망생이 들어 왔습니다. 그러자 성 프란시스가 그 두 사람을 농장으로 데리고 나갔습니다. 이어서 다음과 같은 명령이 떨어졌습니다. "지금부터 배추를 심되 줄거리는 땅속으로 들어가게 하고 뿌리는 흙 위로 드러나게 하여라!" 그런데 두 사람 중 한 사람은 원장님께서 시키는 대로 순종을 했지만, 그러나 다른 한 사람은 자기 의견을 피력하였습니다. "내 소견으로는 배추란 그렇게 거꾸로 심는 것이 아닌 줄 압니다만……?" 그러자 원장님…… 즉석에서 그 사람에게 하산을 명령했다는 얘기입니다. "자네는 수도사가 될 자격이 없네!"

하나님 앞에서의 순종은 생각해 본 다음에 하는 것도 아니고, 자기가 옳다고 생각하기 때문에 하는 것도 아닙니다. "순종은 하되, 그러나 옳지 않은 일에는 절대로 순종할 수 없습니다." 하는 것은 순종이 아닙니다. 반항입니다. 그런 말을 하는 사람은 말썽꾸러기입니다.

그런데 이 세상에는 순종이란 말을 교회만큼 많이 하는 단체도 없고 동시에 교회만큼 순종하지 않는 단체도 없을 것입니다! 하나님의 말씀에만 순종하시겠다고요? 그러나 교인들이 하나님의 말씀에 순종하지 않는 것같이 기관장의 명령에 순종하지 않는 부하직원들이 세상에 어디 있겠습니까? 욕심을 버리라고 하니, 욕심을 버리나……. 원수를 사랑하라고 하니, 원수를 사랑하나…….

자기가 옳다고 생각하는 일에 대해서만 순종하겠다는 얘기는 순종하지 않겠다는 얘기입니다. 자기 판단으로는 죽어도 그 짓만은 못하겠다고 생각되는 일이나, 다른 일은 다 할 수 있어도 그 일만은 할 수가 없다고 생각되는 일을 하나님의 명령에 따라 깊은 물 속에라도 그물을 내리는 것이 순종입니다!

계제에 한 말씀 드리는데, 목회자에게 소신껏 일하라고 압력을 넣는 사람들은 대부분 목회자가 소신껏 일하지 못하도록 방해하는 사람들입니다! 목회자가 소신껏 일할 수 있도록 도와주는 사람은 목회자가 소신껏 일하든 말든 말이 없는 사람입니다.

물론 맹종은 미덕이 아닙니다. 맹목적으로 복종하는 것은 무지와 무능의 소치입니다. 맹종은 비겁이며 자유의지의 소유자로서의 인간 포기입니다! 맹종하는 사람들이 있어서 교만한 사람들이 생깁니다. 맹종하는 사람들이 독재자들을 만들어 내고, 맹종하는 군중이 폭군들의 폭정을 가속화합니다. 독재는 맹종하는 어리석은 백성이 키우는 독버섯입니다!

맹종은 죄악입니다. 그래서 현대에 이르러서는 맹종은 혐오의 대상이 되었습니다. 그 바람에 순종까지도 맹종과 동일시를 당해서 혐오의 대상이 되어 버렸습니다. 그래서 현대인들은 순종까지도 비겁한 행동으로 봅니다. '레지스탕스'만이 영웅적인 행위입니다.

그러나 순종과 맹종은 다릅니다! 진리에 대한 순종과 독재자에게 대한 맹종은 다릅니다! 하나님에 대한 순종이 저항운동의 모체입니다! 진리에 대한 순종에서 불의에 대한 저항운동이 일어났습니다! 옳은 일에 대한 순종이 없는 곳에, 어떻게 죽음도 사양하지 않는 '레지스탕스'가 있을 수 있겠습니까? 하나님에 대한 순종과 불의에 대한 저항운동은 같은 태에서 나온 쌍둥이입니다! 부모님에 대한 순종은 효도이고 하나님에 대한 순종은 신앙생활입니다(삼상 15:22; 사 6:8; 롬 6:12~13)!

그럼 마지막으로 필리핀에 있는 유니온 신학교의 졸업식에 참석하신 최고참 감독님의 가장 짤막한 졸업 설교 한 마디를 소개해 드리도록 하겠습니다. "하나님을 섬기는 데 있어 가장 중요한 것은 순종입니다. 둘째도 순종이고, 셋째도 순종입니다."

4. 나아만의 순종

"나아만이 이에 내려가서 하나님의 사람의 말대로 요단 강에 일곱 번 몸을 잠그니 그의 살이 어린아이의 살 같이 회복되어 깨끗하게 되었더라"
(왕하 5:14)

나아만은 시리아 제국의 군대 장관이요 총사령관이었습니다. 나아만은 나라가 위기에 처했을 때 휘하의 군사들을 끌고 나가서 전쟁을 승리로 이끌기도 하였습니다. 그리고 그의 군대가 개선하는 날, 나아만은 선두에 서서 국민들의 열띤 환영을 받기도 하였습니다. 그의 가슴에는 무공훈장이 찬란하게 빛나고 있었습니다. 그는 시리아 제국의 권력까지도 분배받고 재산도 분배받았습니다. 그가 거주하는 집은 아름다운 아바나 강변에 있었습니다. 그의 정원에서는 꽃들이 만발하고 새들이 노래를 불렀습니다.

그의 명령이 떨어지기만 하면 수십만의 시리아 군대가 달음질을 쳤습니다. 나아만은 시리아 왕에게 절대 순종을 했기 때문에 그의 군사들도 나아만에게 절대복종을 하였습니다. 절대복종하는 주인을 가진 사람만이 절대복종하는 부하들을 거느릴 수 있습니다! 누구에게도 복종하지 않는 사람에게는 절대복종하는 부하도 있을 수 없습니다. 같은 이치에서 목회자들도 하나님의 명령에 절대 순종할 때만 신도들에게 순종을 요구할 수 있을 것입니다!

하여간 나아만의 영광은 시리아 왕에게 바친 충성과 복종의 대가로 얻은 분깃이었습니다. 사정이 이와 같아서 사람들은 나아만을 우러러보기도

하고 부러워하기도 하였습니다. 그러나 불행하게도 나아만은 나병 환자였습니다.

홀Hall 감독은 나아만의 비참한 처지를 생각하면서 다음과 같은 말을 하였습니다. "아무리 비천한 노예도 나아만이 가지고 있는 모든 재물과 권세와 명예를 모두 준다고 해도 나아만이 입고 있는 더러운 피부를 바꾸어 입으려고 하지는 않았을 것입니다."

아무리 불쌍한 노예도 나아만 장군과 팔자를 바꾸려고 하지는 않았을 것입니다. 아무리 경제적으로 못살아도 나아만 장군 같은 나병 환자가 되고 싶지는 않았을 것이란 말씀입니다. 아무리 못나고 아무리 무식해도 나아만 장군보다는 나았을 것입니다. 이 세상에는 남 보기에는 잘살고 있는데…… 그러나 사실은 불행한 사람들이 너무나도 많습니다. 그런고로 겉만 보고 나아만 장군을 너무 부러워하지는 마시기 바랍니다! 남의 사정도 모르고……? 나아만은 사람이 가질 수 있는 모든 좋은 것을 다 가지고 있었습니다. 그러나 그의 몸은 나병으로 썩어들어 가고 있었습니다. 그가 가지고 있는 권력으로도, 돈으로도, 그가 누리고 있는 명예로도, 썩어들어 가고 있는 자기 몸을 깨끗하게 할 수는 없었습니다.

그런데 나아만의 집에는 이스라엘에서 온 계집종 하나가 있었습니다. 그 계집종은 나라가 망해서 끌려온 여자였기에 계급은 비록 비천한 노예에 불과했지만, 그러나 지혜와 예절에서만은 귀하신 주인 마나님보다도 못한 것이 아무것도 없었습니다.

하루는 마님께서 남모르는 눈물을 흘리고 있었습니다. "세상에!" 계집종이 마님께로 다가가서 위로의 말씀을 드렸습니다. "마님! 왜 우세요? 무슨 일이 있으세요?" 그래서 마님께서는 이제까지는 비밀로 하고 있던 장군 남편의 문둥병을 계집종에게 털어놓기에 이르렀습니다. 남편의 속옷 깊숙이 숨겨져 있던 수치를 드러내 놓고야 말았습니다. 그런데 그 말을 들은 계집종의 머릿속에서 기발한 아이디어가 번쩍였습니다. "마님! 이스라엘 나라에는 엘리사라고 하는 유명한 하나님의 종 한 분이 계시는데……

그분은 하나님의 능력을 받아서 무슨 병이든지 다 고치실 수 있다고 합니다. 나병도 고칠 수 있을 것입니다!"

시리아의 세도가인 나아만은 사람의 힘으로 할 수 있는 일이면 무엇이든지 다 할 수 있는 사람이었습니다. 그런데 나아만 장군 내외는 뜻밖에도 착한 사람들이었습니다. 그 두 내외는 비천한 계집종의 입에서 나오는 말이라도 옳은 말이기만 하면 받아들이고 순종할 수 있는 겸손과 아량을 갖춘 사람들이었습니다!

이미 말씀드린 바와 같이 옛날의 종은 상품이나 다름이 없는 비천한 존재였습니다. 더군다나 그 애는 머슴애도 아니고 계집애였습니다. 옛날의 여자에게는 이름도 없었고 여자는 사람의 숫자에 들지도 못했습니다. 그런데도 나아만 장군은 계집종의 입에서 나온 말을 믿었습니다. 한 나라의 재상인 그가 수많은 재물과 수많은 군졸을 거느리고 150마일 길을 떠날 수 있을 정도로······.

진리의 사람이란 어떤 사람일까요? 그 진리가 누구의 입을 통해서 나오든 그것이 진리이기만 하면 순종하는 사람입니다! 하인의 입에서 나오는 말이라도······ 진리이기만 하면 순종하고, 이와는 반대로 아무리 고위층의 입에서 나오는 말이라도 진리가 아니면 "아니오!"라고 할 수 있는 사람입니다.

그러면 속물이란 어떤 사람일까요? 속물이란 박사님께서 말씀하시면 말도 안 되는 소리라도 무조건 머리를 조아리고, 이와는 반대로 학벌이 없는 사람이 얘기하면 주옥같은 말이라도 코웃음을 치는 사람입니다. 자기가 초청해 온 강사가 설교하면 은혜를 많이 받고 반대파 사람이 추천한 강사가 설교하면 아무리 은혜 충만해도 콧방귀를 뀌는 사람입니다. 높으신 분이 말씀하시면 무조건 옳다고 하고 아랫사람이 얘기하면 무조건 "말도 안 되는 소리"라고 하는 사람입니다.

그러나 나아만은 달랐습니다. 나아만은 계집종의 말에도 순종하였으니, 왕께 진언해서 왕의 친서를 받아 들고 시리아 사람들이 거들떠보지도 않는 이스라엘 백성에게 도움을 청하기 위해 머나먼 길을 떠났습니다! 드디어 이스라엘 땅에 당도한 나아만 장군의 위용과 예의를 갖추고 이스라엘 왕 앞에 시립하였습니다. 그리고 시리아 왕의 친서를 전달하였습니다. 그 친서에는 다음과 같은 사연이 실려 있었습니다. "이스라엘 왕이여! 청하오니 나의 심복 나아만 장군의 나병을 고쳐 주시기 바랍니다."

그런데 보십시오! 그 친서를 받아들고 읽는 이스라엘 왕의 손이 후들후들 떨리고 있지 않습니까? 무슨 까닭이었을까요? "내가 하나님이라도 된단 말인가? 내가 무슨 재주로 문둥병자의 피부를 깨끗하게 해서 그에게로 돌려보낼 수 있단 말인가? 이는 분명 무슨 구실이라도 만들어서 내 나라를 재침하려는 계략이 숨어 있음이로다!" 그리하여 이스라엘의 조정은 금세 부글부글 끓는 가마솥이 되고 말았습니다. 그 소식은 이스라엘 나라의 촌구석까지 퍼져 나갔는데, 마침내는 그 소문이 하나님의 사람 엘리사의 귀에까지 들어갔습니다. 그래서 선지자 엘리사는 사람을 이스라엘 왕에게 보내서 나아만 장군을 조치하였습니다. "왕이여! 그 사람을 내게로 보내주시옵소서! 내가 책임을 지겠나이다!"

드디어 그날이 왔습니다. 나아만 장군이 금은보화와 군졸들을 거느리고 산간벽지의 선지자 엘리사 앞에 나타났습니다. 그날은 세상의 권력이 일개 촌부 앞에 무릎을 꿇는 날이었고, 부자가 거지 같은 사람 앞에서 구걸하는 날이었습니다! 아무도 만능은 아닙니다! 모든 사람은 모든 사람에 대해 시혜자이며 동시에 수혜자입니다!

그날 위풍도 당당한 시리아군의 늠름한 모습이 엘리사 선지자의 초막집 앞에 나타났습니다. 그런데 이게 웬일입니까? 그 귀한 손님이 오셨는데도 마중 나온 사람은 물론 내다보는 사람 하나 없었습니다. 그리하여 나아만 장군…… 난생처음으로 당하는 모욕을 견디다 못해 그만 분노를 터뜨리고 말았습니다. "세상에 이럴 수가! 어떻게 한 나라의 장군을 이토록 푸대접할 수 있단 말인가?"

나아만 장군은 선지자 엘리사가 예복을 갖추고 아랫것들과 함께 문밖에 나와 자기를 정중히 맞이해 줄 줄로만 알고 있었는데……? 그러나 어떡합니까? 목마른 사람이 우물을 판다고……. 어떻게 해서든지 문둥병을 고치기는 해야겠고……. 그래서 나아만 장군은 울며 겨자씨 먹기로 사람을 보내서 자신의 내왕을 엘리사에게 고했습니다. 엘리사는 시리아의 제2인자가 문 앞에 당도했는데도 달려 나오기는커녕 내다보지도 않고 몸종을 내보내서 지시하는 것이었습니다. "지금 당장 요단 강으로 내려가서 그 몸을 일곱 번 물속에 담그도록 하십시오."

때로는 겸손한 하나님 종이 사람들의 영혼을 구원하기 위해서 잠시 도도한 모습을 보일 때도 있습니다. 그러니 나아만 장군에게는 세상에 그런 망신이 또다시 있을 수 없었습니다. "이건 나 개인에 대한 모욕이 아니고 대시리아 제국에 대한 모욕이로다!" 나아만 장군은 발끈하였습니다. "그대로 돌아가자! 이런 모욕을 당하느니보다는 차라리 죽는 편이 낫겠도다!" 드디어 나아만 장군이 말머리를 돌렸습니다. 그리고 복받쳐 올라오는 분노를 참지 못해서 씩씩거리며 말 잔등에 채찍을 가했습니다. 그때, 비천한 종놈 하나가 건방지게도 한마디 하였습니다. "장군님! 나병을 고칠 수만 있다면 그보다 더한 일도 시켜도, 무릎으로 백 리 가시밭길을 기어가라고 해도 마다치 않으셔야 할진대……? 요단 강에 들어가서 목욕 좀 하라고 했다고 그토록 성을 내실 까닭이 무엇인지요?"

이미 말씀드린 바와 같이 나아만 장군은 겸손한 사람이었습니다. 그래서 그 하인의 권면에 귀를 기울였습니다. 사실 사람이란 분이 머리끝까지 치밀어 올라오면 점잖던 사람도 경거망동하기 쉽고 때로는 이성까지 잃어버리지 않던가요?

"뭐? 요단 강에 일곱 번 몸을 담그라고? 그 더러운 요단 강에 말인가? 요단 강물보다는 우리나라의 아마나 강물이 배나 더 깨끗하지 않은가! 그리고 다마스쿠스에 있는 바르발 강은 얼마나 더 깨끗한가! 옛날 마호메트는 그 강이 너무나 아름다워서 거기 마음을 빼앗길까 봐 급히 말머리를 돌리기까지 하지 않았던가? 그런 강에서 목욕해도 깨끗함을 받지 못했거

늘…… 어찌 요단 강의 흙탕물이란 말인가?"

그러나 나아만은 달랐습니다. 나아만 장군은 이성을 잃지 않고 겸손히 종놈의 소리를 귀담아들었습니다! 그리고 요단 강을 향해 떠났습니다! 나아만은 계집종의 말에도 순종하고 마부의 말에도 순종하였습니다! 그 순종이 축복의 문을 서서히 열고 있었습니다! 드디어 그들의 눈앞에 요단 강의 흙탕물이 나타났습니다. 너무도 물이 더러워서 그 물에 몸을 담갔다가는 없던 병도 생길 것 같았습니다. 그 순간 나아만 장군은 마지막 시험을 당하고 있었던 것입니다! '나 자신의 사사로운 생각을 버리고 선지자의 말에 순종할 것인가 아니면, 선지자의 말을 무시해 버리고 나 자신의 판단을 따를 것인가?' 결국, 그 사람의 운명은 그 사람의 손(결단)에 달려 있었습니다!

드디어 나아만 장군이 결단을 내렸습니다. 그는 옷을 훌훌 벗어 던지고 흙탕물 속으로 걸어 들어갔습니다. 나아만이 요단 강에 몸을 담갔습니다. 그러나 아무 일도 일어나지 않았습니다. 나아만은 또다시 몸을 강물 깊숙이 담갔습니다. 그러나 이번에도 아무 일도 일어나지 않았습니다. 나아만은 세 번째로 몸을 물에 담갔습니다. 그러나 이번에도 허사였습니다.

'이거 괜히 헛수고만 하는 것 아냐? 괜히 미친놈의 잠꼬대 같은 소리에 한 나라의 장군이 희롱을 당하고 있는 것 아냐? 일곱 번 물에 이 몸을 담근다고 문둥병이 깨끗해질까? 내가 지금 바보짓을 하는 것은 아닐까?' 나아만의 머릿속에서는 별의별 생각이 다 오고 갔습니다. 그러나 모든 의심을 물리치고 나아만은 또다시 네 번째로 몸을 강물에 담갔습니다. 그러나 이번에도 소식불통이었습니다. '일곱 번 요단 강에 몸을 담가서 완치될 것이면 몸을 강물에 담글 때마다 조금씩이라도 변화가 일어나야 할 것이 아닌가?'

그럼에도 불구하고 나아만은 또다시 몸을 강물에 담갔습니다. 그러나 이번에도 실망을 안고 물에서 나올 수밖에 없었습니다. 이젠 여섯 번째의 도전이었습니다. 팀벙! 그러나 이번에도 하늘은 무심하였습니다. '이젠,

이 정도에서 포기해 버릴까?' 그러나 나아만은 끝까지 순종하였습니다. 텀벙! 그런데 보십시오! 흙탕물 속에서 기어 나오는 나아만의 그 깨끗하고도 백옥 같은 살결을! 아폴로같이 균형이 잡힌 매력 있는 그 사나이의 육체를!

하나님 앞에서는 순종만이 사는 길입니다! 너무 똑똑해서 하나님 앞에 서까지 내 주장이 강하고 내 고집이 센 사람은 신앙적으로는 장애인입니다. 때에 따라서는 똑똑한 것이 화근이 될 수도 있습니다. 이 세상에는 너무 똑똑해서 망한 사람들이 있습니다! 그런데 어리석은 사람들의 두드러진 점은 자기가 똑똑하다고 생각하는 데 있습니다!

하여간 나아만 장군을 불치병에서 구원한 것은 학식도 아니고, 권력도 아니고, 재물도 아니었습니다! 그러면 무엇일까요? 믿음이었습니다. 순종이었습니다! 나아만은 행동하는 순종의 믿음을 통해 구원받을 수 있었습니다!

마지막으로 한 말씀 드리겠습니다.

독재자들 앞에서는 사자같이 투쟁하시되, 그러나 하나님의 말씀 앞에서는 양같이 고분고분하시기 바랍니다! 하나님의 말씀 앞에서까지 목을 빳빳하게 세우고 대드는 것은 정의가 아니라 반역입니다! 하나님께서는 순종하는 믿음만 받으십니다. 하나님께서 가장 가증하게 여기시는 것은 순종이 없는 제사와 신과 인과 의가 없는 신앙입니다. 순종이 없는 신앙은 하나님을 희롱하는 신앙입니다.

"그가 아들이시면서도 받으신 고난으로 순종함을 배워서 온전하게 되셨은즉 자기에게 순종하는 모든 자에게 영원한 구원의 근원이 되시고"(히 5:8~9)

그리스도인과 절제 생활

"바울이 의와 절제와 장차 오는 심판을 강론하니 벨릭스가 두려워하여 대답하되 지금은 가라 내가 틈이 있으면 너를 부르리라 하고"
(사도행전 24:25)

그리스도인과 절제 생활

바울은 의와 절제와 심판에 대해서 강론을 하였습니다.

물론 '절제'란 말이 소비를 미덕으로 아는 현대인들에게는 인기가 없는 말인 줄을 모르는 바는 아닙니다. 그런 줄 알면서도 오늘은 그 말씀을 전하기로 하였습니다. "너희는 이 세대를 본받지 말고 오직 마음을 새롭게 함으로 변화를 받아 하나님의 선하시고 기뻐하시고 온전하신 뜻이 무엇인지 분별하도록 하라"(롬 12:2), "경건의 모양은 있으나 경건의 능력은 부인하니 이 같은 자들에게서 네가 돌아서라"(딤후 3:5)고 하신 하나님의 뜻을 따라서……

1. 말의 굴레와 인간의 자제

"내가 네 갈 길을 가르쳐 보이고 너를 주목하여 훈계하리로다 너희는 무지한 말이나 노새같이 되지 말지어다 그것들은 재갈과 굴레로 단속하지 아니하면 너희에게 가까이 가지 아니하리로다"(시 32:8~9)

본문은 회화적이고도 비유적인 말씀입니다. 우마나 노새같이 굴레를 씌우고 재갈을 먹여야 움직이는 생활을 하지 말라고 합니다. 그러면 우마나 노새에게 씌우는 재갈과 굴레는 무엇을 의미하는 것일까요? 먼저는 제약이고 다음은 제약에 의한 실현입니다. 그러면 무엇 때문에 제약이 필요한 것일까요? 본능만으로는 능력을 충분히 실현할 수가 없기 때문입니다. 자기 이상의 의지에 대한 복종을 통해서만 짐승들은 자기를 실현할 수 있기 때문입니다!

제약은 자기보다 더 높은 지혜와 의지를 전제로 합니다. 재갈과 굴레는 짐승들보다 더 높은 의지가 말이나 노새에게 가하는 제약입니다. 제약에 의해서만 말과 노새는 자신들의 본분을 다할 수가 있습니다. 마차도 끌수 있고 싸움터에서는 군마도 되고 경마장에서는 경마도 될 수 있습니다. 말이 제멋대로 돌아다니면 무슨 쓸모가 있겠습니까? 우마는 재갈을 물리고 굴레를 씌워야만 쓸모 있는 일꾼이 됩니다! 사람들은 말고삐를 움직여서 말을 좌로나 우로나 맘대로 회전시킬 수 있습니다. 달리게도 할 수 있고, 정지를 시킬 수도 있습니다. 걷게도 할 수 있고, 잰걸음으로 달리게도 할 수 있고, 질풍같이 고속으로 달리게도 할 수 있습니다. 말에게는 고역이 되는지 몰라도……. 그럼에도 불구하고 말은 제약을 당함으로써만 말의 사명을 다 할 수가 있습니다!

말이나 노새에게는 자기의 목적이 없습니다. 그래서 말과 노새는 자기보다 더 높은 의지에 복종함으로써만 자기를 실현할 수 있습니다! 말발굽 소리가 요란스럽게 들려옵니다. 그 소리가 적막한 주변의 공기를 깨뜨립니다. 말의 네 다리가 쭉쭉 뻗으면서 대지를 박차고 마치 공중을 나는 것만 같습니다. 천 리 길 만 리 길도 단숨에 달릴 수 있을 것같이 전속력으로 달리기 때문에 아무도 그 말을 정지시킬 수 없을 것 같습니다. 그러나 그게 아닙니다. 말의 입에 물려 있는 재갈을 살짝 잡아당기기만 하면 말은 여지없이 멈추어 섭니다. 다시는 영원히 달리지 않을 것같이 조용히 섭니다. 그 조그마한 재갈이 큰 말을 꼼짝도 못 하게 합니다! 그러면 재갈은 무엇일까요? 짐승들의 의지보다 더 높은 사람의 의지입니다.

이 사실에서 추리해 낼 수 있는 진리가 하나 있는데, 짐승에게는 그 자체 이상의 가치가 있다는 사실입니다. 짐승이기 때문에 먹고살기만 하면 그만이 아니라, 우마에게도 할 일이 있다는 사실입니다. 우마도 인류를 위해 봉사할 수 있습니다. 말에게 할 일(사명)이 없다면, 재갈이나 굴레는 백해무익한 것이 될 수밖에 없을 것입니다! 먹기나 잘하고, 교미나 잘하고, 뛰어놀기나 잘하면 그만일 것입니다.

사람 역시 마찬가지입니다. 사람도 죽지나 않고 오래만 살면 다가 아닙니다. 사람에게도 '생존' 이상의 사명이 있습니다. 그래서 인간에게도 굴레가 필요하고, 극기와 자제와 절제가 필요합니다! 그렇지도 않다면 본능대로만 살고, 기분 내키는 대로나 행동을 하고, 되는 대로 지껄이고, 기분 나는 대로 놀아나면 그만일 것입니다. 그때는 해야 할 일과 해서는 안 되는 일도 따로 없고 참아야 할 일도 따로 없을 것입니다. 제약도 없고 희생도 순교도 필요하지 않을 것입니다. 그런데 사람에게는 '존재' 이상의 목적이 있습니다! 그래서 우리는 존재 가치를 실현하기 위해 절제를 해야 합니다.

그런데 사람도 하나님의 의지가 인간의 자유분방한 본능이나 제멋대로의 생각에 제약을 가할 때만 자아를 실현할 수가 있습니다! 그래서 사람에게도 눈에 보이지 않는 재갈과 굴레가 필요합니다. 그 굴레가 절제입니다! 그런데 외부에서부터 오는 절제를 받아들이는 데는 두 가지 태도가 있습니다. 하나는 마지못해서 억지로 받아들이는 태도이고, 다른 하나는 기쁜 마음으로 받아들이는 태도입니다. 하나는 강제로 절제를 당하는 생활이고, 다른 하나는 스스로 자제하는 생활입니다!

그런데 동물에게는 자유의지가 없어 강요된 굴레가 있을 뿐이지만 사람은 다릅니다. 사람은 강제로 제약을 받을 수도 있고, 스스로 자제할 수도 있습니다. 그러면 우리는 어떤 쪽을 택해야 할까요? 그리고 하나님께서 우리에게 원하시는 것은 어떤 쪽일까요?

에베소서 5장 17절의 말씀을 읽어 주시기 바랍니다.

"그러므로 어리석은 자가 되지 말고 오직 주의 뜻이 무엇인가 이해하라."

히브리어의 '이해한다'는 말의 뜻은 '분별하여 결론을 내리는 것'을 뜻합니다. 하나님께서는 사람을 말을 다스리듯이 강제로 복종시키기를 원치 아니하시고, 사람 스스로 하나님의 뜻을 이해하고 자발적으로 순종하기를 원하십니다! 사람도 다른 동물같이 더 높은 의지의 제약을 받음으로써만 자아를 실현할 수 있는 것은 사실이지만, 그러나 사람은 다른 동물과는 달리 강요된 굴레에 의해서가 아니라 자발적인 선택에 의해서만 자아를 실현할 수가 있습니다! 만일 사람도 짐승같이 강제로 굴종을 강요당하면, 그때는 사람도 동물로 전락해 버릴 수밖에 없을 것입니다. 동물은 강제에 의해서도 자기를 실현할 수 있지만, 그러나 사람은 자발적인 선택에 의해서만 자아를 실현할 수 있습니다.

재갈과 굴레는 두 가지 세력 사이의 갈등을 의미합니다. 사람의 의지와 그 의지에 저항하는 노새의 의지 사이에서 일어나는 갈등 말입니다. 그리고 하나님의 뜻과 인간의 욕망 사이에서 일어나는 갈등입니다. 말이나 노새는 주인의 뜻을 이해하지 못합니다. 그래서 강제로 끌려다닐 수밖에 없습니다. 그러나 사람은 하나님의 뜻을 이해할 수 있습니다. 그래서 사람은 강제에 의해서가 아니라 스스로 결단을 통해서 하나님의 뜻에 순종할 수 있습니다!

그러면 하나님의 뜻을 이해한다는 것이 무엇일까요? 이 말씀은 기록된 하나님의 말씀을 단지 지적으로 이해하는 것을 뜻하지 않습니다. 이 말씀은 하나님을 지적으로도 이해하고 감정적으로도 이해하고 의지적으로도 이해하는 것을 뜻합니다! 한마디로 하나님을 사랑하는 것을 뜻합니다! 신앙생활은 연애 생활입니다! 애인을 만나려고 갔다가, 구경꾼들이 많이 나와 있지 않다고 실망하는 사람도 있을까요? 그러할진대 예배당에 많은 교인이 나와 있지 않다고 실망하시다니요! 하나님께서 하시는 일이 인간의 좁은 생각으로는 이해가 되지 않는 경우가 있더라도 하나님을 사랑하기 때문에 이해하고 순종하는 것이 신앙생활입니다!

"너희는 무지한 말이나 노새같이 되지 마라!"

"무슨 일이든지 억지로는 하지 마라!"

"무슨 일이든지 스스로 선택하고 결단해서 행동하라!"
"절대로 노새같이 끌려다니지 마라!"
"사람같이 살아라!"

하나님의 일은 부득이해서나 체면으로 해서는 안 됩니다(벧전 5:2; 출 36:3; 신 16:10). 하나님의 일을 억지로 하면 하나님께 영광은커녕 욕을 돌리게 되고 자신에게도 은혜가 되지 않습니다! 마지못해서 신앙생활을 하면 타락을 면할 수 없을 것입니다! 흑심을 품고 하나님의 일을 하면 그 때는 마귀가 되고요. 다른 것은 몰라도 하나님의 일만은 절대로 부득이함으로 해서는 안 됩니다. 찬송과 헌금과 기도와 봉사만은 기쁜 마음으로 해야 합니다.

그럼 얘기 하나 하겠습니다.

아현동에 거주하던 P 장로의 사모님은 남편이 청량리에 개척교회를 설립해서 주일마다 점심을 준비해 가지고 가는 것이 짜증스럽기만 했습니다. '한 번, 두 번도 아니고……?' 그 후 어느 날의 일입니다. P 장로의 부인이 축대 밑에서 빨래를 하고 있었는데…… 그때 축대 위에 있는 학교 운동장에서 일하던 불도저가 실수로 벼랑 끝까지 밀고 나오는 바람에 축대가 무너져서 부인께서는 순식간에 돌무더기 밑에 깔려 척추가 부러지고 골반이 일그러지면서 광대뼈까지 깨지고 말았습니다. 그 후 오랫동안의 고통스러운 치료 기간이 지나갔습니다. 그러나 하나님의 은혜로 다시 거동할 수 있게 되었습니다.

다음은 부인께서 미라같이 깁스 속에서 옴짝달싹도 하지 못하고 누워 있을 때 하나님께 드린 기도의 내용입니다. "하나님! 만일 하나님께서 이 죄인을 불쌍히 여기셔서 다시 한 번 일어서 걸어 다닐 수 있게만 해 주시면 그때는 잔소리하지 않고 기쁜 마음으로 점심을 싸들고 어디든지 가겠습니다!"

하나님의 일을 억지로 하는 것과 자원해서 하는 것은 천지 차이입니다!

2. 인생과 절제

"오직 나그네를 대접하며 선행을 좋아하며 신중하며 의로우며 거룩하며 절제하며"(딛 1:8)

그가 누구든 가야 할 목적지가 있는 사람은 아무 데나 갈 수가 없습니다. 방향 없이 달릴 수가 없습니다. 자기 십자가를 지고 나를 좇으라고 하신 예수님 말씀의 뜻 또한 이것입니다.

바울이 의의 면류관을 얻기 위해서 자기 몸을 쳐서 복종케 한다고 한 말의 뜻도 이것이고요. 바울은 다른 사람들에게는 복음을 전하고 그러나 막상 자기는 멸망하는 일이 없도록 모든 일에 절제한다고 하였습니다(고전 9:24~26).

아무도 자기를 부인하지 않고는 자기를 실현할 수가 없습니다. 목숨을 잃는 자만이 목숨을 얻습니다(마 10:38~39). 성령의 아홉 가지 열매 끝에 매달려 있는 덕목이 절제입니다(갈 5:22~23). 베드로후서 1장 5절~7절에도 "너희가 더욱 힘써 너희 믿음에 덕을, 덕에 지식을, 지식에 절제를, 절제에 인내를, 인내에 경건을, 경건에 형제 우애를, 형제 우애에 사랑을 더하라"고 하였습니다. 일등교인은 믿음만 좋다고 될 수 있는 것이 아닙니다. 일등교인이 되고자 하면 지식도 있고, 덕도 있고, 절제도 있고, 참을성도 있어야 합니다! 그가 누구든 자기가 하고 싶은 짓을 다 하면서 쓸모 있는 그릇이 될 수는 없습니다. 체력도, 정신력도, 절제와 훈련에 의해서만 개발도 되고 향상도 합니다.

1) 육체의 절제입니다

"내가 내 몸을 쳐 복종하게 함은 내가 남에게 전파한 후에 자신이 도리어 버림을 당할까 두려워함이로다"(고전 9:27)

건강도 장수도 절제에 의해서만 가능합니다. 육체의 여러 가지 기능 역시 훈련과 절제에 의해서만 개발할 수 있습니다. 먹고 싶다고 해서 기름기와 당분만 먹고, 일하기 싫다고 해서 잠만 자는 사람의 육체는 결국 아무 쓸모가 없는 고깃덩이가 될 수밖에 없을 것입니다. 병 보따리가 될 수밖에 없을 것입니다. 식욕이 당긴다고 과식하고 향락이 즐겁다고 과음하는 사람도 몸을 망치고 말 것입니다. 우리의 몸은 이쪽으로도 치고 저쪽으로도 쳐서 절제함으로써만 비로소 쓸모 있는 그릇이 될 수 있습니다.

호강만 하는 육체는 병주머니입니다! 사용하지 않는 기계에 녹이 슬듯이 향락만 즐기는 육체에는 병마가 깃듭니다. 못 먹는 것도 문제지만 과식도 문제입니다. 아마추어들은 금붕어나 새 같은 것을 키우다가 죽이는 경우가 많은데…… 너무 많이 먹여서 죽인다고 합니다. 맛없는 음식을 생식하는 짐승들에게는 감기도 없고 위장병도 없습니다! 문화시설이 없는 산중의 동물에게는 노이로제도 없습니다! 그런고로 몸을 건강하게 보존하기를 원하시거든 맛있는 음식만 너무 찾지도 마시고, 너무 사치스러운 문화시설만 애용하지도 마시기 바랍니다!

건강에는 간소하고 간편한 생활이 제일입니다! 육체도 정신도 절제를 가해야만, 고생을 좀 시켜야만 쓸모 있는 그릇이 될 수 있습니다. 땀도 좀 흘리게 해 주고, 숨도 좀 가쁘게 몰아쉬게 해 주어야 합니다. 산책도 힘들지 않게 하면 효력이 없습니다. 경기장에 나가는 선수들이나, 링에 오르는 복서들이나, 무대에 오르는 무희들은, 하나같이 몇 달 전부터 절제 훈련, 다시 말해 몸을 쳐서 복종시키는 훈련을 한 사람들입니다. 음식도 조절하고 체중도 줄이고 여자도 멀리해야 최고의 몸 상태를 만들어 낼 수 있습니다. 절제가 건강의 비결입니다!

2) 물질의 절제입니다

"너희의 단장은 머리를 꾸미고 금을 차고 아름다운 옷을 입는 외모로

하지 말고"(벧전 3:3)

　절제는 인생의 모든 분야에 적용이 됩니다(딤전 2:9~10). 솔로몬 왕은 돈을 실컷 써 봤습니다. 사고 싶은 것은 다 사 보고, 하고 싶은 짓은 다 해 봤습니다. 왜 그랬을까요? 행복을 위해서였습니다. 그러면 하고 싶은 짓을 다 해 본 솔로몬은 그래서 행복할 수 있었을까요? 아닙니다(전 2:4~11)! 육체가 먹고 싶은 것을 다 먹고서는 건강할 수 없는 것같이, 마음 또한 하고 싶은 짓을 다 하고서는 행복할 수가 없습니다. 육체가 절제와 훈련을 가함으로써만 챔피언이 될 수 있는 것같이, 정신도 절제와 훈련을 가함으로써만 행복한 인격자가 될 수 있습니다! 재물도 바로 쓸 때만 행복을 사들일 수 있습니다. 아무렇게나 쓰면 온갖 불행을 사들일 뿐입니다.
　부자가 됐는데도 전보다 조금도 더 행복하지 않으시다고요? 그 까닭은 재물을 바로 쓰지 않으시기 때문입니다! 돈을 잘못 쓰고 계시기 때문입니다! 내 돈이라고 해서 내 맘대로 돈을 쓰고 있기 때문입니다! 내 몸뚱이라고 해서 내 기분 내키는 대로 아무렇게나 남용하는 사람도 몸을 망칠 수밖에 없을 것입니다. 아무리 내 몸뚱이지만 절제를 가해야 건강을 지킬 수 있고, 아무리 내 돈이지만 절약(제)을 해야, 절도 있게 써야 행복할 수 있습니다. 씀씀이에도 '다이어트'를 가해야 합니다. 제발! 사고 싶은 것 다 사지 마시고, 가지고 싶은 것 다 가지지도 마시기 바랍니다! 굶어 죽지만 않고 얼어 죽지만 않는다면 가난이 호의호식보다 건강에도 좋고 인격 성장에도 좋습니다! 없어서 못 쓰는 것도 문제지만 너무 많아서 함부로 쓰는 것도 문제입니다. 그중에도 최고의 인생은 자진해서 가난하게 사는 인생입니다.
　그럼 사치란 무엇일까요? 육체의 경우를 예로 들면, 먹고 싶다고 과식하는 것이고, 맛이 있다고 기름기와 당분을 먹어대는 것입니다. 사치는 타락의 시작이며 불행과 질병의 시작입니다. 정신적인 불안이나 콤플렉스가 많은 사람일수록 사치를 즐긴다고 합니다.

안창호 선생도 '화장은 제삼자가 알아볼 수 없을 정도로 하는 것이 최고의 화장'이라고 하지 않았던가요? 화장은 속임수입니다. 유엔 총회장에서는 약소국의 대표들일수록 최고급의 승용차를 애용한다고 합니다. 여자들이 남자들보다 짙은 화장을 하는 것도 알고 보면 여자들의 열등감 때문이 아닐까요? 중국 사람들과 미국 사람들은 의복보다 먹는 데 치중을 하는데, 우리나라 사람들은 먹지는 못해도 옷이 날개라고 외양에 치중을 합니다. 너무 매혹적인 화장과 값비싼 몸 장식으로 사람들을 공연히 흥분시키는 것도 사회악입니다.

언젠가는 모 집사님의 저택에 교우님들과 함께 초대받아 방문한 일이 있었습니다. 저택에 들어선 그 순간의 분위기는 너무도 인상적이었습니다. 어떤 분은 놀라고, 어떤 분은 부러워하고, 어떤 분은 시기하는 눈초리로 벽을 쏘아보고, 어떤 분은 감동하고, 어떤 분은 갑자기 엄숙해져서 숨소리까지 죽이고, 어떤 분은 자기의 충격에 동의해 달라는 듯이 시선을 주변 사람들에게 보내고…… 모두 옷깃을 여미고, 자세까지 단정히 하고, 모두 잠깐 정신이 나간 사람들 같았습니다.

그래서 나는 이런 생각을 해 보았습니다. 이래서 부자들과 권력자들과 학·박사들이 민중의 우상이 되는구나! 이런 사람들 속에서 참된 신앙생활을 하기는 보통 어려운 일이 아니겠구나! 이래서 독재자가 나오는구나! 사람들의 눈을 현혹하는 초호화판의 사치! 이것도 물질의 낭비요 죄악입니다. LA에서는 교포들의 분수에 넘치는 호화판 생활을 보고 외국인들이 부러워하다 못해 미워하기까지 한다고 합니다.

"여호와께서 또 말씀하시되 시온의 딸들이 교만하여 늘인 목, 정을 통하는 눈으로 다니며 아기작거려 걸으며 발로는 쟁쟁한 소리를 낸다 하시도다 그러므로 주께서 시온의 딸들의 정수리에 딱지가 생기게 하시며 여호와께서 그들의 하체가 드러나게 하시리라"(사 3:16~17).

사치와 과도한 몸 장식! 미니스커트와 노출바지, 요즘 미국의 중고등학교에서는 여학생들의 상당수가 남자들의 성적인 희롱으로 학교에 다니기가 무섭다고 한다는데……? 쇼걸 같은 옷차림에 창녀 같은 몸짓까지 하고 다니니…… 어찌 봉변인들 당하지 않겠습니까? 돈을 적게 들이는 멋이 최고의 멋이고, 청초한 매력이 최고의 매력입니다. 풍만한 매력은 매춘부의 매력입니다. 하나님은…… 육체든 물질이든…… 절제하는 사람들에게만 인격과 행복과 멋을 안겨 주실 것입니다. 사치스러운 부자는 타락하여 멸망하고, 검소하고 근면한 부자는 행복한 인생과 고상한 인격을 이룰 수 있을 것입니다!

기력이 다 쇠진해 버린 할아버지와 할머니 내외가 서로를 부추겨 주면서 금방이라도 쓰러질 것같이 노인 아파트의 계단을 오르고 있었습니다. 이젠 할 일도 없고, 일할 힘도 없었습니다. 아니! 말할 힘도 없고, 할 말도 없었습니다. 이제는 죽는 날만 기다릴 수밖에 없었습니다.

누군가가 그 불쌍한 할아버지에게 물었습니다.

"젊었을 때는 무슨 일을 하셨나요?"

"나 말이요? 신문사에서 편집국장을 지냈지요."

"정말이세요?"

할아버지는 명문 고등학교 출신의 수재였습니다. 할머니께서도 미모의 재원이었습니다. 그러나 수재면 뭘 하고 미인이면 뭘 하겠습니까? 인생이란 아무리 화려하고 아무리 성공적이었더라도 이렇게 끝이 나고 마는 것을요? 그런고로 절제하는 생활을 통해 영혼을 구원하시기 바랍니다.

3) 감정의 절제입니다

"노하기를 더디 하는 자는 용사보다 낫고 자기의 마음을 다스리는 자는 성을 빼앗는 자보다 나으니라"(잠 16:32)

감정을 다스리기는 나라를 다스리기보다 더 어렵습니다. 실제로도 나라를 다스리는 사람들은 많지만 자기감정을 다스리는 사람은 적습니다.

우리가 다 잘 알고 있는 바와 같이 알렉산더 대왕은 자기 나라뿐 아니라 인근의 다른 나라들까지 정복한 사람입니다. 그러나 자기감정은 다스리지 못했으니, 일시적인 분노를 억제하지 못해서 평생의 동지인 명장까지 죽이지 않았던가요? 가인도 노여움을 참지 못하고 동생 아벨을 죽이므로 인류 최초의 살인자가 되고요!

분노를 터뜨리기는 폭죽을 터뜨리기보다 더 쉬워도, 끓어 올라오는 분노를 억제하기는 분출하는 화산 불을 끄기보다 더 어렵습니다. 분노를 참지 못한 사람은 살인자가 되고 분노를 참아 낸 사람은 성자가 됩니다. 살인자와 성자의 차이…… 소인과 대인의 차이도 결국은 감정을 억제할 수 있느냐 없느냐의 차이에 있을 뿐입니다(삼하 16:9~10).

그까짓 감정이라고요? 그게 아닙니다. 소크라테스의 부인은 분노를 참지 못하고 남편의 머리 위에 물통을 뒤집어씌움으로 만고의 악처가 되고, 이에 반해 소크라테스는 그 홍수 심판 중에서도 여유 있게 "천둥이 치더니 소나기가 오는구먼!" 함으로 인류의 스승이 되지 않았던가요? 그런데 현대 여성들은 플라스틱 제품 때문인지 성질이 난폭해졌습니다. 플라스틱 그릇은 아무리 마구 던져도 깨질 염려가 없거든요?

음악이 무엇일까요? 슬픈 감정이나 기쁜 감정을 절제하고 곡조를 붙여서 아름답게 만든 것이 아닐까요? 아무렇게나 터져 나오는 감정은 음악이 될 수 없습니다. 감정도 절제함으로써만 인격이 되기도 하고 예술이 되기도 합니다. 감정은 홍수 같아서 멋대로 흐르도록 내버려 두면 일을 저지르고, 제어하고 절제하면 공업용수도 되고 농업용수도 됩니다. 하여간 고삐를 벗어난 감정은 위험천만한 괴물입니다!

"우는 자들은 울지 않는 자같이 하며 기쁜 자들은 기쁘지 않은 자같이 하며 매매하는 자들은 없는 자같이 하며"(고전 7:30)

4) 욕망의 절제입니다

"오직 각 사람이 시험을 받는 것은 자기 욕심에 끌려 미혹됨이니 욕심이 잉태한즉 죄를 낳고 죄가 장성한즉 사망을 낳느니라"(약 1:14~15)

욕망의 절제나 육체의 절제나 결국은 물질의 절제지만 강조하는 뜻으로 다시 한 번 말씀 드리도록 하겠습니다. 본문의 말씀은 모든 죄가 욕망에서 나온다고 합니다. 에덴동산의 하와도 선악과가 너무 탐스러워 보여서 욕심이 발동하므로 죄를 범하게 되지 않았던가요? 천하장사인 삼손도 들릴라의 꿈틀거리는 육체를 보고 성욕이 불같이 일어나서 결국은 한순간의 쾌락을 위해 자신의 인생을 팔아먹지 않았던가요?

그런데 모든 욕심 중 가장 큰 욕심은 뭐니 뭐니 해도 물욕과 성욕과 권세욕입니다. 식욕은 웬만큼 먹으면 숟가락을 놓고, 또 웬만한 사람들은 먹고 싶으면 언제든지 먹을 수 있기 때문에 문제 될 것이 없습니다. 그리고 인격에 대한 욕망이나 창작욕이나 성취욕 같은 것도 많을수록 좋은 것이기 때문에 역시 문제 될 것이 없습니다. 그런데 언제나 쉴 새 없이 문제가 되는 것은 물욕과 성욕과 권세욕입니다.

통계 발표에 의하면 미국의 직장인들이 한가한 시간에 가장 자주 마음에 품고 흥분하는 것은 섹스라고 합니다. 신문지상이나 텔레비전 화면에 나오는 범죄도 그 대부분이 물욕이나 성욕이나 권세욕에서 나오는 범죄입니다. 그러면 욕망의 말로는 어떤 것일까요? 욕심이란 채우고 나면 헛되고 메스꺼운 것입니다. 흔히 사람들은 "마음껏 즐기자"고 하지만, 그러나 일단 마음껏 즐기고 나면 찌꺼기밖에 남는 것이 없습니다! 인생을 마음껏 즐기고 나면 솔로몬의 허무함이 나올 수밖에 없습니다!

"헛되고 헛되며 헛되고 헛되니 모든 것이 헛되도다"(전 1:2).

포식을 한 사람에게 불갈비가 무슨 맛이 있겠습니까? 삼천 궁녀를 거느린 제왕은 그 많은 미녀가 빨랫줄에 널어놓은 헌 옷만 같아서 입맛이 나지 않을 것입니다. 매력이란 상대에게 있는 것이 아닙니다. 자기 성욕에 있습니다.

강화에 살던 촌놈 하나가 조상님 덕분에 갑자기 용상에 올라 삼천 궁녀들이 춤을 추는 꽃밭 속에서 놀아나게 되었습니다. '제왕무치'라고, 언제든지 마음만 먹으면 어떤 꽃이든 맘대로 꺾을 수 있었습니다. 철종은 허기진 판에 마음껏 놀아나고 즐겼습니다. 그러면 그 결과는 끝없는 행복이었을까요? 천만의 말씀입니다. 철종은 진액이 쇠진하여 그 나이 삼십도 채 되기 전에 위장병 환자가 되고, 허리가 꼬부라진 노인이 되고 말았습니다. 그는 허리를 펴지도 못하고 살다가 그대로 가버리고 말았습니다.

식욕이 왕성할 때는 그 못생긴 불고기 덩어리까지도 그렇게 '매력 만점'일 수 없지만, 그러나 포식하고 나면 똑같은 고깃덩어리지만 그렇게 메스꺼워 보일 수가 없습니다. 그뿐 아닙니다. 욕심이란 채우면 채울수록 점점 더 큰 것을 바라기 때문에 점점 더 불행해질 수밖에 없습니다! 집이 없을 때는 '단칸방이라도' 하지만, 그러나 일단 집을 마련하고 나면, 그때는 60평짜리 맨션아파트를 소원하게 됩니다. 그래서 돈이 더 많이 모자랍니다. 그래서 더 가난한 사람이 됩니다. 더 불행한 사람이 됩니다.

"너는 꿀을 보거든 족하리만큼 먹으라 과식함으로 토할까 두려우니라"(잠 25:16).

물론 식욕도 필요하고 성욕도 필요하고 명예욕도 필요합니다.

일제 치하에서 감옥살이하신 어떤 분이 배고픈 서러움을 다음과 같이 술회하였습니다. "자나 깨나 생각은 먹는 것뿐이었습니다. 감옥에서 배급되는 주먹밥은 정말 맛이 없는 것이었지만, 그런데도 씹기도 전에 목구멍으로 넘어가 버리고 맙니다. 그때는 산이라도 먹어 버리고 싶고, 감옥이라도 먹을 수 있을 것 같았습니다!"

식욕은 사람이 살아 있다는 증거이며 건강의 증거입니다. 식욕이 없으면 죽은 사람이고, 성욕이 없어지면 시체입니다. 경기장을 달리는 선수에게 일 등 하고 싶은 명예욕이 없다면 어찌 경주를 할 수 있겠습니까? 그러나 그렇게 좋은 욕망도 지나치면 화가 되고 넘치면 죄가 됩니다! 문제는 넘고 처지는 데 있습니다! 뼈가 튀어나올 정도로 바싹 말라 버리는 것도 문제지만 살이 축 늘어질 정도로 풍만한 것도 문제입니다! 아무리 먹어야 산다고 하지만 과식하면 해가 되고, 아무리 사랑은 아름다운 것이라고 하지만 간음이 되거나 오입이 되면 죄가 되고 맙니다! 욕망은 절제를 가할 때만 타락을 면할 수 있습니다. 그리고 인생의 목적은 그것이 건강이든, 장수이든, 합격이든, 학위든, 작품이든, 내 집 마련이든, 금메달이든, 행복이든, 영생이든, 절제에 의해서만 달성할 수 있습니다!

어떤 주부가 내 집 마련을 목적하고 알뜰 살림을 시작하였습니다. 먹고 싶은 것도 먹지 않고, 입고 싶은 옷도 입지 않고, 가고 싶은 데도 가지 않고……. 남편이 입는 와이셔츠의 목 부분이나 팔목 부분이 해지면 그곳만 다시 갈아 대어서 입히고, 그래도 못 입게 되면 성한 데만 모아다가 아이들의 팬티를 만들어 입히고, 그것도 해지면 또다시 조각들을 모아서 방석을 만들었습니다. 집 한 칸을 마련하는 데도 주부님들의 절제가 필요합니다. 성공에 이르는 모든 길은 절제의 길입니다!

어떤 대학생은 언제나 차석을 면치 못했습니다. 그런데 얼마 후 그는 중요한 사실을 발견하게 되었습니다. 어느 날 밤 그가 전등불을 끄고 잠자리에 들면서 우연히 건너편 방을 넘겨다보니 …… 그 서재에는 그때까지도 불이 켜져 있는 것이 아닙니까? '이거다!' 그날 밤부터 차석 학생은 졸음이 오는 자기의 몸을 쳐서 복종시키는 무서운 절제 생활을 시작했습니다. 그 방의 불이 꺼지기 전에는 절대로 이 방의 불을 끄지 않았습니다. 그 결과 차석과 수석의 자리가 바뀌고 만 것은 물론이고요.

간디는 남아프리카에서 자원봉사를 한 대가로 수백 파운드의 가치가 있는 보물 꾸러미를 선물로 받았습니다. 순금 목걸이와 다이아몬드 반지 등……. 간디의 부인은 그런 패물이 몹시도 가지고 싶었습니다. 간디도 보물이 싫지는 않았습니다. 그런데도 간디는 자신의 물욕에 재갈을 물려 절제를 하였으니…… 관리인에게 위탁하여 그 모든 것을 공공사업에 사용하도록 조처를 했다는 얘기입니다. 인격을 닦아 나가는 데도 절제가 필수 조건입니다.

욕심이란 끝이 없는 것……! 그래서 백 가지 욕심을 다 채워도 만족이 없습니다. 그러나 욕심의 둑을 조금만 낮추면 행복은 저절로 흘러들어 오게 마련입니다! 행복의 생수는 언제나 우리의 입술 밑을 철철 흐르고 있습니다. 그런데도 이 진리 하나를 깨닫기가 얼마나 어려운지요! 엎친 데 덮친다고 모두 큰 것을 바라라고 가르치기까지 하시니……?

그렇지 않아도 너무 욕심이 많아서 온 나라가 불더미같이 이글거리고 있는데…… 큰 것을 바라라니요! 그러나 한 가지 욕심을 죽이기는 백 가지 욕심을 채우기보다 더 어렵습니다. 그러나 성령님은 하실 수 있으십니다. 성경에 능치 못함이 없다고 하신 말씀 역시 이 진리를 가리켜서 하신 말씀입니다(빌 4:11~14). 그런데도 이 말씀을 모든 욕심을 다 채울 수 있다는 뜻으로 해석하시다니……? 그러나 본문의 참뜻은 "성공도 할 수 있다! 부자도 될 수 있다! 병도 고칠 수 있다!"가 아니라 "감정도 극복할 수 있다! 욕심도 절제할 수 있다! 미움도 극복할 수 있다!"입니다!

3. 말의 절제

"우리가 다 실수가 많으니 만일 말에 실수가 없는 자라면 곧 온전한 사람이라 능히 온 몸도 굴레 씌우리라"(약 3:2)

본 장은 당연히 '인생과 절제'에 포함이 되어야 하나 강조하기 위해서 새 장을 열었습니다.

말의 절제! 혓바닥은 인체 중 매우 작은 부위입니다. 잔등이나 큼직한 엉덩이에 비해 보잘것없는 부위입니다. 그럼에도 불구하고 그 역할은 막대하고도 막중합니다. 말이 없는 세상을 상상해 보시면 혀와 입의 중요함을 실감하실 수 있을 것입니다. '말이 없는 가정, 말이 없는 강의실, 말이 없는 법정, 말이 없는 의사당'은 생각만 해도 기가 막힐 지경입니다.

이상과 같이 혀와 말이 중요한 것은 사실이지만, 그러나 세상에 말만큼 낭비가 많은 것도 없습니다. 온종일 쓸데없는 말이 수십억 인구의 입을 통해 쉴 새 없이 쏟아져 나오고 있습니다. 신문과 잡지와 라디오와 텔레비전과 강연회와 부흥회와 좌담회와 친목회와 미팅과 파티와 데이트 장에서까지 쓸데없는 말들이 쉴 새 없이 쏟아져 나와서 홍수를 이루고 있습니다. 지금은 말의 홍수 시대입니다! 과연 언론의 시대입니다!

죄의 수입 항구는 주로 눈과 귀입니다! 그러나 죄의 가장 분주한 수출 항구는 뭐니 뭐니 해도 입입니다! 대부분 죄는 입을 통해서 수출됩니다. 물론 '선한 상품'도 입을 통해서 수출되지만……. 그리고 입은 먹고 마시는 곳이기도 하므로 육체적으로는 수입 항구가 되기도 합니다. 하여간 입은 그 크기에 비해 엄청나게 무서운 영향력을 행사하는 기관입니다. 입은 마음의 하수인인데…… 그런데도 그 작은 입이 개개인의 생사화복은 물론 나라의 흥망성쇠까지 좌지우지합니다. 혀의 권세가 얼마나 큰지 야고보는 그 혀를 말의 재갈과 배의 키와 온 산을 불태우는 불씨로 비유하였습니다.

폭풍이 조용한 바다 위를 내리칩니다. 그러자 물결이 더는 참을 수 없다는 듯이 벌떡 일어섭니다. 그리고 소리소리 지르며 몸부림을 칩니다. 파도가 하늘을 향해 산같이 솟구쳐 오릅니다. 파도와 바람과의 전쟁입니다. 물귀신들까지 성이 나서 설칩니다. 그 속을 배 한 척이 달립니다. 성난 물결이 배를 희롱하듯이 이쪽으로 밀어붙였다가 저쪽으로 내팽개칩니다. 굶주린 파도가 모처럼 만난 먹이를 놓치지 않으려는 듯이 덤벼듭니다. 그런데도 배는 여전히 목적지를 향해서 달립니다. 그러면 산더미같이 큰 파도를 밀쳐 내면서 그 배를 목적지까지 일사불란하게 달리게 하는 것은 무엇일까요? '키'입니다. 조그마한 "키"입니다. 조그마한 '키'가 왕초입니다. 큰 배와 큰 엔진은 '키'의 하수인에 불과합니다(약 3:4)!

야고보는 혀를 '불씨'와도 비교하였습니다(약 3:5).

등산객들이 담배를 피우려고 라이터 불을 켭니다. 조그마한 불씨였습니다. 그런데 아차 하는 순간에 그 작은 불씨가 주변의 가랑잎으로 옮겨붙더니 마침내는 달려온 바람을 잡아타고 번져 나가기 시작했습니다. 불길은 하늘을 향해서 혀를 날름거립니다. 먹을 것이라도 찾듯이 설설 기어 다니면서 구석구석까지 싹싹 핥습니다. 그러자 조금 전까지만 해도 싱싱하기만 하던 나무들이 앙상하고 시커멓게 타 버립니다(약 3:5~6). 그러면 그 무서운 불은 어디서 나온 것일까요? 조그마한 라이터 불에서입니다. 성냥불 하나가 온 시가지를 불바다로 만듭니다!

그러면 성냥불이 무엇일까요? 혓바닥입니다(사 30:27). 혓바닥 하나가 온 세상을 전쟁의 불바다로 만들어 버리기도 하고, 백만 대군을 시쳇더미로 만들어 버리기도 합니다! 안토니우스Marcus Antonius의 작은 혓바닥 하나가 공회당에 운집하여 브루투스Marcus Junius Brutus에게 열광적인 지지를 보내고 있던 군중을 돌이켜 "브루투스 타도"를 외치게 하지 않았던가요? 혓바닥은 역사를 만들기도 하고 역사를 뒤집어엎기도 합니다! 혓바닥은 저주의 불방망이가 되기도 하고, 축복의 복덕방망이가 되기도 합니다! 혓바닥은 무서운 힘입니다. 혓바닥 하나만 잘 관리하면 축복이 제 발로 굴러들어 오게도 할 수도 있고 혓바닥 하나를 잘못 관리하면 화를 초래할 수도 있습니다(호 7:16).

'입'을 잘 놀려야 합니다! 한번 나간 말은 회수해 들일 수가 없습니다! 설화 사건이란 것도 있지 않습니까? 내 입 가지고 내 말을 하는데 무슨 상관이냐고요? 천만의 말씀입니다. 재산 관리도 잘하고 남편 관리도 잘해야 하지만 그보다 더 중요한 것이 혓바닥 관리입니다.

"입과 혀를 지키는 자는 자기의 영혼을 환난에서 보전하느니라"(잠 21:23).

그러면 잠시 혓바닥 관광을 떠나 보기로 하겠습니다. 이 세상에는 어떤 혓바닥들이 있는 것일까요?

1) 헐거운 혓바닥입니다

"누구든지 스스로 경건하다 생각하며 자기 혀를 재갈 물리지 아니하고 자기 마음을 속이면 이 사람의 경건은 헛것이라"(약 1:26)

헐거운 혓바닥이란 어떤 혓바닥일까요? 어린이들의 혓바닥 같은 혓바닥입니다. 생각 없이 말하고 무심코 지껄이는 혓바닥입니다. 술 취한 사람들의 혓바닥 같은 혓바닥입니다. 횡설수설하는 혓바닥입니다. 말을 하는 것이 아니라, 말이 쏟아져 나오는 혓바닥이며, 말이 새어 나오는 혓바닥이며, 말이 미끄러져 나오는 혓바닥이며, 주인도 모르게 날름거리는 혓바닥입니다. 후회할 수밖에 없는 말을 마구 내뱉고, 흥이 나서 마구 비밀을 누설하는 혓바닥입니다. 수다쟁이들의 혓바닥입니다. 감정이 풍부하고 표현력이 많은 예술가적 혓바닥입니다.

이 세상에는 헐거운 혓바닥으로 말미암아 화를 자초하는 사람들이 많습니다!

계제에 한 말씀 드리는데, 아무리 유식하고 심오한 진리도 헐거운 혓바닥에 실려 나오면 권위가 없습니다. 말도 제구실을 하려면 선도차가 앞을 서고 호위병들이 뒤를 따라야 합니다. 자제도 하고, 생각도 깊이 한 다음에 때를 맞추어 출동해야 합니다. 헐거운 혀는 브레이크가 고장 난 승용차 같아서 사고투성이요, 위험천만입니다!

헤롯 왕이 취중에 딸 살로메에게 네가 무엇이든지 달라고만 하면 다 주겠다고 약속을 했는데…… 그 때문에 본의 아니게 무죄한 세례 요한의 목을 자를 수밖에 없지 않았던가요? 위험한 것이 헐거운 혓바닥입니다!

2) 독사의 혓바닥입니다

"뱀같이 그 혀를 날카롭게 하니 그 입술 아래에는 독사의 독이 있나이

다"(시 140:3)

이 혓바닥은 의도적으로 남을 모해하고 계획적으로 남을 중상하는 혀입니다. 악의가 가득한 혓바닥입니다. 움직일 때마다 세상을 오염시키고 입을 열 때마다 눈에 보이지 않는 총으로 사람을 죽이는 혓바닥입니다.

어떤 목사관의 식모가 멋쟁이 목사님을 잔뜩 유혹했지만 성과를 올리지 못하자 악의를 품고 허무맹랑한 소문을 퍼뜨렸습니다. "목사님이 아무도 없는 방에서 박 집사님을 끌어안는 것을 내 눈으로 똑똑히 봤습니다. 정말이에요!" 그래서 교회가 벌집을 쑤셔 놓은 것같이 발칵 뒤집혔습니다.

이런 혓바닥이 독사의 혓바닥입니다. 보디발의 처로 말하더라도 요셉에게 윙크도 던져 보고 몸뚱이도 요염하게 흔들어 봤지만 뜻을 이루지 못하자 자기 죄를 요셉에게 뒤집어씌웠으니, 요셉이 자기를 겁탈하려 했다고 모함해서 무죄한 사람을 죄수로 만들어 버리지 않았던가요?

자기가 미워하는 사람이나 싫어하는 사람의 흉을 보고 다니는 혀도 독사의 혀입니다. 사실무근인 말을 심심풀이 삼아 흘리고 다니는 혀도 독사의 혀입니다. 남의 실수를 전하고 다니는 혀도 독사의 혀입니다! 독설과 욕설과 냉소를 일삼는 혀도 독사의 혀입니다! 중종 치세 하에서 남곤과 심정과 희빈 홍 씨와 경빈 박씨가 '주초위왕走肖爲王'이란 말을 조작해서 무죄한 조광조를 모함하여 독 사발을 받게 했는데…… 그런 것이 혓바닥의 난입니다.

옳지 않은 일을 옳다고 하고, 옳은 일을 옳지 않다고 하는 혓바닥이 독사의 혀입니다. 남을 비판하기 위해서 옳은 말을 하는 혀도 독사의 혀입니다. 옳은 말이라고 해서 다 옳은 말도 아니고, 바른 말이라고 해서 다 바른 말도 아닙니다! 악의에 찬 옳은 말과 자기 성공을 위해서 복음을 전파하는 혀도 독사의 혀입니다.

3) 황금 혓바닥입니다

옛날 계모에게 모질게 구박을 받는 아이가 있었습니다. 그 사실을 알게 된 아버지가 크게 노하여 당장 다시 장가를 들겠다고 하였습니다. 그러자 어린 아들이 눈물을 글썽이면서 만류하였습니다. "아버지! 그러지 마세요! 그러시면 나같이 불행한 아이가 몇 사람 더 생기지 않겠습니까? 내 동생들 말입니다." 이런 혓바닥이 황금 혓바닥입니다!

예수님께서는 죽은 지 나흘이 돼서 냄새가 나는 나사로에게 명령하셨습니다. "나사로야 나오너라!" 그러자 죽은 나사로가 얼굴에 수건을 동인 채 걸어 나왔습니다(요 11:43~44). 그런 예수님의 혀가 황금의 혀입니다!

베드로가 열한 사도와 함께 소리 높여 설교를 하였습니다. 그러자 3천 명이나 되는 새 신자들이 한꺼번에 회개하고 예수님께로 돌아왔습니다(행 2:14~41). 그런 혀가 황금 혀입니다!

다윗 왕이 아들의 난에 쫓겨 달아나고 있었습니다. 그때 시므이가 다윗 왕을 저주하면서 돌을 던졌습니다. 그러자 분을 참지 못한 아비새가 칼을 뽑아들고 시므이의 목을 치려고 하였습니다. 그때 다윗 왕이 말했습니다. "그가 저주하는 것은 여호와께서 그에게 다윗을 저주하라 하심이니 네가 어찌 그리하였느냐 할 자가 누구겠느냐"(삼하 16:10). 이런 혀가 황금 혀입니다!

프란시스가 설교할 때는 공중의 새들까지도 내려와서 은혜를 받았다고 합니다. 그런 혀가 황금 혀입니다.

그런데 이 세상에는 앵두같이 예쁜 독사의 혀도 있고 이와는 달리 돼지 입같이 못생긴 금구金口도 있습니다. 집단 학살을 명령하는 독재자 앞에서 목숨을 걸고 "아니오!"를 외치는 혀! 생사권을 가진 세조 앞에서 끝까지 "임금님"이라고 부르기를 거절한 성삼문의 혀! 많은 재물을 거저 준다고 하는데도 싫다고 한 아브라함의 혀(창 14:22~23)! 이런 혀들이 황금 혀요, 금구Golden Lip입니다!

그러면 이와 같은 황금 혀는 어떻게 만들어지는 것일까요? 유식한 말을 많이 배워서일까요? 아니면 하나님의 말씀을 열심히 공부해서일까요? 아닙니다! 서기관들은 하나님의 말씀을 부지런히 공부했는데도, 예수님을 비판하고 정죄하는 독사의 혀가 될 수밖에 없지 않았던가요!

그러면 우리는 어떻게 황금의 혀를 가질 수 있을까요? 성형수술을 받음으로써일까요? 아닙니다! 황금의 마음을 소유함으로써입니다! 그리스도의 사랑을 마음속 깊이 품음으로써입니다! 해야 할 말과 해서는 안 되는 말을 가릴 줄 아는 지혜를 얻음으로써입니다. 혓바닥에 검문소를 설치함으로써입니다. 말을 절제함으로써입니다! 자기 자신을 다스림으로써입니다!

결론적으로 다시 한 번 말씀 드리겠습니다. 무엇이든지 가장 좋은 것은 절제와 극기에 의해서만 얻을 수 있고, 보존할 수도 있고, 완성할 수도 있을 것입니다!

그럼 얘기 하나 하겠습니다.

예전에 사람이 먹을 수 있는 것이면 이것저것 가리지 않고 무엇이든지 다 먹어 치우시는 걸기 영감 한 분이 계셨습니다. 그분은 비만증으로 몸은 균형을 잃고 얼굴도 볼품없이 크기만 하였습니다. 게다가 기름기까지 끈적거려서 지저분하기 짝이 없었습니다. 따라서 그 몸에는 여러 가지로 병이 많았습니다. 고혈압에다가, 당뇨병에다가, 위장병에다가, 협심증에다가……. 그런데 몇 해 후에 만난 그분은 너무도 늘씬하고 너무도 건강한 신사였습니다. 마치 새로 태어난 사람 같았습니다. "이거 도대체 어떻게 된 거요?" 그러자 그 어른께서 대답하셨습니다. "다이어트를 하고 있습니다. 지금은 고기를 끊고 채식과 소식만 하고 있습죠!"

절제가 사는 길입니다! 잘사는 길도 절제입니다! 영생에 이르는 길도 절제입니다! 그런고로 우리 모두 몸도 절제하고, 물질도 절제하고, 감정도 절제하고, 입도 절제하고, 욕심도 절제하여 하나님의 뜻을 이루도록 하십시다!

"좁은 문으로 들어가라 멸망으로 인도하는 문은 크고 그 길이 넓어 그리로 들어가는 자가 많고 생명으로 인도하는 문은 좁고 길이 협착하여 찾는 자가 적음이라"(마 7:13~14)

사랑이 묘약입니다
(사랑에 굶주린 현대인)

"그런즉 믿음, 소망, 사랑, 이 세 가지는 항상 있을 것인데 그 중의 제일은 사랑이라"(고린도전서 13:13)

사랑이 묘약입니다(사랑에 굶주린 현대인)

하나님은 사랑이십니다. 사랑은 하나님께로부터 왔습니다. 사랑은 곧 하나님입니다.

다음은 브룩A. E. Brooke의 말입니다. "인간의 사랑은 하나님의 본성의 반영입니다."

하나님은 사랑이십니다. 그런데 그 사랑은 상대 없이는 존재할 수 없습니다. 그래서 하나님께서는 사랑하시기 위해서 천지 만물, 그중에도 사람을 창조하셨습니다. 그래서 삼라만상에는 하나님의 사랑이 새겨져 있습니다. 하늘이 있는가 하면 땅이 있고, 높은 산이 있는가 하면 깊은 바다가 있고, 남자가 있는가 하면 여자가 있고, 양전기가 있는가 하면 음전기가 있고, 수나사가 있는가 하면 암나사가 있고, 낮이 있는가 하면 밤이 있고, 선한 것이 있는가 하면 악한 것이 있고, 생명이 있는가 하면 죽음이 있습니다. 세계는 "짝짜꿍"의 원리에 의해 창조되었습니다!

그러면 사람이 하나님의 형상대로 지음을 받았다는 말씀이 뜻하는 것은 무엇일까요? 사람 역시 하나님을 닮아서 사랑하지 않고서는 살 수가 없는 실존, 사랑하지 않고서는 행복할 수도 없고 자아실현을 할 수도 없는 실존이라는 뜻입니다! 그래서 육체는 애인을 만나서 얼싸안을 때가 가장 행복하고, 영혼은 하나님의 품 안에 있을 때가 가장 기쁩니다!

그러면 어떻게 우리는 하나님과의 사랑의 관계에 들어갈 수 있는 것일까요? 믿음에 의해서입니다. 하나님의 사랑을 믿음으로써입니다! 하나님의 사랑을 체험함으로써입니다(요일 4:7~8). 아무리 성경 박사라도 사랑

없이는 하나님을 알 수 없습니다! 이와는 반대로 아무리 무식한 사람이라도 사랑이 있으면 하나님을 알 수 있습니다! 하나님을 아는 길은 사랑밖에 없습니다(요일 4:12). 사랑하지 않고 하나님을 알 길은 없습니다. 하나님은 지식에 의해서가 아니라 체험에 의해서만 알 수가 있습니다! 차가운 두뇌가 아니라 뜨거운 가슴으로만 알 수가 있습니다! 사랑을 아는 길은 사랑을 공부함으로써가 아니라, 사랑을 체험함으로써입니다! 따라서 하나님께서 자신을 계시하신 방법 역시 사랑이었습니다. 하나님의 특수 계시는 예수님 자신입니다.

이성을 아는 길도 체험이지 이론이 아닙니다. 따라서 사랑만이 기독교를 증명하고 사랑만이 살아 계신 하나님도 입증할 수 있습니다! 하나님의 존재에 대한 증거 역시 과학적인 증거나 이론적인 논증이 아니라 십자가의 증거입니다.

최고의 전도도 사랑입니다. 이론적으로 이기는 것은 이기는 것이 아닙니다! 욕심으로 하는 전도는 전도가 아닙니다. 고기잡이입니다. 하나님은 사랑이십니다. 기독교도 사랑입니다. 그리스도인도 사랑입니다. 예배도, 봉사도, 전도도 모두 사랑입니다! 사랑만이 인류를 구원하고 사랑만이 인생 문제를 해결할 수 있을 것입니다!

1. 사랑에 목마른 세상

"불법이 성하므로 많은 사람의 사랑이 식어지리라"(마 24:12)

빨랫줄에 홀로 앉아 있는 제비도 사랑을 찾고, 하루밖에 살지 못하는 하루살이도 사랑을 찾아서 열띤 무용을 합니다! 심지어 행복한 가정의 주부도 남편의 사랑을 기대합니다! 이 세상은 사랑에 굶주린 사람들의 마을입니다! 어딜 가나 사랑에 목말라 하는 사람들이 있습니다! 영화에서든,

소설에서든, 음악에서든, 설교에서든 '사랑'이라는 단어만큼 많이 사용하는 말은 없을 것입니다! 유행가의 90%는 그 주제가 사랑입니다.

그런데도 참된 사랑만큼 구하기 어려운 것도 없습니다.

우선 인종들 사이에 사랑이 없습니다. 1960년대에 미국의 국무장관 딘 러스크Dean Rusk의 딸 마거릿Margaret 양이 흑인인 스미스Smith 군과 결혼한 사실이 대서특필됐는데…… 그 역시 알고 보면, 인종차별의 실재를 얘기해 주고 있을 뿐입니다.

부자와 빈민, 자본주와 노동자 사이에도 사랑이 부족합니다. 개에게 소고기를 고아 먹이는 부잣집의 싸늘한 벽 밑에는 헐벗고 굶주린 거지들이 웅크리고 앉아 있습니다!

스승과 제자 사이에도 옛날에 있던 사랑이 없습니다. 여기는 20년 동안을 근속한 선생님의 송별식장입니다. 그런데…… 그 뒷좌석에서는 스승님을 떠나보내는 학생들이 킬킬거리며 잡담에 여념이 없습니다.

"야, 너! 울어?"

"울긴 왜 울어? 아버지라도 죽었냐?"

이웃간의 사랑도 식어 버린 지 이미 오래입니다. 버스에 치여 죽은 시신이 거적에 덮여 있습니다. 지나가던 사람들이 죽은 개를 보듯이 구경합니다. 나라에 대한 사랑도, 학문에 대한 사랑도, 예술에 대한 사랑도, 메말라 버린 지 이미 오래입니다. 공부는 시험에 합격하기 위해서나 입신양명을 위해서 할 뿐입니다. "공부해서 남 주나?" 하는 말을 들어야 정신을 차리고 공부합니다. 예술을 위해서 예술을 하고 학문을 위해서 학문을 하던 시대…… 그래서 가난도 부끄러워하지 않던 시대는…… 옛 선비들의 정신은…… 자취를 감추어 버린 지 이미 오래입니다!

오늘날에는 심지어 종교까지도 성공과 출세를 위해서 합니다. 자기 뜻을 이루기 위해서 하고 자기 꿈을 이루기 위해서 합니다. 지금은 심지어 사랑의 원천인 결혼까지도 수지를 맞추기 위해서 합니다. 처녀들은 봉을 잡기 위해서 시집가고 총각들은 땡을 잡기 위해서 결혼합니다. 섹스는 있지만 사랑은 없습니다. 인격이란 뭣과도 바꿀 수 없는 것입니다. 인격은 고유한 것입니다. 인격은 누구와도 대치할 수 없는 것입니다. 동서고금을 막론하고 누구와도 뭣과도 대치할 수 없는 것은 인격뿐입니다. 참된 사랑은 한 남자와 한 여자 사이에만 있을 수 있는 사건으로 따라서 한 번밖에 있을 수 없는 사건입니다.

그러나 '섹스'는 다릅니다. 남자는 얼마든지 있고 여자도 얼마든지 있습니다. 그리고 남자와 여자는 얼마든지 바꿀 수 있습니다. 언제든지 이혼도 하고 얼마든지 재혼도 할 수 있습니다! 인격적인 사랑이 없는 세상에서 '이혼과 재혼'은 기계의 부속품을 갈아 끼우는 것만큼이나 간단한 일입니다!

지금은 너무나도 당연하게 남편이 먼저 세상을 떠나면 아내가 재혼하고, 아내가 먼저 세상을 떠나면 남편이 재혼하는 시대입니다. 늙었다고 마음 놓고 죽을 수도 없는 시대입니다! 지금은 70이 넘은 노인장들까지도 이혼하고 재혼하는 시대입니다. 이 도령과 성춘향의 사랑은 옛날 얘기가 된 지 이미 오래입니다. 사랑은 없고 동물같이 섹스만 있는 시대입니다. 현대는 고유명사인 한 인격과 한 인격이 결혼하는 시대가 아니라, 보통명사인 한 남자와 한 여자가 결혼하는 시대입니다. 그래서 사람들은 참된 사랑에 목말라 하고 있습니다.

집시 처녀 카르멘은 호세만 뜨겁게 사랑하였습니다. 그러나 후에 호세보다 더 매혹적인 루카스를 만나자 카르멘은 에로스의 본능에 따라 루카스를 사랑하였습니다. 그러자 호세는 카르멘을 죽인 다음 교수대로 올라갑니다. 이것이 인간적인 사랑의 한계입니다! 사랑하기 때문에 미워도 하고 사랑하기 때문에 죽이기까지 합니다! 한 사람을 사랑하긴 하지만, 그러나 그 사람보다 더 매력적인 사람이 나타나면 사랑은 현주소를 옮기고 맙니다!

그래서 키에르케고르 S. Kierkegaard는 다음 같은 말을 하였나 봅니다. "서로 뜨겁게 포옹하고 있는 남녀는 서로 사랑하고 있을 뿐만 아니라 서로 미워도(싸움도) 하고 있는 것입니다."

정욕이 불타오르고 있는 동안은 뜨겁게 사랑을 하지만, 그러나 정욕이 식어 버리면 등을 돌립니다.

시인 엘리엇Thomas Stearns Eliot도 같은 맥락의 말을 하였습니다. "인간관계는 결국 사랑할 수 없는 존재와 사랑받을 자격이 없는 존재 사이의 관계일 뿐입니다."

현대인의 사랑은 더더욱 그렇습니다. 그래서 현대인들은 그 어느 시대의 사람들보다 더 많은 사랑을 하면서도, 그러면서도 가장 사랑에 굶주리고 있습니다! 옛날에는 손님이 10리 길도 안 되는 집으로 돌아가실 때에도 정거장까지 온 가족이 뒤따라가며 전송했지만, 그러나 지금은 태평양 건너의 먼 나라로 이민을 해도 집안에서 문만 살짝 열고 "안녕!" 할 뿐입니다.

현대는 과연 사랑도 식고 인정도 메마른 시대입니다. 40년 만에 초등학교 시절의 동기 동창을 서울 거리에서 만나도, 그리고 다시 만날 기약이 없어도, 몇 마디 맥 빠진 말을 주고받은 다음에는 싱겁게 헤어질 뿐입니다! 지금은 나를 존경한다며 따르는 사람도 내일은 이해관계에 따라 원수가 될 수도 있는 시대입니다. 아무리 둘도 없는 친구라도 믿을 수가 없습니다. 지금은 친구도 없고 이웃도 없고 동지도 없는 시대입니다.

어떤 사람이 이런 말을 하였습니다. "만일 내가 거지가 돼서 친구들의 따뜻한 사랑을 받을 수만 있다면 거지라도 사양치 않겠노라!"

그러나 무정한 이 세상은 꼭 도움이 필요하게 되면 외면하고 돌아섭니다! 이에 반해 누구의 도움도 필요로 하지 않게 되면 문전성시를 이룹니다. 어느 추운 겨울날 집에서 쫓겨난 다섯 분의 할머니들이 콘크리트 바닥에 옹기종기 모여 앉아 슬픈 노래를 부르고 있었습니다. 후진국에는 먹을 것이 없어서 굶주리는 사람들이 많지만, 그러나 먹을 것이 풍부한 선진국의 사람들은 사랑이 메말라서 목말라 하고 있습니다! 현대인들같이 사랑한다는 말을 많이 하고, 사랑의 노래를 많이 부른 시대는 일찍이 없었건만……?

프랑스의 문호 앙드레 지드Andre Gide는 그의 일기장에서 "나의 인생을 지배하고, 나로 하여금 팬들을 사로잡게 한 것은 내가 누군가를 사랑하고 또 누군가의 사랑을 받고 싶어 한 욕망 때문이었다"고 하였습니다.

"세상 모두 사랑 없어 냉랭함을 아느냐 곳곳마다 사랑 없어 탄식 소리 뿐일세 악을 선케 만들고 모든 소망 이루는 사랑 얻기 위하여 저들 오래 참았네"(새찬송가 503).

"예수께서 대답하여 이르시되 기록되었으되 사람이 떡으로만 살 것이 아니요 하나님의 입으로부터 나오는 모든 말씀으로 살 것이라 하였느니라 하시니"(마 4:4).

이 세상에는 먹을 것이 없어서 배가 고픈 사람들도 많지만, 그러나 식량보다 더 부족한 것이 사랑입니다! 사랑의 결핍에서 온갖 불행과 죄가 나옵니다! 첫째는 사랑을 흡족하게 받지 못해서 그렇고 둘째는 사랑을 말로만 해서 그렇습니다.

어떤 젊은이가 밤낮으로 술에 취해서 살았습니다. 그래서 동네 어른들이 충고했습니다. "자네! 그렇게 밤낮으로 술만 마시고 다녀서야 쓰겠나?" 그 말이 떨어지기도 무섭게 젊은이가 대꾸했습니다. "요즘 같은 세상을 술에 취하지 않고 어떻게 살 수 있습니까?"

현대인들은 누구나 마음에 상처를 입고 삽니다. 몸뚱이는 멀쩡하지만 마음속은 상처투성이입니다! 5 · 18 광주사태 이후 식량과 돈이 전국 각지에서 그곳으로 보내져 왔습니다. 그때 광주 시민들이 한 말이 뭔지 아세요? 그들은 이렇게 울부짖었습니다. "우린 그런 것 원치 않아요! 마음의 상처를 고쳐 달란 말입니다!"

심리학자들은 말합니다. 마음에 상처가 생기면 아래와 같은 네 가지 현상이 일어난다고. 첫째는 불안한 마음과 공연한 염려이고, 둘째는 분노와 미움과 시기와 질투와 반항이고, 셋째는 좌절감과 열등감과 죄책감이고, 넷째는 교만이고, 다섯째는 편견과 이기심과 자만심과 만용이라고. 이것을 다른 말로 하면 사랑받지 못해서 마음에 상처를 입은 사람은 공연히 불안해하기도 하고 항상 불만을 느끼기도 하고, 까닭 없이 사람이 미워지기도 하고, 쉽게 분노를 터뜨리기도 하고, 늘 좌절감과 죄책감에 시달리기도 하고, 편견도 심하고 열등감이 지나쳐 터무니없이 교만해지기도 합니다! 결국, 사랑받지 못한 사람은 모든 범죄와 모든 질병과 모든 불만의 온상이 되고 만다는 얘기입니다!

어떤 개척교회에서 몇 사람이 모여 예배를 드리고 나서 5만 원의 헌금을 바쳤는데 갑자기 술에 만취한 주정뱅이 하나가 나타나더니 헌금을 몽땅 털어서 유유히 사라져가고 있었습니다. 그때 "여보시오! 그 돈은 헌금이오! 도대체 무엇에 쓰려고 헌금을 털어 가는 거요?"라고 김 전도사가 소리치자, 주정뱅이는 당당히 말했습니다. "무엇에 쓰느냐고? 술값이야 술값! 다음 일요일에도 찾아올 테니 술값이나 넉넉히 준비해 두라고!" 그래서 뱃심 좋은 김 전도사가 술안주 하라고 오징어 한 마리를 사 들고 그 주정뱅이를 뒤쫓아 갔습니다. 그래서 대화가 오고 갔는데, 그 무법자가 실토한 말은 이렇습니다. "나는 처음부터 더러운 피로 태어났기 때문에 악하고 더럽게 살 수밖에 없었소! 아버지께서 출타 중에 찾아온 아버지의 친구와 우리 어머니가 간통해서 생긴 것이 바로 '나'니까요! 그래서 나는 어려서부터 단지 호적상의 아버지에게 까닭 없이 미움도 받고 지긋지긋하게 매도 많이 맞았지요!"

그러면 이렇게 사랑받지 못해서 생긴 마음의 상처를 치료할 수 있는 약은 무엇일까요? 사랑입니다! 사랑받지 못해서 생긴 마음의 상처를 치료할 수 있는 약은 사랑뿐입니다!

2. 하나님의 사랑

"이에 일어나서 아버지께로 돌아가니라 아직도 거리가 먼데 아버지가

그를 보고 측은히 여겨 달려가 목을 안고 입을 맞추니"(눅 15:20)

마음의 병을 치료할 수 있는 약은 사랑밖에 없습니다! 율법이나 형벌 같은 것이 마음의 병을 치료해 줄 수 없습니다. 사랑만이 유일한 치료제입니다! 그런데 그 사랑은 온전한 사랑이어야 합니다! 그런데 온전한 사랑은 하나님의 사랑밖에 없습니다.

그러면 하나님의 사랑은 어떤 사랑일까요?

1) 예수 그리스도의 십자가를 통해서 계시된 사랑입니다(요일 4:9)

그가 누구든 마음의 병을 치료받기 원하면 십자가에서 하나님의 사랑을 체험해야 합니다! 구원의 체험이 하나님의 사랑 체험입니다!

2) 주기만 하시는 사랑이며, 주시되 몽땅 내어 주시는 사랑입니다

하나님의 사랑은 독생자까지 내어 주신 사랑입니다.

에리히 프롬Erich Fromm은 그의 저서『사랑의 기술』에서 사랑의 다섯 가지 특징을 다음과 같이 진술하였습니다. "첫째는 관심을 두는 것이고, 둘째는 책임을 느끼는 것이며, 셋째는 존중히 여기는 것이고, 넷째는 이해하는 것이고, 다섯째는 주는 것입니다!"

어떤 목사의 아들은 장성해서 아버지만큼 큰 '사이즈'의 사나이가 되자, 아버지의 양복은 물론 구두와 넥타이와 와이셔츠와 양말까지 모두 꺼내다가 입고 매고 신기 시작했습니다. 그런데도 아버지의 마음은 흐뭇하기만 했습니다. "이젠 네놈도 다 컸구나!" 이것이 사랑입니다.

3) 무조건적인 사랑입니다

　사랑받을 만한 조건을 갖추지 못한 무자격자들을 포용하는 사랑입니다. 구원받을 조건을 갖추지 못한 죄인들을 구원하시는 사랑입니다.
　우리는 탕자의 비유에서 하나님의 무조건적인 사랑을 확인할 수 있습니다. 아버지에게로 돌아온 아들은 누더기를 입은 아들이요, 재산을 탕진해 버린 아들이요, 방탕한 아들이었습니다. 벌을 받아야 할 아들이었습니다. 아들의 자격을 상실한 아들이었습니다. 자격이 없는 아들이었습니다.
　그런데도 아버지는 (미워해야 할) 그 아들을 사랑으로 받아들였습니다! 벌을 주어야 할 아들에게 금가락지까지 끼워 주었습니다. 죄를 범하고 돌아온 탕자에게 훈장을 수여하였습니다. 목욕도 하지 못해서 더럽기 짝이 없는 아들을 그대로 받아들여 목욕을 시킨 다음에는 새 옷으로 갈아 입혔습니다. 더러운 그대로 받아들였습니다. 가장 못된 짓을 하고 돌아온 아들에게 가장 좋은 것으로 덧입혀 주었습니다. 거지 자격밖에 없는 자식에게 비단옷을 입혀 주었습니다.
　이것이 하나님의 사랑입니다! 아들은 아버지를 버리고 집을 떠났지만 아버지는 아들을 버리지 않았습니다! 아들은 변심했지만 아버지는 변하지 않았습니다! 아버지는 못된 짓만 하고 돌아오는 아들을 맨발로 뛰어나가 맞아들였습니다. 늙은 아버지의 발걸음은 회개하고 돌아오는 탕자의 발걸음보다 더 빨랐습니다!
　이런 것이 하나님의 사랑입니다! 하나님의 사랑에는 끝도 없고 한도 없습니다! 똑같은 죄를 너무 여러 번 고백해서 더는 용기가 나지 않으신다고요! 모르시는 말씀입니다. 성경에 이르기를 하나님께서는 용서하시기를 기뻐하신다고 하지 않던가요! 그런고로 열 번 똑같은 죄를 고백하면 열 번 하나님을 기쁘시게 해 드리는 것이 될 것입니다!
　탕자는 아버지에게로 돌아오기만 하면 됩니다! 무슨 죄를 범했든, 무슨 옷을 입고 있든, 그런 것은 문제 되지 않습니다! 탕자는 아버지를 믿고 돌아가기만 하면 됩니다. 조건이 있다면 돌아가는 조건 하나뿐입니다! 다른 조건은 없습니다! 그 조건을 우리는 '회개' 라고도 하고 '믿음' 이라고도 합니다. 후회Penitence는 단지 지은 죄를 감정적으로만 가슴 아프게 뉘우치는 것이지만, 그러나 회개Repentance는 감정적으로 뉘우칠 뿐 아니라, 의지적으로 아버지께로 돌아가는 것입니다!

아버지의 집으로 돌아가기만 하면, 탕자는 자기가 기대했던 것 이상의 뜨거운 환영을 받고 자기가 생각했던 것 이상의 대우를 받을 것입니다! 탕자는 아버지가 자기를 품꾼으로라도 써 주시기를 바랐지만, 그러나 아버지는 놀랍게도 금의환향하는 아들로 맞이해 주셨습니다.

언제나 하나님의 사랑은 기대 이상이요 우리들의 생각 이상입니다. 우리는 그 사랑을 믿고 하나님 아버지께로 돌아가기만 하면 됩니다! 하나님의 사랑은 언제나 '기대 이상' 입니다! 사랑이 묘약입니다!

시인 데이비드 그레이David Gray가 아버지에게 보낸 편지만큼 서글픈 사연은 또다시 없을 것입니다. 그레이는 글래스고우Glasgow에서 8마일 정도 떨어진 동네에서 출생하였습니다. 그의 아버지는 그레이가 성직자가 되기를 원했습니다. 그러나 아들은 아버지의 뜻을 어기고 시인이 되겠다고 런던으로 떠나갔습니다. 아버지의 뜻을 어긴 아들은 런던에서 고생만 죽도록 하고…… 그리고 마침내는 그 당시로써는 불치의 병인 폐병 환자가 되고 말았습니다.

다음은 그레이가 그 절망적인 상황에서 고향에 계신 아버지에게 보낸 편지의 사연입니다.

"아버지! 어머니! 나는 집으로 돌아가겠습니다! 나는 더는 집을 떠나 있을 수가 없습니다. 나는 집이 그립습니다. 아버지의 집을 떠난 나에게 지금 있는 것은 가난과 불치의 병뿐입니다. 이제 집으로 돌아가면 다시는 집을 떠나지 않겠습니다! 지금의 내가 전보다 나아진 것은 아무것도 없으니, 전보다 훨씬 더 불행한 사람이 돼서 집으로 돌아오고 있다고 모든 사람에게 말씀해 주십시오!

내가 또다시 고향 집으로 돌아갈 수만 있다면 추위인들 어떻고 서리인들 못 참겠습니까? 아버지! 내가 그때 아버지의 집을 떠나지 않았으면 얼마나 좋을 뻔하였습니까! 지금 나에게는 돈도 없고 다른 아무것도 가진 것이 없습니다! 그저 집으로 돌아가고 싶은 마음뿐입니다! 아버지! 저를 용서해 주시겠습니까? 아버지! 저를 용서해 주십시오!

다른 사람들에게는 말도 할 수 없고 아버지에게만 말씀드리고 싶은 숨은 사연이 너무나도 많습니다. 부끄러운 얘기들이오니 비밀로 해 주시기 바랍니다! 조그마한 구석 방 하나만 준비해 주십시오! 이제 나는 그 집에서 살다가 그 집에서 죽겠습니다. 어머니께서는 마지막까지 내 곁에 계셔 주실 줄 믿습니다!

1861년 1월 6일. 아들 데이비드 그레이 올림."

죽을 때는 누구나 이 지경이 돼서 하나님 아버지께로 돌아가야 할 것입니다! 그런데도 하나님 아버지께서는 쌍수를 들어 우리를 맞이해 주실 것입니다!

"살진 송아지를 끌어다가 잡으라 우리가 먹고 즐기자 이 내 아들은 죽었다가 다시 살아났으며 내가 잃었다가 다시 얻었노라 하니 그들이 즐거워하더라"(눅 15:23~24).

하늘의 아버지께서는 아들이 성공해서 교만한 사람으로 돌아오는 것보다는 실패해서 겸손한 사람이 되어 회개하고 돌아오는 것을 더 기뻐하실 것입니다!

4) 과거의 허물 같은 것은 기억조차 하지 않으시는 사랑입니다

"나 곧 나는 나를 위하여 네 허물을 도말하는 자니 네 죄를 기억하지 아니하리라"(사 43:25)

사람은 용서를 해도 완전하게는 용서하지 못합니다. 죄가 있기 때문입니다. 과부가 홀아비 사정을 안다지만 반드시 그렇지만은 않습니다. 죄가 없으신 하나님만이 완전히 그리고 참으로 용서할 수 있으십니다.

우리는 때때로 이런 말을 듣습니다. "용서도 한두 번이지……? 더는 용서할 수 없지!"

사람들은 용서를 해도 기억에 남깁니다. 깨끗하게 용서를 했다고 말은 하지만 기억에는 남겨둘 수밖에 없습니다. 그러나 하나님의 용서는 완전하여 기억에서조차 사라져 버립니다! 그래서 죄 사함을 받은 성도들에게는 선행에 대한 포상이 있을 뿐 죄에 대한 심판은 없습니다.

나폴레옹 군대의 모스크바 대행진(원정)에는 헤센 다름슈타트Hessen Darmstadt 공국의 에밀Emile왕자도 참전을 하였습니다. 역사를 공부한 사람들은 누구나 나폴레옹 군대의 모스크바 철수 작전의 참상을 기억하고 있습니다. 그런데 패주하는 군대의 참상은 언제나 전투를 하고 있을 때의 참상보다 더 충격적이라고 합니다. 그런데 패주하는 군대의 참상 중에서도 가장 비참했던 참상은 나폴레옹 군대의 모스크바 철수 작전이었습니다. 베레지나Berezina 강에서만도 2만 8천 명의 프랑스 군대가 아사하였습니다.

에밀이 베레지나 강을 건널 때는 그가 지휘하던 수천 명의 병사들 중 살아남은 사람은 열 명밖에 되지 않았습니다. 패주를 하는 나폴레옹 군은 혼란에 빠졌고, 병사들은 각자 자기가 원하는 대로 사방으로 흩어져 갔습니다. 그 판국에서도 살아남은 병사들은 끝까지 지휘관을 떠나지 않고 그 곁에 있었습니다. 그들의 혈관 속에는 그 차가운 추위 속에서도 지휘관에 대한 충성심과 사랑의 뜨거운 피가 흐르고 있었습니다! 추위는 점점 더 극심해져 가고 눈은 산더미같이 쌓였는데, 먹지를 못한 병사들은 기진맥진하여 그대로 내버려 두어도 금방 얼어 죽을 판국이었습니다. 그 와중에서도 적군의 공격은 집요하게 계속되었습니다. 그렇다고 드러누워 있다가 잠이 들면 끝장이었습니다. 그들은 견딜 수 있을 때까지 버티었습니다. 그러나 더는 견딜 수가 없었습니다.

그때 에밀이 부하병사들에게 부탁하였습니다. "이젠 어쩔 수 없다! 자야겠다! 혹시 살아나거든 다시 싸우자!" 얼마 후 에밀은 잠이 들었습니다. 잠이 들면 죽는다는데……? 그런데도…… 에밀은 죽지 않고 다음 날 아침에 잠을 깼습니다. 어찌 된 일이었을까요? 그의 몸은 두꺼운 옷더미 속에 싸여 있었습니다. 에밀이 그 옷들을 살펴보았습니다. 그 옷들은 모두가 부하들이 입고 있던 옷이었습니다! 에밀은 일어나서 사방을 살펴보았습니다! 그런데 보십시오! 거기에는 상관을 위해서 옷을 벗어 준 병사들이 알몸으로 꽁꽁 얼어 죽어 있었습니다!

그와 같이 예수님께서도 죽음의 노예가 된 인생들을 구원하시기 위해 자기 목숨을 내어 주셨습니다!

"그 크신 하나님의 사랑 말로다 형용 못하네 저 높고 높은 별을 넘어 이 낮고 낮은 땅 위에 죄 범한 영혼 구하려 그 아들 보내사 화목제물 삼으시고 죄 용서 하셨네 하나님 크신 사랑은 측량 다 못하며 영원히 변치 않는 사랑 성도여 찬양하세"(새찬송가 304)

3. 이웃 사랑

"사랑하는 자들아 하나님이 이같이 우리를 사랑하셨은즉 우리도 서로 사랑하는 것이 마땅하도다"(요일 4:11)

하나님의 사랑을 체험하면 변화가 일어납니다. 미움이 사랑으로 변합니다! 근심과 두려움까지도 변해서 평안이 됩니다! 그런데 하나님의 사랑과 이웃 사랑은 분리할 수가 없습니다! 하나님의 사랑을 체험한 사람은 하나님을 사랑할 수밖에 없고, 하나님을 사랑하는 사람은 이웃을 사랑할 수밖에 없습니다(요일 3:10, 14; 4:21; 약 2:14~18).

하나님을 사랑하노라 하면서 이웃을 사랑하지 않는 사람은 거짓말을 하는 사람입니다. 죄 사함을 받았다고 하면서 형제의 죄를 용서하지 못하는 사람도 거짓말을 하는 사람입니다.

"누구든지 하나님을 사랑하노라 하고 그 형제를 미워하면 이는 거짓말하는 자니 보는바 그 형제를 사랑하지 아니하는 자는 보지 못하는바 하나님을 사랑할 수 없느니라"(요일 4:20).

하나님께 받은 사랑을 내보내지 않고 그대로 두면 변질할 수밖에 없습니다! 그래서 하나님의 사랑을 체험한 성도들은 자기가 살아남기 위해서라도 사랑을 실천해야 합니다. 복음은 전해야 하고요. 그렇지 않으면 자기 속에 있는 복음까지 잃어버리게 됩니다! 죽은 복음이 되고 맙니다. 하나님의 사랑이 인류애의 근원입니다! 하나님 사랑이 넘치면 이웃을 사랑할 수밖에 없습니다. 이웃 사랑은 넘치는 하나님 사랑입니다.

하나님의 사랑은 그 대상을 얻기 위해 인류를 창조하셨고, 하나님의 사랑은 인격적인 사랑의 기쁨을 얻기 위해 인간에게 자유의지를 주셨고, 하나님의 사랑은 세계를 그대로 내버려 두실 수가 없어 역사를 섭리하시게 되셨고, 하나님의 사랑은 죄로 말미암아 죽을 수밖에 없는 인생을 심판하실 수가 없어서 독생자를 내어 주셨습니다.

그럼 다시 이웃 사랑의 얘기로 돌아가서…….

하나님의 사랑은 이웃 사랑과 하나입니다! 사랑은 좋은 것입니다! 사랑이 있는 곳에는 기쁨이 있고 두려움은 없습니다! 사랑이 있는 곳에는 불만이나 미움도 있을 수 없습니다! 어떻게 아버지께로 돌아간 탕자가 또다시 방탕한 생활과 거지 생활을 계속할 수 있겠습니까?

물론 성화는 점진적입니다. 그럼에도 불구하고 변화는 분명합니다! 주일날 골프를 즐기던 사람이 변해서 주일을 기다리는 사람이 됩니다!

원래 개는 자칼jackal이란 이름의 짐승이었습니다. 사람만 보면 피해 달아나거나 물고 늘어지는 맹수였습니다. 그러던 중 어떤 야만인이 자기 집으로 기어들어 온 자칼 새끼 두 마리를 불쌍히 여겨 먹여 주기도 하고 쓰다듬어 주기도 하면서 사육하였습니다. 그런 과정을 통해 원수지간이던 야만인과 자칼 사이에 사랑이 싹트기 시작했습니다. 그렇게 여러 세대가 지나갔습니다. 그러는 동안에 자칼의 사나운 기질은 순화되어 주인에게 가장 충성스러운 애견이 됐다는 얘기입니다. 자칼이 점진적으로 변해서 애견이 됐던 것입니다!

그와 같이 인생도 하나님 사랑을 체험하면 하나님께 충성하는 성도로 변화를 받습니다! 이리같이 성만 내고 다투기만 하던 사람이 변해서 하나님의 뜻에 순종도 하고, 원수도 사랑하는 사람으로 변화를 받습니다! 그러나 '조금씩'입니다. 이 세상에서 제일 좋은 것은 사랑입니다! 사랑은 금보다도 더 좋고, 권력보다도 더 좋고, 학벌보다 더 좋은 것입니다! 재물이나 권력은 사람을 행복하게 하지 못해도, 사랑은 사람을 행복하게 합니다! 학문은 사람을 고상하게 할 수 없어도, 사랑은 사람을 고상하게 합니다!

다음은 한국의 지성인 김용옥의 글입니다. "선비들은 천하고 못 쓸 걸레 조각이 되어 버렸고, 어린아이들의 데모나 막는 하수인 노릇을 하면서 입에 풀칠이나 하고, 부정 입시의 뒷거래로 치부한 다음, 강남의 룸살롱에 앉아 어린 계집아이들의 궁둥이나 어루만져 주는 비열하고 비천하고 힘없는 인간들이 되어 버렸다."

그러나 사랑은 사람을 깨끗하게 만듭니다! 사랑이 묘약입니다! 지금은 온 세계가 첫째도 경제, 둘째도 경제, 셋째도 경제 하면서 잘살기 경쟁을 벌이고 있는 시대지만, 그러나 오늘날 온 인류가 당면한 가장 긴박한 문제는 경제 문제가 아니라 사람(사랑) 문제입니다! 도덕 문제입니다. 나라들은 자기 나라의 이익만 추구하고 개인은 자기 한 사람의 이권만 추구하기 때문에 온 세상이 혼미를 계속하고 있습니다.

사랑이 묘약입니다! 아무리 복잡한 가정 문제도, 아무리 악순환을 계속하고 있는 교회 문제도, 아무리 돌파구가 없는 국내 문제도, 아무리 막다른 골목에 이른 세계 문제도, 사랑만 있으면 해결될 수 있습니다! 사랑이 묘약입니다! 사랑은 영원한 시간을 조각조각 잘라서 순간순간을 행복하게 살 수 있게도 해 주고, 짧은 인생을 영원한 세계에 잇대어 주기도 합니다! 사랑만 있으면 배가 고파도 뿌듯하고, 애인과 함께라면 시궁창 속도 낙원이 될 수 있습니다! 그러나 미운 사람과 함께하면 궁궐도 지옥이 될 수밖에 없을 것입니다!

다음은 세계 제2차 대전 당시에 있던 실화입니다.

치열한 전투 중에 한 병사가 부상을 당해서 더는 싸울 수 없게 되었습니다. 그래서 살길을 찾아서 동굴 속으로 피해 들어갔습니다. 그런데 그 동굴 속에는 중상을 입은 적병이 먼저 숨어들어 있었는데 그가 들어오자 총구를 들이댔습니다. 살려고 들어갔다가 꼼짝없이 죽게 되었습니다. "아차!" 생명이 경각에 달려 있었습니다. 그때 그는 적병에게 사정을 했습니다. "마지막 기도를 드릴 기회라도 주시면 감사하겠습니다." 그는 적병에게 허락을 받고 마지막 기도를 드리기 시작했습니다. 그런데…… 그 적병도 총을 내던지고 함께 기도를 드리기 시작했습니다. 두 병사는 똑같은 그리스도인이었습니다. 그리스도의 사랑은 국경까지도 초월할 수 있었습니다! 두 병사는 같이 얼싸안고 울었습니다! 두 병사는 물도 같이 나누어 마시고 빵도 같이 나누어 먹었습니다. 사흘 후 두 병사는 나란히 죽어 시체가 되어 있었습니다!

사랑만 있으면 죽음까지도 아름다움이 될 수 있습니다! 그런데 하나님의 사랑은 이론이나 감정이 아니라 행동입니다!

4. 최고의 이웃 사랑

"사람이 친구를 위하여 자기 목숨을 버리면 이보다 더 큰 사랑이 없나니"(요 15:13)

그러면 어떤 사랑이 가장 큰 이웃 사랑일까요?

1) 몸으로 실천하는 사랑입니다

개인적으로 참여하는 사랑입니다. 직접, 그리고 몸으로 동참하는 사랑입니다. 사마리아인은 직접 자기 몸으로 이웃을 사랑했습니다. 길가에 쓰러져서 신음하는 부상자를 외면한 제사장도 참극의 비참함을 예로 들어 설교함으로써 사람들의 흉금을 울려서 거액의 성금을 모아 강도 만난 부상자를 도와줄 수는 있었을 것입니다. 그 무정한 레위 사람도 폭력의 현장을 보고 분격해서 국회에 나가 강력한 폭력배 단속 법안을 통과시킴으로 강력범들을 소탕할 수는 있었을 것입니다. 그럼에도 불구하고 제사장과 레위 사람은 이웃을 사랑하지 않은 사람이 되고 말았습니다. 왜일까요? 몸으로 사랑하지 않았기 때문입니다.

집에 앉아서 구제금만 송금하는 구제는 아무리 거금이라도 직접 자기 몸으로 실천한 사랑만 못 합니다! 아무리 권좌에 앉아서 막대한 구제금품을 풀어 수천 명의 생명을 죽음에서 살려 내도 자기 몸으로 실천한 테레사 수녀의 작은 사랑에 미치지 못합니다! 아무리 열 사람의 선교사를 보내도 자기 몸 하나를 바쳐 선교사가 되는 것만은 못하고, 아무리 100억의 돈을 드려 혼자서 성전을 건축해도 자기 몸 하나를 바쳐 30년을 하루같이 제단에 꽂꽂이한 여신도만 못합니다!

무디Dwight L. Moody 목사가 다음과 같은 말을 했다고 합니다. "일할 사람을 고용할 수는 있지만, 사랑할 사람을 고용할 수는 없다. I can hire a man to do some work, but I can never hire a man to love."

어떻게 연애까지 다른 사람이 대신할 수 있겠습니까?

2) 형제의 고난에 동참하는 사랑입니다

똑같은 백만 원의 위로금도 제삼자를 통해서 전달하는 것과 직접 현장에 나가서 고통을 나누면서 전달하는 것과는 다릅니다! 부자라고 해서 사랑을 실천하는 데 유리한 고지를 점령하고 있는 것은 아닙니다! 손님을 대접하는 것도 마찬가지입니다. 고급 음식점으로 모시고 가서 50만 원짜리의 요리를 대접하는 것보다는 집에서 자기 손으로 수고하여 만든 5천 원짜리의 음식을 대접하는 것이 더 큰 대접입니다!

다음 얘기는 영등포의 어느 가정에 있었던 실화입니다.

가장은 징역을 살고 부인은 폐병으로 누워 있었습니다. 부인이 죽어가면서 쌀밥이라도 한번 실컷 먹어 보고 죽으면 여한이 없겠다고 하였습니다. 시어머니 집사님께서는 그 말을 듣고 며느리가 불쌍해서 견딜 수 없었습니다. 그 후 어느 날 시어머니가 김이 무럭무럭 나는 쌀밥 한 그릇을 며느리 앞에 차려 놓았습니다. 늙은 시어머니가 자기 머리를 삭발해서 쌀밥 한 그릇을 마련했던 것입니다! 그때 시어머니는 까까머리가 부끄러워서 수건을 쓰고 있었습니다! 쌀밥을 먹는 며느리의 눈에서 눈물이 핑 돌았습니다. 이때 시어머니의 사랑은 이웃의 고난에 동참하는 최고의 사랑이었습니다!

3) 끝까지 사랑하는 사랑입니다

사마리아인은 앞으로 드는 비용까지 담당함으로 끝까지 불한당을 만난 사람을 사랑하였습니다! 사실 기분이 좋을 때 여유 있는 것으로 한두 번 누군가를 도와주기는 쉬워도 끝까지 어떤 사람 하나를 돌보기는 쉽지가 않습니다.

그럼 이제 결론적으로 말씀드리겠습니다.

이웃을 사랑하라고 하신 말씀은 "무엇을 하여야 영생을 얻을 수 있으리이까?"라는 질문에 대한 답변입니다. 이웃을 사랑하면 영생을 얻을 것이란 말씀입니다. 아가페의 사랑으로 이웃을 사랑하면 영생을 얻을 것이란 말씀입니다! 사랑은 곧 영생입니다. 믿음과 사랑(행함)은 둘이 아니라 하나입니다! 믿음으로 구원을 받는다고 하는 말이나, 사랑(행함)으로 구원받는다고 하는 말이나 다른 말이 아닙니다! 행함(사랑)이 없는 믿음은 죽은 믿음이고, 믿음이 없는 사랑 역시 죽은 사랑입니다. 믿음이 곧 행함이고 행함이 곧 사랑입니다!

피오나 매클라우드Fiona MacLeod란 사람이 이런 말을 했습니다. "낙원에는 눈물이 없지만 그런데도 그 한구석에는 회색의 풀장이 있습니다. 그 풀장에는 세상 사람들이 흘리는 눈물이 쉴 새 없이 고이는데, 그 물을 눈에 찍어 바르기만 하면 온몸에 기쁨이 넘치고 계속해서 아름다운 노래를 부르게 됩니다!"

낙원(영생)은 불우한 이웃들과 눈물을 나누는 사람들의 것입니다!

"애통하는 자는 복이 있나니 그들이 위로를 받을 것임이요"(마 5:4).

수박도 먹어봐야 그 맛을 압니다. 수박 연구를 깊이 한다고 수박 맛을 알게 되는 것은 아닙니다. 신앙생활도 마찬가지입니다! 신앙도 살아 봐야 그 맛을 압니다! 성경공부를 하고 찬송을 부른다고 신앙생활하는 것은 아닙니다! 돈보다 예수님을 더 사랑해 보기도 하고, 원수를 용서해 보기도 하고, 못 참을 것을 참아 보기도 하고, 역경 중에서 감사도 해 보고, 자진해서 희생도 해 보고…… 그리고 나서야 수박 맛이 좋으니 나쁘니 할 수 있을 것입니다! 학교에 우유 배달이나 하노라고 뻔질나게 다닌 사람이 "나도 학교에 다녔다"고 하면 어찌 되겠습니까?

프랑스의 마르세유Marseilles 시민들이 무서운 역병으로 죽어가고 있었습니다. 그 병이 얼마나 무서운 병이었던지 시내는 삽시간에 황무지로 변해 버렸고, 아침부터 저녁까지 사람들이 하는 일은 장례식밖에 없었습니다. 시신들이 끊임없이 이곳에서 저곳으로 운구되어 갔습니다. 집집이 신음하는 중환자들과 죽은 사람들의 시신과 우는 사람들의 애곡 소리뿐이었습니다! 그러나 아무도 그 무서운 역병을 막을 수는 없었습니다.

오늘도 많은 사람이 죽고 내일도 많은 사람이 죽어야 했습니다. 시민들은 너나 할 것 없이 죽을 차례만 기다리고 있었습니다! 마침내 시의원들이 모였습니다. 무슨 좋은 방법이라도 없을까 해서 머리를 맞대고 숙의하였습니다. 그러나 속수무책이었습니다. 해결책이 없었습니다. 누군가가 시신을 해부해 봐야 병인이라도 알 수가 있겠는데, 그러나 어느 누가 감히 자기의 목숨을 걸고 그 일을 해낼 수 있단 말입니까? 어떤 쥐가 감히 고양이의 목에 방울을 매달겠다고 나서겠는가 말입니다.

그때 젊은 의사 한 분이 일어나 앞으로 나왔습니다.

"내가 가겠습니다!"

무거운 침묵이 계속되었습니다. 그 젊은이는 조국과 마르세유 시민들을 위해 자기 목숨을 바치기로 결심했던 것입니다! 그날 밤 한 사람이 역병으로 죽었습니다. 그러자 젊은 의사가 재빨리 달려 들어가 그의 시신을 해부하였습니다. 그리고 샅샅이 검시했습니다. 그러고 나서 검시 결과를 기록한 서류를 식초 그릇 속에 넣었습니다. 그로부터 12시간 후에는 그 젊은 의학도는 시신으로 변해 있었습니다! 그러나 때를 같이 해서 그 무서운 역병도 고삐를 잡히고 말았다는 얘기입니다!

사랑만이 문제 해결의 열쇠입니다! 희생적인 사랑 말입니다. 사랑만이 모든 문제에 대한 최후의 해답입니다! 교회 문제든, 가정 문제든, 행복의 문제든, 신앙의 문제든, 사랑만이 해결할 수 있을 것입니다! 사랑이 묘약입니다!

그러나 사랑을 실천하기는 어렵습니다! 물론 연애 같은 사랑이라면 건달들도 할 수 있고 짐승들도 할 수 있겠지만, 사랑을 노래하는 사람들은 많지만, 사랑을 실천하는 사람은 적습니다. 그래서 무디D. L. Moody는 "많은 사랑은 혀끝에 있고 참사랑은 손끝에 있다."라고 한 것 아니겠습니까?

그러면 누구만이 이런 사랑을 실천할 수 있을까요? 하나님의 사랑을 체험한 사람입니다. 구원을 체험한 사람입니다! 영생을 얻은 사람입니다.

"청함을 받은 자는 많되 택함을 입은 자는 적으니라"(마 22:14)
"주님은 언제나 사랑일세 창조와 섭리에 사랑 있네.
십자가 위에서 흘리신 피 확실한 사랑의 증거일세!

우리는 사랑의 후예일세 사랑이 메마른 이 땅 위에
우리가 할 일은 무엇인가 사랑의 향기가 되오리다!
사랑은 더 먼저 인사하고 사랑은 섬기며 불평 않네.
사랑은 용서로 싸매 주니 그 사랑 내 가슴 뜨겁게 해!
사랑이 우리를 찾아냈네 사랑은 우리를 놓지 않네.
사랑은 영원토록 변함없네!"

"예수께서 대답하시되 첫째는 이것이니 이스라엘아 들으라 주 곧 우리 하나님은 유일한 주시라 네 마음을 다하고 목숨을 다하고 뜻을 다하고 힘을 다하여 주 너의 하나님을 사랑하라 하신 것이요 둘째는 이것이니 네 이웃을 네 몸과 같이 사랑하라 하신 것이라 이에서 더 큰 계명이 없느니라 예수께서 대답하시되 첫째는 이것이니 이스라엘아 들으라 주 곧 우리 하나님은 유일한 주시라 네 마음을 다하고 목숨을 다하고 뜻을 다하고 힘을 다하여 주 너의 하나님을 사랑하라 하신 것이요 둘째는 이것이니 네 이웃을 네 자신과 같이 사랑하라 하신 것이라 이보다 더 큰 계명이 없느니라" (막 12:29~31)

모든 것을 버리고 나서
(벌거벗고 나서)

"예수께서 그들을 데리고 베다니 앞까지 나가사 손을 들어 그들에게 축복하시더니 축복하실 때에 그들을 떠나 [하늘로 올려지시니] 그들이 [그에게 경배하고] 큰 기쁨으로 예루살렘에 돌아가 늘 성전에서 하나님을 찬송하니라"(누가복음 24:50~53)

모든 것을 버리고 나서(벌거벗고 나서)

오늘 나는 오묘한 진리를 전하겠습니다. 그러나 유치원 어린이들에게 설교하듯이 온갖 표정과 갖은 몸짓과 양념을 동원하지는 않겠습니다. 거리의 약장사들같이 괴성과 고성으로 사람들의 관심을 끌려고 하지도 않겠습니다. 그리고 재고품을 파는 외판원들같이 아첨하지도 않겠습니다.

지금 베다니 마을에 머뭇거리고 서 계신 분은 누구이실까요? 왜 빨리 떠나가지 못하시고 거기 머뭇거리고 계시는 것일까요? 아버지께로 서둘러 돌아가셔야 하겠다고 마리아에게 말씀하신 지가 벌써 언젠데, 아직도 세상을 떠나지 못하고 계시는 것일까요? 작별인사까지 다 하셨는데…… 어찌하여 머뭇거리고 계시는 것일까요? 도대체 그분이 누구이실까요?

죽은 자들 가운데서 다시 살아나신 분입니다! 예수님입니다! 그런데 어찌하여 40일 동안이나 이 땅에 지체하고 계시는 것일까요? 자기를 십자가에 못 박아 죽인 장본인들이 목에 힘을 주고 권좌에 앉아 있는 세상인데…… 정이 떨어질 대로 다 떨어진 세상일진대…… 어찌하여 그토록 떠나기를 아쉬워하고 계시는 것일까요?

예수님께서는 마지막 길을 떠나시면서 제자들을 베다니 마을 밖으로 끌어내셨습니다. 세상 밖으로 끌어내셨습니다.

"예수께서 저희를 데리고 베다니 앞까지 나가사"(눅 24:50).

예수님께서는 제자들을 감람 산으로 끌어내셨습니다. 거기서 그들을 축복하셨습니다. 제자들을 축복하실 때 하늘로 들림을 받아 올라가셨습니다(행 1:6~12).

"축복하실 때에 저희를 떠나 하늘로 올리우시니"(눅 24:51).

1. 죄악 세상에서 끌어내심

"그가 세상에 계셨으며 세상은 그로 말미암아 지은 바 되었으되 세상이 그를 알지 못하였고 자기 땅에 오매 자기 백성이 영접하지 아니하였으나" (요 1:10~11)

예수님께서는 자기 제자들을 일단 하나님을 배척한 세상에서 끌어내셨습니다. 그 세상은 하나님을 배척한 죄악 세상이었습니다!

그러면 누가 하나님을 배척했을까요?

1) 세상의 권력입니다

대제사장의 권력과 헤롯 왕의 권력과 로마 제국의 권력이 한통속이 되어 예수님을 십자가에 못 박았습니다. 세상 권력이 하나님을 끌어내어 골고다 언덕에서 처형하였습니다. 이 세상의 모든 권력은 하나님께서 주신 것입니다. 그런데도 하필이면 하나님께서 주신 그 권력이 하나님을 쫓아내고 하나님을 죽였습니다!

하나님께서는 원래 선지자들과 사사들을 통해서 직접 이스라엘 민족을 다스리셨습니다. 그러나 이스라엘 백성은 하나님의 통치를 배척하고 인간 권력의 통치를 요망하였습니다. 그리하여 선지자 사무엘이 사울에게 기름을 부어 이스라엘의 초대 왕으로 삼았습니다. 그러자 백성은 크게 기뻐하고 만족하였습니다.

그러나 얼마 가지 못해서 사울 왕의 권력은 타락하였고, 백성들은 인간 권력에 배신당하고 말았습니다. 인간 권력은 처음부터 실패요, 부패요, 배신이었습니다. 최고의 지혜요 최고의 영광인 솔로몬 왕의 권력도 예외일 수는 없었습니다. 솔로몬의 권력도 실패로 끝나고 말았습니다. 솔로몬의 권력도 우상숭배로 녹이 슬어 궁전은 사창굴이 되고 성전은 우상의 신당이 되고 말았습니다. 그러다가 아합 왕에 이르러서는 정치권력이 온갖 악의 상징이 되고 말았습니다. 인간의 권력은 아무리 최선의 것이라도 필요악 이상의 것이 될 수 없었습니다. 그 타락한 권력이 예수님을 십자가에 못 박아 죽였습니다. 수 세기 후의 권력도 마찬가지였습니다.

네로의 권력은 희고 깨끗한 처녀들의 몸을 찢어발겼고 그 보드라운 살을 굶주린 짐승들에게 먹였습니다! 그리고 그 장면을 지켜보는 관중은 괴성을 지르며 기뻐하였습니다. 인간의 권력은 악하다 못해 잔인성까지 띠게 되었습니다. 후에는 콘스탄티누스 황제Constantinus I가 고공에 나타난 신비한 십자가상을 보고 전쟁에서 승리를 거둔 다음 기독교의 수호 왕이 되었습니다. 동시에 기독교는 로마의 국교가 되었습니다. 왕은 감독 위의 감독이 되었습니다. 콘스탄티누스 황제는 제1차 기독교 세계대회인 니케아Nicaea 회의의 명예회장이 되었습니다.

기독교는 눈부시게 발전하고 놀랍도록 부흥하였습니다. 그야말로 기독교 전성시대요, 영광의 날이 아닐 수 없었습니다. 과연 오랜 핍박과 고난 끝에 찾아온 하나님의 축복이었습니다. '고진감래' 란 말 그대로였습니다. 그러나 호사다마好事多魔라더니 그 부흥과 안일 속에서 교회는 심지어 핍박 시대에도 지켜온 순결을 잃어버리고 말았습니다! 외형적인 부흥 속에서 교회는 내적으로 타락하였습니다! 정치권력과 교황 권력의 야합이 타락한 사생아를 출산하였습니다!

언제나 타락한 종교는 타락한 정치와 손을 잡았습니다. 권력자의 후원을 받고 유지들의 지원을 받아서 교회를 부흥시킨 사람들이 종교를 타락시켰습니다. 기독교가 국교가 되면 민족 복음화가 쉽게 이루어질 것이라고 믿는 사람들 말입니다. 높은 사람이 교회에 나오면 큰 고기를 낚았다고 자축하는 교회들 말입니다. 언제나 타락한 종교는 정치권력을 등에 업었고, 그리고 언제나 타락한 정치권력은 타락한 종교를 접대부로 고용하였습니다! 마틴 루터Martin Luther도 작센(삭소니)Saxony의 프레드릭Frederic 공의 정치권력과 손을 잡음으로 결국 개혁에 실패하고 말았습니다.

그럼 예수님께서는 지금 제자들을 어디에서 끌어내고 계시는 것일까요? 타락한 정치권력으로부터입니다! 세상 권력의 비호로부터입니다! 오직 하나님만 바라볼 수 있는 곳으로 제자들을 끌어내셨습니다! 아무도 도와주는 사람이 없는 곳으로 제자들을 끌어내셨습니다.

2) 민중입니다

첫째는 세상 권력이 예수님을 배척하였고, 둘째는 민중이 예수님을 배척하였습니다. 우리는 지금도, 2천 년 전에 예수님을 "십자가에 못 박아 죽이라"고 고함을 치던 민중의 소리를 듣습니다. 민심은 천심이라고 합니다. 과연 그렇습니다. 민중의 소리를 듣지 않고서는 아무도 바른 정치를 할 수 없을 것입니다! 그래서 입후보자마다 입만 열면 '국민'이요, 대중 앞에 나타나기만 하면 '민중' 입니다. 그러나…… 진리의 세계나, 학문의 세계나, 예술의 세계에서까지도 민심이 천심은 아닙니다! 먹을 것을 골고루 나누어 주고 이권을 균등하게 분배해야 하는 정치계나 경제계에서만 민심은 천심입니다.

민심은 선량하였습니다. 이스라엘의 종교 지도자들이 예수님을 꼬집고 할퀼 때도, 민중은 예수님의 뒤를 그림자같이 따라다녔습니다. 서기관들이 예수님을 모해하려고 그물을 던질 때도 민중은 예수님의 설교를 듣고 감동했습니다. 똑똑하고 유식한 서기관들은 예수님의 설교를 듣고 비판을 일삼았지만 민중은 그때마다 은혜를 받았습니다. 언제나 말썽을 일으키고 문제를 일으킨 것은 잘난 사람들과 똑똑한 사람들이었습니다. 사람은 마음이 좋아야 합니다. 마음씨가 좋지 못한 사람이 머리까지 좋으면 사고입니다! 잘난 사람들은 남을 이용해 먹고, 못난 사람들은 잘난 사람들에게 이용을 당합니다. 못난 사람들은 인사를 잘하고, 잘난 사람들은 인사를 잘 받습니다. 똑똑한 사람들이란 남을 이용해서 자기가 성공하는 사람입니다. 똑똑한 사람들이 더 많아지면 큰일이 날 것입니다.

그런데 못난 사람들은 어쩔 수 없이 착한 사람들입니다. 물론 머리가 좋은 사람이 마음마저 좋으면 얼마나 좋겠습니까? 그런데 대개의 경우는 서민들이 선량합니다. 권좌에 오르지도 못하고, 돈방석에 앉아보지도 못하고, 게다가 천재도 아니고, 미인도 아니면서도…… 그래도 밝은 표정으로 종로거리를 지나가는 서민들은 얼마나 선량합니까? 며칠 후면 하얗게 늙을 것이 뻔한데도 소망에 부풀어 봄의 꽃동산을 산책하는 양민들은 얼마나 선량합니까? 깡마른 얼굴은 뾰족하게 웃고, 장화 같은 얼굴은 길게 웃고, 맷돌 같은 얼굴은 둥글게 웃습니다. 그러니…… 얼마나 선량한 백성입니까?

그러나 그렇게 선량한 백성들도 소위 지도자라고 하는 사람들의 선동에 속아 무죄한 사람을 죽이라고 아우성을 쳤습니다! 그때는 양 같은 시민들도 마귀 같습니다. 광야에서 백발의 모세를 원망한 것은 누구였지요? 고라의 충동을 받아서 반란을 일으킨 무리는 누구였지요?

그럼 지금 예수님께서는 제자들을 어디서 끌어내고 계시는 것일까요? 민중의 환영을 받는 곳에서입니다. 뭇사람들의 칭찬과 지지를 받을 수 있는 곳으로부터입니다. 민중의 인기를 끌 수 있는 곳으로부터입니다. 권력의 비호도 받지 못하고 민중의 지지도 받지 못하는 곳으로 예수님께서는 제자들을 끌어내셨습니다! 민중은 선량하지만, 그런데도 악한 지도자들의 손아귀에서 놀아나는 폭도입니다(마 27:20~22). 지금도 예외는 아닙니다. 예수님께서는 민중의 지지를 받아서 성공하지 않으시고 민중의 배척을 받아 죽임을 당하셨습니다! 그래서 예수님께서는 제자들을 민중에게서도 끌어내셨습니다!

3) 타락한 성직자들입니다

물론, 제왕의 자색 옷이나 임금의 곤룡포가 영광스럽지 않은 것은 아닙니다. 법관의 법복도 자랑스럽습니다. 더군다나 성직자의 성의는 그보다 더 거룩하고 그보다 더 빛나는 예복입니다. 그 앞에서 성도들은 무릎을 꿇고 회개하며 손을 벌려 축복을 받아들입니다. 그러나 그런 제사직도 타락하였습니다! 그래서 예수님은 제자들을 제사직에서도 끌어내셨습니다. 사제직은 권력과 야합하였고 민중을 오도해서 예수님을 죽이게 하였습니다! 하나님의 종인 성직자들이 하나님을 죽이는 일에 앞장을 섰습니다! 땅에 오신 하나님은 자신의 근위병들에게 살해를 당하셨습니다!

언제나 하나님을 적대하는 선봉대원은 타락한 성직자였습니다(마 27:1~2). 교회의 발전을 막는 것도 교회의 지도자들입니다! 세상의 권력과 민중과 제사직이 합세해서 예수님을 제거하였습니다. 신속하고도 재빠르게…… 재판을 시작한 당일에…… 사형도 선고하고 사형을 선고한 그 날로 사형 집행도 하였습니다! 죄악 세상에 오신 예수님에게는 환영식도 없고 송별식도 없었습니다! 예수님은 제사장의 자리 하나 할애받지 못하셨습니다.

어느 시대를 막론하고 정치권력과 군중과 제사직을 대표하는 사람은 부패한 사람들이었습니다. 역사는 언제나 되풀이되는 복사판입니다. 옛날 그대로의 정치권력과 민중과 제사직이 지금도 꼭 같은 자리에 앉아 꼭 같은 역할을 하고 있습니다. 옛날 그대로의 사두개교인들과 바리새교인들과 서기관들이 오늘날의 교회에서도 꼭 같은 자리에 앉아 꼭 같은 일을 하고 있습니다!

그런데도, 원래 이 제사직은 하나님께서 제정하신 제도입니다. 최초의 제사장은 하나님께서 직접 택하신 아론이었습니다. 그런데도 최초의 제사장까지도 타락해서 금송아지를 만들었습니다! 그리고 대제사장 엘리의 두 아들도 성전에서 도적질하였고 거룩한 성전에서 강간죄까지 범하지 않았던가요? 그리고 블레셋과의 전쟁에서는 패색이 짙어지자 거룩한 하나님의 법궤를 최전방까지 끌고 나가서 속된 목적에 이용하지 않았던가요? 참선지자 미가야의 뺨을 친 사람도 400명의 제사직을 대표하는 시드기야였고, 이스라엘과 여로보암의 식탁에서 참선지자 아모스에게 다시는 예언하지 말라고 엄명을 내린 사람도 타락한 성직자 아마샤가 아니었던가요(암 7:12~13)? 타락하는 것은 정치권력만이 아닙니다. 부패한 것은 민중만이 아닙니다. 거룩한 성직도 타락하였습니다.

    푸짐한 팁을 손에 들고 미소 짓는 거룩한 음녀들에게 경의를 표하지 마십시다. 손가락 사이에 다이아몬드 반지를 끼고 비단옷으로 몸을 감고 백성들을 미혹하는 기생 같은 성직자들을 우러러보지 마십시다! 그들은 교회를 형식화시켜서 하나님의 무덤을 만들어 놓은 다음, 입장료를 받아먹고사는 묘지기들입니다(마 3:23~33). 대통령이 부러우시면 정치계로나 들어갈 것이지…… 가운은 왜 입으셨는지요? 그래서 예수님께서는 제자들을 타락한 제사직에서도 끌어내실 수밖에 없으셨습니다. 신학교를 졸업하고 시험을 치고 안수를 받아서 목사가 되는 제사직에서도 끌어내셨습니다. 사명감이 없는 성직에서도 끌어내셨습니다. 그러고 나서는 하나님의 부르심을 받아서 하나님의 일꾼이 되는 곳으로 끌어내셨습니다!

    이렇게 끌어내심으로 예수님께서는 제자들이 참으로 하나님의 일꾼이 되게 하셨습니다. 그래서 예수님의 제자들은 정치권력의 비호도 받지 못하고, 민중의 지지도 받지 못하고, 후원자들의 재정적인 지원도 얻지 못하고, 안수도 받지 못하고, 가운도 입지 못하고, 자격증도 없는 성직자…… 하나님께만 부르심을 받은 일꾼이 되어 일터를 향해서 나갈 수밖에 없었습니다! 세상에서 끌어내심을 받고 감람 산 위에 서 있는 그 작은 무리는 모든 것을 다 버리고, 모든 것을 다 빼앗기고, 협조자도 하나 없이, 후원자 하나 없이, 밀려오는 태풍 앞에 오직 하나님만 의지하고 설 수밖에 없었습니다!

    이제 그들 앞에는 온갖 고난과 온갖 핍박이 밀어닥쳐 올 것이었습니다

(마 10:16; 요 16:33). 그런데도 그들의 얼굴에는 소망과 기쁨이 넘쳐 있었습니다!

그러면 세상의 모든 권력과 민중의 인기와 제사직에서까지 제자들을 끌어내신 분은 누구이실까요? 권력도 없고 재물도 없고 인기도 없던 예수님입니다. 제사장의 가운 하나 입어 보지 못한 예수님입니다! 땅에 오신 하나님입니다!

2. 죄악 세상으로 끌어들이심

"두 사람이 떠날 때에 베드로가 예수께 여짜오되 주여 우리가 여기 있는 것이 좋사오니 우리가 초막 셋을 짓되 하나는 주를 위하여, 하나는 모세를 위하여, 하나는 엘리야를 위하여 하사이다 하되 자기가 하는 말을 자기도 알지 못하더라"(눅 9:33)

"이튿날 산에서 내려오시니 큰 무리가 맞을새"(눅 9:37)

그러면 어찌하여 예수님께서는 제자들을 변화 산상으로 끌어올리셨을까요? 거기서 영원히 살게 하기 위해서였을까요? 아닙니다! 그러면 왜 제자들을 산으로 끌어올리셨을까요? 끌어내리시기 위해서였습니다! 왜 예수님께서는 제자들을 죄악 세상에서 감람 산으로 끌어올리셨을까요? 천국으로 끌어올리기 위해서였을까요? 아닙니다! 물질과 상관이 없는 영계에서 영원히 살도록 하시기 위해서였을까요? 그것도 아닙니다! 또다시 죄악 세상으로 끌어내리시기 위해서였습니다!

변화 산상의 제자들도 감람 산상의 제자들도 또다시 죄악 세상으로 내려와야 했습니다. 부패한 권력에서 제자들을 끌어내신 주님께서는 또다시 제자들을 부패한 권력 속으로 끌어들이셨으며, 타락한 민중에게서 제자들을 끌어내신 주님께서는 또다시 제자들을 타락한 민중 속으로 끌어들이셨으며, 가증스러운 제사직에서 제자들을 끌어내신 주님께서는 또다시 제자들을 그 가증스러운 제사직 속으로 끌어들이셨습니다! 예수님같이 유대교에서 나와서 또다시 유대교 속으로 들어가게 하셨습니다(눅 9:33~38).

종교개혁 당시 프랑스의 칼빈주의자들을 가리켜 위그노Huguenots라고 했는데, 그들은 깊은 신앙은 물론 도덕적인 순결로 인해 핍박자들에게까지 존경을 받았습니다. 그런데도 1572년 8월 24일……, 성 바돌로매의 날에 위그노에 대한 핍박의 불길이 올라 대량 학살이 자행되었습니다. 그때 학살을 당한 위그노들의 숫자에 대해 어떤 사람은 5만 명이라고 하고 어떤 사람은 6만 명이라고 하는데, 교회 역사가 샤프는 그 숫자를 3만 명이라고 하였습니다. 그러면 그런 잔인한 일은 누가 자행했을까요? 가톨릭의 거룩한 성직자들과 타락한 교인들이었습니다.

신앙의 형식화는 무서운 악마입니다.

그 당시의 가톨릭교도들은 새로운 포획물을 찾아 미친개들같이 집집이 뒤지고 다녔으며, 교도소는 죄 없는 죄수들로 차고 넘쳤고, 매일같이 사람을 태워 죽이는 연기가 하늘을 가리어 천지가 캄캄했습니다. 그때 프랑스에서는 위대한 인물들과 고귀한 정신 지도자들이 몽땅 죽임을 당해야 했습니다. 그래서 프랑스는 타락의 시대를 맞이하게 됩니다. 그래서 타락한 미술도 파리에서 나오고 음란한 풍조도 프랑스에서 나오게 되었습니다. 그런데 그 당시의 핍박자들은 부패한 교회를 대표하였고 핍박을 당한 위그노들은 타락한 교회를 개혁하는 새로운 세력을 대표하는 성도들이었습니다.

그러면 또다시 죄악 세상으로 끌어들이실 바에야 뭣 때문에 죄악 세상에서 끌어내셔야 했을까요? 그 까닭은 이렇습니다. 부패한 권력에서 제자들을 끌어내신 까닭은 그 부패한 권력을 정화하는 새로운 세력이 되어 다시 그들 가운데로 들어가게 하시기 위함이었고, 타락한 민중으로부터 제자들을 끌어내신 까닭은 타락을 방지하는 방부제가 되어 다시 그들 가운데로 들어가게 하시기 위함이었으며, 거짓된 제사직으로부터 제자들을 끌어내신 까닭은 거짓된 제사직을 개혁하는 새 바람이 되어 다시 그들 가운데로 들어가게 하시기 위함이었습니다! 무엇 때문이었느냐고요? 그들을 영원히 죄악 세상에서 분리해서 또다시 죄악 세상으로 돌려보내시기 위함이었습니다!

따라서 지금 제자들은 옛 사람 그대로 옛것 속으로 들어가고 있는 것이 아닙니다. 새것이 되어 옛것 속으로 들어가고 있습니다! 새 부대가 아니면 감당을 할 수가 없는 새 술이 되어 옛것 속으로 들어가고 있습니다! 골동품을 팔아먹고 썩은 송장을 파먹는 무리들에게서 나와 부패를 방지하는 소금이 되기 위해서 죄악 세상 속으로 들어가고 있습니다! 백성들을 이용해 먹고 농락하는 사이비 지도자들에게서 나와 백성들을 사랑하고 섬기는 사명자가 되기 위해 또다시 세상 속으로 돌아가고 있습니다! 이 땅에 하나님의 나라가 이루어지기 전에는 왕위에도 오르지 않고, 교황의 자리에도 오르지 않기 위해서, 죄악 세상에서는 절대로 출세하지 않기 위해서, 세상으로 돌아가고 있습니다(요 17:18~19). 새것이 되기 전에는 사회 참여도 아무런 의미가 없을 것입니다.

나온 사람만이 들어갈 수 있습니다. 세상 속에 그대로 머물러 있는 사람이 어떻게 세상 속으로 들어갈 수 있겠습니까? 옛 옷을 벗은 사람만이 새 옷으로 갈아입을 수 있습니다! 창녀와 함께 드러눕는 사람이 어떻게 사창굴을 복음화할 수 있으며, 형식화된 성직자가 어떻게 형식화된 교회를 개혁할 수 있겠습니까? 권력에 눈이 어두운 사람이 어떻게 혼탁한 정치를 혁신할 수 있겠습니까? 이리 떼가 어떻게 양들을 보호할 수 있겠습니까? 고양이가 어떻게 생선을 지킬 수 있겠느냐 말씀입니다.

권력을 탐하는 정치가나 잿밥에 마음이 있는 성직자는 정치계에도 들어가지 말고 종교계에도 들어가지 말아야 할 것입니다! 돈은 물욕이 없는 사람이 벌고, 권력은 정권욕이 없는 사람이 잡아야 할 것이란 말씀입니다! 앞장은 앞장을 서고 싶지 않은 사람들이 서야 하고요! 왜냐고요? 앞장서고 싶은 사람은 앞장을 설 자격이 없는 사람이기 때문입니다. 자격자는 그 자리를 탐하지 않습니다! 전직 대통령이 어찌 면장 자리를 탐하겠습니까? 큰사람은 큰소리를 치지 않습니다!

이제 제자들은 깨끗하게 씻은 발을 옮겨 진흙 속으로 들어가야 했습니다(요 17:15~16). 이 세상에는 타락을 먹고 사는 살찐 사람들이 많습니다. 세상이 타락한 덕분에 부자가 된 사람들도 있고, 교회가 부패한 덕분에 목회에 성공한 사람들도 있습니다!

이 세상은 사회가 혼탁해져서 돈을 번 사람들과 민중이 우매해서 권좌에 오른 사람들이 세도를 부리고 있는 현장입니다! 사회가 정화되고 교회가 개혁되면, 자리를 물러나야 할 사람들이 부지기수입니다! 그런 사람들에게는 세상이 어두울수록 해 먹기가 좋고, 사람들이 거짓될수록 호경기가 될 것입니다! 그래서 그런 사람들은 언제나 변화와 혁신을 무서워합니다. 그래서 기존 세력은 언제나 새롭게 등장하는 개혁 세력을 핍박하고 탄압하는 것이 아니겠습니까?

그런데 지금 제자들은 새롭게 하는 개혁 세력이 돼서 세상으로 돌아가고 있습니다! 그러자 세상의 권력은 아니나 다를까 그들을 박해하기 시작했습니다! 우매한 군중도 덩달아 그들을 비웃기 시작했습니다! 그래서 아무것도 가진 것이 없는 제자들은 온 세상을 상대로 해서 예수님만 바라보고 싸울 수밖에 없었습니다! 그런데도 그들은 너무나 기뻐서 어쩔 줄을 몰랐습니다! "큰 기쁨으로 예루살렘에 다시 돌아오거늘."

그러면 형식화된 교회 속에서 지금 우리가 해야 할 일은 무엇일까요? 똑같이 타락하는 것일까요? 아닙니다! 부패를 방지하는 소금의 사명을 다하는 것입니다! 세상의 소금이 될 뿐 아니라, 교회의 소금도 되는 것입니다! 새롭게 하는 세력이 돼서 부패한 교회 속에 남아 있는 것입니다! 정치 권력이나 민중이나 제사직은 어느 시대고 타락할 수밖에 없으므로 그리스도인은 언제나 그들 가운데서 개혁하는 세력으로 남아 있어야 합니다!

3. 새사람

"그런즉 누구든지 그리스도 안에 있으면 새로운 피조물이라 이전 것은 지나갔으니 보라 새 것이 되었도다"(고후 5:17)

그러면 새사람이란 누구일까요? 옛것을 벗어 버린 사람입니다. 빌립보서 3장 8절의 말씀을 읽으십시오. "또한 모든 것을 해로 여김은 내 주 그리스도 예수를 아는 지식이 가장 고상하기 때문이라 내가 그를 위하여 모든 것을 잃어버리고 배설물로 여김은 그리스도를 얻고"

새사람이 누구일까요? 전에 좋아하던 것들과 세상 사람들이 좋아하는 것들을 배설물같이 여기는 사람입니다! 그럼 세상 사람들이 좋아하는 것이란 뭣일까요? 권력과 재물과 명예와 향락입니다. 새사람은 권세욕과 물욕과 명예욕이 없는 사람입니다. 불신자들과는 세상을 사는 목적도 다르고 세상을 사는 방법도 다른 사람입니다(롬 12:1~21).

새것은 옛것과 다릅니다! 물론 얼핏 보기에는 새것도 옛것과 별로 다른 것이 없을 것입니다. 그럼에도 새것은 옛것과 다릅니다! 아버지와 아들은 비슷합니다. 그럼에도 아버지와 아들은 전혀 다른 사람이요, 전혀 다른 인격입니다. 형식화된 교인들도 거듭난 교인들과 똑같은 사도신경을 암송합니다. 그래서 그들도 비슷합니다. 그러나 그들은 다릅니다.

그런데 형식화된 교인과 참그리스도인은 교회 안에서 충돌할 수밖에 없습니다. 예수님과 바리새교인들 사이에 있던 충돌이 그것이고, 루터와 가톨릭교회 사이에 있던 마찰이 그것이며, 요한 웨슬리와 영국교회 사이에 있던 갈등이 그것입니다! 옛것은 이미 정착이 되어 버린 규격품입니다. 그러나 새것은 변화를 요구합니다. 그래서 파격적인 것이 될 수밖에 없습니다! 그래서 옛것과 새것! 타락한 것과 참신한 것 사이에는 언제나 알력이 있을 수밖에 없습니다!

지금 제자들은 새사람이 돼서 세상으로 돌아가고 있습니다. 권력을 목적하지 않는 사람이 돼서 정치계로 돌아가고 있으며, 일신의 영달을 원치 않는 사람이 돼서 직장으로 돌아가고 있으며, 부자가 되고 싶지 않은 사람이 돼서 사업계로 돌아가고 있습니다! 팬들의 인기와 박수에 관심이 없는 사람이 돼서 가요계로 돌아가고 있습니다! 육의 사람들은 성공하기 위해서 목회하지만, 그러나 새사람들은 개혁하는 세력이 되기 위해서 목회를 합니다!

세상에서 무엇인가를 얻어 내기 위해서 세상으로 돌아가고 있는 것이 아니라, 세상(인류)에 무엇인가를 주기 위해서 세상으로 돌아가고 있습니다! 그런데 새것은 옛것 속으로 들어갈 때만 가치가 있습니다! 소금은 썩어 가는 것 속에서만 가치가 있습니다. 마찰을 일으킬 때만 가치가 있습니다. 핍박을 당할 때만 가치가 있습니다(마 5:13~16). 새사람은 욕심이 없는 사람입니다. 세상보다 하나님을 더 사랑하는 사람입니다! 성공보다 진리를 더 사랑하는 사람입니다!

예전에 잡화상을 운영하는 어떤 교인 부부가 있었습니다. 아내가 남편보다 수완이 더 좋아서 담배의 전매권뿐 아니라 술의 전매권까지 취득해서 큰 수입을 올리기 시작했습니다. 그러자 그 여신도께서는 하나님보다 사업을 사랑하게 되었습니다. 그러자 독실한 그리스도인 남편이 다음과 같은 말로 아내에게 부탁했습니다. "여보! 아무것도 못 팔아도 좋으니, 제발 하나님을 위해서 살아주시오! 장사는 못 해도 좋으니, 제발 전같이 열심 있는 교인이 되어 주시오!"

이런 사람이 새사람입니다! 욕심 많은 세상을 정화하는 정화제입니다!

다음은 정영복 목사님에 관한 얘기입니다. 정용복 목사님은 이름만 들으면 한국사람 같은데 사실은 일본 사람입니다. 일본 제국의 한국 침략에 대해 속죄하는 뜻으로 한국 이름으로 개명하고, 한국에 와서 농촌과 벽촌을 찾아다니면서 전도 활동을 하신 분입니다. 일본이 패전했을 때는 한국 땅에서 쫓겨났는데 일본으로 돌아간 다음에도 한인교회에서 목회하신 분입니다. 이런 사람이 새사람입니다! 후에 그분의 수고를 치하하기 위해 한

국정부가 정영복 목사에게 5·16상을 드리기로 하였습니다. 얼마나 자랑스러운 일입니까?

그런데도 정 목사에게는 그것이 고민거리가 되었습니다. 그리하여 결국 그는 다음과 같은 말로 그 명예스러운 훈장을 사양했다는 얘기입니다. "죄송합니다! 제가 여기서 이 상을 받으면 천국에서는 받을 상이 없어서……."(마 6:1~6).

그런데 새사람이 되고자 하면 일단 모든 것을 버려야 합니다! 지금 가지고 싶은 것이 있으십니까? 하고 싶으신 일이 있으십니까? 이것만은 놓칠 수 없다고 생각하는 것이 있으십니까? 세상의 인정을 받고 싶으십니까?

그런 것들을 버려야 새사람이 될 수 있습니다! 좋은 직장을 자랑하십니까? 건강을 자신하십니까? 많은 재산을 의지하십니까? 집 한 칸이라도 가지고 있는 것이 마음 든든하십니까? 일단은 그 모든 것을 잊어버리고 하나님만 바라볼 수 있어야 합니다!

명예의 가운도 벗어 버리고 권력의 감투도 벗어 버리고 부귀의 투피스도 벗어 버리십시다! 체면의 속옷도 벗어 버리고 자존심의 브래지어도 벗어 버리십시다! 비밀의 팬티도 벗어 버리십시다! 미련도 버리고 후회도 버리십시다! 욕심도 버리고 자랑도 버리십시다! 완전 나체가 된 후에야 새 옷으로 갈아입을 수 있을 것입니다!

가운을 벗어 던질 수 있는 사람만이 가운을 입을 자격이 있고, 욕심이 없는 사람만이 돈을 잡을 자격이 있고, 섬길 수 있는 사람만이 권좌에 오를 자격이 있습니다! 욕심이 없으시거든 큰돈을 버십시오! 머리가 되는 것이 죽기보다 싫으시거든 인류를 위해 권좌에도 오르시기 바랍니다! 모든 것을 버린 다음, 그리고 난 다음에야 예수님의 이름으로 모든 것을 다시 잡으시기 바랍니다!

4. 항상 새 술로 남아 있기 위해서

"이로써 우리도 듣던 날부터 너희를 위하여 기도하기를 그치지 아니하고 구하노니 너희로 하여금 모든 신령한 지혜와 총명에 하나님의 뜻을 아는 것으로 채우게 하시고 주께 합당하게 행하여 범사에 기쁘시게 하고 모든 선한 일에 열매를 맺게 하시며 하나님을 아는 것에 자라게 하시고"(골 1:9~10)

모든 헌것은 새것이던 것이 변질이 된 것인데…… 모든 새것은 결국은 헌것으로 변할 수밖에 없는 것인데…… 어떻게 새것이 항상 새것으로 남아 있을 수 있을까요? 어떻게 새것이 형식화되지 않고 항상 새것으로 남아 있을 수 있을까요? 이것이 문제입니다. 그가 누구든 세월이 흐르면 늙게 마련이고 무엇이든지 시간이 지나면 낡아 버리게 마련인데 말입니다.

언어까지도 세월이 흐르면 변질합니다. 처음에는 만인의 옷깃을 여미게 하던 '진리'란 말도…… 위선자들이 열심히 사용함으로, 지금은 웃음거리가 되고 말았습니다. 새것이 변해서 헌것이 되고, 깨끗했던 것이 변해서 더러운 것이 되고, 아름답던 것이 변해서 추한 것이 되고 젊은이가 변해서 늙은이가 됩니다. 지금은 젊은 세대가 기성세대의 타락과 옹졸함을 규탄하지만…… 그러면 젊은 세대가 규탄하는 그 기성세대는 누구일까요? 그들 역시 한때는 젊은 세대로 그들의 기성세대를 성토하던 젊은 세대가 아니던가요? 모두 새것을 외치면서 옛것으로 돌아가고 있는 것이 우리의 현실입니다! 영원을 바라면서 죽어갑니다!

종교계도 예외는 아닙니다. 지금은 부패한 것도 원래는 참신한 것이었습니다. 지금은 헌 물건도 한때는 신품이었습니다. 권력도 제사직도 원래는 하나님께서 주신 신성한 것이요, 새것이었습니다! 유대교도 기독교도 처음에는 생명력이 있는 모임이었습니다! 그런데 그 새것이 세월을 따라 형식화되어 부패한 것이 되고 말았습니다! 그런데도 성경은 우리의 신앙

체험이 항상 새로운 것이 되어야 한다고 합니다! 예수님께서도 형식화된 신앙, 다시 말해 헛것이 되어 버린 신앙을 회칠한 무덤이라고 하셨습니다! 그러면 우리의 신앙을 항상 새롭게 보존하는 비방은 무엇일까요?

1) 항상 자라나는 것입니다

무엇이든지 자라나고 있는 것은 젊습니다. 그러나 성장이 중단되면 죽습니다. 자라나지 못하는 나무는 묘목이라도 죽은 나무입니다. 어린 새싹이 땅에서 돋아나옵니다. 새싹이 세상에 나와 보니 고생이 이만저만 큰 것이 아니었습니다. 햇볕도 따갑고 바람도 사나웠습니다. 키가 자라날수록 점점 더 거센 바람을 맞아야 했습니다. 태풍 때문에 허리가 꺾어질 것만 같을 때도 있었습니다. 그렇다고 땅에 주저앉는 날은 죽는 날이었습니다. 아무리 고생스러워도 화초는 위를 향해 자라나야 했습니다! 한 포기의 풀이 하늘을 우러러보니 너무도 까마득하게 높았습니다. 아무리 자라나도 거기까지 올라갈 수 있을 것 같지 않았습니다. "공연히 헛수고하는 것 아닐까? 차라리 포기해 버릴까?"

그러나 아무리 하늘이 높다 해도 초목이 성장을 포기해 버리는 날은 죽는 날입니다! 그와 같이 우리의 속사람도 늙지 않고 살려면 계속해서 자라나야 합니다(고후 4:16). 아무리 고목이라도 자라나기만 하면 언제까지나 새것입니다! 그러나 아무리 묘목이라도 성장이 중단되면 죽은 나무입니다!

야곱의 우물은 수천 년이 된 늙은 우물이지만, 그러나 항상 새로운 생수를 내기 때문에 '새' 샘입니다! 그런데 여기서 말하는 새것은 결코 세상이 말하는 새 유행 같은 새것이 아닙니다. 유행은 아무리 새것이라도 새것이 아닙니다! 그것은 단지 끝없이 변하는 옛것의 분장에 불과합니다! 분장을 한 새것입니다! 겉만 새것입니다! 새 옷을 입은 송장입니다! 포장만 새로운 것은 새것이 아닙니다!

성경이 말하는 새것은 자라나는 생명입니다!

"오직 사랑 안에서 참된 것을 하여 범사에 그에게까지 자랄지라 그는 머리니 곧 그리스도라"(엡 4:15).

자라나는 신앙은 성숙해져 가는 신앙입니다! 처음 믿을 때만도 못한 신앙이 아니라 처음 믿을 때보다 점점 더 깊어져 가는 신앙입니다!

교육적인 마찰이란 것이 있습니다. 학생들은 교육적인 마찰을 통해서 향학도 하고 향상도 합니다. 스승님들은 학생들에게 그 당장에는 이해할 수 없는 말도 해 주고 그 당장에는 모르는 일도 제시합니다. 여기서 교육적인 마찰이 생깁니다. 그런데 학생들은 이 마찰을 극복함으로써만 성장할 수 있습니다!

그러면 그 마찰은 어떻게 극복할 수 있는 것일까요? 스승님에 대한 절대 신뢰와 순종에 의해서입니다! 지금은 자기가 이해할 수 없는 일이라도 스승님을 믿고 받아들임으로써입니다. 지금은 이해가 되지 않는 일이라도 순종하면서 배우는 것입니다. 자기 생각에는 그렇지 않은 것 같아도 따르는 것입니다! 만일 교수님이 모든 학생이 마찰을 느끼지 않을 정도의 쉬운 강의만 한다면 어떻게 학생들의 실력을 향상하게 할 수 있겠습니까? 다 알고 있는 것만 가르친다면 말입니다. 설교 역시 마찬가지입니다.

성도들 역시 자기 생각이나 자기 기분에 맞는 설교만 들으면 신앙의 향상은 영원히 기대할 수 없을 것입니다. 성직자와 평신도들 사이에도 교육적인 마찰이 필수조건입니다. 다른 것들은 그렇게 배우시면서 어찌하여 신앙만은 자기 맘대로 살면서 배우려고 하시는지요? 하여간 성장을 통해서만 신앙은 형식화를 면할 수 있을 것입니다!

음식도 먹기 전에는 배가 고파서 괴롭고 실컷 먹고 나면 식곤증이 나서 나른해집니다. 식사 역시 한창 퍼먹을 때가 최고의 순간입니다! 세상만사…… 변하고 있을 때와 자라나고 있을 때가 한창입니다! 무엇이 되어 가고 있을 때가 한때입니다. 다 되어 버리고 나면 아무것도 아닙니다!

그리스도인도 하나님의 온전하심을 향해서 자라나고 있을 때가 최고의 순간입니다. 그동안에만 참으로 살아 있는 신자입니다. 그래서 늘 행복하고 항상 새로운 피조물입니다! 성장과 변화만이 신앙의 형식화를 막을 수 있는 유일한 비결이며, 또한 행복의 비결이기도 합니다!

우리의 육체는 늙어갈 수는 있어도 항상 젊고 항상 새로울 수는 없습니다. 그러나 우리의 속사람은 다릅니다! 그런고로 길은 오직 하나, 속사람이 새로워지는 것입니다! 속사람만 변하면, 나만 새로워지면, 산은 옛 산이로되 맛은 새 맛이 될 것입니다(애 3:23). 속사람이 자라나기만 하면 막연하기만 하던 부활 신앙도 실감 나는 것이 될 것입니다!

미국 메릴랜드 주에 소재하는 몽고메리 대학의 어떤 교수님은 똑같은 워싱턴 메모리얼 파크 웨이Washington Memorial Park Way를 5년 동안 출퇴근 하면서도 그 풍경은 매일같이 새로웠다고 합니다. 사람이 매일같이 달라졌기 때문이지요.

2) 그러면 속사람으로 하여금 자라나게 하는 것은 무엇일까요

끊임없는 회개와 순종의 체험입니다. 요리 강의를 듣고 "아멘!"을 한다고 배가 부를 수는 없고, 맛있는 음식 냄새를 맡고 "아멘!"을 한다고 영양을 섭취할 수는 없을 것입니다. 음식을 먹고 소화를 시킨 사람만이 살 수도 있고 성장도 할 수 있습니다! 똑같은 이치입니다. 설교를 듣고 "아멘!"을 한다고 믿음이 성장하는 것은 아닙니다. 하나님의 말씀을 행동으로 체험하는 사람만이 살 수도 있고 성장할 수도 있습니다. 찬양예배에 참석해서 감동하고 부흥회에 참석해서 잠시 화끈해졌다고 인격과 생활에 변화가 일어나는 것은 아닙니다!

그럼 얘기 하나 하겠습니다.

공산 치하의 어떤 교도소에서 가톨릭교회의 수녀들이 수녀복을 벗고 죄수복으로 갈아입으라는 당국의 명령에 불복하였습니다. 그래서 교도소 당국이 수녀들이 목욕하는 동안에 수녀복 대신 죄수복을 바꾸어 놓았습니다. 그런데도 수녀들은 끝끝내 죄수복으로 갈아입기를 거절하였습니다. 그래서 간수들이 수녀들을 벌거벗겨 영하 40도의 추위 속에 앉아 있게 하였습니다. 그런데도 수녀들은 끄떡도 하지 않고 기도만 드렸습니다. 많은 남자 간수들을 들여보내 구경을 시켰는데도 요지부동이었습니다. 그런데 얼마 후에는 벌거벗은 수녀들의 몸이 파랗게 얼기 시작했습니다. 그런데도 간수들은 수녀들로 하여금 벌거벗은 채로 눈 위를 걷게 하였습니다. 그래도 수녀들은 끝까지 항거하였습니다.

다음은 그 당시에 교도소장이던 소련 소령이 혀를 차면서 내뱉은 말입니다. "수녀들과 싸우는 것보다 차라리 나치스 군과 싸우는 것이 쉽겠구먼!"

벌거벗은 알몸이 되어 다시 감방으로 돌아가면서 수녀들은 일제히 "하늘에 계신 아버지……"를 부르기 시작했습니다. 그러니 어떻게 그런 수녀들의 신앙이 형식화될 수 있겠습니까?

자기 소원을 이루어 달라고 밤을 새워 가며 기도를 드리느니보다는 차라리 하나님의 뜻 한 가지를 실천하는 것이 참된 신앙으로 가는 지름길입니다(삼상 15:22~23). 행함이 없는 믿음은 죽은 믿음입니다(약 2:17~19). 바리새교인들의 믿음과 서기관들의 믿음이 회칠한 무덤이 된 것도 행함이 따르지 않았기 때문이었고, 거짓 선지자들의 믿음이 위선이 된 것도 행함이 없었기 때문이었습니다! 문제는 언제나 그것이 아니라 이것입니다(마 23:23). 행동과 체험을 동반한 신앙만이 생명이 있는 신앙입니다! 자라나는 신앙입니다.

옛날의 지성소에서는 언제나 불이 타고 있었습니다. 단 일 초 동안도 불이 꺼지는 일이 없었습니다. 예배 시간에만 불을 켜고 예배가 끝나면 불을 꺼 버린 것이 아니었습니다. 진설병도 매일 아침 새롭게 마련해서 드렸습니다. 우리의 신앙 역시 지성소에서 항상 타고 있는 제단 불같아야 합니다!

"또 새 영을 너희 속에 두고 새 마음을 너희에게 주되 너희 육신에서

굳은 마음을 제하고 부드러운 마음을 줄 것이며"(겔 36:26).

'신앙생활' 만이 '신앙생활' 입니다. 신앙공부나 성가합창이 신앙생활은 아닙니다! 수영 한번 해 보지 못하는 수영 강의와 연애 한번 해 보지 못하는 연애 공부와 원수 한번 용서해 보지 못하는 '아가페'의 사랑 연구가 어떻게 형식화를 면할 수 있겠습니까?

신앙은 이성이나 감정이 아니고 인격과 생활입니다! 먹는 것이 요리지 요리 강의가 요리는 아닙니다. 애인을 만나는 것이 연애지 애정 영화를 감상하거나 연애 소설을 읽는 것이 연애는 아닙니다! 남의 신앙 간증을 듣고 은혜를 받는 것이 신앙생활은 아닙니다. '내'가 변해야 신앙생활입니다!

사르밧 과부도 마지막 떡 한 덩이를 엘리야에게 내어 줄 때 비로소 밀가루 항아리에서 밀가루가 떨어지지 않는 기적을 체험할 수 있지 않았던 가요? 행동이 없는 믿음은 죽은 믿음입니다(약 2:26). 체험이 없는 믿음도 죽은 믿음입니다. 모든 것을 버리고 하나님의 말씀에 순종한 후에야 모든 것을 새롭게 취할 수도 있고(막 10:28~30), 옛 사람이 죽은 다음에야 새 사람으로 거듭날 수 있을 것입니다(롬 6:3~4).

서울에 사는 모 여자 집사님은 아들 하나뿐인 과부였지만, 전셋집에서 사글셋방으로 옮겨가면서 건축헌금을 드렸습니다. 그야말로 믿음의 순종이며 행동의 모험이 아닐 수 없었습니다. 그러자 친정아버지와 어머니는 과부가 된 딸이 너무 불쌍해서 견딜 수 없었습니다. 그래서 아들을 불렀습니다. "얘야! 네 동생이 단칸 사글셋방으로 옮겨갔다더라!" 그 말을 하는 어머니의 눈에는 눈물이 감돌고 있었습니다. '고생이라곤 모르고 귀엽게만 자란 그 애가……? 공부도 잘하고 착하기도 했건만……?' '그것이 가난뱅이 청춘과부가 될 줄이야……?' 그때 아버지가 말문을 여셨습니다. "얘야! 오빠인 네가 동생에게 조그만 집 한 칸만이라도 마련해 줄 수 없겠느냐?" 그렇게 해서 단칸 셋방의 집사님은 내 집 한 칸을 마련해서 이사하게 되었습니다! "아버지! 어머니! 그리고 오빠! 시집가서까지 심려를 끼쳐서 죄송합니다! 오빠! 고마워요! 일이 이렇게 될 줄은 정말 몰랐어요! 하나님 감사합니다!"

이런 순종과 감격이 있는 곳에서 어떻게 믿음이 형식화되거나 타락할 수 있겠습니까?

"아버지께서 나를 세상에 보내신 것 같이 나도 그들을 세상에 보내었고 또 그들을 위하여 내가 나를 거룩하게 하오니 이는 그들도 진리로 거룩함을 얻게 하려 함이니이다"(요 17:18~19)

가시밭의 백합화
시궁창의 연꽃

"내가 비옵는 것은 그들을 세상에서 데려가시기를 위함이 아니요 다만 악에 빠지지 않게 보전하시기를 위함이니이다 내가 세상에 속하지 아니함 같이 그들도 세상에 속하지 아니하였사옵나이다"
(요복음 17:15~16)

가시밭의 백합화 시궁창의 연꽃

본문의 말씀은 예수님께서 제자들을 위해서 남긴 유언의 말씀입니다. 고별사입니다. 마지막 소원입니다. 그래서 본문의 말씀에는 석별의 정이 넘쳐흐르고 있습니다.

그러면 사랑하는 제자들을 죄 많은 세상에 떼어 놓고 가시는 예수님의 마지막 소원은 무엇이었을까요? 예수님의 소원은 제자들을 죄악이 많고 괴로움이 많은 세상에서 변화 산상으로 데리고 가시는 것이 아니었습니다. 그러면 무엇이었을까요? 죄악 세상에 살면서도 죄에 물들지 않는 것이었습니다.

죄의 문제와 고통의 문제, 선악의 문제와 행복의 문제는, 우리 모두 당면하고 있는 큰 문제입니다. 그런데 서양 사람들은 (기독교의 경우같이) 선악의 문제에 더 예민하고, 동양 사람들은 (불교의 경우같이) 고통의 문제에 더 예민합니다! 문제는 죽느냐 사느냐의 문제가 아니라, 이 죄악 세상에서 어떻게 죄 없이 사느냐가 문제입니다! 이 세상에서 어떻게 하나님의 뜻을 따라서 사느냐가 문제입니다!

1. 죄와 고통의 현장

"아담에게 이르시되 네가 네 아내의 말을 듣고 내가 네게 먹지 말라 한 나무의 열매를 먹었은즉 땅은 너로 말미암아 저주를 받고 너는 네 평생에

수고하여야 그 소산을 먹으리라"(창 3:17)

죄로 말미암는 고통과 죽음! 이것이 인류의 공통된 운명이며 우리의 몫입니다! 아무도 사람으로 태어난 이상 이 운명을 피해 갈 수가 없습니다!

1) 죄악 세상

"여호와께서 사람의 죄악이 세상에 가득함과 그의 마음으로 생각하는 모든 계획이 항상 악할 뿐임을 보시고 땅 위에 사람 지으셨음을 한탄하사 마음에 근심하시고"(창 6:5~6)

사람들은 너나 할 것 없이 악합니다. 인간은 고상한 생각을 하는 순간에도 야비하고 순결한 순간에도 불결합니다! 가장 잘 살고 있을 때도 죽어가고 있기는 마찬가지입니다!

물론 일반 도덕의 차원에서는 순천자順天者는 흥興하고 역천자逆天者는 망亡하는 것이 사실입니다. 그러나 신앙의 차원에서 보면 핍박을 당하지 않은 의인이나 고통을 당하지 않은 선지자는 없었습니다. 의인이 잘되는 것도 사실이지만 의인에게 핍박이 있는 것도 사실입니다! 그래서 구약은 의인의 번영을 노래하고(시 37:25~26; 75:10), 그러나 신약은 의인이 당하는 고난을 증언하고 있는 것이 아니겠습니까(마 5:10~12)? 영광의 메시아와 고난의 메시아의 차이가 여기 있습니다.

그런데 여기서 우리는 영광의 메시아를 고대하던 유대 민족이 고난의 메시아로 오신 예수님을 십자가에 못 박아 죽였다는 사실을 기억해야 합니다. 이 세상은 의인들이 영화를 누리는 하나님의 나라가 아닙니다! 그래서 죄악 세상입니다. 어떤 특정한 죄보다 더 무서운 것이 죄악으로 물든 이 세상의 풍토입니다. 이 세상의 풍토는 '죄 농사'를 짓기에 안성맞춤입니다(물론 파렴치한 죄는 지금도 용납을 받지 못하지만……). 사탄이 공중의 권세를 장악하고 있기 때문일 것입니다(엡 2:2).

어떤 사람이 서부의 어떤 시골 마을에서 동부의 해안 지역으로 이사를 했습니다. 그런데 그 사람은 그 지역에 '독기 서린 공기'가 있다는 풍문을 웃어넘기고 말았습니다. '공기는 다 같은 공기지? 독기가 있으면 얼마나 있겠는가! 똑같은 산소와 질소 그리고 수증기 좀 하고 탄산가스 좀 하고 그저 그런 것이 아니겠는가!' 그래서 그는 무사태평하였습니다.

그런데 얼마 후에는 드디어 올 것이 오고 말았습니다! 어떤 사람은 제주도에만 내려가도 굳어 있던 목 뒤가 풀린다고 합니다. 그러다가도 서울에만 올라오면 목이 다시 굳어진다고 합니다. 기후와 공기가 문제입니다. 왜 풍토병이란 것도 있지 않던가요? 대기오염이 오늘날의 심각한 문제로 등장하고 있는 것을 모르는 사람은 없을 것입니다.

그런데 대기 오염보다 더 심각한 것이 '도덕 오염'입니다! 도덕적인 오염은 얼마나 심각한지 이 땅에 의인은 한 사람도 없을 정도입니다. 아직도 육체적으로는 건강한 사람들이 그래도 있지만, 그러나 도덕적으로는 너나 할 것 없이 불치의 죄인들뿐입니다! 우리는 지금 죄악 세상에 살고 있습니다!

바울 사도의 탄식을 들어보십시오. "내가 원하는 바 선은 행하지 아니하고 도리어 원하지 아니하는 바 악을 행하는도다"(롬 7:19). 바울 같은 사도도 예외일 수 없었습니다. 이 세상은 죄악 세상입니다! 사람들의 표정이나 옷차림이나 걸음걸이에서까지 죄가 쏟아져 나옵니다! 입을 열기만 하면 죄가 쏟아져 나옵니다! 신문과 잡지와 TV와 비디오에서도 죄가 쏟아져 나옵니다. 그런데 문제는, 아무리 식수가 오염되어 있어도 그 물을 마셔야만 살고 아무리 공기가 오염되어 있어도 그 공기를 호흡해야만 살 수가 있듯이, 아무리 도덕적인 공기가 오염이 되어 있어도 그 공기를 마시지 않고서는 살 수 없는 데 있습니다.

이 세상은 죄악 세상입니다. 자기 것도 아닌 남의 것을 자기 맘대로 가져가는 사람도 있고, 까닭 없이 사람을 죽이는 사람도 있고, 성숙하지도 않은 어린 여아에게 성폭행하는 사람도 있고, 가장 가까운 친구를 사기 치는 사람도 있고, 자기를 낳아 주시고 키워 주시고 교육까지 받게 해 주신 부모님을 살해하는 후레자식도 있는 세상입니다! 칠십 고령의 아버지와 어머니 그리고 형님과 형수와 조카들까지 한꺼번에 죽여서 암매장한 자식도 있는 세상입니다. 별의별 사람들이 신사복과 숙녀복을 입고 거리를 활보하고 있습니다! 인민사원 사건의 현장에서는 거룩한 성직자가 하나님의 이름으로 수백 명의 신도를 강제로 자살극을 연출하게도 하고 어린이들의 입에 독약을 먹여 죽이기도 하지 않았던가요!

오늘날의 세상은 사랑까지도 돈으로 사고파는 암시장입니다. 예전에는 돈을 받고 몸만 내주었지만, 그러나 지금은 돈만 주면 마음까지도 내주는 세상입니다! 그 주제에도 겉모양과 말만은 너무나도 고상하고 너무나도 진실합니다!

어떤 사나이가 다이아몬드 목걸이를 여자에게 걸어 주며 말합니다. "이건 아무것도 아닙니다. 나는 지금 나의 생명 전체를 당신에게 바치고 싶습니다!" 그러자 불여우가 대답합니다. "나는 다이아몬드 목걸이 같은 것에는 관심이 없어요! 나는 당신을 좋아할 뿐이에요!"

우리는 지금 이런 죄악 세상에 살고 있습니다. 그래서 우리는 언제, 어디서, 누구에게 무슨 일을 당할지 모릅니다! 우리는 지금 아주 위험천만한 세상에 살고 있습니다! 이런 세상을 어떻게 살아가야 할 것인가? 그것이 문제입니다!

2) 괴로운 세상

"야곱이 바로에게 아뢰되 내 나그넷길의 세월이 백삼십 년이니이다 내 나이가 얼마 못 되니 우리 조상의 나그넷길의 연조에 미치지 못하나 험악한 세월을 보내었나이다 하고"(창 47:9)

우리는 이런 죄악 세상을 사랑도 하고 사랑도 받고, 미워도 하고 미움도 받고, 존경도 하고 존경도 받고, 무시도 하고 무시도 당하고, 칭찬도 하고 칭찬도 듣고, 비난도 하고 비난도 듣고, 웃기도 하고 울기도 하면서 삽니다. 이 세상에는 사랑만 받고 사는 사람도 없고, 미움만 받고 사는 사람도 없으며, 칭찬만 듣고 사는 사람도 없고, 그렇다고 비난만 듣고 사는 사람도 없습니다! 아무리 불행한 사람도 때로는 웃고, 아무리 행복한 사람도 때로는 남모르는 눈물을 흘립니다! 살인강도에게도 뒤따르는 졸개가 있고 몸을 바치는 여인이 있습니다! 반면에 성인군자에게도 중상모략하는 비판자들이 있습니다!

사람은 누구나 "단맛 신맛 쓴맛"을 다 보고 삽니다. 육체는 몸에 좋은 것만 골라서 먹을 수가 있지만, 그러나 마음은 시금털털한 것과 썩은 것과 아니꼽고 메스꺼운 것까지도 다 먹고 살아야 합니다. 그래서 이 세상은 육체가 괴로운 세상이라기보다는 마음이 괴로운 세상입니다! 육체가 당하는 고통보다는 마음이 당하는 고통이 더 많습니다! 육체는 병이 들어 아플 때를 제외하고는 먹을 것을 다 먹고 입을 것을 다 입고 삽니다. 그래서 별로 괴로울 것도 없습니다. 그러나 마음은 편할 날이 없고 바람 잘 날이 없습니다.

많은 사람이 독일의 시인 괴테를 부러워합니다. 그 사람은 시인으로서도 성공하고 돈도 많이 벌고 'IQ'도 200이나 됐습니다. 연애도 칠십 고령에 이르러서까지 10대의 소녀와 불을 태우지 않았던가요?

그러면 이제 그토록 행복했던 그분의 얘기를 한번 들어보기로 하겠습니다. "나의 70평생을 통해 참으로 행복했던 시간은 몽땅 모아도 4주간, 다시 말해 28일밖에 되지 않을 것이다." 그 나머지는 모두가 괴로운 시간이었던 것입니다. 보기 드물게 행복했던 사람의 일생이 그 정도였습니다.

교우님들의 한평생은 어떠하셨는지요? 새벽부터 저녁까지 기분 하나 상하지 않고 황홀하기만 하게 보내신 날이 단 하루라도 있으셨나요? 근심거리 하나 없이, 더는 바랄 것 하나 없이 행복하기만 하던 날이 단 하루라도 있으셨나요? 그러면 믿는 사람들은 세상 사람들이 당하는 고통이나, 질병이나, 실패나, 죽음을 면제받은 것일까요? 아닙니다! 성도들 역시 똑같은 고해의 한복판에 내던져져 있습니다!

믿음의 순결을 지킨 사드락과 메삭과 아벳느고도 풀무불 속에서 환난을 겪어야 했고, 바울 같은 대사도 또한 빌립보 옥중에서 옥고를 치러야 했습니다! 순교자들은 단두대에서 극적으로 구출 받지 못했고, 원형극장의 성도들도 맹수들의 입에서 놓임 받지 못했습니다! 6·25 동란 당시에는 성도들도 피난민의 행렬에 끼어 있었고, 전사자들의 명단에도 들어 있었습니다. 독감이 찾아오면 성도들도 기침하고 불경기가 오면 믿는 사람들의 사업도 침체를 면할 수 없었습니다. 불합격자들 명단에는 불신자들의 자녀만 있는 것이 아닙니다! 고난은 사람을 가리지 않습니다!

2. 시궁창 속에 피는 연꽃

"너희는 세상의 빛이라 산 위에 있는 동네가 숨겨지지 못할 것이요"(마 5:14)

그러면 이와 같은 죄악 세상에서 성도들은 어떻게 살아야 할까요? 성도들은 시궁창 속의 연꽃이 되고 사막의 오아시스가 되어야 합니다! 빛은 어두운 곳에서 광채를 발합니다. 빛은 어두울 때일수록 요긴하게 쓰입니다. 주변이 온통 칠흑 같은 암흑 세상인데…… 어떻게 그런 속에서 홀로 빛을 발할 수 있느냐고요? 천만의 말씀입니다. 주변 세상이 암흑천지이기 때문에 빛을 발해야 합니다.

희고 깨끗한 연꽃 한 송이가 더럽고 악취가 나는 시궁창의 한복판에 깔끔하게 서 있었습니다. 주변은 온통 더럽고 불결한 흙탕물뿐이었지만…… 그런데도 흰 연꽃은 주변의 더러운 물과는 상관이 없다는 듯이 마치 방금 하늘에서 내려온 천사같이 청초하기 짝이 없었습니다. 그 연꽃이야말로 죄악 세상 속에서 서 있는 성도들의 참모습입니다! 주변 세상이 더러우므로 성도들의 청초함이 더더욱 빛을 발하게 되는 것이 아니겠습니까?

스티븐 그레이Stephen Gray는 절연 기술을 발명한 사람입니다. 전기공학은 절연 기술 이상 발전할 수가 없다고 합니다. 절연 기술 없이는 유도 코일을 장치할 수가 없어서 전기 모터 같은 것은 생각할 수조차 없기 때문입니다. 전선도 절연체로 덮어씌워 전력을 보전함으로써만 전류를 보낼 수 있습니다.

그러면 죄악 세상에서 성도들의 영혼을 절연시키는 절연체는 무엇일까요? 성령님의 역사입니다! 성령님의 절연 작용에 의해서만 성도들은 죄악 세상에서 차단될 수 있습니다. 소는 지푸라기만 먹고도 기름진 우유를 생산하고, 나무는 더럽고 맛이 없는 거름만 먹고서도 맛있는 과일을 생산합니다. 성도들도 죄 많은 곳에 살고 있습니다. 그런데도 성도들은 거름무더기 속에서 피어나오는 백합화같이 성별된 생활을 합니다. 똑같은 땅에서 몸에 해로운 독버섯도 자라고 몸에 유익한 표고버섯도 자라납니다.

어떤 잠수부가 바다 깊숙이 잠수해 들어갔습니다. 주변에는 온통 물뿐 공기는 없었습니다. 바닷속은 지옥같이 낮고 음부같이 어두웠습니다. 사람은 살 수가 없는 곳이었습니다. 그런데도 잠수부는 그 깊은 물 속에서 유유히 활동을 계속하였습니다. 수정 같은 벽이 잠수부를 물에서 보호해 주었기 때문입니다. 그리고 호스를 통해 하늘의 공기가 공급되었기 때문입니다. 그러면 죄악 세상을 살고 있는 성도들을 보호해 주는 수정 같은 벽은 무엇이며 하늘에서 공급받는 공기는 무엇일까요? 성령님의 역사입니다(빌 4:11~13).

'덕Tugend' 과 '행복Glucklichkeit'은 똑같은 것의 양면이기 때문에 참으로 거듭난 사람들은 행복하기도 합니다. 이에 반해서 악인들은 궁궐 속에서도 불행할 수밖에 없습니다(사 57:20). 죄악은 온갖 불행의 산실입니다!

그럼 여기서 한번 묻겠습니다. 주변의 세상이 온통 죄 일색이기 때문에 성도들까지도 죄를 물먹듯이 하며 살아야 할까요? 그렇지는 않을 것입니다. 그러면 성도들을 향하신 하나님의 뜻은 무엇일까요? 시궁창 속의 청초한 연꽃이 되는 것입니다! 초막 속에서 누더기를 걸치고 살면서도 궁궐 속의 제왕보다도 더 행복하게 사는 것입니다! 가뭄을 타지 않는 논이 문전옥답이고, 불경기를 타지 않는 장사꾼이 장사를 잘하는 사람이 아닐까요? 누구나가 다 합격하는 시험에서 합격하는 것도 합격일까요?

유대교의 타락이 극에 달했을 때 예수님께서 오셨습니다. 가톨릭교회가 극도로 부패했을 때 종교 개혁자들이 일어났고, 영국교회가 형식화됐을 때 요한 웨슬리가 등장하였습니다. 영국 사회가 부패하지 않았는데 어떻게 요한 웨슬리가 영국사회를 갱신할 수 있었겠습니까? 천주교회가 타락하지 않았는데 어떻게 루터가 종교 개혁을 일으킬 수 있었겠습니까? 유혹하는 사나이가 없는데 어떻게 열녀가 될 수 있겠습니까? 주변 사회가 거짓되지 않은데 어떻게 진실한 사람이 나올 수 있겠습니까? 진실뿐인 데서 진실한 것은 진실도 아닐 것입니다.

3. 고통은 타락의 방부제

"이에 스스로 돌이켜 이르되 내 아버지에게는 양식이 풍족한 품꾼이 얼마나 많은가 나는 여기서 주려 죽는구나 내가 일어나 아버지께 가서 이르기를 아버지 내가 하늘과 아버지께 죄를 지었사오니"(눅 15:17~18)

고통은 타락을 방지하는 방부제입니다!
미스바에서 이스라엘 백성의 회개 운동이 일어난 것도 패전 후였고 요나가 회개하고 돌아선 것도 큰 고기 뱃속에서였습니다. 많은 성도가 죄를 깨닫고 회개하는 것도 좌절과 고통 중에서입니다!

요나도 회개를 많이 했지만, 그러나 생활을 변화시키는 회개는 절망적인 큰 고기 뱃속에서만 할 수 있었습니다. 물론 물에 빠져 죽는 사람에게는 물이 원수일 수밖에 없을 것입니다. 그러나 수영선수에게는 물이 낙원입니다. 고통은 사람들을 나태와 죄에서 지켜 주는 교도관입니다.

어떤 이탈리아 화가가 성전의 천장에 그림을 그리고 있었습니다. 100척이나 되는 높은 곳에 매달아 놓은 발판 위에서 작업하고 있었습니다. 그는 자기가 그려 놓은 그림을 여러 각도에서 관찰하기 위해 뒷걸음질을 치기 시작했습니다. 화가는 예술에만 몰두한 나머지 자기가 서 있는 곳이 허공에 매달아 놓은 발판 위인 것도 잊어버리고 있었습니다. 화가는 계속해서 뒷걸음질쳤습니다. 이제 두 발짝만 더 물러서면 아차 하는 찰나에 모든 것이 끝장날 수밖에 없는 상황이었습니다. 그때 그 아슬아슬한 장면을 발견한 화가의 형이 재빨리 붓에 물감을 묻혀서 화가가 그려놓은 그림을 향해 내던졌습니다. 그러자 화가는 화가 나서 무의식적으로 그림을 향해 다가섰습니다. 그렇게 해서 화가는 가까스로 생명을 보존할 수 있었습니다.

그와 같이 많은 사람이 달콤한 맛에 죄악 속으로 깊숙이 빠져들어 가다가도 실패와 고난의 쓴잔을 마신 다음에는 회개하고 돌아섭니다! 고난은 나쁘기만 한 것이 아닙니다. 어떤 때는 고난이 만병통치약이 되기도 합니다(시 119:67~72). 그중에도 하나님의 영광을 위해서 자진해서 당하는 고난은 특효약입니다!

중세기의 유명한 시리아의 수도승 시므온Simeon은 소년기에는 목동이었습니다. 그러나 수도원의 좁은 암자 속으로 들어간 후에는 수 년 동안 단 한 번도 밖으로 나온 일이 없었습니다. 그런데 그는 수도원이 그에게 좀 더 혹독한 수도를 시켜 주지 않는 것이 불만이었습니다. 고생을 좀 더 많이 하고 싶었습니다. 그래서 시므온은 주후 423년 안디옥 근처에 있는 산으로 올라갔습니다. 그리고 자기가 세운 기둥꼭대기에 올라가서 생활하기 시작했습니다. 처음에 그 기둥의 높이는 6척밖에 되지 않았지만 후에는 36척에서 60척에 이르렀습니다. 그리고 그 기둥 꼭대기의 넓이는 직경이 4척밖에 되지 않았으니, 다리를 뻗고 드러누울 수도 없었습니다. 그 주위에는 난간이 세워져 있었습니다.

 시므온은 그곳에서 단 한 번도 내려오지 않고 그의 인생의 마지막 30년을 살았습니다. 목은 짐승의 가죽을 철제 칼로 만든 칼라가 항상 목을 조이고…… 언제나 괴롭기 짝이 없는 인생을 살았습니다. 그런 처지에서도 시므온은 찾아오는 내방자들에게 하루에 두 번씩 설교를 하였습니다. 그렇게 살다가 시므온은 72세를 일기로 부르심을 받았습니다.

 이런 수도사들의 삶이 타락한 인간들에게 본보기가 되고 경종을 울리긴 합니다. 하지만 모든 신자가 다 그렇게 수도할 수는 없습니다. 그러면 어떻게 해야 할까요? 육신의 정욕, 안목의 정욕, 이생의 자랑이 전부인 죄악 세상 한가운데서 하나님의 뜻대로 살아가는 수도를 함으로써입니다. 육신의 정욕, 안목의 정욕, 이생의 자랑을 못 박는 좁은 길을 걷는 삶이 곧 수도가 아닐까요?

 물론 어떤 사람들은 이런 분을 지나친 금욕주의자요, 은둔주의자라고 규탄하시겠지만…… 그러나…… 자의든 타의든, 사람은 그가 누구든 고난을 통해서만 인격을 연단시켜 나갈 수 있다는 사실만은 부인할 수 없을 것입니다. 이에 반해 안일한 생활과 향락은 타락의 온상입니다.

4. 역경의 은총

 "사랑하는 자들아 너희를 연단하려고 오는 불 시험을 이상한 일 당하는 것 같이 이상히 여기지 말고 오히려 너희가 그리스도의 고난에 참여하는 것으로 즐거워하라 이는 그의 영광을 나타내실 때에 너희로 즐거워하고 기뻐하게 하려 함이라"(벧전 4:12~13)

 성도가 누구일까요? 역경 중에서도 찬송을 부르는 사람들이며, 환난

중에서도 기뻐하는 백성이며, 실패 중에서도 성공하고, 죽음 속에서도 부활하는 하나님의 자녀들입니다!

1) 환경이냐 사람이냐

미국의 동남부에 위치한 플로리다 지방은 허리케인으로 유명합니다. 허리케인이 그곳을 강타했을 때의 얘기입니다. 홈스테드에 있는 공군기지에서 비행기 한 대가 허리케인의 비밀을 알아보기 위해 그 속으로 날아들어 갔더랍니다. 그런데 알고 보니 미친 듯이 설치는 허리케인의 중심부에는 구름 한 점 없는 평온이 있더라지 뭡니까?

그러면 성도들은 누구일까요? 허리케인의 중심부에 사는 무리입니다. 아무리 바깥세상에는 늘 태풍이 몰아치고 있어도 마음속 깊은 곳에는 하늘의 평온함을 간직하고 사는 무리입니다! 불행 중에서도 행복을 만들어 내고, 실망 중에서도 소망을 만들어 내고, 고난 중에서는 인격을 만들어 내는 사람들입니다!

성도들은 바람에 떠돌아다니는 낙엽이 아니라 바람을 타고 올라가는 독수리입니다! 성도들은 고난으로 인격도 만들어 내고 행복도 만들어 냅니다! 예수님께서는 성도들에게 환경의 축복 대신 영혼의 축복을 주셨습니다. 그러나 사탄은 환경의 축복과 육체의 축복을 약속하면서 사람들을 미혹합니다. 에덴동산의 뱀도 그랬고 광야에서 예수님을 시험한 사탄 마귀도 그랬습니다(창 3:6; 마 4:8~9). 그러나 예수님은 사람 자신이 거듭나기를 원하셨습니다. 그러면 거듭난다고 하는 것은 무엇일까요? 육체가 거듭나는 것일까요? 아닙니다! 거듭난다고 해서 육체의 구조나 육체의 성분이 달라지는 것은 아닙니다(요 3:4~5). 그러면 무엇이 달라지는 것일까요? 마음이 달라집니다. 예수님의 구원은 환경 구원이나 육체 구원이 아니라 영혼 구원이며 인격 구원입니다!

그러나 마귀와 거짓 선지자들은 언제나 환경 구원과 육체의 구원을 약속합니다! 영혼 구원도 전하지 않는 것은 아니지만……, '이것이냐 저것이냐'의 복음이 아니라 언제나 '이것도 저것도'의 복음입니다. 이것이 먼저고 그다음은 '이왕이면 다홍치마'입니다. 그렇지만 영의 사람들은 그의 나라를 우선으로 구합니다!

육의 사람들은 부자부터 되기를 바라고, 출세부터 하기를 바랍니다. 이에 반해 영의 사람들은 작은 집에서라도 행복하게 살기를 바라고, 출세하지는 못해도 인격을 더럽히지 않기를 바랍니다! 전자는 환경이 변해서 잘살기를 바라고, 후자는 자기 자신이 변해서 잘살기를 바랍니다! 한 사람은 밖에서 행복을 찾고, 다른 한 사람은 안에서 행복을 찾습니다!

언제나 세상 사람들은 환경이 먼저입니다! "우선 돈부터 벌어놓고 봐야지!"입니다. "억울하면 출세부터 해야지!"입니다. 그러나 성도들의 슬로건은 "우선 사람부터 돼야지!"입니다. "돈이 먼저냐 사람이 먼저냐! 출세가 먼저냐 신앙이 먼저냐!" 이것이 문제입니다! 그러나 사람이 돈을 따라다녀서는 안 되고 돈이 사람을 따라야 한다는 말도 들어보지 못하셨는지요?

예수님께서는 가구를 새것으로 바꾸거나 주택을 신식으로 개량하라고 말씀하지는 않으셨습니다. 머리가 되라고 말씀하시거나 많은 재물을 모아 창대하게 되라고 말씀하신 일도 없으십니다.

그러면 '사람과 재물'의 두 가지 중에는 어느 것이 행복과 인격에 이르는 첩경일까요? 한마디로 사람입니다! 사람만 건강하면 계절은 문제 되지 않습니다! 사람만 건강하면 환경도 문제 되지 않습니다! 환경이 좋은 복지국가에도 병든 사람이 있고 환경이 나쁜 후진국에도 건강한 사람이 있습니다.

문제는 환경이 아니라 사람입니다! 산해진미만 먹고사는 병자도 있고, 우거짓국만 먹고 사는 천하장사도 있습니다. 고급 피아노는 들여 놓았지만 피아노를 치지 못하는 사람도 있고, 피아노는 중고품이지만 연주는 기가 막히게 잘하는 사람도 있습니다. 세계 최고의 운동화를 신고서도 맨발의 아베베만큼도 달음질하지 못하는 사람도 있습니다. 문제는 무대가 아니라 배우입니다! 아무리 무대만 잘 꾸며 놓으면 뭘 합니까? 연기를 잘해야지요!

그런데도 이 진리 하나를 깨닫기가 어쩌면 그리도 어려운지요! 몇십 년을 더 배우셔야 이 진리 하나를 터득하시겠는지요? 아직도 부자가 되어야 잘살 수 있다고 생각을 하시니……? 그런데 대개 환경을 꾸미는 데 열중하는 사람들은 그 대가로 사람(인격)의 행복을 상실하게 됩니다! 그래서 어느 시대고 화려한 저택에는 불행한 사람들이 득실거리고, 호화 성전에는 타락한 교인들이 득실거리는 것이 아니겠습니까?

먼저는 사람입니다! 그러나 마귀는 성전이 먼저입니다! 교인 수가 먼저입니다! 그래서 똑같은 설교를 들으면서도 한 사람은 그리스도인이 되고 다른 한 사람은 바리새교인이 되는 것이 아니겠습니까? 똑같은 콩을 먹고 한 사람은 비둘기가 되고 다른 한 사람은 돼지가 됩니다! 똑같은 김치 깍두기를 먹고서도 한 사람은 연산군이 되고 다른 한 사람은 세종대왕이 됩니다! 문제는 환경이 아니라 사람입니다. 참으로 내 것은 내 몸뚱이와 내 마음밖에 없습니다. 따라서 그것이 좋아야 참으로 좋을 것입니다!

다음은 토마스 아 켐피스의 말입니다. "사람은 어디로 가나 자기 자신을 가지고 다니게 마련이며 어디로 피해 가도 자기 자신을 만나게 마련입니다."

여우는 판잣집에서 사나 호화 주택에서 사나 여우입니다! 그래서 불행한 사람은 아무 데 가서 살아도 불행할 수밖에 없습니다! 그러나 꾀꼬리는 어디 가서 살아도 꾀꼬리 소리를 냅니다!

2) 풀무불 속에서 빛을 발하는 순금

깡통 부스러기는 풀무불 속에서 타 없어지고 말지만, 그러나 순금은 풀무불 속에서 빛을 발합니다! 용설란Agave americana은 꽃이 피기까지 100

년이 걸립니다. 그때까지는 갖은 고생을 참아 내야 합니다. 험한 비바람과 따가운 햇살 속에서 100년을 견디어 낸 다음에야 용설란은 꽃을 피울 수 있습니다.

일본은 분재盆栽, 곧 난쟁이 나무 재배로 유명합니다. 그 난쟁이 나무들은 갖은 고생 끝에 하나의 예술 작품이 돼서 가장 비싸게 팔립니다. 희귀품이 됩니다. 먼저는 인공적으로 나무의 성장을 방해합니다. 뿌리와 가지를 죽지 않도록만 남겨 두고 잘라 버립니다. 흙도 모자라서 허기증이 나고 물도 부족해서 갈증이 날 지경으로 버려둡니다. 태양 빛까지 제한합니다. 죽지만 않도록 생명의 흔적만 남겨 줍니다. 이렇게 갖은 고생을 다 참아 내면서 가장 작은 공간 속에서 수백 년을 살아남은 다음에야 비로소 거목보다도 더 값비싸게 팔리는 작품이 되어 나옵니다!

그럼 여기서 한번 묻겠습니다. 만일 '분재'에서 고통을 제거해 버리면 무엇이 남을까요? 그때는 땔나뭇감밖에 남지 않을 것입니다. 꼭 같은 이치입니다. 위인들과 성자들에게서 뜻있는 고난을 제거해 버리면 남는 것은 바지저고리밖에 없을 것입니다! 고난이 위인들을 생산해 내는 산실입니다. 이 세상의 모든 위인과 성현들은 하나같이 고난의 학교의 동창생들입니다(벧전 3:14).

K 양은 명문 고교를 졸업하고 일류 대학까지 마쳤습니다. 대학원에서 우수한 성적으로 석사학위까지 취득하였습니다. 부유한 가정의 규수였기에 주변의 친지들은 모두가 다음 순서는 유학길이 될 것이라고 믿어 의심치 않았습니다. 그런데 천만뜻밖에도, K 양은 일손이 모자라는 농촌의 보모가 되기로 하였습니다. 그래서 아버지는 K 양의 뜻을 돌려 보려고, 달래도 보고 협박도 해 보았습니다. 그러나 모두가 허사였습니다. 그 어느 날, K 양은 아무 말도 남기지 않고 간단한 보따리 하나만 꾸려서 들고 집을 떠나 농촌으로 떠났습니다. 그러자 주변 사람들은 "그 여자가 공부를 너무 많이 하더니 그만 돌아버린 것이 아닐까?" 하며 수군거렸습니다. 다음은 K 양의 말입니다. "그때 나는 내가 왜 대학까지 졸업했는지 알 수가

없었습니다. 그저 가정 형편이 좋고 공부를 좀 잘했기 때문이겠지요? 그러나 농촌에 들어가서 예수님의 고난에 동참하면서부터 나는 비로소 공부한 보람을 느끼게 되었습니다."

그런데도 농촌 사람들은 그녀를 환영해 주지 않았습니다. "무슨 곡절이 있는 여자일 거야? 그렇지 않고서야 어찌……?" 그런데도 K 양은 삶의 보람을 찾았기에 기쁘기만 했습니다. 후일 K 양은 까막눈의 농촌 사나이와 화촉을 밝히기까지 하였습니다. 이제 K 양은 명실공히 밭고랑에 엎드려 김을 매는 시골집의 아낙네가 되었습니다. 몇 해 후 서울에 올라온 그녀의 모습을 본 이웃들은 모두가 너무나도 변해 버린 그녀의 촌티 나는 꼴을 보고 말문이 막혔습니다. 양손에는 꿀통 한 개씩을 들고……. 자리에 앉기가 무섭게 남들이 보는 앞에서 큼직한 젖통을 꺼내 들고, 어린애의 입에 물리는 시골아낙네!

이런 것이 참으로 위대한 인물이 되는 정규과정입니다(벧전 2:19~20). 지금 그 부인은 모든 사람에게 존경을 받는 농촌의 지도자, 학·박사들보다도 더 존경을 받고 사랑을 받는 지도자입니다.

"내가 세상에 속하지 아니함 같이 그들도 세상에 속하지 아니하였사옵나이다"(요 17:16).

"그리스도의 고난이 우리에게 넘친 것같이 우리가 받는 위로도 그리스도로 말미암아 넘치는도다"(고후 1:5).

"무릇 징계가 당시에는 즐거워 보이지 않고 슬퍼 보이나 후에 그로 말미암아 연단 받은 자들은 의와 평강의 열매를 맺느니라"(히 12:11).

구원에 이르는 신앙과 멸망에 이르는 신앙

"네가 말하기를 나는 부자라 부요하여 부족한 것이 없다 하나 네 곤고한 것과 가련한 것과 가난한 것과 눈 먼 것과 벌거벗은 것을 알지 못하는도다"(요한계시록 3:17)

구원에 이르는 신앙과 멸망에 이르는 신앙

본문의 말씀은 아멘이시요, 충성되고 참된 증인이시요, 하나님의 근본이신 이가 라오디게아 교회에 보낸 말씀입니다. 세상일에는 화끈하면서도 하나님의 일에는 미지근한 라오디게아 교회야말로 말세 교회의 모형이었습니다. 따라서 본문의 말씀은 우리에게 주시는 하나님의 말씀이기도 합니다.

1. 라오디게아 교회

라오디게아라고 하는 도시는 현재 터키에 있는 에스키히사르Eskihisar인데, 에스키히사르라는 이름이 뜻하는 바와 같이 지금 그 땅은 하나의 '옛 성'에 불과합니다. 그 동네는 루카 강 남쪽에 있습니다. 그런데 아시아에 있는 일곱 교회에 보내는 말씀 중에는 한결같이 책망의 말씀과 아울러 칭찬의 말씀이 있습니다. 그런데 유독 라오디게아 교회에 보내는 말씀에는 책망의 말씀뿐 칭찬의 말씀이 없습니다. 그런데 책망의 말씀과 칭찬의 말씀을 들은 교회들은 하나같이 환난을 당한 교회들인데 반해, 유독 라오디게아 교회만은 핍박도 당하지 않고 환난도 당하지 않고 부흥과 발전만 계속하던 교회였습니다. 사람의 눈으로 볼 때는 가장 크게 부흥했으므로 가장 크게 칭찬 들어야 할 교회였습니다!

그럼 이제 라오디게아 교회의 사정을 좀 더 자세히 말씀드리도록 하겠습니다.

본문의 말씀대로 라오디게아 교회는 아무것도 부족한 것이 없다고 스스로 자족하는 교회였습니다. 그 당시의 라오디게아는 경제적으로 부유한 도시였습니다. 모직물 특히 양탄자를 많이 생산해서 치부한 도시였습니다. 지진 소동이 일어났을 때도 에베소나 살디스 같은 도시는 정부의 원조를 받았지만 라오디게아는 정부의 원조를 거절할 수 있을 정도로 풍요로운 도시였습니다.

도시뿐 아니라 교회도 외형적으로는 대형 교회로 발전하였으니 한때는 많은 교회 중에서 매우 중요한 위치를 차지하기도 하였습니다. 주후 361년에 열린 범세계 기독교 대회인 라오디게아 회의가 열린 곳이 바로 이곳입니다. 그러나 그 교회는 유감스럽게도 부흥의 와중에서 타락하고 말았으니 지금은 그 교회가 존재하지도 않을 뿐 아니라, 심지어 인근에조차 교회 하나 없이 되어 버리고 말았습니다.

그러면 왜 라오디게아 교회는 타락했을까요? 미지근하였기 때문입니다! 그러면 왜 미지근하게 됐을까요? 풍요 속에서 안일한 생활을 하고 있었기 때문입니다. 그런데 이와 같은 라오디게아 교회야말로 말세 교회의 모형입니다. 그들 역시 정통 신앙을 지키며 사도신경을 암송하고 있었습니다. 웅장한 성전도 건축하였습니다! 주일마다 많은 성도가 구름같이 모여들었습니다. 교인들도 사회적으로도 지위가 높은 부유한 상류층 인사들이었습니다. 덕망이 높은 명사들이었습니다! 성가대도 최고 수준이었습니다. 3부 예배 아니! 4부 예배까지 드리고 있었습니다. 세계 곳곳에 선교사들까지 보내고 있었습니다. 교사진과 교육시설 또한 완벽하였습니다. 기도 소리와 찬양 소리가 쉴 새 없이 하늘을 향해서 올라가고 있었습니다! 매일같이 전도대원들이 출전하여 혁혁한 전과를 올리고 있었습니다! 주일마다 새 신자들이 줄을 이었습니다! 그야말로 세계적으로 소문난 교회였습니다!

그런데도 하나님께서는 그 교회를 향해 다음과 같은 책망을 하셨습니다.

"네가 말하기를 나는 부자라 부요하여 부족한 것이 없다 하나 네 곤고한 것과 가련한 것과 가난한 것과 눈먼 것과 벌거벗은 것을 알지 못하는도다"(계 3:17).

"열심을 내라 회개하라"(계 3:19).

그러면 왜 그토록 부흥한 교회가 칭찬을 듣지 못하고 책망을 들어야 했을까요? 라오디게아 교인들은 죄와 적당히 타협하면서 교회의 외적인 부흥과 교인들의 경제적인 성공에만 열중하고 있었기 때문입니다. 아시아에 있는 다른 교회들같이 예수님을 위해서 고난을 겪거나 희생하는 일은 없었기 때문입니다!

예수님 당시의 유대 교회도 로마의 식민통치하에서 크게 부흥하고 있었습니다. 제사장들과 서기관들과 바리새교인들은 백성들의 존경의 대상이었습니다. 예수님의 제자들까지 화려하고 웅장한 예루살렘 성전을 보고서는 자랑하지 않을 수 없었습니다. 그런데도 어찌 된 일인지…… 예수님께서는 그 성전이 돌 하나도 돌 위에 남지 않고 폐허가 될 것이라고 예언을 하셨습니다!

"예루살렘아 예루살렘아 선지자들을 죽이고 네게 파송된 자들을 돌로 치는 자여 암탉이 그 새끼를 날개 아래에 모음같이 내가 네 자녀를 모으려 한 일이 몇 번이더냐 그러나 너희가 원하지 아니하였도다"(마 23:37).

도대체 어찌 된 일이었을까요? 언제나 문제는 여기에 있습니다! 모든 시대 모든 교회들의 문제 또한 여기 있습니다!

2. 가면을 쓴 이단

"사랑하는 자들아 영을 다 믿지 말고 오직 영들이 하나님께 속하였나 분별하라 많은 거짓 선지자가 세상에 나왔음이라"(요일 4:1)

만일 눈에 보이는 교회의 부흥만이 전부라면 나 역시 이런 설교를 하지는 않을 것입니다. 나 역시 동으로 가든 서로 가든 서울로만 가면 그만이라고 설교할 것입니다. 무슨 방법을 써서든지 꿩을 잡는 놈이 매라고 할 것입니다. 그런데 문제는 성경입니다. 성경은 절대로 그런 말을 하지 않습니다.

진짜와 가짜는 비슷하면서도 너무나도 다릅니다! 그런데 진리의 영을 받은 사람들은 그 차이점을 식별할 수 있습니다. 신학을 하거나 성경을 공부한다고 진짜와 가짜를 식별할 수 있는 것이 아닙니다. 쉽고도 어려운 것이 진리입니다!

어떤 소녀가 희귀한 보석 목걸이 하나를 상속받았습니다. 소녀는 그 목걸이를 목에 걸고 너무나도 자랑스러웠습니다. 주변 사람들도 그 목걸이를 보고 부러워하였습니다. 그런데 어느 날 그 소녀가 보석 목걸이를 목에 걸고 다니는 것이 신앙인의 바른길이 아니라는 사실을 깨닫게 되었습니다. 그래서 보석 목걸이를 팔아 버리려고 보석상을 찾아갔습니다. 그런데 그 보석 목걸이를 자세히 들여다본 보석상이 그 목걸이를 소녀에게 돌려주면서 말했습니다. "아가씨! 죄송해요! 이건 진짜가 아닙니다. 가짜입니다!"

보석 하나를 감정하는 것도 전문가들만이 할 수 있는 일입니다. 하물며 생명으로 인도하는 좁은 문과 멸망으로 인도하는 넓은 문을 분별하는 일이겠습니까! 제사장들이나 서기관들보다 더 공부를 많이 한 하나님 전문가는 없을 것입니다. 그러나 그런 그들도 모르지 않았던가요? 그들은 신도들을 천국으로 인도한다고 하면서 사실은 지옥으로 인도하고 있었던 것입니다!

"화 있을진저 외식하는 서기관들과 바리새인들이여 너희는 교인 한 사람을 얻기 위하여 바다와 육지를 두루 다니다가 생기면 너희보다 배나 더 지옥 자식이 되게 하는도다"(마 23:15). "화 있을진저 외식하는 서기관들과 바리새인들이여 너희는 천국 문을 사람들 앞에서 닫고 너희도 들어가지 않고 들어가려 하는 자도 들어가지 못하게 하는도다"(마 23:13).

종교의 세계에서 진짜와 가짜를 구별하기는 참으로 어렵습니다!

"사데 교회의 사자에게 편지하라 하나님의 일곱 영과 일곱 별을 가지신 이가 이르시되 내가 네 행위를 아노니 네가 살았다 하는 이름은 가졌으나 죽은 자로다"(계 3:1).

사람들은 죄 사함도 받고 성령 충만함도 받았다고 마음껏 기뻐하고 있는데…… 그런데도…… 하나님께서는 "죽은 자"라고 하십니다.

한번은 서울역 근처에서 어떤 행상이 겉은 가죽으로 되어 있고 속은 밍크 털로 되어 있는 고급 장갑을 헐값으로 내던지면서 두 번 다시 없는 기회를 놓치지 말라고 열을 올리고 있었습니다. 나는 그 말을 듣고, 하도 사기꾼이 많은 세상인지라 일단은 의심했지만…… 그러나 자세히 그 사람을 들여다보니 시골에서 올라온 갑돌이같이 순진해 보여서 그대로 믿고 장갑 하나를 샀습니다. '내가 그래 봬도 사람은 잘 볼 줄 알거든.'

그러나 후에 그 장갑을 끼어보고 나서야 나는 속은 것을 알 수 있었습니다! 순진한 사람도 속입니다! 뜨뜻해지자 장갑의 이쪽 손가락과 저쪽 손가락이 붙어 있었고, 속에 있는 털까지 쑥쑥 빠져나오고 말더군요. 결국 나는 보고서도 보지를 못했던 것입니다! 하찮은 장갑 하나도 진짜와 가짜를 구별하기 어렵습니다! 하물며 성령과 악령의 역사이겠습니까? 하물며 사람의 영혼이겠습니까?

"사람의 일을 사람의 속에 있는 영 외에 누가 알리요 이와 같이 하나님의 일도 하나님의 영 외에는 아무도 알지 못하느니라"(고전 2:11).

어떤 어린이가 아버지의 손을 붙잡고 도로변에서 대통령의 행차를 구경하고 있었습니다. 먼저는 헌병대가 멋진 제복 차림으로 헤드라이트를 밝히며 엔진 소리도 요란스럽게 오토바이를 몰고 질주하였습니다. 정말 멋진 영웅들의 행렬이었습니다. 그 뒤를 대통령 차가 조용히 그리고 소리도 없이 미끄러져 갔습니다.

그때 아버지가 아들에게 물었습니다.

"너는 커서 무엇이 되고 싶으냐?"
"헌병이오!"

어린아이들은 보아도 모릅니다! 어린이들의 시력이 어른들보다 밝은 것은 사실이지만……? 그래도 모릅니다. 어린이들은 아무리 책장을 넘기며 글씨를 들여다보아도 보지를 못합니다! 어린이들도 "가, 갸, 고, 교……"를 배우면 책을 줄줄 읽어 내려갈 수 있을 것입니다. 그래도 뜻은 알지 못합니다! 보아도 모르고 읽어도 모릅니다! 소의 눈이나 고양이의 눈도 산천초목을 볼 수는 있습니다. 그러나 짐승의 눈이 아름다움 자체(미술)는 볼 수 없을 것입니다! 카메라의 렌즈도 천지 만물을 볼 수는 있습니다. 그러나 어찌 그 렌즈가 우주의 이치까지 깨달아 알 수 있겠습니까?

꼭 같은 이치입니다. 믿음이 없는 사람도 대자연을 볼 수는 있습니다. 겉으로 나타난 자연 현상은 볼 수 있습니다. 하늘이 푸르고, 바다가 요동하고, 새가 노래하고, 꽃이 아름다운 것은 볼 수 있습니다. 그러나 자연계에 나타나 있는 하나하나의 글씨들(현상들)이 하나의 문장을 이루면서 뜻하는 궁극적인 의미는 이해할 수 없을 것입니다. 자연계 역시 보는 사람만이 보고, 아는 사람만이 아는 신비입니다! 하물며 진리이겠습니까! 예수님의 생모 마리아는 예수님을 누구보다도 더 잘 알고 있었습니다. 그런데도 예수님을 몰라보고 아들이 정신이상자가 되지나 않았나 해서 노심초사하지 않았던가요(막 3:21)?

리빙스턴이 영웅이 되어 아프리카에서 영국으로 돌아오던 날, 온 누리가 개선장군을 맞이하듯이 그를 맞이하였습니다. 그래서 어떤 사람들은 그 어른을 부러워하면서 '저 어른께서는 얼마나 행복하실까?' 하였습니다. 그러나 사실은 그렇지 않았습니다. 그때 그는 제멋대로 남북전쟁의 싸움터로 뛰어들어 전사한 아들의 소식을 듣고 몹시 가슴 아파하고 있었으니 말입니다. 리빙스턴은 만면에 웃음을 띠고 있었지만, 그러나 속으로는 남모르는 눈물을 흘리고 있었습니다! 그래서 열 길 우물 속은 알아도 한 길 사람의 마음속은 알 수가 없다고 하는 것이 아니겠습니까? 하물며 영혼의 비밀이겠습니까? 남들이 보기에 믿음이 좋아 보인다고 믿음이 좋은 것은 아닙니다!

교우님들이여! 속지 마시기 바랍니다. 사람같이 알 수 없는 것도 없고 사람같이 믿을 수 없는 것도 없습니다.

여호와새일교단의 교주 이유성 목사는 1915년 11월 4일에 황해도 신계군 촌면 사현리에서 가난한 목수의 아들로 태어났습니다. 그 사람은 무엇 하나 나무랄 데 없는 모범 신자였습니다. 부러워할 만한 목회자였습니다. 1958년 2월 29일 그가 10개월 동안 밤을 새워 가며 철야기도를 드리고 있을 때 홀연히 하늘에서 음성이 들려왔습니다. 그 음성은 요한계시록 4장으로부터 14장까지를 해석하는 말씀이었습니다. 처음에는 의심했지만 똑같은 음성이 두 번 들려오고, 세 번 들려오고, 네 번까지 들려올 때는 더는 의심할 수가 없었습니다. 그래서 그는 펜을 들어 들려오는 말씀을 받아 썼습니다. 그것이 바로 『말세의 비밀』이라고 하는 책입니다. 그러니 얼마나 신령하고 얼마나 영력이 강한 하나님의 종입니까? 많은 신도가 그의 뒤를 따른 것은 물론입니다. 그를 따르는 신도 수는 무려 8천 명이나 되었습니다.

이처럼 이단들은 예외 없이 거듭나지 못한 교인들을 흥분시키고 유혹하기에 충분한 모든 조건을 골고루 갖추고 있습니다. 잿밥에 마음이 있는 '중'이 불공은 더 잘 합니다. 배가 고프니 어찌 안 그렇겠습니까?

이유성 목사는 "말세가 임박했으니 이젠 시집도 가지 말라"고 하였습니다. 그런데 보십시오! 이 목사의 손이 잿밥으로 옮겨 가는 것을! 안수기도를 드리던 권능의 손이 신성불가침한 여자의 몸을 만지고 있지 않습니까? 큰 종님의 큰 손이 만져서는 안 되는 부위에 이르자 안수기도는 갑자기 안찰 기도로 변했습니다. 이것이 문제입니다! 이유성 목사는 12명이나 되는 여자들과 '생수 갈이' 예식을 거행하였습니다. 그런데도 그 목사가 하나님의 계시를 받고 나서 설교를 할 때는 세상에 그보다 더 영력이 있고 그보다 더 신령한 설교가 없었습니다.

그래서 어떤 분이 이 목사에게 물었습니다. "어쩌자고 그런 짓을……?" 그러자 이 목사님 왈, "성령님께서 강권적으로 역사하시는 것을 어찌 사람이 거역할 수 있겠습니까?"

사람의 눈으로 보기에는 마귀같이 신령하고 마귀같이 영력이 있는 영물도 없을 것입니다. 마귀는 하나님(예수님)보다도 더 신령하고 하나님보다도 더 영력이 있어 보입니다. 하나님보다도 더 사랑이 많아 보입니다. 그래서 모두 속아 넘어가는 것이 아니겠습니까? 그래서 마귀의 자녀들은 하나같이 성전에 모여서 "좋으신 하나님, 참 좋으신 나의 하나님!"을 손뼉을 치며 외쳐대는 것이 아니겠습니까? 마귀도 하나님같이 자기 백성에게 불 같은 성령도 주고, 바람 같은 성령도 줍니다(마 7:21~23).

이와는 반대로 거듭난 성도들은 생존 시의 예수님같이 믿음도 없어 보이고, 먹고 마시거나 즐기며 기도도 드리지 않는 것 같고, 따라서 성령도 받지 못한 것 같습니다! 따분해 보입니다! 그래서 참선지자들은 언제나 핍박을 당하고 이에 반대해 거짓 선지자들은 언제나 환영을 받는 것이 아니겠습니까? 그런데도 육에 속한 사람들은 그걸 분별하지 못합니다! 악령의 역사가 성령의 역사와 너무나도 흡사하기 때문이지요(마 24:24). 세상에 진짜 같지 않은 가짜가 어디 있겠습니까?

3. 넓은 문과 좁은 문

"화 있을진저 외식하는 서기관들과 바리새인들이여 너희가 박하와 회향과 근채의 십일조는 드리되 율법의 더 중한 바 정의와 긍휼과 믿음은 버렸도다 그러나 이것도 행하고 저것도 버리지 말아야 할지니라"(마 23:23)

모든 종교의 타락은 언제나 외식에서 왔습니다. 타락이란 다른 것이 아닙니다. 성경 지식에는 해박하고 종교의 여러 가지 형식을 지키는 데는 철저하고 교회의 각종 행사에는 열심히 참여하면서도 인격의 변화가 없는 것! 그것이 타락입니다! 예수님께서 제사장들과 서기관들의 타락을 심판하신 것도 그 때문이었고 바리새교인들이 예수님을 영접하지 못한 것도 그 때문이었습니다! 불교계의 타락도, 유교의 타락도, 결국은 똑같이 종교의 형식화에서 비롯되었습니다! 물론 행함으로 구원을 받는 것은 아니지만 그럼에도 불구하고 행함이 따르지 않는 구원은 공수표 구원 즉, 가짜 구원입니다!

예수님께서 정죄하신 바리새교인들의 믿음은 정통적인 신앙이요 철저하게 성서적인 신앙이었습니다. 그런데도 예수님께서는 그들의 신앙을 인정해 주지 않으셨습니다. 왜 그랬을까요? 금식기도를 드리지 않아서였을까요? 아닙니다! 하나님의 일을 등한히 하였기 때문일까요? 아닙니다! 아멘을 하지 않아서일까요? 그것도 아닙니다! 그러면 무엇일까요? 다음은 하나님의 답변입니다.

"너희는 너희 아비 마귀에게서 났으니 너희 아비의 욕심대로 너희도 행하고자 하느니라 그는 처음부터 살인한 자요 진리가 그 속에 없으므로 진리에 서지 못하고 거짓을 말할 때마다 제 것으로 말하나니 이는 그가 거짓말쟁이요 거짓의 아비가 되었음이라"(요 8:44).

그 사람들도 성경은 주야로 묵상하고 기도는 쉬지 않고 드렸습니다. 그러나 하나님의 말씀이 그들의 머릿속과 입술에 머물러 있을 뿐 그들의 마음속 깊은 곳까지 스며들어 가지는 못했습니다! 저들의 마음속에 있는 것은 여전히 욕심과 거짓과 교만뿐이었습니다! 그것이 문제였습니다! 입술로는 겸손을 외우면서 실제 생활에서는 앞자리와 윗자리와 가운데 자리 다툼을 하였습니다. 말로는 십자가를 지고 예수님의 뒤를 따른다고 하면서도 행동으로는 자기 이익만 챙겼습니다! 물욕과 명예욕과 권세욕만 충족시키려고 하였습니다! 자신의 성공과 영광만 추구하였습니다! 영적인 것이 아니라 육체적인 것이 그들이 예수님을 따르는 목적이었습니다! 옛날에 예수님을 따르던 무리 역시 그랬습니다(요 6:26~27). "머리가 될지언정 꼬리는 되지 말게 해 주시옵소서!" "믿는 사람들일수록 더 잘살아야지요!" 그게 그들의 소리였습니다. 그런데 그게 바로 마귀의 소리입니다.

물론 하나님의 말씀과 우리의 현실 사이에는 거리가 있을 수밖에 없습니다! 그러나 우리가 하나님의 뒤를 따르고 있기만 하면 거리 같은 것은 문제 되지 않습니다! 그러나 일단 하나님의 말씀을 무시해 버리거나 하나님의 뜻을 거역해 버리면 그때는 문제가 달라집니다. 입으로는 하나님을 찬양하면서 속으로는 마귀를 찬양하는 것이 문제입니다. 그런 사람들에게 하나님께서는 말씀하십니다.

"헛된 제물을 다시 가져오지 말라 분향은 나의 가증히 여기는 바요 월삭과 안식일과 대회로 모이는 것도 그러하니 성회와 아울러 악을 행하는 것을 내가 견디지 못하겠노라"(사 1:13).

그리고 예수님께서는 왜 마태복음 23장에서 서기관들과 바리새교인들을 규탄하셨을까요? 이유는 한 가지뿐이었습니다.

"그러므로 무엇이든지 저희의 말하는 바는 행하고 지키되 저희의 하는 행위는 본받지 말라 저희는 말만 하고 행치 아니하며"(마 23:3).

행함이 따르지 않는 믿음이냐, 행함이 따르는 믿음이냐? 문제는 언제나 여기에 있습니다!

마태복음 7장 16절에서 예수님께서는 말씀하셨습니다.

"그의 열매로 그들을 알지니 가시나무에서 포도를, 또는 엉겅퀴에서 무화과를 따겠느냐."

거짓 선지자와 참선지자를 구별하는 잣대 역시 하나뿐입니다! 악령을 받은 사람들은 하나님의 뜻을 이루기 위해서 기도를 드리지 않고, 자기 뜻을 이루기 위해서 기도를 드립니다! 그들의 마음은 잿밥에만 있습니다. 그래서 밤을 새워가며 기도를 드려도 졸음이 오지 않습니다! 이 사람들은 하나님을 위해서가 아니라 하나님을 이용하기 위해서 신앙생활을 합니다! 그래서 그들은 언제나 뜨겁습니다! 뜨겁지 않은 욕심은 없으니까요. 이쪽은 불공에만 마음이 있고 저쪽은 잿밥에만 마음이 있습니다! 이쪽은 성령을 받아서 겸손해지는데 저쪽은 성령(악령)을 받아서 도리어 교만해집니다! '이것을 위한 그것이냐, 그것을 위한 이것이냐?' 가 문제입니다! 물론 중생이 즉각적인 인격의 완성을 뜻하는 것은 아닙니다. 그러나 중생을 한 사람은 인생의 목적과 소원이 달라집니다! 화끈해지기만 하면 믿음이 좋은 것이 아닙니다! '무엇 때문에 화끈해지느냐?' 가 문제입니다!

오직 믿음으로 살았더니 입학 시험장으로 가는 길에서 남들이 못 잡는 택시까지 잡고, 도시계획선까지 귀신 곡하게 자기 집만 비켜갔다고요? 그래서 믿음이 더욱더 뜨거워지셨다고요? 그런 뜨거움은 욕심의 뜨거움 더하기 더 악한 악령의 뜨거움입니다! 남의 땅에 엎드려 이 자리에 성전을 짓게 해 달라고 기도를 드렸더니…… 그대로 되더라고요? 그렇지 않아도 과도한 사행심과 투기심으로 골머리를 앓고 있는 이 나라에서 왜들 이러십니까(골 3:5)?

좋은 말을 배워서 좋은 말을 하는 것쯤이야 누군들 못하겠습니까? 도적도 자기 자식에게는 "굶어 죽는 한이 있어도 도적질만은 하지 마라"고 한다면서요? 사기꾼들이 얼마나 말을 잘하면 그 약삭빠른 Mrs. Kim까지도 속아 넘어가겠습니까? 파당을 잘 짓는 사람들이 으레 하는 말은 "내가 누구를 편들어서 하는 말은 아니다."이고 사람을 미워하는 사람들의 서론은 언제나 "왜 내가 사람을 미워하겠느냐?"입니다!

정통교리를 외우면서 잿밥을 노리는 것이나 이단교리를 외우면서 잿밥을 노리는 것이나 다른 것이 무엇일까요? 정통교리를 외우면서 마귀를 섬기면, 이단교리를 외우면서 마귀를 섬기는 것보다 신령할까요? 꼭 같은 이단들끼리도 서로 마귀의 자식이라고 매도하시지만…….

욕심이 목구멍까지 차 올라와 있으면서 "삼가 탐심을 물리치라"고 하신 하나님의 말씀만 잘 해석하면 성자가 될 수 있는 것은 아닙니다. 아무리 사람의 방언과 천사의 말을 하고, 예언하는 능이 있어 모든 비밀에 통달하고, 산을 옮길 만한 믿음이 있고, 전 재산을 털어 구제를 하고, 자기 몸을 불살라 순교를 해도 사랑(행함)이 없으면 아무 유익이 없으니 소리

나는 구리와 울리는 꽹과리가 될 수밖에 없을 것입니다(고전 13:1~3).

행함이 없는 믿음은 죽은 믿음입니다(약 2:17). 행함이 없는 사람들의 예배는 아무리 은혜로워도 연극입니다! 열녀의 배역을 맡은 주연 배우가 실제 생활의 현장에서는 음란하기 짝이 없는 음녀가 될 수도 있습니다. 그들에게 있어 영화는 영화이고, 실제 생활은 실제 생활입니다. 그래서 하나님께서는 배우도 아닌 성도들이 극장도 아닌 성전에서 연극을 일삼는 것을 보기 싫다고 하시는 것이 아니겠습니까?

신약의 여덟 가지 복을 받기 위해서 금식기도를 하는 사람은 없습니다. 겉 다르고 속 다른 신앙이 너무 많습니다.

서울에 있는 모 교회에서 사기를 치고 도주를 한 어떤 기도의 천사는 언제나 입버릇처럼 영생을 간증하였고, 한번 입을 열어서 기도를 드리면 너무 은혜로워서 눈물을 흘리지 않는 사람이 없었습니다! 지금은 눈물도 믿지 못하는 세상입니다! 지금은 눈물을 흘려서 돈벌이하는 사람까지 있는 세상입니다.

물론 신이 아닌 인간이 어떻게 하나님의 말씀을 온전히 행할 수야 있겠습니까? 제자가 스승만 못한 것이 문제가 되지는 않을 것입니다. 그렇다고 제자가 스승에게서 배우려고도 하지 않으면 어찌 될까요? 그때는 문제가 될 수밖에 없지 않을까요? 여기가 구멍이요, 함정입니다! 절세의 미인은 아니더라도 예뻐지고 싶은 마음은 있어야 여자이고, 재벌은 아니더라도 최소한 돈을 벌고 싶은 생각은 있어야 사업가가 아닐까요? 돈을 벌 생각이 없는데 어떻게 사업을 할 수 있겠습니까?

그러면 그리스도인이란 누구일까요? 이미 천국으로 올라가 버린 사람들이 아니라 천국을 향해 순례 길을 재촉하고 있는 사람들이며, 하나님의 말씀을 온전하게 실천하지는 못해도 하나님의 뜻대로 살아 보려고 눈물겨운 노력을 하는 사람들입니다! 이런 것이 회개가 아니겠습니까? 그때에만 우리는 위선자를 면하고, 배우를 면하고, 사기꾼을 면할 수 있을 것입니다. 최소한 말씀의 고지를 우러러보기라도 해야 성도라 할 수 있을 것입니다(약 4:4).

"세상 부귀 안일함과 모든 명예 버리고 험한 길을 가는 동안 나와 동행하소서"(새찬송가 435).

모든 찬송가의 내용이 이런 것은 아닐까요? 그러할진대 어떻게 "이 세상의 부귀와 영화가 분토만도 못하다"고 찬송을 은혜롭게 부르는 성도들이 세상을 하나님보다 더 좋아할 수 있겠습니까? 수석은 아니더라도 명색이 학생이면 공부라도 해야 하듯이, 명색이 성도면 성자는 못 돼도 그리스도를 닮기 위해서 최소한의 노력은 해야 하지 않겠느냐 말씀입니다. 열심히 공부만 하면……, 수석은 아니더라도 어찌 학생도 아니라 할 수 있겠습니까?

교인이라고 해서 잘못이 없을 수는 없겠지만, 아무리 그래도 명색이 교인이면 어디가 달라도 조금은 달라야 할 것이 아니겠느냐 말씀입니다. 만일 그렇지도 않다면 정말 아무것도 아닌 것이 아닐까요? 육신이 약해서 어쩔 수 없다고요? 살인강도도 육신인지라 어쩔 수가 없어서 강도짓을 한 것뿐이라고 합니다.

4. 잠을 깨세요

"근신하라 깨어라 너희 대적 마귀가 우는 사자 같이 두루 다니며 삼킬 자를 찾나니"(벧전 5:8)

지금은 긴 잠을 깨야 할 때입니다! 지금은 잠만 자고 있을 때가 아닙니다! 그러면 여기서 깨어있으라고 하신 말씀은 육신이 깨어 있는 것을 뜻하는 것일까요? 아닙니다. 여기서 말하는 잠은 신앙의 잠이고 영혼의 잠을 뜻합니다. 깨어 일어나라고 하신 말씀 역시 영혼의 각성을 뜻합니다! 그런데 영혼은 몸이 잠을 자고 있을 때에도 깨어 있을 수 있고 그런가 하면 몸이 깨어 있을 때에도 잠을 잘 수 있습니다!

그러면 믿음의 잠이란 좀 더 구체적으로 어떤 것일까요? 장가가고, 시집가고. 입학하고, 취직하고, 돈 벌고, 여행 다니고…… 세상 재미에 도취해 있는 것이 영혼의 잠입니다(마 24:37~39). 신자들의 경우는 성전에서만 은혜롭게 예배를 드리고 세상에 나가서는 하나님의 뜻과는 정반대의 생활을 하는 것이 잠입니다! 행함이 수반되지 않는 신앙생활이 잠입니다(마 24:42~46). 행함이 없는 성도는 아무리 밤을 새워가며 기도를 드리고 때를 얻든지 못 얻든지 전도를 해도 잠을 자고 있는 것입니다! 아무리 눈을 똑바로 뜨고 앉아 있어도 잠을 자고 있는 것입니다.

그러면 신앙생활이란 어떤 것일까요? 신앙생활이란 예수 그리스도를 믿음으로 죄 사함을 받을 뿐 아니라 예수님의 뜻을 따라 생활을 하는 것입니다! 칭의의 구원만 가지고서는 안 됩니다.

하여간 지금은 잠을 자고 있을 때가 아닙니다! 등을 가졌으나 기름을 준비하지 않았다가 혼인 잔치에 들어가지 못한 미련한 다섯 처녀나, 예복을 입지 않고 잔치 자리에 참석했다가 쫓겨난 사람들은, 교회에 다니지 않아서…… 신앙생활을 하지 않아서…… 멸망한 것이 아니고 믿음만 있고 행함은 없어서 멸망했습니다! 믿음과 행함은 따로따로 있는 것이 아니고 하나입니다! 수영 강의가 수영은 아닙니다. 요리 강의와 요리는 다릅니다!

세상의 욕심과 세상의 자랑으로 충만한 사람은 결코 성령으로 충만한 사람이 아닙니다! 어떻게 성령 충만함과 세상 충만함이 공존할 수 있겠습니까? 그런데 요즘에는 세상도 충만하고 성령도 충만한 사람들이 너무 많아서 걱정입니다. 삼박자 구원이라던가? 오중 축복이라던가? 그 주제에 입만 열면 중생이요, 성령 충만함입니다. 악령이 충만해도 뜨거운 것은 사실이기 때문일 것입니다. 꿩도 먹고 알도 먹는 중생이라면, 중생을 못 할 사람이 어디 있겠습니까?

성경을 읽고 설교를 듣는 것은 하나님의 뜻이 무엇인가를 알기 위해서이고, 기도를 드리는 것은 능력을 받기 위해서입니다. 그리고 찬송은 그런 능력을 주신 하나님께 감사를 드리기 위해서 부릅니다! 중요한 것은 그것이 아니라 이것입니다! 그것은 이것을 위해서 있습니다(사 1:16~17). 요리강습은 맛있는 음식을 만들기 위해서 있습니다. 먹기 위해서 있는 것이 요리강습입니다(벧후 3:14). 기도를 드리고, 찬송을 부르고, 성경을 공부하는 것보다 더 중요한 것이 하나님의 뜻대로 사는 생활입니다(마 23:23).

> "예수님처럼, 바울처럼 그렇게 살 순 없을까
> 남을 위하여 당신들의 온몸을 온전히 버리셨던 것처럼
> 주의 사랑은 베푸는 사랑, 값없이 거저 주는 사랑
> 그러나 나는 주는 것보다 받는 것 더 좋아하니
> 나의 입술은 주님 닮은 듯하나
> 내 맘은 아직도 추하여 받을 사랑만 계수하고 있으니
> 예수여 나를 도와주소서"

그럼 이제 참그리스도인 몇 분을 모셔보도록 하겠습니다.

어느 시골 중학교에 기독교인 교장 선생님 한 분이 부임해 오셨습니다. 교장 선생님은 학교에 식수가 모자라자 교정에 우물 공사를 하기로 하였습니다. 그리고 그 일을 맡은 청부업자와는 일주일 안에 공사를 마치기로 계약을 하였습니다. 그런데 뜻밖에도 공사가 3일 만에 끝이 나버리고 말았습니다.

다음은 그때 교장 선생님이 청부업자에게 하신 말씀입니다. "정말 고맙습니다! 일주일 공사를 3일로 끝내 주셔서 정말 감사합니다!" 이어서 교장 선생님께서는 당연히 3일분의 공사비만 지급하셨습니다. 그러자 청부업자는, 어이가 없다는 듯이, "계약대로 일주일 공사비를 주셔야지요? 그러나 혼자서 먹지는 않겠습니다! 사례는 후하게 하겠습니다!" 그러자 이번에는 교장 선생님이 정말 어이가 없다는 듯이, "지금 뭐라고 하셨지요? 날 보고 도적질을 하라는 말씀인가요?" 그러자 이번에는 또다시 청부업자가

정말로 어이없다는 듯이, "누구나가 다 그러는데 왜 이러십니까? 그게 공금이지 교장 선생님의 돈입니까?" 그러자 교장 선생님, 또다시 어이없다는 듯이, "난, 교장이요! 교육자란 말이오! 내 돈이면 몰라도 공금이라서 그렇게는 못하겠소!" 그러자 청부업자…… 정말 별꼴 다 봤다는 듯이, "다른 학교의 교장 선생님들도 다 그렇게 하시는데…… 이거 왜 이러십니까?"

그럼 여기 또 다른 분을 모셔 보도록 하겠습니다!

이분은 기독교 거지입니다! 그 거지가 어떤 집을 찾아가서 샌드위치 하나만 사 먹게 돈을 좀 달라고 하였습니다. 인심 좋은 집주인은 4불을 주었습니다. 그러자 기독교 거지께서 하시는 말씀이…… "그러면 4불어치 일을 하고 가겠다."라고 하였습니다. 그래서 집주인이 승용차를 닦게 하였습니다. 그런데…… 여기서부터 진짜입니다. 승용차를 닦고 난 거지가 말했습니다. "세차한 것은 4불어치가 되지 않으니 다른 일을 좀 더 시켜 주시기 바랍니다." 거지도 기독교 거지는 다릅니다! 이런 거지는 거지도 아닐 것입니다.

여기서 한 말씀 드리는데 쉽게 큰돈을 벌게 해 주겠다고 감언이설을 늘어놓는 사람이 사기꾼인 것같이, 구원 복은 물론 신유 복, 돈 복, 출세 복, 모든 복을 다 받게 해 주겠다고 꼬드기는 사람도 사기꾼입니다!

어떤 사람이 밤마다 짖어대는 개가 너무 성가시고 새벽마다 울어대는 닭이 너무 귀찮아서 죽여 버리고 말았더랍니다. 그랬더니 얼마 안 돼서 큰 도적을 맞게 됐다는 얘기입니다. 그런고로 교우님들이여! 지금 내가 전하는 메시지가 한밤중에 짖어대는 개소리 같아서 귀에 따가우시더라도 귀담아들어 주시기 바랍니다! 지금은 자다가 깰 때입니다!

예레미야 1장 11~14절에서 하나님께서는 예레미야에게 "네가 무엇을 보았느냐?"라고 물으셨습니다. 예레미야가 대답하기를 "살구나무 가지를 보았나이다." 하였습니다. 그러자 하나님께서는 또다시 네가 무엇을 보았느냐고 물으셨습니다. 그러자 예레미야는 "끓는 가마를 보았나이다." 하

구원에 이르는 신앙과 멸망에 이르는 신앙 | **437**

였습니다.

　그러면 여기 나온 살구나무는 무엇을 뜻하는 것일까요? 그 말의 원어 뜻은 '깬다' 입니다. 잠을 깨운단 말씀입니다. 살구나무는 그 당시 그 지방에서 가장 일찍 꽃이 피는 나무였습니다. 일월 하순만 되면 벌써 살구꽃이 피었습니다. 그러면 끓는 가마는 무엇을 뜻하는 것일까요? 예레미야가 본 끓는 가마는 물이 끓어올라 금방이라도 넘칠 것 같은 가마솥이었습니다. 지금이 바로 그런 때라는 얘기입니다. 이미 살구꽃이 피었습니다! 이미 말세의 징조가 나타나고 있습니다! 끓는 가마는 예수님의 재림을 뜻합니다. 오늘날의 세상은 금방이라도 넘칠 것같이 부글거리고 있습니다!

　지금은 잠을 깰 때입니다! 오늘날의 세계는 생태계의 파괴로 말미암아 신음하고 있습니다! 산성의 눈비까지 내리고 있으며, 지구의 남극에서는 이미 오존층이 미국의 국토만큼이나 크게 뚫렸다고 합니다! 그런데 오존층이 더 크게 파괴되면 자외선과 방사선으로 말미암아 어떤 생명체도 생존할 수 없게 될 것이라고 합니다! 지금은 신앙의 깊은 잠에서 깨어 일어날 때입니다. 주님의 날은 도적같이 올 것입니다(벧후 3:10).

　그러면 우리는 어떻게 깨어 있어야 할까요?

　베드로후서 3장 11~12을 읽어 보십시다.

　"이 모든 것이 이렇게 풀어지리니 너희가 어떠한 사람이 되어야 마땅하냐 거룩한 행실과 경건함으로 하나님의 날이 임하기를 바라보고 간절히 사모하라 그 날에 하늘이 불에 타서 풀어지고 물질이 뜨거운 불에 녹아지려니와"

　옛날 이탈리아의 중부에 위치한 폼페이Pompei, 인구가 조밀하던 폼페이, 화려한 향락의 도성이던 폼페이가 갑자기 베수비오Vesuvio 화산의 폭발로 말미암아 순식간에 잿더미 속에 파묻혀 버리고 말았는데…… 후에 그 도시의 유적을 발굴해 보니 준비 없이 재난을 당한 사람들의 온갖 모습들이 고스란히 화석이 되어 있었습니다.

　우리는 재림의 날에 추태를 드러내지 않도록 깨어 있어야 합니다.

"그러므로 이르시기를 잠자는 자여 깨어서 죽은 자들 가운데서 일어나라 그리스도께서 너에게 비추이시리라 하셨느니라 그런즉 너희가 어떻게 행할지를 자세히 주의하여 지혜 없는 자 같이 하지 말고 오직 지혜 있는 자같이 하여"(엡 5:14~16)

생수가 솟아나는 신앙과 짜증이 나는 신앙

"만군의 여호와가 이르노라 너희가 또 말하기를 이 일이 얼마나 번거로운고 하며 코웃음치고 훔친 물건과 저는 것, 병든 것을 가져왔느니라 너희가 이같이 봉헌물을 가져오니 내가 그것을 너희 손에서 받겠느냐 이는 여호와의 말이니라"(말라기 1:13)

생수가 솟아나는 신앙과 짜증이 나는 신앙

만일 교인 수를 늘리고 소위 말하는 '배가 운동'이 우리의 지상 목표라면, 그리고 우리가 늙지도 않고 죽지도 않는다면, 이런 설교는 하지 않아도 될 것입니다. 본문의 말씀은 하나님의 백성이 신앙생활을 고역이라도 되는 것같이 성가셔하면서 한 말입니다. "얼마나 번거로운고?" 물론 사람들이 듣는 앞에서는 그 사람들도 체면상 그렇게 말하지는 않았을 것입니다. 그러나 심중에서는 분명히 그런 말이 오고 갔던 것입니다.

여호와께서는 이스라엘 백성에게, "내가 너희를 사랑하였노라 하나 너희는 이르기를 주께서 어떻게 우리를 사랑하셨나이까 하는구나 나 여호와가 말하노라 에서는 야곱의 형이 아니냐 그러나 내가 야곱을 사랑하였고"(말 1:2)라고 말씀하시면서 제사장들까지 자기를 멸시한다고 통분해하셨습니다. "내 이름을 멸시하는 제사장들아 나 만군의 여호와가 너희에게 이르기를 아들은 그 아버지를, 종은 그 주인을 공경하나니 내가 아버지일진대 나를 공경함이 어디 있느냐 내가 주인일진대 나를 두려워함이 어디 있느냐 하나 너희는 이르기를 우리가 어떻게 주의 이름을 멸시하였나이까 하는도다"(말 1:6).

이 말씀을 듣고 제사장들이 일제히 항의합니다. "우리가 언제 주의 이름을 멸시하였나이까? 그런 말씀하지 마시옵소서! 우리는 일생을 당신께 바친 제사장들이 아닙니까? 조석으로 무릎을 꿇고 엎드려서 당신께 제사를 드리고 있지 않습니까? 매일같이 하나님의 말씀을 상고하고 매일같이 백성들에게 당신의 말씀을 가르치고 있지 않습니까? 하나님을 멸시하였다니요? 정말 섭섭합니다!"

그런데도 하나님께서는 또다시 말씀하십니다. "이 위선자들아! 너희가 겉으로는 나를 두려워하는 체하지만, 속으로는 나를 멸시하는 것이 사실이 아니냐?"라고. 이 말씀을 듣고 하나님의 백성들이 또다시 항변을 합니다. "우리가 언제 주를 멸시하였나이까? 우리는 주일날마다 성전에 모여 주의 말씀을 들으면서 회개도 하고 '아멘'도 하지 않았습니까? 소리 높여 하나님을 찬양도 하지 않았습니까?"

그러자 하나님께서는 또다시 말씀하십니다. "솔직히 좀 말해봐라! 지금 너희의 그 자세가 정말 나를 두려워하는 몸가짐이냐? 그리고 저는 다리와 눈면 희생으로 드리는 것이 어찌 악하지 아니하냐? 그런 것을 사령관이나 대통령에게 선물해 보아라! 그들이 그런 것을 열납하겠느냐(말 1:8)? 나를 멸시하는 예배를 더는 드리지 못하도록 주일마다 성전 문을 닫아 버릴 사람이 있으면 좋겠도다!"(말 1:10).

이 말씀을 듣고 하나님의 백성들이 일제히 소리를 칩니다. "다시는 그런 말씀하지 마옵소서! 그렇지 않아도 빈자리가 많아서 걱정인데 교인 수가 줄면 어떡하시려고 그런 말씀을 하십니까? 정말 큰일 날 말씀을 하시네요!"

그러나 성도들이 "기도나 좀 해 주세요!" 한다든지 "예배나 좀 봐 주시지요!" 하는 것이 어찌 하나님(의 일)을 멸시함이 아니겠습니까? '예배나'가 뭐고 '기도냐'가 뭡니까? 우리 자신도 모르는 사이에 하나님을 경시하는 습관이 몸에 배어 버린 것은 아닐까요? 물론 하나님의 백성이 종교를 포기한 것은 아닙니다. 그들은 여전히 주일만 되면 성전에 모여 설교도 듣고 기도도 드리고 찬송도 부릅니다.

그런데도 예배가 형식화되다 보니, 그 은혜로운 예배가 번거롭고 짜증스러운 예배가 되어 버리고 만 것은 아닐까요? 그래서 맹송맹송한 예배를 드리고 있는 것은 아닐까요? 찬송가의 가사는 정확하게 "참 기쁘다"지만, 그러나 그 찬송을 부르는 교인들의 얼굴은 별로 기뻐하는 것 같지가 않습니다. "눈물 많이 흘리되……" 하고 가사는 정확하게 읽어 내려가지만, 그러나 눈물을 흘리는 교인은 없습니다. 그래서 "또 기도야?" 하고 "또 설교야?" 합니다.

그러면 어떡하다가 우리의 신앙생활이 이토록 짜증스러운 것이 되어 버린 것일까요? 거기에는 그럴 만한 이유가 있습니다! 원인이 없는 결과는 없기 때문이지요. 그러면 그 원인이 무엇일까요?

1. 형식이 신앙생활을 대신하였기 때문입니다

"화 있을진저 외식하는 서기관들과 바리새인들이여 회칠한 무덤 같으니 겉으로는 아름답게 보이나 그 안에는 죽은 사람의 뼈와 모든 더러운 것이 가득하도다"(마 23:27)

물론 처음에는 마음속에 있는 그대로 실감 나는 기도도 드리고 감격이 넘치는 찬송도 불렀을 것입니다. 그러다가 후에는 자기도 모르는 사이에 마음에도 없는 기도와 찬송가의 가사만을 곡조에 맞춰서 부르게 됐을 것입니다. 무슨 일이든 너무 오래 계속하고 너무 많이 반복하면 형식화될 수밖에 없기 때문입니다.

물론 신앙을 표현하는 데는 형식이 필요합니다. 형식도 없어서는 안 되는 조건입니다. 마음속에 찬양이 있는데…… 어떻게 그 마음을 음성과 곡조를 통해서 표현하지 않을 수 있겠습니까? 심중에 소원이 있는데…… 어떻게 기도를 통해 발설하지 않을 수 있겠습니까?

그러면 문제는 어디에 있는 것일까요? 형식으로 내용을 대신해 버리는 데 있습니다! 문제는 믿음 없이 설교하고 나서도 하나님의 말씀을 전했다고 자부하는 데 있고, 갈급해하는 마음 없이 중언부언하는 기도를 드리고 나서도 기도생활에 전심전력을 다하고 있다고 확신을 하는 데 있으며, 건성으로 노래를 부르면서도 주일마다 하나님을 찬양하고 있다고 자신하는 데 있으며, 직원이 돼서 어쩔 수 없이 헌금을 드리면서도 교인의 의무를 다하고 있다고 생각을 하는 데 있으며, 별로 은혜를 받은 것도 없으면서도 큰 소리로 "아멘!"을 하는 데 있습니다.

한번은 우리교회의 성가대원들이 "세상 부귀영화와 즐겨하던 모든 것, 주를 믿는 내게는 분토만도 못하다"는 찬송을 불러서 온 교우들을 감동하게 했는데……, 그날 찬양이 끝난 다음에 성가대원들에게 물었습니다. "정말 세상의 부귀영화 같은 것은 분토만도 못하다고 생각을 하시나요?"

이것이 문제입니다 문제는 바로 여기에 있습니다(마 15:8~9)!

사람을 미워하면서도 "내가 왜 사람을 미워합니까? 하고, 매사를 자기 생각대로 좌지우지하면서도 "목사님! 소신껏 일하십시오!" 하는 것이 문제입니다. 늘 남을 비판하면서도 "비판하는 것이 아니고 사실이 그렇다는 얘기일 뿐이다."라고 하고, 돈독이 목구멍까지 올라와 있으면서도 "솔직히 말해서 돈에는 욕심이 없습니다."라고 하는 것이 문제입니다!

문제는 교양서적을 많이 읽으신 어른들이 가장 불손하고, 가장 아름다운 그림을 그리고 가장 아름다운 소리를 내고 가장 아름다운 글을 쓰는 예술가들이 가장 부도덕한 생활을 하는 데 있습니다! 그러면 늘 거룩한 말과 옳은 말만 하는 분들은 어떨까요! 언제나 가짜가 훨씬 더 멋있어 보인다니까요! 가짜 임금님인 배우가 진짜 임금님보다 훨씬 더 멋있어 보이거든요! 그래서 팬들도 가짜 임금님이 더 많이 거느리고 다니는 것이 아니겠습니까?

하여간 이런 과정을 통해서 형식적인 교인이 자생합니다! 하나님의 뜻대로 산다면서 자기 생각대로 살고, 하나님의 일을 한다면서 자기 일을 하고, 하나님께 영광을 돌린다면서 (자기) 생색을 내고, 하나님께 충성을 다한다면서 하나님을 십자가에 못을 박아 죽인 제사장들과 바리새교인 같은 교인들 말입니다!

어느 시대고 가장 극렬하게 그리스도인들을 핍박한 무리는 형식적인 교인들이었습니다. 불신자들이 아니라 (가짜) 교인들이었습니다. 예수님을 가장 무자비하게 핍박한 사람들 역시 빌라도 총독이나 헤롯 왕이 아니라 제사장들과 서기관들이었습니다(행 23:12~14)!

이런 말씀을 듣고 어떤 분들은 질문하실 것입니다. "사실이 그렇다면 세상에 형식적인 교인이 아닌 사람이 어디 있으며 그리고 중심에서 감사와 기쁨이 솟아 나올 때만 기도도 드리고 찬송도 부르고 헌금도 드려야 한다면 과연 1년에 몇 번이나 찬송을 부르고 예배를 드릴 수 있겠느냐?"라고 말입니다.

옳은 말씀입니다! 물론 마음속에서 찬송과 기도가 쉴 새 없이 솟아 나오는 성도는 없을 것입니다. 솔직히 말해서 인간에게 완전이란 기대할 수 없는 것이 아닐까요? 그럼에도 불구하고 역부족과 위선, 진실과 거짓은 다르지 않을까요?

하여간 신앙생활은 항상 새로운 체험이 될 때만 형식화와 위선을 면할 수 있습니다. 짜증스러움과 권태도 그때에만 면할 수 있습니다. 옹달샘은 옛 옹달샘이지만, 그러나 거기서 솟아 나오는 물은 언제나 새로 나오는 새 물입니다! 만일 옹달샘에서 솟아 나오는 물이 새 물이 아니라면 그 샘은 이미 옹달샘도 아니고 그 물 역시 생수가 아닐 것입니다. 썩은 물일 수밖에 없을 것입니다. 우리의 신앙생활 역시 그렇습니다! 성경은 옛 성경이요, 찬송은 옛 찬송이지만 그 성경을 읽고 찬송을 부르는 성도들의 체험은 언제나 새로워야 합니다!

서양 선교사 한 분이 남태평양 군도에 있는 '피지' 섬에 상륙하였습니다. 그리고 복음을 전하려고 무서운 원주민 마을을 찾아갔습니다. 그러자 보기만 해도 흉측스러운 토인 십여 명이 몽둥이와 돌을 들고 한 발짝 한 발짝 접근해 왔습니다. 선교사는 이제 마지막 때가 온 줄 알고 숫제 두 눈을 감고 사현금을 타면서 찬송을 부르기 시작했습니다.

"주 예수 이름 높이어 다 찬양하여라! 금 면류관을 드려서 만유의 주 찬양! 금 면류관을 드려서 만유의 주 찬양!"

그러고 나서 조용히 죽음을 기다리고 있었습니다. 그런데 웬일인지 조용하기만 하였습니다. 하도 신기해서 선교사가 눈을 떴습니다. 근데 이게 웬일입니까? 살기등등하던 폭도들이 몽둥이를 버리고 눈물을 흘리면서 선교사 앞에 나란히 서 있는 것이 아닙니까?

이런 것이 항상 새롭고 실감이 나는 신앙생활입니다.

2. 행함이 없는 신앙생활이 되어 버렸기 때문입니다

"화 있을진저 외식하는 서기관들과 바리새인들이여 너희가 박하와 회향과 근채의 십일조를 드리되 율법의 더 중한바 의와 인과 신은 버렸도다 그러나 이것도 행하고 저것도 버리지 말아야 할지니라"(마 23:23)

물론 아무도 완전한 신앙생활을 할 수는 없습니다. 그럼에도 불구하고 하나님을 사랑하노라 하는 성도들에게 하나님의 뜻대로 살고자 하는 몸부림조차 없는 것은 문제입니다.

예배도 중요하고 십일조도 중요하지만 그보다 더 중요한 것이 예배에 따르는 의와 인과 신의 생활입니다! 의와 인과 신을 실천하는 사람들이 드리는 예배만이 생명이 넘치는 예배가 될 수 있을 것입니다. 하나님의 말씀은 창고에 쌓아 두었다가 값이 오르면 팔아넘기는 상품이 아니라, 하나님의 말씀은 먹고 살아야 하는 양식입니다. 음식은 먹어야 영양이 됩니다! 하나님의 말씀은 두뇌라고 하는 창고에 보관해 두었다가 강의료를 받고 팔아넘기는 지식이 아닙니다!

설교는 받아먹는 사람에게만 하나님의 능력입니다! 설교는 듣는 것보다 먹는 것이 제일입니다! 식욕이 없을 때 설교를 들으면 체하기 일쑤입니다! 지금 얼마나 많은 교인이 설교에 체해서 배앓이를 하고 있는지 모릅니다. 시편 기자가 하나님의 말씀을 꿀보다 더 달다고 한 것같이 설교에는 맛이 있어야 합니다. 설교는 가슴으로 들어야 영양이 됩니다! 하나님의 말씀을 지식으로만 흡수하면 독이 될 수밖에 없습니다! 이 세상에 강도보다 더 무섭고 포주들보다 더 더러운 사람이 있다면, 그 사람은 하나님의 말씀을 공부만 하고 행하지는 않는 위선자입니다!

천사의 광명한 옷자락 속에 숨어 있는 악마! 히틀러Hitler가 바로 그런 사람이었습니다. 히틀러는 기독교적인 언어를 자유자재로 구사했습니다. 자주자주 전능하신 하나님의 이름으로 축복을 빌기도 하였습니다. 독일 전국에 흩어져 있는 모든 교회에서 종소리와 오르간 소리가 힘차게 울려 퍼지게도 하였습니다. 그 사람은 나라를 위한 신앙고백이라고 하는 것을 자주 뇌까리기도 하였습니다. 그 사람이 오래된 성경책을 교회의 집사들에게 전달하는 사진이 신문지상에 실리기도 하였습니다.

히틀러는 이렇게 간증하였습니다. "나는 하나님의 말씀 안에서 용기와 힘을 얻고 삽니다." 그리하여 그 당시의 교회 지도자들은 한목소리로 외쳤습니다. "이 사람이야말로 하나님께서 보내신 사자이다."

히틀러는 독실한 크리스천으로 술도 가까이하지 않았고, 담배도 피우지 않았습니다. 그런데 헬무트 틸리케Helmut Thielicke의 말에 의하면 그토록 독실한 신자인 히틀러가 독일 민족을 기만했던 것입니다! 그토록 독실한 신자인 히틀러가 천인공노할 사탄의 사자였던 것입니다. 위선자였습니다.

그런데 여기 또 다른 크리스천이 있습니다. 그 사람의 이름은 슈바이처Albert Schweitzer. 그런데 구스타프 빙그렌Gustaf Wingren은 이 두 사람에 대해 다음과 같은 말을 하였습니다. "그 두 사람은 똑같이 하나님의 음성을 들었습니다. 그 두 사람은 똑같이 하나님으로부터 사명을 받았습니다. 그 두 사람은 똑같이 신념의 사람이요, 신념에 성실한 사람이었습니다."

그러면 그 두 사람의 차이점은 어디에 있는 것일까요? 차이점은 오직 한 가지! 형식적인 신앙과 참신앙의 차이에 있었습니다!

교회 안에는 두 가지 족보를 가진 교인들이 살고 있습니다! 하나는 아론의 족보요 다른 하나는 멜기세덱의 족보입니다. 아론의 족보는 혈통적으로 내려오는 제사장의 계보이고, 멜기세덱의 족보는 이름 없는 성도의 계보입니다. 멜기세덱은 아론보다 훨씬 더 이전의 사람이었습니다. 그에게는 아버지도 없고, 어머니도 없고, 족보도 없고, 시작도 없고, 마지막도 없었습니다. 멜리세덱에 관한 기록은 오직 하나…… 전쟁에서 승리하고 돌아오는 아브라함을 축복해 주고 그가 바치는 십일조를 가납한 기록뿐입니다(창 14:17~20).

그럼에도 불구하고 멜기세덱은 분명히 하나님의 제사장이었습니다! 멜기세덱의 계보는 눈에 보이지 않는 영적 교회의 계보입니다! 이에 반해 아론의 계보는 눈에 보이는 세속적인 교회의 계보입니다. 아론의 계보에는 눈에 보이는 '선Line'이 있지만, 멜기세덱의 계보에는 눈에 보이는 '선'이 없습니다! 그런데 아론의 계보에서 나온 제사장들이 멜기세덱의 계보에서 나온 예수님을 죽였습니다!

형식적인 신앙은 하나님의 뜻에 순종하는 대신 자기의 야심을 이루기 위해 하나님을 하수인으로 부려 먹는 신앙입니다! 다시 한 번 말씀 드립니다. 식욕이 왕성한 그리스도인만이 하나님의 말씀을 갈급해하고, 하나님의 말씀을 갈급해하는 그리스도인만이 하나님의 말씀을 맛있게 먹고, 하나님의 말씀을 맛있게 먹은 그리스도인만이 하나님의 말씀을 행동과 생활을 통해서 소화하고, 하나님의 말씀을 소화한 그리스도인만이 왕성한 식욕으로 또다시 하나님의 말씀을 갈급할 수 있는 것입니다! 이것이 바로 생명의 이치입니다! 그리고 이런 사람들만이 형식적인 신앙을 면할 수 있습니다!

하나님의 말씀은 맛있게 먹는 그리스도인에게만 생명의 양식입니다! 수영 강의를 듣는 사람은 반드시 수영장으로 들어가야 합니다! 정장을 하고 수영장 둑에 앉아서 수영 강의나 듣고 수영 평가나 하는 것이 어떻게 수영 선수의 생활(신앙생활)이 될 수 있겠습니까(약 2:19~20)?

몇몇 행인들이 목이 말라 헐떡이며 무거운 발걸음을 옮겨 놓고 있었습니다. 그때 어떤 사람이 그들을 모아 놓고 명설교를 하였습니다. "여러분! 낙심하지 마십시오! 저 산을 넘기만 하면 생수가 콸콸 솟아 나오는 샘이 있습니다!" 그러자 목마른 행인들은 일제히 "아멘!" 하였습니다. 그들은 그 설교에서 큰 은혜를 받았습니다. 물이 있다는 말만 들어도 속이 다 시원했습니다.

그러나 다음 날에도, 그다음 날에도, 그리고 또 그다음 날에도, 그들은 똑같은 설교를 들어야 했습니다. 언제까지나 똑같은 자리에 앉아서 저 산 너머에는 생수가 있다는 설교만 들어야 했습니다. 그러다 보니 전에는 소망을 주고 기쁨을 주던 설교가 이제는 듣기 싫은 설교가 되고 말았습니다. 그 설교를 하는 사람이 미워지기까지 하였습니다(마 22:6~7).

이상이 행함이 없는 믿음의 말로입니다. 이상이 일주일에 한 번 드리는 예배 시간까지도 지루해진 까닭입니다! 정지는 권태요, 행동은 기쁨입니다!

이 세상에서 제일 착한 사람이 누구일까요? 어린이들입니다! 그러면 이 세상에서 제일 행복한 사람은 누구일까요? 역시 어린이들입니다! 결국, 행복은 돈이 많거나 지위가 높은 사람들의 몫이 아니라 착한 사람들의 몫이며 또한 분주히 행동하는 사람들의 몫입니다! 어린이들은 언제나 쉴 새 없이 움직입니다. 행동이 있는 곳에만 행복이 있고, 행함이 있는 곳에만 기쁨이 넘칩니다. 신앙도 행동이 되어야 합니다. 산을 넘어가서 시원한 물을 마셔야 합니다.

그럼 얘기 하나 해야겠습니다.

'성 크리스토프의 날Saint Christopher's Day(7월 25일)'에 얽힌 다음과 같은 얘기가 있습니다. 크리스토프Christopher란 말의 뜻은 '예수님을 업고 간 사람'입니다.

시리아에 '오펠로'라고 하는 장사壯士가 있었는데, 그의 소원은 오직 하나 이 세상에서 제일 힘센 사람의 신하가 되는 것이었습니다. 그래서 그는 먼저 왕의 신하가 되었습니다. 그런데 어느 날 그는 정말 보지 못할 것을 보고 말았습니다. 만인지상의 왕이 마귀 앞에서 두려워 떠는 것을 보았던 것입니다. 그래서 오펠로는 왕을 버리고 땅의 군왕들을 다스리는 마귀의 신하가 되었습니다. 그런데 어느 날 오펠로는 또다시 정말 별꼴을 다 보았습니다. 마귀가 십자가 앞에서 사시나무 떨듯 하는 것을 보았기 때문입니다.

그래서 오펠로는 십자가의 주인공인 예수님의 신하가 되기로 하고 그분을 찾아 나섰습니다. 그는 나룻배의 사공이 되어 배를 타고 오가는 많은 사람 중에서 예수님을 찾으려 했습니다. 그런데 그 어느 날인가는 사흘 동안이나 억수같이 퍼부은 소나기가 홍수를 이루었습니다. 하필이면 그날 어떤 소년이 위독한 어머니를 돌아가시기 전에 꼭 한번 찾아뵈어야 한다면서 홍수가 범람하는 그 강을 건너게 해 달라고 애원을 하였습니다. 그러나 오펠로는 너무 위험해서 그 요청만은 거절할 수밖에 없었습니다. 그러나 소년의 요청은 너무나도 끈덕지고 너무나도 간절했습니다. 결국, 오펠로는 그 소년을 등에 업고 강을 건너기 시작했습니다. 그런데 이상하게도 그 소년의 몸이 점점 더 무거워지는 것이었습니다. 아무리 천하장사인 오펠로도 더는 버틸 수가 없었습니다. 그래서 중얼거렸습니다. "도대체 네가 누구이기에 이다지도 무거우냐?" 그때 등 뒤에서 큰 음성이 대답하였습니다. "나는 네가 만나기를 원하는 예수니라!"

언제나 지루하지 않은 신앙생활은 말씀에 순종하는 사람들에게만 있습니다! 행동하는 사람들에게만 있습니다.

3. 이기주의 때문입니다

"아버지께 대답하여 이르되 내가 여러 해 아버지를 섬겨 명을 어김이 없거늘 내게는 염소 새끼라도 주어 나와 내 벗으로 즐기게 하신 일이 없더니"(눅 15:29)

이 말씀은 탕자의 얘기에 나오는 형의 불평입니다. 분명히 형은 아버지 집의 충성스러운 일꾼이었습니다. 그러나 그의 충성의 동기는 이기주의에 있었습니다. 그리고 이기주의자들의 신앙은 결국 짜증스러운 것이 될 수밖에 없습니다. 물론 처음에는 누구나 구원받기 위해서 하나님께로 나옵니다. 그러나 구원받고 나서도 언제까지나 받을 생각만 하는 사람들은 결국 불만의 수렁 깊이 빠질 수밖에 없습니다!

이기주의는 밑 빠진 독입니다! 아무리 채워도 감사할 줄을 모르는 밑 빠진 독이며, 아무리 받아도 만족할 줄을 모르는 깨진 쪽박입니다! 이기주의자들의 욕심은 천하를 다 주어도 채울 수가 없는 텅 빈 공동입니다! 이기주의자는 쉬지 않고 짜증을 내는 작은 마귀입니다! 이 세상에 이기주의자들을 만족하게 할 수 있는 것은 아무 데도 없을 것입니다! 이기주의자는 낙원에서도 불평불만할 수밖에 없을 것입니다!

이기주의는 불만과 짜증의 온상입니다. 자기만이 행복하기를 원하는 사람은 영원히 행복할 수가 없고, 자기만이 재미있게 살기를 원하는 사람은 항상 짜증을 낼 수밖에 없을 것입니다!

그러나 남을 행복하게 해 주는 사람은 자기가 먼저 행복한 사람이 됩니다! 이것이 생명의 이치입니다(마 10:39). 아무도 '내'가 빳빳하게 살아 있는 동안은 행복할 수도 없고 선할 수도 없습니다! 걱정해도 나를 위해서 하는 걱정과 남을 위해서 하는 걱정은 다릅니다! 나를 위해서 하는 걱정은 이기주의지만 남을 위해서 하는 걱정은 자기희생입니다!

"내가 그리스도와 함께 십자가에 못 박혔나니 그런즉 이제는 내가 사는 것이 아니요 오직 내 안에 그리스도께서 사시는 것이라 이제 내가 육체 가운데 사는 것은 나를 사랑하사 나를 위하여 자기 자신을 버리신 하나님의 아들을 믿는 믿음 안에서 사는 것이라"(갈 2:20).

열반이라고 하는 말이나, 몰아지경이라고 하는 말이나, 무아지경이라고 하는 말이나, 황홀경이라고 하는 말이나, 결국은 '내'가 없는 경지가 가장 행복하고도 가장 선한 경지를 뜻하는 것이 아닐까요? 그리고 일상생활의 경험에서도 나를 잃어버렸을 때가 가장 행복한 순간은 아닐까요? 두 청춘 남녀가 뜨겁게 사랑할 때가 그렇고, 바둑판만 보이고 나는 없을 때가 그렇고, 낚싯대만 보이고 나는 없을 때가 그렇고, 골프 구멍만 보이고 나는 없을 때가 그렇고, 술에 만취해서 제정신이 아닐 때가 그런 것은 아닐까요? 그러다가도 내가 살아나면 황홀경은 깨지고 고뇌가 살아납니다. 이기주의는 행복의 원수입니다.

그럼 여기서 한번 묻겠습니다. 우리는 왜 기독교인이 됐지요? 물론 구원을 받기 위해서입니다. 그러면 구원은 무엇을 뜻하는 것일까요? 나 자신에게서 해방되는 것을 뜻하는 것은 아닐까요? 이기주의에서 자유로움을 얻는 것을 뜻하는 것은 아닐까요?

그럼 얘기 하나 더 해도 될까요?

캐나다 전역에는 테리 폭스Terry Fox의 동상이 곳곳에 서 있습니다. 그 동상에는 어떤 사연이 있을까요?

테리 폭스의 어린 시절의 꿈은 마라톤 선수였습니다. 그러나 골육종으로 다리 하나를 절단할 수밖에 없었습니다. 그래서 그는 낙심도 하고 절망도 하였습니다. 그때 그의 슬픔은 이만저만 큰 것이 아니었습니다. 그는 고통과 죽음을 맞바꾸어 보려고까지 하였습니다.

그러던 어느 날 그에게 믿음으로 말미암는 기적이 일어났습니다. 자신의 불행을 바라보던 마음의 눈이 방향을 바꾸어 밖을 내다보게 되었습니다. '불행한 처지에 있는 다른 젊은이들을 위해서 살자!' 그 순간 그의 불행은 끝이 나고 말았습니다! 절망도 끝이 났습니다. 그의 마음속에서는 새로운 의욕이 태동하였고 전과 다른 새로운 기쁨이 스며 나오기 시작했습니다!

당장 테리 폭스는 암 치료 연구 기금을 모금해서 불우한 젊은이들을 돕기로 하였습니다. 그는 불구의 몸으로 밴쿠버에서 토론토까지 횡단하며 100달러를 모금하는 운동을 전개하였습니다. '희망의 마라톤Marathon of Hope'이라는 이름으로 1980년 4월 12일부터 매일 40km씩 달렸습니다.

갖은 고통을 참아가면서 달리고 또 달렸습니다. 그러나 그해 9월 1일 암이 폐까지 전이되어 더는 달릴 수가 없었습니다. 그때까지 그는 143일 동안 5,373km를 달렸습니다. 밴쿠버에서 토론토까지의 3분의 2나 되는 거리였습니다.

처음에 그가 달렸을 때는 기부해 준 사람이 한 사람도 없었습니다. 그런데도 그는 계속해서 달렸습니다. 그러던 어느 날 그는 우연하게 신문 배달부 한 사람을 만나서 자초지종을 얘기하게 되었습니다. 동시에 테리 폭스의 일거수일투족이 신문지상에 보도되기 시작했습니다. "현재는 50mile 지점에 당도!" "지금은 80mile 지점을 통과!" 그러자 여기저기서 성금이 쇄도해 들어오기 시작했습니다. 눈 깜짝할 사이에 2,470만 달러나 되는 거금이 모금되었습니다. 많은 불우한 젊은이가 소망을 되찾게 된 것은 물론이고요!

그러니 이런 사람의 신앙생활에 어찌 짜증이나 불만 같은 것이 스며들어 올 수 있겠습니까?

4. 넷째는 값싼 신앙생활을 하려고 하기 때문입니다

"돌밭에 뿌려졌다는 것은 말씀을 듣고 즉시 기쁨으로 받되 그 속에 뿌리가 없어 잠시 견디다가 말씀으로 말미암아 환난이나 박해가 일어날 때에는 곧 넘어지는 자요"(마 13:20~21)

어찌하여 기쁨이 넘쳐야 할 신앙생활에서 짜증이 나오는 것일까요? 쉽게 신앙생활을 하려고 하기 때문입니다. 하나님께 드리는 봉급을 깎아내리려고 하기 때문입니다. 시간도 적게 바치고, 비용도 최소한으로 절감하고, 심지어 정성까지도 드리지 않으려고 하기 때문입니다.

언젠가 마귀가 젊은 친척에게 보낸 편지에는 다음과 같은 사연이 실려 있었습니다. "자네의 환자가 신앙생활을 시작한 것 같은데, 그 사람이 적당히 신앙생활을 하거든 내버려 두도록 하시게! 적당히 하는 신앙생활은 신앙생활을 하지 않는 것보다도 더 좋은 일이거든!"

속담에도 값싼 것이 비지떡이란 말이 있지 않던가요? 신앙생활도 값싼 것은 비지떡입니다! 가짜입니다. 가치가 없는 신앙생활입니다. 그런 신앙생활은 기쁨도 주지 못하고 능력도 주지 못합니다! 그런 신앙생활은 어려운 일을 당했을 때 도움도 주지 못하고, 죽을 때 소망도 주지 못합니다! 틈나는 시간이나 바치고 쓰다가 남은 돈이나 바치는 신앙은 비지떡 신앙입니다. 그러니 어찌 거기서 짜증이 나오지 않겠습니까?

그러면 어떤 신앙생활이 가장 힘이 들까요? 힘을 들이지 않고 하는 신앙생활입니다! 힘을 들이지 않고 하는 신앙생활이 제일 힘이 들고, 힘을 들여서 하는 신앙생활이 가장 힘이 들지 않습니다!

왜 그럴까요? 힘을 들이는 신앙은 자기가 좋아서 하는 신앙생활인데 반해, 힘을 들이지 않는 신앙은 억지로 하는 신앙생활이기 때문입니다! 세상에 억지로 하는 일같이 힘이 들고 지겨운 일이 또 어디 있겠습니까? 좋아서 하는 도박은 밤을 새워가면서 해도 시간 가는 줄을 모르지만, 그러나 시어머니의 속옷을 빠는 일은 잠깐만 해도 녹초가 되고 맙니다.

"너무 바빠서…… 어디 시간이 있어야 교회를 다니지요!"

어느 주일인가는 구름이 끼고 비까지 왔습니다. 김 집사님께서 창문을 열고 밖을 내다보시더니 하시는 말씀이……, "어머나! 비가 오네!" 그러고 나서 집사님께서는 어린 딸에게 말씀하셨습니다. "오늘은 비가 오니 집에서 푹 쉬도록 해라! 독감이 한창 기세를 부리고 있는데……?" 그다음 날은 월요일이었습니다. 주일보다 비가 한층 더 억세게 쏟아지고 있었습니다. 그런데도 집사님께서는 어린 딸에게 말씀하셨습니다. "빨리 일어나서 학교에 가야지!"

그래서 학교는 3년만 다녀도 졸업장을 받아들고 나오지만, 교회는 10년을 다녀도 그 모양 그 꼴이 아니겠습니까?

그럼 그 원인은 어디에 있는 것일까요? 값싼 종교를 택했기 때문입니다. 손에 물이 묻을까 봐 몸을 사리는 사람은 부엌일을 잘할 수 없습니다! 그리고 그런 사람에게는 일하는 재미도 없을 것입니다! 어떤 사람이 공부하기가 제일 어려울까요? 공부를 못하는 학생입니다! 공부를 열심히 하지 않는 학생입니다. 오락도 힘을 들이지 않고 하는 사람에게는 재미가 없습니다! 신앙생활 역시, 잘하지 못하는 사람이 힘은 제일 많이 듭니다.

5. 그러면 왜 사람들은 원치도 않는 형식적인 신앙생활을 하고, 행함이 없는 신앙생활을 하고, 이기적인 신앙생활을 하고, 값싼 신앙생활을 하게 되는 것일까요

"한 사람이 두 주인을 섬기지 못할 것이니 혹 이를 미워하고 저를 사랑하거나 혹 이를 중히 여기고 저를 경히 여김이라 너희가 하나님과 재물을 겸하여 섬기지 못하느니라"(마 6:24)

본문의 말씀대로입니다. 두 주인을 섬기려고 하기 때문입니다. 겉으로는 하나님을 섬기고 속으로는 재물(세상)을 섬기기 때문이며, 말로는 예수님을 섬기고 속으로는 육체를 섬기기 때문입니다! 그 대표적인 인물인 발람을 민수기 23장 7~25절에서 만날 수 있습니다. 위선자란, 속으로는 세상을 섬기면서 겉으로는 하나님을 섬기는 사람입니다! 겉으로 보면 성자인데 속을 들여다보면 악마입니다!『천로역정』중에 나오는 '의혹' 씨가 바로 그런 사람입니다.

다음은 민수기에 나오는 선지자 발람의 얘기입니다.

선지자 발람은 의롭게 살기를 원했습니다. 그러나 동시에 세상에서도 남부럽지 않게 살기를 원했습니다. 이스라엘 백성이 요단 강을 건너서 모압 땅에 이르렀을 때의 일입니다. 모압 왕 발락은 이스라엘 백성의 위풍에

눌려 어찌할 바를 몰랐습니다.

그래서 메소포타미아로 사신을 보내서 축복권과 저주권을 모두 가지고 있는 하나님의 선지자 발람을 청하였습니다. 그러나 선지자 발람은 발락 왕의 요청을 한마디로 거절해 버리고 맙니다. 그러나 발락 왕은 인물을 청하는 수법을 잘 알고 있는 사람이었습니다. 그래서 이번에는 지위가 높은 사신을 발람에게로 보냅니다. 그러나 이번에도 선지자 발람은 다음과 같은 말로 발락의 요청을 일축해 버리고 말았습니다.

"발람이 발락의 신하들에게 대답하여 이르되 발락이 그 집에 가득한 은금을 내게 줄지라도 내가 능히 여호와 내 하나님의 말씀을 어겨 덜하거나 더하지 못하겠노라"(민 22:18).

그러니 얼마나 의연한 자세이며 얼마나 고결한 결단입니까? 이것으로 끝이 났으면 얼마나 좋을 뻔하였습니까? 그러나 겉으로 보기에는 초연하기 짝이 없던 발람이었지만, 그러나 그의 마음속에는 엉뚱한 생각이 도사리고 있었습니다. 그래서 발람은 한 가닥 미련을 남겨 놓았습니다.

"그런즉 이제 너희도 이 밤에 여기서 유숙하라 여호와께서 내게 무슨 말씀을 더하실는지 알아보리라"(민 22:19).

이미 하나님께서 분명히 말씀하셨는데도, 하나님의 말씀을 더 들어보겠다고 했던 것입니다. 발람은 발락 왕을 축복하라고 하시는 하나님의 또 다른 말씀이 듣고 싶었던 것입니다! 자기 속셈대로 하나님께서 말씀해 주시기를 기대했던 것입니다! 그것이 발람의 두 마음이었습니다! 결국, 그날 밤 발람은 자기 소원대로 발락에게로 가도 좋다는 하나님의 허락을 받아 냈습니다! 사람들이 듣는 하나님의 음성 중에는 자기 소리도 있습니다! 결국, 발람은 나귀에게 안장을 지우고 모압 땅을 향해서 출발하였습니다.

그런데 도중에 하나님의 천사가 칼을 빼 들고 발람의 가는 길을 가로막았습니다. 그러자 발람은 "내가 죄를 범하였나이다!" 하며 회개하였습니다. 그런데도 그의 마음속 깊은 곳에서는 세상을 향한 불꽃이 타고 있었습니다. 그리하여 그는 결국 모압으로 가라고 하시는 하나님의 윤허를 또

다시 얻어 낼 수 있었습니다. 이때 하나님의 음성 역시 '자기 소리'였습니다!

　드디어 발람은 하나님의 뜻대로가 아니라 자기 소원대로 모압 땅에 이르렀습니다. 발람은 모든 일을 자기 맘대로 하고 있으면서도 하나님의 음성을 들었기 때문에 하나님의 뜻을 따르고 있다는 신념을 불태울 수 있었습니다! 발람은 발락의 안내를 받아 높은 산에 이르렀습니다. 멀리 산 밑에는 이스라엘 백성의 진영이 보였습니다. 이스라엘 백성은 제단을 중심으로 포진하고 있었고, 각 지파의 깃발이 바람에 펄럭이고 있었습니다. 발락 왕은 온갖 예물과 온갖 감언이설을 동원해서 선지자 발람에게 이스라엘 백성을 저주해 줄 것을 청원하였습니다. 그러나 발람은 분명하게 말을 하였습니다.

　"하나님이 저주하지 않으신 자를 내가 어찌 저주하며 여호와께서 꾸짖지 않으신 자를 내가 어찌 꾸짖으랴"(민 23:8).

　발람은 하나님의 말씀대로 말할 수밖에 없었습니다. 발람은 하나님의 말씀에 덜할 수도 없고 더할 수도 없었습니다! 발람은 하나님의 말씀에 충실하였습니다! 그러나 그 순간에도 발람의 마음속 은밀한 곳에서는 세상을 구하는 욕망이 불타고 있었습니다.

　이번에는 발락 왕이 선지자 발람을 비스가 산 꼭대기로 안내하였습니다. 발람이 그의 뒤를 따랐습니다. 하나님의 뜻대로 이스라엘 백성을 저주하지 않은 것은 잘한 일이지만, '그렇다면 어찌하여 발락에게 계속해서 끌려다니고 있는 것일까요?' 그것이 문제였습니다.

　그러나 이번에도 발람은 하나님의 뜻을 따랐으니, 발락의 요청에 응하지 않았습니다. "하나님께서 주신 축복을 내가 돌이킬 수 없도다!" 그래서 발락은 또다시 장소를 바꾸어 이번에는 발람 선지자를 브올 산 꼭대기로 인도하였습니다. 선한 일을 하는 사람들은 쉽게 낙심을 하지만, 그러나 악한 일을 도모하는 사람들은 발락의 경우같이 끈덕지기 짝이 없습니다! 욕심의 불과 죄악의 불은 꺼지지 않는 불입니다! 그러나 발람은 여기서도 발락의 유혹에 굴복하지 않았습니다. "야곱이여 네 장막들이, 이스라엘이여 네 거처들이 어찌 그리 아름다운고 그 벌어짐이 골짜기 같고 강가의 동산 같으며 여호와께서 심으신 침향목들 같고 물가의 백향목들 같도다 그 물통에서는 물이 넘치겠고 그 씨는 많은 물가에 있으리로다 그의 왕이 아각보다 높으니 그의 나라가 흥왕하리로다"(민 24:5~7)라고 발람은 이스라엘을 오히려 축복하였습니다.

결국 발락은 모든 것을 포기할 수밖에 없었습니다. 발람은 끝까지 세상의 유혹에 굴복하지 않았습니다! 끝까지 하나님의 말씀에 충실하였습니다! 황금의 유혹도 물리치고, 창검의 위협에도 굴하지 않고, 그리고 나서 나귀를 타고 당당하게 하나님께로 돌아가는 선지자 발람의 뒷모습은 당당하고도 숭고하였습니다.

그러나…… 아직도 그의 마음속 깊은 곳에는 욕심의 불꽃이 죽지 않고 살아 있었습니다. 아직도 두 마음이 계속 갈등하고 있었습니다! 그리하여 드디어 그 사람의 종말에 대한 얘기가 나옵니다.

"보라 이들이 발람의 꾀를 따라 이스라엘 자손을 브올의 사건에서 여호와 앞에 범죄하게 하여 여호와의 회중 가운데에 염병이 일어나게 하였느니라"(민 31:16).

발람은 결국 세상의 유혹에 굴복하고 말았습니다. 그것도 하나님의 이름으로……? 죄악과의 싸움은 무서운 싸움입니다. 발람은 하나님의 뜻을 거스르면서까지 이스라엘 백성을 저주할 수밖에 없었습니다. 그래서 생각해 낸 묘책이, 이스라엘 백성이 죄를 범하도록 유인해서 하나님의 심판을 받도록 하는 것이었습니다! 그 작전은 적중하였습니다! 그리하여 결국 발람은 하나님의 뜻에 따라 신 나게 이스라엘 백성을 저주하고 아울러 자신의 목적도 이룰 수 있었습니다! 하나님의 뜻도 이루고 자기 소원도 이루기 위해 이스라엘 백성을 죄 가운데로 유인해 들였던 것입니다!

하나님도 섬기고 돈도 섬기고, 하나님의 뜻도 이루어 드리고 욕심도 채우고……. '이것이냐 저것이냐'의 진리가 아니라, '이것도 저것도'의 철학입니다(요일 2:15). 마귀의 철학입니다. 너무 유식해서 알쏭달쏭한 철학입니다. 속아 넘어가지 않을 장사가 없는 철학입니다. 삼박자 구원의 철학이요 오중 축복의 철학입니다. 그러면 두 마음을 품은 사람의 말로는 어떻게 됐을까요?

"이스라엘 자손이 그들을 살륙하는 중에 브올의 아들 점술가 발람도 칼날로 죽였더라"(수 13:22).

발람은 정승같이 죽기를 원했지만 결국은 개같이 죽을 수밖에 없었습니다! 두 마음을 품고 신앙생활을 하는 사람들은 천국에서도 쫓겨나고 지옥에서도 거절당할 수밖에 없을 것입니다!

우리는 발람이 한 말을 기억합니다. "의인의 죽음같이 죽기를 원하노라!" 그것이 발람의 진정한 소원이었습니다. 그러나 유감스럽게도 그에게는 두 마음이 있었습니다! 그래서 발람은 의인같이 죽기를 원하면서도 박쥐같이 죽을 수밖에 없었습니다! '두 마음'이 신앙생활을 짜증나게도 만들고 믿는 사람을 타락시키기도 합니다!

"십자가를 내가 지고 주를 따라 갑니다
이제부터 예수로만 나의 보배 삼겠네
세상에서 부귀영화 모두 잃어버려도
주의 평안 내가 받고 영생 복을 받겠네"(새찬송가 341)

어떤 직장에 대학을 갓 졸업한 처녀 하나가 입사를 하였습니다. 그 처녀는 많은 여자 중에서 가장 아름다웠습니다. P 양의 미모는 여자라도 매혹을 느끼지 않을 수 없을 정도였습니다. "어쩌면!" 그러니…… 피가 끓어오르는 남자 직원들은 어떠하였겠습니까? 그래서 뜸도 들이기 전에 M 군이 그 처녀에게 구애를 하였습니다. 그러나 P 양은 그의 손을 뿌리치고 말았습니다. "저에게는 벌써 장래를 약속한 사람이 있습니다. 죄송합니다!" 그것으로 끝이 났으면 얼마나 좋았겠습니까? 그러나 P 양은 M 군에게 약간의 미련을 남기고 한 마디를 덧붙였습니다. "아직은 빠르잖아요? 저도 전혀 관심이 없는 것은 아니에요!" 이런 것이 두 마음입니다. 두 마음은 배신자의 마음입니다!

"이런 사람은 무엇이든지 주께 얻기를 생각하지 말라 두 마음을 품어 모든 일에 정함이 없는 자로다"(약 1:7~8).

진리의 길은 소풍길이 아닙니다. 손뼉이나 치고 놀아나는 단풍놀이도 아닙니다. 1939년 11월 어느 날 만주 땅 연길현에 있는 종성동 마을이 공산당원들의 습격을 받았습니다. 빨갱이들이 마을 사람들을 사로잡아 예배당에 가두어 버렸습니다. 그들은 교인들은 우측에, 불신자들은 좌측으로 가서 서라고 하였습니다.

그러자 한씨 부인이 제일 먼저 우측으로 갔습니다. 원래 유사시에는 여자들이 더 용감하다면서요? 뒤따라 60여 명의 교인들이 우측으로 가서 섰습니다. 그때 공산당원 하나가 김영진 목사 형제를 결박하였습니다. 그리고 옷을 홀딱 벗긴 다음 발끝부터 가죽을 벗겨 올리기 시작했습니다. 먼저는 발가죽이 벗겨지고 이어서 장딴지 가죽, 넓적다리 가죽······. "이래도 예수를 믿겠는가?"

그런데도 60여 명의 신도들은 우측에 선 채로 끄떡도 하지 않았습니다. 마침내는 빨갱이들이 김영진 목사 형제의 생식기까지 칼로 잘라 냈습니다. 그렇게 김영진 목사 형제는 죽었습니다. 그리고 뒤따라 60여 명의 신도들도 순교를 하였습니다(계 7:14).

이런 사람들의 신앙생활이 어떻게 지루할 수 있고 짜증스러울 수 있겠습니까?

"마귀가 또 그를 데리고 지극히 높은 산으로 가서 천하만국과 그 영광을 보여 이르되 만일 내게 엎드려 경배하면 이 모든 것을 네게 주리라 .이에 예수께서 말씀하시되 사탄아 물러가라 기록되었으되 주 너의 하나님께 경배하고 다만 그를 섬기라 하였느니라"(마 4:8~10)

나는 비록 약하나
성령님은 강하시고

"오직 성령이 너희에게 임하시면 너희가 권능을 받고 예루살렘과 온 유대와 사마리아와 땅 끝까지 이르러 내 증인이 되리라 하시니라"(사도행전 1:8)

나는 비록 약하나 성령님은 강하시고

지상 생활을 끝내시고 승천하시는 예수님의 주요 관심사는 제자들이 성령을 받는 일이었습니다. 사람은 성령님의 도우심을 받지 않고서는 신앙생활을 할 수가 없기 때문입니다. 성령님을 모시기 전에는 부활하신 예수님을 직접 만난 제자들조차도 그리스도의 증인이 될 수 없었습니다. 성령님을 모시기 전에는 예수님에게서 직접 사사 받은 교훈도 무용지물이 될 수밖에 없었습니다. 제자들의 결심도 공수표가 될 수밖에 없었습니다. 그때 제자들에게 있어 무엇보다도 다급한 것은 성령님을 모시는 일이었습니다. 권능을 받는 일이었습니다! 성령님은 곧 권능입니다.

힘은 모든 사람이 구하는 바입니다. 니체는, 모든 "인간 활동은 결국 '힘을 얻으려는 의지'에서 비롯된다."고 하였습니다. 힘이 없는 사람은 죽은 사람입니다. 힘이 없는 사람은 살았다고 하나 죽은 사람입니다. 우선 사람에게는 체력이 있어야 합니다. 최소한 먹은 음식을 소화할 수 있는 소화력 정도는 있어야 하지 않겠습니까? 시력도 있어야 하고, 청력도 있어야 하고, 학력도 있어야 합니다.

오늘날과 같은 스피드시대에는 속력도 있어야 합니다. 아는 것도 힘입니다. 그래서 모든 사람이 힘을 추구합니다. 금력도 추구하고 권력도 추구합니다. 돈이 날개란 말도 있지 않던가요? 돈이 있어야 비행기도 탈 수 있고 구제도 할 수 있습니다. 그래서 스피크스Larry Speakes라고 하는 백악관의 대변인은 연봉 7만 불짜리에서 연봉 20만 불짜리의 직장으로 옮겨가지 않았던가요?

그런데 힘은 세상살이에서뿐 아니라 신앙생활을 하는 데도 필수조건입니다! 그래서 예수님께서는 제자들에게, 일을 시작하기 전에 먼저 힘부터 받으라고 하신 것이 아니겠습니까? 그러면 우리가 받아야 할 힘은 어떤 힘일까요? 성령님의 힘입니다.

1. 인간은 빈 그릇입니다

"시험에 들지 않게 깨어 기도하라 마음에는 원이로되 육신이 약하도다 하시고"(마 26:41)

인간은 아무리 채워도 채워도 빈 그릇입니다. 언제나 빈 그릇입니다. 그나마도 깨지기 쉬운 빈 그릇입니다. 인류의 시조인 아담과 하와 때로부터 인간은 언제나 불완전한 존재였습니다. 짐승들은 이빨과 발톱만 있으면 얼마든지 살 수 있지만, 그러나 사람에게는 도구가 필요했습니다. 땅을 파기 위해서는 삽이 필요하고, 음식을 익히기 위해서 불이 필요했습니다. 다른 짐승들은 숟가락이 없어도 먹고 국그릇이 없어도 마실 수 있지만, 그러나 사람은 밥을 익히기 위해서는 솥이 필요하고, 밥을 푸기 위해서는 주걱이 필요했습니다. 짐승들에게는 속옷도 필요하지 않고, 겉옷도 필요하지 않고, 우산도 집도 필요하지 않지만, 그러나 사람에게는 그 모든 것이 다 필요했습니다.

그래서 사람들은 그 필요한 것을 얻기 위해 지식도 개발하고 과학도 발전시켰습니다. 그런 과정을 통해 인류의 지식과 인류의 과학은 발전을 계속해 왔습니다! 그리고 인간은 지식의 발전을 통해서 많은 것을 알게 되었습니다. 그런데도 아직도 모르는 것이 많습니다. 그래서 인간은 언제나 불완전한 존재이며 빈 그릇입니다. 그런데 짐승들은 옛날보다 더 유식해진 것도 없지만, 그렇다고 해서 모르는 것도 없어서 그런대로 넘치는 그릇입니다. 인간은 짐승들보다 더 강하기도 하고 위대하기도 합니다. 사람들은 짐승들보다 더 좋은 음식을 먹고 계절에 맞는 의복도 입고 좋다고 하는 약도 복용하지만, 그런데도 짐승들보다 질병이 많습니다!

그리고 짐승들은 영원히 살지도 못하지만 영원히 살려고도 하지 않기 때문에 부족한 것이 없습니다. 그러나 인간은 영원히 살지는 못하면서도 영원히 살기를 원하기 때문에 부족한 것이 많은 존재입니다! 사람들에게는 짐승들이 가지지 못한 소망이 있습니다. 인간은 짐승들보다 소망이 크니만큼 그 소원이 채워질 때까지는 짐승들보다 부족한 것도 많고 그만큼 약한 존재입니다! 물속에서밖에 살지 못하는 청어나 연어는 땅 위에 올라와서 살기를 바라지도 않고, 시궁창에서 사는 미꾸라지나 뱀장어는 뭍으로 나와 장미 동산에서 살기를 소원하지도 않고, 공중을 나는 새들은 어항에 들어가 놀기를 기대하지도 않습니다.

그러나 인간은 죄 가운데 살면서도 거룩하기를 바라고, 고통 중에 살면서도 행복하기를 바라고, 근심 중에 살면서도 평안하기를 바라기 때문에 항상 채워지지 않는 빈 그릇입니다! 짐승들은 작은 그릇이지만 채워진 그릇이고, 사람은 큰 그릇이지만 채워지지 않는 그릇입니다! 따라서 짐승들에게는 부족한 것이 없어서 하나님도 필요하지 않지만, 그러나 인간은 부족한 것이 많아서 하나님을 떠나서는 살 수가 없는 존재입니다. 그래서 사람들만이 하나님을 예배하는 것이 아니겠습니까? 인간은 아무리 강해도 약한 존재입니다!

2. 하나님은 채워 주시는 충만함입니다

"슬프도소이다 주 여호와여 주께서 큰 능력과 펴신 팔로 천지를 지으셨사오니 주에게는 할 수 없는 일이 없으시니이다"(렘 32:17).

사람은 언제나 빈 그릇이지만, 그러나 하나님은 채우시는 충만입니다. 만일 하나님께서 인간을 영원히 채워 주지 않으신다면 인간의 소망은 공허한 산울림으로 끝이 날 수밖에 없습니다. 만일 하나님께서 능력으로 모세의 지팡이를 채워 주지 않으셨다면 모세의 지팡이는 막대기에 불과했을 것이고, 홍해 건너편에서 드린 모세의 기도 역시 만인의 조롱거리가 될 수밖에 없었을 것입니다. 예수님께서 나사로의 무덤을 향해서 "나사로야! 나오너라!"고 하신 말씀 역시 불발탄으로 끝이 나고 말았을 것입니다! 마가의 다락방에서 하나님의 권능이 120문도에게 임하지 않았다면 사도행전의 역사도 없었고, 따라서 기독교의 역사도 없었을 것입니다.

그런데 성령님의 역사는 인간의 체험이기도 합니다. 우리는 하나님의 은혜로 인생의 막다른 골목을 수없이 통과하면서 지금에 이르렀습니다! 그와 같이 미래에도 성령님의 은혜로 수많은 불가능의 홍해를 건너서 하나님의 나라에 이를 것입니다!

1992년 LA에서 일어난 폭동으로 모든 것을 잃어버린 어떤 교포가 울부짖었습니다. "여기선 못 살아요! 우리 모두 돌아갑시다!"

그러나 우리는 절대로 여기서 못 살게 되지 않을 것입니다! 이런 믿음을 가지고 사는 것이 신앙생활입니다. 성령님께서는 인간의 불가능도 가능하게 하실 수 있으실 것입니다! 성령님을 모시기 전에는 믿는 사람이나 안 믿는 사람이나 아무것도 다른 것이 없을 것입니다. 그런데 성령 체험은 단순한 신비 체험이 아닙니다. 하나님의 능력 체험입니다! 이 세상은 사람들만 사는 세상이 아닙니다! 피조물들만 사는 세상이 아닙니다. 조물주이신 하나님도 우리와 동거하고 계시는 세상입니다.

언젠가 예수님께서는 한쪽 팔이 마른 사람에게 명령하셨습니다.

"네 손을 내밀라!"

그러나…… 팔을 내밀 수 있으면 어찌하여 그동안에는 팔을 내밀지 않았을까요? 전신이 마비되어 버린 사람에게 팔을 내밀라니요? 그러나 불가능하기 때문에 영원히 불가능할 수밖에 없었다면 본문 중에 나오는 한쪽

팔 마른 병자는 영원히 고침을 받을 수 없었을 것이고, 영생의 소원도 잠꼬대가 될 수밖에 없을 것입니다! 그러나 예수님께서는 불가능을 가능케 하시는 하나님의 능력으로 우리 가운데 계십니다!

"네 팔을 내밀라!"

그 순간 그의 팔이 회복되었습니다. 예수님은 단지 말씀만 하시는 분이 아니었습니다.

계제에 한 말씀 드리는데 기독교가 다른 종교와 다른 점은 오직 한 가지, 다른 종교들은 교훈만 주는 데(말만 하는데) 반해 기독교는 능력을 주는 데 있습니다! 기독교는 힘을 주는 종교입니다! 성령님은 능력입니다. 기독교는 말만 하는 종교가 아닙니다! 만일 하나님도 누구나 할 수 있는 일밖에 하지 못하는 존재라면 루터의 종교개혁도 없었을 것이고, 에이브러햄 링컨Abraham Lincoln의 노예해방도 없었을 것이며, 이스라엘 민족의 출애굽 사건도 없었을 것입니다. 그리되면 이 세상에는 위인도 없고 영웅도 없었을 것입니다. 신앙의 거성이란 하나같이 하나님의 능력으로 남들이 할 수 없는 일을 해낸 사람들이 아닐까요?

생각이 중요합니다. 생각이 사람의 운명을 결정짓습니다. "Thought is something." 입니다.

어떤 첩실이 서방님의 사랑이 식어 버리자 매일같이 죽어 버리겠다고 앙탈하였습니다. 그래서 하루는 서방님이 장난삼아 약봉지에 밀가루를 담아 던져 주면서, "그렇게 죽고 싶거든 이걸 먹고 죽어 버리라!"고 하였습니다. 그러자 첩실은 그 밀가루를 먹고 죽어 버렸다지 뭡니까! 생각에는 무서운 힘이 있습니다.

야곱은 아버지 이삭에게 축복기도를 받았고, 일개 목자에 불과하던 다윗은 사무엘 선지자에게 왕으로 기름 부음을 받았습니다. 그리고 야곱은 그가 받은 축복대로 부자가 되고, 다윗은 기름 부음을 받은 대로 이스라엘의 왕이 되었습니다! 그런데 어찌하여 현대인들은 축복기도를 받아도 성공도 하지 못하고, 합격도 하지 못하는 것일까요? 그 까닭은 야곱이나 다윗에게 있던 믿음이 현대인들에게는 없기 때문입니다. 다윗이 기름 부음을 받을 때만 해도, 다윗에게 장차 이스라엘의 왕이 될 만한 조건이라곤 아무것도 없었습니다. 그런데도 다윗은 기름 부음을 받는 순간부터 하나님을 믿고 신념을 가졌습니다. 그리고 그 신념(생각)이 다윗으로 하여금 이스라엘의 왕이 되게 하였습니다!

사람이란 자기가 할 수 있는 일밖에 하지 못하는 존재가 아닙니다! 사람이란 지금은 불가능하다고 생각되는 일까지도 유사시에는 해낼 수 있는 존재입니다! 불가능한 일도 가능하게 하시려고 성령님께서는 우리 가운데 오셨습니다. 물론 자기를 과대평가하는 것도 병입니다. 그러나 자신을(인간을) 과소평가하는 것도 병입니다. 하물며 하나님의 능력이겠습니까?

"이에 제자들에게 이르시되 어찌하여 이렇게 무서워하느냐 너희가 어찌 믿음이 없느냐 하시니"(막 4:40).

밀턴John Milton이 사탄에게 소리칩니다. "끝없는 고통! 끝없는 절망! 어디로 가나 내가 가는 곳은 지옥! 나 자신이 지옥이로구나!"

문제는 나 자신에게 있습니다! 나 자신에게 믿음이 없는 것이 문제입니다! 장차 들어갈 지옥이 문제가 아니라, 지금 내 안에 있는 지옥이 문제입니다! 현대인들은 하나님을 과학이라고 하는 철통 속에 유폐해 버렸습니다. 그래서 현대인의 하나님은 사람들이 할 수 있는 일밖에 하지 못하는 무능한 하나님이 되고 말았습니다! 따라서 그의 신자들까지도 자기가 할 수 없는 일은 하나님도 할 수 없다고 생각하게 되었습니다. 믿는 사람들도 불신자들이 할 수 없는 일은 할 수가 없고 불신자들이 할 수 있는 일만을 할 수가 있다고 생각하게 되었습니다. 그래서 믿음도 아무것도 아닌 것이 되고 하나님도 계시나 마나 한 존재가 되고 말았습니다! 분명히 예수님께서는 "믿는 자에게는 능히 하지 못할 일이 없느니라"고 하셨는데 말입니다.

그러면 성령님의 역사는 없는 것일까요? 풍전등화 같던 기독교가 폭풍같이 강하던 로마 제국을 제압한 것도 성령님의 역사가 아닐까요? 2천 년 동안이나 나라를 잃고 유리 방랑하던 이스라엘 민족이 팔레스타인으로 귀환해서 남의 나라의 한복판에 독립 국가를 세운 것도 성령님의 역사가 아닐까요?

어떤 부인께서 "사업도 규모가 작을 때는 자기 힘으로 하지만, 그러나 규모가 커지면 남들이 도와주어서 하게 된다"고 간증을 하셨습니다. 작은 부자는 자기 힘으로 되지만 큰 부자는 하늘이 낸다는 뜻입니다. 어디서 왔다가 어디로 가시는지도 모르는 성령님의 역사가 개개인의 생사와 화복은 물론 인류의 흥망성쇠까지도 주관하십니다!

우리는 1992년 LA에서 일어난 인종 폭동을 지켜보았습니다. 애써 모아 놓은 재산이 하루아침에 잿더미가 되는 것도 보았습니다. 경찰도 방위군도 믿을 수 없음을 확인할 수 있었습니다. 사업도 의지할 것이 못 되는 것을 깨달았습니다! 물론 우리는 지금까지도 하나님을 믿고 살아왔습니다. 그러나 지금은 그 믿음을 더 공고히 해야 할 때입니다! 우리는 대재벌만도 못한 하나님을 믿고 있는 것이 아닙니다! 대통령만도 못한 하나님을 믿고 있는 것도 아닙니다!

조지 뮬러George Muller는 수천 명의 고아를 양육한 고아의 아버지입니다. 그 엄청난 일은 사람의 생각으로는 가능한 일이 아니었습니다. 그는 브리스틀Bristol에서 2천 명의 고아들을 모아 다섯 개의 보육원에 수용하였고 그 밖에도 9천975개나 되는 보육원을 관리하였습니다. 다섯 식구를 먹여 살리기도 어려운 세상인데……. 그는 거의 매일같이 불가능에 부딪쳐야 했습니다. 고아들은 매일같이 아슬아슬하게 끼니를 이어갔습니다. 한 끼 한 끼가 기적이었습니다! 한 끼 한 끼가 만나였습니다. 성령님께서는 우리를 도우십니다.

언젠가는 점심시간이 되긴 했지만, 먹을 것이 없었습니다. 직원들이 하도 답답해서 뮬러에게 그 사실을 알렸습니다. 그런데도 뮬러는 "오늘 점심은 하나님께서 마련해 주실 것이니 아무 염려하지 말고 모두 식탁에 나와 대기하도록 하라!"고 하였습니다. 그래서 고아들은 먹을 것 하나 없는 식탁에 나와서 앉았습니다. 그런데도 하늘은 무심하기만 했습니다. 뮬러의 믿음은 고아들 앞에서 웃음거리가 되고 말 판국에 이르렀습니다. 직원들의 입가에도 비웃음이 깃들기 시작했습니다. 그때입니다. 갑자기 떠들썩한 마차 소리와 함께 먹을 것이 도착했습니다. 그날의 점심은 하나님께서 마련해 주셨던 것입니다!

성령님께서는 지금도 24시간 비상근무 중이십니다.

그런데 어려운 고비를 수도 없이 넘기면서 사는 사람들은 하나님께서 함께해 주심을 자주 경험을 합니다! 이와는 반대로, 늘 평안하기만 한 사람들은 그런 체험이 없어서 그들의 신앙은 미지근해지기 쉽습니다.

예수님께서는 자기가 세상을 떠나 아버지께로 돌아가실 때가 다다른 줄 아시고 제자들에게 "내가 아버지께 구하겠으니 그가 또 다른 보혜사를 너희에게 주사 영원토록 너희와 함께 있게 하리니"(요 14:16)라고 위로의 말씀을 하셨습니다. 여기서 '보혜사'란 말은 '도우시는 분'이란 뜻이며 '곁에 계시는 분'이란 뜻입니다. 성령님께서는 모든 형편에서 모든 방법으로 우리를 도와주십니다! 유사시에는 기적적인 방법도 동원하십니다!

인간은 빈 그릇입니다! 소망은 영원에 이르고 있지만, 그러나 현실은 장수해도 100을 넘기기가 힘든 빈 그릇입니다. 그러나 성령님께서는 그 빈 그릇까지도 가득 채워 주실 것입니다!

"내가 그들에게 영생을 주노니 영원히 멸망하지 아니할 것이요 또 그들을 내 손에서 빼앗을 자가 없느니라"(요 10:28)

3. 성령님의 도우심을 받는 법

"베드로가 이르되 너희가 회개하여 각각 예수 그리스도의 이름으로 세례를 받고 죄 사함을 받으라 그리하면 성령의 선물을 받으리니"(행 2:38)

본문의 말씀은 회개하고 마음을 비우면 성령님을 모시게 될 것이라고 합니다! 마음을 비우는 것이 성령님을 모시는 방법입니다! 먼저는 자기 자신이 지적으로도 도덕적으로도 부족한 존재임을 깨닫는 것입니다. 인간 자신에게는 인간의 궁극적인 소원을 이룰 힘이 없음을 깨닫는 것입니다!

인간은 (하나님 앞에서) 가장 약할 때가 가장 강할 때입니다(빌 4:13). 하나님의 권능이 나타날 때는 언제나 사람들이 궁지에 몰렸을 때입니다. 하나님의 은혜가 가장 크게 임할 때도 사람들이 가장 약할 때입니다. 전적으로 하나님의 자비하심만을 앙망할 수밖에 없이 됐을 때입니다. 이와는 반대로 자기가 가장 강하다고 생각할 때는 가장 약할 때입니다. 많은 것을 알고 있는 사람은 말의 실수가 잦고, 똑똑한(교만한) 사람들은 결례가 많습니다. 사람은 겸손할 때가 가장 고귀할 때입니다. 그리고 교만할 때가 가장 비천할 때입니다.

"그러나 하나님께서 세상의 미련한 것들을 택하사 지혜 있는 자들을 부끄럽게 하려 하시고 세상의 약한 것들을 택하사 강한 것들을 부끄럽게 하려 하시며"(고전 1:27). "그러므로 내가 그리스도를 위하여 약한 것들과 능욕과 궁핍과 박해와 곤고를 기뻐하노니 이는 내가 약한 그때에 강함이라"(고후 12:10). "내가 이런 사람을 위하여 자랑하겠으나 나를 위하여는 약한 것들 외에 자랑하지 아니하리라"(고후 12:5). "우리는 그리스도 때문에 어리석으나 너희는 그리스도 안에서 지혜롭고 우리는 약하나 너희는 강하고 너희는 존귀하나 우리는 비천하여"(고전 4:10).

하나님 앞에서는 가장 미련할 때가 가장 지혜로울 때이며, 가장 천할 때가 가장 존귀할 때이며, 아무것도 모를 때가 가장 많은 것을 알고 있을 때입니다! 바울도 "죄인 중에 내가 괴수니라"(딤전 1:15) 할 때가 가장 거룩할 때였고, 솔로몬도 "나는 작은 아이라 출입할 줄을 알지 못하나이다"(왕상 3:7) 할 때가 가장 지혜로울 때였습니다.

그런데 과학자들이 전기를 만들어 내는 것이 아닌 것같이 성령님은 우리가 노력해서 만들어 낼 수 있는 힘이 아닙니다! 전력도 그렇고, 수력도 그렇고, 원자력도 그렇습니다. 인간은 단지 이미 있는 힘을 발견해서 이용할 수 있을 뿐입니다! 하나님의 능력은 이미 우리 안에 와 계십니다! 돛만 올리면 언제라도 바람을 이용할 수 있듯이, 수문만 열면 언제든지 물이 쏟아져 나오듯이, 접선만 시키면 언제라도 전류가 흘러들어 오듯이, 마음의 문만 열면 성령님께서는 언제든지 넘치도록 임하실 것입니다! 문제는 수문을 열지 않는 데 있고, 돛을 올리지 않는 데 있습니다! 마음을 비우지 않는 데 있습니다.

상파울로에서 오신 어떤 목사님의 보고에 의하면, 상파울로에 있는 모든 교회가 한 교회를 제외하고는 치열한 싸움터로 변해 버리고 말았다고 합니다. 그런데 그보다 놀라운 사실은 그 싸움터의 용사들과 영웅들은 하나같이 기도의 용사들이며 전도의 영웅들이라고 합니다! 교회의 가장 무서운 적은 언제나 바리새교인과 사두개교인입니다. 그런고로 성령님을 모시기를 원하는 사람은 먼저 자기 마음속에서 이기주의와 교만부터 제거해 버려야 합니다! 내가 무엇이 되려고 하는 생각을 불식해야 합니다! 내 뜻을 버린 다음에야 비로소 성령님 안에서 내 뜻을 이룰 수 있을 것입니다. 소아小我를 버려야 대아大我를 이룰 수 있을 것입니다.

"자기 목숨을 얻는 자는 잃을 것이요 나를 위하여 자기 목숨을 잃는 자는 얻으리라"(마 10:39).

큰사람이 되려고 하면 작은 사람이 되고, 작은 사람이 되려고 하면 큰사람이 됩니다(눅 22:26~27). 나만 행복하려고 하면 불행한 사람이 되고, 남을 행복하게 해 주려고 하면 내가 먼저 행복한 사람이 됩니다. 비우면 넘치고 채우면 빈 깡통입니다! 이것이 생명의 이치입니다! 존경을 받겠다고 나서면 무시를 당하고, 먼저 남을 존경하면 내가 먼저 존경을 받습니다!

일개의 농부에 불과하던 크롬웰Oliver Cromwell 이었지만 하나님과 나라를 위해 자기 목숨을 버리기로 하자, 이미 영국 국민들 사이에서 영웅이 되어 있었습니다. 죽는 길이 사는 길입니다! 그 위대한 크롬웰 장군도 자신의 입신양명이나 꾀했더라면 기껏해야 돈푼이나 쓰는 농사꾼으로 끝이 나고 말았을 것입니다! 사도 바울도 예수님을 위해서 가문과 학벌과 사회적인 지위와 재산 같은 것을 분토와 같이 버림으로 기독교 역사상 최고의 인물이 되지 않았던가요? 철부지 소녀에 불과하던 유관순 양도 나라를 위해 자신을 비워 버리자 대통령보다 더 유명한 민족의 영웅으로 추앙을 받고 있지 않나요?

그러나 제 잘난 맛에 사는 사람은 소인입니다!

"너희가 도리어 말하기를 주의 뜻이면 우리가 살기도 하고 이것이나 저것을 하리라 할 것이거늘 이제도 너희가 허탄한 자랑을 하니 그러한 자랑은 다 악한 것이라"(약 4:15).

그럼 얘기 하나 해야겠습니다.

미국의 어느 곳에 아주 단란한 가정이 살고 있었습니다. 때마침 먼 데 가서 살고 있던 아들이 휴가를 얻어 집으로 돌아왔습니다. 집안의 행복은 이루 말할 수가 없었습니다. 아버지와 아들은 신바람이 나서 바다로 나갔습니다. 어머니는 부엌에서 맛있는 음식을 준비하고 있었습니다. 해는 서산으로 기울어지고 행복한 시간이 눈앞에 박두해 오고 있었습니다. 드디어 그 시간이 왔습니다. 아! 그러나 그 순간에 달려온 것은 기다리던 남편과 아들이 아니라 아버지와 아들의 익사를 알리는 비보였습니다.

"내일 일을 너희가 알지 못하는도다 너희 생명이 무엇이냐 너희는 잠깐 보이다가 없어지는 안개니라"(약 4:14).

죽음은 예고 없이 옵니다. 그리고 사람에게는 죽은 사람을 살려 낼 힘이 없습니다. 과부를 위로해 줄 힘도 없습니다.

그럼 또다시 얘기를 계속하겠습니다.

죽은 남편의 아내와 사망한 아들의 어머니는 부자의 시신을 나란히 앞에 놓고 정신을 잃어버리고 말았습니다. 부인은 사흘 동안이나 혼수상태에 빠져 있었습니다. 사흘 후에야 부인이 혼수상태에서 깨어 일어나고 있는데 눈앞에 이상한 것이 보였습니다. 그리고 점점 더 또렷하게 보여왔습니다. 이상한 것은 두 개의 눈알이었습니다. 하나는 남편의 눈알이고 다른 하나는 아들의 눈알이었습니다. 그런데 이번에는 그 두 개의 눈알이 서서히 움직였습니다. 그래서 부인은 그 두 개의 눈알을 따라갔습니다. 얼마 후 그 두 개의 눈알이 다다른 곳은 빈 무덤이었습니다. 동시에 하늘의 음성이 들려왔습니다. "그가 여기 계시지 않고 그가 말씀하시던 대로 살아나셨느니라 와서 그가 누우셨던 곳을 보라"(마 28:6). 동시에 위로의 성령님께서도 오셨습니다. 부인의 무겁기만 하던 마음이 갑자기 이상하리만큼 가뿐해졌습니다. 성령님께서는 남편과 아들을 동시에 잃은 여자의 마음까지도 위로해 주셨습니다!

그리고 하나님만이 돌발적인 사고로 죽은 아버지와 아들을 다시 살려주실 수도 있으실 것입니다.

"주께서 과부를 보시고 불쌍히 여기사 울지 말라 하시고 가까이 가서 그 관에 손을 대시니 멘 자들이 서는지라 예수께서 이르시되 청년아 내가 네게 말하노니 일어나라 하시매 죽었던 자가 일어나 앉고 말도 하거늘 예수께서 그를 어머니에게 주시니"(눅 7:13~15).

인간은 할 수 없지만 하나님은 할 수 있으십니다!

회개는 하나님 앞에 항복하는 것입니다! 무조건 항복입니다! 두 손 들고 항복하는 것입니다!

"빈손 들고 앞에 가 십자가를 붙드네 의가 없는 자라도 도와주심 바라고 생명 샘에 나가니 나를 씻어 주소서"(새찬송가 494)

4. 성령님의 각양 역사

성령님께서는 모든 형편에서 모든 방법으로 항상 우리를 도우십니다! 물론 성령님의 가장 큰 역사는 회개와 믿음입니다. 영혼 구원입니다. 그러나 그 밖에도 성령께서 하시는 일은 부지기수입니다.

오늘은 그중 세 가지만 말씀드리기로 하겠습니다.

1) 생각나게 하심으로써 역사하십니다

"너희를 넘겨 줄 때에 어떻게 또는 무엇을 말할까 염려하지 말라 그때에 너희에게 할 말을 주시리니 말하는 이는 너희가 아니라 너희 속에서 말씀하시는 이 곧 너희 아버지의 성령이시니라"(마 10:19~20)

성령님께서는 깨닫게도 하시고, 감을 잡게도 하시고, 결단하게도 하십니다!

던 알지 씨가 후버 댐 공사를 맡아서 시공하던 중, 댐의 위치를 바로 정하지 못해서 막대한 손실을 보게 되었습니다. 그 후 어느 날 그는 고민 중에 비행기를 타고 상공을 날면서 지상을 관측하였습니다. 아무리 해도 좋은 생각이 떠오르지 않아서 그는 기도를 드리기 시작했습니다. 그러다가 갑자기 몽유병자같이 수첩을 꺼내 무엇인가를 기록해 내려가기 시작했습니다. 자기 자신도 모르는 일이었습니다. 그리고 후에 그는 그때의 기록에서 댐의 위치에 대한 암시를 얻을 수 있었다는 얘기입니다!

성령님께서는 우리의 생각이나 느낌이나 의지 속에서도 역사하십니다! 사도 바울의 2차 전도계획에는 원래 유럽 전도가 포함되어 있지 않았습니다. 바울은 비두니아로 갈 계획이었습니다. 그러나 성령님께서는 그 길을 막으셨습니다. 그래서 바울은 밤에 본 환상의 지시에 따라 마케도냐로 갈 수밖에 없었습니다(행 16:7~10).

그런데 만일 그때 성령님께서 바울의 생각을 변화시켜 주지 않으셨다면 바울은 자기 계획대로 비두니아로 갔을 것이고 복음은 서양이 아닌 동방으로 전해졌을 것이며, 그러다가 결국 기독교는 쇠락해 가는 동방 문명과 함께 매장되고 말았을 것입니다! 바울은 성령님께서 환상을 통해서 생각나게 하시는 대로 유럽으로 갔는데 그 결과 기독교는 떠오르는 서구 문명과 더불어 세계적인 종교로 발전할 수 있지 않았던가요?

6·25동란 당시 어떤 집사님은 피난길에서 동행자와 함께 어떤 지점에 이르렀는데 까닭도 없이 그분과 같이 가고 싶지가 않아서 헤어져 딴 길로 들어섰습니다. 그런데 후에 알고 보니 집사님의 동행자는 그대로 그 길을 가다가 인민군에게 납치되어 갔다는 얘기입니다.

"정말 성령님께서 인도해 주셨어요! 나도 모르는 일이었거든요!"

성령님께서는 갑자기 생각도 나게 하시고 감도 잡게 하심으로 우리를 인도하십니다.

2) 환경을 통해서도 우리를 도우십니다

우리와 관계가 있는 다른 사람의 생각이나 우발적으로 발생하는 주변의 사건을 섭리하심으로써도 우리를 도와주십니다!

"여호와는 가난하게도 하시고 부하게도 하시며 낮추기도 하시고 높이기도 하시는도다"(삼상 2:7).

우리가 그런 남자나 이런 여자를 만나서 살게 해 주신 것도 하나님이고, 그런 부모와 이런 자식을 두게 하신 것도 하나님입니다! 기복사상을 부추기는 것 같아서 조심스럽긴 하지만……?

최 모 양은 청량리에서 늙으신 어머니 한 분을 모시고 살았습니다. 구멍가게 하나를 가지고 모녀가 겨우 연명하였습니다. 그래서 어쩔 수 없이 주일에도 가게 문을 열고 장사할 수밖에 없었습니다. 그런데 어느 주일 오후, 목사님께서 그 가게 앞을 지나가시다가 가게 문이 열려 있는 것을 보고 최 양에게 호통을 치셨습니다. "이러니까 가난을 면치 못하는 거야!" 좀 무례하기도 하고 이치에도 맞지 않는 말씀이긴 했지만, 그런데도 최 양은 순종하는 마음으로 가게 문을 닫아 버리고 십일조까지 바치기 시작했습니다.

그럼 여기서 한번 묻겠습니다. 그 결과는 어떻게 됐을까요? 가게는 전보다 더 안 되기만 했습니다. 주변 사람들까지 모두 빈정거리기 시작했습니다. "예수가 널 먹여 살리니?"

병든 어머니 한 분을 모시고 살던 처녀는 앞길이 막막했습니다. 얼마 후, 그 구멍가게는 아주 문을 닫아 버릴 수밖에 없었고, 노처녀는 행방불명이 되고 말았습니다. 그 후 최 양은 남대문 시장에 나타나서 점포를 찾아다녔습니다. 1980년 당시의 남대문 시장의 점포는 단 반 평에도 권리금이 700만 원이나 붙어 다녔습니다. 점포라니요? 어림도 없는 소리였습니다. 그래도 최 양은 어떻게 해서든지 살아야 했습니다. 그래서 불가능한 줄 알면서도 남대문 시장 바닥을 구석구석 뒤지고 다녔습니다.

그러던 어느 날 최 양은 쓰레기통 위가 비어 있는 것을 발견하였습니다. 기회가 왔던 것입니다! 당장 쓰레기 줍는 할아버지에게 돈을 좀 집어 주고 쓰레기통 위에 점포를 개점하였습니다! 그런데 전혀 뜻밖에도 그 쓰레기통 점포가 번창 일로를 달리기 시작했습니다. 그러다가 남대문 시장에 불이 나서 큰 점포, 작은 점포 할 것 없이 몽땅 타 없어져 버리고 말았습니다. 쓰레기통 점포도 예외일 수는 없었습니다.

그런데 이게 또 웬일입니까? 그 화재는 최 양에게 전화위복의 기회가 되었습니다. 화재보험회사 직원이 와서 하도 성화를 하는 바람에 며칠 전에 반강제로 보험에 들었기 때문입니다! 그리하여 최 양은 새로 재건한 남대문 시장에 아주 당당하게 점포 하나를 소유할 수 있게 되었습니다! 얼마 후 최 양은 자기가 소속해 있는 교회의 십일조 헌금 랭킹 1위에 올랐습니다! 유식한 교수님들과 돈이 많은 사장님도 최 양만큼 십일조를 드리지는 못했습니다.

성령님께서는 어떤 모양으로든지 우리를 도울 수 있으십니다. 하나님도 필요하실 때는 비상수단(기적)을 동원하십니다. 그러나 절대로 복덕 방망이 복음으로 오해는 하지 마시기 바랍니다! 복덕 방망이 복음은 마귀복음입니다!!

3) 인격의 변화를 통해서 우리를 도우십니다

"내가 네게 거듭나야 하겠다 하는 말을 놀랍게 여기지 말라 바람이 임의로 불매 네가 그 소리는 들어도 어디서 와서 어디로 가는지 알지 못하나니 성령으로 난 사람도 다 그러하니라"(요 3:7~8)

환경의 변화를 통해서 우리를 도우시는 예는 특별한 경우이고, 성령님께서는 주로 인격의 변화를 통해서 우리를 도우십니다. 환경의 변화를 통해서 이루어지는 천국은 '새 하늘과 새 땅'이고, 인격의 변화를 통해서 그리스도인의 인격을 완성함으로 이루어지는 천국은 현재의 천국입니다. 인격 변화의 축복이 환경 변화의 축복보다 더 큰 축복입니다! 그런데도 많은 사람이 환경 변화의 축복만 받으려 하고 인격 변화의 축복을 받으려고 하는 사람은 적습니다.

남북전쟁 당시에 한번은 링컨 대통령이 큰 난관에 부딪혔더랍니다. 최측근인 각료들까지 총사퇴를 불사하겠다며 반기를 들고 일어났습니다. 그래서 링컨 대통령께서는 각료들을 일단 무마시켜 놓은 다음 밤을 새워 가며 기도를 드리기 시작했습니다. 그런데 기도 중에 성령님께서 그의 인격에 변화를 일으켜 주셨습니다! 다음 날 아침 각료들 앞에 나타난 링컨은 이미 어제의 링컨이 아니었습니다. 링컨은 단호한 어조로 선언하였습니다. "자유와 노예가 공존하는 나라는 망합니다."

성령님께서는 인격에 변화를 일으켜서 사태를 수습하기도 하십니다! 성령님을 모시면 우유부단하던 사람이 결단성 있는 사람으로 변하기도 합니다.

어떤 고상한 부인이 시누이가 미워서 죽을 지경이었습니다. 그런데도 그 부인께서는 모태 교인이었습니다. 그러던 어느 날 밤, 집사님께서 시누이의 꿈을 꾸었습니다. 꿈속에서까지 치를 떨며 그 시누이를 노려보았습니다. 그런데……, 그 시누이의 얼굴이 점점 더 멀어져 가고 희미해져 가면서 갑자기 눈물 어린 예수님의 얼굴로 변해 버리는 것이 아닙니까? 동시에 미운 감정은 온데간데없이 사라져 버리고 사랑의 감정이 넘쳤습니다. 성령님께서는 부인 집사님의 인격에 변화를 일으켜 주셨던 것입니다.

"제자들이 듣고 몹시 놀라 이르되 그렇다면 누가 구원을 얻을 수 있으리이까 예수께서 그들을 보시며 이르시되 사람으로는 할 수 없으나 하나님으로서는 다 하실 수 있느니라"(마 19:25~26).

인간이기 때문에 원수를 사랑할 수 없는 것이 아니고, 성령님을 모시지 않아서 원수를 사랑할 수 없는 것입니다. 우리는 짐승이 아니고 인간이기에 원수를 사랑할 수도 있을 것입니다!

성령님께서는 인간의 힘만으로는 불가능한 일까지도 가능하게 하시려고 우리와 함께 계십니다! 사람이 할 수 없다고 하나님도 할 수 없는 것은 아닙니다!

인간은 그들이 믿는 하나님 이상으로 유능해질 수도 없고 그들이 믿는 하나님 이상으로 선량해 질 수도 없습니다. 무능한 하나님을 믿는 교인은 무능한 사람이 될 수밖에 없을 것입니다! 그러나 유능한 하나님을 믿는 사람은 유능한 그리스도인이 될 수 있을 것입니다.

"예수를 죽은 자 가운데서 살리신 이의 영이 너희 안에 거하시면 그리스도 예수를 죽은 자 가운데서 살리신 이가 너희 안에 거하시는 그의 영으로 말미암아 너희 죽을 몸도 살리시리라"(롬 8:11)

옛 소망과 새 소망

"우리가 소망으로 구원을 얻었으매 보이는 소망이 소망이 아니니 보는 것을 누가 바라리요 만일 우리가 보지 못하는 것을 바라면 참음으로 기다릴지니라"(로마서 8:24~25)

옛 소망과 새 소망

예수님께서는 믿기만 하라고 하시고, 사랑하라고만 하셨을 뿐, 소망하라고는 말씀하신 일이 없으셨습니다. 우리는 바울을 통해 처음으로 소망이라고 하는 말을 듣습니다. 그러면 소망은 믿음이나 사랑만큼 중요하지 않은 것일까요? 천만의 말씀입니다! 소망은 사랑 안에도 있고 믿음 안에도 있습니다! 사랑이 있는 사람에게는 소망이 없을 수 없고, 믿음이 있는 사람에게도 소망이 없을 수 없습니다. 예수님께서는 평생을 소망 중에 사시고 소망 중에 참으셨습니다(히 12:2). 우리의 현재가 최선의 것이 아닌 이상 우리는 소망을 버릴 수가 없습니다. 소망은 칠흑같이 어두운 밤을 비추는 등불입니다.

그럼 얘기 하나 하겠습니다.

작은 배에 탄 어떤 사람이 성난 파도에 떠밀려 다니며 익사 직전에 있었습니다. 모든 것이 끝나려 하고 있었습니다. 절망뿐 소망이라곤 아무것도 없었습니다. 바로 그때 그의 눈에 먼 곳을 지나가는 선박의 작은 불빛이 보였습니다. 그 순간 소망이 되살아났고 힘도 생겼습니다. 마침내 그는 접근해 오는 그 선박에 재빨리 기어올라 구사일생으로 생명을 건질 수 있었습니다. 소망을 통해 구원을 받았던 것입니다!

기독교는 소망의 종교입니다! 불교는 허무의 종교입니다. 불교에 의하면 세계는 환각이요 미망에 불과합니다. 잠시 잠깐 지나가는 일 막의 비극에 불과합니다. 그들의 유일한 축복은 '열반' 즉 '니르바나'입니다. 그러나 기독교는 소망의 종교입니다.

에베소서 2장 12절의 말씀을 같이 읽으십시다. "그때에 너희는 그리스도 밖에 있었고 이스라엘 나라 밖의 사람이라 약속의 언약들에 대하여는 외인이요 세상에서 소망이 없고 하나님도 없는 자이더니"

하나님이 없는 곳에는 소망도 없습니다. 하나님이 없는 사람들이 말하는 소망은 소망이 아닙니다!

1. 옛 소망

"보이는 소망이 소망이 아니니"(롬 8:24)

그러면 보이는 소망이란 어떤 것이며 헛된 소망이란 어떤 것일까요? 보이는 소망이란 영원에 근거하지 않는 소망이니, 돈이나 벌고 출세를 해서 자기 하나 잘살아 보겠다는 소망입니다. 옛 소망은 가면을 쓴 욕심입니다! 하나님의 사업을 한다면서 자기 사업을 하는 욕심입니다.

그러면 좀 더 구체적으로 세상 소망이란 어떤 것일까요?

1) 육체에서 자생하는 소망입니다

세상 소망, 즉 욕심은 누구에게나 있는 소망으로 무능한 사람에게도 있고 악한 사람에게도 있습니다. 아니! 악한 사람일수록 세상 소망에는 더 더욱 뜨겁게 불타오릅니다. 왜냐고요? 욕심은 언제나 뜨겁기 때문입니다. 세상 소망은 꺼지지 않는 불입니다! 욕심은 줄이려고 해도 커지기만 하고 죽이려고 해도 강해지기만 하는 불입니다! 그래서 사업에 실패했다고 돈 벌 생각을 하지 않는 사람은 없는 것이 아니겠습니까?

2) 사람을 불행하게 만드는 소망입니다

육체의 소망, 즉 욕심은 채우기 전에도 사람을 괴롭히고, 채운 후에도 더 큰 욕심으로 사람을 괴롭게 합니다. 그래서 부잣집 아들일수록 불만이 많고 복지국가일수록 자살자가 많은 것이 아니겠습니까?

나무 꼭대기는 언제나 불안한 곳입니다. 안전한 곳은 밑바닥입니다! 정변이 일어나거나 정책 변화가 시행될 때마다 전전긍긍하며 밤잠을 설치는 사람은 나무 꼭대기에 앉아 있는 사람입니다. 서민이 아닙니다. 비난도 누가 제일 많이 듣고, 욕도 누가 제일 많이 먹나요? 그런데도 너나 할 것 없이 모두 나무 꼭대기에 오르려고 합니다. 과연 욕심은 무서운 폭군입니다. 심지어 이 세상의 부귀와 영화는 분토만도 못하다고 하는 교인들까지도 나무 꼭대기에 오르게 해 달라고 기도를 드립니다.

바로 이 순간에도 욕심 충만한 사람들은 남의 등에 오르려고 삿대질, 주먹질, 발길질, 칼질, 총질, 모략질, 불난 집에 부채질, 갖은 숨바꼭질을 다하고 있을 것입니다.

우리는 어딜 가나 욕심에 화끈하게 달아오른 사람들을 만날 수 있습니다. 그런데 별것도 아닌 욕심꾸러기이면서도 그래도 한자리만 하면 갑자기 목에 힘을 줍니다. 그러면 뭘 모르는 사람들은 그 앞에서 굽실거립니다. 과연 천하의 가관입니다. 해방 후에는 적산 가옥에 들어가서 살다가 부자가 되고 부동산 바람이 불 때는 잠을 자다가 땅값이 오르는 바람에 갑부가 된 사람도 있습니다. 그 주제에 존경까지 받으려고 합니다. 반란을 일으켜서 정권을 잡고 부정한 방법으로 재벌이 된 사람도 있습니다. 그런데도 뭘 모르는 속인들은 그런 사람들을 부러워합니다.

3) 사람을 타락시키는 소망입니다

세상 소망은 아무리 고상해 보여도 저속한 욕심입니다. 따라서 세상의 소망을 품고 성공한 사람들은 아무리 성공해서 고관대작이 돼고 갑부가 돼도 타락한 사람일 수밖에 없습니다!

에티오피아에 살던 셀라시에Haile Selassie I 황제는 기독교인으로 그만하면 직장도 좋고 돈도 많이 벌었습니다. 그의 직함은 황제였고 그의 재산은 임종 시에, 한국정부 예산의 7년분에 해당하는 거액이었습니다. 그러면 그는 욕심 하나만을 가지고 성공을 했는데도 타락을 면할 수 있었을까요? 천만의 말씀입니다. 그는 재산을 해외로 도피시키려고 하다가 팔십 고령에 축출을 당하고 말지 않았던가요?

헤비급 챔피언이던 타이슨Michael G. Tyson 역시 그랬습니다. 그는 눈이 부실 정도로 성공했습니다. 타이슨은 단 한 판의 시합에서만도 150만 불이나 되는 큰돈을 벌었습니다. 그러면 그는 자기의 모든 소망이 이루어졌을 때 어떤 사람이 되었을까요? 타락해서 강간죄를 범하고 교도소에 갇히는 신세가 되어 있었습니다.

어느 날 맥닐McNeil은 어린아이가 꽃병에 손을 깊숙이 넣은 다음 아무리 그 손을 빼내려고 해도 나오지 않자 고통을 참다못해 그만 울음을 터뜨리는 것을 보았습니다. 어린이의 아버지가 달려와서 그 손을 빼내려고 했지만 헛수고였습니다. 잠시 후 그 까닭을 발견한 아버지가 아들에게 말했습니다. "손을 펴! 손을 펴기만 하면 된다!" 그러나 어린이는 단호하게 거절하였습니다. "그것만은 안 돼요! 돈을 쥐고 있는데요!"

그놈의 욕심이 문제입니다. 그놈의 욕심이 죄악의 온상입니다. 그런데도 세상 사람들은 그런 욕심을 소망이라고도 하고 비전이라고도 하면서 신주 모시듯이 합니다. 그래서 아무리 철야기도를 드려도 타락을 면하지 못합니다! 욕심에 사로잡힌 사람은 아무리 설교를 듣고 아무리 은혜를 받고 아무리 아름다운 음악을 듣고 감동을 해도 죄에서 빠져나올 수가 없습니다!

4) 세상 소망은 아무리 탐스러워 보여도 헛된 것입니다

제기동에 살던 어떤 감리교회의 집사님은 부유층에 속하는 인텔리 부인이었습니다. 남편은 모 약학대학의 학장이었고, 집사님께서는 약방을 경영하고 있었습니다. 남편도 진급이 빨랐고, 집사님의 사업도 정신을 차리지 못할 지경으로 잘되어 가기만 하였습니다. 그런데도 집사님께서는 십일조는 물론 주일 헌금조차 가난한 영세민들만큼도 바치지 않았습니다. 그런데도 그 가정은 자녀들에 이르기까지 모든 일이 잘되어가기만 하였습니다. 큰아들이 시작한 그레이하운드 버스 사업도 잘되고, 심지어 그 집 식구들은 감기몸살 하나 앓지 않았습니다.

그런데 같은 교회에 대학 총장님 한 분이 계셨습니다. 그 어른은 십일조도 온전한 십일조를 바치고, 너무 겸손하셔서 모든 교인의 사표가 되었습니다. 그런데도 안 되는 일뿐이었습니다. 억울하게 총장 자리에서도 물러나셔야 했고 거기서 온 충격으로 병까지 얻어 고생고생 끝에 세상을 떠나셨습니다!

이 세상에는 공평이 없습니다! 망해야 할 사람은 잘되고, 환영을 받아야 할 사람이 핍박받는 일도 있는 세상입니다. 오죽하면 사도 바울이 만일 이생뿐이면 모든 사람 가운데 우리가 가장 불쌍한 자로다 하셨겠습니까 (고전 15:19)? 그러나 성공한 사람이나 실패한 사람이나 육체의 종국은 마찬가지입니다.

"모든 사람에게 임하는 그 모든 것이 일반이라 의인과 악인, 선한 자와 깨끗한 자와 깨끗하지 아니한 자, 제사를 드리는 자와 제사를 드리지 아니하는 자에게 일어나는 일들이 모두 일반이니 선인과 죄인, 맹세하는 자와 맹세하기를 무서워하는 자가 일반이로다"(전 9:2).

성공의 비전을 품고 대사업가가 된 사람이나 소극적인 자세로 영세민을 면하지 못한 사람이나, 신념을 지니고 불치병에서 살아난 사람이나 신념이 없어서 일찍이 죽은 사람이나, 결국은 '장군! 멍군! 피장파장!' 입니다! 성공한 사람이나 실패한 사람이나, 잘난 사람이나 못난 사람이나, 미녀나 박색이나, 제왕이나 노예나, 결국은 죽어서 한 줌의 흙으로 돌아가고 말기는 마찬가지입니다! 은퇴만 해도 평등사회가 되던데요?

어떤 노인 아파트에서 90세가 된 할아버지와 94세의 할머니가 외로움을 달래기 위해 사이좋게 지내고 있었습니다. 그러자, 할아버지께서 할머니 방에 자주 드나드신다는 스캔들이 무성하게 퍼졌습니다. 그러자 누군가가 할아버지와 할머니를 변호하고 나섰습니다. "여보시오! 지금 할아버지께서는 90이고 할머니께서는 94세신데, 송장이 다 된 할아버지와 할머니가 한 방에 있으면 뭘 하고 한 이불 속에 있으면 어떻단 말이요!"

한때는 소문난 사장님이요 여의사였지만…… 늙어서 병이 들면 자식들까지도 외면합니다! 그래서 세상 소망은 헛된 것이라고 하는 것이 아니겠습니까?

북미의 남단에 위치한 플로리다는 노인들의 낙원입니다. 많은 사람이 늙으면 거기 와서 여생을 보내기를 소원합니다. 플로리다의 비치에는 수백만 불짜리의 별장들이 그림같이 들어 서 있는데…… 그 앞을 지나가는 사람들은, 그 속에 사는 행복한 사람들을 자기 맘대로 상상해 보면서 부러워합니다. 그럼 그 별장에는 어떤 사람들이 사는 것일까요? 이제는 다 늙어서 머리털까지 빠지고 이까지 빠지고 기력도 쇠하고 매력도 없는 불쌍한 그림자 같은 노인들이 죽을 날만 기다리고 있습니다!

결국, 이 세상의 모든 소망은 이렇게 끝이 나고 맙니다! 그리고 화려한 과거를 가지고 있는 사람들일수록 그 마지막은 처참할 수밖에 없습니다! 우리네 인생은 아무리 성공적이었더라도 용두사미로 끝이 날 수밖에 없습니다! 사람으로 태어난 이상은 별수가 없습니다! 식당에서 화장실 사이를 오가는 인생은 별수가 없습니다! 육체의 소욕을 이루기 전에는 그것만 채우면 금방 죽어도 여한이 없을 것 같지만, 소원을 이루고 보면…… 모든 것을 알고 보면 그것도 헛된 것입니다!

"보이는 소망은 소망이 아니니"

그럼에도 불구하고, 뱃속의 어린아이가 너무나도 답답해서 금방이라도 뛰쳐나오고 싶지만 그럴 힘이 없는 것같이, 인간에게도 이런 절망적인 상황을 탈출해 나올 힘이 없습니다.

도스토옙스키Fyodor Mikhailovich Dostoevskii가 그의 작품 중에 나오는 사람을 통해 다음과 같은 말을 합니다. "만일 내가 이 세상으로 들어올 때 받은 입장권이 있다면 당장에라도 돌려주고 싶구나!" "지구야, 잠깐만 멈추어다오. 당장에라도 뛰어내리고 싶구나!"

그러나 이 지구에서 뛰어내릴 수 있는 초인은 과거에도 없었고 현재에도 없습니다!

"주께서 저희를 홍수처럼 쓸어 가시나이다 저희는 잠깐 자는 것 같으며 아침에 돋는 풀 같으니이다 풀은 아침에 꽃이 피어 자라다가 저녁에는 벤 바 되어 마르나이다"(시 90:5~6).

"세상만사 살피나 다 헛되구나
부귀영화 공명장수 무엇하리요
고대광실 높은 집 문전옥답도
우리 한 번 죽으면 일장의 춘몽!

토지 많아 무엇해, 나 죽은 후에
삼 척尺 광주廣州 장지葬地 넉넉하오며
의복 많아 무엇해, 나 떠나갈 때
수의 한 벌, 관 한 개, 족치 않으랴!

요단 강물 거스를 용사 있으며
서산낙일 지는 해 막을 자 있나
하루 가고 이틀 가 홍안이 늙어
슬프도다, 죽는 길 뉘 면할쏘냐!"

달팽이 한 마리가 높고 가파른 담장을 기어오르고 있었습니다. '한 발짝! 두 발짝!' 여간 힘겨운 도전이 아니었습니다. 지켜보는 사람들까지도 손에 땀을 쥐게 하는 아슬아슬한 모험이었습니다! 그런데도 달팽이는 포기하지 않고 끝까지 기어올라 마침내 정상에 이르렀습니다! 정말 신 나는 순간이었습니다! 그러나 바로 그 순간 죽음의 돌풍이 불어 닥쳤습니다! 동시에 달팽이는 시궁창 속으로 굴러떨어지고 말았습니다. 인생 역시 그런 것입니다! 저마다 오래오래 살아 보려고 장수의 벽을 기어오르고, 남들보다 좀 더 잘살아 보겠다고 성공의 벽을 기어오르지만, 결국은 일진의 바람에 '철썩' 떨어지고 말 것입니다! 그리고 높이 올라간 사람일수록 떨어질 때는 만신창이가 될 수밖에 없을 것입니다!

지금 저는 꿈 얘기를 하는 것이 아닙니다! 죽음은 우리 앞에 박두한 현실이요 사실입니다! 아무리 세상 소망이 (에덴동산의 선악과같이) 먹음직하고, 보암직하고, 탐스러워 보여도 그 결과는 죽음입니다.

2. 새 소망

"우리 주 예수 그리스도와 우리를 사랑하시고 영원한 위로와 좋은 소망을 은혜로 주신 하나님 우리 아버지께서 너희 마음을 위로하시고 모든 선한 일과 말에 굳건하게 하시기를 원하노라"(살후 2:16~17)

그럼 새 소망이란 어떤 것일까요?

1) 새 소망은 보이지 않는 것에 대한 것입니다

세상의 소망은 보이는 것에 대한 소망으로 육욕, 물욕, 권세욕, 명예욕 같은 것입니다. 현대인들은 욕심을 소망이니, 비전이니, 성공이니 하면서 섬기고 있습니다. 이슬람교의 낙원이나, 엘리시안 들판Elysian Field(행복의 이상향) 같은 것도 체감적인 것으로서 인간의 본능과 욕망에 호소하는 힘이 강합니다. 그들의 낙원은 주지육림酒池肉林 속에서 인간의 모든 향락을 만끽하는 감각적인 세계입니다.

지금은 기독교까지도 현세적이고도 감각적인 비전을 제시함으로 신도들을 열광시키고 있습니다. 예수를 믿으면 세상만사가 잘되기만 한다고 선동할 때마다 청중들의 숨결은 가빠집니다! 육체를 간지럽게 해 줘야 열이 오릅니다. "들어와도 잘되고, 나가도 잘되고, 밭고랑에서도 잘되고, 시장바닥에서도 잘되고, 밀수를 해도 잘되고, 윷놀이를 해도 모만 나오고, 이 세상에서도 한탕을 하고, 저 세상에도 얻고, 삼박자 구원! 오중 축복!"

그러나 참된 그리스도인의 소망은 감각적인 것이 아니라 영원한 것이며 보이지 않는 것입니다! 거짓으로 어두워진 이 세상에서 진실의 등대가 되는 것이며 미움이 있는 곳에 사랑을 심는 것이며…… 말하자면 이런 것들입니다!

사람들은 이기주의와 욕심에 불을 붙일 때만 열광도 하고 과열도 합니다! 사람은 악할 때가 가장 뜨겁습니다. 악을 선으로 미화시켜 주면 그때는 금상첨화입니다!

LA에서 일어난 인종폭동의 소용돌이 속에서 이웃집 가게들은 몽땅 약탈을 당하고 점포까지도 소실됐지만, 어떤 분의 목재 가게만은 고스란히 보전되었습니다. 그리고 복구사업이 시작되자 목재가 날개 돋친 듯이 팔려 나가는 바람에 큰돈까지 벌었습니다. 사람들은 일이 이렇게 돼야 하나님께 영광을 돌립니다. 누구나 다 같이 잘되면 별로 감사할 것도 없고요.

떠들썩하게 흥분을 하는 교회들은 대부분 육체파 교회입니다! 그러나 그리스도 안에 있는 참된 소망은 영적이며 내세적입니다! 세상이 무너져도 무너지지 않고 육체가 관속으로 들어가도 죽지 않고 영생하는 소망입니다!

"우리가 주목하는 것은 보이는 것이 아니요 보이지 않는 것이니 보이는 것은 잠깐이요 보이지 않는 것은 영원함이라"(고후 4:18).

"생각하건대 현재의 고난은 장차 우리에게 나타날 영광과 비교할 수 없도다"(롬 8:18). 이 구절이 칼빈이 임종할 때 며칠씩 되풀이해서 암송했다는 그 말씀입니다.

2) 새 소망은 육체에서 자생하는 소망이 아니라 성령의 선물입니다

하나님에게서 오는 소망입니다! 믿음에서 오는 소망입니다! 육체에 속한 사람들은 아무리 헛된 것이라도 세상 소망밖에는 가질 것이 없습니다! 참된 소망은 거듭난 사람들만의 특권입니다! 성령의 열매입니다. 참된 소망은 가슴에 품기조차 어려운 소망입니다! 육체의 사람들은 아무리 영원한 소망을 가져 보려고 해도 맘대로 되지 않습니다. 세상 소망은 말만 들어도 가슴이 뜨거워지지만…… "아멘!"을 연발하게 되지만……, 그러나 '부활의 소망과 내세의 소망은 아무리 그럴듯하게 설명을 해도 맥이 빠집니다.

오늘은 헛된 소망을 참된 소망으로 바꾸시는 날이 되시기 바랍니다. 참된 소망은 가슴에 품을 수만 있어도 성공입니다!

"육신의 생각은 하나님과 원수가 되나니 이는 하나님의 법에 굴복하지 아니할 뿐 아니라 할 수도 없음이라"(롬 8:7). "만일 너희 속에 하나님의 영이 거하시면 너희가 육신에 있지 아니하고 영에 있나니 누구든지 그리스도의 영이 없으면 그리스도의 사람이 아니라"(롬 8:9).

그러면 지금 교우님들의 마음속에는 어떤 소망이 불타고 있습니까? 헛된 소망인가요? 아니면 참된 소망인가요? 이 땅의 소망인가요? 아니면 영원한 소망인가요?

3) 새 소망은 인격을 고상하게 하는 소망입니다

세상 소망(욕심)이 사람의 인격을 타락시키는 것과는 너무나도 대조적입니다. 쥐는 성층권으로 올라가면 살아남지를 못한다고 합니다. 그와 같이 욕심이 많은 죄인도 참된 소망 속에서는 살아남지를 못합니다! 참된 소망은 높은 성층권입니다. 참된 소망을 가진 사람은 아무리 타락하려 해도 타락할 수가 없습니다!

어떤 목사님이 다음 같은 말씀을 하셨습니다. "나는 이제까지 내가 하나님을 위해서 고생한 것이 너무나도 아깝고, 그리고 주저앉고 싶을 때가 있어도 새 소망이 있어서 타락할 수가 없습니다."

"주를 향하여 이 소망을 가진 자마다 그의 깨끗하심과 같이 자기를 깨끗하게 하느니라"(요일 3:3).

하나님께 소망을 두고 사는 사람은 그 소망을 이루지 못하는 한이 있어도 고상한 인격으로 보상을 받습니다! 그뿐 아닙니다. 참된 소망은 소망을 이루기 전에도 보람을 느끼게 해 주고 소망을 이룬 후에는 한도 없고 끝도 없는 기쁨으로 더해 줍니다! 고원高遠한 소망을 가진 사람들은 아무도 이 땅에서는 그들의 소망을 다는 이룰 수가 없습니다. 그럼에도 불구하고 그들은 예외 없이 위대하였고 보람찬 인생을 살 수 있었습니다!

모세는 이스라엘 백성을 이끌고 가나안 땅으로 들어가는 것이 소원이었습니다. 그러나 그 소원을 다는 이룰 수가 없었습니다. 그렇다고 해서 모세가 실패자였을까요? 위대한 인물도 아니었을까요? 천만의 말씀입니다. 간디도 힌두교와 이슬람교의 통합 정부 수립의 염원을 이루지 못했습니다. 그리고 동족의 총탄에 맞아 비명에 쓰러질 수밖에 없었습니다. 그렇다고 누가 감히 간디를 실패자라고 말할 수 있겠습니까? 간디는 자신의 소원을 다는 이루지 못했어도 위인이었습니다!

사도 바울도 세계 복음화의 이상을 다는 이루지 못했고, 슈바이처도 아프리카의 병자들을 다는 치료해 주지 못했지만, 그렇다고 그들이 위대한 인물이 아닐까요? 이처럼 새 소망을 가지고 사는 사람들은 성공해도 성공이고, 실패해도 성공입니다! 이 땅에 하나님의 나라가 임하기를 염원하는 성직자들에게도 성공은 있을 수 없습니다! 주변 세상이 온통 욕심과 사치로 부패해 가고 있는데 사람 좀 모아 놓았다고 어떻게 그것이 성공이 될 수 있겠습니까?

4) 새 소망은 행복과 영생을 유업으로 받는 소망입니다

빌리Billy는 평생토록 기쁨의 전율로 감사의 가락을 엮어냈습니다. 그는 한 발짝을 내디딜 때도 "주께 영광!" 하였고 두 발짝을 내디딜 때도 "아멘!" 하였습니다. 자기 발짝 소리가 그렇게 말하고 있는 것 같았습니다! 성 프란시스도 집 한 칸 없는 거지나 다름이 없었지만, 그런데도 그의 당대에 그 사람만큼 행복한 사람도 없었습니다. 프란시스는 가는 곳마다 기쁨을 전염시켰으니 침체일로에 있던 중세기 교회에 생기를 불어넣었습니다!

새 소망을 가진 사람들은 하나같이 행복한 사람들입니다! 헬렌 켈러Helen Keller를 만나 본 많은 사람이 보지도 못하고, 듣지도 못하고, 말도 하지 못하는 그녀에게서 풍겨 나오는 행복한 분위기를 피부로 느끼면서 부러워하였습니다. 새 소망을 가진 사람들은 가난해도 부자들보다 더 잘살고 비천해도 제왕들보다 더 당당하게 삽니다! 새 소망을 가진 사람들은 살아서도 행복하고 죽을 때도 행복하고 죽은 후에도 행복합니다!

다음은 크롬웰의 임종어입니다. "하나님은 선하시다! 우리 하나님은 좋으신 분이시다!"

사도 요한은 밧모 섬으로 유배를 당해서 갔습니다. 그가 이글이글 끓는 기름 솥에서 삶은 돼지가 돼서 끌려 나온 것은 불과 며칠 전의 일이었습니다. 그의 몸에 생긴 상처들은 아직도 아물지를 않아서 입을 벌린 채 신음하고 있었습니다. 이 땅에 남은 소망이라곤 죽음밖에 아무것도 없었습니다. 그는 며칠 전 에베소를 떠나 밧모 섬으로 유배를 당해 왔습니다.

밧모 섬은 나무 한 그루 없고 풀 한 포기 없는 돌섬이었습니다. 도망갈 곳도 없었습니다. 바랄 것도 없었습니다. 그러나 그런 절망 중에서도 요한은 하늘의 소망을 잃지 않고 간직하였습니다. 요한은 하나님을 우러러보았습니다! 그때 하늘 문이 열렸습니다! 하나님의 보좌가 보였습니다! 보좌 위에 앉으신 이의 모양은 벽옥과 홍보석 같았습니다! 하늘의 찬송 소리가 들려 왔습니다(계 4:1~11)! 이것이 새 소망을 가진 사람들의 해피엔딩입니다! 새 소망은 가질 수만 있어도 성공이요, 큰 축복입니다!

키에르케고르S. A. Kierkegaard는 "나는 생각한다. 그러므로 나는 존재한다."는 명제 대신 "나는 고통한다. 그러므로 나는 존재한다."는 명제를 설정했다면서요?

카프카Franz Kafka도 그의 작품 『심판』 중에서 이렇게 말했습니다. "인생은 여러 가지 모순과 충돌로 가득 차 있다. 인간은 소원하는 이상에 도달하는 길에서 스스로 방해물이 된다."

단지 회전하는 수레바퀴의 중심부에 있는 사람들이 바깥쪽에 서 있는 사람들보다 좀 덜 흔들릴 뿐입니다! 인간 실존이 이처럼 절망의 낭떠러지 끝에 밀려 나와 있는 인간은 영원한 소망을 붙잡고 매달릴 수밖에 없는 것이 아닐까요? 젊은 날에는 그리도 많던 소망의 줄들이 한 가닥 두 가닥 끊어져 나가고 그러다가 노년에 이르면 붙잡을 수 있는 줄이라고는 단 한 가닥밖에 남지 않습니다! 그 한 가닥이 다름 아닌 영원한 소망입니다!

"믿음의 주요 온전케 하시는 이인 예수를 바라보자"(히 12:2)

3. 소망은 힘입니다

"내 영혼아 네가 어찌하여 낙심하며 어찌하여 내 속에서 불안해하는가 너는 하나님께 소망을 두라 그가 나타나 도우심으로 말미암아 내가 여전

히 찬송하리로다"(시 42:5)

씨 에스 루이스C.S. Lewis의 말에 의하면 현세를 위해서 가장 많은 일을 한 사람들은 하나같이 가장 확실하게 내세의 소망을 품고 살던 사람들이었다고 합니다. 세상 소망을 품고 살던 사람들은 기껏해야 자기 자신을 위한 성공을 성사시킬 수 있었을 뿐이었습니다. 그런데 자기만을 위해서 사는 사람들은 자기 힘만으로 살아야 하지만 하나님께 소망을 둔 사람들은 하나님의 도우심을 받습니다.

그럼 여기서는 세상 소망 얘기 좀 해도 될까요?

이 세상에서 한 백 년을 잘살아 보려고 해도 소망은 있어야 합니다. 사람들은 집 한 칸이라도 마련해야겠다는 소망 중에서 박봉 생활을 하면서도 적금을 넣고, 농부들은 겨울철의 따뜻하고 단란한 안방을 소망하면서 뙤약볕 밑에서 비지땀을 흘리고, 어부들은 생선을 싣고 돌아오는 그 순간의 감격을 소망하면서 위험한 바다 위에 일엽편주를 띄우는 것이 아닐까요?

어떤 교회가 소망의 효력을 실험해 보았습니다. 그랬더니 정말 놀라운 결과가 나왔습니다. 다음 해에도 별수 없을 것이라고 대답한 사람들은 정말 별수가 없었고, 이에 반해 10가지 뜨거운 소원을 써낸 사람들은 그중에서 아홉 가지 소원은 이룰 수 있었다고 합니다. 그런데 이보다 더 놀라운 사실은 "우리 식구 중에는 60을 넘긴 사람이 없어서 나도 60을 넘기지 못할 것"이라고 한 사람은 그 말 그대로 60번째가 되는 생일을 며칠 앞두고 사망했다는 사실입니다. 세상 소망에도 힘이 있습니다.

"오직 여호와를 앙망하는 자는 새 힘을 얻으리니 독수리가 날개치며 올라감 같을 것이요 달음박질하여도 곤비하지 아니하겠고 걸어가도 피곤하지 아니하리로다"(사 40:31).

소망은 에너지입니다! 그래서 실망한 사람들에게는 생활비를 주는 것보다 소망을 주는 것이 더 큰 도움이 된다고 하는 것이 아니겠습니까? 하나님께 소망을 둔 사람들은 하나님의 능력을 받습니다! 우선 소망은 실망하지 않게 하는 힘이요! 행복을 창조하는 힘입니다! 소망은 생명력입니다! 예배를 드리는 시간은 힘을 얻는 시간입니다! 예배를 드리는 시간은 급유하는 시간이요, 충전하는 시간이요, 성령 충만함을 받는 시간입니다! 설교를 듣는 시간이 아닙니다.

4. 참아야 삽니다

"만일 우리가 보지 못하는 것을 바라면 참음으로 기다릴지니라"(롬 8:25)

우리는 영생을 소망하는 나그네들이기 때문에 이 세상에서는 참아야 합니다. 참을 수 있습니다. 기독교 역사상 제일가는 전도자인 사도 바울은 언제나 소망에 넘쳐 있었습니다. 그리고 그 소망이 그로 하여금 온갖 시련과 갖은 고난을 참아 낼 수 있게 하였습니다! 그로 하여금 순교의 길로도 갈 수 있게 하였습니다! 소망 중에서 참고 기다린 사람들만이 그 소망이 이루어지는 것을 볼 수 있을 것입니다! 그런데 소망 중에서 참고 시련을 이겨 내면 그만큼 소망이 더 확실해집니다. 내세의 소망으로 현세의 유혹을 물리쳐 본 경험이 없는 사람들의 내세에 대한 소망은 막연할 수밖에 없습니다.

우리는 바울 서신의 구구절절에서 그의 내세에 대한 소망을 피부로 느낍니다.

"우리 생명이신 그리스도께서 나타나실 그 때에 너희도 그와 함께 영광 중에 나타나리라"(골 3:4).

누군가가 말했다면서요? 바울과 하루를 지내고 나면 그의 소망에 전염되지 않을 사람이 없을 것이라고 말입니다. 바울로 하여금 세상의 유혹과 육신의 정욕을 극복할 수 있게 한 힘은 내세에 대한 그의 확실하고도 뜨거운 소망에 있었습니다! 그 소망이 그로 하여금 쉴 새 없이 달음박질하여도 피곤하지 않게도 해 주고, 환난 중에서도 끝까지 견디어 낼 수 있게도 해 주었습니다!

"다만 이뿐 아니라 우리가 환난 중에도 즐거워하나니 이는 환난은 인내를, 인내는 연단을, 연단은 소망을 이루는 줄 앎이로다"(롬 5:3~4).

다음은 옛날 위그노파 기독교인들이 박해당하던 시대에 있던 실화입니다.

유란트라고 하는 16세의 소녀가 어둡고 고독한 탑 속에 감금을 당했습니다. 그 소녀는 언제든지 개신교의 신앙을 포기하고 가톨릭의 신앙으로 돌아가기만 하면 어머니의 품으로 돌아갈 수 있었습니다. 그런데도 소녀는 끝까지 그렇게 하지 않았습니다. 소녀는 온갖 유혹을 다 거절하였습니다. 그리고 그때마다 벽에 '거절'이라는 두 글자를 써 나갔습니다. 또다시 유혹이 왔습니다. 그러나 이번에도 소녀는 눈물을 흘리면서 "안 돼요! 그것만은 안 돼요!" 하였습니다. 그리고 나서 또다시 벽에 '거절'이라는 두 글자를 썼습니다.

그런데 이번에는 감미로운 유혹이 아니라 무서운 위협이 왔습니다. 소녀는 무서웠습니다. 소녀는 얘기만 들어도 너무 무서워서 온몸이 떨렸습니다. 그런데도 소녀는 죽기를 각오하고 또다시 거절하였습니다. 동시에 또다시 '거절'이라는 두 글자가 추가되었습니다. 후에는 그 소녀가 16세의 소녀가 아니라 청년이 되었습니다. 그리고 또다시 청장년이 되었습니다. 그리고 마침내는 반백(54세)의 아주머니가 되었습니다. 무려 38년 동안을 소녀는 옥중에서 갖은 고생과 갖은 협박을 견디어 냈습니다! 그녀는 믿음의 정조를 지켰습니다! 그녀는 못 참을 것을 참고, 또 참고, 또 참아 냈습니다!

그러면 무엇이 그 소녀에게 그토록 무서운 인내력을 주었을까요? 내세에 대한 소망이며, 하나님에 대한 소망이며, 확실한 소망입니다! 여기서 한 말씀 드리는데 참을성이 없는 사람은 결혼생활도 잘하지 못하고 직장생활도 잘하지 못하고 신앙생활도 잘할 수 없습니다.

그럼 결론적으로 말씀드리겠습니다.

우리가 사는 이 세상에는 별의별 일이 다 있습니다. 천하의 밥통을 끌어다가 윗자리에 앉혀 놓고 "상감께 아뢰오!" 하며 머리를 조아리질 않나, 닥치는 대로 처녀들을 겁탈하는 치한을 (제왕 무치라면서) 성군으로 모시질 않나, 그런 놈들을 위해서 목숨을 바친 사람들을 만고의 충신이라며 떠받들질 않나, 인권을 짓밟고 백성을 짐승 취급하는 독재자들의 생일을 자기 친아버지의 생일보다 더 성대하게 지키질 않나, 별것도 아닌 늙은이 앞에서 그 잘난 수천 명의 백성이 꼭두각시놀음하질 않나, 세기적인 사기꾼의 설교를 듣고 선량한 신도들이 회개하고 우러러보며 하나님의 크신 종이라며 아까운 정조까지 바치질 않나! 글쎄 용하교의 교주는 법정에서 "자기가 범한 여자는 기껏해야 38명밖에 되지 않는다"고 제법 거룩한 체를 했다면서요? 이 세상은 요지경 속입니다!

그런고로 우리는 참아야 합니다! 소망 중에 참아야 합니다. 하나님을 믿고 참아야 합니다. 거짓 선지자들이 진짜 신도들에게 말세가 됐으니 거짓 선지자들을 경계하라고 침을 놓질 않나! 그런데 이 세상에는 그런 일이 변고가 아니라 일상사입니다. 소를 끌어다가 싸움을 붙여 놓고 돈벌이를 하질 않나, 사람들을 끌어다가 싸움을 붙여 놓고 사람을 잘 때린다고 상을 주질 않나! 정말 별꼴을 다 보고 살아야 하는 세상입니다. 두메산골 느티나무 밑에서 장기나 두고 놀던 주정뱅이가 부동산 붐을 타고 갑자기 재벌이 되질 않나, 만원 버스 속에서 물 찬 제비같이 차려입고 남의 호주머니를 터는 '면도칼'이 없나. 한쪽에서는 큰돈을 훔쳤다고 축배요, 다른 한쪽에서는 큰 강도를 잡았다고 축배입니다! 그런고로 우리는 참아야 합니다!

어질고 예쁜 천하일색의 요조숙녀가 도깨비같이 생긴 난봉꾼에게 쫓기지 않나! 멀쩡한 젊은이들을 모아다가 사람 죽이는 연습을 시킨 다음에는 일선으로 끌고 나가서 시쳇더미를 만들어 놓질 않나, 가장 부끄럼을 타는 묘령의 처녀들을 벌거벗겨 놓고 걸어 봐라, 돌아서 봐라, 엎드려 봐라, 하며 심사를 해서 미인상을 주질 않나! 그런고로 우리는 참아야 합니다! 그리고 잘 참아 내기 위해서는 '새' 소망을 가슴속 깊이 품어야 합니다.

이 세상은 일부러 입장료를 내고 극장이나 영화관을 찾아갈 필요가 없으리만큼 그 모양 그대로가 가관이며 구경거리입니다! 인생 자체가 비극이요 코미디입니다(잠 30:21~23). 이런 세상에서는 출세하지 못했다고 창피할 것도 없고, 성공했다고 뽐낼 것도 없습니다!

그런고로 성도들이여! 절대 다수표로 대통령으로 당선된 사람이 손을 번쩍 쳐들고 V자를 그릴 때는, '아, 어떤 사람은 팔자가 좋아서!' 하시지만……? 미인대회에서 미스 유니버스로 당선된 아가씨가 눈물을 글썽이며 "꿈만 같아요, 믿어지지 않아요!" 하며 기자 회견을 하는 장면을 보면, "어쩌면 저렇게도 예쁘지!" 하며 감탄을 하시지만……? 1천만 불짜리 복권에 당첨된 사람이 너무나 기뻐서 춤을 추는 것을 보면, 배가 아프시겠지만……? 그러나 0 × 0 = 0이나 100 × 0 = 0이나 결국은 마찬가지입니다.

"세상 부귀영화와 즐겨하던 모든 것 주를 믿는 내게는 분토만도 못하다"(새찬송가 423).

그럼에도 불구하고 육체의 사람은 세상 소망에 화끈해질 수밖에 없습니다. 다른 소망이 없기 때문이지요. 영원한 소망은 너무도 막연하기 때문입니다.

그러나 이 사실 한 가지만은 명심하시기 바랍니다. 세상 것은 아무리 탐스럽고, 보암직하고, 먹음직스러워도 죽음의 서곡에 불과하다고 하는 사실 말입니다. 몸이 늘씬해진 것을 보고 흐뭇해 하고 있는 동안에도, 머리를 염색해서 훨씬 젊어 보이는 자신을 들여다보며 기뻐하고 있는 동안에도, 그리고 큰돈을 벌었다고 흥분하고 있는 동안에도, 우리는 모두 죽어 가고 있다는 사실 말입니다!

한때는 그리도 예쁘던 얼굴도 땅속에 묻혀 구더기의 집이 되고, 한때는 샛별같이 빛나던 그 눈알도 개미 떼의 소굴이 되고, 명설교를 폭포같이 토해 내던 입과 아름다운 성가를 부르던 입술도 관속으로 들어간 후에는 말이 없고, 비호같이 달리던 다리도 나무토막같이 썩어 가고, 뱀같이 요염하게 꿈틀거리던 엉덩이도 시궁창같이 뭉그러져 버릴 날이 온다는 사실 말입니다!

그런고로 성도들이여! 세상 소망에 속지 마시고 죽은 자도 살리시는 하나님께만 소망을 두십시다. 새 소망만이 참된 소망입니다!

"하나님의 나팔소리 천지 진동할 때에 예수 영광 중에 구름 타시고 천사들을 세계 만국 모든 곳에 보내어 구원 받은 성도들을 모으리"(새찬송가 180)

"형제들아 주의 이름으로 말한 선지자들로 고난과 오래 참음의 본을 삼으라 보라 인내하는 자를 우리가 복되다 하나니 너희가 욥의 인내를 들었고 주께서 주신 결말을 보았거니와 주는 가장 자비하시고 긍휼히 여기는 자시니라"(약 5:10~11)

허탈감과 보람

"어찌하여 내가 태에서 죽어 나오지 아니하였던가 어찌하여 내 어머니가 해산할 때에 내가 숨지지 아니하였던가 어찌하여 무릎이 나를 받았던가 어찌하여 내가 젖을 빨았던가"(욥기 3:11~13)

허탈감과 보람

욥의 인생살이가 얼마나 괴로웠으면 그 의로운 입에서 자기를 낳아 준 어미를 원망하는 소리가 나왔겠습니까?

"어찌하여 유방이 나로 빨게 하였던고!"

그런데 이와 같은 부르짖음은 재난을 당한 사람들만의 것이 아닙니다. 남 보기에는 잘살고 있는 것같이 보이는 사람들의 부르짖음이기도 합니다! 화려한 베일의 배후에는 근심과 불안과 고독과 눈물이 있습니다. 모든 것을 손에 거머쥔 사람도 허탈하기는 마찬가지입니다! 인생 그 자체가 밑 빠진 독이기 때문이지요.

1. 허탈감

"모든 만물이 피곤하다는 것을 사람이 말로 다 말할 수는 없나니 눈은 보아도 족함이 없고 귀는 들어도 가득 차지 아니하도다"(전 1:8)

그러면 현대인의 유별난 허탈감의 원인은 어디에 있는 것일까요?

1) 신비에 싸여 있던 자연계와 인간의 정체가 과학 문명의 이기 앞에서 속속들이 들어나 버렸기 때문입니다

인류는 감탄과 경이와 경배와 충성의 대상을 잃어버리고 말았습니다. 너무 유식해져서……. 현대인은 옛날 사람들같이 신화나 동화 속에 사는 사람이 아닙니다. 과학자들의 손에 의해 신비의 베일이 벗겨져 버렸습니다. 세계는 알몸을 드러내 놓고 말았습니다. 옛날에는 그리도 신비스럽던 달님도 지금은 먼지투성이의 한심스러운 돌밭입니다. 신들의 마을로만 알고 있던 성좌들도 이젠 망원경 앞에서 벌거숭이가 되었습니다. 바닷속에 있다던 용궁도 철거되고, 바다 끝에 있다던 지옥도 없어져 버리고 말았습니다.

옛날에는 태양도 수레를 타고 달리는 신의 얼굴이었지만, 그러나 지금은 뜨거운 불덩어리에 불과합니다. 옛날 여자들은 아이를 낳게 해 달라고 신령님께 기도를 드렸지만, 그러나 지금은 병원을 찾아가서 정자와 난자를 생리학적으로 배합시킵니다. 모든 것이 이렇게 발가벗겨져 버리고 보니 세상에 신비스러운 것이라곤 아무것도 없고 지금은 그저 앙상한 과학적인 사실이 있을 뿐입니다! "너무 재미없어요!"

그래도 사람의 마음속에만은 심오하고 신비한 것이 남아 있는 줄 알았는데, 그런데 지금은 사람들의 마음속까지도 심층 심리학으로 그 밑바닥이 알량하게 드러나고 말았습니다. 그러자 바다의 표면같이 그리도 광활하고 그리도 아름답고 그리도 신비스럽기만 하던 사람들의 마음의 세계도 이젠 바다의 밑바닥같이 더럽고 추한 것이 되어 버리고 말았습니다. 수치를 가리느라고 입었던 옷까지도 다 해어져서 속이 다 들여다보이게 되었습니다.

이젠 그 옛날의 영웅이나 장수들의 무용담을 믿는 사람도 없습니다! 애국자들의 숭고한 헌신도 성자들의 신비에 싸인 생활도 이젠 사실이 아닌 것이 되고 말았습니다. 춘향이나 솔베이지의 사랑 얘기도 알고 보면 인간의 이상을 미화시킨 것에 불과하다는 사실도 드러났습니다. 르네상스 시대의 이상적인 인간도 발가벗겨져서 고깃덩어리가 되고 말았습니다! 과학자들과 실존주의 철학자들 덕분에…….

이런 과정을 통해 전에는 그렇게도 심오하고 그렇게도 아름답던 세계와 인간이 오늘날에 이르러서는 초라하고 누추한 존재가 되었습니다. 그래서 현대인들은 무의미와 허탈감에 빠져 있습니다. 이젠 세상도 무의미해 보이고 사람도 시시해 보입니다! 그래서 현대인들은 자연계에서도 인간에게서도 의미와 보람을 찾지 못합니다! 참으로 사랑할 만하고 참으로 믿을 만하고 참으로 소망할 만한 것도 찾지 못합니다! 한마디로 하나님을 잃어버리고 말았습니다!

과학이 현대인들에게 좋은 것을 가져다준 것도 사실이지만, 그러나 과학이 현대인들에게서 삶의 의미를 뺏어간 것도 사실입니다! 이젠 이상도 이상이 아니고, 사랑도 사랑이 아니고, 의리도 의리가 아니고, 애국도 애국이 아니고, 선행도 선행이 아니고, 정의도 정의가 아닙니다.

현대인들은 배신을 당하기 위해서 믿고, 멀어지기 위해서 가까워지고, 실망하기 위해서 소망하고, 빼앗기기 위해서 빼앗고, 미워하기 위해서 사랑하고, 헤어지기 위해서 만날 뿐입니다. 그래서 사람들은 허탈감에 빠지고 맙니다.

이제 우리 앞에는 죽어가고 있는 고깃덩이와 피할 수 없는 죄와 고통이 있을 뿐입니다! 인간도 생리 현상과 동물 현상에 불과합니다. 니체가 "이 세상에는 충성을 바칠 만한 의미도 없고 생명을 바칠 만한 목적도 없다"고 한 것이 바로 이런 것을 뜻하고 있는 것은 아닐까요? 그는 믿음도 거짓이고, 진리도 허위라고 하였습니다.

이제 우리의 눈앞에는 보기 싫은 것과 아니꼬운 것뿐입니다! 그래서 차라리 눈을 감아 버리고 싶고, 그래서 차라리 귀를 막아 버리고 싶습니다! 비전은 욕심이고 애국은 정권욕이며 사랑은 정욕이고, 예절이니 교양이니 하는 것도 처세술과 상술에 불과합니다.

인간의 정체가 이렇게 밑바닥까지 드러났는데 어떻게 허탈감에 빠지지 않을 수 있겠습니까? 그래서 무엇 하나 부족한 것이 없는데도 이토록 허전하고 우울하고 서글픈 것이 아니겠습니까? 그래서 제대로 살아 보지도 못하고 그렇다고 죽지도 못하는 것이 아니겠습니까? 절망은 하면서도 죽지는 못합니다! 절망감조차 실감이 나지 않기 때문입니다. 허무감도 실감이 나지 않고요. 현대인은 불감증 환자입니다! 그래서 그 빛나는 과학 문명의 정상에 살면서도 무중력 상태의 허탈감에 빠진 것이 아니겠습니까?

앙드레 지드Andre Gide의 소설에 나오는 라페루스 노인의 스무 살 난 외아들은 연애하다가 급사를 합니다. 그리고 라페루스 노인은 아내와의 불화로 양로원으로 들어가는데, 하나 남은 손자인 포리스까지 자살을 합니다. 그래서 절망감에 빠져 버린 노인은 자기도 손자를 따라 자살하려고 총부리를 이마에 댑니다. 그러나 노인에게는 자살할 용기조차 없습니다. 그 주제에 라페루스 노인은 부르짖습니다. "나는 속아 살았다! 하나님이 나를 속였다! 만일 하나님이 있다면 마귀와 한패일 수밖에 없을 것이다!"

현대인들은 삶의 의미뿐 아니라 죽음의 의미까지도 상실해 버렸습니다!

프랑스의 작가 사무엘 베케트Samuel Beckett의 희곡 『고도를 기다리며 En Attendant Godot』중에 다음과 같은 장면이 나옵니다. 연극 중에서 지루하고도 무의미한 대화가 계속됩니다. 모두 '고도Godot'가 오기만 하면 모든 문제가 잘 해결될 것이라는 희망을 안고 기다립니다. 그러나 결국 고도는 나타나지 않습니다. 그래서 주인공은 자살하려고 새끼줄로 목을 맵니다. 그러나 새끼줄마저 끊어져 버리고 맙니다. 그래서 자살도 못 합니다. 매일같이 내일이면 더 튼튼한 새끼줄을 구해다가 자살해야겠다고 결심만 새롭게 합니다! 그러니 얼마나 한심스러운 얘기입니까?

그럼 여기서 한번 묻겠습니다. 그러면 어떻게 이런 작품이 프랑스에서 베스트셀러가 될 수 있었을까요? 작품 중의 주인공에게서 공감대를 찾아낼 수 있었기 때문은 아닐까요? 현대인들은 무의미의 병에 걸려 있습니다! 모두 허탈감에 빠져 있습니다(전 1:17~18).

2) 허탈감의 두 번째 원인은 인간은 죽음을 향해서 가는 존재라는 사실에 있습니다

인간의 유한성에 있습니다! 칼라일Carlyle은 "나는 죽음을 전제로 하고 사노라." 하였으며, 파스칼Pascal도 "나는 두 가지 사실을 아는데 첫째는 누구나 죽는다는 사실이고, 그다음에는 하나님의 심판이 있다는 사실이다." 하였으며, 톨스토이Tolstoy도 "나는 죽음을 보지 않으려고 하지만……죽음의 심연을 들여다보지 않을 수 없다." 하였습니다(시 103:15~16). 우리는 사형장으로 가는 열차 속에서 결혼식도 올리고 성공의 축배도 듭니다!

통닭집 뜰에서, 잠시 후면 목이 비틀릴 닭들이 푸짐한 모이를 주워 먹으면서 행복을 즐깁니다! 잠시 후면 목이 비틀려 죽을 닭들이 모이를 놓고 피투성이가 되도록 싸웁니다! 그러다가도 제정신이 나면 허탈감을 느끼며, '도대체 산다는 것이 무엇이며 도대체 나라고 하는 존재는 무엇일까?' 하며 대답이 없는 질문을 되풀이합니다.

서울에 아주 행복한 가정이 하나 있었습니다. 그 가정의 부인은 보기 드문 미인이었고 두 딸 역시 일류대학에 재학 중인 재원이었는데 아들까지도 일류 고등학교에 재학 중이었습니다. 그래서 사람들은 감탄사를 연발하였습니다. "어쩌면! 어쩌면! 세상에 그토록 문제 하나 없이 행복하기만 한 가정이 또 있을까요?" 그런데 그 가족들이 하루는 즐거운 여행을 떠났습니다. "야! 신 난다!" 그런데 가장께서는 완벽한 여행을 위해 맹장염 수술을 받으려고 혼자서 병원으로 걸어 들어갔습니다. "맹장 수술 정도는 아주 간단한 거니까!" 가장님께서는 수술대에 누웠습니다. 그런데 이게 웬일입니까? 그 어른께서는 이튿날 주검이 되어 집으로 운구되어 왔습니다.

폴 틸리히Paul Tillich의 말입니다. "인간의 모든 불안과 초조와 공포의 원인은 죽음, 다시 말해 모든 존재가 마침내는 비존재로 끝이 나고 만다는 사실에 있다." 노벨 문학상 수상자인 사무엘 베케트Samuel Beckett도 다음과 같은 말을 남겼습니다. "메네! 메네! 헐벗은 내 몸뚱이여! 이 순간 나는 내 생명의 불이 꺼져 가고 있는 것을 본다."

"인생이 당하는 일을 짐승도 당하나니 그들이 당하는 일이 일반이라 다 동일한 호흡이 있어서 짐승이 죽음같이 사람도 죽으니 사람이 짐승보다 뛰어남이 없음은 모든 것이 헛됨이로다"(전 3:19).

우리가 평생을 바쳐서 얻은 성공이나, 사랑이나, 명예나, 재물이나, 권력 같은 것도 죽음 앞에서는 물거품이 되고 맙니다! 그런데도 많은 사람은 뻔히 알면서도 그 헛된 것들을 위해 평생을 바칩니다. 허무한 인생입니다(전 5:15~17).

"세상만사 살피나 다 헛되구나!
부귀공명 장수는 무엇하리요!
고대광실 높은 집 문전옥답도
우리 한번 죽으면 일장의 춘몽!"

죽음을 전제로 한 인간 실존의 밑바닥에는 무의미와 절망이 도사리고 있습니다! 토머스 홉스Thomas Hobbes는 "만인은 만인에 대해서 전쟁 상태에 있다"고 하였고, 아담 스미스Adam Smith도 "모든 사람은 모든 사람에 대해 장사꾼"라고 하지 않았던가요? 피차가 필요할 때만 서로를 이용해 먹습니다. 그것이 사랑이라고 하는 것이고 의리라고 하는 것이며 희생이라고 하는 것입니다! 그러니 어찌 허탈감에 빠지지 않을 수 있겠습니까?

그래서 키에르케고르S. A. Kierkegaard는 부르짖지 않았던가요? "칠만 척尺 물 위에 나 홀로 떠 있는 고독이여!"

현대인들은 무의미와 불안과 자기밖에 모르는 이기주의로 인해 물질문명의 혜택을 만끽하면서도 보람을 찾지 못하고, 문명의 이기를 백 퍼센트 활용하면서도 허탈감에서 벗어나지 못합니다. 마음의 여인과 결혼은 했지만 살다 보니 그것도 그저 그렇고, 돈을 벌었지만 골머리만 더 아프고, 바라던 60평짜리 아파트에도 입주했지만 이젠 다 늙어 버려서 아픈 데뿐입니다. 이러나저러나 시원한 것은 아무것도 없습니다! 사는 것도 죽을 맛입니다. 그래서 겉으로 보기에는 유토피아 같은 세상이지만 알고 보면 생지옥입니다!

무의미와 불안과 이기주의의 삼대 마귀를 퇴치하기 전에는 아무리 성공해도, 아무리 잘살아도, 그리고 아무리 아름다운 명곡을 듣고 아무리 값비싼 명화를 벽에 걸어 놓아도, 사는 것이 지겹고 따분할 수밖에 없을 것입니다(전 1:7~8). 그래서 오스발트 슈펭글러Oswald Spengler는 '문명의 몰락'을 말하고, 소로킨P. A. Sorokin은 '병든 문명'을 논하고, 토인비A. J. Toynbee는 '문명의 위기'를 경고하고, 슈바이처Albert Schweitzer는 '문명의 황혼'을 예언한 것이 아니겠습니까? 케케묵은 옛날 얘기 같지만 결국은 태곳적의 하나님께로 돌아가는 것만이 우리의 유일한 살 길이 아닐까요?

"너희가 어찌하여 양식이 아닌 것을 위하여 은을 달아 주며 배부르게 하지 못할 것을 위하여 수고하느냐 내게 듣고 들을지어다 그리하면 너희가 좋은 것을 먹을 것이며 너희 자신들이 기름진 것으로 즐거움을 얻으리라"(사 55:2).

마셔도 마셔도 목이 마른 영혼들이여! 생수의 근원이 되시는 하나님께로 돌아가십시다!

2. 보람을 찾아서

"주 우리 하나님의 은총을 우리에게 내리게 하사 우리의 손이 행한 일을 우리에게 견고하게 하소서 우리의 손이 행한 일을 견고하게 하소서"(시 90:17)

그러면 우리는 어떻게 하면 허탈감에서 벗어날 수 있을까요? 이 문제에 대해 어떤 사람은 '체념', 다시 말해 숫제 동물이 되어 버리는 것이라고 하고, 어떤 사람은 '술이나 마약이나 향락에 만취함으로 허탈감에서 잠깐이라도 벗어나는 것'이라고 합니다. "괴성을 질러라! 허리를 꼬아라! 다리를 비틀어라!" 오늘날 얼마나 많은 현대인이 이와 같은 인생철학을 추종하고 있는 것일까요?

그런데 또 다른 사람은 허탈감을 피하려고 하지 말고 허탈감을 정면으로 받아들임으로써만 허탈감을 극복할 수 있다고 합니다. 운명을 사실 그대로 받아들이라는 것입니다. 그러나 사람이 어떻게 짐승이 되어 버릴 수 있으며, 그리고 사람이 어떻게 언제나 만취해서 살 수 있으며, 사람이 어떻게 쓴 잔을 축배를 들듯이 신 나게 마실 수 있겠습니까? 그러면 우리가 허탈감에서 벗어나 보람을 찾을 수 있는 길은 무엇일까요?

1) 믿음입니다

하나님을 믿는 믿음입니다! 부활신앙을 통해 죽음을 극복해 나가는 것입니다! 교회에 다니는 것만으로는 문제가 해결되지는 않습니다! 행동이 따르는 체험적인 믿음이 있어야 합니다! 믿으나 마나 한 믿음은 믿음도 아닙니다. 허탈감, 곧 허무의 문제를 해결해 주는 믿음만이 믿음입니다! 믿음과 소망과 사랑만이 우리의 인생에 보람을 줄 수 있을 것입니다!

그러나 소망은 믿음 안에 있기에 오늘은 믿음과 사랑의 두 가지에 대해서만 말씀을 드리기로 하겠습니다. (확실한) 믿음만 있으면 죽음의 허탈감에서도 벗어날 수 있고 충성의 대상을 잃어버린 데서 오는 허무주의에서도 벗어날 수 있을 것입니다! 허무주의를 해결하는 길은 믿음뿐입니다 (고전 15:55~58). 믿음만이 허무한 것 속에서 의미를 찾고, 죽어가는 것 속에서 영생을 찾을 수 있을 것입니다(히 11:33~38). 저주를 받으면서도 감사할 수 있게 해 주는 것도 믿음입니다!

유대인들이 지하 감옥의 벽에 손톱으로 그린 '다윗의 별'이 발견됐는데 그 그림의 밑 부분에는 다음과 같은 글월이 새겨져 있었다고 합니다. "하늘에는 태양이 있다고 하는 사실을 믿노라! 비록 지금은 하나님의 사랑을 느낄 수 없어도 그래도 하나님의 사랑이 있는 것을 믿노라! 비록 지금은 하나님께서 침묵을 지키고 계실지라도 그래도 나는 하나님이 살아 계심을 믿노라!"

"믿음이 없이는 하나님을 기쁘시게 하지 못하나니 하나님께 나아가는 자는 반드시 그가 계신 것과 또한 그가 자기를 찾는 자들에게 상 주시는 이심을 믿어야 할지니라"(히 11:6).

러시아의 작가 레오 톨스토이Leo Tolstoy가 40이 됐을 때 회의에 빠졌습니다. 성공의 절정에서……. 톨스토이는 그의 저서 『나의 고백』에서 다음과 같은 고백을 합니다. "좋다! 나는 지금 정부의 국채를 6천 장이나 가지고 있고 3백 필이나 되는 준마도 가지고 있지만 도대체 그것이 뭐란 말인가! 그리고 나의 자녀들은 모두가 일류대학을 다니고 있지만 도대체 그것이 어쨌단 말인가! 모두가 나라의 번영을 말하고 있지만 도대체 그것이 어떻게 인생의 궁극적인 문제를 해결해 줄 수 있단 말인가? 내가 성공을 해서 푸시킨이나 셰익스피어같이 이 세상에서 가장 유명한 인물이 된들 어떻게 그런 것이 죽음의 문제를 해결해 줄 수 있단 말인가?"

그때 톨스토이는 그 무시무시한 허무의 심연에서 빠져나오기 위해 네 가지 방안을 생각해 보았습니다. 첫째는 아무것도 생각하지 않고 아무것도 모르고 사는 무지의 길이었고, 둘째는 멋대로 살아가는 향락의 길이었고, 셋째는 세도를 부리며 사는 힘의 길이었고, 넷째는 부평초같이 사는 체념의 길이었습니다. 그러나 톨스토이는 그런 방법에 의해서도 허무주의를 극복할 수 없었습니다. 결국, 그는 하나님을 발견한 다음에야 마음을 놓고 살 수 있었습니다. 그리고 그 믿음은 톨스토이의 삶에 의미도 주었습니다.

믿음이 인생 문제에 대한 최후의 해답입니다! 보이지 않는 것의 증거가 될 만한 믿음 말입니다(히 11:1). 그때는 어떤 부조리도, 아니! 죽음까지도 인생을 허무하게 만들 수 없을 것입니다!

과학자인 에디슨은 1천여 가지의 발명품을 만들어 냈습니다. 전구 하나를 만들어 내기 위해서도 무려 천 번이나 되는 실험을 해야 했다고 합니다. 에디슨은 과학적인 진리를 믿는 사람이었습니다. 그러나 임종 시에 그를 구원한 것은 과학적인 진리가 아니라 영원하신 하나님과 내세에 관한 믿음이었습니다! 다음은 그의 임종어입니다. "저 멀리 보이는 그곳은 참으로 아름답구나"(고전 15:16~19)!

2) 허탈감에서 벗어나 보람을 찾을 수 있는 길은 사랑입니다

사랑이 있는 곳에서는 허무주의가 있을 수 없습니다! 사랑은 두려움을 용납하지 않습니다(요일 4:18).

마틴 루터 킹Martin Luther King 목사는 사랑의 힘을 믿는 사람이었습니다. 1955년 그가 감옥으로 끌려갔을 때 그는 밖에 있는 신도들에게 『Strength to Love』라는 제목의 설교문을 써 보냈습니다. 그 글월 중에서 그는 자기를 핍박하고 미워하는 백인들을 향해 이렇게 외쳤습니다.

"당신들이 우리에게 무슨 짓을 하든, 우리는 당신들을 계속해서 사랑할 것입니다. 우리가 승리하는 날은 우리만의 승리가 아니라 당신들의 승리도 될 것입니다!"

이런 뜨거운 사랑이 있는 곳에 어떻게 허무주의가 서식할 수 있겠습니까? 그런고로 보람찬 인생을 사시기를 원하면 사랑을 배우셔야 합니다! 공연히 마음이 뒤숭숭하시거든 어려운 일을 당하고 있는 이웃들을 생각해 보시기 바랍니다! 그러면 허탈감은 자취를 감추고 말 것입니다! 늙어 가는 것이 서럽고 억울해서 머리에 염색하시거나 성형수술을 하시는 이들이여! 곱게 늙기를 원하시거든 선한 일에 열을 올리시기 바랍니다! 사랑에 열을 올리시기 바랍니다! 자기와 자기 가족밖에 모르는 이기주의자들은 아무리 성공해도 허탈감에서 헤어날 수 없을 것입니다! 어디 가서 살아도 이기주의자들에게는 평안함이 없을 것입니다. 그들에게는 불안과 허탈감이 있을 뿐입니다!

"우리 내외가 어렵게 살 때는 죽 한 그릇을 앞에 놓고서도 세월 가는 줄을 몰랐습니다. 그러나 밥술이나 먹고 살게 된 지금에 와서는 하루에 한 번도 남편의 밝은 얼굴을 볼 수 없게 되었습니다. 이럴 바에야 차라리 못 살던 옛날로 돌아가는 것이 낫지 않을까요!"

대부분 허무주의자는 모든 것을 손에 거머쥔 상류 인사들입니다! 허탈감은 욕심을 채운 사람들의 병일 뿐 배고픈 사람들의 병이 아닙니다(전 2:10~11). 허무주의는 풍요 병입니다. 실컷 먹고 나서 게트림하는 병이며, 실컷 향락을 즐기고 나서 구역질하는 병입니다! 이기주의자들은 애써 성공하고 나서도 말년에는 불만과 허탈감에 빠질 수밖에 없을 것입니다! 이기주의자들의 천국은 어디에도 없습니다!

신앙의 얘기는 다니엘이 풀무 불이나 사자 굴속에서 죽지 않고 살아나왔다는 얘기나, 나아만 장군이 불치병에서 고침을 받았다는 얘기나, 베드로가 단 한 번의 설교로 삼천 명이나 되는 사람들을 회개하게 했다는 얘기만이 아닙니다. 그들도 결국은 죽었고 감옥에서 천사의 인도함을 받아 극적으로 탈출하는 데 성공한 베드로도 종국에는 십자가에 거꾸로 매달려 비참한 최후를 맞이했습니다. 결국, 신앙의 얘기는 죽음과 그 죽음 다음에 오는 부활과 영생의 얘기에서 본뜻을 찾아야 합니다!

서울에 살던 어떤 사람이 많은 상속을 받아 재산이 주체할 수 없으리만큼 많았습니다. 그래서 일할 필요가 없어서 매일같이 돈만 쓰고 다녔습니다. 연구가 있다면 돈을 쓸 연구가 전부였고, 계획이 있다면 돈을 쓸 계획이 전부였습니다. 그래서 주위 사람들은 그분을 부러워하였습니다. "누구는 팔자가 좋아서……!"

그러나 정작 장본인은 주색잡기도 하루 이틀이지 마침내는 몸까지 허약해지니 무료하고 따분하기 짝이 없었습니다. 그러던 어느 날, 누군가가 직업도 없는 사람이 돈을 물 쓰듯이 하고 다니는 것을 수상히 여겨 당국에 신고하였습니다. 그래서 간첩의 혐의를 받고 체포당했습니다. 약간의 고문도 받았습니다. 그런데 안일하게만 살던 사람이어서 그랬든지, 정신이상 증세가 생겼습니다. 그 후 그는 매일같이 견딜 수 없는 불안과 공포에 떨어야 했습니다. "도대체 나는 뭐야!" "이것이 사는 걸까!" "뭐가 뭔지 모르겠어!"

그러던 차에 누군가가 그 사람을 측은히 여겨 충고해 주었습니다. "보람을 느낄 수 있는 일을 해 보세요! 먹고사는 문제는 없으니 좋은 일을 좀 해 보도록 하세요! 사회봉사도 해 보시고요!" 그래서 그는 무보수로 학생들에게 영어를 가르치기 시작했습니다. 그러자 이게 웬일입니까? 얼마 되지 않아 그는 공포증과 불안감에서 자유롭게 됐다는 얘기입니다(갈 6:8).

사랑과 봉사가 허무주의(정신병)를 치료하는 약입니다.

다음은 어떤 유복한 여인의 고백입니다. "나는 어떤 귀공자와 결혼을 하였습니다. 나에게는 평생 무엇 하나 부족한 것이 없었습니다. 나는 사교계의 여왕이기도 했습니다. 그러나 그것뿐이었습니다. 지금은 내 나이 팔십입니다! 결국, 내 인생은 실패작이었습니다. 이젠 청춘도 가 버렸고 건강하던 몸도 늙고 병이 들었습니다. 결국은 이 모양 이 꼴이 될 것을! 그런데도 한때는 그런 줄도 모르고 뽐내고 다녔습니다."

그 순간 그 할머니의 눈가에서는 가느다란 눈물 줄기 하나가 흘러내리고 있었습니다. 이런 것이 평생을 자기밖에 모르고 살던 사람의 마지막 길입니다!

"그러므로 모든 육체는 풀과 같고 그 모든 영광은 풀의 꽃과 같으니 풀은 마르고 꽃은 떨어지되"(벧전 1:24).

상류사회로 올라갈수록 잘난 사람들이 많아서 외롭고 쓸쓸합니다! 남을 위해서가 아니라 자기 자신의 행복을 위해서 그리고 삶의 보람을 찾기 위해서 사랑을 실천하십시다! 좋은 일을 많이 하십시다(딤전 6:17~19).

희생한 것만이 참으로 잔액입니다! 남에게 준 것만이 참으로 '내' 것입니다! 어머니들은 자녀들에게 모든 것을 내어 주고서도 밑졌다고 생각하지 않습니다. 그것이 수지를 맞춘 것입니다. 진심으로 준 것은 참된 소득입니다! 빈손으로 왔다가 빈손으로 가는 것은 불신자들뿐입니다. 믿는 사람들은 죽을 때, 한 손에는 믿음! 다른 한 손에는 사랑을 가지고 하나님께로 돌아갑니다(마 25:40). 참으로 사랑을 하는 사람들에게는 허탈감이 없습니다! 사명감에 불타고 있는 사람들에게는 무의미가 없습니다(요 4:14).

"내가 달려갈 길과 주 예수께 받은 사명 곧 하나님의 은혜의 복음을 증언하는 일을 마치려 함에는 나의 생명조차 조금도 귀한 것으로 여기지 아니하노라"(행 20:24)

"그런즉 믿음, 소망, 사랑, 이 세 가지는 항상 있을 것인데 그 중의 제일은 사랑이라"(고전 13:13)

인생극장

"주께서 그들을 홍수처럼 쓸어가시나이다 그들은 잠깐 자는 것 같으며 아침에 돋는 풀 같으니이다"(시편 90:5)
"우리에게 우리 날 계수함을 가르치사 지혜로운 마음을 얻게 하소서"(시편 90:12)

인생극장

분명히 지금 우리는 여기 앉아 있지만 그럼에도 날아가고 있으며, 정지하고 있지만 움직이고 있습니다! 우리가 타고 있는 시간의 수레바퀴가 우리가 정지하고 있는 동안에도 계속해서 달려가고 있기 때문이지요! 아니! 시간이 흘러가는 것이 아니라 우리가 흘러가고 있는 것입니다! 우리네 인생은 잠깐 지나가는 일 막의 연극입니다!

"우리의 연수가 칠십이요 강건하면 팔십이라도 그 연수의 자랑은 수고와 슬픔뿐이요 신속히 가니 우리가 날아가나이다"(시 90:10).

만일 누군가가 팔십 노인에게 "정말 장수하셨네요!" 한다면 팔십 노인께서는 대답하실 것입니다. "잠깐이라고! 자네도 살아 보게!"

50세, 60세, 70세! 언제 그 많은 세월이 눈 깜짝할 사이에 흘러갔을까요? 짧다면 짧고 길다면 긴 것이 인생입니다! 마음껏 공부도 못해 본 채 20대가 지나고, 마음껏 즐겨 보지도 못한 채 30대의 정력도 쇠하고, 어찌어찌하다 보니 40대의 성숙기도 지나가고 말았습니다. 그래서 시편 기자는 하나님께 기도를 드립니다.

"우리에게 우리 날 계수함을 가르치사 지혜로운 마음을 얻게 하소서."

그러면 지혜로운 마음이란 어떤 마음일까요?

1. 지혜로운 마음은 세상만사가 잠깐 있다가 지나가 버리고 마는 꿈이라는 사실을 깨닫는 마음입니다

"내일 일을 너희가 알지 못하는도다 너희 생명이 무엇이냐 너희는 잠깐 보이다가 없어지는 안개니라"(약 4:14)

어린 시절도 잠깐이요, 청춘도 잠깐이요, 예쁜 것도 잠깐이요, 인기도 잠깐이요, 아니! 인생 자체가 잠깐뿐임을 깨닫는 것입니다! 건강도 믿을 수 없고, 생명도 믿을 수 없는 것임을 깨닫는 것입니다! 이 세상에는 아무도 그리고 아무것도 믿을 것이 없음을 깨닫는 것입니다!

육사 27기생인 이 중령께서는 자신만만하였습니다. 그런데 어느 날 합참의장의 미국 여행을 준비하다가 과로한 탓인지 갑자기 몸에 열이 나서 자리에 눕게 되었습니다. 동시에 몸이 썩기 시작했습니다. 그러다가 결국은 실명하고 말았습니다. "세상에 이럴 수가!"

그런 일이 있을 수 있는 곳이 세상입니다. 우리가 볼 수 있고, 들을 수 있고, 걸을 수 있고, 사랑할 수 있는 시간도 잠시 잠깐뿐입니다! 모든 것은 신속히 지나가는 그림자입니다!

기생 황진이가 이런 노래를 읊었다면서요! "산은 옛 산이로되 물은 옛 물이 아니로다 / 주야에 흐르나니 옛 물이 있을소냐 / 인걸도 물과 같아여 가고 아니 오노메라."

모든 것은 지나가 버리고 말 것입니다! "인생은 나그넷길! 어디서 왔다가 어디로 가느냐?" 이것을 알고 인생 설계를 하는 것이 지혜로운 마음입니다.

2. 지혜로운 마음은 모든 것이 죽음으로 끝이 나고 만다는 사실을 깨닫는 마음입니다

"인생에게 임하는 일이 짐승에게도 임하나니 이 둘에게 임하는 일이 일반이라 다 동일한 호흡이 있어서 이의 죽음같이 저도 죽으니 사람이 짐승보다 뛰어남이 없음은 모든 것이 헛됨이로다"(전 3:19)

빈민가를 흐르는 물이나, 고급 주택가를 흐르는 물이나, 높은 계곡을 흘러내려 오는 폭포수나, 넓은 들판을 달리는 강물이나…… 결국은 똑같은 바다로 모이는 것같이, 성공한 사람이나, 실패한 사람이나, 제왕이나, 노예나, 천재나, 백치나, 미인이나, 추녀나 결국은 똑같은 공동묘지에서 만납니다!

죽음은 모든 인생의 종착역입니다! 완행버스를 타고 가는 사람이나, 통일호를 타고 가는 사람이나, 무궁화호를 타고 가는 사람이나, 새마을호를 타고 가는 사람이나, KTX를 타고 가는 사람이나, 아니! 돈이 없어서 걸어가는 사람이나, 똑같은 죽음의 정거장에서 만납니다! 꽃상여에 실려 가는 사람이나 거적에 싸여 간 사람이나…… 결국은 한 구의 시신! 한 줌의 흙! 먼지로 끝이 나고 맙니다. 그리고 이런 사실을 깨닫는 것이 지혜로운 마음입니다! 인생을 바로 계수하는 법입니다.

하이데거Martin Heidegge는 죽음의 다섯 가지 성격을 다음과 같이 규정하였습니다. "첫째는 혼자서 간다. 둘째는 자기 자신에 관한 일이다. 셋째는 넘겨 잡지 못한다. 넷째는 확실하다. 다섯째는 그때는 아무도 모른다."

우리의 장래에 관한 한은 아무것도 확실한 것이 없지만 죽음 하나만은 확실합니다. 그리고 그 죽음이 언제 올지는 아무도 모른다는 사실 역시 확실합니다! 인생은 '무'에서 시작을 했다가 '무'로 끝이 나는 것을 깨닫는 것이 지혜로운 마음입니다.

알렉산더 대왕이 임종 시에 다음과 같은 후회를 했다고 합니다. "나는 인생에게 일어나는 문제에 대해 생각해 보지 않은 것이 없지만…… 그러나 인생의 가장 중요한 문제이며 동시에 엄연한 사실인 죽음의 문제에 대해서만 미처 생각해 보지 못했구나!"

"모든 육체는 풀같이 썩어 버리고
그의 영광도 꽃같이 쇠잔하리라
학문과 지식도 그러하리니
인간 일생 경영이 바람잡일 뿐."

3. 지혜로운 마음은 우리네 일생이 일 막의 연극임을 깨닫는 것입니다

셰익스피어도 인생을 일 막의 연극에 비유하지 않았던가요?

1) 먼저는 무대입니다

이 세상은 연극 무대입니다. 세상 자체가 무대입니다. 높은 산! 푸른 하늘! 깊은 바다! 유유히 흐르는 강물! 넓은 들판! 이 모든 것이 무대입니다!

이 무대는 거대하고도 신묘한 무대입니다! 이 무대는 항상 변하고 항상 움직이는 무대입니다. 검은 구름이 바람에 쫓겨 검은 용같이 산을 넘어옵니다! 화사한 햇빛이 막 잠을 깬 백합화를 애무합니다! 소낙비 내리는 채소밭도 있고 맹수들이 우글거리는 밀림도 있습니다. 뱀들이 소리 없이 꿈틀거리는 정글도 있습니다. 수양버들 나뭇가지가 바람에 나부낍니다! 그 밑에서 복덕방 할아버지가 꾸벅꾸벅 낮잠을 청합니다! 시원한 달밤에 바다가 애인의 볼을 쓰다듬듯이 모래사장을 어루만집니다! 하늘에는 비행기가 날아다니고, 아스팔트 길 위에서는 차들이 달음질치고, 황혼의 들판에는 기차가 힘차게 행진합니다!

   이런 것들이 인생의 무대입니다! 휘황찬란한 번화가와 산골의 외딴 집이 있는 곳! 그런 곳이 우리의 무대입니다! 이 세상은 인생극장입니다! 이 극장에 우리는 입장권도 없이 초대되었습니다. 이 인생극장에서 우리는 배우이며 동시에 관람객입니다!

2) 둘째는 연극입니다

   이 무대 위에는 정말 별의별 탤런트들이 등장해서 별의별 연기를 다 연출합니다. 종족을 따라, 시대를 따라, 그리고 유행을 따라, 의상도 천태만상입니다.

   이 무대 위에서는 인생 배우들이 별의별 짓을 다 합니다! 어떤 여자는 하반신으로 그림을 그려서 호화생활을 하고, 어떤 남자는 상반신으로 죽도록 일을 하지만 평생 가난을 면치 못합니다! 어떤 깡패는 왕통을 이어받아서 용상에 오르고, 그 깡패 임금 밑에서 성현들은 독이든 사발을 받습니다! 어떤 사람은 심산유곡에서 명상에 잠기고, 어떤 사람은 카바레에서 양주를 마시고 흥분을 합니다. 어떤 밥통은 귀족의 아들로 태어나서 하는 일 없이 대장원의 주인이 되고, 어떤 천재는 때를 얻지 못해서 평생 군고구마 장사를 면하지 못합니다. 이런 것이 인생극장입니다! 어떤 사람은 개인재산을 털어서 빈민을 구제하고, 어떤 사람은 남의 집을 털고 다닙니다. 이 인생 무대는 별놈들이 다 등장을 해서 별짓을 다하고 내려가는 활무대活舞臺입니다!

   이 무대 위에서 어떤 신부는 시집간 지 다섯 달 만에 아이를 해산합니다. 그래서 신랑이 하도 어이가 없어서 '픽' 하고 웃습니다. 그러자 신부님……, 하시는 말씀이…… "그렇게 좋아하실 줄 알았으면 집에 두고 온 큰 아이까지 데리고 올 것을!"

   이 무대 위에서는 온갖 희비극이 다 연출됩니다!

'뭄지'란 소녀는 7세가 되던 해에 왕비가 됐는데 8세가 되던 해에 아이를 분만하였습니다. 그런데 그 딸이 또다시 8세가 되던 해에 아이를 생산하였습니다. 그래서 뭄지는 17세에 할머니가 됐습니다. 그 정도가 아닙니다. 터키 왕 머스트라 1세는 아들만 582명이었고, 같은 터키 왕 아부 델 해미드는 무려 3만 명이나 되는 궁녀들을 거느렸습니다. 이 무대 위에서 칭기즈칸은 백만 대군을 호령하였고, 어떤 사내대장부는 노예의 자식으로 태어나서 못난 주인의 채찍에 맞아 죽고 말았습니다. 이 무대 위에서 중국의 장자는 초나라 위 왕의 "재상이 되어 달라는 소청을 거절하였고", 프랑스의 찰스 블론딘은 폭포 위 48m 상공에서 330m 줄타기에 성공하였습니다. 하여간 이 인생 무대 위에서는 별의별 연기가 다 연출되었습니다.

3) 다음은 각본과 배역입니다

"그 자식들이 아직 나지도 아니하고 무슨 선이나 악을 행하지 아니한 때에 택하심을 따라 되는 하나님의 뜻이 행위로 말미암지 않고 오직 부르시는 이로 말미암아 서게 하려 하사 리브가에게 이르시되 큰 자가 어린 자를 섬기리라 하셨나니"(롬 9:11~12)

태어날 때부터 동생인 야곱은 큰사람이 되고 형인 에서는 작은 인물이 되도록 하나님의 각본이 미리 짜여 있었습니다! 그리고 실제로 야곱과 에서는 그 각본대로 살다가 그 각본대로 죽었습니다! 그런데 예정은 에서와 야곱의 경우에만 국한된 것이 아닙니다!

예정론은 누구에게나 해당이 되는 진리입니다! 우리 역시 이미 짜인 하나님의 각본에 따라서 살다가 그 각본대로 돌아갈 수밖에 없을 것입니다! 별도리가 없을 것입니다! 우리가 한국 사람으로 태어난 것이나 미국 사람으로 태어난 것이나, 남자로 태어난 것이나 여자로 태어난 것이나, 키 큰 사람으로 태어난 것이나 키 작은 사람으로 태어난 것이나, 수재로 태어난 것이나 둔재로 태어난 것이나, 잘 생긴 남자로 태어난 것이나 못생긴 여자로 태어난 것이나, 넓적이로 태어난 것이나 홀쭉이로 태어난 것이나 무엇 하나 우리의 계획대로 된 것은 없습니다! 그렇다고 아버지와 어머니의 설계대로 된 것도 아닙니다!

　모든 것은 하나님의 예정대로 되었습니다! 어떤 사람은 시작부터 부잣집에 태어나서 부자가 되고 어떤 사람은 시작부터 거지 자식으로 태어나서 거지가 되고, 어떤 사람은 시작부터 제왕의 아들로 태어나서 왕자가 되고 어떤 사람은 시작부터 노예의 자식으로 태어나서 노예가 되고, 어떤 사람은 시작부터 적자로 태어나서 우대를 받고 어떤 사람은 시작부터 서자로 태어나서 천대를 받습니다! 예정은 아무도 부인할 수 없는 사실입니다.

　운명은 처음부터 정해져 있습니다! 천재도 노력의 산물이라고는 하지만, 그러나 석두로 태어난 사람이 아무리 노력한들 어찌 천재가 될 수 있겠습니까? 어떤 사람은 아무리 도를 닦아도 도사가 되기는커녕 문제아를 면하기도 어렵고, 어떤 사람은 수양하지 않아도 처음부터 성격적으로 도덕군자로 태어납니다. "노력! 노력!" 하지만…… 원체 무능하게 태어난 사람은 아무리 노력해도 무능할 수밖에 없습니다! 토끼가 노력한다고 어찌 사자가 될 수 있겠습니까?

　우리도 그런 두뇌와 그런 성격의 사람으로 그런 시대에 그런 가정에 태어나서 그런 곳에 살다가 그런 학교를 졸업하고 그런 직장으로 들어가서……, 그래서 그런 친구를 만나서 그런 아내와 결혼을 하게 돼서 이렇게 사는 것뿐입니다! 우리의 자녀들도 우리가 그런 모양과 그런 성격의 자녀를 생산하기로 설계한 것은 아닙니다. 어떻게 하다가 아이 하나를 낳고 보니 그렇게 생긴 아들과 그렇게 생긴 딸이 생겨난 것뿐입니다!

　김정일도 김일성의 아들로 태어났기 때문에 그렇게 된 것뿐이고요. 만일 그 사람이 대한민국에서 박 씨의 아들로 태어났다면 서울 거리에서 리어카를 끌고 다니는 아이스케이크 장사가 될 수도 있었을 것입니다! 이러나저러나 별거 아니라니까요! 임금의 아들로 태어났는데도 실력이 없어

왕자가 되지 못하는 사람도 있을까요?

　이 세상뿐이라면 억울한 사람 천지입니다! 제왕도 천재도 미인도 부자도…… 분장한 배우들에 불과합니다. 무대에서 내려오면 아름다운 것도 천재적인 재능도 옛말이 되고 말 것입니다. 그때는 재물도 권력도 다 물거품이 되고 말 것입니다! 그때는 영웅호걸도 수의 한 벌을 얻어 입고 흙으로 돌아갈 수밖에 없을 것입니다!

　아무리 세종대왕이 훌륭하셔도 태종의 아들로 태어났으니 망정이지, 그리고 형인 양녕대군이 미치광이 행세를 하고 다녔으니 망정이지, 아무리 세종대왕도 노비의 자식으로 태어났더라면 별수가 없었을 것입니다! 사람은 태어날 때부터 이미 이력서가 정해져 있습니다(롬 9:20~21). 각본과 배역은 하나님의 몫입니다. 우리는 인생 배우일 뿐입니다.

　이에 대해 어떤 사람은 반론을 제기할 것입니다. 똑같은 재능을 타고 났는데도, 어떤 사람은 노력하고 어떤 사람은 나태해서 전혀 다른 역사를 창조해 내지도 않았느냐고? 그러나 깊이 알고 보면 근면하고 나태한 것도 타고난 성격 탓입니다! 우리네 인생이 살아야 할 각본과 배역은 이미 예정이 되어 있습니다.

　인생 드라마는 원작도 하나님께서 쓰시고, 각본도 하나님께서 만드십니다. '성격이 운명'이라는 말도 있지 않던가요? 우리의 뜻과는 상관없이 선천적으로 주어진 체질과 재질과 성질! 우리의 개성! 그리고 우리의 뜻과는 상관없이 외부로부터 우리에게 주어지는 환경! 이 두 가지가 우리의 이력서를 만들어 냅니다! 우리는 단지 이미 쓰인 각본을 연출하기 위해서 세상이라고 하는 무대 위에 등장한 배우일 뿐입니다. 그리고 하나님께서는 인생극의 연출자이십니다! 하나님께서는 우리를 이런 얼굴과 이런 체격과 이런 두뇌와 이런 성격의 사람으로 분장시키신 다음 이런 배역을 맡겨 주셨습니다!

4) 다음은 연기상입니다

　사람은 누구나 배우입니다. 우리는 하나님의 각본대로 연기하는 배우입니다. 제1공화국의 무대 위에서는 이 씨 내외가 스타였습니다. 그러나 제2막에서 그 두 내외는 가족을 동반하고 자살극을 벌일 수밖에 없었습니다. 그 이 씨가 누구지요! 인생은 일장의 연극입니다! 제1공화국의 무대 위에서는 박 씨가 정 씨와 송 씨의 지휘를 받는 부하였습니다. 그러나 제3공화국의 무대에서는 정 씨와 송 씨가 박 씨를 상관으로 모시는 부하가 됩니다. 그런데 사석에서는 박 씨가 정 씨를 형님으로 모셨습니다. 공석에서는 박 씨가 윗사람이고 사석에서는 정 씨가 윗사람이었습니다.

　이 세상에는 영원한 윗사람도 없고 영원한 아랫사람도 없습니다. 모두가 배우들이기 때문이지요. 상관이니 부하니 하는 것도 맡은 배역에 따라 시시때때로 달라집니다! 인생은 연극이고 사람은 배우입니다!

　어떤 집안에서는 삼촌이 조카보다 연하였습니다. 그런데 후에 조카는 사장님이 되고 삼촌은 과장이 되었습니다. 그래서 가정에서는 삼촌이 윗사람이고 조카는 아랫사람이었습니다. 그러나 직장에서는 조카가 윗사람이고 삼촌은 아랫사람이었습니다. 그러니 삼촌이 윗사람일까요? 아니면 조카가 윗사람일까요? 이 무대에서는 이 사람이 윗분이고 저 무대에서는 저 사람이 윗분이니…… 결국은 높음도 낮음도 배역에 따라 달라질 뿐입니다. 그런고로 높다고 해서 높은 것도 아니고, 낮다고 해서 낮은 것도 아닙니다! 높은 사람도, 낮은 백성도, 배역에 따라 달라지는 일시적인 계급일 뿐입니다. 사람 자신에게는 높고 낮음이 없습니다!

　어떤 산골 초등학교에 학예회가 있었습니다. 그래서 같은 동급생들이지만 어떤 학생은 임금님이 되고, 어떤 학생은 신하가 되었습니다. 그리고 연극이 계속되는 동안은 신하가 임금님 앞에서 머리도 들지 못했습니다. 그러다가 연극이 끝났습니다. 그러자 신하가 임금님에게 한마디 합니다. "야! 인마! 너 같은 것이 무슨 임금이냐!" 연극이 계속되는 동안만, 그리고 그런 배역을 맡는 동안만, 임금님이요 신하입니다. 그들은 영원한 동급생입니다.

꼭 같은 이치입니다. 이 세상은 연극 무대이고 우리는 배우입니다. 그리고 지금은 '21세기'라고 하는 연극이 공연 중입니다. 그래서 우리는 배역에 따라 부자를 부러워하기도 하고, 상관에게 복종하기도 하고, 대통령에게 경의를 표하기도 합니다! 그러나 일단 '21세기'의 막이 내려지고 나면, 우리는 모두 똑같은 동급생! 평등한 인간일 뿐입니다! 사람에게는 배역의 차이가 있을 뿐 인간 자신의 차이는 없습니다. 임금님이니, 신하니 하는 것도, 우리가 잠시 잠깐 이 세상에 사는 동안뿐입니다. 그런 배역을 연기하고 있는 동안뿐입니다!

중요한 것은 배역이 아니라 연기입니다! 임금님이나 부자 역할을 맡았다고 주연상을 받게 되는 것은 아닙니다. 호사스럽게 살았다고 주연 배우가 되는 것도 아닙니다! 아니! 호강만 하는 배역을 맡은 배우가 주연상을 받는 일은 드뭅니다. 모든 영화나 소설 중에 나오는 주연 배우들은 하나같이 위험스럽고 고생스럽게 사는 사람들입니다! 문제도 많고 사건도 많은 사람들입니다! 그래야만 관객들이 손에 땀을 쥐고 흥분할 것이 아닙니까?

똑같은 임금도 전쟁을 수행한다든지 하다못해 문제라도 일으켜서 쫓겨나기라도 해야 역사에 이름을 남깁니다. 병자호란 당시의 '인조'라든지, 임진왜란 당시의 '선조'라든지, 쫓겨난 '연산군'이라든지, 폐위를 당한 '광해군'이라든지, 아비에게 살해당한 사도세자라든지……. 소문에 의하면 바보 역할이 가장 어렵다고 합니다! 그래서인지 그런 배역을 맡은 사람들이 주연상을 받게 되는 경우가 많습니다. 코미디언 이창훈 군의 바보 연기는 천재적이었다면서요?

그러므로 고생 역이나 가난 역이나 바보 역을 맡으신 배우님들이여! 주연상을 기대하시기 바랍니다! 잘나가서 으스대는 연기야 누군들 못하겠습니까? 그러나 못난 짓을 흥미진진하게 연출하는 연기는 아무나 해낼 수 있는 것이 아닙니다. 사랑의 가시밭길을 걸은 춘향이는 주연 배우가 될 수 있어도, 그러나 순탄하게 결혼식을 올리고 무탈하게 백 년 해로한 잉꼬부부는 주연 배우가 될 수 없을 것입니다! 춘향이도 모진 매를 맞고 볼기짝이 부어오르는 고역을 치렀으니 망정이지 그렇지 않고 그저 호강만 했다면 어찌 주연 여우상을 받을 수 있겠습니까?

하여간 주연상은 배역의 고하나 빈부귀천과 상관없이 전적으로 연기에 달려 있습니다(마 25:23). 그래서 사람들은 영양왕의 이름은 몰라도 을지문덕 장군의 이름은 기억하고, 무열왕의 이름은 모르는 사람도 김유신 장군의 존함은 기억하는 것이 아니겠습니까? 그래서 선조대왕이 아닌 이순신 장군이 주연상을 받고 고관대작을 지낸 이완용이 아닌 유관순이 주연 여우상을 받게 된 것이 아니겠습니까! 인간 역사의 심판대 앞에서도 그러할진대 하물며 하나님의 심판 앞이겠습니까?

"하나님께서 각 사람에게 그 행한 대로 보응하시되"(롬 2:6).

다시 한 번 말씀 드리거니와 중요한 것은 연기입니다! 못생긴 사람도 못생긴 사람으로 분장하고 태어난 것뿐이고, 잘생긴 사람도 잘생긴 사람으로 분장하고 태어난 것뿐입니다! 지금의 얼굴이 우리의 영원한 얼굴은 아닙니다. 그런고로 혹 못생기셨더라도 위축되지는 마시고, 혹 잘생기셨더라도 으스대지는 마시기 바랍니다!

이 진리를 알고서야 명연기를 마음껏 연출할 수 있을 것입니다! 부자도 부자가 아니고, 고관도 고관이 아니고, 천재도 천재가 아닙니다! 가난한 사람도 가난한 사람이 아니고, 비천한 사람도 비천한 사람이 아니고, 바보도 바보가 아닙니다! 단지 이 세상에 사는 동안만 그런 배역을 맡은 것뿐입니다! 영적인 의미에서는 남자도 없고 여자도 없습니다. 이 세상에 사는 동안만 혹은 남자로 혹은 여자로 분장한 것뿐입니다. 모든 것은 연극입니다. 그리고 모든 사람은 아주 완벽하게 분장한 배우입니다. 그런고로 우리는 '연기'에만 충실하십시다. 거지 역을 맡으셨으면 거룩한 거지가 되시고 병졸 역을 맡으셨으면 위대한 병사가 되십시다!

그런데 영화관의 연기는 반복할 수도 있지만, 그러나 인생 연기에는 반복이 없습니다! 그리고 드라마에 나오는 연기는 가짜지만, 그러나 인생 연기는 '진짜' 입니다! 진짜로 해산의 고통을 겪기도 하고 진짜로 죽기도 해야 하는 연기입니다. 젊어서는 청춘의 주연 배우가 되시고, 늙어서는 백발의 주연 배우가 되시기 바랍니다! 결국은 남는 것도 없지만 잃어버리는 것도 없을 것입니다! 남는 것이 있다면 연기뿐입니다! 인생극장의 막이 내리면 모든 사람은 행한 대로(연기한 대로) 심사를 받을 것입니다(히 9:27; 롬 14:10).

"한 부자가 있어 자색 옷과 고운 베옷을 입고 날마다 호화롭게 즐기더라 그런데 나사로라 이름 하는 한 거지가 헌데투성이로 그의 대문 앞에 버려진 채 그 부자의 상에서 떨어지는 것으로 배불리려 하매 심지어 개들이 와서 그 헌데를 핥더라 이에 그 거지가 죽어 천사들에게 받들려 아브라함의 품에 들어가고 부자도 죽어 장사되매 그가 음부에서 고통 중에 눈을 들어 멀리 아브라함과 그의 품에 있는 나사로를 보고 불러 이르되 아버지 아브라함이여 나를 긍휼히 여기사 나사로를 보내어 그 손가락 끝에 물을 찍어 내 혀를 서늘하게 하소서 내가 이 불꽃 가운데서 괴로워하나이다"(눅 16:19~24)

남병희 목사 저/서/모/음

목회자를 위한 평생~ 설교 강해집
남병희 저

각권 구입 : 각권 25,000원
전집(16권) 구입 : ~~400,000원~~ → 250,000원

1. 단상록
2. 교회생활과 신앙생활
3. 충만의 불
4. 누가복음강해(상)
5. 누가복음강해(중)
6. 누가복음강해(하)
7. 요한복음강해(상)
8. 요한복음강해(하)
9. 사도행전강해(상)
10. 사도행전강해(하)
11. 로마서강해(상)
12. 로마서강해(하)
13. 고린도전서강해
14. 고린도후서강해
15. 갈라디아서강해
16. 에베소서강해

문의 : 크리스천인사이드 광고부 (051-522-5223)

남병희 단상록1
거리의 신학

거리로 내려온 진리만이 참으로 진리입니다!

남병희 지음
신국판 443면
값 15,000원

남병희 단상록2
숨 쉬는 복음

삶에서 숨 쉬는 복음만이 참으로 복음입니다!

남병희 지음
신국판 443면
값 15,000원

유행을 따르는 신앙, **NO!** 좁은 문, **YES!**

좁은 문이 정문입니다

남병희
신국판 492면 | 값 17,000원

할아버지가 손자에게 애기하듯 구수하게, 그러나 우리의 심령을 찔러 쪼개어 회개하게 하는, 복음 그대로의 복음을 들어 보십시오. 영생하도록 솟아나는 은혜의 샘물을 마실 수 있을 것입니다!

십자가를 지고 주님을 따르는 생활이 어떻게 유행이 될 수 있겠습니까? 언제나, 많은 사람이 가는 넓은 길은 멸망으로 인도하는 문이고 적은 무리가 들어가는 좁은 문만이 생명으로 인도하는 문입니다!
언제나, 멸망으로 가는 길에는 먹음직한 선악과가 있고, 영생으로 가는 길에는 고난의 십자가가 보입니다. - 본문 중에서

말쑥하게 죄 씻음 받은 신부의 순결 지키기!

진리를 먹고 사는 사람들

진리(하나님)는 성전 안에 가두어 둘 수도 없고, 교파 속에 가두어 둘 수도 없고, 교리 속에 가두어 둘 수도 없고, 어떤 사람의 머리(신학) 속에 가두어 둘 수도 없고, 어떤 조직이나 제도 속에 가두어 둘 수도 없습니다. 심지어 성경의 문자 속에 가두어 둘 수도 없고 성경의 문자적 해석 속에 가두어 둘 수도 없습니다. …… 진리는 말없이 진리를 먹고 진리를 사는 인격 속에서 자라나는 새 생명입니다. 그리스도인은 진리의 말씀으로 진짜 세상을 보고, 진짜를 먹고 사는, 진짜 사람입니다. - 본문 중에서

남병희 지음 | 신국판 499면 | 값 17,000원

겉만 닮은 아들은 얼마든지 있지만 겉도 닮고 속도 닮은 아들은 적습니다.
"Almost christian"이나 "Non christian"이나 구원받지 못하기는 마찬가지입니다.

속|살|까|지|그|리|스|도|인|되|기
진|짜|그|리|스|도|인|으|로|살|기
그|리|스|도|인|으|로|성|공|하|기
천|국|가|는|그|리|스|도|인|되|기

이 사람을 보라

남병희 지음 | 신국판 440면 | 값 15,000원

" 나는 시대의 기호에 맞는 설교를 하려 하지 않습니다. "

찢겨진 성의 聖衣

남병희 목사는 감리교회에서 열 손가락에 꼽을 수 있는 숨은 사상가이며, 설교자 가운데 독특한 위치를 점유하고 있다. 오랜 세월 투병으로 인생고를 아는 사상가요, 뼈 있고 특유한 관찰력을 동원한 알찬 설교가이다. 하나님을 의지하고 사람을 의지하지 않는 고독한 목회자이며, 독자와 청중에게 아부하지 않는 예리한 통찰력의 소유자요, 인간의 영적질병에 대한 정확한 진단과 처방을 내리는 지도자이다. 그의 설교는 길거리의 말, 시장 사람들의 단어, 달동네 사람들의 표현을 알뜰히 닮은, 무식한 사람들이나 유식한 사람이나 다 알아들을 수 있는 현실적이고도 생생한 일상용어를 많이 사용하는 산 신앙의 증언이요 길잡이이다. - 구덕관(전, 감신대학장)

남병희 지음 | 신국판 361면 | 값 13,000원

도서출판 등과 빛 베/스/트/셀/러

심리학의 종이 될 것인가?
예수 그리스도의 종이 될 것인가?

내적치유의 허구성

**은혜 받았던 내적치유가
뉴에이지라니!**

이 책은 한국 교회 안에서 지금까지도 유행하고 있는 "소위 내적 치유 세미나"가 과연 성경적인지를 심각하게 묻는 책이다. 이 책은 성경에 근거하고 개혁신학의 입장에 서서 교계에 유행하고 있는 하나의 현상에 대해서 매우 심각한 질문을 하며, 하나하나 분석하면서 이런 세미나가 얼마나 성경의 가르침으로부터 먼 것인지를 잘 드러내고 있다. 그러므로 이 책은 소위 내적치료 세미나를 성경적으로 반성적으로 검토하는 기여를 하고 있을 뿐만 아니라, 이와 같은 유행들에 대해서 한국 교회와 각각의 그리스도인들이 과연 어떻게 해야 하는지의 모범을 보여 준 책이라고 할 수 있다.

— 이승구 (합동신학대학원대학교 조직신학교수)

정태홍
신국판 448면 | 값 15,000원

성경은 우리의 구원을 어떻게 말씀하시는가?
바른 성경해석으로 닫힌 성경을 열어 보자!

닫힌 성경 열기
— 구원론을 중심으로

구원론에 있어 팽팽하게 대립하는 칼빈주의 5대 교리와 알미니안주의 5대 강령! 그러나 성령의 감동으로 기록한 한 성경이 어떻게 두 개의 구원론을 말씀하시겠는가? 고정관념을 내려놓고, 전통을 벗고, 주의를 뛰어넘어 성경적인 구원론을 정립하자!

저자는 "구원에 대한 성경의 가르침은 모호하지 않다. 정반대의 주장이 동시에 성립될 정도로 모호하지 않고 아주 명백하다"고 말한다. 따라서 저자는 교회가 가져야 할 바른 자세는 어떤 '주의'를 고수하는 것이 아니라 성경의 가르침을 받아들이고 정립하는 것이라고 한다. 이를 위해 칼빈주의자와 알미니안주의자의 주장을 함께 살피고 바른 해석 원리로 재해석함으로써 성경이 하나의 신학 주제에 대해 서로 다른 입장을 동시에 가지고 있지 않음을 이 책에서 증명한다.

박창진
신국판 387면 | 값 14,000원

태신자와 지인들에게 복음으로 사랑을 전할 수 있는 정말 좋은 선물!
복음도 전하고 사랑도 전하고 전도도 하고 선교에도 동참하는 1석4조

경계를 넘어 사랑으로 길을 내는 선교행전
이들리 Idli 먹는 아침

저는 여러분도 이 책의 글을 즐기시고 또한 제가 발견한 내적인 지혜를 얻으시리라 확신합니다. 이 목사님은 인도에 대한 거의 모든 것들에 대해 쓰셨어요. 인도의 의복, 음식, 사람, 사건, 사물, 자연, 계절, 환경 등 심지어는 쓰레기에 대해서도요. 각각의 글은 우리로 하여금 더욱 주님 안에서 강하고 주님을 닮아 계속적으로 변화해 가도록 도전하고 격려하는 영적인 진리와 교훈을 제공하고 있습니다. 이 책 내용 전체가 지향하는 바대로요.

— 메비스 셀바라지
(인도 OM 소속 여성사역분과 ARPANA(헌신)사역 '카르나타카' 주 책임자)

이종전
변형신국판 325면 | 380여 컬러화보 | 값 18,000원

다른 복음, 다른 영, 다른 예수를 향하여
비느하스가 던진 질투의 창
배도한 교회, 바벨론이 된 교회를 향하여 던지는 하나님의 질투의 창!

분별신앙의 지침서
신앙본질의 정수
평생신앙의 길잡이

목차

01_인내와 소망의 결국은 이 땅의 축복인가 생명의 영광인가
02_우리가 고민하고 슬퍼해야 하는 것
03_십자가의 영광을 세속의 영광으로 회칠한 잘못된 교훈들
04_하나님의 기록된 말씀이 중요한가 천국 간증 이야기가 중요한가
05_복음이 과연 경제비법이 될 수 있는가
06_내려놓아야 할 짐, 그리고 다시 메어야 할 멍에
07_오늘 우리는 그 옛날 사마리아 여인이 마셨던 복음의 생수를 마시고 있는가
08_하나님이 우리에게 주신 가장 좋은 선물
09_하나님과 우상, 하나님과 세상, 그리고 하나님과 재물
10_미지근한 신앙은 신앙의 배도
11_교회에 요구되는 높은 수준의 신앙
12_서기관들과 바리새인들의 신앙보다 못한 라오디게아 교회 교인들의 신앙
13_주님의 멍에를 메고 쉼을 누리는 참된 평안의 삶
14_고난 가운데 있을지라도 성도는 이미 하나님의 사랑을 받은 자입니다
15_우리는 과연 하나님을 공경하고 있는가
16_여호수아의 하나님이 나의 하나님이 되시기 위해서는
17_천국과 지옥의 갈림길에 서 있는 구원을 위한 유일한 이정표
18_구원을 위한 손목과 미간의 표
19_복 빌어 주는 자판기들
20_우리는 지금 중언부언하는 기도를 드리고 있습니다
21_하나님이 기뻐하시는 금식기도
22_믿음으로 믿음에
23_행함이 없는 믿음이 구원을 받을 수 있는가
24_진노의 포도주 틀에서 심판받을 사람들
25_과부의 신원과 예수님의 재림
26_신앙의 두루마기를 빨아야만 천국 갑니다
27_무엇을 구해야 할까
28_잃어버린 신앙의 포도원
29_본향을 향한 신앙의 여정에서
30_예수 그리스도와 사도 요한이 가르치신 기도의 교훈
31_광야의 여정과 세상에서의 인생살이
32_아모스 시대를 통하여 본 교회시대
33_아무리 급해도 우선되어야 하는 하나님의 일
34_신앙인이 던져야 하는 다윗의 물맷돌
35_누가 재림의 주님을 목도할 것인가
36_돼지우리와 세상, 돼지 쥐엄 열매와 세상의 영광
37_누가 구원받을 제자인가
38_바벨론의 비밀
39_모세의 마지막 노래의 비밀

김나사로
신국판 404면 | 값 15,000원

야베스 기도의 숨겨진 진실
우리가 알고 있는 야베스의 기도가 참일까요?

목차

제01 오늘날 우리가 믿음으로 그리고 있는 축복의 꿈
제02 약속된 하나님의 복과 우리가 소원하는 복
제03 하나님께서 우리에게 주신 가장 좋은 선물
제04 무엇이든지 믿고 기도하면 다 받는다는 것
제05 학사 에스라가 야베스의 기도문을 기록하였던 목적
제06 복 빌어 주는 자판기들
제07 복에 복을 더하사
제08 더 많은 영향력? 더 많은 기회?
제09 젖과 꿀이 흐르는 약속의 땅 가나안
제10 가나안 정복 전쟁의 의미
제11 가나안 정착 후 복속화된 이스라엘 신앙의 현주소
제12 나의 지경을 넓히시고
제13 복음이 과연 경제 비법이 될 수 있는가
제14 후히 되어 누르고 흔들어 넘치도록 채워 주시는 축복
제15 주의 손으로 나를 도우사
제16 환난을 벗어나 근심이 없게 하옵소서
제17 고통의 이름 야베스, 그의 운명!
제18 하나님께서 우리에게 주시는 모든 것
제19 믿음의 선한 싸움과 기도의 본질

김나사로
신국판변형 206면 | 값 10,000원

독/자/평 ★★★★★

진실한 야베스의 기도 성경의 말씀을 인간의 생각과 가치에 따라 해석하고 적용하는 것이 얼마나 머리석고 잘못된 일인지 저자는 올바른 비판을 하고 있다 이 책을 통해 야베스의 기도를 하면서 어리석은 것을 추구하는 그리스도인들이 새로워지기를 바란다.
-갓피플 독자평, 오인용, 2009-05-01

세속주의, 인본주의 교회에 대한 일갈 세속화되고 인본주의와 물량주의가 팽배한 한국교회의 암울한 현실에 대해 많은 인기를 얻었던 야베스의 기도라는 저서의 잘못된 기복주의 신앙을 비판하는 형식으로 저술되었습니다. 특별히 빨간색 양각의 디자인이 너무 예쁜 책입니다. -갓피플 독자평, 김재윤, 2009-11-22

정말 읽어야 할 책 삶의 행복 추구에 혈안이 된 이 땅의 모든 기독교인들이 정말 읽어야 할 책이다. 우리가 왜 잘못된 신앙을 하고 있는지 성경말씀을 통해 날카롭게 지적해 주고 있다. 읽고 회개합시다. -네이버 네티즌 리뷰 cock001010 2009.08.17

김나사로 목사 저/서/모/음

김나사로 저 / 각권 13,000원

광야에서 부르는 하늘과 땅의 노래

☑ 계시록 그 영원한 복음의 비밀과 본질을 알아가는 책!
☑ 기복주의 예수, 기복주의 복음, 기복주의 영의 실체를 철저히 파헤친 책!
☑ 변질된 복음, 그 미혹의 역사를 철저히 드러낸 책!
☑ 영감 가득한 하나님의 말씀을 뜨거운 감동으로 만날 수 있는 책!

• 인본주의적인 믿음을 철저히 하나님 중심의 믿음으로 다시 보게 하는 정말 귀중한 책이다.
• 이 책에서 말하는 신앙에 대한 얘기들을 들으면 내가 얼마나 하나님 앞에서 회개를 해야 하는지 깨닫게 된다.

김나사로 저 / 값 15,000원

판타지 소설 같은 계시록 해석은 이제 그만!
짐승의 표, 매매표는 결단코 바코드나 베리칩이 아니다!

하나님의 인과 매매표 1

하나님의 인이 무엇인지, 매매표가 무엇인지
성경 계시의 구속사적 본질로 해석되어야 한다.

'6'은 영원히 '7'이 될 수 없다!

광명의 천사! 너무나 복음 같지만 하나님의 말씀이 아닌 사람의 교훈들, 그것은 영혼을 매매하는 매매표이다. 작금 교회 안에는 잘못된 설교들이 성도들에게 제자의 길, 십자가 그 영광의 길을 보여 주지 않고 천하 만국의 영광을 보여 주고 있다.

김나사로 저 / 값 6,000원

명백히 잘못된 설교 네 가지

영혼의 마약, "부~자 되세요" 설교!

어쩌면 오늘날 기독교는 무엇인가 잘못 알고 길을 잃어버렸다.
그래서 많은 신실한 그리스도인들은 이구동성으로 교회가 세속화되었다고 한탄한다.
저자는 오늘날 교회의 세속화를 복음의 세속화에서 찾고 있다.
그리고 복음의 세속화는 그 근원이 잘못된 성경 해석에서 비롯된 설교에 있다고 말한다.
본서에서 언급한 명백히 잘못된 네 가지 설교들은 그동안 많은 사람들에 의해서 문제가 있는 설교라는 비판을 적지 않게 받아 왔다.
그러나 저자는 이 네 가지 설교들을 단순하고도 막연한 비판적 시각에서 그 문제점을 지적하고 있는 것이 아니라 바른 성경 해석의 기준에서 볼 때, 명백히 잘못되어 있음을 명쾌하게 제시하고 있다.

김나사로 저 / 값 1권 6,000원 2권 5,000원 3권 7,000원

미혹 그리고 분별(1)

교회안에 만연한 잘못된 성령의 역사와 유행하는 세속적 교훈과 이단의 가르침에 대해 하나님의 말씀의 칼로 명료하게 분별한 책으로 모든 성도들이 반드시 읽어야 할 책이다.

미혹 그리고 분별(2)

성령이 교회들에게 하시는 말씀(요한계시록)을 통해 어떤 설교가 하나님이 원하시는 설교인지 어떤 설교가 사람이 만들어 낸 설교 인지를 분별하는 내용으로 목회자와 성도 모두가 읽어야 할 책이다.

미혹 그리고 분별(3)

왜 다시 예언해야만 하는가!
세속화 된 음란한 교회 세대의 정화를 위하여 아멘이신 주 예수는 속히 오셔야 한다!

비느하스가 던진 질투의 창

다른 복음, 다른 영, 다른 예수를 향하여 던진
하나님의 질투의 창!

비느하스가 던진 질투의 창은, 한국의 A.W. 토저라 불릴만한 저자, 김나사로 목사가 엄위하신 하나님의 말씀의 본질로, 종말을 사는 교회세대의 변질된 복음과 신앙을 향하여 하나님의 질투심으로 던진 질투의 창이다. 에덴의 사건과, 선지자의 원형인 모세의 최후의 고별설교인 신명기서, 이사야서와 말라기서에 이르는 선지자들의 외침, 그리고 주님의 가르침에서 비롯된 사도들의 서신과 교회세대에 보내어진 최후의 서신인 요한 계시록에 이르기까지 하나님께서 계시하신 참 복음의 길을 하나님의 장엄한 구속의 경륜에 비추어 파노라마처럼 펼쳐 보이는 역작!

김나사로 저 / 값 15,000원

믿음과 행함의 사이에서 마음의 줄다리기를 하는 신앙인들에게 주는 감동의 메시지

구원을 위한 동역 **믿음**과 **행함**

저자는, 기독교를 '믿기만 하면 만사 형통'의 종교가 아니라 믿음을 통하여 자기부인(自己否認)의 십자가를 지는 행함의 종교라고 말한다. 따라서 본서는 믿음이 행함으로 온전하여질 때, 기독교는 우리에게 구원을 주는 생명의 종교가 된다는 주제를 통해 우리의 신앙의 자리를 발견하게 하고 열매 맺는 삶으로 우리를 인도한다.

사도 바울의 '오직 믿음으로 구원을 얻는다.' 라는 가르침의 본질을 오해하여 행함을 율법주의로 매도하는 현실에서 우리를 구원하는 믿음이 어떤 믿음인지를 사도 바울과 사도 베드로, 그리고 야고보의 가르침을 통해 밝히면서 행함이 없는 믿음은 죽은 믿음이고, 그 믿음은 결코 우리를 구원할 수 없다고 저자는 분명히 한다. 더불어 육체의 할례를 받은 이스라엘 백성에게 마음의 할례를 요구하였던 하나님의 뜻을 통해 믿음과 행함의 관계를 규명함으로써 행함 없는 믿음으로 구원을 자랑하는 우리에 회개의 무릎을 꿇게 한다.

김나사로 저 / 값 6,000원

야베스 기도의 숨겨진 진실

도대체 오늘날 교인들은 무엇을 하나님께 구하고 있는 것인가?

저는 하나님과 우리 사이의 큰 괴리를 보았습니다. 하나님의 언어와 그 언어가 계시하고 있는 본질과, 하나님의 언어를 받아들이고 이해하고 적용하고 있는 우리 사이의 큰 괴리를 말입니다. 성경이 우리에게 가르치는 기도와, 오늘날 한국 교회 안에서 유행하고 있는 기도 사이의 엄청난 차이를 바라보며 저의심령 속에는 말로 다 할 수 없는 안타까움과 답답함이 있었습니다. 그래서 기도의 대명사로 성도들에게 가장 사랑받는 말씀이지만, 너무나 왜곡되어 있는 야베스의 기도를 성경이 말씀하시는 본질 그대로 바르게 전해야겠다는 간절한 마음으로 이 책을 출판하게 되었습니다. -머리말 중-

김나사로 저 / 값 10,000원

신앙본질 1

하나님과 재물 누가 신약의 우상 숭배자인가

하나님인가? 돈인가?

누가 재물을 사랑하는 자인가?
누가 천국문을 들어가지 못할 부자인가?

신앙본질 2

고난과 축복 그 영광에서 영광으로

우리는 지금
어떤 고난 가운데 있는가?

우리는 지금
어떤 복을 바라고 꿈꾸는가?

김나사로 저 / 각권 8,000원

성경의 본질로 풀어낸 복음과 신학 바른신학, 바른해석, 바른설교

성경과 신학 ¹
김나사로 | 변형신국판 114면 | 값 5,000원

- 01 칼   럼 | 십자가의 길을 통하지 않고는
- 02 성 경 통 독 | 창세기
- 03 신 학 요 강 | 1. 신학과 교리
  2. 교의와 교리
  3. 말씀과 성령에 대한 루터주의와 개혁주의의 입장
  4. 구원의 서정 속에 있는 말씀과 성령
- 04 강 해 설 교 | 1. 천지창조와 종말신앙
  2. 압제받는 이스라엘과 하나님의 구원섭리
  3. 예수 그리스도의 족보
- 05 바울서신특강 | 갈라디아서-자유와 책임

성경과 신학 ²
김나사로 | 변형신국판 118면 | 값 5,000원

- 01 칼   럼 | 우리는 하나님의 복음을 위하여 얼마나 분개하는가?
- 02 성 경 통 독 | 창세기
- 03 복 음 설 교 | 1. 밤에 부르던 노래
  2. 교회다운 교회
  3. 신앙인의 심각한 죄와 헌신의 회개
  4. 지혜로운 자와 어리석은 자
  5. 영원한 소망 마라나타
- 04 구원론 특강 | 1. 죄인과 의인   2. 구원과 중생   3. 구원과 심판
  4. 바울과 칼빈의 칭의와 성화에 대한 이해
- 05 신 학 설 교 | 새 창조가 있는 곳에 하나님의 말씀과 하나님의 신, 즉 성령이 있다.

성경과 신학 ³
김나사로 | 변형신국판 110면 | 값 5,000원

- 01 칼   럼 | 이렇게 사랑하자
- 02 신 학 요 강 | 1. 계시와 신학
  2. 성경과 영감
  3. 하나님이신 성령
  4. 하나님이신 예수 그리스도
- 03 강 해 설 교 | 1. 은총과 구원의 역사
  2. 하나님이 약속하신 땅을 소유하기 위한 믿음과 행함
  3. 하나님께서 약속하신 안식을 소유하기 위한 믿음과 행함
  4. 성육신의 영광
- 04 교회론 특강 | 열 처녀 비유에 나타난 교회와 천국
- 05 성경신학 특강 | 행함이 없는 믿음에 대한 모세와 요한의 경고

성경과 신학 ⁴
김나사로 | 변형신국판 100면 | 값 5,000원

- 01 칼   럼 | 우리에게 과연 구원을 위한 근심과 구원으로 인한 기쁨이 있는가?
- 02 신 학 요 강 | 1. 믿음으로 의롭게 됨
  2. 교의와 교리
  3. 선택과 책임, 타락과 심판
  4. 부부의 비밀을 통해 본 예수 그리스도와 교회의 결혼
- 03 조직신학요강 | 하나님의 작정
- 04 성 경 통 독 | 1. 출애굽기
  2. 사무엘상
- 05 바울서신특강 | 데살로니가전서

성경과 신학 ⁵
김나사로 | 변형신국판 110면 | 값 5,000원

- 01 칼   럼 | 가룟 유다와 가라지
- 02 신 학 요 강 | 하나님의 주권적 은혜(어거스틴주의)와 인간의 자유의지(펠라기우스주의)
- 03 성경신학 단상 | 아브라함의 복을 어떻게 신앙화할 것인가?
- 04 복음서신학특강 | 마태복음
- 05 강 해 설 교 | 1. 이스라엘을 다시 찾으시는 하나님
  2. 참사를 통한 예수 그리스도의 가르침
- 06 바 울 신 학 | 1. 부활의 참된 의미
  2. 바울이 말하는 믿음은 행함과 함께 있다
- 07 신 학 단 상 | 영성이란 무엇인가
- 08 신 학 설 교 | 소명과 형상

성경과 신학 ⁶
김나사로 | 변형신국판 110면 | 값 5,000원

- 01 칼   럼 | 구원을 이루는 근심
- 02 성 경 통 독 | 1. 출애굽기
  2. 사무엘상
- 03 구원론 특강 | 1. 노래하는 신부가 되자
  2. 포도원에서 그을려진 술람미 여인이여 비록 검으나 아름답구나
  3. 하나님의 사랑을 받은 술람미 여인이여 두렵고 떨림으로 구원을 이루라
- 04 신약신학특강 | 율법으로부터의 해방, 생명의 법 성령

기독신학연구원 칼빈

성경에서 성경으로 성경과 신학 1~3

에스라와 바울의 만남
구약과 신약의 만남
율법과 복음의 만남
선지서와 계시록의 만남

김나사로 | 각 권 5,000원

성서신학 아카데미 에스라와 바울

미혹 그리고 분별 시리즈 핵심종합편

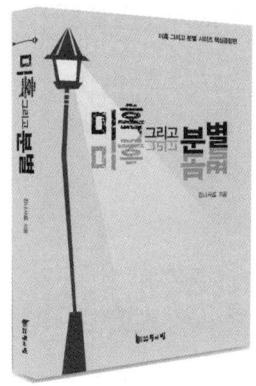

제1부
교회 안의 미혹,
다른 예수, 다른 복음, 다른 영

제2부
교회 밖의 거짓 그리스도,
이것만 알아도 이것만 가르쳐도 신천지에서 나온다

제3부
허탄하고 망령된 설교와 참된 설교

김나사로 | 330면 | 값 12,000원

도서출판 등과 빛